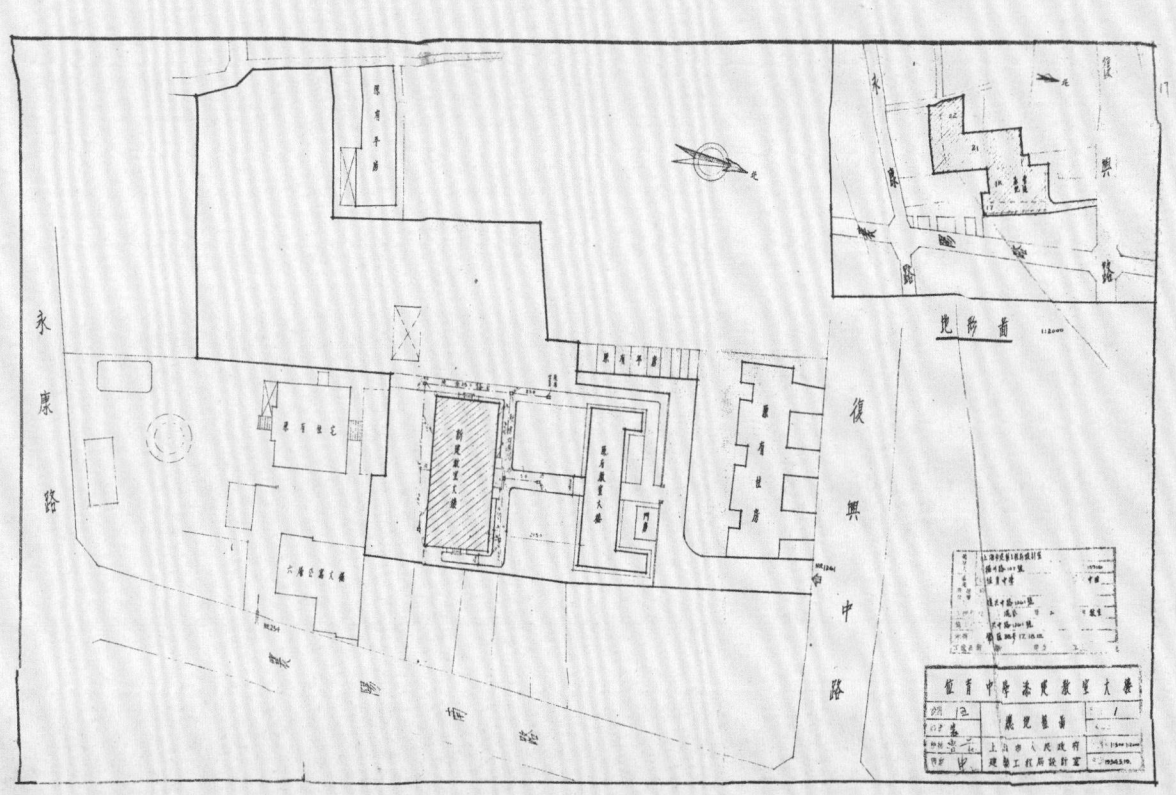

商务印书馆（上海）有限公司　出品
The Commercial Press (Shanghai) Co. Ltd.

位正育卓

位育中学校史研究

王亦群 马学强 焦爽 主编

马学强 叶舟 王亦群 胡端 等著

商务印书馆
The Commercial Press

图书在版编目（CIP）数据

位正育卓：位育中学校史研究 / 王亦群，马学强，焦爽主编；马学强等著. —北京：商务印书馆，2023
ISBN 978-7-100-23080-3

Ⅰ.①位… Ⅱ.①王…②马…③焦… Ⅲ.①位育中学—校史 Ⅳ.①G639.285.1

中国国家版本馆 CIP 数据核字（2023）第185613号

权利保留，侵权必究。

位 正 育 卓
位育中学校史研究

王亦群　马学强　焦　爽　主编
马学强　等著

商 务 印 书 馆 出 版
（北京王府井大街36号　邮政编码 100710）
商 务 印 书 馆 发 行
上海盛通时代印刷有限公司印刷
ISBN 978-7-100-23080-3

2023年11月第1版　　开本 889×1194　1/16
2023年11月第1次印刷　印张 31½ 插页 6 字数 726千

定价：328.00元

主　　　编	王亦群　马学强　焦　爽
副 主 编	叶　舟　王海生　范其一
编委会成员	赵家镐　黄承海　李骏修　龙世明
	任博生　刘晓舟　吕　东　鲍静静
	胡　端　周维文
主要撰稿人	马学强　叶　舟　王亦群　胡　端
	焦　爽　周维文　王海生　等
图 片 拍 摄	鲍世望　等

主编简介

王亦群

　　祖籍山东昌邑，1968年出生于上海。毕业于上海师范大学汉语言文学系，华东师范大学教育管理学硕士，高级教师。现任上海市位育中学党委书记、校长，上海位育教育集团理事长。历任上海市园南中学校长、支部书记，上海市中国中学校长、总支书记，徐汇区教育工作党委副书记、纪委书记等职。先后获得上海市优秀教育工作者、上海市园丁奖、上海市教育系统"三八"红旗手、徐汇区拔尖人才、徐汇区优秀党务工作者等荣誉称号。领衔参与的4项市级党建课题分别获得2018、2019、2020、2022年上海市普教系统党建研究课题优秀成果一等奖、二等奖和三等奖。《"双新"背景下高中教师教研共同体的实践研究》《中小学校二级党支部提升组织力建设的实践路径研究》等多篇论文发表在思想理论教育、现代基础教育研究等核心刊物。与马学强教授等主编《位正育卓：位育中学校史研究》（商务印书馆2023年出版）。

马学强

　　祖籍浙江绍兴，1967年出生于嘉兴。毕业于华东师范大学，历史学博士。现为上海社会科学院历史研究所研究员，主要从事中国城市史、区域史、教育史等研究。在各类学术刊物发表论文百余篇。出版的主要著作有《从传统到近代：江南城镇土地产权制度研究》《江南席家：中国一个经商大族的变迁》《出入于中西之间：近代上海买办社会生活》《八百里瓯江》等。参与主编的有《千年龙华》《阅读思南公馆》《上海的城南旧事》《上海的城市之心》《从工部局大楼到上海市人民政府大厦》《〈密勒氏评论报〉总目与研究》《石库门珍贵文献选辑》等二十余种。近年来主持"百年名校·江南文脉"研究系列（商务印书馆已陆续出版十多种）。先后承担多项国家、上海市哲学社会科学研究项目，有多项成果获得上海市哲学社会科学优秀成果奖。

焦　爽

　　祖籍江苏苏州，1973年出生于上海。毕业于上海师范大学。中学语文高级教师，为"上海市第四期名师后备攻坚计划人选"名校长基地学员。曾任上海市位育初级中学副校长、副书记、书记。现任上海市位育初级中学校长、书记，上海市位育实验学校校长。领衔研究的项目有《注重人文关怀的学校教育实践与研究》《构建优化整合型初中作业模式的实践研究》《以四史教育为载体，构建党团队一体化建设实践研究》《初中学生综合素质发展性评价研究》等，分别在上海市级、徐汇区级等教学科研成果评选中获奖。先后获评徐汇区教育局骨干教师、局学科带头人，徐汇区园丁奖，徐汇区优秀党务工作者等荣誉称号。与王亦群校长、马学强教授等主编《位正育卓：位育中学校史研究》（商务印书馆2023年出版）。

目 录

序一　　　　陈佳洱　1
序二　　　　李伯虎　5

第一章　位育中学创办"意义深且长"　1
　　第一节　追溯：位育小学的历史　4
　　第二节　位育中学的诞生和那些校董　10
　　第三节　李楚材和位育的那些名师　17
　　第四节　位育在"苦难中的生长"　26

第二章　声名鹊起　53
　　第一节　位育新生：服务祖国与人民的需要　56
　　第二节　从私立到公办：更名为上海市第五十一中学　73
　　第三节　"五年一贯制"：教学改革的典范学校　78
　　第四节　跻身全国教育先进行列　83

第三章　困难与调整时期　101
　　第一节　政治运动中的五十一中学　104
　　第二节　"集体化"年代的共同记忆　115
　　第三节　"文化大革命"十年　119

第四章　重振之路　129
　　第一节　改革初期的新气象　132
　　第二节　"八字"校风的确立　137
　　第三节　恢复位育校名　147

第五章　在改革中前行　161
　　第一节　"生长创造"提升教育质量　164

　　　　第二节　"气节教育"塑造校园新风　　177
　　　　第三节　筹建新校区　　185

第六章　建设现代化一流名校　　199
　　　　第一节　成为首批上海市实验性示范性高中　　202
　　　　第二节　自主发展与开放办学　　211
　　　　第三节　新时期的课程建设与学科发展　　224
　　　　第四节　独具个性的校园文化　　240

第七章　位育初级中学的创新发展　　259
　　　　第一节　创新发展与特色办学　　262
　　　　第二节　课程建设和卓有成效的办学　　272
　　　　第三节　复兴中路校园的变迁　　283
　　　　第四节　多彩的校园文化　　290

第八章　沪上名校竞风流　　301
　　　　第一节　"爱我国，爱我校，爱我先生，爱我同窗"　　304
　　　　第二节　位育情深：校友会的演变　　314
　　　　第三节　历年的校庆活动　　330

附录　　349
　　　　附录一　上海市位育中学历史沿革图　　351
　　　　附录二　大事记　　353
　　　　附录三　学校历任校长（负责人）、副校长名录　　371
　　　　附录四　学校历任中共党组织书记、副书记名录　　373
　　　　附录五　文献档案选摘　　375
　　　　附录六　部分校友简介　　463
　　　　附录七　图片目录索引　　467
　　　　附录八　主要参考文献　　477

后记　　483

序一

陈佳洱

朝花夕拾忆当年，中和位育镌心间

2023年，我的母校位育中学迎来了80华诞。6、7月间，我有幸读了上海社会科学院马学强先生及王亦群、焦爽两位校长主编的《位正育卓：位育中学校史研究》一书初稿，百感交集，在母校就读的点滴往事涌上心头。这本书可以说是母校80年办学历程的时代记录，是无数位育人弥足珍贵的共同记忆，也是献给母校80生辰的一份厚礼。位育中学建校80年来为祖国培育了大量优秀人才，作为一名1950届的位育学生受邀写序，既感到受宠若惊，又萌生出与有荣焉的自豪。

我于1946—1950年在位育中学就读，至今还记得1945年那个抗战胜利后的秋天的清晨，我的叔叔陈汝惠第一次送我到位育中学的画面。当年，家人选择让我到位育中学读书，也是权衡再三的结果。一是40年代的位育小学（今向阳小学）在上海教育界颇有声誉，是一所极具爱国情怀的学校，而中学部正值新办，被普遍看好；二是位育中学的首任校长李楚材是陶行知先生的门生，也是家父的好友；三是位育中学的师资口碑极佳，当年学校聘请的教师大都毕业于国内外的知名学府，部分教职人员还是沪上一些著名高校如复旦等的兼职教师；四是位育中学的课程设置特别重视自然科学的理论和实验教学，而那个时期国家最缺少的就是理工科方面的专业人才；五是位育中学从办学伊始就强调对中华优秀传统文化的传承，"位育"二字就出自《中庸》的"致中和，天地位焉，万物育焉"，在教学内容和教学方式上是一所中西融通的新式学校，而"中和位育"四字所传达的传统文化的精髓也是家里长辈尤为推崇的。

位育5年的求学经历不仅让我受到了良好的中等教育，也让我深深感受到这所精致学校浓郁的人文情怀、融洽的师生关系和难忘的同窗情谊。我在位育的几位授业恩师，从今天来看都算是豪华阵容，我的班主任是清华大学化学系毕业的李玉廉老师，物理老师是来自复旦大学的周昌寿老师，数学老师是留美回来的博士陈安英。陈安英老师的课，采用了全英文教学的方式。少时打下的英语基础，为我后来留学英国时的学习带来了极大的便利，也让我后来在阅读国外前沿的数理化资料时有了充分的自信。

刚入学时，我最初的梦想是子承父业，成为一名作家，但位育丰富多彩的自然科学课程和活动，数理化教师们的群体魅力，培育出了我对科学的浓厚兴趣，教师们的为国育才储才的赤子之心也让我对科技改变国家国人命运的重要性有了更深刻的体悟。学校的科学类课程秉承了陶行知先生"教学做合一"的教育思想，每年都举办科技节，宣传科普知识，展示学生的发明创造。记得一次校庆的科技展览会上，高年级同学用自制的无线电发射机把校庆消息广播了出去，当时觉得神妙至极，于是渐渐立志要从事科学事业。

位育留给我的，还有那些让我至今魂牵梦萦的同学，特别是我少年时代最好的朋友钱绍钧、田长霖等。绍钧和我同坐教室的第一排，长霖坐在我后面一排，我长长霖近一岁。[1] 那时的位育中学对学生的评价也是独树一帜的，除了大家公认的品学兼优外，还特别强调学生的个性展现和自主发展。回望当年，长霖、绍钧和我都算不上循规蹈矩的那一类学生，经常有奇思妙想，也不乏"调皮捣蛋"，尤其是长霖生性活泼好动，性格开朗，喜欢打排球，爱踢小皮球，有时还会来点无伤大雅的小动作。记得那时每到课上听得兴奋高兴之处，他就会用铅笔捅坐在前面的我，以至于多年后再次相见，长霖还开玩笑说，当年是他用铅笔捅出了一个北大的校长。

当年的位育中学因理科成绩优秀闻名沪上，但实际上对文科也同样重视。学校开设了许多文学艺术类的课程，而当时许多同学的家庭教育也与学校教育一样是文理兼重的，可以说在中学时代我们是同时接受了文理两方面的熏陶。科学文化追求真，人文文化则教人求善求美，唯有具备人文文化，才能真正找到客观的规律，也就是真理。长霖曾告诉我，其父时常带他们兄弟姐妹看中外电影、戏剧，回家后或让他们对照中英文说明书复述、背诵，或谈感想体会。我父亲是教

---

[1] 钱绍钧，1934年10月22日出生；田长霖，1935年7月24日出生，2002年10月29日逝世。

师出身，也是一位儿童文学作家，少时让我阅读了许多文学书籍。还记得那时电影《发明大王爱迪生》和《居里夫人》先后上映，父亲都带我去观影，看《居里夫人》那天还与长霖一家在大雨中邂逅。后来居里夫人也成为我一辈子献身科学事业的榜样。

正是学校的引导、父辈的启迪，让我和一众"位育"学子一步一步地走上了科学研究的道路。绍钧成为实验原子核物理学家，投身国防事业，20世纪80年代担任过国家核试验基地的司令员，1995年当选为中国工程院院士。长霖在普林斯顿大学获得博士学位后，成为享誉世界引领热物理领域发展的著名科学家，20世纪末先后当选为中国科学院和中国工程院的外籍院士。我留学英国后，成为粒子加速器物理学家。后来我和长霖在20世纪90年代分别出任一东一西中美两所名校的大学校长：他成为美国一流研究大学——加州大学伯克利分校首位华人校长，我成为北京大学的校长。

回想起来，在位育中学的同一个教室里，半径不足2米的空间内走出三位知名物理学家，绝不仅仅是巧合，更在于母校良好的校风、优秀的师资和对学生自主发展的宽容和鼓励，让我们这些志同道合者在学习的过程中树立了远大的志向，培育了良好的学习习惯，并在不断的思想碰撞和智慧升华中得以梦想成真。

八秩岁月弹指一挥。李楚材校长和当年师长同窗的音容笑貌随着这本校史初稿的展开一一浮现。作为一名位育中学的老校友，对于位育中学未来的发展，我也有几点期许。

首先是希望位育中学百尺竿头，越办越好。位育中学是一所有底蕴的学校，位育的师资历来也都是为社会所称誉的。我人在北京，但还经常听到上海的亲戚朋友谈论起母校，也一直在关注学校的发展，为学校在教育教学领域取得的每一项成就而心怀喜悦，在此衷心地祝愿母校桃李芬芳，蒸蒸日上。

其次是希望位育中学秉持传统，育人育德。位育有着良好的校风，也有着光荣的办学传统。李校长提出的"团结、严谨、求实、进取"校训至今仍是全体位育师生的自我要求。面对当今教育的多元化发展，希望学校能遵循传统，牢固树立立德树人的育才意识，恪守科学文化和人文文化并重的原则。希望学校关注每一位位育学子的全面发展，将更多学生培养成为祖国发展和建设的栋梁之才。

再次是希望位育中学守正创新，敢为人先。中国的基础教育在短时间里培养了大量的可用人才，但国家在诸多高科技领域还是缺少能独当一面、具有国际视野和创新实践精神的战略科学家。位育中学从开办之初就非常重视理科教学中的动手实践能力。当年我们跟三位同样热爱科学的同学一起创办"创造社",创造的含义来源于李楚材校长对"位育"二字"生长创造"的解读。我们组织的创造社热衷于科学研究,自己制作多种类型的收音机,最有成就的是给学校做了一台大功率扩音器,每天早上学校用它来播放广播体操。创造社还自编了《创造》刊物,自己排版自己油印,《创造》上发表的大多是我们自己在科学研究方面的心得和翻译《大众科学》等外文科技类刊物上的文章。当时中学生自己办刊物的并不少见,但办科学类刊物我们位育是独此一家。为此还有记者来采访我们,我写的文章《我们是怎样出版创造的》,还配发编者按,登载在当时的《大公报》上。之前欣闻位育中学在国内基础教育领域开设了首个中学芯片教育项目,我认为其价值和意义并不在于能否设计制造芯片,而在于此举将为母校汇聚一批热爱科学、知行合一、创新进取的青年学子,相信在祖国日益强盛的今天,位育学子在科技领域的创新实践定能为今后推动中华民族伟大复兴的事业起到关键性的作用。

最后,再次感谢各位主编和位育的校领导让我在鲐背之年能再次从文字上感受母校的温暖,这份情愫将是流淌在全体位育师生血脉之中的美丽烙印。难忘母校,感恩母校。

陈佳洱

2023年8月18日

(陈佳洱,位育中学1950届学生,中国科学院院士,曾任北京大学校长等职。)

序二

李伯虎

我国古代著名史家司马迁在《史记·伯夷列传》中曾经感叹，这世上有许许多多仁人志士，一辈子小心翼翼地砥节砺行，然而却没有人记录他们的事迹，于是他们的名字就湮没在了历史的长河中。西方著名史家希罗多德在他的著作《历史》一开头就说，自己"所以要发表这些研究成果，是为了保存人类过去的所作所为，使之不至于随时光流逝而被人淡忘"。由此看来，记录那些值得赞叹的丰功伟绩是中外史家在著史时共有的一大动机。

位育的前辈教育工作者全身心地投入教书育人，固然不是为了声名，但无论是他们为学生计谋长远的师者仁心，还是他们在教学方法上的不懈探索，都值得赞颂。作为后人，铭记他们的事迹，从他们的精神中汲取力量，大概也是应有之义。这或许也是学校值此80周年校庆之际编纂这部校史的一大意义吧！

我从小学到初中到高中，先后在位育学习了12年。在我看来，我的母校是一所培养教育学生以科教建国为终身目标、具有高水平师生队伍的优秀中学。

我仍然记得，当时母校如何勉励我们要立志做一个对社会和国家有贡献的人，也仍然记得，当时何其有幸遇到了一群优秀的老师。我高中班主任，也是我的英语老师江希和老师，不仅坚持以互动的方式教学，帮我们打下了扎实的英语基础，而且在课余时间还亲自带我们打篮球。化学课李玉莲老师教我们怎样做课堂笔记，不仅传授知识也注重学习方法的指导，等等。就我所知，江希和老师后来调到了上海外国语大学任教，成了教授。还记得李玉莲老师以及代数课的周朋寿老师、几何课的余小柏老师等，他们都具有大学老师的水准却在中学任教，可见位育师资力量之强了。

我的母校鼓励学生德智体全面发展，不只重视我们的学习成绩。在课余时间，我们有歌咏比赛、篮球排球比赛等各种活动，我在初中也担任过少先队班辅导员，我觉得这些也都是很重要的社会活动锻炼。

我的人生观是由母校初步树立的，我的学习基础和学习习惯也都是母校培养的，母校不仅使我们从无知到有知，还教会了我们要认真做事，要严肃、积极地面对人生。

我1955年考入上海交大，1956年迁到西安交大，1958年时国家从10所院校中遴选300名学生到清华大学自动控制系就读，我也是其中之一，我学习的是计算机专业。在这复杂的求学生涯里，我始终都能力争上游，在大学当上数学等课的课代表，1961年从清华毕业时还获得了优秀毕业生奖状（300名同学中仅几位）。这种进取的精神是我在位育养成的。我在大学还参加了校舞蹈队和排球队，积极参与课余活动，这种习惯也是得益于我在位育的读书经历。

20世纪80年代初，我获得了国家资助出国留学的机会，在留学前，先需参加外语考试。其实我在大学学的不是英语，而是俄语，但我仍然成功通过了那次考试，这全仰仗我在位育打下的英语基础。我在大学读书，并不感觉学业压力如何巨大，除1门课得4分外，其余课都拿到了5分满分，这也是因为我在位育打下的数理化基础足够坚实、掌握的学习方法高效得当。

我1961年被分配到航天二院，一直工作至今。2001年，我被选为中国工程院院士，在2012、2017、2019年分获国际建模与仿真学会、中国计算机学会和中国仿真学会等授予的"终身成就奖"。数十年来，我能始终坚持终身学习、不断提高，这种积极持续努力工作的人生态度，同样得益于母校的教诲——我想这是母校带给我最为深远的影响。

我是1955届毕业生，我在位育读书的时候，还很年轻，母校也很年轻，如今我已八十有四，母校也迎来了八十校庆。这本校史里记述的事情，有些是我亲身经历过、见证过的，有些是我曾从师长那里听说过的，还有许多则是我原先不是十分了解的。时隔多年，在校史中再次看到那些过去十分熟悉的人名与地名，想起自己在母校度过的青葱岁月，不能不产生一种怀旧的情绪。而想到母校1943年在纷飞战火中建立，后又历经风风雨雨，挺过重重考验，终于建设成为上海市民心目中的好学校，至今在社会上享有美誉，其间不知凝聚了多少教师、多少学生、多少职工的辛勤汗水，更增感慨。

为了编写这本校史，位育校史研究团队成员翻阅档案，联系了众多校友，收集了大量文字、图片、实物等资料。作为校友，我很感谢他们的辛勤付出，是他们使我对母校有了更为全面、系统、深入的认识。

80年对于个人而言，可以说是很漫长的了。不过就位育而言，我相信她仍当青壮，在承继先辈优良传统的同时，必将迎向未来，取得更多成绩，创造更大辉煌！

敬祝母校越办越好，愿母校为祖国培育出更多德智体全面发展的有为人才！

李伯虎

2023年8月15日

（李伯虎，位育中学1955届学生，中国工程院院士，中国航天科工集团科学技术委员会高级顾问，北京航空航天大学自动化科学与电气工程学院教授、名誉院长。）

第一章
位育中学创办"意义深且长"

位育中学创办"意义深且长"

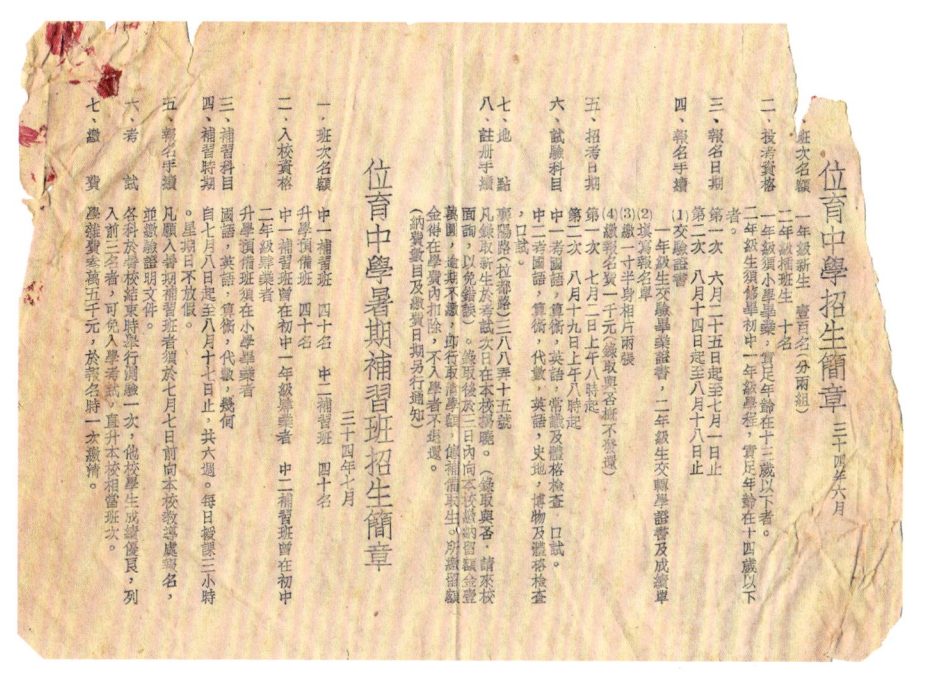

图1-1 《位育中学招生简章》（1945年6月）

近代上海开办的学校，一般可分为几类：一由教会或外国侨民开办的学校；二由中国人自己创设的学校。在国人自办的学校中，又可分为政府办学、民间（私人）办学。20世纪30年代，由多位来自上海实业界、教育界人士共同筹建了位育小学，此属于私人办学，称为"上海市私立位育小学"。位育小学创成立后，即因"课程切实，设备完全，成绩之佳，为社会所赞许"，每年学额虽有限，而前来求学者甚众，"都为实业、教育两界领袖之子女"。[1] 1943年又在位育小学的基础上创设位育中学，也属于私立性质。位育中小学，创建未久即因办学有成效，声誉颇著，受到社会各界关注。1947年6月《申报》曾记载："本市襄阳南路私立位育中学，平时素以四育并重著称。"[2] 彼时郭沫若撰《秦淮河畔》一文，也谈到位育中学的办学情况："上了席后，差不多还是贲延老一个人在说话，喝酒也很豪爽，连我戒了酒的人都和他对了几杯。任老对我说：不是单纯的商人，他对于教育很有贡献。假使谁有子弟的话，他所创办的位育中学是值得推荐的。你可以安心把子弟寄托在那儿，断不会教育成为坏人。这令我会想到我自己的孩子。……"[3] 文中提到的"贲延老"，就是位育中学董事长、创办人之一的贲延芳；"任老"，系黄任之的尊称，即黄炎培。黄炎培对郭沫若所说的这段话，表明位育中学是一所可以让家长放心托付的学校，这在当时是难能可贵的（图1-1）。

位育初创之时，就有了名校气象。

第一节　追溯：位育小学的历史

要研究位育中学，必先研究位育小学。1948年3月，上海市私立位育中小学编辑《位育校刊》第1期，追溯其校史（图1-2）：

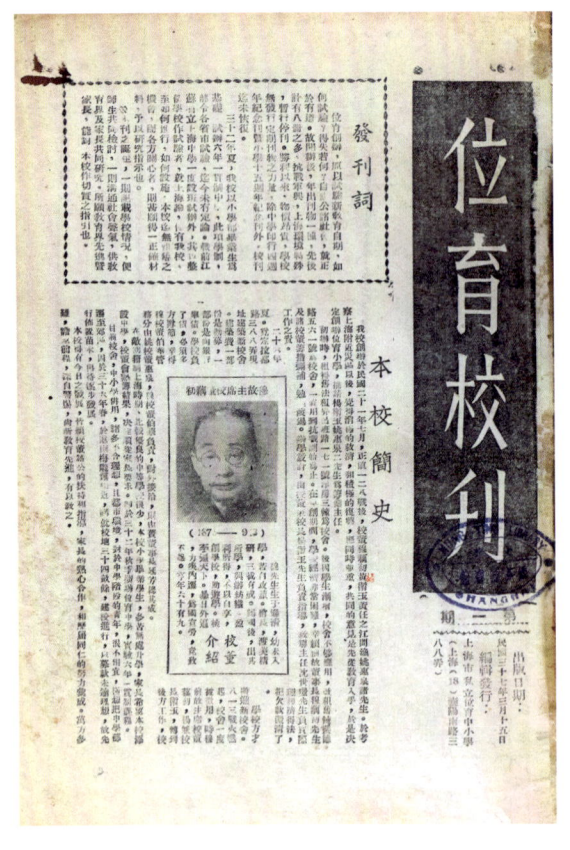

图1-2　《本校简史》（选自上海市私立位育中小学编：《位育校刊》第1期，1948年刊印）

我校创办于民国二十一年（1932）七月，正值一二八战后，校董穆藕初、杨卫玉、黄任之、江问渔、姚惠泉诸先生，于考察上海附近灾区以后，觉得消极的救济，和积极的复兴，应同时并重，共同的意见是先从教育入手，于是决定创办位育小学，推请杨卫玉、姚惠泉二先生为筹备主任。

初办时，租得旧法租界吕班路一七一号洋房三幢为校舍。后因学生渐增，校舍不够应用，改租旧辣斐德路五六一号为校舍，一直用到抗战开始为止。在草创期间，学校经济非常困难，幸赖前故董事长穆藕初先生及诸校董筹措弥补，勉强渡过。办学设计，由校董兼校长杨卫玉先生负责指导，教导主任沈世璟先生负实际工作之责。[4]

这段文字清楚记载了位育小学的创办背景与早期开办的情形。20世纪30年代初的中国，内外交困，处于急剧动荡之中。随着日本军国主义的步步入侵，中华民族危机日益深重。作为通商口岸的上海，在一·二八事变后，城市发展遭到重创。穆藕初、黄炎培、杨卫玉、江问渔、姚惠泉等考察战火后的上海灾区，满目疮痍，于是商量将"消极的救济"和"积极的复兴"相结合，"同时并重"，决定设立私立位育小学。

位育小学诞生于民族危亡之际，校址初设于旧法租界吕班路（今重庆南路）171号租赁的房屋内。1932年8月1日的《申报》很快就刊登《上海位育小学校招生》（图1-3）消息：

> 上海号称文化发达之区，学校林立，弦歌比户，规模宏大，学生众多之校，所在皆有，然求一适中绳墨，切合原理，而又不背时代潮流之小学，实不多得。盖或则以经济关系，不能不有迁就之处，或则以囿于部章，形式转重于精神。同人服务教育界已久，窃不自量，爰集资创一小学。规模不求其宏大，而关于科学之设备，不能不全。课程不务其多，而教学之方法，必求圆满。训练管理，不能不严，而儿童身心发育，定须十分注意。誓以全副精神，为初等教育界辟一新试验区，毁誉在所不计，成功期以十年。
>
> 兹将招生简则列下：学额幼稚园三十名，初级小学一、二、三、四年级各四十名。纳费幼儿园每学期二十元，小学每学期二十四元。膳宿六十五元，杂费一元。校址法租界吕班路一百七十一号，十路电车、二十一路公共汽车，法国公园门前下车便是。报名处……假华龙路、环龙路口中华职业教育社，随缴证金一元，学费内扣算。开学期九月一日。章程索阅即寄。
>
> 创办发起人穆藕初、邹秉文、黄沈亦云、黄任之、潘序伦、吴湖帆、杨习贤、江问渔。

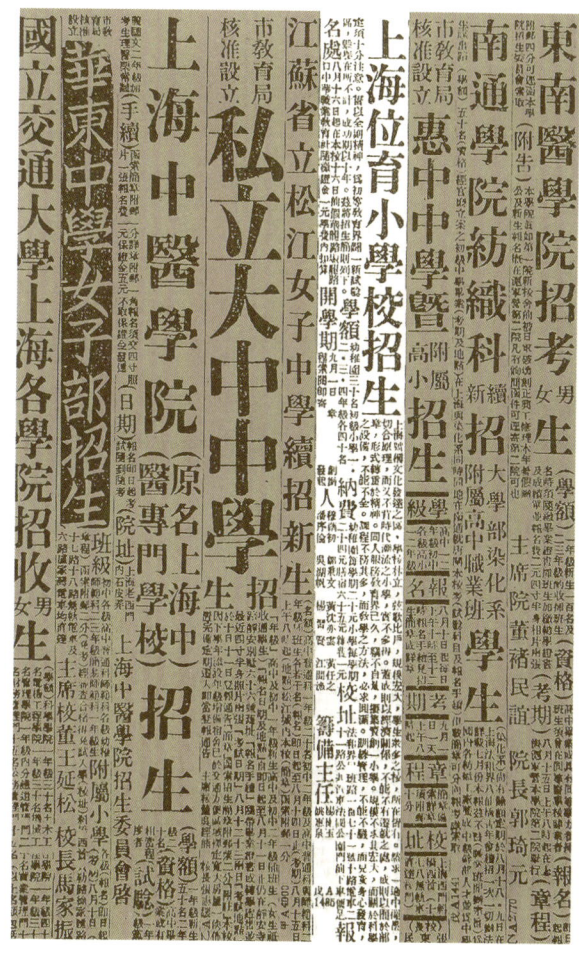

图1-3 《上海位育小学校招生》（选自《申报》1932年8月1日，第5版）

> 筹备主任杨卫玉、姚惠泉。[5]

黄延芳等后也参与创办，成为校董。位育小学筹备前后，除《申报》刊登学校的招生消息外，还受到其他一些报刊的关注（图1-4），此略举数则报道：

《位育小学筹备讯》，《时事新报》（上海），1932年8月7日，第8版。

《位育小学》，《民报》，1932年8月26日，第6版。

《位育小学》，《民报》，1933年6月12日，第6版。

《位育小学新试验》，《新闻报》，1933年11月10日，第20版。

《位育小学近讯》，《时事新报》（上海），1935年1月27日，第6版。

《位育小学》，《新闻报》，1935年1月29日，第16版。

校名何来？据李楚材回忆：“位育校名原是一位宿儒在一九三二年题的，取材于《中庸》上两句话：‘天地位焉，万物育焉。’宿儒如何取意，不得而知。”[6] 颇有意思的是，位育小学创办于1932年，《华年》1932年第1卷第2期就刊登了一篇题为《“位育”？》的文章，专门解释“位育”，指出这是一个新、旧含义皆有的词。《中庸》上说：“致中和，天地位焉，万物育焉。”但也可以有新的说法。[7] 取“位育”为校名，穆藕初等创办者确有深意（图1-5）。

位育小學

本市呂班路一七一號法公園左近位育小學、爲穆藕初潘序倫鄒秉文胡筠庵黃延芳江問漁王志莘諸君發起、請楊衛玉姚惠泉二氏籌辦、茲悉業已粗具規模、定於九月一日上午開學、內部設備、應有盡有、除教科外、對於兒童生活、尤爲注意、校長大約將推發起人中之黃膺白夫人沈亦雲女士任之、教員皆爲著名師範學校畢業、曾任優良小學教員之女士担任、另請富於經驗之保姆管理兒童飲食起居、並訂定葛成慧博士及徐濟華陸霞君兩女醫師爲健康顧問、輪流到校指導云、

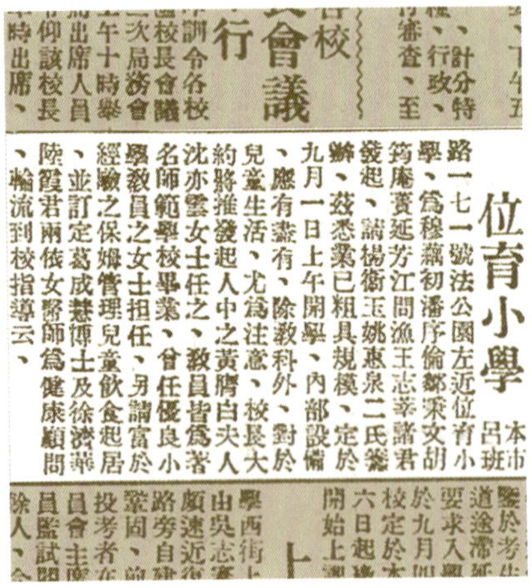

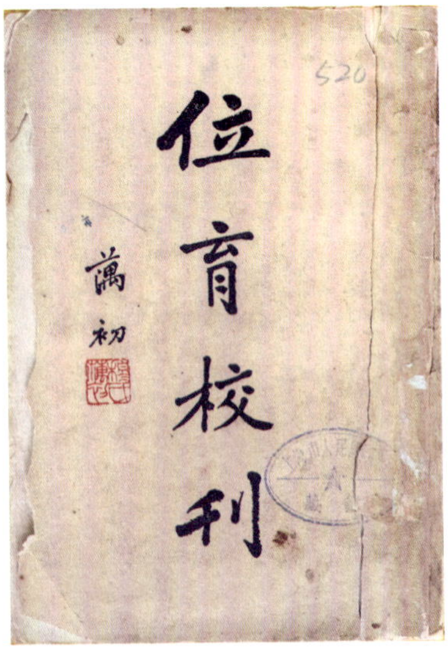

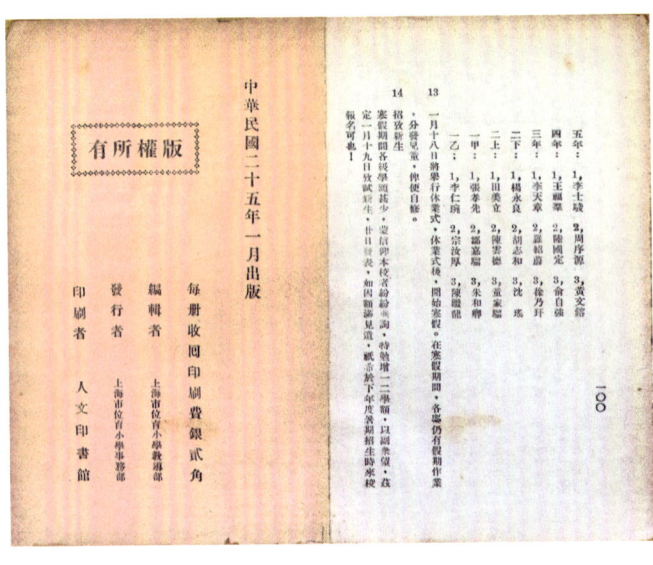

图1-4 《位育小学》（选自《民报》1932年8月26日，第6版）

『位育』？

編者

本刊第一卷第一期出來之後，許多讀者垂詢『助少壯求位育』的『位育』究竟作何解釋。

『位育』，不錯，是一個新名詞，但卻是一個舊觀念。編者要在此引經據典，證明這個觀念和『位』『育』兩個字的出處，也許要挨迂腐陳舊的批評。但自所謂新式的學校教育發達以來，許多大學生連大學中庸都沒有讀過，那也真令人失望！中庸上說：『致中和，天地位焉，萬物育焉』；有一位學者下注脚說：『位者，安其所也；育者，遂其生也』。所以『安所遂生』，不妨叫做『位育』。

西洋自演化論出，才明瞭生物界所謂Adaptation或adjustment的現象。我們很早（好像是跟了日本人）把他譯做『適應』或『順應』。適應的現象原有兩方面，一是靜的，指生物在環境裏所處的地位；二是動的，指生物自身的發育。地位和發育的縮寫，便是『位育』。生物，尤其是進入文化的人類，尤其是今日適當中西新舊之衝的中國青年，往往有不能安其位不能遂其生的，這種現象以前叫做『順應失當』，如今我們叫做『位育失當』。助少壯求適當的位育，而避免失當的位育，或從失當的位育裏解放出來：這是本刊所由發起的一些微意。

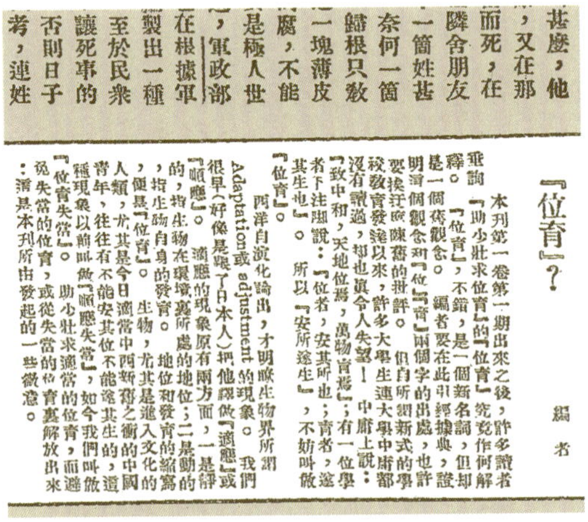

图1-5 《“位育”？》（选自《华年》1932年第1卷第2期）

版權所有

中華民國二十五年一月出版

每冊收回印刷費銀貳角

編輯者 上海市位育小學教導部

發行者 上海市位育小學事務部

印刷者 人文印書館

五年：1，李士駿 2，周序源 3，黃文錩
四年：1，王福華 2，陸國定 3，俞自強
三年：1，李天章 2，羅紹藹 3，徐乃幵
二下：1，楊永良 2，胡志和 3，沈 瑤
二上：1，田美立 2，陳雲德 3，黃家騮
一甲：1，張孝先 2，鄒嘉騮 3，朱和卿
一乙：1，李仁琬 2，宗汝厚 3，陳繼龍

13 一月十八日將舉行休業式，休業式後，開始寒假。在寒假期間，各級仍有假期作業，分發兒童，俾便自修。

14 招致新生

寒假期間各級學額甚少，當信仰本校者紛紛垂詢，特勉增一二學額，以副衆望，茲定一月十九日攷試新生，廿日發表，如因額滿見遺，祗希於下年度暑期招生時來校報名可也！

一〇〇

图1-6 《位育校刊》（创刊号），上海市私立位育小学创办，1936年1月刊印

  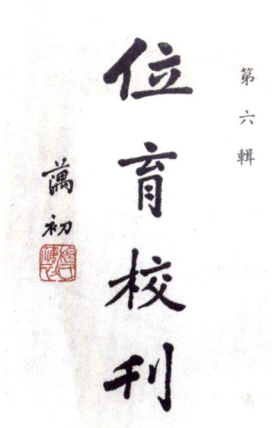 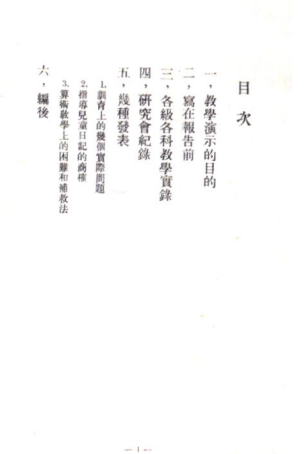

图1-7 《位育校刊》第1期，1948年刊印　　图1-8 《上海市私立位育小学校创办缘起》（选自《位育校刊》[创刊号]，1936年1月刊印）　　图1-9 《位育校刊》第6辑，封面　　图1-10 《位育校刊》第6辑，目录

　　研究位育小学的校史，有几种文本值得关注。其中，最重要的史料就是《位育校刊》。《位育校刊》有两种：一种是上海市私立位育小学创办的，于1936年1月出版，前后计8辑（其中第1辑未标注辑号）；另一种是上海市私立位育中小学时期出版的，第1期于1948年3月编辑发行，至1950年1月，共9期。我们姑且将《位育校刊》分为早期的与后期的，之间也有一定的关系（图1-6、图1-7）。[8]

　　早期的《位育校刊》，刊名由穆藕初题写。在1936年1月出版的《位育校刊》中，前面还有一段《上海市私立位育小学校创办缘起》说明，此与1932年8月1日《申报》所刊载的《上海位育小学校招生》相对照，字句基本相同，但不同的是，《缘起》中详细列出了穆藕初、黄任之（即黄炎培）、刘鸿生等16位校董名字（图1-8）。[9]

　　早期的《位育校刊》主要刊登该校的教学情况，沟通社会声气，供教育界和家长共同探讨学校教育活动。分代论、文艺、生活、诗歌、常识、笑话、区政、校闻等多个栏目，每个栏目内容都比较简单，篇幅亦小。其中的"代论"，以公开发表的言论为主，收录教育界重要人士的演讲、发言、上书等。"文艺""生活"栏目的内容，大多为学生的习作，可以反映当时的学生水平，以及学生的日常生活。另有"诗歌"，基本上是高年级学生投稿，以新式诗歌为主。令人关注的是"区政""校闻"，除摘录上海市各地区的教育活动消息外，还报道位育小学的校园新闻，包括刊登学校的收支结算报告等，从中可以了解学校的教学、管理与财政状况（图1-9、图1-10）。

　　大家都很关注位育小学学生的学习和生活情况，《位育校刊》无疑可以提供一些线索与视角。如学

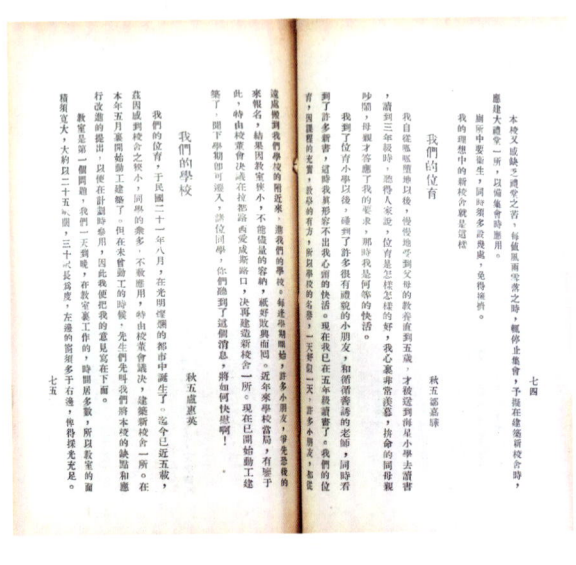

图1-11 邹嘉骅：《我们的位育》
（选自《位育校刊》第4辑）

生参与的"新校舍设计图"，有模有样；教师还鼓励学生参与社会问题的讨论。这里，我们摘录一篇位育小学生撰写的一篇文章，他是秋五班的邹嘉骅，题为《我们的位育》（图1-11）：

> 我自从呱呱堕地以后，慢慢地受到父母的教养直到五岁，才被送到海星小学读书，读到三年级时，听得人家说，位育是怎样怎样的好，我心里非常羡慕，拼命的同母亲吵闹，母亲才答应了我的要求，那时我是何等的快活。
>
> 我到了位育小学以后，碰到了许多很有礼貌的小朋友和循循善诱的老师，同时看到了许多新书，这时我真形容不出我心头的快活。现在我已在五年级读书了。我们的位育，因课程的充实，教学的有方，所以学校的名誉，一天好似一天，许多小朋友，都从远处搬到我们学校的附近来，进我们的学校。每逢学期开始，许多小朋友争先恐后的来报名，结果因教室狭小，不能尽量的容纳，只好败兴而回。近年来学校当局，有鉴于此，特由校董会决定在拉都路、西爱咸斯路口，决再建造新校舍一所。现在已开始动工建筑了，闻下学期即可迁入。诸位同学，你们听到了这个消息，将如何快慰啊！[10]

邹嘉骅，就是邹家华。[11]这篇文章尽管是小学生的习作，但从中可以看到，当时位育小学办学已有一定的声誉，许多小朋友"争先恐后的来报名"；同时小学生们也都知道自己的学校要建新校舍了，新校址就在拉都路（今襄阳南路）、西爱咸斯路（今永嘉路）口。的确，开办未久的位育小学，因办理完善，且重体育，颇得各方信任，声誉极佳，甚至有为入校而移家附近者，一时成为报考热门的学校，生源亦好。该校"学生家属，都系教育、实业、及军政界领袖。本年学生已达三百二十人，业已截止招生、该校为谋增加效能起见、特增聘教员，添开教室，每班至多仍不过三十名"[12]。

在位育小学成立5年后即1937年，"现由穆君会同校董诸君，筹垫巨款，在拉都路西爱咸斯路建筑校舍，此校舍占地五亩以上，教堂礼堂阴雨操场膳堂宿舍均全，系采取最新式之图样，由中华职业学校建筑科设计，慎记营造厂承包，共需六万金以上，为本市私立小学未有之盛举，定本月十五日开工"[13]（图1-12）。

我们在收集、整理位育校史时，偶然读到一位名叫"沈龙"的人在1948年撰写的《位育学校访问记》。开头摘引了吴研因为位育小学所作的一首校歌：

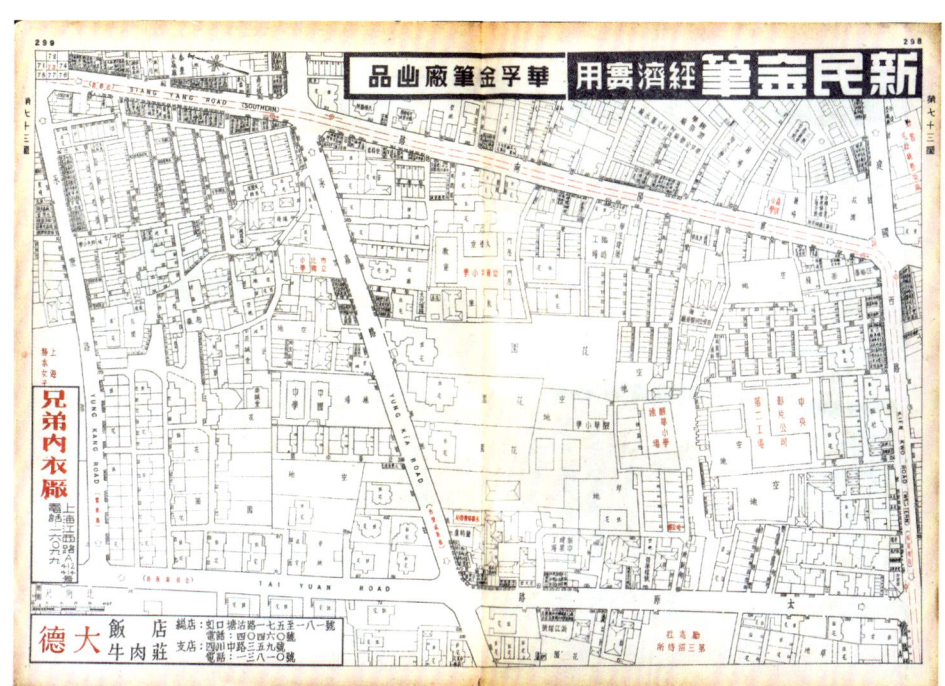

图1-12 位育小学位置图（选自《上海市行号路图录》[下]，福利营业股份有限公司1949年版，第73图）

小小门庭小小楼

颜色绿油油

小桌小椅小图书

布置在上头

别说地方小，许多问题供研究

啊，研究，研究，对面是谁的花园，路上有何人巡守？

小手小脑小朋友

会想会寻求

做小工人，读小书

还玩小皮球

别说年纪小，打起精神各奋斗

啊，奋斗，奋斗，幼时在校中活动，长大为国家奔走[14]

这位作者继而写道："那时该校校舍，在上海吕班路上的'小小门庭小小楼'里，由于容纳不下接连来的'小手小脑小朋友'，而搬到辣斐德路上。因为都面临'法国公园'，要天天看那些趾高气扬的外国兵，和顶会打中国'洋车夫'的矮小又黧黑的安南巡捕。所以吴先生要在歌词上连用三个'研究'、三个'奋斗'了。"文中揭示了位育小学校歌所蕴含的意义，还提到早期办学时的几处校址。

随着前来位育求学者日益增多，学校方面也在考虑新校址的筹建。1937年夏，校方觅定拉都路（今襄阳南路）388弄一带建筑新校舍，建筑费一部分是劝募，一部分是向银行举债，学校负了债，必须多方撙节，幸得校董穆伯华等管理经费得法，及时筹措了一些钱款，学校方才搬进新校舍。1937年八一三战火燃起，校舍一度被征用，此时穆藕初与杨卫玉校长也已转到后方工作。校务分由校董姚惠泉、穆伯华负责，而对外接洽，则由箦延芳"总其成"（图1-13）。[15]

图1-13 拉都路（今襄阳南路）388弄位育中学的教室

位育小学与后来的位育中学有着密切的关系，校名源于位育小学，更重要的是那些创办者是一脉相承的。从位育小学到位育中学（亦称"上海市私立位育中小学校"，中学、小学一体化），那些校董倾注了大量心血，尤其是位育小学董事长穆藕初，具有初创之功。[16] 他是沪上著名人士，在《上海重要人名录》记载：穆湘玥（藕初），爱多亚路260号华商纱布交易所，电话18470，理事长。[17] 李楚材曾发表《向穆藕初先生致敬》一文，对"穆先生与校董会同仁兴学之志"给予极高评价：

　　1932年春，日本帝国主义侵沪。战后，上海各界知名之士，亲自下乡调查沪郊损失，备送政府向日本索赔。穆先生与同行诸子，视察战区破坏情况，农民困苦生活，义愤填膺，佥议欲图国强，必须普及教育，提高人民素质，激发爱国热情。即在船中筹议，先办一小学，以作示范。穆先生被推为董事长，命名为位育小学，取中庸"天地位焉，万物育焉"之句，实含生长创造之意。

　　1932年秋，位育小学成立，备受上海各界人士之重视，由于师资优良，教学认真，学生在此乐园中能发挥智能，因此学生逐年增加，所租花园洋房校舍，无法容纳，乃于1936年在襄阳南路租地五亩多，自建教室大楼、大礼堂、师生宿舍，需款5万余元，有穆先生担保向新华银行借用，由校分年拨还。位育小学在中华人民共和国成立前即成为上海著名小学之一……位育小学得有今日之成就，穆先生与校董会同仁兴学之志，功不可泯。[18]

1949年后，位育小学从位育中学独立，相继改名襄阳南路小学、向阳小学。[19]

第二节　位育中学的诞生和那些校董

位育中学的历史，是从1943年夏开始的。其创立的背景与经过如下（图1-14）：

　　我校创于民国三十二年夏，时上海在敌伪钳制下，文化教育事业，备受压迫，优良中等学校，劫后不免因陋就简，素质低落。位育小学校董会，为应家长要求，便利毕业生继续升学，于是年六月十二日决议创办位育中学。

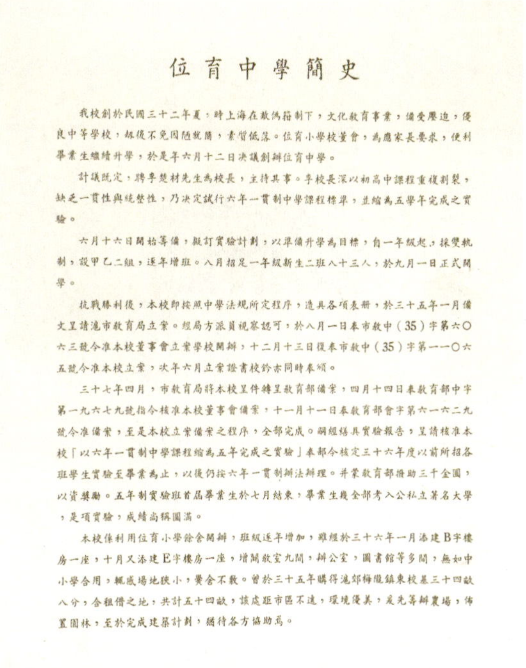

位育中學簡史

我校創於民國三十二年夏，時上海在敵偽箝制下，文化教育事業，備受壓迫，優良中等學校，劫後不免因陋就簡，素質低落。位育小學校董會，為應家長要求，便利畢業生繼續升學，於是年六月十二日決議創辦位育中學。

計議既定，聘李楚材先生為校長，主持其事。李校長深以初高中課程重複割裂，缺乏一貫性與統整性，乃決定試行六年一貫制中學課程標準，並縮為五學年完成之實驗。

六月十六日開始籌備，擬訂實驗計劃，以準備升學為目標，自一年級起，採雙軌制，設甲乙二組，逐年增班。八月招足一年級新生二班八十三人，於九月一日正式開學。

抗戰勝利後，本校即按照中學法規所定程序，造具各項表冊，於三十五年一月備文呈請滬市教育局立案。經局方派員視察認可，於八月一日奉市教中（35）字第六〇六三號令准本校董事會立案學校開辦，十二月十三日復奉市教中（35）字第一一〇六五號令准本校立案，次年六月立案證書校鈐亦同時奉頒。

三十七年四月，市教育局將本校呈件轉呈教育部備案，四月十四日奉教育部中字第一九六七九號指令核准本校董事會備案，十一月十一日奉教育部會字第六一六二九號令准備案，至是本校立案備案之程序，全部完成。嗣經繕具實驗報告，呈請核准本校「以六年一貫制中學課程縮為五年完成之實驗」奉部令核定三十六年度以前所招各班學生實驗至畢業為止，以後仍按六年一貫制辦法辦理。并蒙教育部撥助三千金圓，以資獎勵。五年制實驗班首屆畢業生於七月結束，畢業生幾全部考入公私立著名大學，是項實驗，成績尚稱圓滿。

本校係利用位育小學餘舍開辦，班級逐年增加，雖經於三十六年一月添建B字樓房一座，十月又添建E字樓房一座，增闢教室九間，辦公室，圖書館等多間，無如中小學合用，輒感場地狹小，黌舍不敷。曾於三十五年購得滬郊梅隴鎮東校基三十四畝八分，合租借之地，共計五十四畝，該處距市區不遠，環境優美，爰先籌辦農場，佈置園林，至於完成建築計劃，猶待各方協助焉。

图1-14 《位育中学简史》（选自《位育中学第一届毕业纪念刊》，1948年刊印）

计议既定，聘李楚材先生为校长，主持其事。李校长深以初高中课程重复割裂，缺乏一贯性与统整性，乃决定试行六年一贯制中学课程标准，并缩为五学年完成之实验。

六月十六日开始筹备，拟订实验计划，以准备升学为目标，自一年级起，采双轨制，设甲乙二组，逐年增班。八月招足一年级新生二班八十三人，于九月一日正式开学。[20]

1943年6月12日，经位育小学校董会议决创办中学，定名为"位育中学"。早些时候，李楚材来到上海，与位育小学留沪校董会面，决定在位育小学基础上扩办中学，负责筹建位育中学。位育中学的各项筹备工作在顺利推进：

6月16日，位育中学开始筹备。
6月22日，学校启用各印章。
7月6日，第一次招考新生。
8月1日，新聘教职员来校办公。
8月19日，第二次招考新生。
9月1日，举行开学典礼。下午正式上课。[21]

9月1日位育中学举行开学典礼，位育中学正式诞生了。9月8日，学生自治会成立。9月10日，学校举行第一次校务会议。

这里需要梳理几个问题。其一，位育小学与位育中学校董会的关系，或者说新的位育中小学董事会构成发生了怎样的变化？其二，李楚材校长是应谁之聘而来，为何要选李楚材出任位育校长？其三，学校的立案、备案问题。其四，学校的学制、课程设置。其五，学校的办学条件，设施情况。其他诸如师资来源、招生要求、毕业生的去向，凡此，皆需要深入、细致探讨。

首先，考察校董会成员。作为一所私立学校，学校的最高权力组织就是校董会。位育小学创办之时，有16位校董，他们是：黄任之、穆藕初、刘鸿生、邹秉文、江问渔、蒉延芳、胡筠庵、潘序伦、张翼枢、项绳武、王志莘、黄沈亦云、姚惠泉、吴瑞元、杨卫玉、穆伯华（见图1-8）。[22]穆藕初为学校董事长（也称主席校董）。位育中学成立以后，校董有所变化，据1948年刊印的《位育中学第一届毕业纪念刊》记载，位育中小学部校董，有17位，其中董事长蒉延芳（图1-15），董事分别为：黄任之、江问渔、徐济华、杨志雄、杨卫玉、王志莘、吴瑞元、徐采臣、姚惠泉、刘星耀、刘

图1-15 位育中学董事长贲延芳

图1-16 位育中学部分董事（黄任之、江问渔、徐济华、杨志雄、杨卫玉、刘鸿生等）

鸿生、潘序伦、潘仰尧、沈亦云、邹秉文、穆伯华（图1-16）。[23]做一比较，就会发现，校董黄任之、刘鸿生、贲延芳、邹秉文、江问渔、潘序伦、王志莘、沈亦云、姚惠泉、吴瑞元、杨卫玉、穆伯华，大多数的校董留任，有几位因各自的原因不再担任，徐济华、杨志雄、潘仰尧、刘星耀成为位育的新校董。

董事长穆藕初于1943年病逝于重庆。抗战胜利后，为纪念穆氏，学校大礼堂定名"藕初堂"（图1-17）。学校董事长由贲延芳担任。1948年3月15日出版的《位育校刊》第1期，专门介绍了"穆故主席校董藕初"（图1-18）。

接着，我们来介绍那些校董。

校董事长贲延芳。贲延芳，1883年生于浙江镇海，1902年到上海，先后从事多个行业的经营，在上海工商界颇有知名度。在抗战时期，为救助难民做了大量工作。[24]《上海重要人名录》中记载的信息是：贲延芳，九江路150号比国钢业联合社，电话：12197、12717，经理。[25]贲氏很早就与穆藕初、黄炎培等相识，一直是位育的校董。此后穆藕初与部分校董去了大后方，贲延芳实际担任董事长，"总其成"[26]。抗日战争爆发后，被日军占领的上海教育事业受到重创，一些著名中学或停办或因陋就简而质量下降，应学生家长之请，在沪的校董决定在小学的基础上扩建中学，以贲延芳为董事长，并聘请陶行知的弟子、教育家李楚材为校长（图1-19、图1-20）。

另一位重要校董是黄炎培，也就是黄任之。他重视地方教育，参与过上海多所学校的创办，又是中华职业教育社的创立者。[27]他与穆藕初、贲延芳等工商人士志同道合，认为民族振兴必先振兴教育。

第一章 位育中学创办"意义深且长"

图1-17 位育礼堂(藕初堂)(选自《位育中学第一届毕业纪念刊》,1948年刊印)

图1-18 纪念穆藕初先生,(选自《位育校刊》第1期)

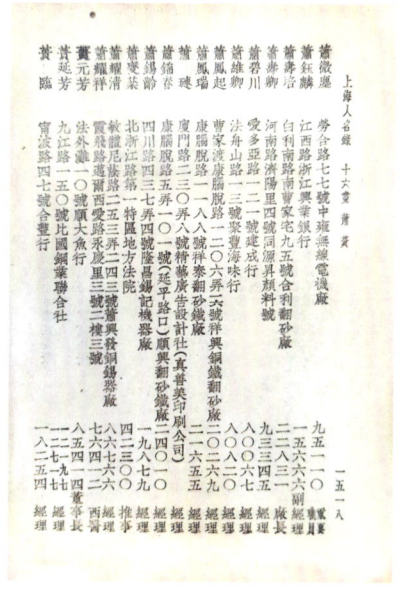

图1-19 黄延芳,参见《上海重要人名录》(简称《上海人名录》),上海龙文书店1941年版

图1-20 黄延芳:《为学四要》,(选自《位育校刊》第2期)

1932年一·二八战后,上海的实业界、教育界人士联手,从办学校开始。"位育也是因几位敢'为国家奔走'的教育先进者,痛心于国是,而想从教育着手来谋复兴所办的。"[28]黄炎培是位育的早期校董,位育中学创办后,他也积极参与。值得留意的是《黄炎培日记》,黄炎培在日记中多次提及位育中学,摘选如下:

13

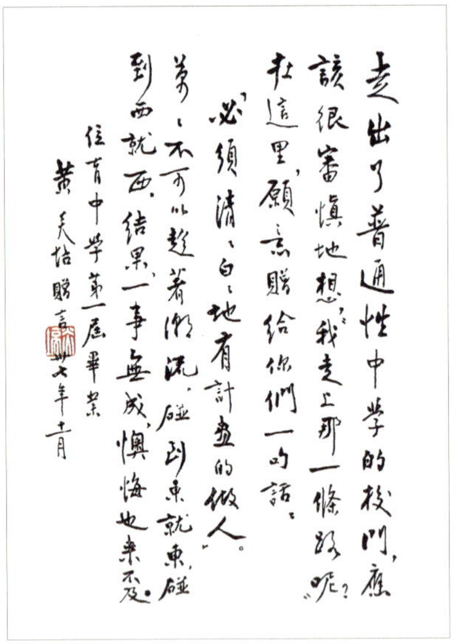

图1-21 校董黄炎培赠言（选自《位育中学第一届毕业纪念刊》，1948年刊印）

图1-22 黄炎培，中华职业教育社首任办事部主任

【1946年】

7月16日（星期二）

夜，贾延芳招餐其家（莫利爱路56号），位育中学校董会募捐。[29]

7月31日（星期三）

讯复上海市教育局中等教育处，答应私立位育校董之聘。[30]

【1948年】

1月7日（星期三）

（下午，此注）位育中小学校董会，穆伯华未到。[31]

1948年，位育中学第一届学生毕业，黄炎培欣然赠言（图1-21）。[32] 1949年后赴京任职，还一直关心位育中学的发展。

在研究位育校史时，应该注意到一个现象，就是位育与中华职业教育社有着紧密联系。中华职业教育社是由黄炎培联合蔡元培、梁启超、张謇、宋汉章等教育界、实业界著名人士于1917年5月在上海发起创立的，黄炎培任理事长。早年位育小学招生报名处就设于华龙路、环龙路口的中华职业教育社。位育与中华职业教育社在办学理念上有相通之处，一些活动彼此也相互参与，尤其是位育的一些校董、教师与中华职业教育社有着很深的渊源，从黄炎培、穆藕初等，到位育中学小学等筹备主任杨卫玉、姚惠泉，乃至后来任位育中小学校长的李楚材，位育与中华职业教育社之间的关系需要仔细解读（图1-22、图1-23）。

杨卫玉是中华职业教育社的重要成员，后成为位育小学的校董。杨卫玉早年留学日本，就读于东京高等师范学校。回国后，在一些大中学校任教，并参与多所学校的创办，是一位教育家。[33] 杨卫玉后应黄炎培之邀，参加了中华职业教育社，历任中华职业教育社办事部副主任、副理事长、总干事等职。据《上海重要人名录》：杨鄂联，字卫玉，华龙路环龙路口中华职业教育社，电话84817，职务为副主任。[34]1932年，时在中华职业教育社任职的杨卫玉应邀与姚惠泉筹建位育小学。在1936年1月出版《位育校刊》，卷首语即由杨卫玉撰写。位育小学从筹设到开办，实由校董兼校长杨卫玉负责指导。[35]抗战爆发后，杨卫玉转到后方工作，曾任广西省政府顾问。但仍关注位育办学，担任校董。他还多次为《位育校刊》题字（图1-24）。

校董江恒源，字问渔，号蕴愚，江苏灌云人，曾任中华职业教育社办事处主任等职，创办《职业与教育》期刊。[36]其在上海的住址：江恒源（问渔），甘世东路185弄6号，电话75676，从事职业：教育。[37]甘世东路，即今嘉善路，离位育的新旧校址都不远。位育中学创办后，他与学校的音乐教员吴逸亭共同谱写《位育中小学校歌》（图1-25）：

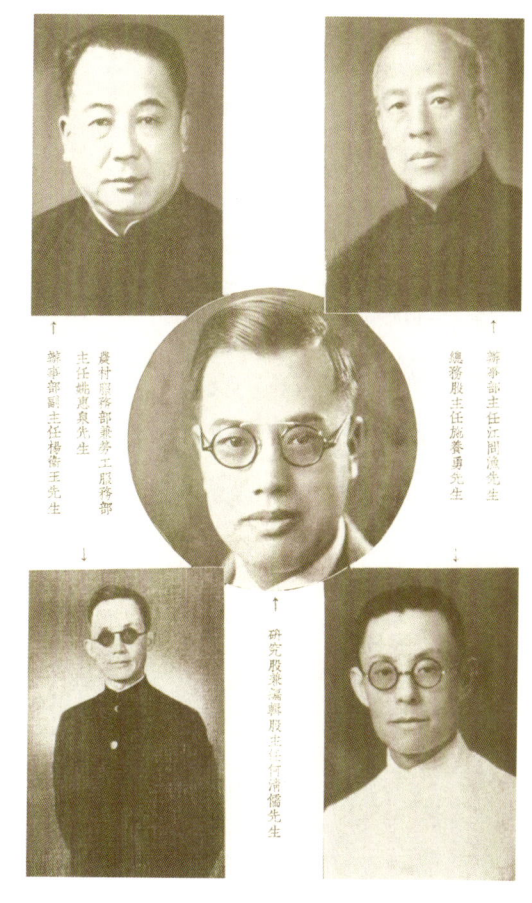

图1-23 中华职业教育社办事部各主任（杨卫玉、姚惠泉、江问渔等）

位育中小学校歌

江问渔 词，吴逸亭 曲

黄浦江，水洋洋，大小朋友聚一堂。
用我手，用我脑，大家工作一齐忙。
莫怕工作忙，身心俱康强，
国旗兮飞扬，庭树兮芬芳，琴韵兮悠扬。
爱我国，爱我校，爱我先生，爱我同窗，
人生目的不可忘，将来国事谁担当？
创造，创造，生长，生长，
位育意义深且长。[38]

应该指出，在已见的几个版本中，校歌中的歌词有几处变动，如早年为"黄浦江，水洋洋"（也有作"水汪汪"），后成了"黄浦江，水泱泱"；"莫怕工作忙"，改为"不怕工作忙"。

位育的那些校董，他们的经历都很丰富，或以经办实业闻名，或以兴办教育著称，刘鸿生[39]、潘序伦[40]等，皆是。1948年6月，位育中学迎来创建5周年纪念，位育中学发表《位育中学五年实验报告》，先后刊登黄延芳、刘鸿生、潘序伦、杨卫玉、姚惠泉、江恒源（问渔）、杨志雄、刘星耀等校董的题字（图1-26至图1-29）。[41]

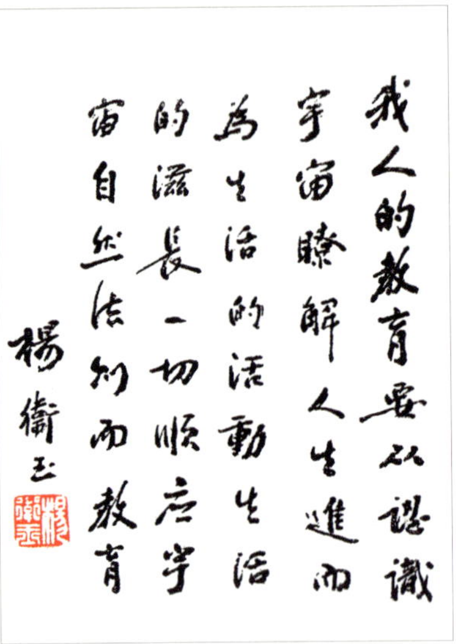

图1-24　校董杨卫玉题字（选自《位育校刊》第3期，位育中学创建5周年纪念题词）

图1-25　《位育中小学校歌》（选自《位育中学第一届毕业纪念刊》，1948年刊印）

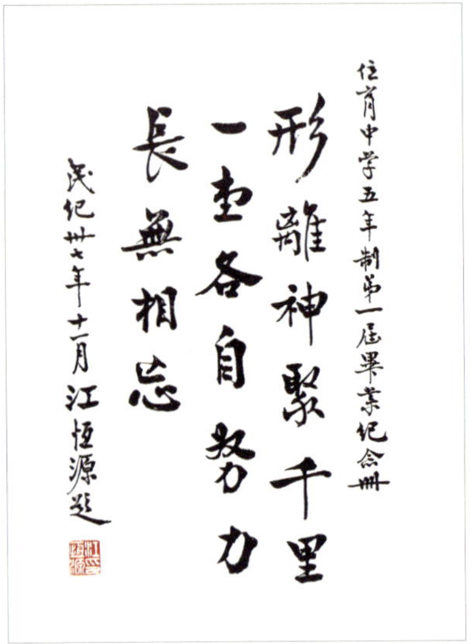

图1-26　校董江恒源（问渔）题字（选自《位育中学第一届毕业纪念刊》，1948年刊印）

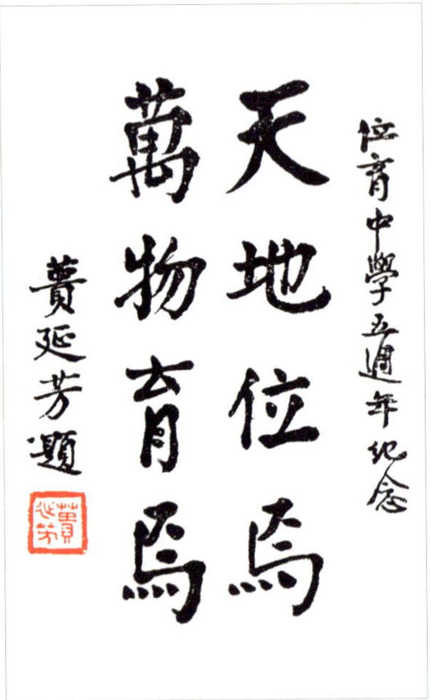

图1-27　校董事长黄延芳题字（选自《位育校刊》第3期，位育中学创建5周年纪念题词）

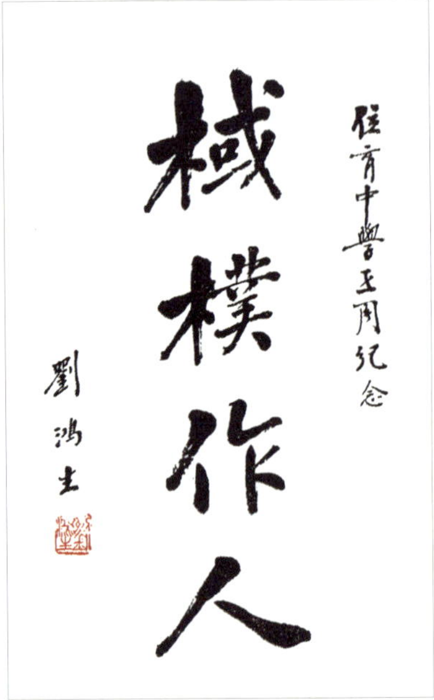

图1-28　校董刘鸿生题字（选自《位育校刊》第3期，位育中学创建5周年纪念题词）

图1-29　校董潘序伦题字（选自《位育校刊》第3期，位育中学创建5周年纪念题词）

图1-30 校董杨志雄题字（选自《位育校刊》第3期，位育中学创建5周年纪念题词）

"百年树人"（图1-30），校董们为位育的创立做出了自己的贡献。位育应该永远铭记这些校董。

第三节 李楚材和位育的那些名师

研究一所学校的创办史，尤其要关注首任校长的过往经历、教育理念、管理方式，以及学校早期的师资情况，因为此很大程度上会决定这所学校的办学品质与特点。

位育中学的第一任校长是李楚材。李楚材晚年在一首诗中写到了自己的经历：

晚清出世小农家，合是穷村一井蛙。
入学民初蹲古庙，求知年少走天涯。
师尊导我寻真理，肝胆照人不掩瑕。[42]

并有一段说明："余生于清光绪三十一年。民元年入国民小学，以古庙为校址。11岁即出外就读。"[43] 李楚材从小就有远大的抱负与志向。

1905年，李楚材出生于江苏无锡南门港庆安镇（今张家港市乘航镇）。幼年，就读于常熟县立第三初等小学、高等小学。后考入常熟县立师范学校，1923年毕业，到上海爱国女子中学小学部当教师。1924年，自感知识不足，所以主动辞去教师工作，考入江苏太仓省立第四中学。1927年3月，报考陶行知在南京创办的晓庄试验乡村师范（简称晓庄师范）。第一批录取新生13位，李楚材即为其中之一。1928年8月，晓庄师范毕业。一度在国立中央大学民众教育学院担任民众文学和民众运动的指导员。后辞去该职，经陶行知推荐，去筹建浙江省立乡村师范学校（即位于萧山的浙江省立湘湖师范）。此后，李楚材相继在宝山县立师范、上海爱国女子中学、中华职业教育社农学团、江苏省立黄渡师范、江苏省立无锡师范学校等校任教师、教务主任等职，其中1933年8月至1935年1月，在上海中

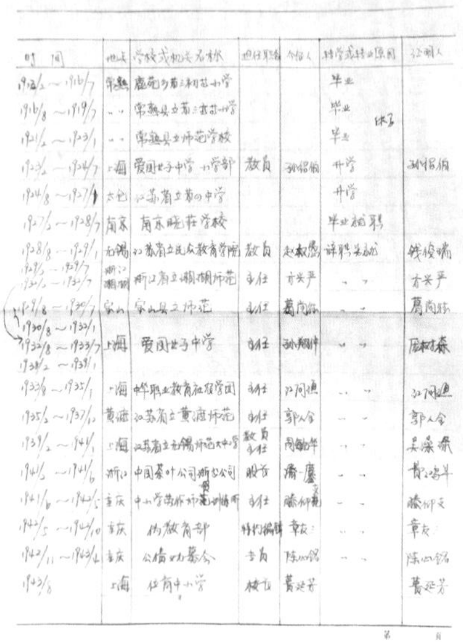

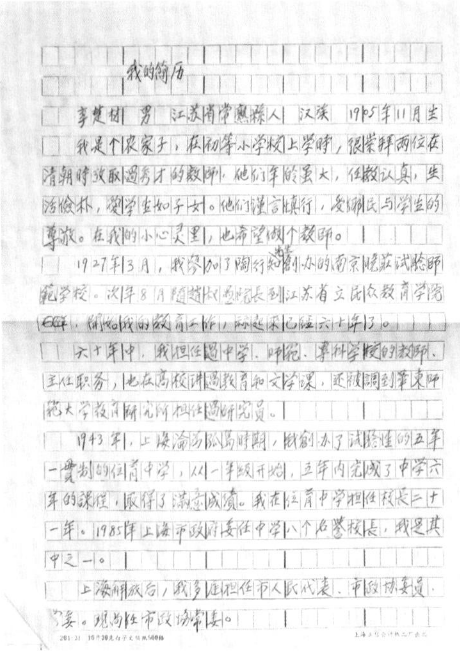

我的简历

李楚材 男 江苏省常熟县人 汉族 1905年11月生

我是个农家子，在初等小学校上学时，很崇拜两位在清朝时考取过秀才的教师。他们年龄虽大，任教认真，生活俭朴，爱学生如子女。他们谨言慎行，受乡民与学生的尊敬。在我的小心灵里，也希望做个教师。

1927年3月，我参加了陶行知创办的南京晓庄试验师范学校。次年8月随赵叔愚院长到江苏省立民众教育学院任职，开始我的教育工作，屈指算来已经六十年了。

六十年中，我担任过中学、师范、专科学校的教师、主任职务，也在高校讲过教育和文学课，还被调到华东师范大学教育研究所担任过研究员。

1943年，上海沦为孤岛时期，我创办了试验性的五年一贯制的位育中学，从一年级开始，五年内完成了中学六年的课程，取得了满意成绩。我在位育中学担任校长二十一年。1985年上海市政府委任中学八个名誉校长，我是其中之一。

上海解放后，我多连担任市人民代表、市政协委员、常委。现尚任市政协常委。

图1–31 李楚材自述：《我的简历》（节选）

华职业教育社农学团任主任，从事乡村教育工作。关于李楚材早年的经历，可参见李楚材自述：《我的简历》（图1–31）。[44]

李楚材拥有丰富的教学经历，撰写的文章亦多。在我们收集的有关他的著述中，较早发表的有短篇小说《石榴树的故事》（1926年）、《今后乡村小学努力的途径》（1929年）、《今后中国的乡村教育增进农民生计改良乡村社会提高农民程度》（1929年）等。[45]他很早就到上海，20世纪20年代曾在爱国女子中学小学部当教师。30年代初又回到上海，《申报》1930年有一则报道提到李楚材在爱国女校任教情况：“爱国女校自迁江湾路尘园后，新校舍颇擅花木之胜，地点幽静，最宜弦诵，较之天保里旧址，不啻天渊。本学期住宿生有二百五十人以上，现高中部由孙翔仲、殷松崖主持，初中部由李楚材主持，其各科主任，均皆富有经验者。”[46]早年在上海的住址：李楚材，福煦路多福里26号，职业：教育。[47]抗战期间，去了大后方，到过重庆等地（图1–32）。

1943年春天，受位育校董会之邀，返回上海，与位育留沪校董会面，决定在位育小学基础上扩办中学，被校董会聘为校长，负责筹建位育中学。李校长后来回忆：

我于一九四三年春，从大后方回到上海，位育校董会留我筹办位育中学。是年六月十二日校董会决议，聘我担任校长，赋予全权，筹备建校。

我接受了任务，深感在沦陷区办学，问题复杂，困难良多，再三考虑，作出了以下决定：（一）学校不挂牌，不公开招生，只接收位育小学毕业生，避免敌伪教育部门干扰。（二）实施五

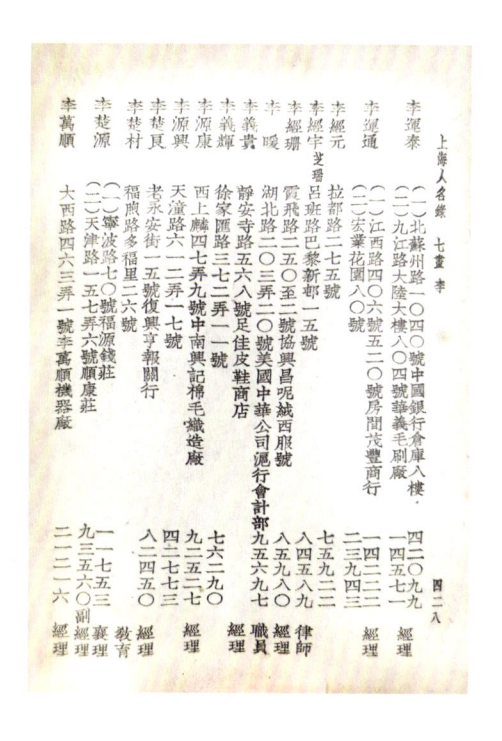

图1-32 李楚材，参见《上海重要人名录》（简称《上海人名录》），上海龙文书店1941年版

图1-33 位育中学校长李楚材

年一贯制，不分初高中，先收中一学生两班，逐年扩展。（三）紧抓教育质量，努力提高文化科学知识水平。[48]

彼时，位育中小学实行一体化管理，也符合"学校不挂牌，不公开招生，只接收位育小学毕业生"的特殊情况。实际上，李楚材就是上海市私立中小学校长，这从当时所发的毕业证书中可以体现（图1-33、图1-34）。但位育中学又相对独立，有自己的印章（图1-35）。

在任位育校长之前，李楚材虽有较长的教学与管理学校的经验，但他还是谦虚地认为："我学过学校行政管理的课程，有着15年在中学、师范、专科、学院担任教师、教导主任的工作经历，但初任校长时，还感到管理整个学校行政的经验不足。"[49]位育中学开办时，上海已沦为孤岛，在特定的时期和特定的环境下，要想办成一所好学校，不辜负校董会的信任和广大家长的期望，培养出符合国家与社会需要的人才，必须要有一些设想和措施。要办好一所学校，关键在于要有一批具有高水平且有敬业精神的师资队伍，李校长深信："师资是办好学校的关键。位育中学开办时，规模很小，师资标准则很高。"[50]对于教师的选拔，第一须高等学校毕业，业务知识丰富；第二要有一定的教学经验；第三要年纪轻，有干劲和培养前途。位育中学早期的教师，基本上都符合这些条件。关于位育中学教职员的各项统计，详见表1-5。校董会也认为早年的位育之所以能在短时间内声名鹊起，与拥有一批优秀的教师有关。所以，自创办之时起，位育就始终重视师资队伍的建设。

1943年8月1日，位育中学新聘教职员来校办公。位育中学早期的教职员工，详见表1-1。

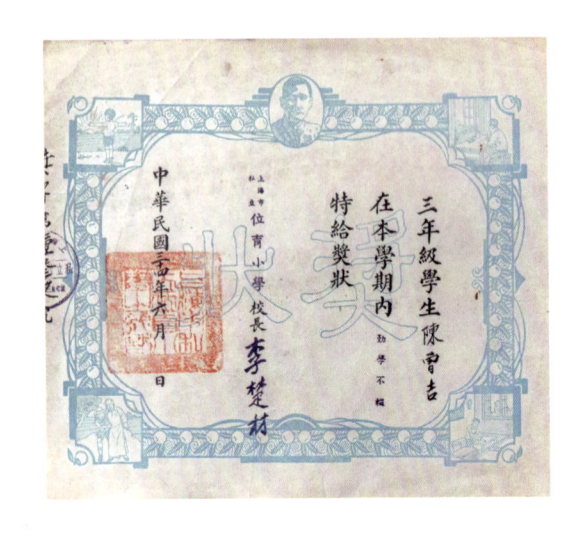

图1-34　上海市私立位育小学奖状，校长李楚材签名（1945年）

图1-35　上海市私立位育中学章

表1-1　位育中学三十二年度（1943）上/下学期教职员工名单

姓名	地址
李楚材	西爱咸斯路712号
穆伯华	台拉斯脱路110号
鲍文希	苏州泗井巷41号
陈维之	福熙路1212号转
朱燿坤	环龙路316号
杨兰秋	马斯南路90号朱瑞颐小姐转
陈安英	霞飞路和合坊82号
朱启甲	昆山菉葭浜镇
钱君匋	海宁路咸宁里十一号
谭翠荣	毕勋路毕兴坊3号
李锦屏	爱多亚路西自来火街太源里22号
李引弟	成都路33弄50号
郁定一	二马路大舞台西弄7号达丰转
赵富英	赵主教路131号
孙蕊	巨籁达路764号

*资料来源：上海市位育初级中学档案室藏。

注：此照档案抄录。个别地名记录或有误（图1-36）。

位育中学的教师，分专任与兼职。初办之时，由于处于战乱之中，时局动荡，教师队伍尚不稳定，流动性较大。1943—1950年位育中学教师人数统计表，详见表1-2。

表1-2 位育中学教师人数统计（1943—1950年）

单位：人

学年度	1943		1949		1950	
学期	上	下	上	下	上	下
专任	4	3	19	17	16	17
兼任	3	3	3	6	10	7
兼小学	8	8	14	12	12	12
合计	15	14	36	35	38	36

*资料来源：《位育中学发展情况统计表》（1947—1954年），上海市档案馆藏，档案号：B105-5-1236。

1948年以后，位育中学的教职员工逐渐稳定（图1-37、图1-38）。表1-3、表1-4，分别为位育中小学兼任教职员名录、中学部专任教职员名录。

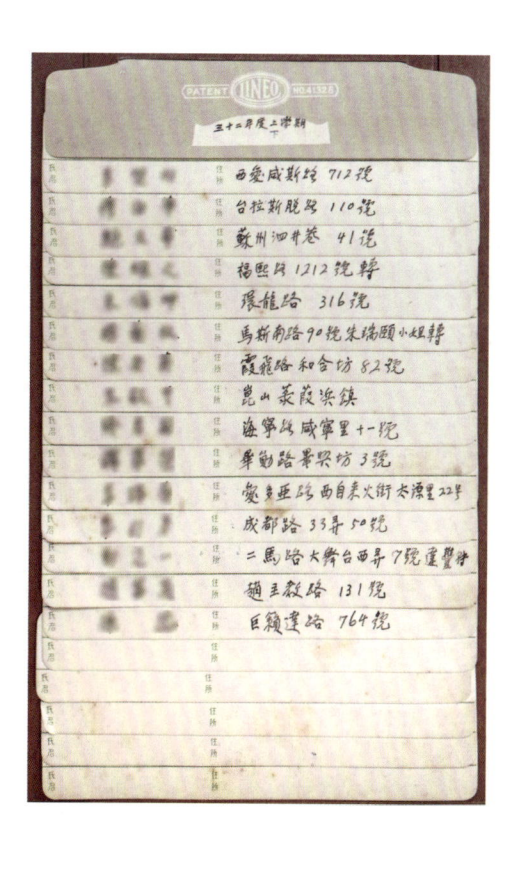

图1-36 1943年度位育中学教职员名录

图1-37 位育中学部分教师（选自《位育中学第一届毕业纪念刊》，1948年刊印）

李玉康先生 化学教师

陈安英先生 数学教师

陆景一先生 生物教师

薛鸿達先生 数学教师

表1-3 位育中小学兼任教职员名录（15人）

姓名	职务（分工）
李楚材	校长
潘炳泉	秘书
郁定一	事务主任
龚毅	生活指导
吴逸亭	音乐教员
赵超人	美术教员
王文仲	劳作教员
奚德新	体育教员
刘莘望	体育教员
徐友文	文书
赵富英	会计
曾以庄	出纳
王仁究	庶务
张令娴	图书馆管理员
陈国璋	保管兼书记

＊资料来源：《位育校刊》第5期，1949年1月刊印。

注：王仁究，有的写"王仁先"，待考。

表1-4 中学部专任教职员名录（19人）

姓名	职务（分工）
陆福遐	教务主任
朱家泽	训导主任
李玉廉	四甲级任
陆景一	四乙级任
张士魁	三甲级任
余小柏	二甲级任
杨乃挺	二乙级任
倪友兰	一甲级任
庞翔勋	国文教员
张信达	数学教员
薛鸿达	数学教员

(续表)

姓名	职务（分工）
周昌寿	物理教员
江希和	英文教员
汪润	英文教员
朱耀坤	英文教员
鲍文希	历史教员
董雪林	体育教员
李引弟	教导员
金循玕	教导员

*资料来源：《位育校刊》第5期，1949年1月刊印。

注：教职员名录中，还收录了小学部有专任教职员，计27人，此略。

需要进一步了解的是，那些教师的年龄、籍贯、学历等情况。表1-5，即为位育中小学校（中学部）教职员相关统计。

表1-5 位育中小学校（中学部）教职员各项统计

A. 性别

性别	教员	职员	合计
男	15	9	24
女	4	4	8

B. 资格

资格	大学或学院毕业	专科学校毕业	师范毕业	总计
	18	5		23

C. 年龄

年龄	20—29	30—39	40—49	总计
	9	17	6	32

D. 籍贯

省市别	江苏省	浙江省	上海市	总计
	28	2	2	32

*资料来源：《位育校刊》第2期，1948年4月刊印，第7页。

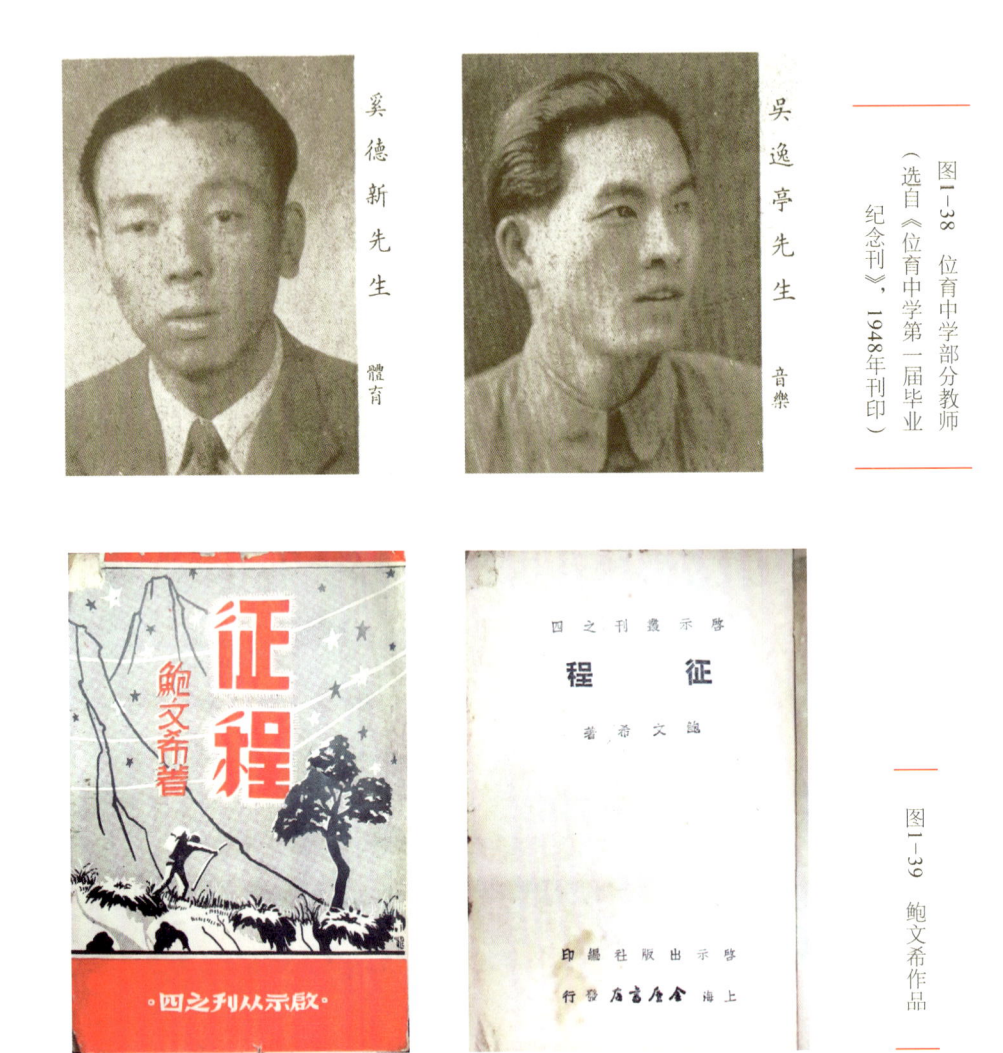

图1-38 位育中学部分教师（选自《位育中学第一届毕业纪念刊》，1948年刊印）

奚德新先生 體育

吴逸亭先生 音樂

图1-39 鲍文希作品

位育中学部（位育中学）教职员各项统计包括学历（资格）、年龄、性别、籍贯等，从中可以整体反映学校的师资队伍情况。教师们年富力强，均在20—49岁之间。教员中大多有大学（学院）背景，有的毕业于国内清华大学、浙江大学等名校，也有留学欧美的毕业生。这在当时也可谓是一时之选。

这里，摘引几位教员的回忆。其中历史教员鲍文希（图1-39）、教导员李引弟写道：

> 我们是在1943年第一批进入位育中学的教师。……开始时只招收两个班，专任的教职员，不满五人。借用了小学（现在向阳小学）的一个教室办公，借两个教室上课。一开始，李校长就确定了办学目标——实验五年一贯制，缩短学制，提高质量，专心致志地研究、试验、探索，要求五年内完成普通初、高中六年的学习任务，使学生的质量与知名的中学并驾齐驱，为高等学校输送人才。为了达到高质量的办学水平，李校长选用德才兼备的教师，对数、理、化、语、史、地都聘大专院校的专科毕业生，富有教学经验的教师，即使音美教师也聘请了现代著名的专家，如书法篆刻

家钱君匋先生。李校长教育同仁认真踏实，加强进修，对同学启发诱导，因材施教，一些颇有才华的毕业校友回忆母校时，都感到受益于老师，在中学阶段打下了坚实的基础。[51]

浙江大学外文系毕业的江希和（图1-40），1948年被李校长聘为位育中学英语教员，他业务精良，教法得当，使外语成为位育教学的一大特色。回忆早年在位育的教学经历，江老师"了无悔意"：

> 那时的我，才涉世，悉为人师，实乃任重力微，但本着国家要强大要向前，认为外语不可或缺，而要掌握非母语的英语首在语法，我谓之"基本建设"，而要"高屋建瓴"，涉猎文学，读点沙翁和拜伦，可知何为他人的文化。及至初当班主任，只知道对你们将心比心，把自己整个儿的一重性格献上，做你们的朋友，建立互信的友谊。这也是我认为的身体力行做人的道理。那时每周一篇周记实为内心的披露、思想的交流（记得有一次将周记选出，张诸黑板，算作交流。版面是于肇英设计的）。及今思之，了无悔意，我们在累积文化，探索素质的成长。[52]

正因为学校有像江希和这样的教员，孕育、累积、探讨，为位育的成长奠定了扎实基础。

位育学子是如何回忆这些老师的？位育中学1948届（第一届毕业生）陈秉枢（图1-41）曾这样叙述创办初期的位育中学，只设有二班，中一甲班和中一乙班，共有学生83名。"给我们上课的老师有李楚材校长、鲍文希先生、陈安英先生、朱耀坤先生和李引弟先生等。学习的科目有算术、代数、语文、英文、历史、博物、体育和音乐。鲍先生教历史，陈先生教算术和代数，朱

图1-40 江希和（英文教师）

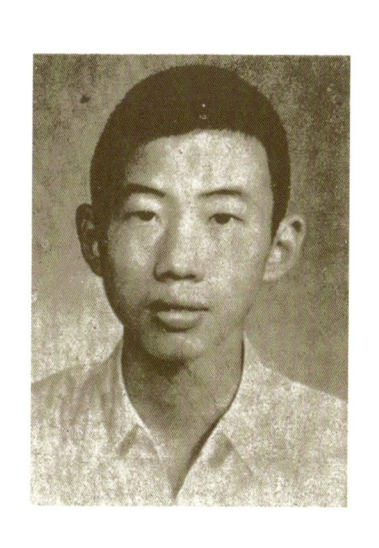

陈秉枢

有着数学的天才。

然而抽去了这，他像其他一切影述一样的莫明其妙，自觉而又不自觉地背出了好莱坞的数十個熠熠红星和一個個混饭的藝術家的尊姓大名，而不懂得也不願多想背了究該作什麼用，因而被尊為也自承為影述的资格以外，他便是一個毫無特徵的人。

——漢儀——

图1-41 陈秉枢同学（选自《位育中学第一届毕业纪念刊》，1948年刊印）

先生教英文。李校长经常到班上听课，有时还教我们语文课。1943年9月，位育中学开学了，我上的第一课是陈安英先生的代数课，用的课本是《易进代数》。陈先生教课简洁、生动、易懂，至今仍使我记忆犹新。"[53]

陈佳洱（图1-42），早年在培德临时中学上初一，1946年2月转入位育中学。位育中学实行两种学制，五年制、六年制，要凭分数进，从中学二年级开始分班。陈佳洱读的是五年制，"当时位育的老师，朱家泽，教中文；李玉廉，清华大学毕业的，教化学；周昌寿，复旦大学毕业，教物理。陈安英老师美国留学归来，教代数。陆福遐，教英语。那时位育的英文教学水平很高"[54]。

彼时的位育中学名师云集，这些教员长期从事教育事业，能投入极大热情，培养子弟，悉心传授知识技能，这是位育在短时期内能做到高水平办学的重要保证。

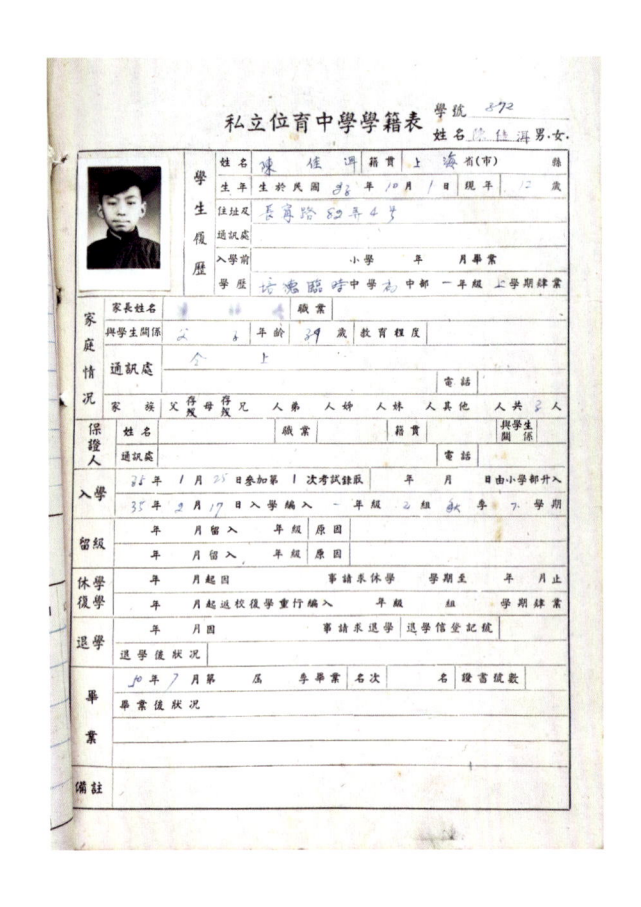

图1-42　陈佳洱（1950届）学籍卡

第四节　位育在"苦难中的生长"

1943—1949年是位育中学的初创时期，也是重要的发展阶段。这一时期的办学状况，包括办学理念、学校管理、师资与生源、课程设置，以及办学的社会影响，等等，都是需要深入探讨的。

1949年1月14日，第5期《位育校刊》出版，刊登校董姚惠泉撰写的《位育在苦难中生长》（图1-43）。姚校董认为，这个苦难主要是受"大环境的影响"。时局动荡，战乱不休，灾难接踵，位育中学在"苦难"中产生，从校舍建设到立案手续，从经费筹措到人事问题，都经历了很多曲折。但位育的校董、校长、教师克服种种困难，在"苦难"中成长，为学校赢得了无量的前途。[55]在这一期的《位育校刊》中同时刊发李楚材校长的《私立学校问题》、鲍文希老师的《时代产儿的位育中学》，从诸多角度分析位育的办学情况（图1-44）。这也是办学者（亲历者）的感受，值得仔细品读。

作为观察者，有一位社会人士在访问位育学校后评价说：

> 初创时"位育"，正如该校先生们所说的"已经到了懂得世故的年华"，是受过苦难来的。今

天，当然更非"苦尽甘来"的时候。……

"位育"也逃不了一般私立学校所遭遇的苦难，都限于"经费"无法发展，譬如以操场来说，本是学生活动的场地，虽则他们一样活活泼泼地在玩儿，在做游戏，但要在水泥地上甩跃打究竟是危险的，又如图书仪器来说，虽则也名目繁多，但真正能实地配合学生的"胃口"，还是不够的。但这不是位育一校所应负的责任，这应是整个中国教育界有苦所说不出口来的一个弱点。相反，正如同有一部分人对教育视同点缀园庭的"盆景"，是可有可无的，再说句笑话，今天教育多少要妨碍"政治""军事"，不能使其"畅所欲为"，那是一定的。

但话虽如此，"位育"还是有位育的目标，正如李楚材校长所说，"位育因国难而产生，位育要解救国难而努力"的，在他们"未来的工作重点"，还得要扩充校地添建校舍，充实设备，并一本穆故主席校董藕初先生所希望的"我们的教育，重质不重量"，要"为教育而教育"，要"为新教育做开路先锋"！[56]

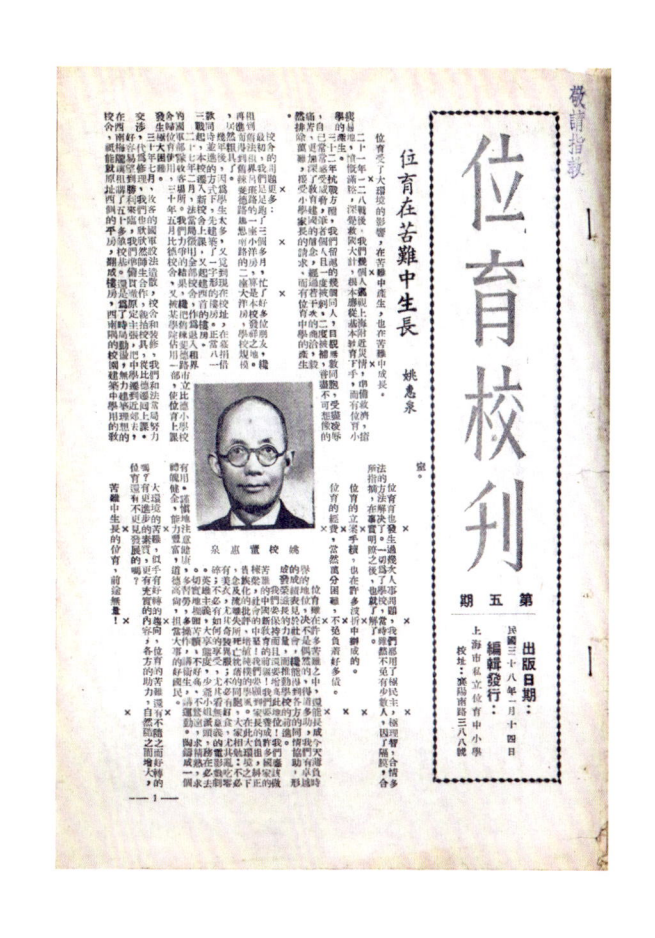

图1-43 姚惠泉：《位育在苦难中生长》
（选自《位育校刊》第5期）

位育中学诞生于特殊的时代，在苦难中产生，但在广大校董与社会各界人士的支持下，依靠师生们的努力，在"创造、生长"中成长，开辟出新教育的一片新天地。初创时期的位育发展很快，我们从几个方面来反映。

第一，关于位育中学的立案与备案。

位育中学于1943年创办，但一直没有挂牌，也不公开招生，处于"只接收位育小学毕业生"的特殊情况。这种状态一直要到抗战结束后才改变，1946年8月《申报》刊登位育中学招生的消息：一、中学一年级新生，小学高年级插班生；二、考期八月十九日；三、报名：八月十五日至十八日；四、校址：拉都路（襄阳路）三八八弄十五号，电话：七三二四〇。[57]

为何不能公开招生，因为这涉及学校的立案、备案问题，经历了一个复杂、曲折的过程。社会各

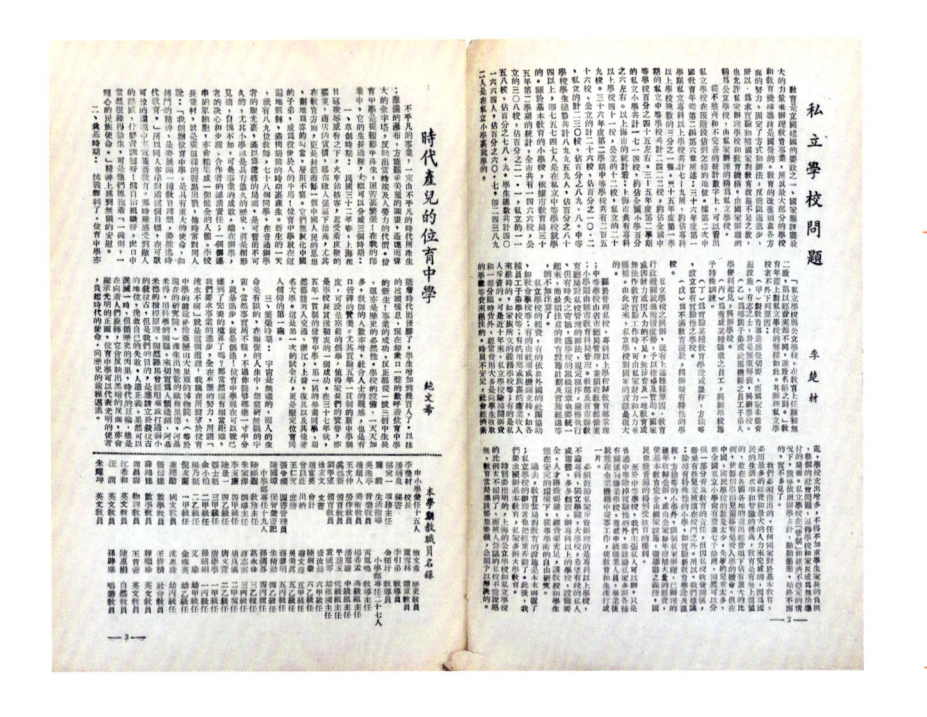

图1-44 李楚材：《私立学校问题》，鲍文希：《时代产儿的位育中学》（选自《位育校刊》第5期）

界也一直关注位育中学的立案事宜。1946年10月30日《申报》就刊登"简讯"："从市教育局获悉，昨日下午三时，召开私立学校立案审查委员会，审查结果，拨准立案之中小学，有私立位育中学等十三校。"[58] 实际上，抗战胜利后，位育中学按照中学法规所定的程序，首先造具各项表册，于1946年1月备文呈请上海市教育局立案。经教育局派员视察认可，于8月1日准许位育董事会立案，学校可以开办。12月13日又奉市教育局相关令，准位育中学立案，1947年6月立案证书、校钤亦同时奉颁。1948年4月，上海市教育局将位育中学呈件转呈教育部备案，4月14日奉教育部的相关指令核准本校董事会备案。11月11日奉教育部会字第六一六二九号令准备案，至此，位育中学立案的准备程序全部完成。[59] 1949年1月出版的《位育校刊》第5期，作为"校闻"刊登教育部核准位育中学备案消息（图1-45）：

> 本校于卅七年十二月三日奉教育局沪教中37字第一六七五二号训令，转奉教育部同年十一月十一日会字第六一六二九号代电，核准本校备案。查本校董事会于三十五年八月奉教育局核准立案，三十七年四月奉教育部核准备案，学校开办于三十五年八月奉教育局核准，三十七年四月奉教育部准予备案，学校立案于三十五年十二月奉教育部核准，此次复奉教育部核准立案，至是本校立案手续，业已全部完成。[60]

在学校的大事记中，记录了几个关键时间：1946年8月1日，上海市教育局核准位育中学校董会立案学校开办；是年12月13日，市教育局核准本校立案；1948年4月14日，教育部核准董事会备案。

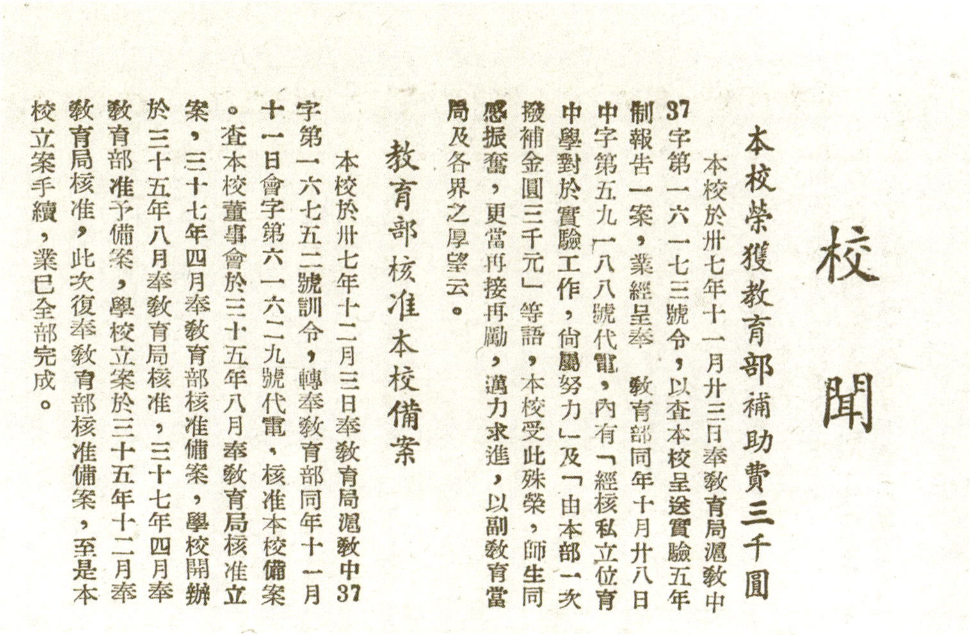

校聞

本校榮獲教育部補助費三千圓

本校於卅七年十一月廿三日奉教育局滬教中37字第一六一七三號令，以查本校呈送實驗五年制報告一案，業經呈奉 教育部同年十月廿八日中字第五九一八八號代電，內有「經核私立位育中學對於實驗工作，尚屬努力」及「由本部一次撥補金圓三千元」等語，本校受此殊榮，師生同感振奮，更當再接再勵，邁力求進，以副教育當局及各界之厚望云。

教育部核准本校備案

本校於卅七年十二月三日奉教育局滬教中37字第一六七五二號訓令，轉奉教育部同年十一月十一日會字第六一六二九號代電，核准本校備案。查本校董事會於三十五年八月奉教育局核准立案，三十七年四月奉教育部核准備案，學校開辦於三十五年八月奉教育局核准，三十七年四月奉教育部准予備案，學校立案於三十五年十二月奉教育局核准，此次復奉教育部核准備案，至是本校立案手續，業已全部完成。

图1-45 教育部核准位育中学备案，《位育校刊》第5期《校闻》

第二，关于位育中学的学制、课程、教材、教学方法等。

在学校开办中，学制、课程等是教学的核心内容。要了解位育中学早期的教学、教务等工作，有2份资料需要研读，一份是陆福遐撰写的《中学部教务工作纲要》，另一份是《位育中学五年实验报告》。

陆福遐（图1-46）提交的《中学部教务工作纲要》（图1-47）中谈到，学校实验六年一贯制，“并拟于五年内完成六年课程”，实行以来，已届第五学年。关于实施的措施，主要内容有：一、关于教材。1.依据新课程标准，修订各科教材细目。2.选择各科补充教材。3.编辑教科书。二、教学要求。1.举行分科会议研讨教学方法。2.详细认真评改习作簿籍。3.规定理化生物实验标准。4.励行自学辅导。5.延聘专家指导各科学习方法。6.顾及学生了解之能量，指示学生研究之途径及参考之图书。三、关于学生的成绩考查。1.定期考试改为每学期两次，停课严格举行。2.注重日常考查，每周举行临时测验。3.揭示优良成绩，以资观摩。4.校庆日举行成绩展览会。[61]

从位育中学实施的第一届五年制来看，非常成功。“五年制实验班首届毕业生于七月结束，毕业生几乎全部考入公私立著名大学，是项试验，成绩尚称圆满。”为此，教育部特拨助三千金圆，以资奖励（图1-48）。[62]

稍后，学校撰写了一份更详细的报告，此即《位育中学五年实验报告》（图1-49）。具体分为六个部分：一、实验动机；二、实验计划大要；三、学校行政概略；四、教务设施；五、训导设施；六、实验工作检讨。[63]该报告内容非常全面，可以说，也是对位育中学五年办学的总结。

在这份报告中，对位育中学的课程、教材、教学方法都有完整的阐述。在课程方面，因计划于五

图1-46 位育中学教务主任兼英文教师陆福遐
（选自《位育中学第一届毕业纪念刊》，1948年刊印）

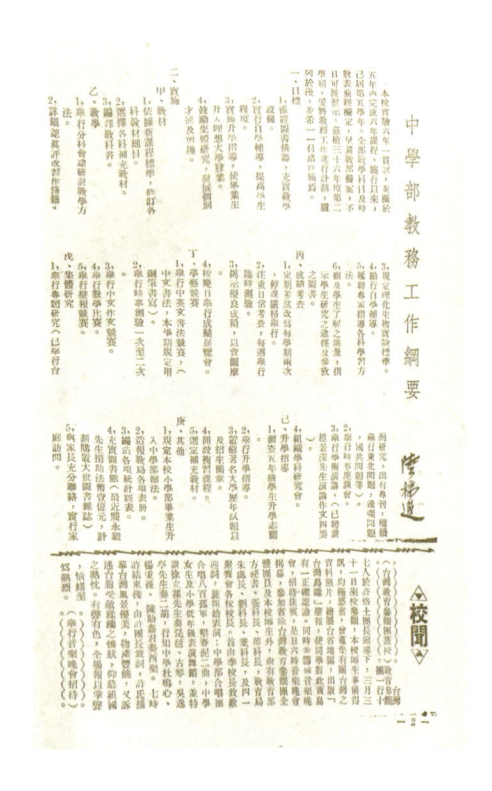

图1-47 陆福遐：《中学部教务工作纲要》
（选自《位育校刊》第2期）

年内完成六年课程，各级教学科目及教学时数会比照"部颁六年一贯制中学教学科目及各学期每周教学时数表"参酌实际需要改订。[64]改订以后之情形为：（一）教学科目未曾减少，主要科目五学年总时数不少于部颁标准，且力求匀配；（二）一年级劳作、美术、音乐等科每周时数悉与部颁标准相符，年级增高即渐次递减，而使学生于课外活动中，延续此种技能学科之学习兴趣，教师乃从旁辅导；（三）各级每周上课总时数以33小时为限，除星期六下午停课，上午4小时外，每日平均上课6小时，并不因缩短年限而增加；（四）有施行重点教学之偏向，低年级注重工具学科，如国文、英语，高年级注重理解较为困难之学科，如数学理化；（五）对相关较密之学科有适宜编配。

1952年6月，李楚材校长致上海市人民政府教育局《为下学期我校改制问题请示》，提到："我校于1943年创办，试行六年一贯制课程，并作五年□成之实验。□（今）年暑假，我校五年一贯制第五届及六年一贯制第二届学生毕业。下学期开始，拟遵照中央人民政府教育部颁行之中学暂行规程办理。"[65]

关于教材的编选。这也是位育中学在实验过程中遇到最困难的事情。由于各书局（出版社）尚未印行六年制中学的教科书，所以，无现成的教材可以采用。为此，位育中学根据学校的实际情况，采取以下几种办法：（一）三三制国文、英文课本，采循序渐进，故仍沿用，酌量节删补充，进程亦较速；（二）数理化学科，除算术、初等代数外，均采用高中课本，唯开始教学时则由教师自编讲义，做必要之准备与补充；（三）历史、地理及公民由教师自编纲要教授，并指定学生购备与其程度相符合之书籍作为参考；（四）其他偏重技能训练之学科，由教师按课程标准，于学期开始时拟定教学进度预定表实施，遇有须提供理论知识时，可由教师自编材料教学。[66]在教材方面，学校的各科、各级教材，相关教师均精心研究、择定。可见，位育中学对教材使用之重视，以确保教学质量。

关于教材问题，李楚材校长后来也有说法："那时各学科都没有现成的课本，我们根据各学科的特点，采取各种办法：有的自选，如语文用活叶文选，英语前三年用高中教材，后两年用大学课本；有的采用六年制中学原有教材，如生物学科；有的采取初高中教材由教师混合编写应用，如历史、地理学科；有的前三年自编教材应用，后两年用高中和大学的课本，如物理、化学学科。为了加深数学、物理、化学学科的程度并扩大知识面，四、五年级采用英文教学。"[67]仔细阅读这段记述，就知道当时位育中学的教材难度与教学水平，初中读高中的课本，高中读大学的课本，高年级采用英文教学，都"打了提前量"，教师均能胜任，学生自然收获很大。这也部分揭示了位育早期办学卓有成效的奥秘。

至于采用的各科教学方法，除均注重适应学生能力引起学生兴趣，使能理解所授教材外，更要指导学生善于发现问题，"作进一步之探讨"。提倡养成自学习惯，且按各科性质，做到：（1）语文学科注重听音、阅读、发表之熟练，培养欣赏及应用技巧；（2）数学科注重理解应用，奠定高深研究之基础；（3）理化生物注重观察实验，启发研究自然现象之兴趣；（4）史地公民注重系统及事理分析，使常识丰富，并训练

图1-48 位育中学1947年授予品学兼优旗

图1-49 《位育中学五年实验报告》（选自《位育校刊》第3期）

推理能力；（5）劳美、音乐、体育等科，则适应个别差异，注重基础训练。[68]

第三，关于位育中学创办初期的生源、学生情况分析。

位育中学由李楚材等一批教育家办学，有自己独特的办学理念与方法。他们注重生源，重视与学生家长的联系，严格新生的入学考试，在班级设置等方面也有一套自己的管理方法。

先看几个表格。

表1-6 位育中学学生籍贯统计（1948年度第二学期）

省市	人数	省市	人数
江苏	203	山西	1
浙江	146	陕西	
安徽	12	甘肃	1
江西	9	青海	1
湖南	2	安东	1
湖北	7	黑龙江	
四川	3	上海	54
福建	17	南京	3
广东	17	北平	2
云南		天津	
贵州	1	滨江	
山东	2	重庆	
河北	1	总计	483

*资料来源：《位育校刊》第6期，1949年3月刊印，第3页。

从籍贯上看，位育中学的学生主要来自江苏、浙江、上海三省市，占约83.4%。在"年龄"一项统计中，位育中学483名学生，10—11岁，3人；11—12岁，33人；12—13岁，79人；13—14岁，86人；14—15岁，72人；15—16岁，82人；16—17岁，57人；17—18岁，47人；18—19岁，19人；19—20岁，3人；20—21岁，1人；21—22岁，1人。[69]大多数学生是在11—19岁之间，11岁以下只有3人，而19岁以上也只有5人（图1-50）。

位育中学十分注重与家长的联系。成立不久，1943年10月11日就开始收集家长意见表。12月11日，举办成绩展览会，召开家长恳谈会。在学生的培养、成长中，家庭、家长是重要的环节。关于位育中小学家长职业的调查，详见表1-7。

表1-7　上海市私立位育中小学校家长职业情况表

职业	中学（人）	小学（人）	职业	中学（人）	小学（人）
商业	330	675	新闻	1	2
工业	27	43	军警		3
公务员	40	38	交通	14	36
教育	30	50	家务	9	19
律师	3	16	其他	8	5
会计师	1	13	无业	7	5
医师	13	33	总计	483	938

*资料来源：《位育校刊》第6期，1949年3月刊印，第3页。

从该表中可以得知，在位育中学，从事工商业、教师职业的家庭（家长）有387人，占80%以上；位育小学则更高，约占81.8%。

通过对上面表格的分析，可以对位育中学的生源状况有所了解。接下来，就是学校对新生入学、班级设置与学生人数的安排。

位育中学自初中一年级办起，而后逐渐扩充，对新生入学有严格要求，除通过考试考核其学科成绩外，还要举行智力测验、口试，以及体格检查。学校抱宁缺毋滥之旨，凡不合标准者概不录取。所以，学生素质尚能达到水准。入学以后，还要"根据其各科成绩、学习能量，分组授课，同一教材，异其课程，便利教学"。[70]表1-8，为1943—1947年位育中学所设班级及学生人数统计情况。

表1-8　位育中学学级编制情形表（1943—1947年）

年度	学期	班级	学生人数（人）
1943	第一学期	一年级两班	82
1943	第二学期	一年级两班	78
1944	第一学期	一二年级各两班	182
1944	第二学期	一二年级各两班	179
1945	第一学期	一二三年级各两班	286
1945	第二学期	一二三年级各两班	293
1946	第一学期	一二三年级各两班	332
1946	第二学期	四年级一班	321
1947	第一学期	一二三年级各两班	399
1947	第二学期	四五年级各一班	391

*资料来源：《位育中学五年实验报告》，选自《位育校刊》第3期，1948年6月刊印，第4页。

学级编制情形，涉及学期、班级、学生人数等安排。到了1949年，中学部各级学生人数明显增多，详见表1-9。

表1-9 位育中学部1949年各级学生数统计

年级	男生（人）	女生（人）	合计
五甲	28	9	37
五乙	30	11	41
四甲	23	10	33
四乙	33	11	44
三甲	40	13	53
三乙	43	10	53
二甲	44	18	62
二乙	42	18	60
一甲	39	14	53
一乙	45	9	54
合计	367	123	490

*资料来源：《本学期各级学生数统计》，选自《位育校刊》第8期，1949年10月刊印，第5页。

查阅位育中学档案：1943年上学期，有2个班，其中男生68人，女生15人，合计83人。到1949年上学期，有10个班，其中男生368人，女生122人，合计学生数为490人。[71] 1947年度，第一届五年制毕业，此后至1950年，共计毕业学生154人（图1-51）。

表1-10 位育中学历届毕业学生人数统计表（1947—1953年）

单位：人

类别/年度	1947	1948	1949	1950	1951	1952	1953
五年制	28	36	32	24	33		
六年制				34	37		
高中						44	87
初中					109	109	169

*资料来源：《位育中学发展情况统计表》（1947—1954年），上海市档案馆藏，档案号：B105-5-1236。

五年制试点从1943年招收第一届学生到1947年为止，共招收五届学生。自1948年开始，当时的教育当局规定中学全部实行三三制（初中、高中各三年），为六年学制。所以，从1948年开始，位育中学停招五年学制，学生全部按要求招收六年制学生，同时从1948年开始，学校从读完三年的五年制学生中，选择部分学生改读六年制（1945、1946、1947年招收的五年制学生）分别于1951、1952、1953年毕业。关于毕业学生的去向，下文将有详细考察。

第四，推进位育各项事业的整体发展。

位育中学自创校以来，克服办学的诸多困难，整体推进学校各项事业的发展。

1. 学校注重建章立制。翻阅位育校史资料，会发现学校制订了大量决议条例、制度章程，涉及学校发展的方方面面。1949年制定《上海市私立位育中小学行政组织暂行条例》，分总纲、校长、教职员及校务会议、校务委员会、教导处（中学部分）、教导处（小学部分）、事务处、附则，共计7章。[72] 对位育办学做了很多规定，该条例也可视为位育办学的重要章程（图1-52）。

另有一份《位育中学校务委员会决议案件摘要》，其中规定了很多内容，包括同人年功加俸、教职员聘任期限需按行政组织条例规定、校服色样、运动场地出借规则、升旗仪式、本校校旗规定，等等，还有一条规定："家庭接送学生车辆，上学放学时拥塞巷道，妨碍交通，应由学校通告家长，除幼稚生外，接送车辆一律停于巷道外上下，并由工友及同学组纠察队予以劝阻。"[73] 从这一则规定来看，当时已有部分位育学生是由车

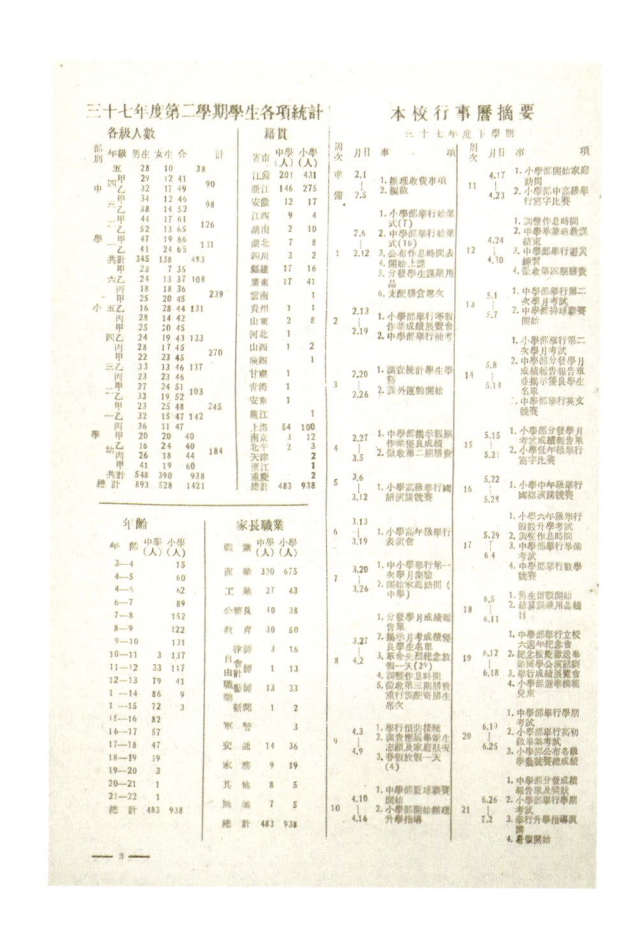

图1-50 位育中学学生相关统计
（选自《位育校刊》第6期）

图1-51 位育中学历届毕业生人数统计表
（1947—1953年）（选自《位育中学发展情况统计表》[1947—1954年]，上海市档案馆藏）

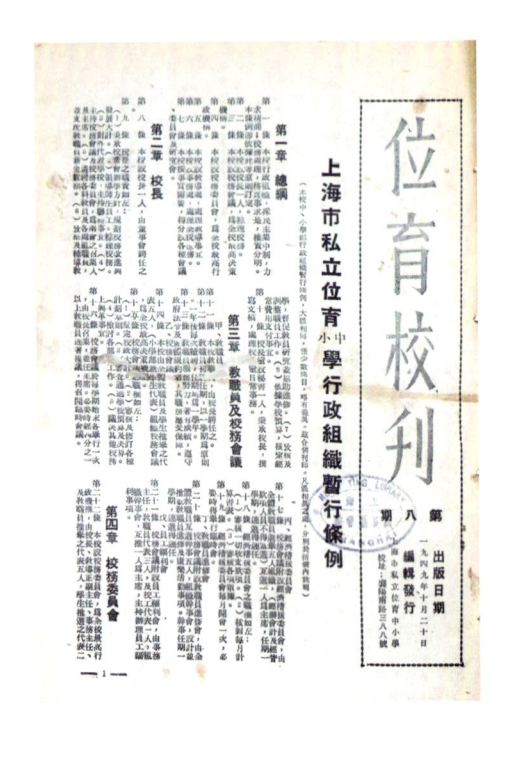

图1-52 《上海市私立位育中小学行政组织暂行条例》（选自《位育校刊》第8期）

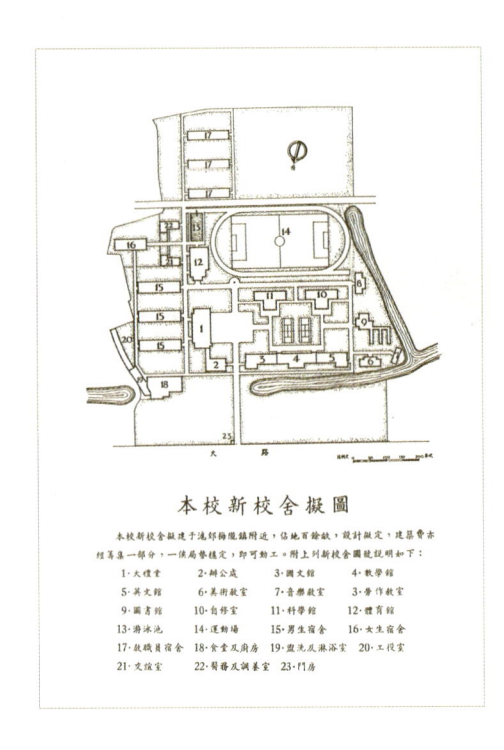

图1-53 拟建新校园图纸（选自《位育中学第一届毕业纪念刊》，1948年刊印）

辆接送的，家庭条件较好。

2.学校重视办学条件的改善。一方面，位育中学是利用位育小学的余舍开办的，但随着班级逐年增加，因为是中小学合用，"辄感场地狭小，簧舍不敷"[74]。另一方面，校董会与李校长也一直谋划购置校地，增建校舍。由沈曼英女士资助，1946年始于漕泾区梅陇镇东，购得校地34亩，合租借之地，共计校基54亩。但"惟该处距市区甚远，若兴工建筑，规模极大，爰先筹办农场，培植树秧，完成建设计划，犹待继续努力"[75]。一俟学校经济好转，再行兴建梅陇镇新舍（还绘制了建新校园图纸）（图1-53）。

为了解决校舍问题：1947年1月14日，学校添建B字校舍奠基；3月1日，添建B字校舍落成，这年的8月16日，学校添建E字校舍奠基；10月8日，E字新校舍落成，增辟教室9间，办公室、图书馆等多间（图1-54、图1-55）。据学校档案记载：

1943年，场地面积900平方公尺。1949年保持不变。

1943年，校舍面积200平方公尺，到1949年为801.13平方公尺。

1943年，教室有2间，到1949年有10间。

学校设有图书馆，实验室、阅览室、办公室等。1949年，有实验室1间，图书室1间，办公室4间。位育中学图书馆1949年有藏书2751（册）。[76]

在校董们的支持下，学校也在努力改善办学条件。对此，郁定一老师有一段回忆：

图1-54 办公室、图书馆（选自《位育中学第一届毕业纪念刊》，1948年刊印）

图1-55 宿舍（选自《位育中学第一届毕业纪念刊》，1948年刊印）

  旧社会的私立学校，很少重视各科设备，像数、理、化、生、体育用品、挂图仪器标本等。李校长则认为要提高教学质量，教学用具及设备必须完备。学校图书、报纸杂志、体育用品等都列入预算，留出专款。

  因之学校教学设备，逐年增加，逐步完善。这样，对教师的教学积极性、学生的学习情绪的提高，起了相当作用。由于学校不断发展，声誉日增，教室、实验室、图书室、教职员工宿舍，不敷应用。在经济情况极度困难条件下，李校长四处奔波，请社会贤达和学生家长给予资助。1947年在学校西部扩建二楼房舍一幢，辟为理化生实验室，接着又扩建二层楼房一幢，作为教室、图书室、办公室。[77]

在位育办学中，也经常得到社会人士的慷慨捐助，相关消息在《位育校刊》中予以刊登。

  3. 努力改善收支状况。作为一所私立学校，位育办学不易。虽然一些学生来自工商家庭，但由于社会动荡，经济凋敝，各个阶层处境均感困顿。学校也想方设法筹集资金，学校一度也因"乱收费"，在社会上造成一定的影响。1947年3月《申报》以《私校溢收学费，教局令饬发还》为题予以报道："收费均属超过私立中小学校长会议自定标准，业经令饬迅将溢收之数，一律发还，如不遵照办理，即予限令停闭。"[78]其中位育中学也在其内。为了解决经费问题，除校长李楚材、事务主任郁定一、会计赵富英、出纳曾以庄参与外，学校还成立了经济稽核委员会，分中学部、小学部，中学部由陆景一、李玉廉、余小柏、倪友兰、汪润任委员。

  学校的收支状况，以1948年为例，详见表1-11。

表1-11 位育中学三十七年度（1948）第二学期收支预算表（1948年2月1日起至1949年7月30日止）

收入项	
项目	金额
经常收入	
（1）学费481人@$14,000.00 $6,734,000.00	
除免费47人　　　　443,200.00	$6,290,800.00
（2）杂费481人@$4000.00	1,924,000.00
	$8,214,800.00
杂项收入	
（1）留额费498人@$20000	$99,600.00
（2）利息	200,000.00
	$299,600.00
共计	$8,514,40.00

支出项	
项目	金额
经常支出	
（1）薪工　　72%	$5,914,656.00
（2）办公费　6%	492,888.00
（3）购置费　12%	1,314,368.00
（4）修建费　1%	82,148.00
（5）福利金　2%	164,296.00
（6）膳贴　　3%	246,444.00
	$8,214,800.00
杂项支出	
（1）运动费	$49,800.00
（2）图书费	49,800.00
（3）活动费	50,000.00
（4）其他	150,000.00
	$299,600.00
共计	$8,514,400.00

＊资料来源：《位育中学三十七年度第二学期收支预算表》（三十七年二月一日起至三十八年七月三十日止），选自《位育校刊》第6期，1949年3月刊印，第3页。

表中涉及"中学部",有几点说明:(1)中学部各级学生每人缴纳学费1.4万元,杂费4000元:共计1.8万元。(2)中学部核准学费全免者17人,半免者二27人,部分减免者3人,共计47人,免学费44.32万元。

关于教职员薪金及员工的工饷,在收费结束后应全部发清,中学部共付薪工6252680元。超过预算额338024元。福利金、膳贴二项,亦已依预算划出,福利金由教职员会保管支用,膳贴由膳食委员会购存柴米,贴补教职员及校工膳食。

尤其值得一提的是,到了1949年,"本学期开学之初,物价波动甚烈,致学费增加比率与物价上涨指数距离益巨,如按增收学费倍数发薪,则教职员所得,其购买力殆及上学期之半……故本学期实际教职员薪津支出,约占总收入百分之七十七",与原有规定的72%,明显突破。为了解决教职员的生活问题,学校于开学时特发6个月薪给一次发给,以免币值贬跌遭受损失。[79]学校方面也尽量为教职员工考虑,帮助他们克服困难,共同渡过难关。李校长在一篇文章中也提到这一时期的位育开支情况与办学条件:"位育中学可说是白手起家的。开办时,校董会只拨借小学余款购买必不可少的校具和教具,第二年就还清。学校全部开支,依靠学生所缴学杂费收入,学费较一般学校贵些。收费后,以百分之七十为教职员工工资,因当时币值不断下降,物价直线上升,因此六个月工资一次发给,以便教职员工购储日常生活用品。百分之三十作为办公费及福利事业之用,如供给膳食,雇工为住校员工洗涤衣服等。办公费每有节余,即添置校具、教具、仪器、图书。"[80]

4.恢复编辑、出版《位育校刊》。前文提及《位育校刊》有两种,早年的校刊是由位育小学创

图1-56 《位育校刊》第9期(1950年1月刊印)

办的。1943年位育中学成立,"以小学部毕业生为基础,试办六年一贯制中学,此项学制,部令各省市试验,迄今未有定论。战前江苏省立上海中学一度设班试验外,其以整个学校作试验者,就上海论,仅有我校"。所以备受外界关注。随着位育中学办学的推进,"我校至如何进行,如何设施,本校迄无报导之机会,而各方关心者,则甚愿得一正确材料,予以研究指示也"。[81]彼时"校刊迄未恢复",主要是物价昂贵,学校也没有发行定期刊物之力量。1948年3月,在学校的多方努力下,又开始编印《位育校刊》:"本刊之诞生,一则记载学校情况,便师生共同检讨;一则沟通社会声气,供教育界及家长共同研究。所愿教育界先进暨家长,能对本校作切实之指引也。"[82]至1950年1月,共出9期。这份校刊保留了大量史料,成为研究早期位育中学校史的重要文本(图1-56)。

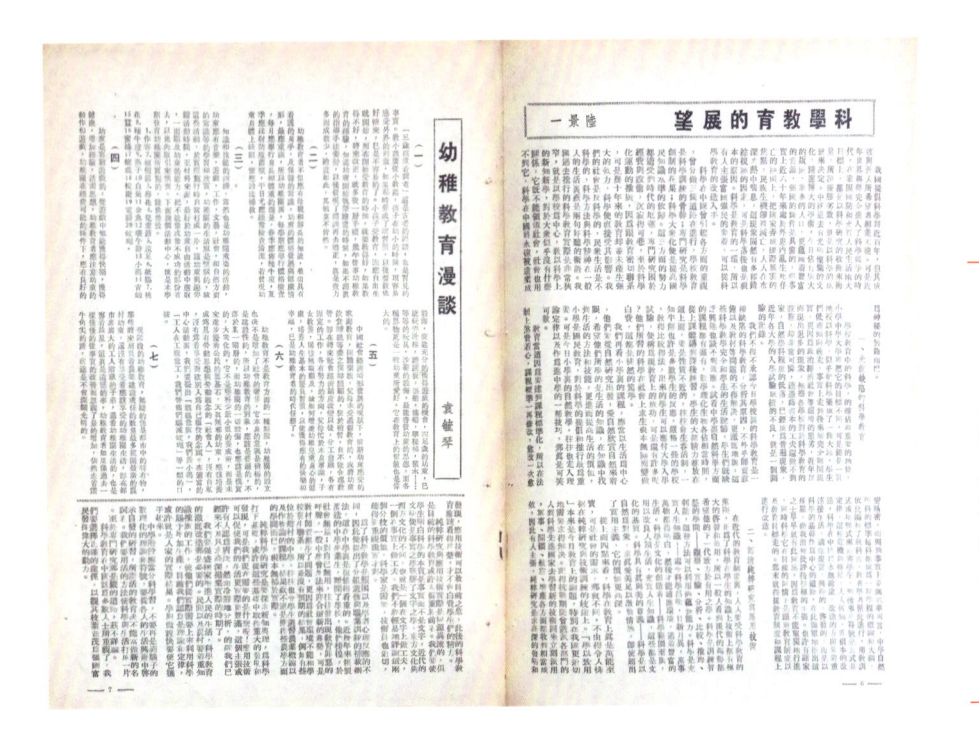

图1-57　陆景一:《科学教育的展望》（选自《位育校刊》第7期）

第五，位育中学办学特色的形成。

1949年出版的《位育校刊》第7期，发表了位育中学老师陆景一（系生物教员）的文章，题为《科学教育的展望》，全文近3000字（图1-57）。在文中，他提到："我国提倡科学将近百年，但其成效与吾人所希望者相差太远。可是近年世界趋势完全进入了科学竞争的时代，在巩固国防和充实人民生活两大目标上，都是以科学研究的收获来衡量，所请优胜劣败，就是以科学的成就来决定。"开宗明义，强调科学研究的重要性。继而他认为民族振兴要靠科学，而"科学是教育的一环，所以有人主张富国强民的要着，可以从科学教育的改造入手"。他分析说，我国过去推行的科学教育实际上是非常狭窄的，就是以学校为中心，教以科学上的新知新学，"对于大众似乎没有什么关系，它既不能领导社会，社会也用不到它，科学在中国将永远被遗弃成神秘的装饰而已"。接着，他从几个方面谈科学教育：（一）先说缺陷的科学教育；（二）要认清纯粹研究与应用技术。所以，他提出："中学阶段应当分科学习，不要再是满脑子的数理化的理论和符号，要从各人的生活兴趣中启示自发的研习，所谓活的教育绝不能当作新的名词看。我们要用活的方法使科学与生活打成一片。"唯有重视科学教育，使其枝叶并茂，"为强国富民发挥伟大的动力"[83]。

在位育早期办学，从校长到教师都强调重视"科学教育"，这一点非常重要，由此也成为位育办学的一大特色。对此，位育学生有切身体会。在一次采访中，曾有记者问位育1950届毕业生陈佳洱："学校教育对你真正走上科学道路又是什么样的影响呢？"陈佳洱回答："应该是决定性的影响。印象深的是我就读的上海位育中学，当时的校长是陶行知先生的学生，学校秉承了许多陶行知的教育思想，每年都举行科技节，展示学生的各种发明创造。比我高一班的同学用自制无线电发射台播音，我在家里也能收到，真是佩服。我和我的同学后来发起创办了名叫《创造》的刊物，发表自己的作品，翻译《大众科学》等外文刊物上的文章，自己印发。当时中学生自己办刊物的并不少见，但办科学类是独此一家。为此还有记者来采访我们，我写的文章《我们是怎样出版创造的》，还配发编者按，登载在当时的《大公报》上。"[84]陈佳洱在一篇回忆文章中也提到，他对科学产生了强烈的兴趣，就是从位育中学开始的，"我们中学校长李楚材先生很重视数理教学，我的班主任是清华大学毕业的高材生，其他任课老师大都是复旦等大学的兼职教师。那时，我和几个同学成立了'创造社'，自己动手做无线电收音机、扩音器等。记得中学毕业那一年，学校里做广播体操的扩音器就是我们'创造社'自制的"[85]。关于位育学生成立创造社，刊印《创造》，陈佳洱记忆犹新："我在位育中学时学到了很多，还与同学王洪、马允寿、田长霖、强毓锟一起创办了创造社，办《创造》，当时很多学校的学生刊物是人文社会类的，我们是科学类刊物，很少的。收音机、扩容器，拆卸、改装……我们把一些实验与心得写出来发表。"[86]陈佳洱、田长霖等后来都当选为中国科学院院士，陈佳洱后来是北京大学校长，田长霖后为美国加州大学伯克利（亦译柏克莱）分校校长。位育中学为国家、为社会培养了一批科学精英（图1-58）。

位育中学为重视外语，先后聘请了多位富有才华的外语教员，如陆福遐，教务主任兼英文教师，江希和、汪润、朱耀坤等，均为英文教员。

位育中学的创办者注重学生全面发展，美、

图1-58 上海市私立位育中学三线簿

体、音、劳等课程，也皆有名师授课。钱君匋等曾被聘为位育中学的教员。另如体育，"本市襄阳南路私立位育中学，平时素以四育并重著称。自该校体育教师王蕙馨到任后，对于推进学生体育活动，不遗余力"[87]。

这一时期位育学生的课外生活也比较丰富（图1-59、图1-60），此略举部分：

【1943年】10月23日，远足漕河泾黄家花园；11月20日，举办体育竞技会。

【1944年】4月21日，远足江湾叶家花园；10月28日，远足漕河泾曹氏墓园；10月30日，尚武体育会来校表演；11月18日，举办体育竞技会；12月27日，举行寄宿生联欢会。

【1945年】3月25日，邀请木偶剧团来校表演；5月12日，举办体育表演会；10月27日，远足龙华机场；12月6日，学校放映

图1-59 位育中学一乙班合影（摄于1947年初夏，姚琏校友提供）

图1-60 位育中学一乙下学期（摄于1947年，姚琏校友提供）

教育电影；12月8日，举办体育竞技会；12月20日，举办音乐会。

【1946年】1月12日，召开寄宿生同乐会；3月20日，学校放映教育电影；4月27日，远足龙华；10月24日，放映教育电影；11月2日，远足江湾、高桥、苏州。

【1947年】4月20日，学生远足佘山；5月17日，木偶剧团来校公演；10月25日，学生旅行苏州、嘉兴；11月6日，参观中航协会飞机模型展览会。

【1948年】1月10日，举行电影义映；1月12日，举办音乐晚会；3月17日，举办寄宿生音乐唱片欣赏会；4月15日，师生旅行杭州；5月4日，参观电讯展览会；5月22日，参加公展杯篮球赛；5月29日，童子军露营开始。[88]

学生经常举办"远足"活动，不仅在上海地区郊游，还到过杭州、苏州、嘉兴等地。当时位育还有宿寄生，学校也会安排联欢会，放电影、放木偶戏等。有一位叫沈同惠的校友曾回忆位育时期的校园生活：

图1-61 位育师生合影留念（摄于1943年）

我是1946年至1951年在位育中学读书的，在上海现襄阳南路上的一条小巷内，进校门左侧一幢二层的教学楼即为课堂。初一教室在进楼的底层右侧，班级中同学很多。如今能回忆起的仅为当时世界大战刚结束，学校中也推销美军剩余物资"Supper""Dinner"等盒饭，记得内有塑料包装之巧克力和听装午餐肉等。初二、三年级时在底层左侧课堂，在此期间忆及之事较多。我爱好打篮球，与同学们组成"倪懿队"（上海音）曾获得校内冠军，队员们还在锦旗上签名留念。初三下学期，我们迎来了上海解放。由于上海解放，同学们进行了大流动。有的南下随军参军，有的随父母举家搬迁，有的另择他校……经此变动，班级由大班一下子缩成了小班。记得在校的最后两年"四甲""五甲"上课教室是在二楼的左侧最后一间小教室内。[89]

为了让学生增长知识，开拓视野，学校还经常邀请名家来校做演讲。李校长长期从事教育工作，加上位育的校董皆是上海工商界名流，此外，位育的一些家长不少是社会各界精英，所以，学校拥有丰富的人脉资源，在开展一些活动有其便利条件。

位育办学有其自身的特点或优势：其一，学校是上海工商界、教育界人士合作的产物；其二，从小学到中学，实行一体化办学，"一贯制"教育具有其优点；其三，学校位于上海旧法租界，所在区域生源较好，大多来自从事工商业、教育的家庭，重视读书，尊重知识（图1-61）。

初创时期的位育中学，尽管是在"苦难"中办学，但在校董会的全力支持下，在李楚材校长的主持下，很快"苦尽甘来"。1948年，首先传来的好消息是第一届毕业生旗开得胜：

图1-62 位育中学第一届五年制毕业生与教工合影（摄于1948年）

旗开得胜！！！中学部首届毕业生升学情况

本校中学部五年实验班办理首届毕业，详情业志上期本刊。兹据未全之报告，本届毕业生二十四人投考大学，几多考取著名公私立大学，计国立交通大学六名，大同大学四名，燕京大学三名，复旦大学、震旦大学、之江大学、沪江大学，各二名，浙江大学、上海医学院、厦门大学、私立上海纺织染学院、大夏大学、东吴大学等，亦均有本校毕业生录取。[90]

学校也很关注第一届毕业生的动向，后写成《第一届毕业生近况调查》，位育中学五年制实验班第一届毕业生共28名（图1-62）。因时局关系，一些同学的录取稍有变动，后续情况为：孙玉麟，由于生病（后康复），准备于暑假时投考国立大学，专攻历史；江可明，在寒假中考入私立圣约翰大学，专攻医科；朱公瑜同学由大夏转入东吴法律系；杨传溥，在震旦家政系借读，等等。[91]细微之处，可体现学校对学生的关心。

第二届毕业生的大学就读率更高，大多考入了名校，所选专业均为理工科，具体详见表1-12。

表1-12 位育中学部第二届毕业生现况调查表

姓名	肄业学校	研习科系
王万里	国立交通大学	土木工程
陈敏恒	国立交通大学	航空工程
章炎	国立交通大学	工业管理

(续表)

姓名	肄业学校	研习科系
吴聊元	国立交通大学	机械工程
徐世珍	国立交通大学	财务管理
恽仪	国立交通大学	财务管理
周连峰	国立中国交通大学唐山工学院	矿冶工程
杨尔煦	国立大连大学	机械工程
张馥良	国立清华大学	化学工程
李二希	国立清华大学	物理
胡兆量	国立清华大学	地学
李大赉	国立南开大学	电机工程
戴家齐	国立北洋大学	电机工程
秦镜滢	国立复旦大学	化学
胡文玉	国立复旦大学	园艺
席与清	国立复旦大学	化学
曹乃钦	国立上海商学院	会计
陆逢甯	国立浙江大学	航空工程
王璜	国立浙江大学	土木工程
林慈	国立北京大学	政治
张征缮	国立中国交通大学	铁道材料
廖世俊	私立金陵大学	农业化学
胡剑	私立金陵大学	农业工程
刘证	私立大同大学	土木工程
刘源焕	私立大同大学	电机工程
强毓铮	私立大同大学	化学
朱兆祥	私立圣约翰大学	医预科
夏似琇	私立圣约翰大学	物理
席淑珍	私立圣约翰大学	数学
方兆璋	私立圣约翰大学	化学
庄漪澜	私立沪江大学	工商管理
陆汝展	私立震旦大学	医科

*资料来源:《中学部第二届毕业生现况调查》，选自《位育校刊》第8期，1949年10月刊印，第5页。

位育中学五年制实验班第二届毕业学生计35人，经调查获悉升入大学就读者32人，就业者1人，尚未决定者1人，近况未明者只有1人。

图1-63 李楚材:《以工作来迎接解放——为位育中学立校六周年纪念作》(选自《位育校刊》第7期)

自1943年办学,到1948、1949年陆续有学生毕业,从毕业生取得的成绩来看,的确来之不易。作为办学者,李楚材校长有一段回顾:"一九四八年,五年一贯制第一届毕业,成绩颇称满意。全班三十名学生,原定二十九名发毕业证书,一名只发修业证书,后来三十名学生全部考取了大学,也就全体毕业了。"[92]通过位育这几年的办学,他认为:"事实证明,小学的根基好些,中学抓得紧些,五年学完六年的教材完全有可能。位育中学首创五年一贯制,一共毕业四届,都以较好的成绩,全部考入高等学校,符合了家长的期望和创办时的要求。"[93]自1947年起,学校改为六年制,课程、课时、教材等均按照规定办理,但为了适应位育办学的特点,也有增改、补充,"目的在于保持教育和教学质量不低于过去,更好地为高等学校输送合格学生"[94]。此后几年,位育中学的办学更进一步。

围绕位育如何办学,李校长不断发表言论。1948年6月,为纪念位育中学办学5周年,李校长撰写《五年志感》。是年,位育中学第一届学生毕业,他又欣然作序,其中动情地写道:"五年的时间并不算短,但,我们还清楚地记得三十二年(1943)九月一日开学典礼时的情景。不知不觉之间,你们要离开学校了。离别之前,我和你们说些感情的话还是理智的话呢!"最后,他勉励位育学子:"大学里去学工、学农、学理、学文、读哲学、读科学都好,别忘了将来要为大众谋幸福,要把位育中学所推行的助人运动,扩大开去,影响到更广更多的人。每个青年的力量凝集起来,一定能够改造不满意的现实,一定能够把时代推上更新更合理的轨道上去。"[95]1949年3月15日,在出版的第6期《位育校刊》上,李楚材校长发表《生活教育的发展》。

1949年5月,上海解放。随后,李楚材校长满腔热忱地写了《以工作来迎接解放——为位育中学立校六周年纪念作》一文(图1-63)。在学校刊印的《位育中学第二届毕业纪念刊》中,李校长又作序,其中写道:"当人民解放的大旗插到上海的时候,你们恰巧修毕了中学阶段的课程,你们跨出校门,就逢到了中国人民生活中一

个最伟大的转变时期,这是你们的幸运,也是你们的光荣。"最后,对位育的学子们说:

> 记住:"发扬位育精神,誓为人民服务"的两句话,在任何的业务上,在任何时间空间,要想到一切为人民,要想到"位育"两字的意义——生长,创造。[96]

位育要为人民办学,位育师生要为人民服务。

10月1日,中华人民共和国成立,私立位育中学得到新生。时代的巨变,深刻影响到学校,也影响到学生。"同学们好像突然懂得了很多,都认真学习,抓紧学习,为投考好的大学准备着。"[97]这是一个新的时代、新的中国,位育中学迎来了新的发展机遇。

注释

[1]《申报》1934年8月2日，第15版。

[2]《申报》1947年6月2日，第5版。

[3] 收入郭沫若：《洪波曲》，人民文学出版社1979年版，第565—566页。

[4]《本校简史》，收入上海市私立位育中小学编：《位育校刊》第1期，1948年3月刊印。

[5]《上海位育小学校招生》，《申报》1932年8月1日，第5版。

[6] 李楚材：《三十六年来的上海位育中学》，收入中国人民政治协商会议上海市委员会文史资料工作委员会编：《文史资料选辑》第六辑，1979年刊印，第78页。

[7]《"位育"？》，《华年》1932年第1卷第2期，第1页。

[8] 关于《位育校刊》，前后有两种，早期的由私立位育小学创办，"开办后，年出刊物一种，先后计有八册之多"。但随着抗战军兴，上海环境特殊，暂行停刊。抗战胜利以后，由于物价昂贵，学校也无发定期刊物之力量，除中学印行4周年纪念刊暨小学15周年纪念刊外，校刊一直没有恢复。直到1948年3月，第1期《位育校刊》出版。此时的《位育校刊》是由私立位育中小学创办的。

[9]《上海市私立位育小学创办缘起》，收入上海市位育小学教导部编：《位育校刊》（创刊号），1936年1月刊印。

[10] 邹嘉骅：《我们的位育》，收入上海市位育小学教导部编：《位育校刊》第4辑，第74—75页。

[11] 邹家华，1926年生于上海，曾名邹嘉骅，邹韬奋之子。早年其家居住于吕班路（今重庆南路）万宜坊。先后就读于附近的海星小学、位育小学。

[12]《申报》1935年9月6日，第17版。

[13]《申报》1937年5月18日，第13版。

[14] 沈龙：《位育学校访问记》，收入沈百英著，周谷城、孙福熙、周士信等编：《小学教科书的改革》，华华书店1948年发行，第60—61页。吴研因，1886年生，江苏江阴人。1906年毕业于上海龙门师范学校。曾任上海尚公学校校长、中华书局和商务印书馆编辑、江苏省立第一师范学校教员兼附小主任、菲律宾华侨中学教员兼教导主任、《公理报》总编辑。1929年在教育部任职，1935年任全国义务教育委员会当然委员。

[15]《本校简史》，《位育校刊》第1期，1948年3月刊印。

[16] 穆藕初（1876—1943），初名湘玥，以字行，江苏川沙（今属上海市）人。13岁因父亲破产而失学，入花行当学徒，在夜校学英语。1900年考入海关。曾与黄炎培等发起沪学会。1905年组织反美集会，并辞江海关职。旋任龙门书院教习、江苏铁路公司苏路警察长等职。1909年赴美留学，与现代管理科学鼻祖泰罗交往。1914年获农学硕士归国。翌年与兄湘瑶在沪集资创办德大纱厂，重视科学管理。1918年创办厚生纱厂。1920年办豫丰纱厂。曾发起创办棉种改良试验场、华商劝工银行、华商纱布交易所等。七次连任交易所理事长，兼任华商纱厂联合会董事、上海公共租界工部局第一届华人顾问委员。重视教育，多年来一直资助中华职业学校。1932年发起创办位育小学。一·二八淞沪抗战爆发后，亲赴前线支援十九路军。抗战爆发后，任上海市救济委员会给养组主任。后赴重庆，任农产促进委员会主任，创制七七纺纱机，为后方生产做出贡献。1941年任经济部农本局总经理。病逝于重庆。

[17] 许晚成编:《上海重要人名录》(简称《上海人名录》),上海龙文书店1941年版,第1514页。

[18] 李楚材:《向穆藕初先生致敬》,收入穆藕初著、赵靖主编:《穆藕初文集》,北京大学出版社1995年版,第659—661页。

[19] 位育小学的校史值得深入探讨,本书稿主要是关于位育中学的校史研究,所以涉及小学的内容不做展开。

[20] 《位育中学简史》,收入《位育中学第一届毕业纪念刊》,1948年刊印。

[21] 《位育中学五年大事记》,《位育校刊》第3期(中学部5周年纪念专号),1948年6月刊印,第10—11页。

[22] 《上海市私立位育小学创办缘起》,《位育校刊》(创刊号),1936年1月刊印。

[23] 《(位育)中小学部校董》,详见《位育中学第一届毕业纪念刊》,1948年刊印。

[24] 黄延芳(1883—1957),浙江镇海(今属宁波市)人。1902年到上海,入德商亨宝轮船公司当职员。1907年任直隶井陉矿务局及北票煤矿驻沪经理。1910年进入上海中华捷运公司。曾赴欧洲考察运输业,后任中华捷运公司总经理。1925年后,陆续开设信平保险公司,大成、源昌鱼行等。1929年任浙江兴业银行董事兼地产部经理,涉足从事房地产。同时任上海市房地产业同业公会主任委员、上海市政府土地估价委员会主席、公共租界工部局房租公断委员等职。1933年被比利时国银公司聘为顾问兼五金部经理,代理比利时钢业联合社在华销售业务。一度接任新裕纱厂总经理。八一三事变时任难民救济协会总务组长,后代理主任。1939年,组建国际难民救济会。后任四明公所董事、四明医院及济民医院董事长和宁波旅沪同乡会副理事长。抗战胜利后,任扬子江拖驳公司总经理,及云飞汽车公司、四明电话公司、宁穿长途汽车公司董事长。1949年后,历任华东军政委员会委员兼生产救灾委员会主委、上海市内河航运局局长、上海市交通运输局局长、上海轮船公司董事长等。

[25] 许晚成编:《上海重要人名录》(简称《上海人名录》),上海龙文书店1941年版,第1518页。

[26] 《本校简史》,《位育校刊》第1期,1948年3月刊印。

[27] 黄炎培(1878—1965),字任之,一作韧之,号楚南,笔名抱一。江苏川沙(今属上海市)人。1900年考入南洋公学特班,因墨水瓶风潮,回乡办川沙小学堂、开群女学。因宣传革命被当地官府逮捕,经保释后一度流亡日本。1904年返沪,历任川沙县视学、劝学所总董、江苏学务总会评议员、江苏教育总会常任调查员等。翌年加入同盟会,并受托接任同盟会上海干事。重视地方教育,1906年受杨斯盛之托设计浦东中学草图,同时参与主持校务。曾任江苏学会调查干事。1909年任江苏省谘议局常驻议员。辛亥革命后,先后任江苏省教育司司长、江苏省教育会副会长、江苏省议会议员等。1915年,任赴美国实业考察团书记。1917年,在上海创立中华职业教育社,任理事长。后相继开办中华职业学校、中华工商专科学校、中华职业补习学校、比乐中学、职业教育指导所等。提倡社会改良实验,主张教育与生活联系、与劳动结合,学用一致,以提高社会生产力。同时重视中小学教育,主张以培养生产技能为中心。1932年一·二八淞沪抗战起,参与发起成立上海市民地方维持会。抗战期间,曾任国民参政员。1940年底参加筹建中国民主政团同盟。1944年9月任民盟中央常委。1945年访问延安,著有《延安归来》。同年底参与发起筹组民主建国会。1946年12月,任民主建国会理监会理事长。1947年1月,任民盟工商运委会主任。1949年后离沪赴京,历任第一届政协常务委员、中央人民政府委员会委员、政务院副总理兼轻工业部部长、全国人大常委会副委员长、全国政协副主席、中国民主建国会主任委员等。著有《八十年来》《教育考察日记》《中国教育史要》等。

[28] 沈龙:《位育学校访问记》,收入沈百英著,周谷城、孙福熙、周士信等编:《小学教科书的改革》,华华

书店1948年发行，第60—61页。

[29] 黄炎培著，中国社会科学院近代史研究所整理：《黄炎培日记》第9卷（1945.1—1947.8），华文出版社2008年版，第177页。

[30] 黄炎培著，中国社会科学院近代史研究所整理：《黄炎培日记》第9卷（1945.1—1947.8），华文出版社2008年版，第181页。

[31] 黄炎培著，中国社会科学院近代史研究所整理：《黄炎培日记》第10卷（1947.9—1949.12），华文出版社2008年版，第47页。

[32] 黄炎培赠言，《位育中学第一届毕业纪念刊》，1948年刊印。

[33] 杨卫玉（1888—1956），字鄂联，笔名琼，江苏嘉定（今属上海市）人。1910年毕业于上海尚贤堂书院理科，后赴日本留学，入东京高等师范学校。回国后任江苏省立第一师范、第二女子师范学校教员与教务主任，并创办江苏女子职业中学、江苏第二女子师范附属小学等。先后在大夏、复旦、暨南等大学执教。应黄炎培之邀，在上海参加中华职业教育社，历任中华职业教育社办事部副主任、副理事长、总干事等职。1949年7月，杨卫玉被选为民主建国会出席新政协代表之一前往北平。同年10月，被任命为中央人民政府政务院轻工业部副部长。1954年当选为政协第二届全国委员会委员。1955年当选为中国民主建国会第一届中央委员会常务委员。杨卫玉著有《职业教育概论》《女子心理学》《小学职业陶冶》《工业教育》《职业教育理论与实际》等。

[34] 许晚成编：《上海重要人名录》（简称《上海人名录》），上海龙文书店1941年版，第1329页。

[35] 《本校简史》，《位育校刊》第1期，1948年3月刊印。

[36] 江恒源（1886—1961），字问渔，号蕴愚，江苏灌云人。早年就读于北京大学，先后在私立朝阳大学、中国大学任教。曾任江苏第二厅视学、江苏省立第八师范学校校长、江苏省教育厅厅长、中华职业教育社办事处主任等职。创设中华职业学校、女子职业学校和职业补习学校、职业指导所等职业教育机构，并创办《职业与教育》期刊。1949年后，历任全国政协委员、政务院文教委员会委员、上海市人民委员会委员、中华职业学校校长等职。编著《伦理学概论》等。

[37] 许晚成编：《上海重要人名录》（简称《上海人名录》），上海龙文书店1941年版，第264页。

[38] 《位育中小学校歌》（江问渔词，吴逸亭曲），《位育中学第一届毕业纪念刊》，1948年刊印。

[39] 刘鸿生（1888—1956），浙江定海（今属舟山市）人。早年就读于上海圣约翰大学。后经商，开设了大量企业，如中华码头公司、大中华火柴公司、上海章华毛麻纺织公司、上海水泥公司、中华煤球公司、华东煤矿公司、华丰搪瓷公司、大华保险公司等，被称为上海的煤炭大王、火柴大王、企业大王等。1931年创办中国企业银行。1932年任招商局总办。1937年八一三淞沪抗战爆发后，积极投身抗战物资募集工作。1949年后，历任全国政协委员和上海市政协常委、全国工商联常委、民建中央常委等。

[40] 潘序伦（1893—1985），字秩四，江苏宜兴人。先后就读于海军学校无线电班、上海圣约翰大学。留学美国，1923年获美国哈佛大学管理硕士学位，次年获哥伦比亚大学经济学博士学位。回国后，历任暨南大学商学院院长、东南大学附设商科大学教务主任兼会计系主任。1927年创办潘序伦会计事务所，次年更名为"立信会计事务所"。后改名为"立信会计补习学校"。1937年创办立信会计专科学校，任校长。抗战期间，在沪从事救亡活动。著译有《基本会计学》《劳氏成本会计》等。

[41] 《位育中学五年实验报告》，《位育校刊》第3期（中学部5周年纪念专号），1948年6月刊印，第2—6页。

[42] 李楚材：《九二初度抒怀》，李楚材家属提供。

[43] 李楚材：《九二初度抒怀》，李楚材家属提供。

[44] 李楚材自述：《我的简历》，李楚材家属提供。

[45] 参见李楚材：《石榴树的故事》，《江苏省立第四中学

校校友会季刊》1926年第2期，第40—44页；李楚材：《今后乡村小学努力的途径》，《湘湖生活》1929年第5期，第1—7页；李楚材：《今后中国的乡村教育增进农民生计改良乡村社会提高农民程度》，《地方教育》1929年第7期，第1—2页。详见马学强等编：《教育家李楚材文集》（该文集收录李楚材各个时期撰写、发表的文章100余篇，即将出版）。

[46]《爱国迁校后之新计划》，《申报》1930年9月9日，第9版。

[47] 许晚成编：《上海重要人名录》（简称《上海人名录》），上海龙文书店1941年版，第428页。

[48] 李楚材：《三十六年来的上海位育中学》，收入中国人民政治协商会议上海市委员会文史资料工作委员会编：《文史资料选辑》第六辑，1979年刊印，第69页。

[49] 李楚材：《办好学校靠教师》（1984年），收入《位育情怀：上海市第五十一中学65届初中毕业50周年纪念册》，2015年刊印。

[50] 李楚材：《三十六年来的上海位育中学》，收入中国人民政治协商会议上海市委员会文史资料工作委员会编：《文史资料选辑》第六辑，1979年刊印，第73页。

[51] 鲍文希、李引弟：《位育是我们第二个家》，收入位育中学校友会编：《位育中学校史简编》，上海市作家协会·华语文学网，2017年刊印，第159、160页。

[52] 江希和：《"五甲"情结》，收入位育中学校友会编：《位育中学校史简编》，上海市作家协会·华语文学网，2017年刊印，第166页。

[53] 陈秉枢：《回忆位育中学创办初期》，收入位育中学校友会编：《位育中学校史简编》，上海市作家协会·华语文学网，2017年刊印，第175页。

[54] 陈佳洱口述，马学强采访整理，2023年6月13日。

[55] 姚惠泉：《位育在苦难中生长》，《位育校刊》第5期，1949年1月刊印，第1页。

[56] 沈龙：《位育学校访问记》，收入沈百英著，周谷城、孙福熙、周士信等编：《小学教科书的改革》，华华书店1948年发行，第60—61页。

[57]《申报》1946年8月15日，第7版。

[58]《申报》1946年10月30日，第9版。

[59]《位育中学简史》，收入《位育中学第一届毕业纪念刊》，1948年刊印。

[60]《位育校刊》第5期，1949年1月刊印，第6页。

[61] 陆福遐：《中学部教务工作纲要》，《位育校刊》第2期，1948年4月刊印，第2页。

[62]《位育中学简史》，收入《位育中学第一届毕业纪念刊》，1948年刊印。

[63]《位育中学五年实验报告》，《位育校刊》第3期，1948年6月刊印，第2—6页。

[64]《位育中学五年实验报告》，《位育校刊》第3期，1948年6月刊印，第2—6页。

[65] 上海市私立位育中学校长李楚材致上海市人民政府教育局《为下学期我校改制问题请示》，1952年6月，上海市档案馆藏，档案号：B105-5-652。

[66]《位育中学五年实验报告》，《位育校刊》第3期，1948年6月刊印，第4页。

[67] 李楚材：《三十六年来的上海位育中学》，收入中国人民政治协商会议上海市委员会文史资料工作委员会编：《文史资料选辑》第六辑，1979年刊印，第71页。

[68]《位育中学五年实验报告》，《位育校刊》第3期，1948年6月刊印，第2—6页。

[69]《位育校刊》第6期，1949年3月刊印，第3页。

[70]《位育中学五年实验报告》，《位育校刊》第3期，1948年6月刊印，第4页。

[71]《位育中学历年班级数、学生数统计表》，《位育中学发展情况统计表》（1943—1954），上海市档案馆藏，档案号：B105-5-1236。

[72] 详见《上海市私立位育中小学行政组织暂行条例》，《位育校刊》第8期，1949年10月刊印，第1—2页。该条例收录于本书稿附录5"文献档案选摘"中。

[73]《位育中学校务委员会决议案件摘要》，《位育校刊》

第8期，1949年10月刊印，第4页。

[74]《位育中学简史》，收入《位育中学第一届毕业纪念刊》，1948年刊印。

[75]《位育中学五年实验报告》，《位育校刊》第3期，1948年6月刊印，第3页。

[76]《位育中学图书馆图书情况》，《位育中学发展情况统计表》(1943—1954年)，上海市档案馆藏，档案号：B105-5-1236。

[77] 郁定一：《李校长重视办学条件》，收入位育中学校友会编：《位育中学校史简编》，上海市作家协会·华语文学网，2017年刊印，第168页。

[78]《私校溢收学费，教局令饬发还》，《申报》1947年3月11日，第5版。

[79]《校闻·教职员薪给》，《位育校刊》第6期，1949年3月刊印，第4页。

[80] 李楚材：《三十六年来的上海位育中学》，收入中国人民政治协商会议上海市委员会文史资料工作委员会编：《文史资料选辑》第六辑，1979年刊印，第72页。

[81]《发刊词》，《位育校刊》第1期，1948年3月刊印，第1页。

[82]《发刊词》，《位育校刊》第1期，1948年3月刊印，第1页。

[83] 陆景一：《科学教育的展望》，《位育校刊》第7期，1949年6月刊印，第6—7页。

[84] 陈佳洱：《家庭、学校教育所给予我的》，《光明日报》2002年1月8日，A2版。

[85] 陈佳洱：《科学影响时代》，《光明日报》2013年10月15日，第13版。

[86] 陈佳洱口述，马学强采访整理，2023年6月13日。

[87]《申报》1947年6月2日，第5版。

[88]《位育中学五年大事记》，《位育校刊》第3期（中学部5周年纪念专号），1948年6月刊印，第10—11页。

[89] 沈同惠（1951届）：《怀旧感慨》，收入《位育中学第四届五年制班（1946—1951）纪念册》，2003年刊印。

[90]《位育校刊》第4期，1948年10月刊印，第6页。

[91]《第一届毕业生近况调查》，《位育校刊》第6期，1949年3月刊印，第5页。

[92] 李楚材：《三十六年来的上海位育中学》，收入中国人民政治协商会议上海市委员会文史资料工作委员会编：《文史资料选辑》第六辑，1979年刊印，第72页。

[93] 李楚材：《三十六年来的上海位育中学》，收入中国人民政治协商会议上海市委员会文史资料工作委员会编：《文史资料选辑》第六辑，1979年刊印，第72页。

[94] 李楚材：《三十六年来的上海位育中学》，收入中国人民政治协商会议上海市委员会文史资料工作委员会编：《文史资料选辑》第六辑，1979年刊印，第72页。

[95]《李楚材校长序》，收入《位育中学第一届毕业纪念刊》，1948年刊印。

[96]《李楚材校长序》，收入《位育中学第二届毕业纪念刊》，1949年刊印。

[97] 沈同惠（1951届）：《怀旧感慨》，收入《位育中学第四届五年制班（1946—1951）纪念册》，2003年刊印。

第二章 声名鹊起

声名鹊起

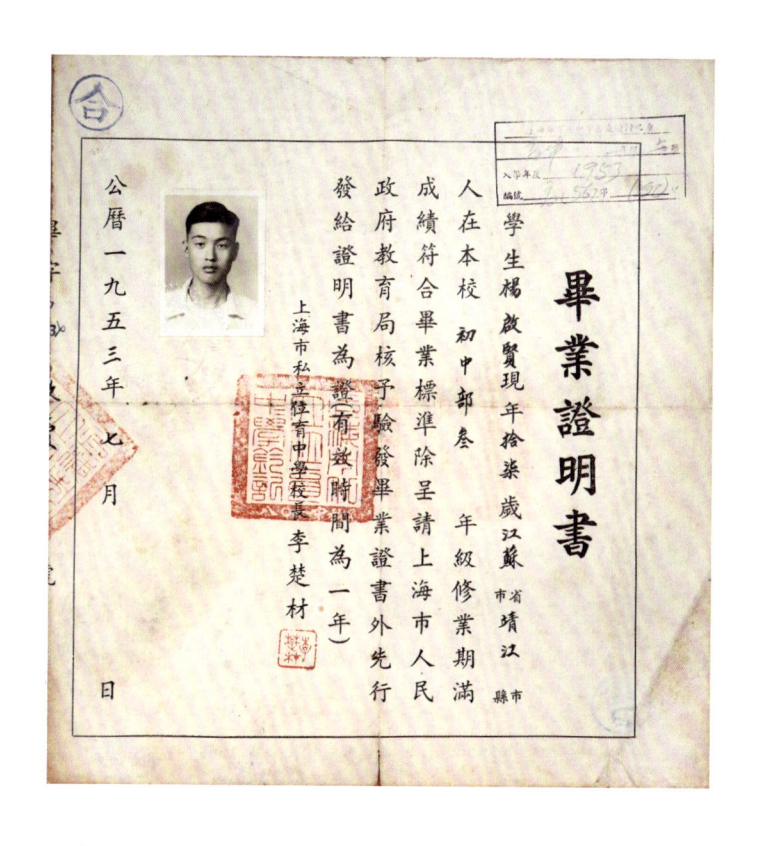

图2-1　上海市私立位育中学毕业证明书（1953年7月）

1949年5月，上海宣告解放。7月暑期，位育成立校务委员会，标志着学校移交到新生的人民政府手中，翻开了办学历史上崭新的一页。中华人民共和国成立后，党和政府对教育工作极为重视，从接管到整顿，从除旧到布新，将位育迅速纳入新民主主义教育体系的崭新轨道。师生通过一系列爱国主义教育，改变了旧社会不问政治、远离现实、闭门读死书的封闭保守的思想倾向，在热火朝天的政治熔炉与社会洪流中重塑革命人生观，逐步树立起"为人民服务，为建设中华人民共和国而努力"的价值观（图2-1、图2-2）。

1956年，在社会主义改造的热潮中，私立位育中小学改为公立，校名更为"上海市第五十一中学"（简称"五十一中学"）。此后，学校努力探索在

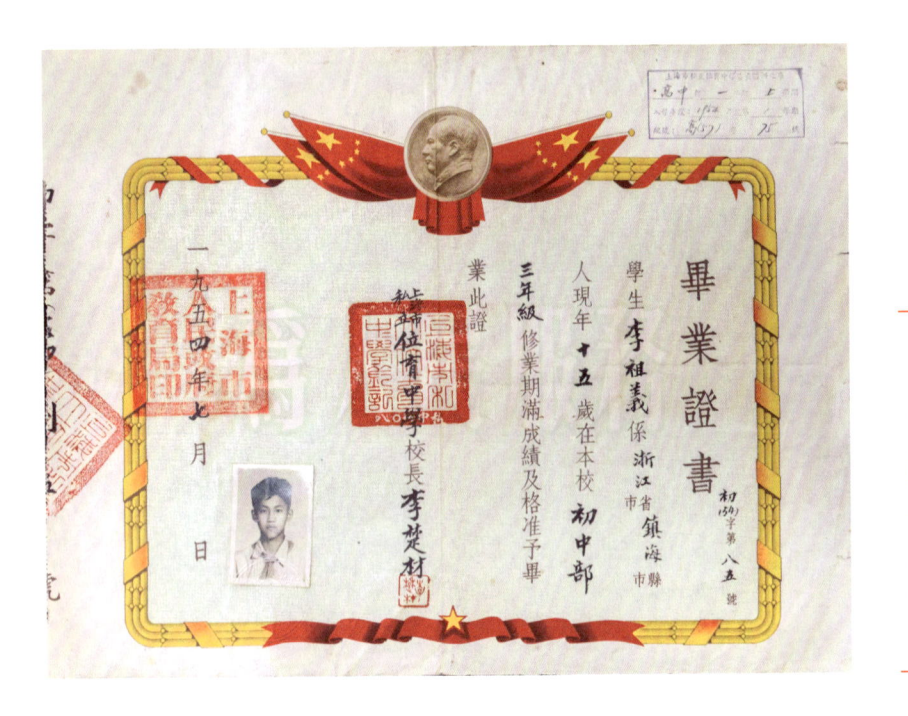

图2-2 上海市私立位育中学毕业证书（1954年7月）

社会主义制度下如何办学的新路，遵循国家的教育方针和政策，结合自身实际，在师资、学制、育人、校风进行"创造性"改革。学校以高标准想方设法罗致优良师资，用其所长，"以教师为师"，形成了上下尊重、彼此信任、团结互助的融洽环境；学制上试点特立独行的"五年一贯制"，获得极大成功，成为引领中学教学改革的典范；全面贯彻德、智、体、美、劳五育并举的教育方针，形成活力无限、创造进取的校园文化。1960年，被指定为全市重点学校之一（一说为徐汇区重点中学），成为上海中学系统"十面红旗"之一。1960年6月，学校因卓越的办学质量，在全国文教群英大会上当选为全国文教系统先进单位，是位育走向辉煌的重要标志。这一时期，学校不仅是优质教育资源辐射输出的"高地"与优秀教育经验交流的"窗口"，而且是上海全市中学中被清华大学录取人数最多的学校之一，人才辈出，出现了众所瞩目的"位育现象"，成为上海市中学中的一颗耀眼新星。

第一节　位育新生：服务祖国与人民的需要

1949年5月12至27日，人民解放军发起上海战役，解放了国民党军固守的上海。美国《生活》杂志为此发表评论说："各项消息指出了一个历史性的事实，即国民党的时代已经结束。"[1] 由于位育师生的勉力维系，学校校产在未遭受国民党冲击破坏的形势下顺利迎来了上海的解放，也拉开了学校新生的篇章。诚如校长李楚材所憧憬："目今全市解放，阻碍我们前进的反动势力已经消灭，安定、进步、繁荣的新社会即将在人民的努力下迅速到来，教育文化事业有着充分的保障。今后的问题已不是'可不可干'，而是'怎样去干'。"[2]

上海解放后,为保持教育事业的连续性,使之适应新生政权和经济发展的需要,人民政府对国民党政府留下来的教育体系着手开展接管和整顿,为构建上海新教育奠定基础。5月28日,上海市军事管制委员会下辖的文化教育接管委员会市政教育处,正式接管国民党上海市教育局机关,标志着文教领域接管工作的开始。从6月5日开始,以戴伯韬、舒文、杭苇为代表的市政教育处按照"先公后私"的顺序,负责接管全市各类中等学校。对于一般市立、公立中学的接管政策,主要包括:学校一律照常上课,单位照常办公,所有人员不得擅离职守;宣布学校废除训导制度,改为教导合一制;取消公民课,改设政治课,以及宗教与学校分开等具体政策。由于党在人民群众中威信很高,接管政策一宣布,人心就安定下来了。[3]而私立中学方面,由于类型多样,背景复杂,必须加以区别对待,所以市政教育处不采取直接接管的办法,而是循序渐进式地进行整顿改造。据当时上海军管会军代表杭苇回忆:"一九五四年以前主要精力放在加强管理和重点整顿上。"[4](图2-3)

在历史背景复杂的私立中学类型中,位育属于与国民党党团分子或反动政客基本不沾边的"身家清白"学校。当时的市政教育处将位育列为第三种类型,即"多为民族资产阶级和热心教育人士所办,这些学校有一定的进步力量,有的在解放前是'民主堡垒'"[5]。对于这类学校,"加强办学,努力改造"是总体方针。

位育改造,首要之务是建立符合"民主集中制"的领导体制与管理制度,这也是对私立学校实施整顿改造方针、贯彻新民主主义教育制度的根本要求。1949年7月,学校新订出台了《上海

图2-3 20世纪50年代的位育校门(选自《位育中学六年一贯制第一届毕业纪念刊》,1951年刊印)

市私立位育中小学行政组织暂行条例》,分为七章四十五条,在第一章"总纲"中即开宗明义:"本校行政组织,采民主集中制,力求精简;校务处理,务求实事求是,权责分明。"[6]而最能体现"集体领导、民主管理"的新建制便是建立校务委员会。位育中学自不例外。

中华人民共和国成立之前,位育中学在校长以上设有校务会议,由全体教职员及学生推举代表5人成立,每学期始末开会一次,是全校最高决策机构。自1949年下半年学期开始,奉令成立校务委员会,为全校最高行政机构。人员构成上,"校长、教导正副主任、事务主任为当然委员,教职员代表5人,学生代表2人"[7]。选任的校务委员,任期为一学期,连选得连任,具体职权是贯彻执行校务会议通过的决议案。位育成立校务委员会后,作为最高决策机构的校务会议仍然存在,且"校务委员会之决议案,不得与校务会议通过之章则及议案抵触"[8]。其实,校务委员会之设,主要是为了在新民主主义社会逐步实行学校的民主领导、民主管理。尤其是位育规定

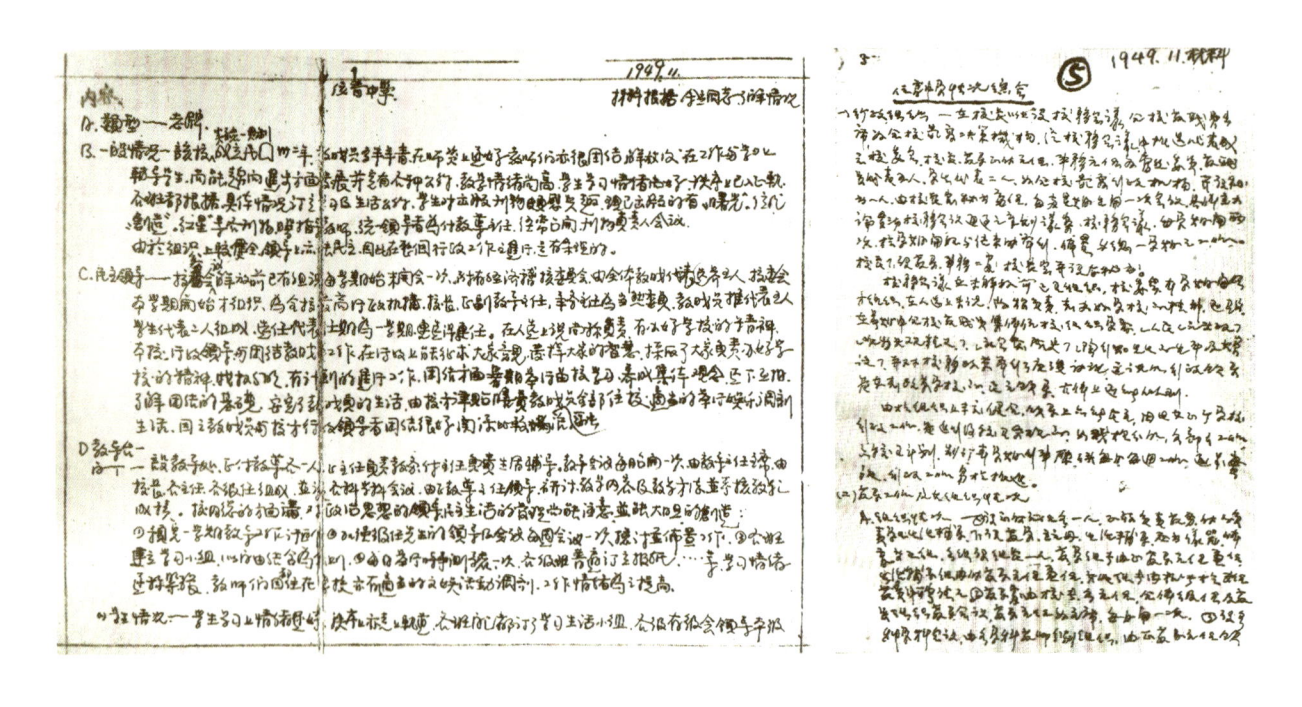

图2-4 《上海市教育局关于位育中学情况》（档案摘选，1949年11月）

"应有学生代表参加，反映学生意见"[9]这一条，彰显了校务治理的"人民性"。1949年11月，在上海市教育局对位育中学的一份调查材料中，称该校校务委员会"在人选上说，尚称负责，在行政上能征求大家意见，发挥大家的智慧，采取了大家负责办好学校的精神"[10]。

校务委员会成立之后，按照市政教育处的要求，私立学校必须对校务进行符合时代新风的改革。如学校经济必须公开，合理支配；要向工农开门，招收劳动人民子女入学；采用政府规定的教材，对反民主主义的课程，如公民课、童子军课、宗教课等，坚决取消取缔。学校实行民主管理，不得压制师生爱国的、进步的政治活动。[11]为此，位育校方专门召开校务改革座谈会，集体讨论了中学部与小学部如何开展校务革新。校长李楚材认为："我们要摒弃若干不合需要的旧制度、旧办法，在这万象更新的时候，我们要切实检讨，彻底执行。"[12]按照上级要求，位育在课程与教科书调配、教学方式变化、学生生活辅导、家校联络、学费协商等方面融入了"民主化、公开化、去形式化"的原则，形成了具体的改进办法。尤其是处理当时学生的学费问题，颇能显示民主管理、经济公开、协同各方的新风气（图2-4）。

上海解放后，位育遵照上海市教育局指示，仍定位为私立学校，学费收取原本因循以往高昂的标准，总额为34.5万元，超过当时私立中小学校会议自定标准[13]，属于上海解放前夕21所"溢收"学费的私立学校。中华人民共和国成立之初，由于遭遇西方帝国主义阵营的经济封锁与国民党反动残余势力的军事轰炸，国家经济建设与社会生产力的恢复面临着严重困难，使许多学生尤其是清寒子弟难以支付高昂学费。1949年8月23日，位育校方召集全体同仁连续举行多次会议，热烈发言，反复讨论，达成一致决议:(一)遵循市政教育处、教联、学联所提出的三个原则,即"照顾三方、民主协商、经济公开"[14]。所谓"照顾三方",便是要使学校能维持,教职员工能生活,贫苦学生有书读。[15](二)学费数额必须由学校、教职员、学生共同协商决定,学校经费的收支必须彻底使全校师生明了,消除学费成为问题的"症结"。[16](三)响应"教育向工农开门"政策,充分吸收学生意见,增加免费数额,允许分期缴付学费,使清寒同学不致失学;同时量出为入,精简节约,紧缩建筑、行政等不必要的支出预算,减轻同学负担。

经过三方融洽协商,位育确立了1949年新学期的学杂费方案。中学部一二年级282人,每人116单位,共计32712单位;三四五年级208人,每人为136单位,共计32712单位;免费学额,原本定为全部学杂费10%,如以中学全年级490人计算,应免6100单位;但实际免费学额为149人,共免除7826.6单位。[17]应该说,此次民主协商学费,既提高了学生的经济意识,又拉近了师生之间的情感距离,奠定了今后师生共同合作"办好学校"的基础。再者,此后每学期的位育总收入与总支出明细表,都由面向全校的《位育校刊》刊载公示,真正做到了民主与公开,赢得了良好的口碑。1949年11月,在上海市教育局对位育中学的一份调查材料中,称该校"由于组织上较健全,领导上亦能民主,因此整个行政工作之进行,是有条理的"[18]。

尽管当时位育"行政上能注意民主领导方式,但尚缺少新民主主义政治思想教育"[19]。为了适应新形势的需要,针对位育师生的新民主主义思想改造工作也随之展开。所谓"教育者必须首先受教育"[20],教职员工首当其冲。首先是激发他们的集体意识与大局观念,"使散漫的个人生活变为有规律的团体生活"[21](图2—5)。

1949年7—8月暑期,位育举行了全体教职员同人集体留校生活,"俾利用假期加紧学习,充实知能,并讨论学校应兴应革事项"[22]。分为供应、财务、教导、进修、康乐、卫生、总务等七组,由校方供给膳宿。每日至少进修二小时,分个人阅读、小组讨论、专题演讲,进修内容为政治科占50%,业务科占30%,文化科占20%,由进修组负责计划、督促、考核之责。[23]其中,在政治科目中,《论人民民主专政》《唯物史观精义》《社会发展史》《陶行知先生的生平及其学说》四书为全体必读书籍。[24]此外,还安排了适当的娱乐调剂活动,如每日参加体育活动1小时,歌咏练习共计11次,集体观剧3次(第一次观《桃李满天下》、第二次观《白毛女》、第三次观《列宁在一九一八年》),纳凉晚会3次(最后一次为劳军义映《伏尔加曲》)。为强化集体生活的组织性与纪律性,教职员同人还订有《生活公约》,要求遵循六大要点:(一)共同生活;(二)准时作息;(三)离校请假;(四)努力工作;(五)充分进修;(六)注意保健。[25]

首先,经过为期一个月的暑期住校生活,位育教职员原先单打独斗、自私自利、不近团体的生活态度与方式有所改变,开始认识到"把团体和大多数人的利益提到最高地位,同时要把生活享受的水平降低,和一般人的生活水平接近"[26]的重要意义,明白了"在团体中向别人学习,武装自己的头脑"的必要性。据当时上海市教育局了解后认为,位育中学暑期举行留校学习,打下了教职员与校方行政领导

图2-5 1950年度上下半年位育中学教职员名录

图2-6 位育教职员会编：《"新民主义论"研究纲要》（选自《位育校刊》第7期）

相互了解与团结的基础，关系比较融洽。[27]

其次，教职员通过组织化的学习，提高自身队伍的政治理论水平与思想觉悟。1949年下半学期，位育成立教职员进修委员会，组织学习小组，在10月19日之前，由各小组研究毛主席《人民政协开幕词》、刘少奇《人民政协讲词》等，并集体讨论。9月26日至11月中旬，由各组自行定期阅读、讨论（一）程今吾：《青年修养》（二）王惠德、于光远：《中国革命读本》（三）薛暮桥：《政治经济学》（四）斯大林：《辩证唯物主义与历史唯物主义》（五）建国三大文献。紧锣密鼓的理论学习之外，还安排有深入农村、参观工厂，走向工农大众的社会调查参观活动。据学习过的教职员自称："我们虽然觉得很忙，但是个个愿意在忙里挤出时间来努力进修，希望改造自己，提高自己。"[28] 1952年初到位育的教师吴祈仁说："我的政治水平和业务水平是不够的，而祖国交给我的任务却是这样重大，我只有克服困难，在工作中不断地学习，使自己的政治水平和业务水平逐渐提高。"[29]（图2-6）

此后，这种自我学习与教育一直持续到1952年，位育教师与全国其他学校一样，经历了非"旧我"树"新我"[30]的知识分子思想改造运动。不少位育老教师表示："经过思想改造后，我们过去老的一套教学方法都没有用了，我们也是从头学起。"[31]而从实际效果来看，教职员身上原先那种闭门自守、不问政治、疏远群众占主流的旧观念确实有所松动，出现了一些"新"变化。如据《文汇报》报道，1949年十一国庆大游行时，位育中学有40多位教师自动签名参加，占全校教师75%[32]，他们还对于人民政协和保卫世界和平拟订了讨论提纲，"并准备下星期每天指导工友学习，搞通他们的思想"[33]。1950年5月，在捐献救济失业工人运动中，位育教职员工总计捐献450个单位，折合人民币2425950元。其中，以副教导主任朱家泽独捐21个单位为最多，门房职工刘慧生本身生活已很困苦，但也捐出2个单位，充分发挥了阶级友爱精神（图2-7）。[34]

再者，在教学业务领域的改造方面，主要是全面转向学习苏联。虽然中华人民共和国第一次全国教育工作会议上确立了"以老解放区新教育经验为基础，吸收旧教育有用经验，借助苏联经验，建设新民主主义教育"[35]的方针，但在建立正规的教育制度与改革教学方面，主要选择全面向苏联学习。

中华人民共和国成立前，位育中学的教学主要用西方教材，教学方法也没有固定的模式，主要凭借教师个人经验，教师之间比较分散，没有教研组、备课组等组织，也没有集体备课，统一教学内容等这些活动。[36]1952年开始学习苏联模式，强调集中统一以后，除了外语教学改用俄语外，在理念、教材、教法、评价等方面发生不同程度的变化。教育思想采用苏联著名教育家凯洛夫的理念，上课必须是五个环节：旧课复习、新课引入、内容展开、新课总结、布置作业。各科教材大部分用苏联教材，稍加改编搬过来；记分制改百分制为五分制，同一备课组的教师教学要求、内容必须基本一致，教学计划于开学前写好，每一堂课填写统一的教学日志，学生手中有记分手册，教师随时将各种成绩登录于上。[37]总之，自从学习了苏联教育模式后，位育教师比以前更强调计划，重视备课，教学内容的数量和质量都有了统一标准，对学习的目的要求也比较重视了，这对提高教学质量起了一定的保证作用（图2-8至图2-10）。[38]

与教师思想改造偏向"组织化"类似，学生的思想教育也主要以一种"团体化"的方式开

陆福退　教导主任　　郁定一　事务主任

朱家泽　副教导主任　　王希明　国文教师

图2-7　陆福退、郁定一、朱家泽、王希明老师（选自《位育中学六年一贯制第一届毕业纪念刊》，1951年刊印）

展。据上海解放初市教育局反馈，位育学生"学习情绪尚好，秩序上亦走上正轨"[39]，原因在于主管思想政治与课外生活的学生组织已全面覆盖。如各班以自由结合为原则，成立学习生活小组，打下了小组学习、生活检讨的基础[40]；各级有级会，设有级任导师，领导本级活动及其壁报等，随时解答或向教导处反映学生提出的意见；校级层面也在1949年新学期初成立了新的学生会，共有17位委员[41]，但工作尚未确定，没有发挥作用。

图2-8 位育中学第四届五年制实验班毕业留影（摄于1951年7月）

图2-9 位育中学六年一贯制第一届毕业同学留影（摄于1951年7月）

这些学生组织成立后，都紧密围绕"更勇敢更好地为人民服务，为建设中华人民共和国而努力"[42]这个中心主题而开展教育，诚如校长李楚材对学生提出的新希望：

> 中国历史已改变了方向。伟大的人民时代已经来到，人民正走新的，更光辉的高峰。你们要迎接时代，赶上前去，和群众结合。摆在你们面前有两条大路，一是为着服务人民，为着建设中华人民共和国的需要，向更高一级继续学习。另一是积极地，勇敢地参加组织和教育群众的工作。这都是正确的道路，出发的方向虽有差异，终结的目的——为建设新国家铺路，则是相同的。[43]

图2-10　位育中学五年一贯制第五届、六年一贯制第二届毕业同学合影（摄于1952年7月）

要确立为中华人民共和国建设需要与人民群众服务的全新人生观、价值观，必须矫正与改造位育学生在政治观、人生观、生活观等方面的旧价值导向（图2-11）。

在政治观方面，中华人民共和国成立前的位育学生在国民党统治下，以"闭门"为对策，提倡"学好功课，不问政治；了解政治，不参加政治"[44]。这就导致学生沉浸在自己的生活小圈子里，脱离了外部世界的实际斗争，"甚至认为只要学得本领，便可以维持生活，参加学生运动无甚意义，纯技术观点很浓"[45]。为扭转这种封闭、狭隘、保守的政治倾向，位育校方在中华人民共和国成立初期不遗余力地厚植学生的国家情怀，弘扬爱国主义教育。

首先是掀起学习热潮，包括中国革命常识、人民大宪章、"反轰炸""反封锁"，提高学生的政治认识，使之了解新社会与旧社会本质上不同，也初步认识了小资产阶级知识分子思想改造的必要性。[46] 在校长李楚材看来，学习政治与革命理论的重要性在于为位育学生"把舵定向"，"不但可以知道目前如何发展与朝着什么方向发展，而且可以知道将来必定如何发展，与朝着什么方向发展"[47]。他说，若没有政治认识，就相当于不顾方向，没有远景，只是随波逐流，"即使不息的工作，浪潮也会将你漂浮到庸人的泥沼中堕落下去"[48]（图2-12）。

在开展政治与时事学习时，位育校方特别注意方式方法，以了解与掌握学生的思想情况。如通过各科教师与级任导师平时与同学们的漫谈来收集问题，经过一个学习阶段收集一次。[49] 又通过掌握学生

图2-11 1951年"六年一贯制"首届毕业生感恩母校全体教职员工，题赠"敬爱的保姆"

图2-12 李楚材：《为建设新中国而努力》（1951年）

干部，全面配合，并通过报纸的联系，这样比完全由教师掌握要好，说服力量比较大（图2-13）。[50]

在正课学习之外，位育学生还在特定的节日纪念期广泛蓬勃地开展各项活动，超出书本之限，走出校园之外，在活生生的现实世界中加深对工人阶级、解放军、无产阶级革命的情感认同。据"六年一贯制"首届学生称，1950年五四青年节时，他们受到政治学习热潮的感召，结合国文教材和政治学习，将"瞎老妈"一课改编为剧本演出（图2-14）。该剧刻画了过去封建地主压榨人民的阴恶毒辣，及新社会中农民翻身斗争的情况，全体同学分工合作，自编自导自演，发挥了高度的创造性和积极性。[51]当天，该级同学还实地参观中纺印染厂，体验了工人阶级坚强的斗争意志，明确革命必须由工人阶级领导的道理。[52] 1950年八一建军节前夕，位育150余名同学受到动员，参加了上海各界庆祝八一建军节、反对美国侵略台湾朝鲜示威大会和大示威游行[53]，认识到了人民解放战争的艰苦和解放军同志的优秀品质，提高了政治水平。

在人生观方面，位育学生向来家境殷实优越，小资产阶级意识普遍比较浓厚，不少学生有"各人自扫门前雪，莫管他人瓦上霜"的个人主义作风。[54]据首届"六年一贯制"学生述称，本级学生个人主义色彩浓厚，"经常使班级上有不团结、自由散漫、不关心班级的现象，'沉默'更是本级的特色"[55]。尽管该级学生经过1950年五四运动集体表演《瞎老妈》后，觉得气象一新，友爱团结的精神，充沛全级。不过，还侧重在"兴趣主义"，不能发动全体，深入开展。[56]为此，自1950年下学期开始，无论是校内抑或是校外活动，校方强调了高度的集体性、组织性和纪律性，以此来扭转"过去的活动，师生方面只能动员部分的干部和积极分子来搞"[57]的少数主义倾向。

在校内，开始了师生一致的整齐严肃的早操；校外活动，首先是"三四"工人游行时组织鼓

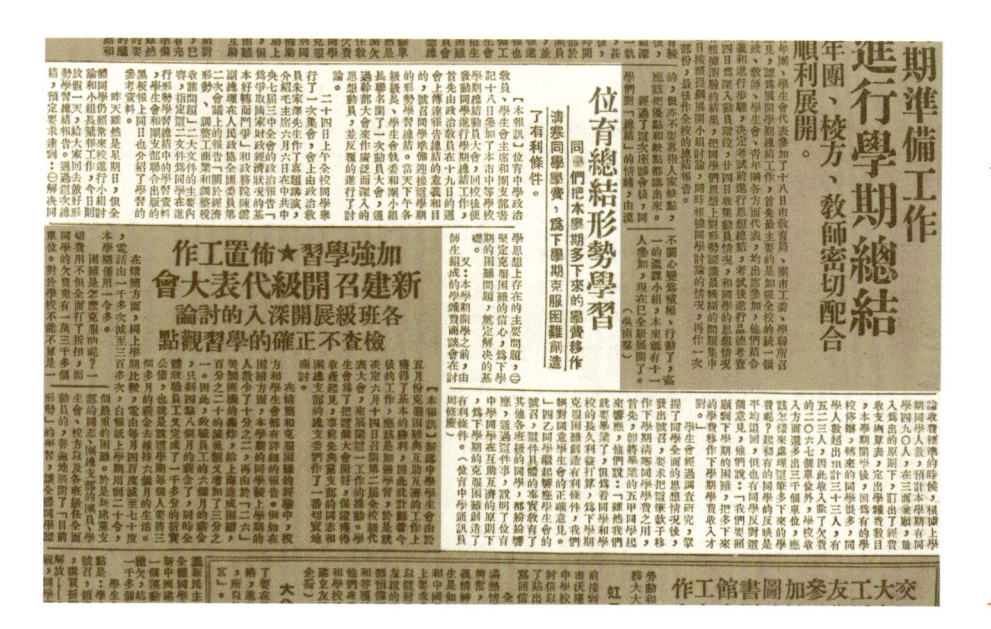

图2-13 《位育总结形势学习》（选自《文汇报》1950年6月26日，第2版）

动站，全校90%以上的师生去参加，接着是"三八"妇女节大游行，全校的女同学、女教师全部参加，男同学和男教师排满了襄阳南路的最南端，也动员了90%以上。五一大游行时，除了有病和守护学校的少数师生外，全体在游行的行列里……在数次游行和鼓动中，不仅动员和组织了广大群众，而且发挥了群众集体创造能力。[58]

就生活观而言，位育学生在旧社会因受到交友、家庭环境和资本主义文化元素的较深影响，多醉心于"小资化""崇美化"的生活方式，这就难免会与中华人民共和国成立后清寒出身的工农子弟产生情感距离，影响群众基础。对此，校长李楚材也曾特别要求位育学生"摒弃浮夸习气，要朴质，要谦逊，要尖锐反对并克服懒散的习气，和随随便便对一切都喜欢摸一手而又一事无成的工作态度，要诚恳地坦白地纠正自己的缺点和错误"[59]（图2-15）。

为了促进学生之间友爱互助，位育学生会曾以协商学费为契机，发挥了重要的沟通整合作用。1950年度学期开学之前，由师生组成的学杂费商谈会在讨论收费标准的时候，根据上学期同学人数，预计本学期有同学490人，在"三面兼顾，量入为出"的原则下，定出了学杂费数目。但开学后发现，由于不少学校停办，转学位育的同学增多，导致人数超出预期，为523人。因此，学校收入方面还多出3000个单位，应该怎样来处理这笔多下来的学费呢？起初，有的同学的反映是平均退回，但也有同学反对这个意见，他们说："我们要照顾到下学期的困难，把多下来的移作下学期学费收入。"[60]

学生会经过调查研究，掌握了同学全面的思想情况后，号召把这笔款子移作下学期清寒同学学费之用。对此，即将毕业的五甲同学首先赞成，他们说："虽然我们就要毕业了，但为着同学和学校的长久利益打算，为下学期克服困难创造有利条件，我们绝对同意学生会的正确意见。"四乙同学也继起附和，

图2-14 1950年五四青年节时学生集体表演话剧《瞎老妈》

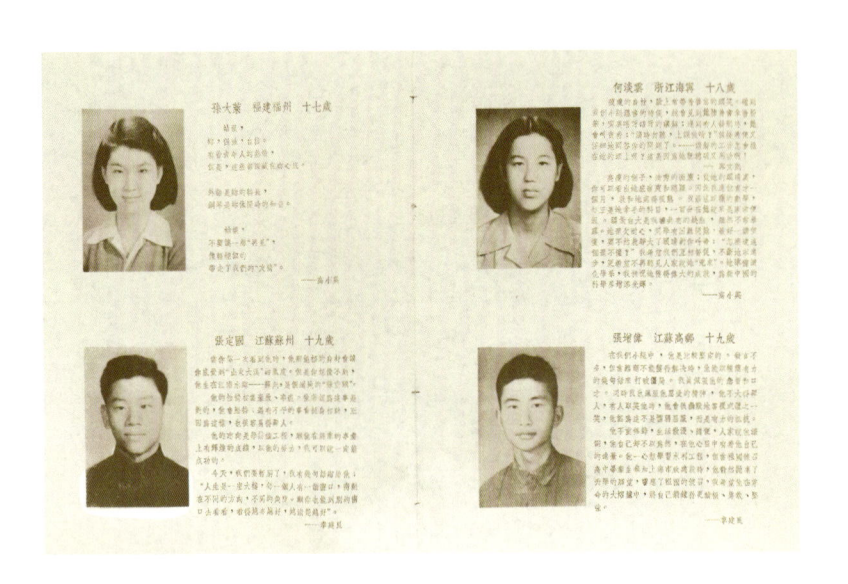

图2-15 1951年位育中学六年一贯制首届毕业生（部分，肖像与介绍）

图2-16 位育推行互助互济工作（选自《文汇报》1950年8月9日，第3版）

这件具体的事实教育了其他各班级的同学，都纷纷响应。这件事说明了位育同学在互助互济、共渡难关的原则上达成了团结一致。在此基础上，位育学生会还专门发起成立暑期工作委员会，积极推行各种互助互济工作。曾开办了冷饮供应处，出售各种冷饮，除成本外，把赚余全部移充下学期助学金之用。[61]又制就了大批助学章，以每只1500元的价钱义卖，受到同学们的热烈欢迎（图2-16）。[62]

经过政治观、人生观、生活观的改造与考验，位育师生在中华人民共和国成立后的两年中完成了"新生"。从闭关自守"死读书"到主动融入外界，从气氛沉闷到激情活跃，从注重"专家思想""个人前途"到"一切为人民，一切为祖国"[63]。这种热烈的家国情怀，突出表现在位育学生踊跃参加军事干部学校，致力于抗美援朝，保家卫国；表现在积极参加市政建设，使新上海成为为人民服务的城市。截至1951年共毕业的154名学生中，参加各种军事干部学校者共48人，参加上海市政建设工作者3人。[64]以1951年"六年一贯制"首届毕业生为例，详见表2-1。

表2-1 位育中学"六年一贯制"第一届毕业同学攻读学校服务关机调查录

姓名	攻读学校、服务单位	院系、部门	地址
任美	私立圣约翰大学	外文系	上海梵皇渡路
欧阳仁荣	私立圣约翰大学	医科	上海梵皇渡路
李冠高	私立大同大学	化学工程系	上海新闸路
欧阳仁耀	私立大同大学	化学工程系	上海新闸路
王榴	私立大同大学	机械工程系	上海新闸路
张定国	国立华东纺织工学院	棉纺工程系	上海延安西路1326号
达国华	国立音乐院上海分院	声乐组	上海江湾
朱霞	国立交通大学	造船工程系	上海华山路1954号
洪素英	私立震旦大学	医本科	上海吕班路280号
王文鼎	国立华东药专	药剂学组	南京丁家桥
刘达先	国立厦门大学	农艺系	福建厦门厦门大学1140信箱
徐应余	国立浙江医学院	药科	杭州市
叶琲琳	国立同济医学院	医科	武昌熊廷弼路61号
张潜曾	国立南京大学	水利工程系	南京四牌楼南大信箱2356号
郭豫祺	国立东北工学院	机械工程系	长春市东北工学院长春分第一分院机械系乙班
张俊黼	国立大连工学院	化学工程系	大连大连工学院化工系化工专业组一年级乙班
李学娴	国立清华大学	外文系	北京西郊
陈绍新	国立北京工业学院	冶金工程系	北京钱秕胡同九号华北工学院宿舍冶-甲
樊养颐	国立北京工业学院	冶金工程系	北京钱秕胡同九号华北工学院宿舍冶-乙
陈逸民	国立北京工业学院	航空工程系	北京西直门外车道沟华北工学院11号宿舍
刘健生	国立北京大学医学院	医学系	北京沙滩北京大学三院丁字楼6146号
何淡云	国立北京大学	化学系	北京沙滩北京大学灰按荒字楼406室
孙大莱	国立燕京大学	外文系	北京西郊燕京大学四院113号
孙佩勤	国立天津大学	水利工程系	天津元纬路天津大学南院木屋8号水利系一年级
张永龄	国立天津大学	水利工程系	天津元纬路天津大学南院北楼84号
宁文凯	国立天津大学	机械工程系	天津元纬路天津大学南院红楼54室
庄昂千	国立北方交通大学唐山工学院	电机工程系	河北省唐山市大学路
王健美	国立北方交通大学唐山工学院	冶金工程系	河北省唐山市大学路
桂业炜	国立北方交通大学唐山工学院	冶金工程系	河北省唐山市大学路
李建良	国立北方交通大学唐山工学院	机车专修科	河北省唐山市大学路

（续表）

姓名	攻读学校、服务单位	院系、部门	地址
陈效肯	军事干部学校	通讯工程	汉口五七部队四大队二十中队
周志刚	军事干部学校	空军	沈阳市908部队94分队
孙宗颉	军事干部学校	海军	南京六〇一六信箱五号
顾家骅	军事干部学校	海军	南京六〇一六信箱五号
张楚龄	军事干部学校	空军	东北辽西省锦州市903部队8中队3区队
张增伟	市政建设	公安	上海邮政信箱325（4）
王华威	市政建设	卫生	上海制造局路565号
高小英	市政建设	职教	上海中山东一路上海总工会教育科

*资料来源：毕业刊编辑委员会编：《位育中学六年一贯制第一届毕业纪念刊》，1951年刊印。

在这些同学中，共有9位同学战胜了思想顾虑，克服家庭阻力，坚决服从国家需要，报名参加军事干校，占到全班的四分之一。其中，周志刚、孙宗颉、顾家骅、陈效肯、张楚龄5名同学最终获得批准。尤其是陈效肯同学，凭借着化学与无线电方面的特长，如愿进入了通讯学校。半年之后，他在革命的大家庭中学习平均成绩超过了90分，在抗美援朝的捐献运动中，他更是尽了最大的努力，把他仅有的手表、长筒鞋、电表、听筒捐了出来，并且把每月津贴的50%捐献支援前方志愿军，表现了高度的爱国热情（图2-17至图2-20）。[65]

而在上海市人民政府号召全市高中毕业生参加新上海市政建设工作的热潮中，高小英、王华威、张增伟3位同学，起先也曾有过顾虑：怕分配的工作不合自己的兴趣，怕学识经验不足，不能胜任；怕身体衰弱，不耐繁剧；怕没有专门技术，影响个人的前途。[66]但经过首长的动员，老师同学的劝勉，他们认识到个人的利益要服从国家的需要；体会到必须用新的眼光来看待新的社会和新的事物；明白了自己的进步决定于努力的工作与不断的学习，最终坚定了"人民要他们到那里，他们就到那里"[67]的情怀，进入卫生、公安、职工教育等部门服务，立志成为建设人民上海的生力军（图2-21）。

按照市政教育处对私立学校的改造安排，从1954年以后，"进一步研究全面整顿，加强党的建设，消灭空白点（有相当数量的私校没有党的领导力量），并制订逐步接办为公立的计划"[68]。对中华人民共和国成立后仍是私立性质的位育来说，确立党组织的全面领导，保证学校正确的办学方向势在必行。起初，校内党员人数少，并没有成立党支部，而是由上级党组织派党员政治教师来校任教，与附近的几所中学成立联合党支部，由位育中学政治教师李鹏任联合党支部书记。1954年6月，胡蔚英受派到校任副校长，并与李鹏及时任团委书记裴祖耀一起，于当年9月成立位育中学党支部，由胡蔚英任党支部书记。在上海市档案馆所藏的一份登记表中记载：胡蔚英，男，1931年生，安徽人，文化程度高中，1948年加入中国共产党，1950—1954年在中共虹口区委工作，1954年调任位育中学，任党支部书

图2-17 位育中学参加军事干部学校同学留念（摄于1951年1月4日）

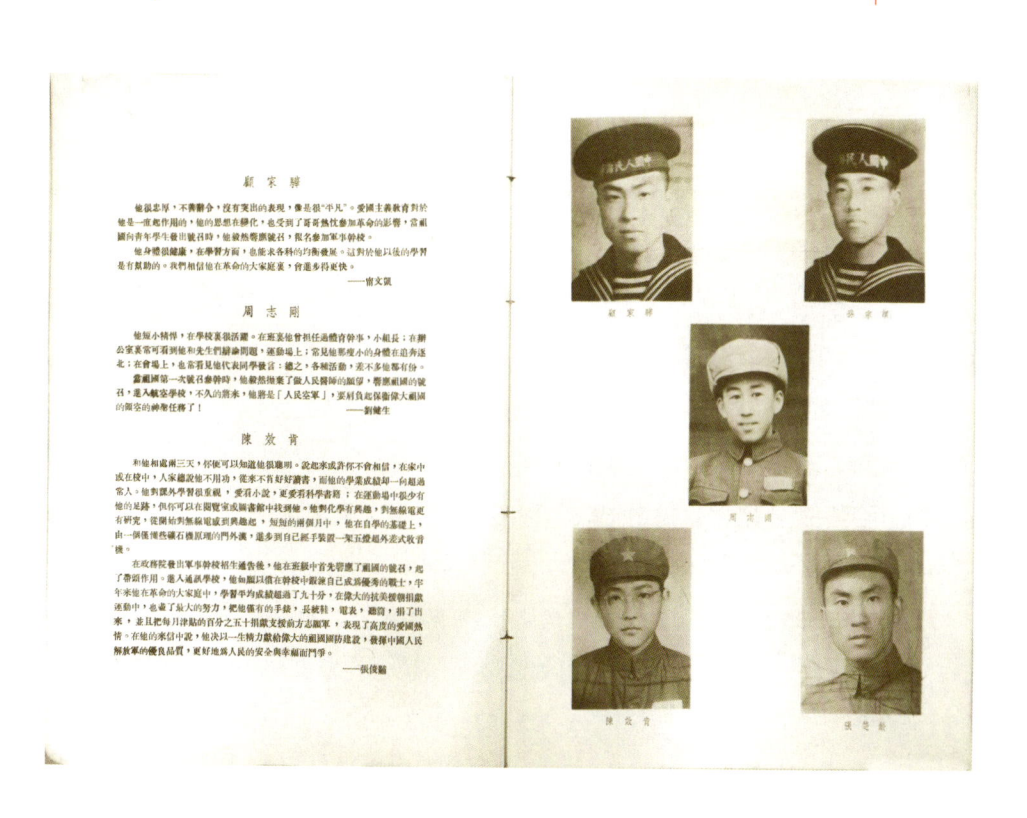

图2-18 1951年获批参加军事干校的5名同学

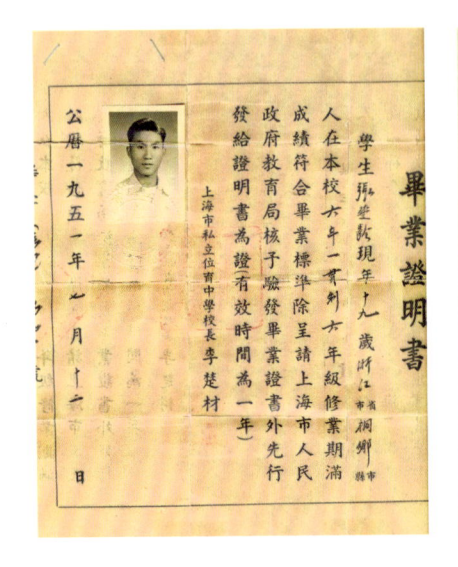

图2-19 参干学生张楚龄的位育毕业证明书（1951年）

图2-20 1951年中国少年儿童队位育小学队部敬献位育中学参加军事干部学校的锦旗

图2-21 1951年参加新上海市政建设工作的3位同学

记、副校长。1960年，成为上海市文教方面先进单位代表。[69]

新支部成立后，陆续发展了张慧、余小柏等一批党员，党的队伍逐步扩大，党对学校的领导逐渐加强[70]，党支部领导下的师生管理格局初具雏形。校长室在党支部领导下统管全校行政工作，教务处和总务处负责落实校长室布置的教学、教育工作和总务后勤工作。学校团委和少先队既接受学校党支部领导，也接受团区委布置的青少年学生的思想工作和各项具体活动。教师工会接受党支部领导，负责部分教师的政治学习，维护教工的基本权利，组织教工开展文化、娱乐、节日庆祝等活动。教工团支部在党支部领导下联系青年教工落实学校教学、教育工作，对青年教工开展思想教育活动，组织适合青年教师的活动。[71] 中华人民共和国成立初这一管理模式一直延续到改革开放之后。

在党的正确领导下，在人民政府的大力支持下，位育不仅实现了人心向背的"新生"，而且在办学规模与空间上出现了新气象。据学籍档案记载，1949—1959年十年间，位育高、初中两部已由11个班级扩充至44个班级，学生由400余人增加到2500人。[72] 教师人数也逐年递增，从1949年的36人至1954年的75人。[73] 急剧增长的师生数量，导致襄阳南路校舍不敷应用，亟待扩张。中华人民共和国成立前夕，校方曾在上海近郊梅陇镇购置土地54亩，筹划建造新校舍，计划书和平面图都已准备就绪，但因当时物价暴涨，经济凋敝，无力实现，引为憾事（图2-22、图2-23）。

直到1952年，在上海市教育局的支持下，位育租借复兴中路1261号外国侨民遗弃的6亩多花园，建造北楼共12个教室。1954年，在原址再建南楼共18个教室，不久，又买下了东楼和红楼。据校友回忆，"三座教学楼，南楼、东楼和北楼，以及一座办公楼——红楼，就像位育的校风，方方正正、规规矩

图2-22 襄阳南路校舍的中楼、北楼（1951年）

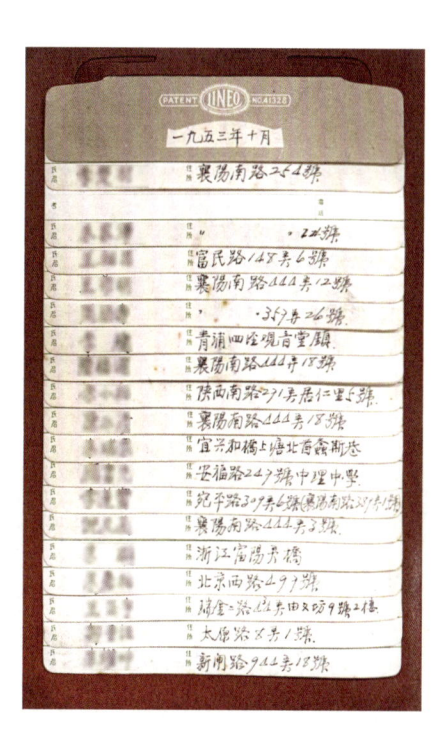

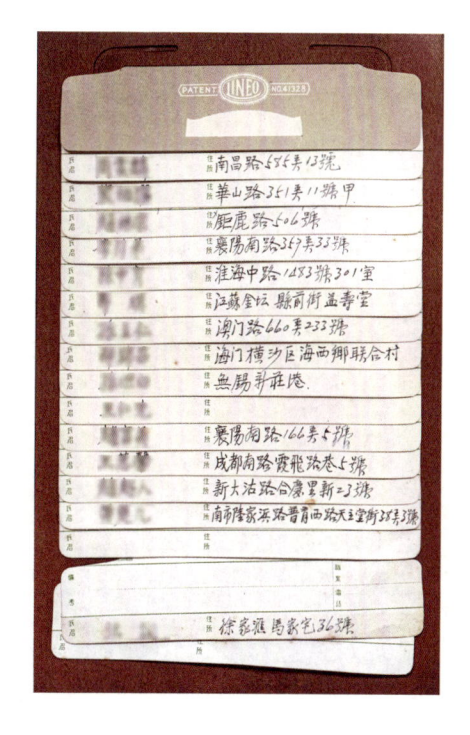

图2-23 位育中学教职员名单（1953年10月）

矩"[74]。自此之后，位育办学重心从襄阳南路位育小学移到复兴中路新址，但仍借用位育小学的校舍，供部分中学年级使用，学校办学硬件条件逐渐得到较大改善（图2-24、图2-25）。

再就办学质量而言，中华人民共和国成立后新生的位育也在短短6年间初露头角，气象日新。从1950到1956届，有各种学制的毕业生近800人。以1956年毕业的学生为例，全年级4个班级共有197位学生，其中104位学生考取部属重点大学，占毕业人数的53%，66位学生考取普通大学本科，两者相加共

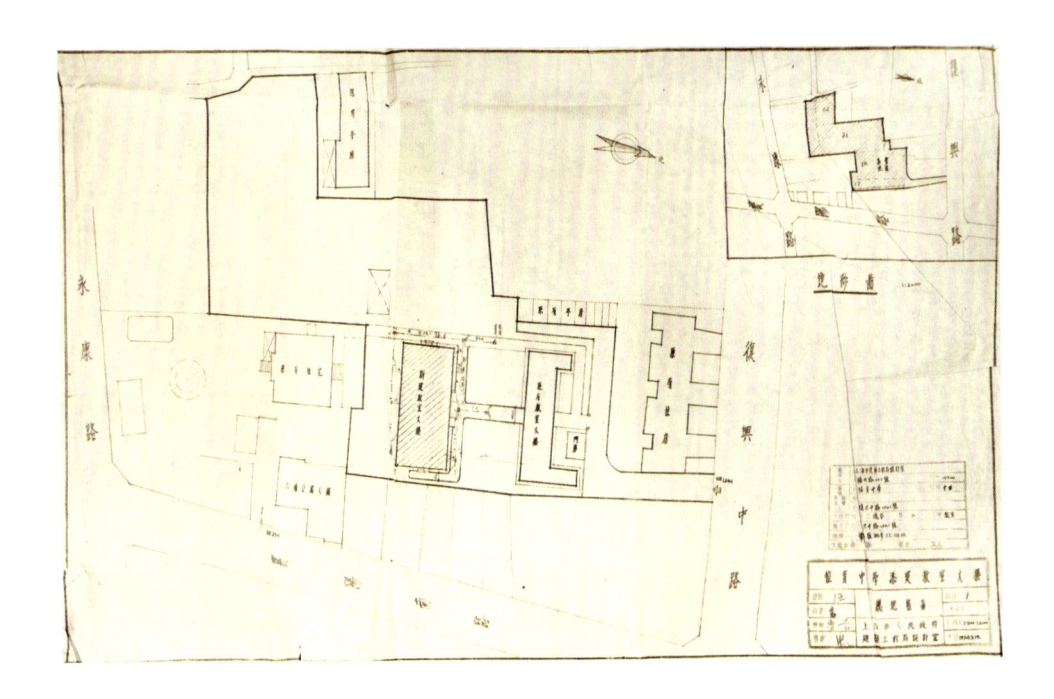

图2-24　1954年位育中学复兴中路校园地形图

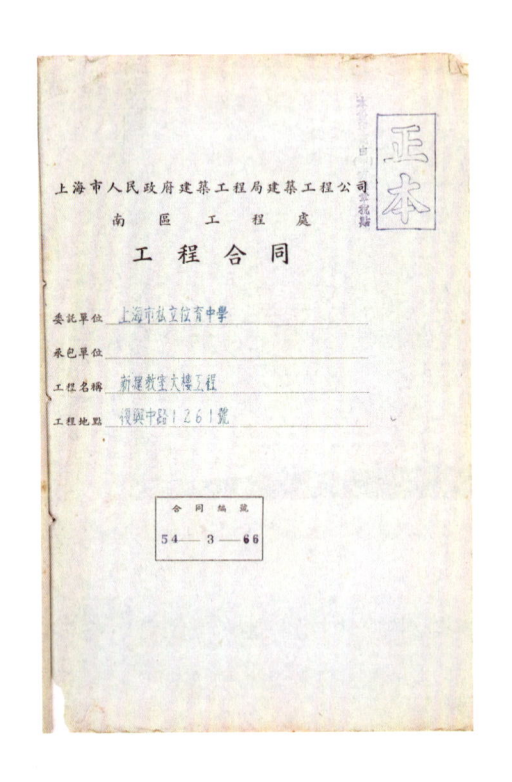

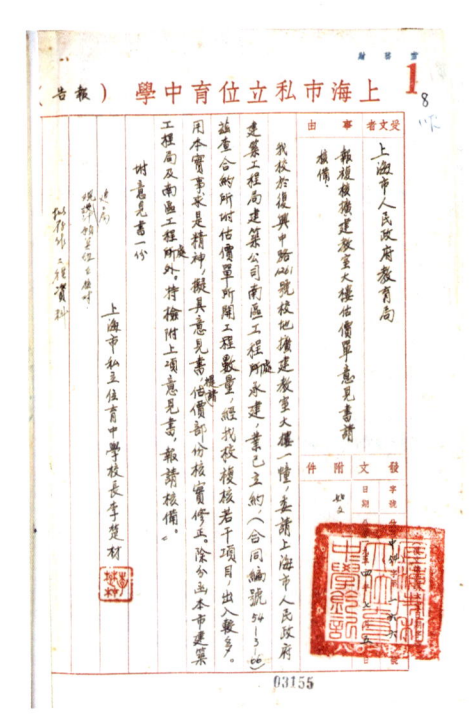

图2-25　1954年位育中学复兴中路1261号教室楼建造档案（摘选）

图2-26　位育中学高中部第七届毕业生摄影（摄于1954年7月）

170位学生，占总人数的86%。其中，考取清华大学、北京大学、交通大学、复旦大学四所名校的有50人，占25%[75]，逐渐迎来发展的"黄金期"（图2-26）。

第二节　从私立到公办：更名为上海市第五十一中学

在1952年开始的全面学习苏联的过程中，教育界接受了苏联教育学中提出的国家性、统一性等原则，认为社会主义教育必须由国家来办。另一方面，随着土地革命、农业合作化和私人资本主义工商业社会主义改造的展开，私立学校办学经费紧张，难以为继。在这种情况下，1952年6月，中共北京市委在给中央和华北局的《关于中小学生费用负担及生活情况的报告》中说，"中小学生所负担的费用，对于劳动人民的家庭和低薪制工作人员来说是相当重的"[76]，为改变这种情况，计划接管全部私立中小学，公私立中小学一律免收学杂费。毛泽东对此批示："如有可能，应全部接管私立中小学。"[77]按照这一指示，教育部决定自1952年下半年至1954年，将全国私立中小学全部由政府接办，改为公立。为了慎重稳健地做好接办工作，《关于接办私立中、小学的指示》还提出："先接办外资举办的学校，后接办中国人自办的学校；先接办成绩较坏的学校，后接办成绩较好的学校；先接办经费困难的学校，后接办经费还能维持的学校；先接办中等学校，后接办小学等。"[78]

根据教育部指示，上海在1953年先接办了教会学校。之后，不少私立中小学强烈要求政府接办。1955年，上海鉴于全市私营工商业和手工业的社会主义改造形势发展很快，将原拟分三批接办全部私立

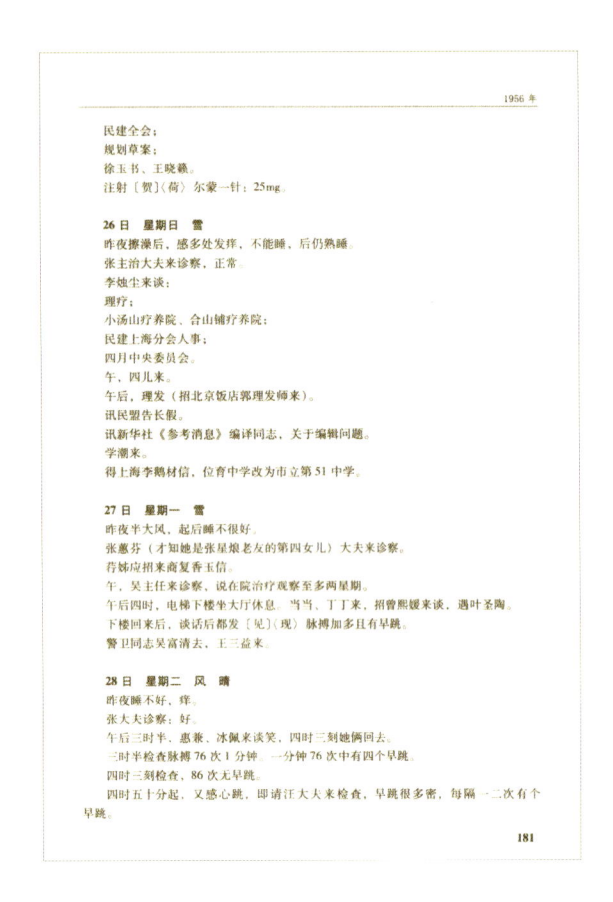

图2-27 《黄炎培日记》中对位育中学改制为市立第五十一中学的记载

同,将私立学校教职员工纳入社会主义劳动者与建设者的范畴。

从中华人民共和国成立之起,私立学校已经是我们国家人民教育事业的一部分。它已经实行了国家统一的学制,执行国家统一的教学计划,遵照国家统一的课程,使用国家统一的教材……在发展国民教育,培育国家建设人才方面起了一定的积极作用……在私立学校工作的广大教职员工,基本上都是为人民的教育事业服务的,其中许多人在教育界服务过几十年,而且卓有成绩。他们是属于脑力劳动者。他们不是剥削者,更不是剥削阶级……应该认识私立学校的接办和私营工商业的社会主义改造是有重大的原则区别的。接办私立学校不是所有制的改变,当然更不是学制课程的改变,而是行政组织的调整和整顿,人事、财务等管理制度的统一和改进,和领导的加强。[82]

学校的计划,改为于1956年1月19日,由上海市副市长刘季平正式宣布,将全市中小学私立学校一次全部接办,改为公立。[79]凡接办私校,都采取"先接办,后整顿""一次接办,逐步整顿"的方针,总的要求是"又快又好,快而不乱"。[80]自此,位育中小学从私立改为公立中学,并按照苏联模式,以数字顺序命名学校,更名为"上海市第五十一中学"。以"改公"和"更名"为标志,位育中学结束了一个历史阶段,开始了历史进程中一个新的发展阶段(图2-27)。[81]

在宣布接办私立学校后,上海市教育局党组在一份报告中特别强调私立学校和私营工商业不

位育的"改公"和"更名"过程,与其他私立学校一样,统一遵循"两动三不动"的原则。"两动"指动校牌,将私立改为公立;动学费,将学费降低到和公立学校一样。"三不动"指人事不动、工资不动、财产不动。[83]虽然间接增加了人民政府的财政支出,但学生家长负担大为减轻,教职员由国家发给工资,职业有保障,生活安定,各方面工作得到了改善(图2-28)。

这一时期的调整变动,除了"改公",还有"合组"。1956、1958年,因教育整体布局调整的需要,教育局先后将淮海中学高中8个教学班、第六十八中学初中4个班级并入第五十一中学,

扩大了办学规模，学生最多时38个班，1900余人。师资力量也得到了充实，如朱启新、吴标元老师是从淮海中学并进的，汪学瑜、薛连森、许藻光老师是从六十八中学并入的，后都成为骨干教师。由于学校尊重并入教师的教学经验，并尽量配备各科较好的教师为并入班级任课，使并入学校和原校的师生融和一致，相互学习，共同提高，从无界域偏见。[84]

改公合组后的第五十一中学，在政治背景、办学方向、目标、模式方面与中华人民共和国成立初期有所不同。1949—1956年7年里，整个国家经历了从半殖民地半封建社会制度转变为新民主主义社会制度，在新民主主义的建设路程上，教育的任务是配合时代，为人民服务。[85]具体说来，校长李楚材将之归纳为三方面：

> 第一，学校的设立是为了人民，所以一切设施，应朝着帮助人民的方向前进。第二，一切学科是为了人民，凡是有利于人民的生活及事业上所需要的东西，则予择取，反之则应扬弃。第三，学生的学习是为了人民，一切封建主义遗传下来读书人为着光大门楣、荣宗耀祖的自私观念，应该完全消除。一个为人民服务，为人民所需要的学校才是新学校。[86]

随着1956年社会主义三大改造的完成、社会主义制度的基本建立，教育领域也相应出现了一个新问题与新要求，即如何建设符合本国社会主义思想与道路的教育新体系。对于这个问题，在1955年6月社会主义三大改造尚未完成之际，位育中学就在上海全市中、初等教育界学习社会主

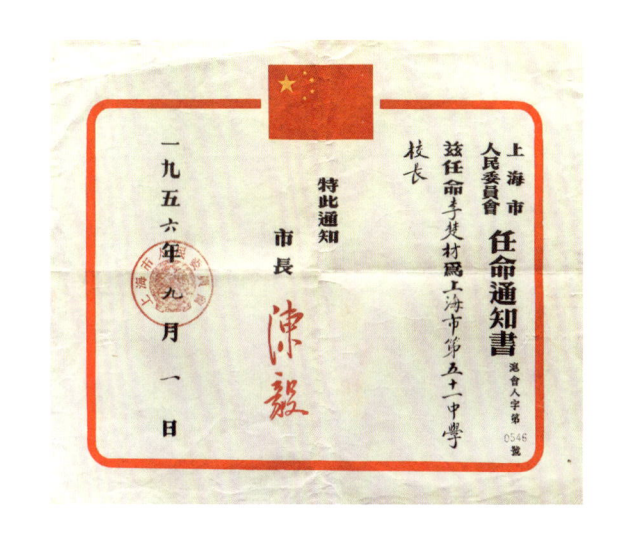

图2-28 上海市人民委员会任命、陈毅市长签发的李楚材为上海市第五十一中学校长的任命状（1956年9月）

义教育思想运动时有所回应。当时，位育举办首个单独的教师座谈会，通过批判实用主义教育思想，否定资产阶级唯心主义教育观，从师生思想上正本清源，由加强爱国主义思想教育开始转变为树立社会主义思想教育（图2-29）。

位育此次座谈会的讨论主题是："实用主义者所谓'教育为全社会服务'为什么是反动的？"开会之前，教师们对相关文件与讨论要求做了充分准备，并写了发言提纲。讨论过程中，运用了批评与自我批评的武器，发言踊跃。教导副主任朱家泽指出，实用主义教育为全社会服务的反动思想对旧中国教育界有特别坏的影响，它引导广大师生脱离政治，远离革命，位育中学就是一个明显的例子。中华人民共和国成立前当学生运动轰轰烈烈展开的时候，位育师生照旧关门上课，不闻不问。[87]图书管理员李引弟进一步指出，中华人民共和国成立前本校培养的学生绝大部分是资产阶级子弟，从他们一般都只重视功课，政

图2-29 《位育中学教师举行座谈会》(选自《文汇报》1955年6月4日，第3版)

图2-30 吴祁仁：《全面发展的标准不容曲解》（选自《文汇报》1955年1月4日，第6版）

治认识极端模糊的情况看来，也完全证明了当时本校教育是完全在替资产阶级的利益服务，而并不是超阶级超政治的。[88]由此，大家统一了思想认识，揭露了实用主义者之所以倡言教育为全社会服务，目的在于模糊教育的阶级性，麻痹广大劳动人民的革命意志。反观自身，他们也认为这种超阶级、超政治的思想在教师身上仍有表现，如对于政治学习的不够重视，教学中的单纯传授知识，理论与实践脱节等。[89]

通过举办这次座谈会，位育教师对何为"全面发展"的教育标准有了新的认同。教师吴祁仁以现身说法表达了自己的新理解。以前他总是将"沉默寡言，好学不倦"作为衡量好学生的标准，合乎这个标准的同学，对他们的作业批改得特别仔细，课外也多加指导，有时还关心他们是不是有时间来做他布置的作业。但是后来发现，只是"学习好"的这些同学"在学校里不肯搞工作，怕影响学习；进大学的也有好几个因为身体不好而休养在家；也有看到大学录取名单中他们的名字在专科或不是他们的志愿系科时就痛哭一场，甚至有不肯去报到的"[90]。对此，吴祁仁进行了深刻的反思，他意识到之所以会以自己所爱所好去衡量一个学生，主要原因是"我们对祖国要求我们培养的人才的标准认识不清，也就是我们对祖国进行社会主义建设需要怎样的人才认识不清"[91]。要培养全面发展并能参加社会主义建设的青年，必定要能掌握复杂的科学技术，进行创造性的劳动，这就不是单有技术而没有政治热情的人所能胜任的，也不是单有知识而没有健全体魄的人所能胜任的。一切非全面发展的倾向——"重理轻文""重业务、轻政治"，单是要求"学习好"，等等——都是错误的（图2-30）。[92]

这种注重学生"全面发展"以服务社会主义建设的育人理念，很快成为三大改造以后国家的总体教育方针。1957年2月27日，毛泽东在最高国务会议上，针对我国的实际情况，特别是学校的现状，提出"我们的教育方针，应该使受教育者在德育、智育、体育几方面都得到发展，成为有社会主义觉悟的有文化的劳动者"[93]。那么，如何使学生能在德、智、体全方面得到发展，如何才能培养出社会主义社会的积极建设者，这对"转公"以后的位育来说，是一道无章可循的新命题。当时除了如火如荼的苏联教育经验外，并无其他可资借鉴学习的对象。1957年11月，校长李楚材在《文汇报》上发表了《开出更鲜艳的花朵》一文，阐述了苏联教育经验在中国学校教育中运用的益处，其中包括共产主义青年团对年轻一代政治思想教育工作的引领作用，包括重视建设少年宫、少年之家、少年自然科技站等校外教育设施等。[94]但是，对改为公办的五十一中学而言，受到直接启发的还是师资培养与学生指导方面的苏联经验（图2-31、图2-32）。

一是苏联经验要求高度重视师资队伍培养与质量提升。1956年"改公"以前，位育教学规模不断呈扩大趋势，尽管师资队伍相比中华人民共和国成立前趋于稳定，但数量明显跟不上招生规模增长的需要，师资紧缺矛盾逐渐突出，只得采取各种应急措施，从各种渠道引进了一些对教育不太熟悉的知识分子担任教师。[95]但从1956年开始，国内社会主义师范院校开始有毕业生，五十一中学就从上海师范高等专科学校毕业生中陆续挑选一些优秀学生充实师资，如蒋衍、朱音谷等，都是首批引进的科班出身的青年教师。[96]他们的进入，提高了教师队伍的专业

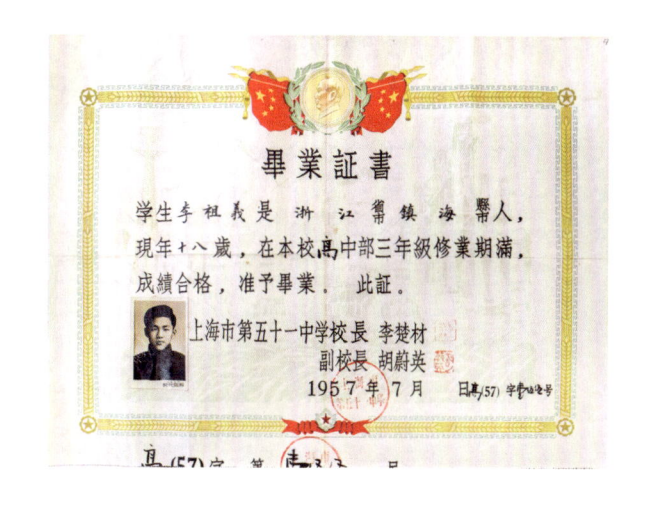

图2-31 上海市第五十一中学毕业证书，校长李楚材、副校长胡蔚英签名（1957年）

图2-32 李楚材：《开出更鲜艳的花朵》（选自《文汇报》1957年11月6日，第6版）

实力，增添了教师的活力。总之，这一时期为了解决师资力量紧缺的问题，学校汇集了来自五湖四海的各种类型的教师，校方十分重视这支队伍的培养与成长，严格管理，严格要求，又赋予重

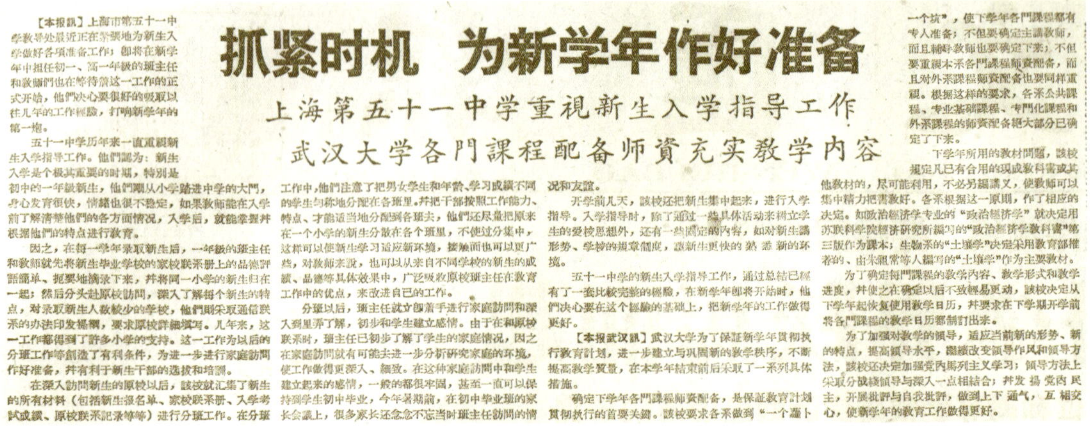

抓紧时机 为新学年作好准备

上海第五十一中学重視新生入学指导工作

武汉大学各門課程配备师資充实教学内容

【本报訊】上海市第五十一中学教导处最近正在紧張地为新生入学做好各项准备工作；即将在新学年中担任初一、高一年級的班主任和教师們也在等待着这一工作的正式开始，他們决心要很好的吸取以往几年的工作經驗，打响新学年的第一炮。

五十一中学历年来一直重視新生入学指导工作。他們認为：新生入学是个极其重要的时期，特别是初中的一年級新生，他們剛从小学踏进中学的大門，身心发育很快，情緒也很不稳定，如果教师能在入学前了解清楚他們的各方面情况，入学后，就能掌握并根据他們的特点进行教育。

因之，在每一学年录取新生后，一年級的班主任和教师就先将新生毕业学校的家校联系册上的品德評語簡单、扼要地摘录下来，并将同一小学的新生归在一起；然后分头赴原校訪問，深入了解每个新生的特点，对录取新生人数較少的学校，他們則采取通信联系的办法印发提綱，要求原校詳細填写。几年来，这一工作都得到了許多小学的支持。这一工作为以后的分班工作等創造了有利条件，为进一步进行家庭訪問作好准备，并有利于新生干部的选拔和培養。

在深入訪問新生的原校以后，該校就汇集了新生的所有材料（包括新生报名单、家校联系册、入学考試成績、原校联系記录等等）进行分班工作。在分班工作中，他們注意了把男女学生和年龄、学习成績不同的学生匀称地分配在各班里。并把干部按照工作能力、特点、才能适当地分配到各班去，他們还尽量把原来在一个小学的新生分散在各个班里，不使过分集中，这样可以使新生学习适应新环境，接触面也可以更广些，对教师来說，也可以从来自不同学校的新生的成績、品德等具体效果中，广泛吸收原校班主任在教育工作中的优点，来改进自己的工作。

分班以后，班主任就立即着手进行家庭訪問和深入到里弄了解，初步和学生建立感情。由于在和原校联系时，班主任已初步了解了学生的家庭情况，因之在家庭訪問就有可能去进一步分析研究家庭的环境，使工作做得更深入、細致。在这种家庭訪問中和学生建立起来的感情，一般的都很牢固，甚至一直可以保持到学生初中毕业，今年暑期前，在初中毕业班的家长会議上，很多家长还念念不忘当时班主任訪問的情况和友誼。

开学前几天，該校还把新生集中起来，进行入学指导。入学指导时，除了通过一些具体活动来树立学生的爱校思想外，还有一些固定的内容，如对新生講形势、学校的規章制度，讓新生更快的熟悉新的环境。

五十一中学的新生入学指导工作，通过总結已經有了一套比較完整的經驗，在新学年即将开始时，他們决心要在这个經驗的基础上，把新学年的工作做得更好。

【本报武汉訊】武汉大学为了保証新学年貫彻执行教育計划，进一步建立与巩固新的教学秩序，不断提高教学質量，在本学年結束前后采取了一系列具体措施。

确定下学年各門課程师資配备，是保証教育計划貫彻执行的首要关鍵。該校要求各系做到“一个蘿卜一个坑”，使下学年各門課程都有专人准备；不但要确定主講教师，而且輔导教师也要确定下来；不但要重視本系各門課程师資配备，而且对外系課程师資配备也要同样重視。根据这样的要求，各系公共課程、专业基础課程、专門化課程和外系課程的师資配备絕大部分已确定了下来。

下学年所用的教材問題，該校規定凡已有合用的现成教科書或其他教材的，尽可能利用，不必另編講义，使教师可以集中精力把書教好。各系根据这一原則，作了相应的决定。如政治經济学专业的“政治經济学”就决定用苏联科学院經济研究所編写的“政治經济学教科書”第三版作为課本；生物系的“土壤学”决定采用教育部推荐的、由朱祖常等人編写的“土壤学”作为主要教材。

为了确定每門課程的教学内容、教学形式和教学进度，并使之在确定以后不致輕易更动，該校决定从下学年起恢复使用教学日历，并要求在下学期开学前将各門課程的教学日历都制訂出来。

为了加强对教学的領导，适应当前新的形势、新的特点，提高領导水平，繼續改变領导作风和領导方法，該校还决定加强党内馬列主义学习；領导方法上采取分級領导与深入一点相結合；并发揚党内民主，开展批評与自我批評，做到上下通气，互相交心，使新学年的教育工作做得更好。

图2-33 《上海第五十一中学重视新生入学指导工作》（选自《文汇报》1959年8月13日，第2版）

任，大胆使用，使这支队伍很快健康成长。[97]

二是苏联经验要求教师在教学和教育中明确应该起主导作用，对学生爱护备至，并根据学生不同情况给予个别指导。[98]如从1956年“改公”后，五十一中学要求教师更加重视新生入学指导工作，创造出从入学“源头”开始追踪学生成长的指导制度。他们认为，新生入学是个极其重要的时期，特别是初中一年级新生，身心发育快，情绪也很不稳定，如果教师能在入学前了解清楚他们的各方面情况，入学后就能掌握并根据他们的特点进行教育。[99]因此，在新学期录取新生后，一年级的班主任和教师就先将新生毕业学校的家校联系册上的品德评语简单扼要地摘录下来，并将同一小学的新生归在一起，然后分头赴原校访问，深入了解每个新生的特点。在深入访问新生的原校以后，就汇集了新生的所有材料，然后进行分班工作。在分班时，班主任和教师尽量把原来在一个小学的新生分散在各个班里，不使其过分集中，这样可以使新生学习适应新环境，接触面也可以更广些；对教师来说，也可以从来自不同学校的新生的成绩、品德等具体效果中，广泛吸收原校班主任在教育工作中的优点，来改进自己的工作。[100]分班以后，班主任立即着手进行家庭访问，初步和学生建立感情。在这种家庭访问中与学生建立的感情，一般都很牢固，甚至一直可以保持到学生毕业（图2-33）。[101]

第三节 “五年一贯制”：教学改革的典范学校

完善的学制设置，是一所名校发育成长不可或缺的制度配备，它能彰显掌校者与众不同的教育理念，更是办学内在规律与独立自主精神的重要体现。与其他中学多依循统一的常规学制不同，位育曾在创校初期与中华人民共和国时期两度试点与众不同的“五年一贯制”，显现出以李楚材为代表的治校者深得位育“生长创造”文化精髓的办学个性，成为引领中学教学改革的典范之一。用李楚材自己的话说：“我常有志于学制的改革，多年在中等学校里教学和行政工作的经验，认识到五年一贯制是有意义而且能预期成功的，就按这一方向进行了。"[102] 由于位育在创校初期首试"五年一贯制"就大放异彩，有口皆碑，改制公办之后再度试点"五年一贯制"便具备广泛的人心基础。在20世纪60年代的校友回忆录中，几乎众口一词地提及之所以会选择第五十一中学，是被特立独行的"五年一贯制"所吸引，甚至于"五年一贯制"成为五十一中学区别于上海其他中学引以为豪的身份标签（图2-34）。

对此，不少校友都有一致认同，兹引数段如下：

> 我1960年小学毕业考入上海市第五十一中学（现恢复原名上海位育中学）。那时，我家住在淮海西路，离南洋模范中学很近。一些人曾建议我考南模，一来离家近，二来南模似乎名气更大，历史也更悠久。可是，当我听说位育中学准备实行"五年一贯制"，我马上就自作主张，报考了位育中学。当时的想法很简单，中小学各要学六年，对我来说学制太长了。以后，我的三个弟弟受我影响，也都上了位育中学。尽管每天上学来回需步行一个小时，后来回想，我很幸运，做出了这个关键的、影响我人生道路的选择。[103]

> 记得当时学校的领导李楚材校长、朱家泽校长等老师在我们入学时，就谆谆教导我们，我们这批是五年制的试点学生，要认清自己身上的担子，要更加努力地学习。当时我们都很兴奋，逢人就说我们中学只读五年，是试点学校，充满了一种自豪感。[104]

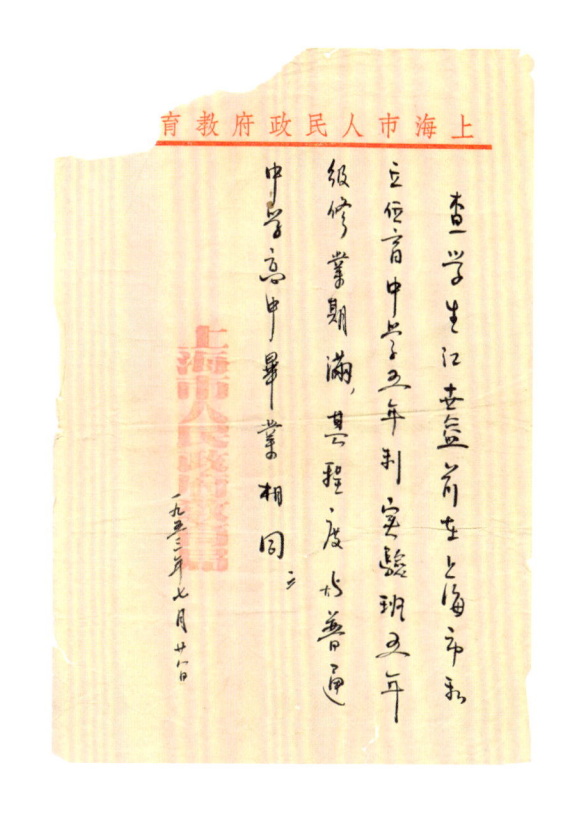

图2-34 上海市教育局对私立位育中学五年制实验班程度等同于普通高中毕业的认可（1953年7月28日）

试行"五年一贯制"的背景，缘于1958年全国"教育革命"后"教育为无产阶级政治服务、教育与生产劳动相结合"这个前提问题已经基本解决后启动的学制改革试验风。1960年3月，中央文教小组召开各省、市委文教书记会议，讨论教学改革的方针、原则等问题，中共中央宣传部部长、国务院副总理陆定一在会上提了在教育战线进行教学革命等任务。国务院文教办公室主任张际春在会上说："教育为无产阶级政治服务、教与生产劳动相结合"这个问题已经基本解决了。今后的任务是如何抓教学改革，要仔细试验。小学五年一贯制，肯定是对的。中学5年还是4年？需要试验才能证明。[105] 4月9日，陆定一在二届人大二次会议上做了经毛泽东审定的《教学必须改革》的发言，他说，我们的教学还有严重的少慢差费的现象，因此必须进行教学改革，提出了"四个适当"的改革口号："我们想从现在起，进行规模较大的试验，在全日制的中小学教育中，适当缩短年限，适当提高程度，适当控制学时，适当增加劳动。我们准备以10年至20年的时间，逐步地分期分批地实现全日制中小学教育的学制改革。"[106]

在"四个适当"的口号指引下，1960年秋，上海市启动以缩短学制为主要内容的教育改革，全市有13所学校参加，徐汇区仅五十一中学一所。1963年后全市调整为三所，即华东师大一附中、复兴中学和五十一中学。[107]根据当时中央关于普教系统学制改革的精神，明确要求这3所学校通过实践回答，怎样才是"适当"，5年完成6年的教学任务有无可能。[108]

对五十一中学而言，这次五年制试点与创校之初不同，它不再是五年一贯，而是实行三二分段教学，初中3年，高中2年。初中招8个班级，面向全区各小学招生，生源比较好。初中三年级毕业，要经过升学考试，从8个班级中招收180名左右的学生，升入中四年级，分4个班，淘汰率是相当高的。高中阶段分为中四、中五两个学年。也就是说，要在五年内完成六年的教学内容，其中高中三学年的内容几乎全部压缩在第四、第五两个学年内。[109]学校结合实际，精心安排，拟定了1960—1967年试验班级的教学计划（图2-35）。[110]

课程和教材方面，3所试点学校独树一帜，由上海市教育局统一安排，先后试用华东师范大学和北京师范大学编写的五年一贯制的试点教材，这让学生在课程进度体验方面心生自豪感。1965届校友、中科院院士朱邦芬曾回忆说："每当走在上学的路上，遇到过去小学同学，大家互相问起代数课进度时，我的感觉特别好。"[111]同时，在教材编制上，五十一中又有相当的自主权。曾任1965届五年制试点班中五年级组长的黄承海老师回忆：

> 物理教研组长李莲宝老师在中四任教时，根据自己多年从教的体会，大胆向校领导建议，弃用通编教材，提出自己编写教学讲义的设想。在校领导的支持下，在中四年级，他动手编写了讲义印发给学生，进行讲授。他的讲课严谨缜密，对学生的要求十分严格，对学生的思维能力、分析判断和解题能力的培养很有帮助。一年实践证明，李老师编的这套教材很有特色，有很高的水平，给学生们留下难以磨灭的印象。[112]

在为五年制试点班选择师资时，校领导高度重视，举全校之力配置资源。1963年秋，由4个班级组成的中四年级首次产生，校方为之抽调了最富教学经验的各学科教研组长和骨干教师任教，如朱启新、李莲宝、蒋文生、黄孟庄、钱松若、朱彭令、贺俊三、蒋正楠、杨宝琳、张颉君等，到中五时，又有张嘉荃、戴筱尧、章寿朴等加入，几乎汇集了全校的教研组长。[113]另外，选派几位进校不久的青年教师担任班主任和年级组长，如教俄语的徐鞠令、殷蔚芷（两人从中一跟班到中五）、曹建中（数学）、白铃（语文）、潘益善（物理）、黄承海（化学）等。他们都只有二十几岁，组成一个新老结合、以老带新、充满朝气的年级组（图2-36）。

图2-35 《上海市第五十一中学1961—1966年试验班每周教学时数表》
（选自档案《关于拟订我校五年制试验班级教学计划的请示报告》，1963年5月22日）

图2-36 上海市第五十一中学教师名单（1963年10月）

图2-37 朱启新（上海第五十一中学）：《衡量中学生外语水平的我见》（选自《文汇报》1962年4月14日，第2版）

在年级组内，老教师对青年教师既关心爱护，又热情支持，青年教师虚心向老教师学习外，彼此团结友爱，互相帮助。分管五年制试点工作的副校长朱家泽经常深入这个年级组，悉心指导工作，时常找教师去汇报工作，帮忙出了不少好的主意，及时提出工作中的要求。整个试点的教学计划、重要的教学、教育安排都凝聚了他的一片心血。五年中，他不仅配合班主任做学生的思想工作，当副班主任，上政治课，还常常参加年级、班级组织的一些活动，平时重要的家长会的报告也都是由他亲自做的[114]，所以朱家泽对这个年级的情况非常熟悉，不少学生他都认识，同学们对他也怀有深刻的印象和崇敬的感情。

在五年一贯制的试验过程中，时间短、学业紧、功课忙是可以想象的，但由于学生优秀，再加上课程、教材、教法、师资各种力量的配合，所以学生负担也并不十分重，从来没有突击加班加点和任意增加课业负担的现象。[115]不仅如此，五十一中学还并不因为缩短一年学制而压缩或者取消某些领域的教学内容。比如体育课、劳动和社会活动，以及与德育有关的教学活动，都被给予了课时保障[116]，所以，各种活动还能生动活泼地开展，学生的反映也很好。以下仅举一例说明（图2-37）。

1964年是中华人民共和国成立15周年，也正当中四下学期、中五上学期的毕业关键时刻，该年级有100多位学生被抽调去参加上海市大型团体操《红旗颂》演出，但同学们还是积极报名参加。几个月里，他们都是利用课余时间排练，最初是在校内学习动作反复排练。然后是区里几所学校合练，最后在国庆前一周内多次步行往返人民广场彩排。这项团体操虽占用了大量的课余时间，但同学们的热情很高，不怕苦、不怕累，在排练过程中，他们不仅接受体力和意志上的磨炼，还经受加强组织性和纪律性的考验和教育。最终，他们在努力不脱学习进度，不忘完成每天学习作业的情况下，出色完成演出任务，受到上海市、徐汇区领导和社会各界的高度赞扬![117]

五年一贯制教学改革的试点成功，突出表现在出色傲人的高考成绩上。1965年夏，首届五年制试点班学生正式毕业，涌现出大批进入名牌高校、全面发展的优秀学生。全校同时存在六年制的高三与五年制的中五两届毕业生，各有4个班级，共有24位被清华大学第一志愿录取。其中，中五这一届毕业生如吴启迪、朱邦芬、余振中、潘重、夏清、沈惠申等，共占据18席之多，相比高三毕业生，成绩显然更为优异。而且，当时五十一中学是全市中学中被清华大学录取人数最多的学校之一，且有多名考生考分名列华东地区前茅[118]，这引起了清华大学领导的高度关注。当时在上海主持招生工作的清华大学教务长何东昌，曾来校和试点班教师座谈，听取副校长朱家泽的汇报，对试点工作的成绩加以肯定，希望继续实验，狠抓数学、英语等工具学科，进一步培养学生的自学能力。[119]何东昌还表示，要派清华附中学校的领导和教师来交流学习，有些学科还录音带到北京去。[120]

五十一中学的五年一贯制试点，从1960年开始招生，到1965年为止，共招收六届学生。1966年"文化大革命"开始后，停止招生。六届学生中，只有1960年招收的学生读完五年参加高考，是最完整的一届。从多年后的回顾与反馈来看，都认为这一次五年制试点相当成功，学生评价积极正面，称誉有加，都称之为学业上受益无穷，甚至影响人生际遇的福音。

> 我们四十年前的中学生活非常幸运，正逢位育中学开始五年一贯制的教学改革。改革在校长和老师们的努力下取得圆满的成功，在随后高考的统计数据上可以体现出改革的丰硕成果。更可贵的是，我们这些接受这一教育的学生在之后的学习和生活中不断受益于这一不可多得的机会。[121]

> 我不懂教学的各种理论和学派，但是从我个人的成长经历来说，我要感谢母校的五年制试点教学，我觉得应该很好地总结，这是一次非常成功的改革。五年的中学学习，为我的成长和发展奠定了非常坚实的基础。它使我懂得了人生的目的和价值，如何去做一个有益于社会发展的人；它教会了我如何运用正确的方法和思维，去掌握和运用知识，并且永不满足不断进取；它使我有一个健康的心理和体魄，去适应改革开放的新浪潮。[122]

应该说，第二次五年制试点是五十一中学实现崛起的绝佳契机。如果不是"文化大革命"的爆发，之后各届的实验也会是非常成功的，这点是毋庸置疑的。但也不可否认的是，当时五年制试点是建立在精英样本的基础上，并不是完全的随机样本。正如《位育中学校史简编》一书中所总结的那样，"我们读到的、听到的反映都是成功者的看法和评价，我们没有看到那些被淘汰学生对五年制试点的看法和评价"[123]。可以说，位育校方对学制创新成功的认识是相当清醒与中肯的。

第四节　跻身全国教育先进行列

如校友众所公认的那样，第二次五年制试点的成功，是五十一中学声名鹊起的标志，也使1960—1965年成为位育中学发展史上的一个黄金年代。[124]这一时期，学校成为优质教育资源辐射输出的"高地"与优秀教育经验交流的"窗口"。"文化大革命"前，曾陆续抽调各科有经验的教师近20人，补充高等学校师资，充实一般中学师资，参加中学各科教材的编辑工作。接待过国内外教育参观团，如北京市学制试点参观团、苏联和日本的参观团。[125]

与此同时，五十一中学的声名逐渐突破本区本地的围限，从徐汇区跃升为上海市乃至跻身全国教

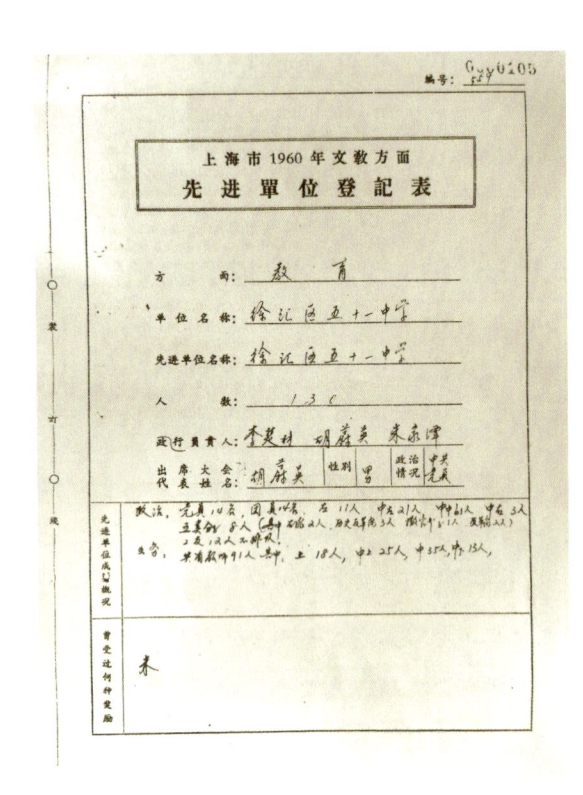

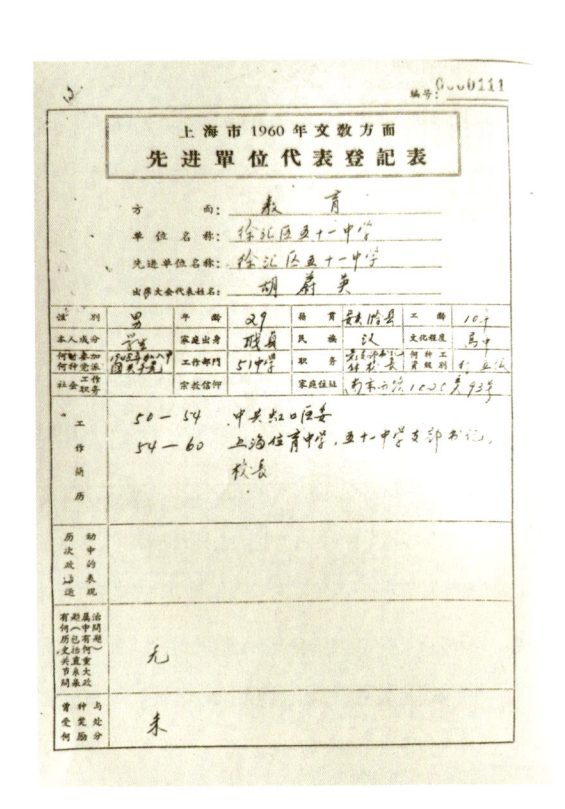

图2-38 《上海市1960年文教方面先进单位登记表》（档案摘选，1960年5月）

育先进行列。1959年8月，学校被确定为徐汇区重点中学。此后，以"区重点中学的牌子、办出市重点中学的质量"成为激励位育人进取的口号与目标。1960年，五十一中学凭借其在"教育大革命"时期出色成绩，被指定为全市重点学校之一，任务在于迅速提高教育质量，为高等学校输送合格学生，并带动一般中学前进。[126] 1960年5月10日，中共徐汇区委同意将五十一中学作为"上海市1960年文教方面先进单位"上报。[127] 1960年5月14日，上海市召开中华人民共和国成立以来第一次文教群英大会，出席大会的有基层单位、各区县、各文教系统评选产生的近7000位先进单位代表和先进工作者。其中，被列为"普通中学"先进单位的有10所学校[128]，五十一中学位列其中，成为上海中学系统"十面红旗"之一（图2-38）。

在这次大会上，五十一中学及校长李楚材还当选为全国先进单位及先进单位代表，应邀出席1960年6月1—11日在北京举行的全国教育和文化、卫生、体育、新闻方面社会主义建设先进单位和先进工作者代表大会（即"全国文教群英大会"），受到党和国家领导人的接见。会上共有全国先进单位代表3092人，教育工作者占了65.4%。[129] 这是五十一中学首次在全国舞台上亮相，极大地鼓舞了师生的士气与斗志，迅速提高了学校的知名度，扩大了社会影响力，是学校走向辉煌的重要标志（图2-39）。

对于五十一中学为何能在短时期内迅速崛起，人才辈出，社会瞩目，形成了独特的"位育现象"，

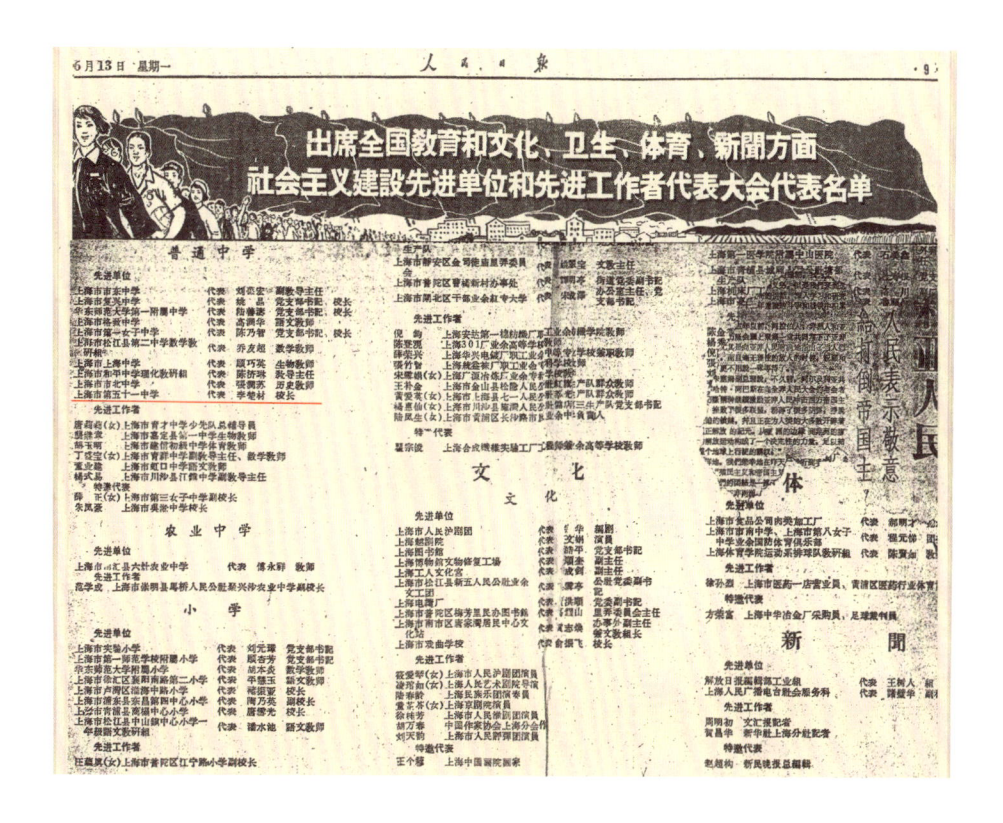

图2-39 上海市第五十一中学及代表李楚材校长出席全国文教群英大会的表彰册（选自《人民日报》1960年6月13日）

当年亲历过这一办学高峰的校长李楚材、副校长朱家泽等都曾发文，剖析原因，总结经验。改革开放之初编撰的《上海市第五十一中学校史》对这一现象也有比较客观深刻的评价。用学校自身朴素的话语来说，前提是归功于党的正确领导。无论是班级规模的扩充、硬件设施的完善，还是校舍面积的扩张，若无党和市教育局的强有力支持作为后盾，根本无法突破旧社会的窘境。除此之外，主要在师资、五育、校风三方面基础工作上发力，构建起以人为本、和谐共生的教育系统。

第一，想方设法罗致优良师资，贯彻落实知识分子政策，用其所长，这是兴校之本。师资是办好学校的核心。改制公办性质后的五十一中学，师资遴选的准则不断提高，一须高等学校毕业，业务知识丰富，二要有一定的教学经验，三要年纪轻，有干劲和培养前途。为何要提升师资标准，李楚材校长认为教师有了满壶水，给学生喝的一杯水，滋味才是最醇厚的。[130]就是说，教师具有所任学科的全部知识，进行教学，才能胜任愉快。不过，随着学校逐年发展、师资来源不一，学科常有变动，最关键的是对师资如何合理安排，灵活调配，用其所长，充分调动教师的积极性。关于这方面，五十一中学积累了一些可贵的经验：

（1）相对稳定地安排教师任课，非特殊原因少加变动，这样有利于教师扬长补短，深入钻研教材，改进教学方法。[131]

（2）安排把关教师，起带头作用。语文、数学、英语学科同年级、同教材的有三四位教师，就选择一二位教师把关，让他们长期留在这个年级里，做新教师的带头羊。这样，教学进程与教学方法都可趋于一致，教学质量也能接近。班主任的安排，也采取同样方法，每个年级有四五个班主任，其中总有一二位稳定在这个年级里不调动，作为把关班主任。这样可以通过把关班主任的经验和心得，带动新的班主任，掌握各年级学生的特点，班级秩序就不会乱了。[132]

（3）学科常有变动，就得灵活变动教师，知人善任，用其所长。有一年，班级增多，俄语又改为英语，大量短缺英语教师，只能在校内设法解决。朱家泽副校长根据平时对教师了解的积累，一下子从生物、地理、化学、数学等各个教研组抽调了不下10位教师转任英语教学[133]，不但解决了英语教师不足的困难，而且事后证明都能胜任，不少成为非常出色的英语教师，比如刘光坤、胡文梅、万粟珍等。还有一位高中数学教师，从小就学习英语，发音准确，语言流畅，就安排她改教初一英语，她也乐于担任，不仅发挥了她的长处，而且也带动全组重视语言教学。[134]

第二，全面贯彻党的教育方针，坚持课内与课外相结合，培养德、智、体、美、劳五育并举的人才，这是兴校之道。

德育方面，塑造无产阶级革命事业的接班人是学校的根本任务，学校党组织部对学生的思想品德教育十分重视，着重启发自觉，培养爱党、爱国、爱集体的思想与情操。要求学生踊跃参加社会活动，接触民间百态，了解人民疾苦，激发乐于助人的志向。认识到振兴中华从我做起，从身边做起，这种爱国之情、报国之志表现在每一届的毕业生身上。[135]老教师黄承海曾回忆过1965届五年制试点班的毕业志愿填报与去向，颇能彰显位育学子强烈的家国情怀。

当年全国掀起学大庆、学大寨、学解放军的活动，对同学们的教育很深刻，影响很大。在高考填写志愿时，许多同学把国家需要放在第一位，克服家庭的困难，报考国家急需的专业。记得中五（1）班的金岑梅、罗达芸、俞玲莉三位女同学和（4）班的施永宁都以中国农业大学为第一志愿，决定将青春献给农业，他们如愿被录取，愉快地前去报到，在年级中有很大反响！中五（2）班的章贻良、张崇信、张台铭、应利谷，（1）班的吴昶等都以北京石油学院、北京地质学院、武汉水利电力学院为第一志愿，决心为祖国的石油、水利电力事业做贡献。几十年来，他们一直活跃在石油、水利电力战线，成为重要的技术专家。又如（1）班的王凯，（2）班的吴桂玲、钟元元、卢小明，（4）班的周汀兰等都以第一志愿录取在西安的西北工业大学，（2）班的三位女同学都选择了飞机制造专业，表现出他们好儿女志在四方的崇高胸怀和满腔热情。当年有许多部队的大学也招收很多名额，对政审和学习成绩都要求很高，学校动员一些符合条件的同学去报考，极大多数也响应号召踊跃报名，如（1）班的钱凯、马立华（女）等成绩非常优秀，被著名的"哈军工"录取，这届有十几位被哈军工、西安电讯、工程兵学院、四军大等军事院校录取，以哈军工录取最多。[136]

学习方面，强调教师的主导作用和学生的主体作用相结合，强调启发学习兴趣，培养创造意识，发展创造能力，动手动脑，学以致用。1951届校友沈同惠曾谈及母校这方面的教学特点时，举了两个例子：

> 例如我初学几何（包括平面与立体几何）当时由余小柏和周朋寿两老师分教，开始很新奇，不习惯，成绩平平，但一旦懂其理而后解题大增，以至学习自觉，每题必做，加上高中时再学而巩固至今，已近40年，有关题例仍历历在目。又如英语老师江希和先生教学英语，方法多样，教学内容跳出书本，活泼、生动、多样化，经常自编教材，自写文章，选学国外名作家诗歌，社会上应时英文报刊文章等，并即兴谈一些会话短语，这些内容是课本上无法学到的，这不但提高了同学的兴趣，而程度已远远超过课本水平。[137]（图2-40）

图2-40 余小柏、陆景一、陈冰清、江希和老师

在课堂学习之外，学校还特别重视活跃课外活动，通过"引进来"与"走出去"，发展兴趣爱好，扩大知识面。如常请有名望的学者专家来校做时事分析和形势报告，开拓学生的思路和眼界。为了扩大学生自然和史地的知识面，每学期都利用春假，举行修学旅行，到杭州、苏州等地游览，出发前加以指导，回校后进行讨论，学生收获颇丰（图2-41）。

更具特色的是，学校特别引导学生夯实理工基础，激发学生科技思维，培养理论联系实际的动手能力。如1959年，五十一中学曾大搞科技活动，一下子组织了几十个科技小组，在制作和研究过程中，不仅丰富了科学知识，而且做出了相当成绩。例如学生制作的简易惠司登电桥，《人民日报》做过详细报道，并写了评论文章，磨制的天文望远镜，曾拍摄过电影，写成科普读物。这种以探究科技见长的课外活动，对学生走上科学道路，成就科学人生产生直接影响。1950届五年制校友、中国科学院院士、原北京大学校长陈佳洱对此颇有感受：

> 印象深的是我就读的上海位育中学，当时的校长是陶行知先生的学生，学校秉承了许多陶行知的教育思想，每年都举行科技

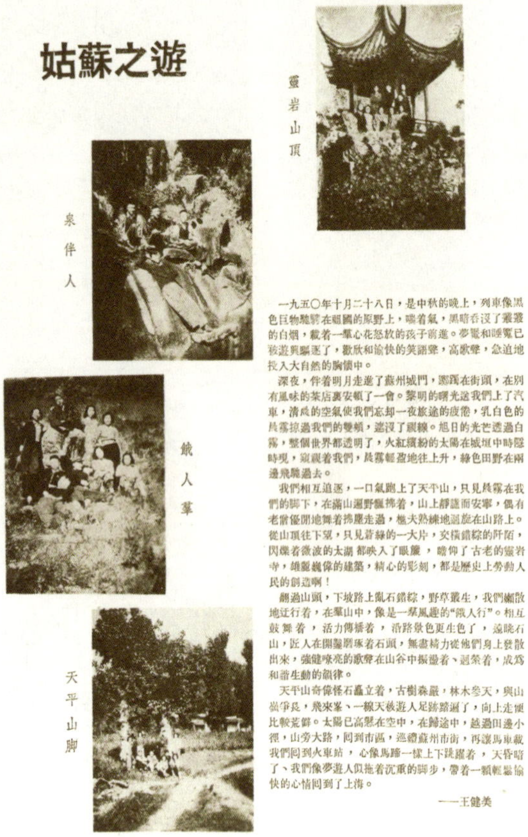

姑蘇之遊

一九五〇年十月二十八日，是中秋的晚上，列車像黑色巨物馳騁在祖國的原野上，喘着氣，黑暗吞沒了叢叢的白烟，載着一羣心花怒放的孩子前進。夢魘和睡魔已被遊興驅逐了，歡欣和愉快的笑語聲，高歌聲，急迫地投入大自然的胸懷中。

深夜，伴着明月走進了蘇州城門，躑躅在街頭，在別有風味的茶店裏安頓了一會。黎明的曙光送我們上了汽車，清爽的空氣使我們忘却一夜旅途的疲倦，乳白色的晨霧掠過我們的雙頰，遮沒了視線。旭日的光芒透過白霧，整個世界都透明了，火紅繽紛的太陽在城垣中時隱時現，窺視着我們，晨霧輕盈地往上升，綠色田野在兩邊飛馳過去。

我們相互追逐，一口氣跑上了天平山，只見晨霧在我們的脚下，在滿山遍野飄拂着，山上靜謐而安寧，偶有老僧優閒地舞着拂塵走過，樵夫熟練地迴旋在山路上。從山頂往下望，只見蒼綠的一大片，交横錯綜的阡陌，閃爍着微波的太湖都映入了眼簾，瞻仰了古老的靈岩寺，雄麗巍偉的建築，精心的彫刻，都是歷史上勞動人民的創造啊！

翻過山頭，下坡路上亂石錯綜，野草叢生，我們懶散地迂行着，在羣山中，像是一羣風趣的“饑人行”。相互鼓舞着，活力傳播着，沿路景色更生色了，遠眺石山，匠人在開鑿磨琢着石頭，無盡精力從他們身上發散出來，強健嘹亮的歌聲在山谷中振盪着、迴縈着，成爲和諧生動的韻律。

天平山奇偉怪石矗立着，古樹森嚴，林木參天，與山嶺爭長，飛來峯、一線天被遊人足跡踏遍了，向上走便比較荒僻。太陽已高懸在空中，在歸途中，越過田邊小徑，山旁大路，回到市區，巡禮蘇州市街，再讓馬車載我們回到火車站，心像馬蹄一樣上下跳躍着，天昏暗了、我們像夢遊人似拖着沉重的脚步，帶着一顆輕鬆愉快的心情回到了上海。

——王健美

图2-41　1950年位育学生“姑苏之游”

节，展示学生的各种发明创造。比我高一班的同学用自制无线电发射台播音，我在家里也能收到，真是佩服。我和我的同学后来发起创办了叫《创造》的刊物，发表自己的作品，翻译《大众科学》等外文刊物上的文章，自己印发。当时中学生自己办刊物的并不少见，但办科学类是独此一家。为此还有记者来采访我们，我写的文章《我们是怎样出版创造的》，还配发编者按，登载在当时的《大公报》上。[138]（图2-42、图2-43）

陈佳洱认为真正把他领进科学大门的是位育中学和那些教过他的位育老师。

尽管五年制试点时期学业紧张，功课繁忙，但学校完全不是培养“书呆子”，并没有以放松或者取消学生文体生活作为代价。如体育活动方面，学校按照场地、设备及学生的爱好，组织有排球队、篮球队、乒乓球队、游泳队、田径队等，丰富多样，活力盎然。据校友郑安梅回忆，每天放学后，操场上人声鼎沸，足球、排球、篮球在操场上飞来滚去的，直到天黑，在黄楚九老师大嗓门的吆喝下，才依依不舍把球还到体育室。每星期六常有的排球赛和篮球赛，就好像是位育的节日一般，全校的老师和同学都会出动，赛场被围得里三层外三层，掌声、喝彩声、加油声、叹息声时起时伏，为每场球赛胜利欢声雷动（图2-44、图2-45）。[139]

尤其是排球队，是五十一中学子的集体记忆与共同情结，更是校园文化的亮点与特长，在上海斩获硕果累累。从1952年起，就建立了男女两队，“文化大革命”前一直列为市、区重点项目。在男排教练孙惠霖、女排教练曾倩的带领下，1964—1966年连续三年，取得上海市男子少年组冠军，1966年取得市女子少年组冠军，并在1964、1965年参加了全国男子少年排球比赛，均获得较好的成绩。[140]当然，能取得冠军荣耀，绝非偶然，靠的是艰苦卓绝的“魔鬼训练法”。这种训练法，来源于向日本女排学习。20世纪60年代，世界女子排球运动以日本女排独领风骚，她们素有“东洋魔女”的称号，训练她们的教练大松博文被称为“魔头”，他所创造的超大运动量的“魔鬼训练法”颠覆了女排运动员通常训练的生理极限。我们可以从

1965届校友、校男排队员徐建伟笔下的一段令人"毛骨悚然"的集训回忆中,感受到"魔鬼训练法"让队员在体魄、意志、组织性、纪律性方面的淬炼。

> 1965年的暑假,我们排球队在学校集训备战即将开始的全国少年排球锦标赛,当时集训条件相当艰苦,白天在操场上练球,晚上就睡在实验大楼里。常常热得吃不消跑到红楼阳台上去乘凉。早上一起来是身体素质训练,早饭后是专业训练,午饭后睡2小时,3点到6点继续训练。那时正值高温酷暑,操场柏油地温度至少在40℃以上,站在上面也够呛,可我们要在这里摸爬滚打3小时,那滋味可想而知!下午训练时间到了,可我们都累得爬不起来,孙老师就用一只浇花用的水壶把我们一个一个浇起来。训练时我们全部赤膊,因为发的球衣要到比赛时穿,平时舍不得穿,再说这样可省去洗衣服的麻烦。至于那条短裤,就放在水中拎三拎,晾起来明天再穿。[141]

在集体荣誉感的带动下,"排球热"风靡整个20世纪五六十年代的位育校园,几乎成了"校球"。毫不夸张地说,当时是"班班有球队,天天有比赛,人人会传球"[142]。据1966届初中姚方方回忆:"记得那时候大家都喜欢玩排球,无论课前课间还是课后,校园里总聚满了打排球的人,或两三个人一组,或一群人围个圈,你扣过来,我垫过去的,好不热闹。倘若遇到排球比赛,同学们更是里三层外三层把个排球场围得水泄不通,时不时还会为一个重磅扣

图2-42 陈佳洱与他的同学
(选自位育中学学籍档案)

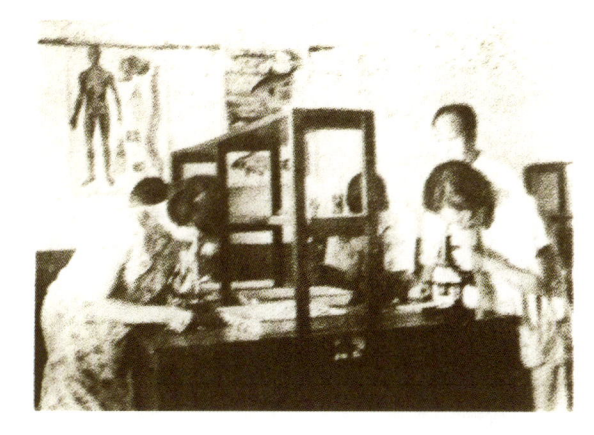

图2-43 位育中学学生参加生物、化学实验课(1951年)

图2-44 《位育中学同学全体参加冬季体育锻炼》
（选自《文汇报》1952年1月9日，第4版）

图2-45 参加体育活动，练好身体（1951年）

球，一个勾手飘球抑或一个鱼跃救球发出'好球''好球'的欢呼声。那场面、那呼声，现在想起来依然让人兴奋不已。"[143]（图2-46）

与雄健刚武、风靡全校的体育运动相称的是，彰显美育精神的文艺氛围也毫不逊色。1965届五年制试点班中五年级组长的黄承海曾回忆，由于校方历来重视培养学生的自治自理能力，青年团、少先队、学生会、学生社团等组织健全，功能完备，"文化大革命"以前，校内曾涌现出一批有文艺特长、有个人兴趣爱好的学生，如能弹一手好钢琴、吹奏高水平的口琴、有较高绘画水平、围棋下得不错的，还有几个关心时事形势，自己组织读报评论小组的……[144]

难能可贵的是，不少学生在校期间耳濡目染文艺气氛之后，依循着各自的兴趣爱好，继续深造，最终步入文艺殿堂，成为社会名流。如王伟芳（女，1961届高中），毕业后考入上海音乐学院，师从周小燕、蔡绍序教授，后成为著名女高音歌唱演员、声学艺术家，多次在全国音乐节中荣获特殊演出奖。陈祖德（1961届高中），未毕业即调入上海围棋队，专攻围棋，1961年参加国家围棋队集训，多次获得全国围棋冠军，是中国第一个战胜日本九段棋手的围棋运动员，后担任中国棋院院长。曾创造了"中国流"布局理论，谱写了中国棋史的新篇章。汤沐海（1965届初中），曾在西德高等音乐学院深造，师从世界著名指挥家卡拉扬学习指挥。成名以后，多次主持国内外重大音乐会的指挥工作，以音乐指挥家蜚声国际乐坛。汤沐黎（汤沐海之兄，五年制1966届高中），1978年考入中央美术学院研究生班，1983年被极具权威的彼德莫尔斯基金会评为全英最佳十五名

图2-46 学校举行男子排球赛（1965年）

艺术家之一，1984年获英国皇家美术学院硕士。1985年在美国康乃尔大学艺术系工作。多次举办个人展，作品被各国官方民间广为收藏。其作品集有《汤沐黎油画》《汤沐黎诗词画选》，油画作品有《山海关老龙头》等。

第三，从师德师风入手，潜移默化学生，形成好学风、好校风，这是兴校之魂。

1960年，上海市第五十一中学成为上海市乃至全国文教方面先进单位，在推广其先进经验时，就专门撰写了一文《上海市第五十一中学——坚持三结合，形成了新的学风，全面提高了教育质量》，提到了"新学风"，学校党支部"团结了全体师生，认真领导了教学，提高了质量"。[145]强调"团结"，重视教师之间、师生之间的人际关系，位育中学（后来为五十一中学）历来就有"天时"不及"地利"、"地利"不及"人和"之说。可见，人际关系在学校传统中所处的地位之重。学校一直追求一种诚恳、谦让、协作、和谐的人际关系境界，使所有教师在校内为着一个共同的奋斗目标，心情舒畅地努力工作。所谓共同的奋斗目标，就是教师消除"达则做官去，穷则做先生"的卑劣思想[146]，与学生、学校荣辱与共，形成命运共同体，这是团结的思想基础。

但仅有教育观、学生观的统一还是不够的，由于中华人民共和国成立后位育师资来源不一，有失业知识分子，也有从兄弟学校转来，还有从师院本科生分配到校，这样组成的教师队伍，难免存在情感隔阂、缺乏凝聚力等问题，必须形成相互尊重、相互信任、相互学习，通力合作的风气。在尊重与信任教师方面，校长李楚材亲身垂范，既在思想与生活上关爱教师，也在业务工作上真正"以教师为师"。他曾说：

> 我尊敬老教师，亲近新教师，在任何时期，任何场所，总抱着向教师学习的态度。教研组活动也好，听课也好，个别谈话也好，我不是以校长的身份参加，不是为了检查督促，而是为了向教师学习。即使有意见，也以同事的地位，提出来和教师们商量。我深知校长必须了解各科教师的教学情况，但校长绝不可能精通各科教学，因此，我必须拜教师为师，向教师学习。[147]

在领导依靠教师，教师信任领导的融洽环境中，教师之间在水平提升上也形成了合力互助的优良风气，凝聚起了集体的智慧和力量。当时，教研组之间经常采用"以老带新，能者为师，互学互帮"的办法，拧成一股绳，积极改进教学方法，提高课堂教学的质量。语文组青年教师自觉组织起来，请老教师讲授古文"名篇"，听后还得回讲、背诵，并写心得体会，就像当学生一样认真。外语教师为了语音纯正、语调规范，在教研组里分别朗读课文，录音播放，相互评说，相互纠正，这里没有"藏拙"和"讪笑"。数学组教师有些是跟班教学，边实践、边进修，课前请老教师启发解题，引导分析，弄清重点和难点，并帮助设计教学过程和方法。诸如此类的事例屡见不鲜，形成风气。[148]不少教师校友的回忆录中对此也深有体会，都认为"位育教师之间形成了团结友爱，互相帮助的好风气，这对办好学校，教好学生是至关重要的"[149]（图2-47）。

从私立位育中学到上海市第五十一中学，尽管学校性质发生了变化，由私立到公办，但学校多年以来坚持的严谨办学、务实做事的作风不仅没有改变，而且得以强化。实事求是，不吹嘘成绩，不弄虚作假。这种严谨、求实之风在20世纪50—70年代来校任教的许多教师身上随处可见。

蒋衍，1956年从上海师院毕业分配来到位育，任教历史学科。他教学严谨，史料翔实，观点清晰，1995年被评为上海市历史特级教师。他的板书更是一绝：面向学生，背对黑板，边讲边写，板书照样飘逸整齐，一堂课下来，一字不擦，人称"蒋板书"。[150]钟大鑫，1961届华东师大数学系毕业分配在上海第二医科大学任教，一年后改派到位育，从此一辈子工作在位育。其间，担任五年制试点班，教育局局长陈琳瑚儿子陈大顺也在班上。陈大顺学习比较后进，钟大鑫耐心帮助，上门补课深为家长感动。钟大鑫离开班级时，陈琳瑚亲书信函一封，表示感谢并附送《毛选》一套以示纪念。[151]顾秋惠，1962年上海师范大学数学系本科毕业后，于"文化大革命"后期进入位育中学，担任高中数学教师。她教学严谨，注意基础，面向全体学生，工作认真负责，批改作业一丝不苟。立体几何证明题过程冗长，她逐句批改，发现有推理不清、乱跳过程都不放过，一一指出。一个班级的作业本，经常要花去大半天时间，养成了学生良好的表达习惯。她对学生要求严格，上课必须寂静无声，发现学生走神，即随时提问叫醒。学生上她课，思想必须高度集中，才能跟上节奏。[152]

在严谨求实的师德师风的感染沐化之下，学生在学业方面形成了高度的责任感。课前勤于自习，上

图2-47　上海市第五十一中学数学竞赛优胜者合影（摄于1956年）

课专心听讲，既会用脑又会用手，并及时做好作业与练习，在每学期末的恳亲会上，定期举行作业成绩展览，学生将各科的练习本及作业（如实验报告和绘画等）、月试卷、学期学年考查卷，都陈列出来，供家长检阅，让同学做比较，了解自己的优点和缺点，以后可以发扬和改正。[153]

学校后来总结的"八字"校风中的进取，也是学校老师一直秉承的。在学校当时开设五年制试点班时期，即有很好的体现。这里引用一段1965届五年制校友陈祥德的课堂回忆，足以窥见教师在教学方法变革上敢于打破常规、善于吐故纳新的进取精神：

63年9月我们升入中四的第一堂英语课，朱启新老师开课用的全是英语，并要求我们也用英语回答。这下给了我们一个下马威，大家都大吃一惊。第一堂英语课快结束时，老师哈哈大笑说："看你们一个个都紧张的样子，不要害怕，也不用担心，其实英语上课用语归纳起来也没有多少，只要熟悉了就不难，我的目的是要帮助你们提高英语听力水平，并且在上课时尽量用英语回答我的问题，这样英语口语也可以得以提高。"以后我们完全适应了朱启新老师的教授方法，英语的听说水平的确有了明显的提高。

化学张嘉荃老师给我们上化学课方法相当灵活，为了背化学元素的价位，她通过教唱儿歌的方式来使我们很快地记住了化学元素的价位。如：脚踏银，蛮开心，即钾，钠，银，为一价；而镁，钙，锌，为二价。这种教法的效果真是终生难忘。

蔡光天老师教我们几何，他思路敏捷，教学方法灵活多样，又是一题多解。每次上课他夹了一本书，从不照本宣读，而是深入浅出，生动活泼的讲课使我们感到几何是又奇妙又有兴趣。蔡老师经常鼓励我们去解课外难题，让我们开阔思路，如何巧妙地添加辅助线。每当我们通过自己开动脑筋解出了难题，我们都高兴得了不得，但他鼓励我们不要自满，要一题多解，有时他当场就用另外一种方法解了那道难题，那时我们真是对蔡老师佩服得五体投地。我们班的同学都喜欢听蔡老师的课，也喜欢做难题，因此绝大部分同学解题能力很强。[154]

彼时，上海市第五十一中学办学成绩突出，名声远播。

注 释

[1] 中国人民解放军上海警备区政治部、中共上海市委党史研究室:《警备大上海》,远东出版社1994年版,第76页。

[2] 李楚材:《以工作来迎接解放——为位育中学立校六周年纪念作》,《位育校刊》第7期,1949年6月刊印。

[3] 杭苇:《接管上海中小学的一些回忆》,收入上海市政协文史资料委员会编:《接管上海亲历记》,1997年印行,第368页。

[4] 杭苇:《接管上海中小学的一些回忆》,收入上海市政协文史资料委员会编:《接管上海亲历记》,1997年印行,第369页。

[5] 杭苇:《接管上海中小学的一些回忆》,收入上海市政协文史资料委员会编:《接管上海亲历记》,1997年印行,第370页。

[6] 《上海市私立位育中小学行政组织暂行条例》,《位育校刊》第8期,1949年10月刊印。

[7] 《位育中学情况综合》(1949年11月),收入《上海市教育局关于位育、沪新、励志中学情况》(1949年),上海市档案馆藏,档案号:B105-5-64。

[8] 《上海市私立位育中小学行政组织暂行条例》,《位育校刊》第8期,1949年10月刊印。

[9] 《校务改革座谈纪要》,《位育校刊》第8期,1949年10月刊印。

[10] 《位育中学材料》,收入《上海市教育局关于位育、沪新、励志中学情况》(1949年),上海市档案馆藏,档案号:B105-5-64。

[11] 杭苇:《接管上海中小学的一些回忆》,收入上海市政协文史资料委员会编:《接管上海亲历记》,1997年印行,第369—370页。

[12] 李楚材:《以工作来迎接解放——为位育中学立校六周年纪念作》,《位育校刊》第7期,1949年6月刊印。

[13] 《本市私校溢收学费 教局令饬一律发还》,《文汇报》1949年3月11日,第4版。

[14] 《融洽的会商——小学部三方协商学费情形追记》,《位育校刊》第8期,1949年10月刊印。

[15] 《融洽的会商——小学部三方协商学费情形追记》,《位育校刊》第8期,1949年10月刊印。

[16] 《照顾各方的决议——中学部三方协商学费情形经过》,《位育校刊》第8期,1949年10月刊印。

[17] 《位育中学收支预算表》,《位育校刊》第8期,1949年10月刊印。

[18] 《位育中学情况综合》(1949年11月),收入《上海市教育局关于位育、沪新、励志中学情况》(1949年),上海市档案馆藏,档案号:B105-5-64。

[19] 《位育中学材料》,收入《上海市教育局关于位育、沪新、励志中学情况》(1949年),上海市档案馆藏,档案号:B105-5-64。

[20] 杭苇:《接管上海中小学的一些回忆》,收入上海市政协文史资料委员会编:《接管上海亲历记》,1997年印行,第375页。

[21] 《本校同人暑期集体生活纪要》,《位育校刊》第8期,1949年10月刊印。

[22] 《本校同人暑期集体生活纪要》,《位育校刊》第8期,1949年10月刊印。

[23] 《本校同人暑期集体生活纪要》,《位育校刊》第8期,1949年10月刊印。

[24] 《本校同人暑期集体生活纪要》,《位育校刊》第8期,1949年10月刊印。

[25]《本校同人暑期集体生活纪要》,《位育校刊》第8期,1949年10月刊印。

[26]《本校同人暑期集体生活纪要》,《位育校刊》第8期,1949年10月刊印。

[27]《位育中学材料》,《上海市教育局关于位育、沪新、励志中学情况》(1949年),上海市档案馆藏,档案号：B105-5-64。

[28]《教职员进修情形简报》,《位育校刊》第8期,1949年10月刊印。

[29]《我有信心培养祖国年青的一代》,《文汇报》1952年10月14日,第6版。

[30] 杭苇:《接管上海中小学的一些回忆》,收入上海市政协文史资料委员会编:《接管上海亲历记》,1997年印行,第375页。

[31]《我有信心培养祖国年青的一代》,《文汇报》1952年10月14日,第6版。

[32]《群情高昂冒雨前进 各区热烈游行庆祝》,《文汇报》1949年10月3日,第3版。

[33]《群情高昂冒雨前进 各区热烈游行庆祝》,《文汇报》1949年10月3日,第3版。

[34]《位育师生捐献救济失业工人 总计四五〇单位》,《文汇报》1950年5月25日,第3版。

[35] 高等教育部办公厅:《高等教育文献法令汇编(1949—1952年)》,1958年印,第4页。

[36] 位育中学校友会编:《位育中学校史简编》,上海市作家协会·华语文学网,2017年刊印,第18页。

[37] 位育中学校友会编:《位育中学校史简编》,上海市作家协会·华语文学网,2017年刊印,第18页。

[38] 杭苇:《接管上海中小学的一些回忆》,收入上海市政协文史资料委员会编:《接管上海亲历记》,1997年印行,第377页。

[39]《位育中学材料》,《上海市教育局关于位育、沪新、励志中学情况》(1949年),上海市档案馆藏,档案号：B105-5-64。

[40] 张永龄、张楚龄:《位育中学六年一贯制第一届毕业生级史》,收入《位育中学六年一贯制第一届毕业纪念刊》,1951年刊印,上海市位育中学档案室藏。

[41]《位育中学一般的情况》(1949年11月17日),收入《上海市教育局关于位育、沪新、励志中学情况》(1949年),上海市档案馆藏,档案号：B105-5-64。

[42] 李楚材:《为建设中华人民共和国而努力》,收入《位育中学六年一贯制第一届毕业纪念刊》,1951年刊印,上海市位育中学档案室藏。

[43]《李校长序》,收入《位育中学第二届毕业纪念刊》,1949年刊印,上海市位育中学档案室藏。

[44] 张永龄、张楚龄:《位育中学六年一贯制第一届毕业生级史》,收入《位育中学六年一贯制第一届毕业纪念刊》,1951年刊印,上海市位育中学档案室藏。

[45] 张永龄、张楚龄:《位育中学六年一贯制第一届毕业生级史》,收入《位育中学六年一贯制第一届毕业纪念刊》,1951年刊印,上海市位育中学档案室藏。

[46] 张永龄、张楚龄:《位育中学六年一贯制第一届毕业生级史》,收入《位育中学六年一贯制第一届毕业纪念刊》,1951年刊印,上海市位育中学档案室藏。

[47]《李校长序》,收入《位育中学第二届毕业纪念刊》,1949年刊印,上海市位育中学档案室藏。

[48]《李校长序》,收入《位育中学第二届毕业纪念刊》,1949年刊印,上海市位育中学档案室藏。

[49]《首先要去了解学生思想情况》,《文汇报》1950年11月15日,第2版。

[50]《首先要去了解学生思想情况》,《文汇报》1950年11月15日,第2版。

[51] 张永龄、张楚龄:《位育中学六年一贯制第一届毕业生级史》,收入《位育中学六年一贯制第一届毕业纪念刊》,1951年刊印,上海市位育中学档案室藏。

[52] 张永龄、张楚龄:《位育中学六年一贯制第一届毕业生级史》,收入《位育中学六年一贯制第一届毕业纪念刊》,1951年刊印,上海市位育中学档案室藏。

[53]《学校师生情绪热烈》,《文汇报》1950年8月1日,第2版。

[54] 鲍文希:《赠言》,收入《位育中学六年一贯制第一届毕业纪念刊》,1951年刊印,上海市位育中学档

[55] 张永龄、张楚龄：《位育中学六年一贯制第一届毕业生级史》，收入《位育中学六年一贯制第一届毕业纪念刊》，1951年刊印，上海市位育中学档案室藏。

[56] 鲍文希：《赠言》，收入《位育中学六年一贯制第一届毕业纪念刊》，1951年刊印，上海市位育中学档案室藏。

[57] 《位育中学一九五〇年下学期工作总结》（1951年8月），收入《上海市教育局关于位育、沪新、励志中学情况》（1949年），上海市档案馆藏，档案号：B105-5-64。

[58] 《位育中学一九五〇年下学期工作总结》（1951年8月），收入《上海市教育局关于位育、沪新、励志中学情况》（1949年），上海市档案馆藏，档案号：B105-5-64。

[59] 《李校长序》，收入《位育中学第二届毕业纪念刊》，1949年刊印，上海市位育中学档案室藏。

[60] 《位育总结形势学习》，《文汇报》1950年6月26日，第2版。

[61] 《位育中学推行互助互济》，《文汇报》1950年8月9日，第3版。

[62] 《位育中学推行互助互济》，《文汇报》1950年8月9日，第3版。

[63] 张永龄、张楚龄：《位育中学六年一贯制第一届毕业生级史》，收入《位育中学六年一贯制第一届毕业纪念刊》，1951年刊印，上海市位育中学档案室藏。

[64] 《学校简史》，收入《位育中学六年一贯制第一届毕业纪念刊》，1951年刊印，上海市位育中学档案室藏。

[65] 《参干同学介绍》，收入《位育中学六年一贯制第一届毕业纪念刊》，1951年刊印，上海市位育中学档案室藏。

[66] 《建设人民上海的生力军》，收入《位育中学六年一贯制第一届毕业纪念刊》，1951年刊印，上海市位育中学档案室藏。

[67] 张永龄、张楚龄：《位育中学六年一贯制第一届毕业生级史》，收入《位育中学六年一贯制第一届毕业纪念刊》，1951年刊印，上海市位育中学档案室藏。

[68] 杭苇：《接管上海中小学的一些回忆》，收入上海市政协文史资料委员会编：《接管上海亲历记》，1997年印行，第369页。

[69] 《上海市1960年文教方面先进单位登记表》（包含《上海市1960年文教方面先进单位代表登记表》），1960年5月，上海市档案馆藏，档案号：A31-2-111-105。

[70] 位育中学校友会编：《位育中学校史简编》，上海市作家协会·华语文学网，2017年刊印，第16—17页。

[71] 位育中学校友会编：《位育中学校史简编》，上海市作家协会·华语文学网，2017年刊印，第18页。

[72] 《上海市第五十一中学校史》（1984年7月10日），上海市位育中学档案室藏。

[73] 《位育中学发展情况统计表》（1947—1954年），上海市档案馆藏，档案号：B105-5-1236。

[74] 朱邦芬：《中学生活杂忆》，收入位育中学校友会编：《位育中学校史简编》，上海市作家协会·华语文学网，2017年刊印，第242页。

[75] 位育中学校友会编：《位育中学校史简编》，上海市作家协会·华语文学网，2017年刊印，第21页。

[76] 本社编：《建国以来毛泽东文稿（第3册）》，中央文献出版社1996年版，第471页。

[77] 毛泽东：《毛泽东书信选集》，人民出版社1983年版，第437页。

[78] 中共中央文献研究室：《建国以来重要文献选编（第3册）》，中央文献出版社2011年版，第322页。

[79] 吕型伟主编：《上海普通教育史（1949—1989）》，上海教育出版社1994年版，第105页。

[80] 吕型伟主编：《上海普通教育史（1949—1989）》，上海教育出版社1994年版，第105页。

[81] 位育中学校友会编：《位育中学校史简编》，上海市作家协会·华语文学网，2017年刊印，第21页。

[82] 吕型伟主编：《上海普通教育史（1949—1989）》，上海教育出版社1994年版，第106页。

[83] 吕型伟主编：《上海普通教育史（1949—1989）》，上海教育出版社1994年版，第105页。

[84] 魏一樵主编：《中国名校》（中学卷），辽宁大学出版社1992年版，第218页。

[85] 李楚材：《以工作来迎接解放——为位育中学立校六周年纪念作》，《位育校刊》第7期，1949年6月刊印。

[86] 李楚材：《以工作来迎接解放——为位育中学立校六周年纪念作》，《位育校刊》第7期，1949年6月刊印。

[87] 《位育中学教师举行座谈会 批判实用主义教育思想》，《文汇报》1955年6月4日，第3版。

[88] 《位育中学教师举行座谈会 批判实用主义教育思想》，《文汇报》1955年6月4日，第3版。

[89] 《位育中学教师举行座谈会 批判实用主义教育思想》，《文汇报》1955年6月4日，第3版。

[90] 《全面发展的标准不容曲解》，《文汇报》1955年1月4日，第6版。

[91] 《全面发展的标准不容曲解》，《文汇报》1955年1月4日，第6版。

[92] 《全面发展的标准不容曲解》，《文汇报》1955年1月4日，第6版。

[93] 毛泽东：《毛泽东选集（第五卷）》，人民教育出版社1977年版，第385页。

[94] 李楚材：《开出更鲜艳的花朵》，《文汇报》1957年11月6日，第6版。

[95] 赵家镐：《朱家泽校长对位育中学的贡献》（2012年），上海市位育中学档案室藏。

[96] 位育中学校友会编：《位育中学校史简编》，上海市作家协会·华语文学网，2017年刊印，第20页。

[97] 赵家镐：《朱家泽校长对位育中学的贡献》（2012年），上海市位育中学档案室藏。

[98] 李楚材：《开出更鲜艳的花朵》，《文汇报》1957年11月6日，第6版。

[99] 《上海第五十一中学重视新生入学指导工作》，《文汇报》1959年8月13日，第2版。

[100] 《上海第五十一中学重视新生入学指导工作》，《文汇报》1959年8月13日，第2版。

[101] 《上海第五十一中学重视新生入学指导工作》，《文汇报》1959年8月13日，第2版。

[102] 李楚材：《位育中学的创建与发展》，收入《徐汇文史资料选辑（第3辑）：普通教育专辑》，1989年印行，第65页。

[103] 朱邦芬：《中学生活杂忆》，收入位育中学校友会编：《位育中学校史简编》，上海市作家协会·华语文学网，2017年刊印，第243页。

[104] 陈少泽：《我为"五年一贯制"试点叫好》，位育中学校友会编《位育中学校史简编》，上海市作家协会·华语文学网，2017年刊印，第254页。

[105] 中央教育科学研究所编：《中华人民共和国教育大事记》，教育科学出版社1984年版，第268页。

[106] 陆定一：《教学必须改革：在人大二届二次会议上的发言》，《人民日报》1960年4月10日，第2版。

[107] 黄承海：《跨越半个世纪的情缘——五十一中学六五届五年制试点班的点滴回忆》，《徐汇报》2015年10月19日，第13版。

[108] 朱家泽：《怀念》，收入位育中学校友会编：《位育中学校史简编》，上海市作家协会·华语文学网，2017年刊印，第154页。

[109] 《两年内全面完成三年高中的教学内容》，收入位育中学校友会编：《位育中学校史简编》，上海市作家协会·华语文学网，2017年刊印，第260页。

[110] 《关于拟订我校五年制试验班级教学计划的请示报告》，1963年5月22日，上海市档案馆藏，档案号：B105-8-140。

[111] 朱邦芬：《中学生活杂忆》，收入位育中学校友会编：《位育中学校史简编》，上海市作家协会·华语文学网，2017年刊印，第243页。

[112] 黄承海：《跨越半个世纪的情缘——五十一中学六五届五年制试点班的点滴回忆》，《徐汇报》2015年10月19日，第13版。

[113] 黄承海：《难忘的岁月——对五年制试点班工作的点滴回忆》，收入位育中学校友会编：《位育中学校史简编》，上海市作家协会·华语文学网，2017年刊印，第226页。

[114] 黄承海：《难忘的岁月——对五年制试点班工作的

[115] 黄承海:《跨越半个世纪的情缘——五十一中学六五届五年制试点班的点滴回忆》,《徐汇报》2015年10月19日,第13版。

[116] 《两年内全面完成三年高中的教学内容》,收入位育中学校友会编:《位育中学校史简编》,上海市作家协会·华语文学网,2017年刊印,第260页。

[117] 黄承海:《跨越半个世纪的情缘——五十一中学六五届五年制试点班的点滴回忆》,《徐汇报》2015年10月19日,第13版。

[118] 黄承海:《跨越半个世纪的情缘——五十一中学六五届五年制试点班的点滴回忆》,《徐汇报》2015年10月19日,第13版。

[119] 魏一樵主编:《中国名校》(中学卷),辽宁大学出版社1992年版,第220页。

[120] 黄承海:《跨越半个世纪的情缘——五十一中学六五届五年制试点班的点滴回忆》,《徐汇报》2015年10月19日,第13版;李楚材:《位育中学的创建与发展》,收入《徐汇文史资料选辑(第3辑):普通教育专辑》,1989年印行,第73页。

[121] 唐小真:《中学教学改革值得参考的典范》,收入位育中学校友会编:《位育中学校史简编》,上海市作家协会·华语文学网,2017年刊印,第257页。

[122] 陈少泽:《我为"五年一贯制"试点叫好》,收入位育中学校友会编:《位育中学校史简编》,上海市作家协会·华语文学网,2017年刊印,第256页。

[123] 位育中学校友会编:《位育中学校史简编》,上海市作家协会·华语文学网,2017年刊印,第24页。

[124] 朱邦芬:《中学生活杂忆》,收入位育中学校友会编:《位育中学校史简编》,上海市作家协会·华语文学网,2017年刊印,第243页。

[125] 李楚材:《三十六年来的上海位育中学》,收入中国人民政治协商会议上海市委员会文史资料工作委员会编:《文史资料选辑》第六辑,1979年刊印,第73页。

[126] 李楚材:《位育中学的创建与发展》,收入《徐汇文史资料选辑(第3辑):普通教育专辑》,1989年印行,第73页。

[127] 《上海市1960年文教方面先进单位登记表》,1960年5月,上海市档案馆藏,档案号:A31-2-111-105。

[128] 这10所学校分别是市东中学、复兴中学、华东师范大学第一附属中学、格致中学、市第一女子中学、松江县第二中学数学教研组、上海中学、和平中学理化教研组、市北中学、第五十一中学。

[129] 《出席全国教育和文化、卫生、体育、新闻方面社会主义建设先进单位和先进工作者代表大会代表名单》,《人民日报》1960年6月13日,第9版。

[130] 《上海市第五十一中学校史》(1984年7月10日),上海市位育中学档案室藏。

[131] 李楚材:《位育中学的创建与发展》,收入《徐汇文史资料选辑(第3辑):普通教育专辑》,1989年印行,第68页。

[132] 李楚材:《三十六年来的上海位育中学》,收入中国人民政治协商会议上海市委员会文史资料工作委员会编:《文史资料选辑》第六辑,1979年刊印,第74页。

[133] 赵家镐:《朱家泽校长对位育中学的贡献》(2012年),上海市位育中学档案室藏。

[134] 《上海市第五十一中学校史》(1984年7月10日),上海市位育中学档案室藏。

[135] 李楚材:《位育中学的创建与发展》,收入《徐汇文史资料选辑(第3辑):普通教育专辑》,1989年印行,第69页。

[136] 黄承海:《跨越半个世纪的情缘——五十一中学六五届五年制试点班的点滴回忆》,《徐汇报》2015年10月19日,第13版。

[137] 沈同惠:《位育教学特点两例》,收入位育中学校友会编:《位育中学校史简编》,上海市作家协会·华语文学网,2017年刊印,第213页。

[138] 陈佳洱:《家庭、学校教育所给予我的》,《光明日

报》2002年1月8日，第A2版。

[139] 郑安梅：《我心中的位育》，收入位育中学校友会编：《位育中学校史简编》，上海市作家协会·华语文学网，2017年刊印，第275页。

[140] 《上海市第五十一中学校史》（1984年7月10日），上海市位育中学档案室藏。

[141] 孙建伟：《由一张旧照片所想起的》，收入位育中学校友会编：《位育中学校史简编》，上海市作家协会·华语文学网，2017年刊印，第291页。

[142] 位育中学校友会编：《位育中学校史简编》，上海市作家协会·华语文学网，2017年刊印，第73页。

[143] 姚方方：《难忘的五十一中学排球队》，收入位育中学校友会编：《位育中学校史简编》，上海市作家协会·华语文学网，2017年刊印，第309页。

[144] 黄承海：《难忘的岁月——对五年制试点班工作的点滴回忆》，收入位育中学校友会编：《位育中学校史简编》，上海市作家协会·华语文学网，2017年刊印，第227页。

[145] 《上海市1960年文教方面先进单位登记表》，1960年5月，上海市档案馆藏，档案号：A31-2-111-105。

[146] 李楚材：《三十六年来的上海位育中学》，收入中国人民政治协商会议上海市委员会文史资料工作委员会编：《文史资料选辑》第六辑，1979年刊印，第75页。

[147] 李楚材：《办好学校靠教师》（1984年），收入《位育情怀：上海市第五十一中学65届初中毕业50周年纪念册》，2015年刊印。

[148] 魏一樵主编：《中国名校》（中学卷），辽宁大学出版社1992年版，第219页。

[149] 潘承芬：《传统和榜样》，收入位育中学校友会编：《位育中学校史简编》，上海市作家协会·华语文学网，2017年刊印，第199页。

[150] 位育中学校友会编：《位育中学校史简编》，上海市作家协会·华语文学网，2017年刊印，第85页。

[151] 位育中学校友会编：《位育中学校史简编》，上海市作家协会·华语文学网，2017年刊印，第88页。

[152] 位育中学校友会编：《位育中学校史简编》，上海市作家协会·华语文学网，2017年刊印，第88—89页。

[153] 李楚材：《三十六年来的上海位育中学》，收入中国人民政治协商会议上海市委员会文史资料工作委员会编：《文史资料选辑》第六辑，1979年刊印，第77页。

[154] 陈祥德：《关于五年一贯制教改试点的回忆》，收入位育中学校友会编：《位育中学校史简编》，上海市作家协会·华语文学网，2017年刊印，第267—269页。

第三章 困难与调整时期

困难与调整时期

图3-1　上海市第五十一中学1961—62学年度高三（1）班全体同学留影

1957年的反右运动后，上海市五十一中学和全国其他学校一样，卷入一波又一波的政治运动之中，一些新的教育制度探索与"左"的错误思潮交织在一起，1958年的"大跃进"与"教育大革命"，更使学校的发展陷入了混乱的局面，教学秩序被打乱，教育工作背离客观规律，教育质量严重下降。虽然此后随着"调整、巩固、充实、提高"的"八字方针"推进，学校的发展走向了正轨，但不久，"文化大革命"爆发，学校管理体制被肢解，教师队伍被离散，教学设施被破坏，课程设置被打乱，学生思想被毒害，正常教学秩序无法建立，教育质量全面下滑。总之，对五十一中学而言，这是一个困难与调整并存、失序与重建反复波动的特殊时期（图3-1）。

第一节　政治运动中的五十一中学

从1949年10月中华人民共和国成立，经历1956年社会主义三大改造的完成，再到1966年5月"文化大革命"爆发以前，国家政权属性、社会发展阶段、主要矛盾与任务均发生巨大变化。在历史洪流的推动下，无论是中华人民共和国成立初期接受新民主主义教育整顿与改造的位育中学，还是过渡到社会主义教育探索时期的五十一中学，都无可避免地要服务于国家政权利益、意识形态与国民经济建设的总体性需要。正如中华人民共和国成立后上海市首任教育局局长戴伯韬所言："今天的政治经济是反映新兴阶级的需要，为他们所掌握的。而在文化教育上，就要求有为这种新政治经济服务的新文化教育。"[1]受此逻辑支配，完全远离政治、脱离社会实际的学校教育，在上海解放以后已经一去不复返了。尤其对于位育这样一个在旧社会被视为"以关门为对策，提倡'学好功课，不问政治；了解政治，不参加政治'"[2]的学校而言，师生是否参与政治运动以及活跃程度如何，已经成为解放后学校整顿改造，出旧入新的重要主题。不过，中华人民共和国成立初期的政治运动之于位育的意义，以及1956年以后的政治运动对于五十一中学的影响，不可同日而语（图3-2）。

中华人民共和国成立初期，帝国主义、封建主义、官僚资本主义残留的各种影响还未能彻底消除，为巩固新生的人民政权，党和人民政府发动了镇压反革命、抗美援朝、"三反五反"等一系列重大政治运动，矛头直指旧社会的反动残余势力。对位育师生来说，这种极具阶级斗争意义的政治运动是开展阶级教育、强化爱国主义思想觉悟、树立"为人民服务，为建设中华人民共和国而努力"[3]的人生观的一个外部途径。也就是说单靠学校内部力量开展思想改造有所局限，很有必要动员师生参与社会上热火

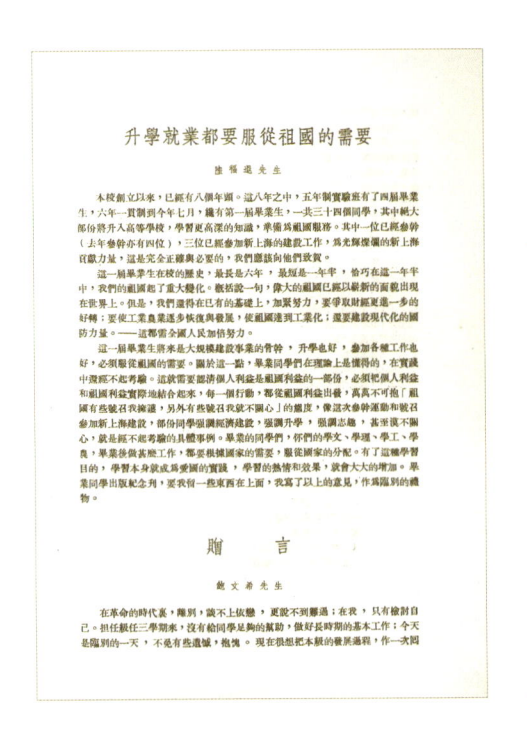

图3-2　英语教师陆福退：《升学就业都要服从祖国的需要》（1951年）

图3-3　《位育欢送北上毕业同学》（选自《文汇报》1950年8月21日，第3版）

朝天的政治运动,荡涤师生身上腐朽落后的旧思想,提高政治觉悟(图3-3)。

在1950年12月的镇压反革命运动中,位育全校师生听取了市区人民代表扩大会议中对反革命分子的控诉,展开了惩治反革命条例的学习,举行了以镇压反革命学习为中心的班级座谈会[4],并组织发动班级控诉与全校控诉。由于中华人民共和国成立初期位育学生"工农成分仅占7.4%,绝大多数是资产阶级和小资产阶级家庭出身的子弟"[5],镇压反革命运动也会波及少数。据相关历史档案显示,本校中亦有4个反革命分子被拘。[6]活生生的事实,消除了师生的太平观念和麻痹思想,加深对反革命分子的憎恶与仇恨,扭转了被拘者的家属、亲戚、同学的温情主义与惜才思想,从而站稳了立场(图3-4)。[7]

图3-4 《位育中学一九五〇年下学期工作总结》(1951年8月)提到校内开展"镇压反革命运动"

在1951年底到1952年10月的"五反"运动中,位育有6位教师调离学校,参加实际斗争。在欢送他们走向斗争前哨的座谈会上,大家都表示了态度:参加五反斗争实际工作的同志认为,这是人民教师的光荣,表示一定站稳立场,搞好工作,不辱没这一光荣。留下的教师一致认识到"后勤部队"的任务与"前线战士"同样重要,保证服从行政的调配,分担调离同志的工作,并向学生进行"五反"教育,做到"五反、教学两不误",向产业工人兄弟看齐。[8]在这次大会上,还消除了中小学的界限。不少中学教师愿意分任小学的功课,小学教师也愿意协助中学克服困难,表现出了"部分服从整体""个人服从集体"的精神。[9]

1956年,社会主义三大改造完成,改为公办的上海市第五十一中学所遭遇的政治运动,已不再是独立于学校之外、自外于教育本身的革命运动,而是成为中共中央掌握全国教育主导权的背景下深度介入甚至决定教育制度走向的政治因素,不仅在运动规模之大、动员之广、影响之深远超中华人民共和国成立初期,而且呈现出"探索新的教育制度与'左'的错误思潮交织发展"[10]的势头(图3-5、图3-6)。

1957年4月27日,中共中央发出《关于整风运动的指示》,决定在全党进行一次以正确处理人民内部矛盾为主题,以反对官僚主义、宗派主义和主观主义为内容的整风运动,以提高全党的马列主义水平,适应社会主义改造和社会主义建设的需要。5月11日,上海市委重要负责人在市委宣传工作会议上做了长达3小时的报告,宣布上海整风运动开始。上海教育系统各单位按中央与市委的部署进行整风,先"小鸣小放",后"大鸣大放"。当时,市教育局曾邀请包括五十一中学师生在内的部分中小学代表座谈,要求他们大胆地"放",勇敢地"鸣"。[11]1958届高中校友施用海曾回忆,他在1957年夏天"大

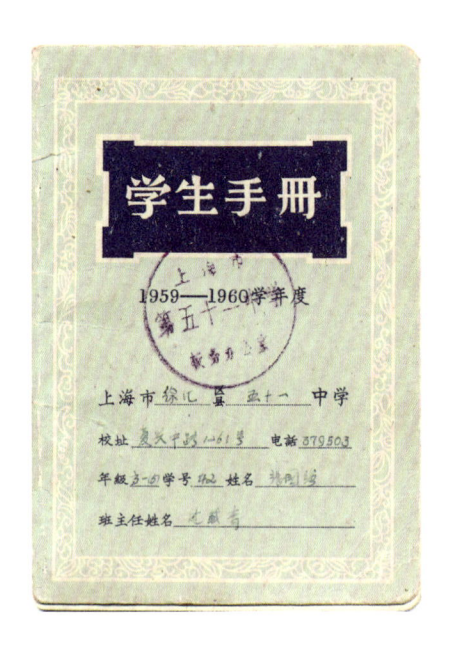

图3-5 上海市第五十一中学（1956—1957学年度）学生手册

图3-6 上海市第五十一中学（1959—1960学年度）学生手册

鸣大放"时也在校内懵懵懂懂地"放"了两炮，但并不是针对教育行政领导部门与学校行政领导的意见，而是对中苏外交不满（图3-7）。

> 一是说苏联占领着我国领土是不对的。我填了一首词，几个同学起哄，便贴到了学校墙上。词曰："道光诚然糊涂，尚知割地耻辱。军港海参崴，原是我国疆土。何故？何故？苏军弥漫江浦。"二是说苏联对我国的援助，不是大公无私的援助。理由是要我们付很高的利息。班里展开了辩论，我还从上海图书馆借来了马克思的《资本论》，想从中找到理论依据。[12]

但是，整风运动很快又发展为反右派斗争。1957年6月8日，《人民日报》发表社论《这是为什么？》，号召全国人民行动起来"打退右派分子的进攻"，全国反右派斗争的序幕由此拉开。当时五十一中学全校教师参加整风反右学习班，受反右斗争扩大化的影响，在这场运动中，有10余位教师被错划为"右派"。如数学教师黄孟庄、蔡光天，历史教师吴标元等。据1958年入学的校友严祖祐回忆，"入学后不久就听说，五十一中学在不久前的反右运动中是个'典型'，据不知道哪一家部门的统计，无论在校教员被划'右派'的比例，还是前几届毕业生中被划'右派'的比例，在全市中学中，都是名列前茅的"[13]。好在学校整体人际环境宽松，氛围温和，李楚材校长又充分尊重每一位教师的教学自主权，所以，即便有一些教师被扣上"右派"帽子，学校仍能让他们继续在课堂上发挥作用（图3-8、图3-9）。

1958年以后，毛泽东一直对教育十分关注，提出了他对建立社会主义教育的构想，即"两个必须"："教育必须为无产阶级政治服务，必须同生产劳动相结合，劳动人民要知识化，知识分子要劳动化。"[14]不久，中共中央宣传部部长陆定一在《教育必须与生产劳动相结合》一文中，明确把它作为

图3-7　1960年高中毕业生合影，墙上贴着"师生齐鸣共放，学好教育方针"的标语

我国的教育方针。围绕毛主席的指示与中央教育方针，五十一中学通过大字报的形式对学校脱离生产劳动的现象发起冲击，进行鸣放。据1958年3月17日《文汇报》报道，当时五十一中许多学生娇若暖房里的花朵，从一些数据与现象上可以明显看出这一点。1957年，五十一中学高中和初中毕业生有951人，其中有570人没有升入高一级学校，但参加农业生产的仅18人。[15] 有些学生在上体育课时，还要帮教师锄松沙坑，替他们准备好体育用具。平时吃好饭后拔脚就跑，还要工友替他们洗碗抹桌。[16] 当时，有一张大字报分析了产生这些情况的原因，击中要害："这是由于教师本身对教育方针在思想上还没有搞通，对学生进行劳动教育软弱无力。同时我校学生存在一种错误思想——成绩好最要紧，其他都是次要的。"[17]

在这些惊涛拍岸的大字报面前，开展劳动教育与勤工俭学逐渐在学生中蔚为风气。当时，学校还开

图3-8　李楚材：《改进学校领导工作》（选自《文汇报》1954年1月1日，第9版）

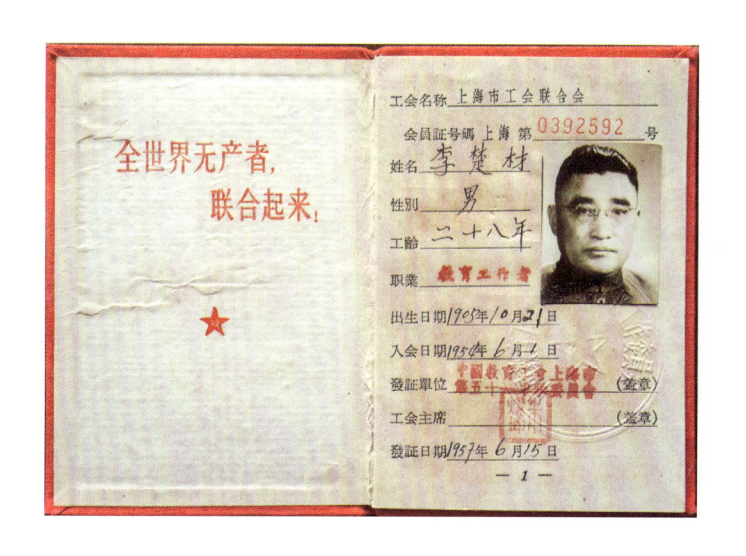

图3-9　李楚材校长的上海市工会联合会会员证（1957年）

办"抗大学习班",学习"三八作风"[18],向往着延安时期军民的劳动热情和创造精神。高三学生虽然功课繁荣,但平日仍经常深入里弄开展扫盲工作,一遇到雨雪灾害天气,还主动出校,铺平泥泞道路,造福居民。在每年学雷锋的热潮中,各班级的团支部还经常组织同学去清扫马路、清倒粪车和垃圾,帮菜农去中山西路、徐家汇推菜车,增强劳动人民的感情和对平凡劳动的认识(图3-10)。[19]

作为社会主义国家的教育方针,"两个必须"的提法是完全正确的。但在具体的教育实践中,教育决策者与职能部门往往曲解了这个方针,形而上学地强调教育与政治、教育与生产劳动的畸形结合。尤其是在1958年中共中央开始实施第二个五年计划,制定"多、快、好、省地建设社会主义"的总路线,拉开"全面大跃进"的序幕后,教育领域不可避免地受到"左"的影响,也进入"大跃进"的状态,导致各地各校的教育实践出现了异常的倾斜和偏移。

1958年3月3日,中共中央发出了《关于开展反浪费、反保守运动的指示》,要求各地必须放手发动群众,采用大鸣、大放、大字报、大辩论,以及开现场会和展览会等形式,揭露和批判浪费、保守的现象及它们的危害性,进行反浪费、反保守的"双反"运动。

按照上述指示,五十一中学的"双反"运动在学校党委领导下以群众运动的方式展开。1958年3月16日,《文汇报》记者龚国路走访了五十一中学,看见办公大楼对面,人群熙来攘往,许多兄弟学校的教师正在参观该校的反浪费、反保守展览会。据当时展览会上的一些大字报揭露,该校在北京、上海、西安等地高等学校读书的1953—1956年毕业学生中,已发现"右派"和坏分子20余人。其中,1955年毕业的一个班就有10人,占班级学生总数20%。[20]由此,学校被外界认为在教育质量存在浪费现象。这场展览会是五十一中学"双反成果"的大检阅,对教师的教育思想产生较大冲击。物理教师李莲宝说:"我管教不管导,这种纯业务的观点也不自觉地影响了学生。这次运动使我看到了自己的缺点。"语文教师贺俊三认为,自己过去自由主义较为严重,对待工作只要求班上不发生什么问题就行了。现在他认识到要教好学生,一定要"釜底抽薪""灭资兴无",塑造学生的灵魂。[21]

1958年9月,又发动了"教育大革命"。这次教育革命从两方面进行:一是教育事业贯彻"为无产阶级政治服务,与生产劳动相结合"方针的"大跃进";二是教学改革运动,涉及学校内部教育秩序、教育内容、方法与组织形式的改革,也触及每个教育工作者所做的具体工作,是比前者更深入细致的革命。为何要进行教学改革运动?为何说教学改革运动是教育革命的继续深入,李楚材校长曾在当时的《文汇报》上发表《一场深刻的思想革命》一文,予以解读:

> 1958年教育大革命以来,教育工作者贯彻了教育为无产阶级的政治服务,教育与生产劳动相结合的方针,接受了党的领导,因之,教育事业就蓬勃发展,教育质量就显著提高。可是,社会主义建设的高速度发展,工农业生产的持续跃进,技术革新和技术革命运动迅速的发展,对教育工作提出了更高的要求,教育作为上层建筑,要适应经济基础的发展,要符合社会主义总路线精神,就得考虑到学生学习年限和课程的合理设置,就得注意到教学内容的思想性、科学性和现代化,教学

图3-10 《上海市第五十一中学加强政治思想教育的初步规划》（选自《文汇报》1958年3月12日，第3版）

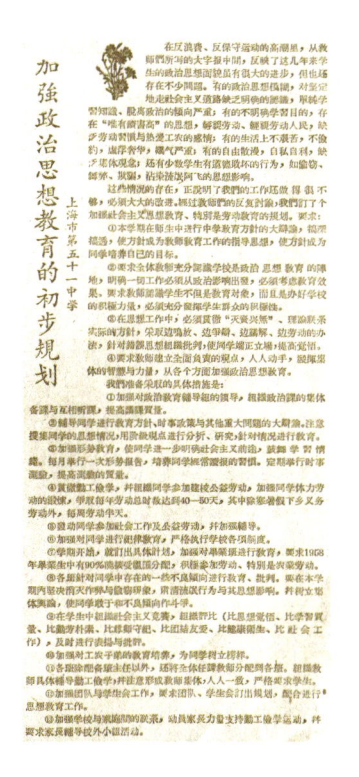

图3-11 《五十一中学以教学为中心深入持久开展科技活动》（选自《文汇报》1960年7月4日，第2版）

方法的切合实际，从效果出发。于是，一个轰轰烈烈的教学改革运动掀起来了，针对教学工作中少慢差费的现象展开了斗争。[22]

按照这样的理解，五十一中学热情地投入了这场"教育大革命"的洪流之中，立志要做"教学改革运动中的促进派"[23]。一方面，学校要求自1958年起，新考入的高一学生进校就要学工学农，实行半工半读。另一方面，要求教师以教学为中心，理论联系实际，坚持把科技活动与教学、生产劳动结合起来，形成了当时五十一中学风靡一时、颇受社会关注的"大搞科技实践活动"。

1960年3—7月4个多月，原本就以数理科学见长的五十一中学生在科技活动和教学、劳动的结合中，制作了天文望远镜、惠司登电桥、无线电遥控舰模、航模等科技项目1105件；协助工厂搞出了技术革新250件，其中包括尖端高级产品；还绘制了技术革新图纸440件。在教师的指导下，学生又结合书本知识与生产劳动，写出了大批科技专题研究文章（图3-11）。[24]

一开始，有些教师担心科技活动会影响教学工作；有些教师虽然主张大搞，但是方向不明确，不知怎么办好。针对这样的情况，学校党支部一面加强科技活动的组织领导，妥善安排时间，一面组织全校教师讨论，使教师们明确组织青少年参加科学技术活动，是贯彻党的教育方针的一个组成部分，是为了全面提高学校教育质量。同时强调，全日制学校以教学为主，科技活动要密切围绕教学进行，以教学为中心，实行教学、劳动、科技三结合，这也是培养全面发展的新人的一条正确途径。[25]党支部还在认真研究总结高三年级经验的基础上，举行了全校学习、劳动、科技三结合的展览会，广泛深入发动群

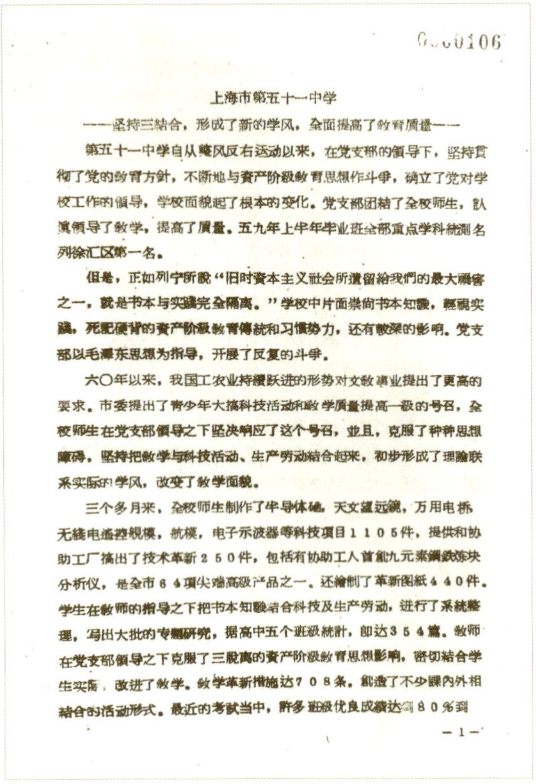

G□□0106

上海市第五十一中学

——坚持三結合，形成了新的学风，全面提高了教育质量——

第五十一中学自从整风反右运动以来，在党支部的領导下，坚持貫彻了党的教育方針，不断地与資产阶級教育思想作斗爭，确立了党对学校工作的領导，学校面貌起了根本的变化。党支部团結了全校师生，認真領导了教学，提高了质量。五九年上半年毕业班全部重点学科統测名列徐汇区第一名。

但是，正如列宁所説“旧时資本主义社会所遺留給我們的最大禍害之一，就是书本与实踐完全隔离。”学校中片面崇尚书本知識，輕視实踐，死記硬背的資产阶級教育傳統和习慣势力，还有較深的影响。党支部以毛澤东思想为指导，开展了反复的斗爭。

六〇年以来，我国工农业持續跃进的形势对文教事业提出了更高的要求。市委提出了青少年大搞科技活动和教学质量提高一級的号召，全校师生在党支部領导之下坚决响应了这个号召，並且，克服了种种思想障碍，坚持把教学与科技活动、生产劳动結合起来，初步形成了理論联系实际的学风，改变了教学面貌。

三个多月来，全校师生制作了半导体管，天文望远鏡，万用电桥，无綫电遥控艇模，航模，电子示波器等科技項目1105件，提供和协助工厂搞出了技术革新250件，包括有协助工人首創九元素鋼鉄速块分析仪，是全市64項尖端高級产品之一。还繪制了革新图紙440件。学生在教师的指导之下把书本知識結合科技及生产劳动，进行了系統整理，写出大批的专題研究，据高中五个班級統計，即达354篇。教师在党支部領导之下克服了三脫离的資产阶級教育思想影响，密切結合学生实际，改进了教学。教学革新措施达708条。創造了不少課內外相結合的活动形式。最近的考試当中，許多班級优良成績达到80%到

—1—

图3-12 《上海市1960年文教方面先进单位登记表》关于五十一中学先进事迹介绍（1960年5月）

众，把科技活动向三结合的方向引导。

方向明确以后，在开展科技活动的过程中，教师们就结合教学、劳动，引导学生根据书本上的科学原理去思考、应用和创造，使他们既学会了一定的生产技术，又扩大和加深了知识领域。例如，高三（3）班学生何宗川在仪器厂劳动时，运用所学的电阻定律，制成了惠司登电桥。为了弄懂电桥的构成原理和计算方法，又在教师的帮助下，钻研了大学物理课本中的基尔霍夫定律，高等代数中叠加方程等概念，写出了惠司登电桥和基尔霍夫定律一篇专题研究。这样，把书本知识运用于实践，又在实践中获得了更多的科学技术知识（图3-12）。[26]

围绕各科课堂教学，教师们还组织学生进行科技专题研究。这种专题研究的方式方法多种多样。有的为了帮助学生掌握某一方面的现代科技知识，或加强课本上的某一个重要的概念，由教师提出专题研究项目，拟定提纲，然后学生集体讨论，写成文章，再由教师审阅，提出意见。有的是学生根据自己的兴趣和特长，或针对自己学习中的薄弱环节，确定专题研究，在课外独立钻研，以巩固书本知识，做到举一反三，灵活应用。在各科教师的对口辅导下，虽然训练时间不长，但4个月中，不少学生已能写出科技专题研究文章，仅5个高中班级就写了354篇。[27]高三（1）学生朱钟益研究了“硫酸”的性能、制法，又与工业制盐酸、制硝酸做了对比，写了一篇《工业制硫酸》的研究文章，差不多把3年来所学的有关酸的性质和制法的新旧知识都整理清楚了。在研究的过程中，他又掌握了系统整理、分析比较、综合归纳等学习方法，提高了学习质量，本来他的学习成绩仅达及格水平，后来各科学习成绩都是五分。[28]

更值得一提的是，该校还鼓舞学生积极投入技术革命的洪流，使课堂的科技活动和工厂的技术革新紧密结合。如高三（4）的学生结合科技活动，为工厂制作了产品自动检验器。高一学生和工人一起，运用化学上电解的原理，制造了电解磨刀，减轻了体力劳动，工效有了提高（图3-13）。[29]

客观而言，五十一中学这场大搞科技活动虽是在“教育大革命”背景下举行的，带有大搞群众运动的“左”的色彩，但也的确取得了突出成绩与卓越声誉，引发《人民日报》《文汇报》的关注与报道。可以说，它对1960年五十一中学能被评为全国文教先进单位也有间接促成之功。尤其是鼓励学生走出书

图3-13 《徐汇区青少年配合技术革命开展科技活动》提到上海市第五十一中学（选自《文汇报》1960年4月26日，第2版）

图3-14 上海市第五十一中学高中毕业生赴新疆学习留影（1961年9月）

斋，积极投入社会实践和创新研究，使学生的书面知识通过实践和运用，转化为"活"知识，改变了死记硬背，生吞活剥，"上课记笔记、下课背笔记、考试默笔记、考后全忘记"[30]的书呆子式的旧学风，培养了独立钻研、理论联系实际的新学风，对当前的教育改革仍有一定的启示作用（图3-14）。[31]

从1959年开始，国家经历了三年困难时期，经济大幅下滑。1961年1月中共八届九中全会通过了"调整、巩固、充实、提高"八字方针，各项建设事业进入收缩整顿阶段。根据八字方针，中央对教育工作政策与知识分子政策也开始调整。1962年，周恩来总理和陈毅同志在广州会议上为知识分子摘帽加冕，虽然没有真正贯彻落实，但整个政治气氛趋于宽松。1963年3月23日，中共中央批准试行《全日制中学暂行工作条例（草案）》（简称《中学五十条》），对校办"三场"进行整顿，师生参加劳动时间减少。自此，学校工作重点转入以教学为中心，全面贯彻教育方针，开始注意抓学生的各项学习基本功，那时称为"三基"。[32]而对于五十一中学来说，由于整个大环境的改善，学校也重新回到提高教育质量、探索教育规律的轨道，焕发出新的生机（图3-15）。

从1961年1月开始，中共徐汇区委发动全区中小学教师，通过总结工作，创造、交流和积累经验，探索提高教育质量的规律。五十一中学党支部受到启发，就把调查研究和总结、交流经验作为领导的基本工作方法之一。他们把这种方法称为"让事实说话"。[33]据《文汇报》报道，该校每学期都要开几次教育、教学工作的展览会或经验交流会，三分之一的教师在全校性活动上介绍过自己的经验，并先后编印了三辑经验汇集。教师们逐渐乐于通过这种群众自我教育的方式学习新的东西，他们说："回顾和总结工作的过程，正是提高自己的过程。别人的切身体会，给自己很深的印象，这些经验往往是书本上所学不到的。"[34]（图3-16、图3-17）

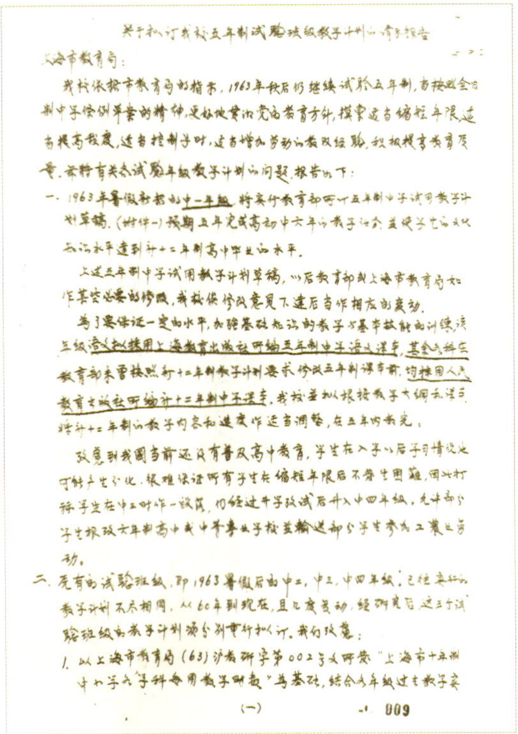
关于拟订我校五年制试验班级教学计划的请示报告

上海市教育局：

我校依据市教育局的指示，1963年秋后仍继续试验五年制，为按照全日制中学条例草案的精神，更好地贯彻党的教育方针，探索适当缩短年限适当提高程度，适当控制学时，适当增加劳动的有关经验，积极提高教育质量。兹将有关试验年级教学计划的问题，报告如下：

一、1963年暑假新招的中一年级，将实行教育部所订五年制中学试用教学计划草稿（附件一）预期五年完成高初中六年的教学任务，并使学生的文化知识水平达到新订十二年制高中毕业的水平。

上述五年制中学试用教学计划草稿，以后教育部或上海市教育局如作某些必要的修改，我校俟修改意见下达后当作相应的变动。

为了要保证一定的水平，加强基础知识的教学与基本技能的训练，该年级语文拟采用上海教育出版社所编五年制中学语文课本，其余各科在教育部未曾按照新订十二年制教学计划要求修改五年制课本前，均采用人民教育出版社所编新订十二年制中学课本，我校并拟根据教学大纲和课本，将新订十二年制的教学内容和进度作适当调整，在五年内教完。

又虑到我国当前还没有普及高中教育，学生在入学以后学习情况也可能产生分化，很难保证所有学生在缩短年限后不发生困难，因此打算学生在中三时作一次调整，仍经过升学考试后升入中四年级，其中部分学生报考六年制高中或中等专业学校并输送部分学生参加工农业劳动。

二、现有的试验班级，即1963暑假后的中二、中三、中四年级，已往采取的教学计划不尽相同，从60年到现在，且几度变动，经研究后这三个试验班级的教学计划须分别重新拟订，我们考虑：

1. 以上海市教育局（63）沪教研字第002号文所发"上海市十年制中小学各学科每周教学时数"为基础，结合各年级过去教学实

（一） 009

图3-15 《关于拟订我校五年制试验班级教学计划的请示报告》（档案摘选，1963年5月22日）

在总结和交流教育、教学工作经验时，五十一中十分注意分析具体经验的精神实质，分析运用具体经验的目的和条件，特别是和共产主义劳动态度的有机联系，重视发掘先进的教育思想。三学期来，教师们有意识地交流了“既管教，又管导，对学生全面负责”“从学生实际出发，不从教师主观愿望出发”“理论联系实际，不是单纯传授理论知识”等经验。由于重视总结先进思想，有些经验才能在不同学科中推广、提高。物理组的“看同学做习题，了解同学的思想方法”，外语组的“根据学科特点进行学习目的性教育，把思想工作做到每个同学身上”等经验，都先后在别的教研组里开花结果。[35]

由于五十一中总结、交流经验是从实际出发的，因此成了提高师资水平的重要途径。如英语教师朱耀坤曾在三学期中多次总结和介绍了她的教学经验，学校党支部和行政班子发现她除了努力贯彻课程革新精神外，总是从调查研究学生实际来改进教学，便帮助她总结对“从学生实际出发”这一原则的体会，经过分析研究，发现她对“从学生实际出发”这一原则的认识有个发展过程。开始是只从学生的知识水平出发，强调照顾学生的原有基础，对教材教法做适当的处理。后来，她发现更重要的是要从学生的思想实际出发，要深入到学生中去，调查研究学生的思想实际，之后，再有的放矢地进行学习目的性的教育，端正学生的学习态度，提高学习质量（图3-18）。[36]

1964年5月4日，中共中央和国务院批转《关于克服中小学学生负担过重和提高教学质量的报告》，针对中小学所谓“片面追求升学率”问题，提出了六点“减负”意见。1965年7月17日，上海市教育局、共青团市委共同发出《关于减轻学生负担，改进学校工作的报告》，提出减负《六条》。8月，为了贯彻减负《六条》，市教育局工作组曾对学校负担情况做了调查。调查任务，一般学生每天的一切活动时间总量达9到10小时，学生干部达到11小时，学生负担重，主要表现在：一是课外作业负担重，有些习题难，复习时布置习题过多，学生平时要花2小时或者以上；二是政治活动存在“六多”：听打报告多，写思想小结多，写日记多，学生干部还有会议多，总结多，个别谈话多。学生思想小结有政治学习小结、劳动小结、政治课小结、五四评比小结，有的教师还要求小结写得长。日记也很多，有工作日记、好人好事日记、小队日记、团支部日记、团小组日记，有时一个学生要写三种日记。学生干部一周

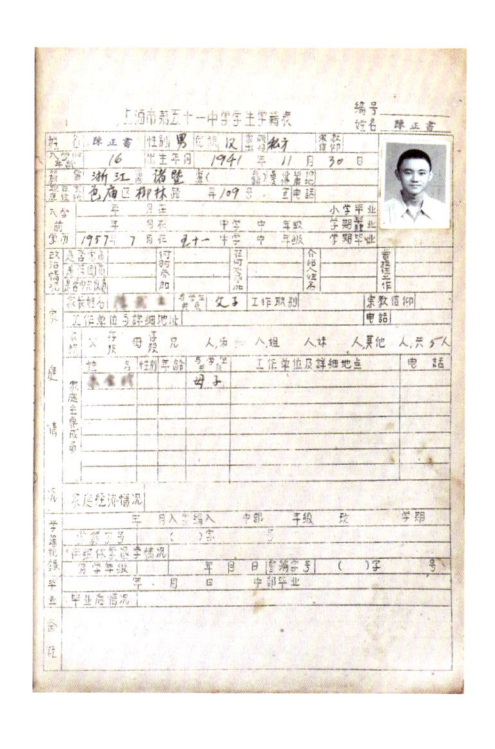

图3-16 上海市第五十一中学学生学籍表摘选（1961届1班）

图3-17 上海市第五十一中学（1961—1962学年度）学生手册

社会工作时间达10小时以上，团委委员、团支书、班主席、大队委员每周要开4个以上的会议，光参加会议，就要花6小时以上（图3-19、图3-20）。

为了贯彻减负《六条》，这一时期上海市各中等学校将减负作为工作的重心。五十一中学也对"会议过多，活动过多"的现象进行整改，针对学生健康问题、教师劳逸结合问题，采取减少师生校内外活动，减轻负担，保证学生有9小时睡眠，适当控制师生参加劳动量等措施，使教师有足够的时间用于教

图3-18 《五十一中学重视调查研究，总结经验》（选自《文汇报》1961年1月30日，第1版）

图3-19 学生在教室上课听讲（1960—1970年间）

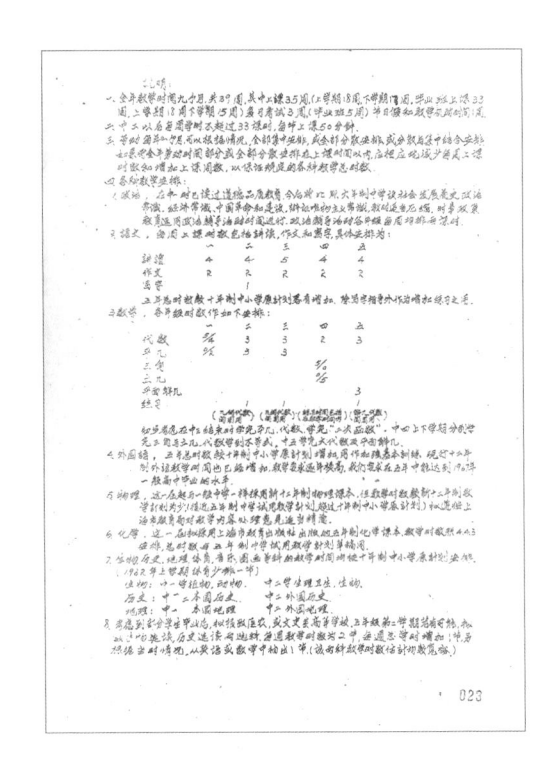

图3-20 《上海市第五十一中学1962—1967年试验班每周教学时数表》(选自档案《关于拟订我校五年制试验班级教学计划的请示报告》,1963年5月22日)

学,使学生在德、智、体方面健康成长。1965年11月20日,《文汇报》发表了五十一中学教师黄承海的文章《少开会以后》,介绍了学生在精简了一些不必要的活动和会议后的积极反映与可喜变化。

> 学生们反映,现在时间多了,可以主动地去学一点自己想学的东西了。有一个学生过去外语成绩很差,平时由于活动多,没有时间去补课。这学期以来,他每天都能利用业余时间认真预习、复习外语,坚持早读,短短几周,成绩就有了显著的进步。有些学生放学后有时间跑图书馆,到书店买参考书;有的每天能安排时间读报、学习毛主席著作;小型多样的文体活动也蓬勃开展起来了。这样做后,学生的思想活跃了,政治空气更浓了,主动学得的知识多了,健康状况也进一步改善了。[37]

但是从1965年1月"四清"运动后,"左"的倾向又开始抬头,"阶级斗争"又成为政治生活的主旋律。在此背景下,李楚材校长在参政议政会议上的一些发言,受到指责批判。1964年初,李校长被调离五十一中学,到华东师范大学教育研究所任研究员,由中共徐汇区委调南洋中学校长鲁夫同志来校担任校长兼党支部书记。他的调离,是教育界向"左"倾斜的风向标。虽然师生们对李校长的调离心存疑惑,但是并无大的感觉,仍然沉浸在办学质量不断提升的喜悦之中,殊不知一场更大的政治风暴已经"山雨欲来风满楼"了。

第二节 "集体化"年代的共同记忆

从1958年开始，在"左"的严重干扰下，"集体化"被作为一个时代的主题话语。

首先，是校内层面以"形势教育"为重心的思想政治学习。当时，学校党支部在每学期开学前会对全校学生的思想、生活等情况进行调查研究，发现不少人对"大跃进"以来时事形势的认识模糊不清，观点偏颇，缺乏战胜困难的勇气。中央决定对国民经济实行"调整、巩固、充实、提高"的方针后，学校党支部认为，很有必要深入对学生进行形势教育，坚定学生对国民经济恢复向好形势的信念，树立发奋图强、艰苦奋斗的思想，培养起敢于与困难做斗争的顽强精神和革命青年以天下为己任的英雄志气（图3-21）。[38]

学习时事形势，关心国内外大事，是对学生开展"形势教育"的严格要求，具体做法有：政治课上将理论教育与形势教育结合起来、定期举办时事讲座、不定期举办时事测验、鼓励学生读报剪报等。校友王宗炎对此记忆深刻：

> 记得在中四阶段，我们第二小组的同学发起了定期举办时事讲座的活动，我和潘光同学等人轮流担任主讲人，每月活动一次，连暑假期间也不中断。有一次轮到我主讲《刚果（利）人民的革命斗争》，记得是在我家里进行的。我事先做了很多准备，挂出了一块画有刚果（利）地图的黑板，运用剪报资料介绍刚果人民反帝斗争的形势，得到了同学们的好评。
>
> 当时班级里还不定期地举办时事测验，鼓励大家认真读报，班委会把出题和阅卷的任务交给我，我很乐意地承担了。从那时起，读报成了我每天的必修课，剪报、集报成了我的业余一大爱好，四十多年来未曾中断过。报纸已成为我终生的良师益友。[39]

其次，是校外层面的以"学工、学农"为代表的生产劳动逐渐取代正常的课堂学习。从1958年9月开始，全国中等以上各级各类学校及小学高年级师生开始普遍停课，投入大炼钢铁和"三秋"劳动。五十一中学规定从1958年下学期开始，新考入的高一学生进校后实行半工半读（图3-22）。据当年入学的校友严祖祐回忆：

> 当时上海市的一位主要负责人为了配合即将到来的"大跃进"，决定在教育界开展一场"教育与生产劳动相结合"的运动，其标志就是学校停课，把学生都赶到工厂或农村去，那时叫作"勤工俭学"。我们学校的全体高一新生有幸地作为第一批"试点"对象，未上一节课，就全部开赴浦东一家船厂，每天和工人一起三班倒，顶岗干活。[40]

严祖祐所说的"浦东一家船厂"，指当时浦东的新建造船厂，这是当时五十一中学生对应的学工地

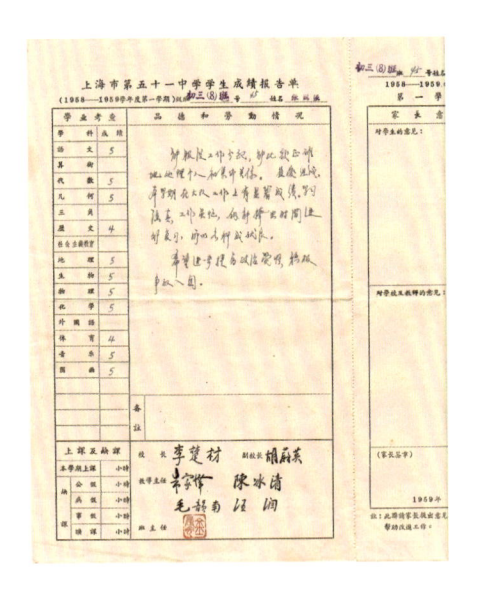

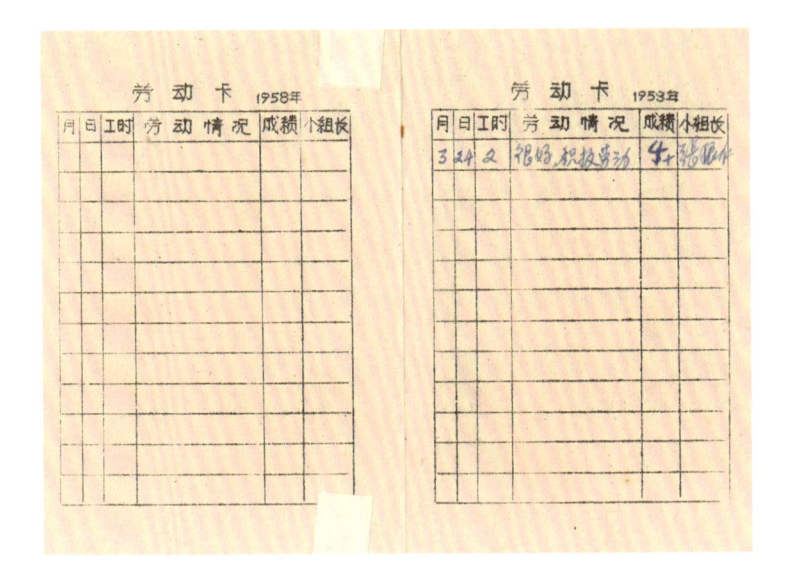

图3-21　第五十一中学学生成绩报告单（1958—1959学年度），注重品德与劳动情况

图3-22　1958年上海市第五十一中学劳动卡

点。对于这些还没有入世的学生而言，一开学就被放到船厂劳动，首次离开父母和家庭，与许多新认识的同学集体在工厂住宿，感觉是很新奇兴奋的。沈健生曾这样回忆道：

> 1958年正值学工学农的一年。我们一踏进位育，高一的全体师生就一齐到新建船厂住厂学工。这是我们第一次离开父母不睡在家里，我们犹如刚跳到井外的一群青蛙，满怀着新奇。行李袋中有妈妈准备好够吃一周的饼干，女生们带着布娃娃……工厂为我们全届几百个师生提供了男女几大宿舍，我和几百个男同学分享一个大地铺，大家头靠头脚靠脚，互相挨着，每人一席。那晚，没人有睡意，大家高兴地跑来跑去忙于结识新朋友，我们没有也不需要长长的履历，只有叫什么名字和在哪一个班……没多久，我们把所有的，也是仅有的，一生十几年来的秘密都和新朋友分享了。大家相见恨晚，很快就成了两肋插刀的好友。我在那一晚结识的同学好友比一辈子还多。[41]

能与新朋友结识交往，固然使情感有所寄托，以快速融入新集体，但当时学生对于什么是"半工半读"，其实是懵懵懂懂、云里雾里的。等他们到真正进入车间一线，拜师学艺，才深切体会到"劳力者"之辛酸。据当时的亲历者回忆：

> 当时因为是半工半读，所以我们学生也都跟着白班夜班两班倒，一干就12小时。白天还过得去，夜班可是难熬。记得有一次夜班烧电焊，烧着烧着竟然打起盹来，把师父吓了一大跳，赶紧催

我回宿舍睡觉。为了严肃纪律，也为了保障学生的安全，工学大队规定学生平时是不允许随便出厂的，要出去得有老师或者厂里的师傅带。[42]

工作是辛苦的，盛夏季节也得钻进难以翻身的管子里去刮锈；寒风呼啸，却往往要在黄浦江畔露天站着或蹲上整整半天，给那些庞大的机械梳妆打扮。一次收工时，我的一双脚冻成冰棍了，一步也不能迈，两个师傅架着我跑，才使我慢慢活动开。[43]

不仅是劳动强度大，组织纪律严，而且生活环境也比较恶劣。1958年入读高中、后成为我国著名围棋运动员的陈祖德也经历了那一段艰苦的"船厂学工岁月"。他在回忆录中这样写道：

我进入工厂时正值"秋老虎"季节，没过上几个月就是严寒的冬天了。尽管我在工厂的时间不到五个月，却犹如经过了一年四季。我们住的一个房间少说也睡了五十来人，都是双层床。这么多学生挤在一起，热闹得简直像动物园里的猴子……记得一天晚上刮大风，把大屋顶都刮去了一半，我们几个人只好露天宿营。看着这间可怜的"秃子顶"的大屋，越发感觉到它曾经给了我们那么多的温暖和快活。[44]

尽管条件艰苦，但学校对学生从不缺乏关怀与照顾，使这一段"学工岁月"成为苦中有甜、暖中有爱的集体记忆。在船厂学工时，每逢周六，学校会安排学生到新建厂的码头，摆渡到浦西，乘车回家见父母，以叙天伦之乐。沈健生还回忆，学生每逢周六上船回家时，"老师站在甲板的两排，搀扶着我们，防止我们掉到码头和渡船中的空隙。几年后，我才知道，再好的游泳健将要是掉进这个空隙，都无法逃生。老师对我们的细心照顾，由此一斑可见"[45]。

学农方面，有相对固定的时间，但没有固定的地点。每逢农忙，学校都组织高中段学生参加为期半个月的郊区农业劳动。在马桥人民公社务农，赴吴泾化工厂做工，半夜上街帮菜农推菜车，等等，都是当时学生的课外必修课。如1964年，学校组织中四年级学生下乡，到马桥人民公社参加10天的"三秋"的劳动。同学们积极参加，尽管他们缺乏生活经验和独立工作能力，但在劳动实践中却善于向老乡学习取经，不怕苦累，绝无骄娇二气。班干部更是在住房清扫、伙食安排方面发挥了主动作用，使整个下乡生活艰苦朴素又充满乐趣，在当地农民中留下非常好的印象。校友何中亮对此有比较详细的回忆：

记得中四年级去马桥公社，我是先遣队成员之一，从市区骑自行车去所在的生产小队，为同学们落实住房，打扫房间，铺地铺。一路上真辛苦，腿都磨破了，但却十分的兴奋。我和鲍树明、陈怀谷、陈华山同班四个"小广东"，负责炊事班的工作。每天到集市买大米和油盐酱醋之类。每人一天好像只有3分钱的伙食费，我们买不起菜，只好买萝卜干，给同学们下饭，还常常利用中午大家休息的时间，到田边、小溪摸蛤蜊煮汤，改善生活。

多，可因为是新米饭香极了，每人至少吃一斤米！看到同学们吃得那么香那么多，我们四个"小广东"非常得意。[46]

1965年下学期临近毕业前，学校还组织中五年级学生去吴泾化工厂，参加为期一周的建厂基建劳动。铲土、挖沟、搬运水泥、砖头、石块，打扫卫生等，什么都干，劳动热情高，组织纪律性强。[47]据校友俞新天回忆，当时在拉板车运送废料的过程中，"同学们争先恐后，不怕艰苦。身材矮小的钟元元同学一口气拉了五车，令我惊叹不已"[48]。通过共同劳动，同学们还与农民朋友结下了深厚的友情。每逢过年前，中五年级20多个同学借来十几辆自行车，分为两批，骑了30多千米路，与农民朋友欢欢喜喜地共贺新年（图3-23）。

图3-23 学生下乡学农场景（20世纪六七十年代）

图3-24 1965年12月份五十一中学教工学生搭伙粮油饭费分户账（附搭伙登记表）

我们和老乡的孩子们混得很熟，他们偶尔会把抓到的田鸡、黄鳝送给我们，每当这个时候大家就像过节，改善生活喽！当时上海农村很缺燃料，干稻草都要扎成把，做饭烧水时还要数着用。我们学了很久，才会用不多的"稻草把"煮好一大锅饭。同学们每天放工回来天已经黑了，大家就围坐在老乡的小院方桌旁，点上煤油灯吃晚饭，菜虽不

作为那个年代的集体记忆，学工学农活动固然偏离了德、智、体全面发展的社会主义教育方针之正轨，带有"左"的干扰，但就人生历练而言，不少校友多年后却感恩多于埋怨，并将之视为宝贵的精神财富。如1965届五年制校友、同为著名国际问题研究专家的潘光与俞新天对此感触尤深。潘光认为，"（学工学农）使我们看到了课堂外的广阔天地，了解了工人农民的酸甜苦辣，知道了我们享用的一切是来得多么不易，学会了吃苦耐劳，培养起一种拼搏奋斗的精神。'文化大革命'中急风暴雨的冲击，在东北山沟里当农村教师时遇到的种种困难，成为研究生后的艰苦攻读，都凭着这种精神挺了过来"[49]。俞新天也说："可能在当时的教育中也多少受到政治环境的影响，而追求理想的青年人有时对人对己也未免幼稚和苛求。但是，母校教育我们的精髓：

'热爱祖国''服务人民''刻苦奋进''严于律己'，等等，照耀了我的人生。不管遇到多大的艰难困苦，不管经受什么样的风浪挑战，也不论面对多少外界诱惑，我们都有底气处理，这是母校为我们打下的基础。"[50]（图3-24）

第三节 "文化大革命"十年

教育领域在"文化大革命"中是首当其冲的部门之一，也是"重灾区"。上海教育系统的大多数学校和教职员工卷入了运动，五十一中学党政组织瘫痪，20年来积累起来的办学成果毁于一旦，优良的文化传统受到批判，领导干部和教师遭到残酷的批判斗争，学生德智体全面受到了严重破坏。

当时，五十一中学学生已经明显感受到媒体舆论的革命调门已经提得很高，社会上革命造反的氛围越来越浓。但据1966届中三（2）班学生李小青回忆，校园里仍一度平静如常，结果他所在的中三（2）班不甘寂寞，率先起来充当冲锋陷阵的造反排头兵。这个班级原本在全年级8个班级中，并无显山露水之处。但此时却突然成为"风云班级"。班上的同学拧成一股绳，思想一致，做出了几个在校内堪称"第一"的举动：张贴了第一张揭发中三（2）班班主任"罪行"的大字报；第一次全班人马把教师围困在封闭的教室里批斗；第一次写大字报炮轰本校党支部，而且是连篇累牍，写了三批才告罢休。[51]

当时，在校内绝大多数同学尚未被"革命激情"鼓动起来的情况下，中三（2）班这只"出头鸟"自然成为众矢之的。李小青回忆道："不少班级的同学来找我们辩论，大家众口一词，以气势压倒他们。大操场上举行辩论会，听到不利于我班的言论，有同学就奋勇冲上台去，抢过话筒发出我班的声音。那时，'革命无罪，造反有理''真理往往在少数人手里'这些观念在我们的血液中沸腾，真让我们处于一种癫狂的状态。当时中五高年级的有些同学指责我们是患了'左派幼稚病'，我们大为恼火，和他们激辩，自认老子是真正的革命派。"[52]

不久，全校几乎所有的同学都投入批判"资产阶级教育路线"的运动中去，纷纷贴出大字报揭发学校一切有问题的人与事。据校友李小平回忆，当时以中三（6）班名义贴出的系列大字报"斩断资产阶级教育路线的魔爪"，颇有点影响。[53]这其中还特别揭露了本校男女排球队"吃小灶"的事件。当时，徐汇区少体校排球班就设在五十一中学，学校男女排球队员都属于少体校的业余运动员。国家规定少年运动员可以享受一定的营养补贴。当时在校搭伙的同学很多，有些是带饭在食堂蒸，有些是买食堂的饭菜，排球队员则是直接进厨房领一份营养菜，也就是所谓的"吃小灶"。在国家遭受三年自然灾害时期，校园内就对排球运动员享受这种特殊待遇议论纷纷："为什么排球队吃得比我们好？""排球队为什么那么特殊呢？"终于当"文化大革命"风暴来临时，排球队成了首当其冲被批判的对象，数不清的大字报铺天盖地朝排球队压来，大有砸烂排球队的架势，仅仅一夜间，这些曾经被人羡慕崇拜的球星就成了人人喊打的"过街老鼠"（图3-25）。[54]

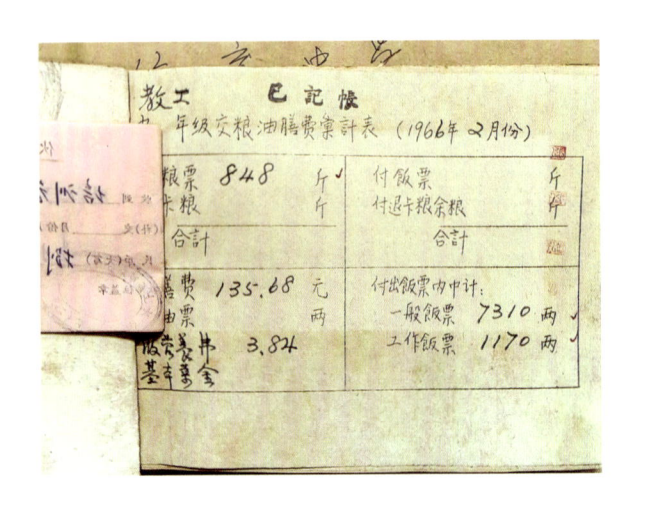

图3-25 教工交粮油膳费汇计表（1966年2月）

6月13日，高考取消的消息传来后，当时在校的五届学生（1966、1967、1968届初中，1966、1967届高中）只得滞留，无比失落。1966届初中毕业的蒋振宇曾回忆说："'文化大革命'废除了高考，使我们失去了直接进入大学学习的机会。18岁中学毕业，正是我们青春的黄金时代，那时候我们记忆力最好。当时这些五十一中学毕业的佼佼者，可惜有许多人失去了发挥他们才能的机会。"[55]（图3-26、图3-27）

不久，滞留在校的学生开始踢开党委"闹革命"，共青团、少先队停止工作活动，红卫兵组织如雨后春笋，开始在学校里到处可见。他们上街大破"四旧"，"横扫一切牛鬼蛇神"，行动涉及各机关、工厂、街道里弄和家庭。抄家、游斗的浪潮也开始泛滥。7月，五十一中学生开始到外地串联，点燃所谓"文化大革命"之火。1966届中三学生矫桂瑾曾回忆："1966年的盛夏，我和我们中三（8）班的一些男同学走上了大串联的征途。一到南京浦口，就听到北京红卫兵在浦口火车站检查登火车的学生，要大家自报成分。那个时候，'老子英雄儿好汉，老子反动儿混蛋'刚刚开始，戴着宽宽红卫兵袖章的北京红卫兵把守着上火车的通道，给人一种戒备森严的感觉。"[56]

由于当时学校教育基本处于瘫痪状态，学生大量涌向社会，影响了人们正常的生产、生活，引起群众不满。为了稳定局势，1967年2月19日，中央发出《关于中学无产阶级文化大革命的意见（供讨论和试行用）》，规定自3月1日起，中学师生一律返校，一边上课，一边"闹革命"。上海市动员中等学校的造反派立即停止串联，一律回校，紧急行动起来，"复课闹革命"。"复课闹革命"的关键在于狠抓"斗私批修"。

"斗私批修"号召提出后，五十一中学革命委员会闻风而动，坚决贯彻执行。1967年10月初，学校举办了毛泽东思想学习班，参加学习的成员有学校革委会、红代会、革教会的委员和各班级红卫兵小队的负责人。[57]学习班组织师生认真学习"老三篇"：一学《为人民服务》《纪念白求恩》，激励师生革命责任感，树立完全、彻底、一心一意为革命的思想；二学《愚公移山》，克服对教育革命畏难、等待等思想，树立雄心壮志；三学《反对自由主义》，进行"三查"（查思想、工作和学习），克服无政府主义和"逍遥"思想。[58]学习班还采取会内和会外相结合的方法，推动各班级巩固大联合。很多班级红卫兵组织的负责人，一面参加学校学习班，一面回班级组织学习班，随时把学习班里"斗私批修"的精神带回班级。如当时的中四（4）班本来已经实现了大联合，但是两派之间经常为人选问题发生争吵。通过参加学习班，两派负责人消除了思想疙瘩，各自做自我批评，使同学之间也消除了隔阂。[59]

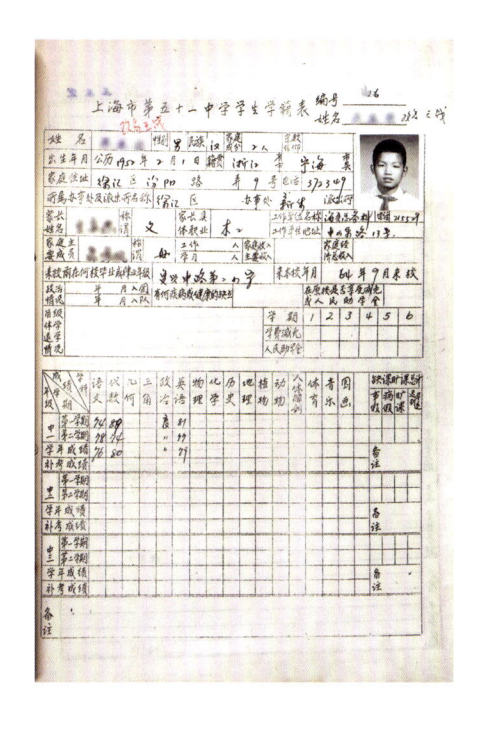

图3-26　上海市第五十一中学1967届学生学籍表（摘选）

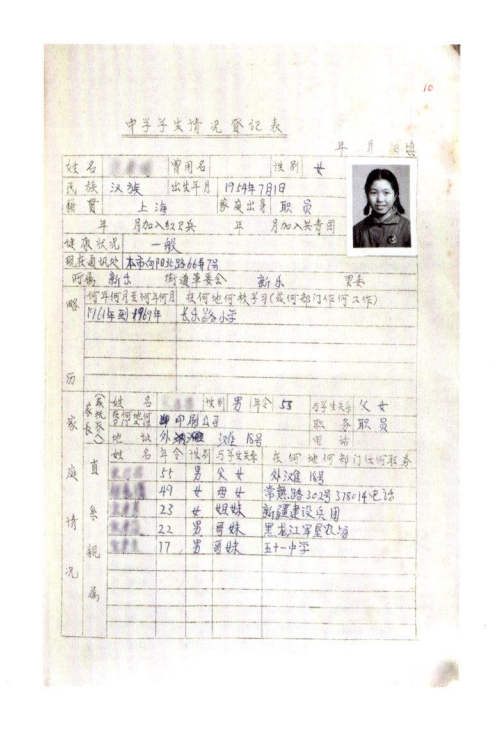

图3-27　上海市第五十一中学1972届学生情况登记表（摘选）

从1968年开始，在校的五届学生全部毕业离校，大部分上山下乡，少部分学生进入工矿企业工作和到技校、职校读书，还有极少学生流浪于社会之上。逐步清空学校以后，中学开始按里委（即社会居民委员会）对口招生。五十一中学先后对口的里委有陕新、新乐、兴业、张家弄、钱塘、复南、嘉善、淮海等8个里委，将两年积累的学生分两批全部招进中学，统称六九届、七〇届。[60]学制四年，其实只待了3年就毕业了，全部上山下乡。之后，学校以缩减学习年限的办法，逐步清理了因为停招积累的学生，逐渐理顺了关系，表面上恢复了学习，实则"复课闹革命"，但学习质量极差，学生素质培养受到严重影响（图3-28）。

从1966到1968年，五十一中原有的党政领导系统因受到冲击而瘫痪，形成无政府状态，这对学校是一个极大的威胁。为了控制局面，区里派出工宣队、军宣队进驻学校，以维持和控制学校的无序状态。1968年，五十一中建立了所谓"三结合"的校革命委员会，作为学校的领导机构，由原徐汇区委办公室主任张华担任校革委会主任。[61]徐汇区革委会要求学校革委会紧跟掌握斗争大方向，搞好革命大批判和本单位"斗批改"；巩固和发展革命的大联合和革命的"三结合"，紧紧依靠无产阶级革命派和广大革命群众掌好权、用好权，在"无产阶级文化大革命"中立新功。[62]

为维持和稳定学校秩序，中央还决定派临时工作队进驻学校。由于大量干部被打倒，知识分子又不被信任，只能派工人前往。这支工人的队伍被称为"工人毛泽东思想宣传队"，简称为"工宣队"。1968年9月初，上海市组织了几万名产业工人陆续进驻上海市1700多所中小学、中等专业技术学校和幼儿园。五十一中学也进驻了工宣队。军宣队由一位乔姓连长带队，工宣队由颛桥七一拖拉机厂派出，何川才、张国栋任队长，学校的实际权力掌握在工宣队的手上。[63]工宣队到校后，即与军宣队、师生员

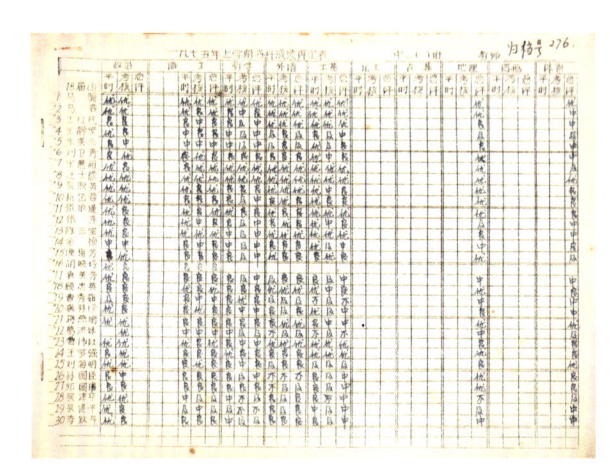

图3-28　参军学生与欢送同学合影（摄于1968年3月）　　　　图3-29　1975年上学期各科成绩评定表

工中的"革命派"实现所谓的"三结合"，取得学校领导权，开展"斗、批、改"。

这一时期，除了用继续革命的学说武装红卫兵外，工宣队、军宣队和校革委会还通过整顿图书馆图书，对全体师生进行"看革命书，做革命人"的教育，提高他们的政治觉悟。据1969年12月14日《文汇报》报道，工宣队进驻五十一中学后，认为该校图书馆过去曾将被视作"毒草""坏书"的小说大量出借给青少年，使他们沾染了流氓阿飞的习气，甚至走上了犯罪的道路。他们认为，一定要用毛泽东思想占领青少年的课外阅读阵地，要把旧的图书馆改造过来，为培养无产阶级革命事业的接班人服务（图3-29）。[64]

为此，工宣队开始发动和依靠群众审查图书，共同讨论，做出决定。审查图书的过程，其实本身也是大学习、大批判的过程。参加审查清理图书的同志认真学习了毛主席《在延安文艺座谈会上的讲话》，批判了修正主义文艺思想，在实践中提高了识别"香草""毒草"的能力，把适合青少年学习的书挑了出来。对于一些总的来说属好的或比较好的，但在极个别地方存在问题的书籍经过处理后再出借。还有一些书总的来说属较好的，但其中某些地方需加以批判的，则在书的前面附上一份类似"阅读指导"之类的文章，引导学生吸取书中好的一面，批判不符合毛泽东思想的方面。[65]

图书馆开放后，工宣队、军宣队和校革委会还结合每一阶段的中心工作，向学生介绍好书，发动群众开展对"毒草"书籍的大批判。如结合战备教育，向革命师生推荐《一不怕苦，二不怕死的革命精神永放光芒》一书，引导大家学习英雄人物，搞好思想革命化。结合到农村去接受贫下中农再教育，批判歪曲贫下中农形象、歌颂中间人物的坏书，提高学生阶级觉悟和"两条路线"斗争觉悟。[66]

自"文化大革命"开始，由于大学不招生，工厂不招工，商业和其他服务业处于停滞状态，整个社会缺乏容纳岗位，当时全国近1000万名初高中毕业生无法分配。1968年12月，毛泽东发出"知识青年到农村去，接受贫下中农再教育"的指示。为响应这一战斗指示，1970年2月，五十一中学红卫兵团1969

届毕业班的7个委员率先向工宣队表示了自己毕业后坚定地走上山下乡、插队落户道路的决心。他们经常说："我们是头头，必须高标准要求自己，在上山下乡运动中立新功。"[67] 除了自己以身作则，率先垂范外，红卫兵头头们还广泛宣传、发动、团结更多的同学走插队落户的道路。如红卫兵团委员施虎春放弃春节期间的休息，主动到同学家里进行串联，开展谈心活动，耐心宣传插队落户的广阔前途。[68] 在她的积极带头与主动宣传下，有不少同学决心到农村去插队落户干革命，成立了"乾坤赤""全球红"战斗队，上山下乡的形势一片大好。在上山下乡、插队落户的大潮中，五十一中学学生曾出现了许多动人的事例，但也经历了无限风险。

1972—1973年，周恩来提出"落实政策"，恢复了以前的一些合理做法。从1972年7月起，《人民日报》连续报道各地整顿学校秩序、落实知识分子政策、教师陆续回到教学岗位的消息。《光明日报》也发表相应文章，要求坚持对教师"大胆使用，并在使用中加强教育与改造"[69]。据此，五十一中学恢复性地建立健全部分规章制度，重新调动师生教与学的积极性。如1972年1月13日，教师在党支部带领下，和广大学生一起狠批"教师倒霉论""读书无用论"，树立为革命而教的思想（图3-30、图3-31）。[70]

1976年10月6日，中共中央粉碎了江青反革命集团。喜讯传来，五十一中学全校师生欢欣鼓舞，人心大快，召开了庆祝大会。"四人帮"粉碎后不久，中共中央宣布"文化大革命"结束（图3-32）。

"文化大革命"十年，对五十一中学造成的损害是严重的，但这并不意味这十年教育是空白的。这一阶段，由于学校优良办学传统的惯性力量还在发挥作用，加之一些学生受到良好家庭教育的熏陶，仍有不少人通过自身的努力抵制"左"的错误，将"停课闹革命"与废除高考对自身的伤害降到最低，也使学校这特殊十年的教育免堕彻底消亡的灾难。

图3-30 五十一中女生骑自行车走出校门（摄于20世纪六七十年代）

图3-31 上海市第五十一中学最佳广播操运动员合影留念（摄于20世纪六七十年代）

图3-32　学生在图书馆看书，在粉碎"四人帮"后

图3-33　《热心科技的"校外辅导员"》报道第五十一中学师生试制成功一套无线电遥控设备（选自《文汇报》1977年11月30日，第2版）

图3-34　上海市第五十一中学师生合影

1977年，国家恢复高考制度。1978年12月，党的十一届三中全会召开，做出了实行改革开放的新决策。上海市第五十一中学进行拨乱反正，逐步清理和清除"左"的错误影响，学校发展进入了一个新的时期（图3-33、图3-34）。

注释

[1] 戴伯韬:《怎样研究和贯彻新教育政策》,《新教育》1950年(创刊号)。

[2] 张永龄、张楚龄:《位育中学六年一贯制第一届毕业生级史》,收入《位育中学六年一贯制第一届毕业纪念刊》,1951年刊印,上海市位育中学档案室藏。

[3] 李楚材:《为建设中华人民共和国而努力》,收入《位育中学六年一贯制第一届毕业纪念刊》,1951年刊印,上海市位育初级中学档案室藏。

[4] 张永龄、张楚龄:《位育中学六年一贯制第一届毕业生级史》,收入《位育中学六年一贯制第一届毕业纪念刊》,1951年刊印,上海市位育初级中学档案室藏。

[5] 《五十一中学跨上了社会主义的骏马》,《文汇报》1958年3月17日,第3版。

[6] 《位育中学一九五〇年下学期工作总结》(1951年8月),收入《上海市教育局关于位育、沪新、励志中学情况》,1949年,上海市档案馆藏,档案号:B105-5-64。

[7] 《位育中学一九五〇年下学期工作总结》(1951年8月),收入《上海市教育局关于位育、沪新、励志中学情况》1949年,上海市档案馆藏,档案号:B105-5-64。

[8] 《位育中小学全体教师在五反运动中斗志昂扬》,《文汇报》1952年3月31日,第3版。

[9] 《位育中小学全体教师在五反运动中斗志昂扬》,《文汇报》1952年3月31日,第3版。

[10] 梁敬生:《1958年教育大革命的历史回顾》,收入王杰主编:《学府史论》,天津大学出版社1999年版,第131页。

[11] 《要求教师大胆提意见》,《文汇报》1957年5月10日。

[12] 施用海:《不意闯入外贸之门》,收入施用海、李向阳编:《百位经济学家论国富》,福建人民出版社2001年版,第77页。

[13] 严祖祐:《怀念李楚材校长》,《新民晚报》1998年11月24日,第20版。

[14] 《毛泽东论教育革命》(内部发行),人民出版社1967年版,第11页。

[15] 《五十一中学跨上了社会主义的骏马》,《文汇报》1958年3月17日,第3版。

[16] 《五十一中学跨上了社会主义的骏马》,《文汇报》1958年3月17日,第3版。

[17] 《五十一中学跨上了社会主义的骏马》,《文汇报》1958年3月17日,第3版。

[18] 蒋振宇:《岁月如歌——难忘的中学生活》,收入位育中学校友会编:《位育中学校史简编》,上海市作家协会·华语文学网,2017年刊印,第288页。

[19] 黄承海:《难忘的岁月——对五年制试点班工作的点滴回忆》,收入位育中学校友会编:《位育中学校史简编》,上海市作家协会·华语文学网,2017年刊印,第228页。

[20] 《五十一中学跨上了社会主义的骏马》,《文汇报》1958年3月17日,第3版。

[21] 《五十一中学跨上了社会主义的骏马》,《文汇报》1958年3月17日,第3版。

[22] 李楚材:《一场深刻的思想革命》,《文汇报》1960年5月14日,第3版。

[23] 李楚材:《一场深刻的思想革命》,《文汇报》1960年5月14日,第3版。

[24] 《科技活动结合教学与劳动,五十一中学以教学为中心深入持久开展科技活动》,《文汇报》1960年7月4日,第2版。

[25] 《科技活动结合教学与劳动，五十一中学以教学为中心深入持久开展科技活动》，《文汇报》1960年7月4日，第2版。

[26] 《科技活动结合教学与劳动，五十一中学以教学为中心深入持久开展科技活动》，《文汇报》1960年7月4日，第2版。

[27] 《科技活动结合教学与劳动，五十一中学以教学为中心深入持久开展科技活动》，《文汇报》1960年7月4日，第2版。

[28] 《科技活动结合教学与劳动，五十一中学以教学为中心深入持久开展科技活动》，《文汇报》1960年7月4日，第2版。

[29] 《科技活动结合教学与劳动，五十一中学以教学为中心深入持久开展科技活动》，《文汇报》1960年7月4日，第2版。

[30] 《科技活动结合教学与劳动，五十一中学以教学为中心深入持久开展科技活动》，《文汇报》1960年7月4日，第2版。

[31] 位育中学校友会编：《位育中学校史简编》，上海市作家协会·华语文学网，2017年刊印，第22页。

[32] 严祖祐：《怀念李楚材校长》，《新民晚报》1998年11月24日，第20版。

[33] 《五十一中学重视调查研究，总结经验》，《文汇报》1961年1月30日，第1版。

[34] 《五十一中学重视调查研究，总结经验》，《文汇报》1961年1月30日，第1版。

[35] 《五十一中学重视调查研究，总结经验》，《文汇报》1961年1月30日，第1版。

[36] 《五十一中学重视调查研究，总结经验》，《文汇报》1961年1月30日，第1版。

[37] 黄承海：《少开会以后》，《文汇报》1965年11月20日，第2版。

[38] 《五十一中学深入开展形势教育》，《文汇报》1961年3月9日，第2版。

[39] 王宗炎：《难忘的中学生活》，收入位育中学校友会编：《位育中学校史简编》，上海市作家协会·华语文学网，2017年刊印，第237页。

[40] 严祖祐：《怀念李楚材校长》，《新民晚报》1998年11月24日，第20版。

[41] 沈健生：《在新建船厂的第一夜》，收入位育中学校友会编：《位育中学校史简编》，上海市作家协会·华语文学网，2017年刊印，第217—218页。

[42] 张文坚：《新建船厂记忆拾零》，收入位育中学校友会编：《位育中学校史简编》，上海市作家协会·华语文学网，2017年刊印，第215页。

[43] 陈祖德：《超越自我：我的黑白世界》，鹭江出版社2017年版，第3页。

[44] 陈祖德：《超越自我：我的黑白世界》，鹭江出版社2017年版，第2—3页。

[45] 沈健生：《在新建船厂的第一夜》，收入位育中学校友会编：《位育中学校史简编》，上海市作家协会·华语文学网，2017年刊印，第217页。

[46] 何中亮：《毕业四十年随想》，收入位育中学校友会编：《位育中学校史简编》，上海市作家协会·华语文学网，2017年刊印，第282页。

[47] 黄承海：《难忘的岁月——对五年制试点班工作的点滴回忆》，收入位育中学校友会编：《位育中学校史简编》，上海市作家协会·华语文学网，2017年刊印，第228页。

[48] 俞新天：《母校馈赠伴我终身》，收入位育中学校友会编：《位育中学校史简编》，上海市作家协会·华语文学网，2017年刊印，第234页。

[49] 潘光：《位育精神是成功之源》，收入位育中学校友会编：《位育中学校史简编》，上海市作家协会·华语文学网，2017年刊印，第247页。

[50] 俞新天：《母校馈赠伴我终身》，收入位育中学校友会编：《位育中学校史简编》，上海市作家协会·华语文学网，2017年刊印，第234—235页。

[51] 李小青：《我们曾集体患上"左派幼稚病"——回忆校园生活的一个片段》，收入《位育中学（曾名上海市第五十一中学）66届中三毕业40周年纪念》，2009年刊印，第103页。

[52] 李小青:《我们曾集体患上"左派幼稚病"——回忆校园生活的一个片段》,收入《位育中学（曾名上海市第五十一中学）66届中三毕业40周年纪念》,2009年刊印,第103页。

[53] 李小平:《永远的"中三（6）班"》,收入《位育中学（曾名上海市第五十一中学）66届中三毕业40周年纪念》,2009年刊印,第134页。

[54] 姚方方:《难忘的五十一中学排球队》,收入位育中学校友会编:《位育中学校史简编》,上海市作家协会·华语文学网,2017年刊印,第313页。

[55] 蒋振宇:《岁月如歌——难忘的中学生活》,收入位育中学校友会编:《位育中学校史简编》,上海市作家协会·华语文学网,2017年刊印,第287页。

[56] 矫桂瑾:《忘却的记忆》,收入《位育中学（曾名上海市第五十一中学）66届中三毕业40周年纪念》,2009年刊印,第156页。

[57] 《五十一中学举办毛泽东思想学习班扫除思想障碍》,《文汇报》1967年10月19日,第3版。

[58] 上海革命教育出版社编:《教育要革命》,上海革命教育出版社,1967年印行,第19页。

[59] 《五十一中学举办毛泽东思想学习班扫除思想障碍》,《文汇报》1967年10月19日,第3版。

[60] 位育中学校友会编:《位育中学校史简编》,上海市作家协会·华语文学网,2017年刊印,第30页。

[61] 位育中学校友会编:《位育中学校史简编》,上海市作家协会·华语文学网,2017年刊印,第30页。

[62] 参见陆军、马学强主编,马学强等著:《务实本正:从务本女塾到上海市第二中学（1902—2022）》,商务印书馆2022年版,第224页。

[63] 位育中学校友会编:《位育中学校史简编》,上海市作家协会·华语文学网,2017年刊印,第30—31页。

[64] 《上海市五十一中学配合中心工作介绍好书,批判坏书,提高学生的政治觉悟》,《文汇报》1969年12月14日,第2版。

[65] 《上海市五十一中学配合中心工作介绍好书,批判坏书,提高学生的政治觉悟》,《文汇报》1969年12月14日,第2版。

[66] 《上海市五十一中学配合中心工作介绍好书,批判坏书,提高学生的政治觉悟》,《文汇报》1969年12月14日,第2版。

[67] 《五十一中学六九届毕业生在头头带动下积极作好上山下乡准备》,《文汇报》1970年2月28日,第2版。

[68] 《五十一中学六九届毕业生在头头带动下积极作好上山下乡准备》,《文汇报》1970年2月28日,第2版。

[69] 《狠抓路线教育,坚持对教师边使用边改造》,《光明日报》1972年3月22日,第1版。

[70] 《上海五十一中教师在党支部带领下……》,《文汇报》1972年1月13日,第3版。

第四章 重振之路

重振之路

图4-1　学校1989年前的南楼（三层）

　　进入改革开放的新时代，上海市第五十一中学迅速从过往的阴霾中走出来。在新的校领导带领下，开始拨乱反正，落实知识分子政策，充分调动广大教职员工的积极性，逐渐恢复正常教学秩序。"粉碎'四人帮'后，学校党支部首先落实了知识分子政策，调动了广大教师的积极性，接着回顾总结过去的优良传统，拨乱反正，明辨是非，学校工作基本上恢复到'文化大革命'前的水平。"[1]学校通过多种途径，利用各种方法，努力营造稳定、安宁的校园环境，调动教师的工作积极性，鼓励学生自主学习，培养读书兴趣，开展丰富多彩的校园生活，教学质量稳步上升。全校师生员工振奋精神，同心同德，以崭新的姿态迎接改革开放的时代。

　　在改革开放之初，由于各种原因，第五十一中学最终没有被列入首批办好的重点中学，但是学校并未气馁，而是将区重点中学的牌子，办出了市重点中学的质量,所以有了"南模的牌子,市二的房子,五十一的师资"的说法,学校获得的优异成绩也赢来了好口碑,各种荣誉接踵而至。1984年,老校长李楚材被上海市人民政府聘为8位名誉校长之一。在李楚材的不断呼吁下,1987年经市教育局同意,学校恢复为原校名"位育中学"(图4-1)。

这一时期,学校还提炼出"团结、严谨、求实、进取"八个字,作为学校的校风(校训),"八字"校风逐渐成为位育人共同认同的价值取向和学校文化的重要组成部分,不断推升位育中学的办学水平,校园中日益充满活力,学生们生机勃勃,培养出一大批优秀的人才。

第一节　改革初期的新气象

1978年在上级党委领导下,上海市第五十一中学撤销学校革委会的称号,恢复学校党支部和校长的管理层称号。区教育局调张啟昆、陈炜分别担任正、副校长和正、副支部书记,成为五十一中学"文化大革命"以后的新一届领导班子。这届领导班子在学校时间虽然不长,但不惧困难,面临"文化大革命"后留下的一副烂摊子,新班子不急不躁,稳步前进,在短短几年内,将学校无论从成绩还是风气都恢复到历史上较好水平。

新的领导班子刚刚上任,做的第一件大事就是坚决执行中央指示,拨乱反正,大力整治,彻底消除"文化大革命"留下的恶劣影响。学校为"文化大革命"中受到错误处理的所有教师全部平反,向"文化大革命"中受迫害的同志致歉慰问,为被迫害致死的同志补开追悼会,并对家属致以慰问。随后,又按照中共中央的部署,对反右中错划的"右派",全部改正,恢复原职,发还工资,发还抄家财物。对加在教师头上的一切不实之词,全部予以撤销,平反一切冤假错案。从此,强加在教师身上的政治枷锁全部打开,彻底清除了压制在教师身心上的束缚,多年受压抑的教师们感到政治上的第二次解放,广大教职员工的工作热情极大地调动了起来,为学校教学秩序的恢复奠定了基础。[2]

张啟昆校长、陈炜副校长在整顿学校教学秩序取得初步成效以后,就适时提出办学目标:要把五十一中学的办学质量恢复到历史的最好水平。在这一目标的鼓励下,全校师生紧密团结,勤奋工作,大家都努

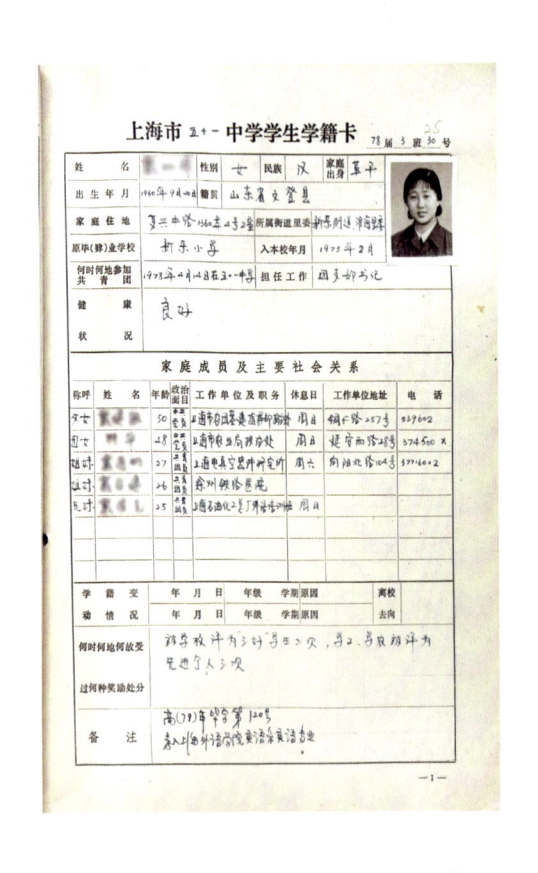

图4-2　五十一中学学籍卡选摘

图4-3 举行1979届高中毕业典礼

力为早日实现这一目标而不断努力。1977年全国恢复高考制度。赵家镐等老师清醒地意识到高考恢复，对应届学生是一种机遇，抓住机遇或许可以改变学生的一生。[3]于是向学校提议，把这一届学生重新按学习成绩编班。学校对这一意见十分重视，迅速布置实施，首先从1974年入学的学生中，挑选了100名左右的学生编成2个班级，强化训练，冲击1978年的高考，剩下的学生也依成绩编班，挑战中专、职校、技校等各自的目标（图4-2）。[4]

据赵家镐老师回忆，这些学生是在"文化大革命"时期进学校的，学习基础比较差，受"读书无用论"的影响比较深。当时，离高考只有一年多一点的时间，而这些同学实际上只有初中毕业水平，要在一年多一点时间达到高中毕业水平是相当困难的。但考虑到当时国家急需人才，五十一中学对同学进行了形势教育，鼓励他们为祖国勇于攀登，鼓励他们为革命勤奋学习，肃清"读书无用论"的流毒，调动他们的学习积极性。经过教育，同学们的积极性调动起来了，学习热情十分高涨。在整整一年多时间里，他们争分夺秒，勤奋学习。暑假里，他们冒着酷热天气，补了3个星期的课，寒假只休息了4天。大年初四，大家就冒着大雪赶到学校上课，同学们就是要把耽误的时间补回来，争取以比较坚实的基础去参加高考。一个女同学发烧达39℃也不肯离开教室，一个男同学脚骨折了，上了石膏不能行走，他硬是每天由同学和家里人用自行车轮流接送，没有脱下一天功课。[5]就是靠了这一点精神，经过一年多的努力，这些入学时只有小学水平的学生有了很大进步，不仅补上了高中课程，而且成绩优异。在1978年高考时，有70多位学生考取大学，其中两个强化班近100名学生升学率达到70%，高考成绩创全区各中学的最好水平。1977年起，学校有了4个招生制度恢复以后，以成绩录取的理科班，学制二年。学校以抓好4个理科班的学习质量为突破口，狠抓全校的教学质量，学校教学氛围有了极大的改善，到1979

届参加高考，成绩优异，4个班级的升学率超过90%，这在当时全国升学率只有4%的情况下，几近奇迹。1979年，五十一中学正式开设高中理科班、文科班。理科班开设政治、语文、数学、物理、化学、外语、体育7门课程。文科班开设政治、语文、数学、外语、历史、地理、体育7门课程。以后1980、1981届理科班的成绩，均为全区最好。[6]这一时期，五十一中学高考数学平均成绩在全区重点中学中一直领先。1980年，交通大学将上海20多所重点中学录取在该校的学生进行调查分析，其中以五十一中学毕业生数学成绩为最高（图4-3）。[7]

随着"文化大革命"中对口入学的学生逐步毕业离校，此后学校全是通过招生考试优选的学生，生源状况有了显著改善，再加上优良校风的逐渐恢复，教师认真教学，学生认真学习，五十一中学的教学质量迅速提高。虽然仍是区重点中学的帽子，但其办学水平和社会声誉均是一流的。就高考升学率这一指标，早已超过"文化大革命"前学校的最高水平。"文化大革命"留下的创伤，已经得到治愈，学校沿着正确的轨道不断前进。

1978年1月，经国务院批准，教育部颁发《关于办好一批重点中小学试行方案》。上海市教育局根据国务院批准教育部关于办好一批重点中小学试行方案的通知，确定了上海的一批重点中小学，徐汇区的南洋模范中学、上海市第二中学名列其中。1980年8月4日，教育部在哈尔滨召开了全国重点中学工作会议，讨论修改了《关于分期分批办好重点中学的决定》，同年10月，经国务院批准，教育部颁发了这个《决定》。《决定》进一步肯定了重点中学的积极作用，认为重点中学有助于更快更好地培养人才，能够起到示范作用，能够进一步推动社会主义现代化建设。1981年10月31日，徐汇区申报了第一批办好的重点中学名单，上海中学、南洋模范中学、五十一中学、上海市第二中学名列其中，但是在1982年3月4日，上海市教育局沪教普（82）第17号文公布的名单中，五十一中学落选了。两个月后，沪教普（82）第37号文公布的上报教育部普教司的非首批办好的全市重点中学五十所名单中，五十一中学名列其中，并且是徐汇区的唯一一所。[8]五十一中学虽然再次与上海市重点中学的名单擦肩而过，但能进入徐汇区上报第一批办好的重点中学名单，最终列名于非首批办好的全市重点中学五十所的名单，都证明了五十一中学当时已经具备了市重点中学的水平。师生们虽然心有不甘，但是失败也激励着他们，发誓要用区重点中学的牌子，办出市重点中学的质量。事实也证明了，他们的努力并没有白费。

1980届（4）班的学生后来回忆，虽然当时五十一中学只是区属重点中学，但很多同学的考分远远高于市属重点学校的录取线，可他们依然选择了五十一中学。原因其实很简单，当时流传着"南模的牌子，市二的房子，五十一的师资"，这些学生的家长更看重老师的教育水准。当时学校收了5个班级，1981届（4）班由原来初中就在五十一中学的老同学和通过考试录取的新同学组成。学校对这些学生可以说是格外重视，任课老师精英尽出。顾秋惠、金荣熙老师教数学，潘益善老师教物理，王蔚老师教化学，陈文钵老师教语文……老师们认真教，同学们刻苦学。学习成绩好的同学在（4）班实在是太多太多了，有数学天才的张伟平，各科都很优秀的方严，还有当时轰动上海、连跳三级的叶丹昭也在这个班里。1980年上海市数学竞赛，全校有4个同学进入了复赛，全是（4）班的同学。当时大学的录取比例和今天

图4-4　学校20年教龄部分老教师合影留念（约摄于1980年）

图4-5　《特级教师赵宪初祖孙三代有九个"园丁"》（选自《人民日报》1985年9月9日，第3版）

> 党和人民授予我"优秀人民教师"的光荣称号，我感到十分不安，也感到非常振奋。我又一次深深感受到：做一个人民教师是无尚光荣的。
>
> 我出身在一个教师的家庭。父亲在教师岗位上已经工作了整整五十年。在党的培养下，我们一家又有五个人先后大学毕业后当了人民教师。这些年来，我们看着学生们一批批展翅高飞，更懂得了教师工作的深远意义，越来越热爱教育事业。
>
> 学生们身上蕴藏着极大的革命热情，我们教师就是要用自己的心血去点燃他们智慧的火花。我是教数学的，不能只满足于学生的数学成绩好，更重要的是帮助学生做一个对祖国有用的人。我想，每个教师所教的学科可以各不相同，但关心学生的全面发展、健康成长应该是全体教师的共同任务。由于历史和社会的一些原因，当前青少年中还存在着不少思想问题和认识问题。我感到自己有责任去帮助他们。因此，虽然近年来由于教研工作的需要，我不再担任班主任工作，但还是坚持做好学生的思想工作，关心他们的全面发展。
>
> 我在工作中首先注重"身教"的作用。上课时，用严谨、认真的教风教育学生勤奋学习；下课后，和同学们在一起，开展活动，参加劳动，用平易、朴实的态度感染学生，使学生从教师的一言一行中明白怎样做是对的，怎样做是不对的。我感到思想工作一定要做在点子上，要针对学生的思想实际，力戒盲目空洞的说教。
>
> 去年，我班有一个团干部，高考成绩不错，发榜后被录取在师院数学系，她很不高兴。我了解她主要是觉得自己不善于讲话，不适宜做教师；也受当时社会舆论的一些影响，不想做教师。我就找她谈心，用自己成长的过程和我一家六人乐于做教师的情况来启发她认识教师工作的意义，并鼓励她说：你学习勤奋、作风踏实正是做教师工作的有利条件；当个人志愿和国家需要发生矛盾时，作为一个青年首先应该想到国家的利益，服从组织的分配。我说：你们总希望有一个好的老师教你们的班主任，教你们的课，但自己却又不愿意做老师，这不是很矛盾吗？她听了不好意思地笑了。不久，她愉快地去师院学习了。现在她已深深地爱上了教师这个职业，表示要刻苦学习，毕业后做个好教师。看着学生们健康成长，我想，只要我们有心树人，坚持不懈地关心他们的全面发展，那么我们的青年一代一定是大有希望的。我愿意永远做一个平凡的中学教师，把自己的毕生精力献给教育事业。

上海市五十一中学 赵家镐

我热爱教师工作

图4-6 赵家镐:《我热爱教师工作》（选自《文汇报》1981年9月2日，第2版）

正如1980届（4）班学生所回忆的，是五十一中学老师们的言传身教，"默默地影响着我们"，老师们给学生的不仅是基础教育的知识，"更重要的是培养我们成为一个高尚的人"。[9] "五十一的师资"之所以脍炙人口，就在于这一时期，学校培养起用了一批优秀教师，完成了位育中学师资的新老交替。五十一中学的师资队伍，经历"文化大革命"10年后，学校出现师资紧缺情况，特别是骨干教师紧缺的情况。张啟昆校长、陈炜副校长到校后，着手采取了一些办法，解决师资紧缺的问题。首先是继续做好安抚工作，清除历史留给老教师心理上的阴影，继续发挥老教师在教学中中流砥柱的作用，鼓励他们教学上发挥作用，努力带教青年教师。这些老教师虽然不是讲台上的主力军，但是传承老位育精神的榜样和带教青年教师的"母鸡"，增强了整个队伍的信心，起到了中流砥柱的作用。其次是大胆起用一批"文化大革命"前60年代进校的大学生，把他们提拔到学校的重要岗位，起到学校教育教学工作的主力军作用。此时，这批教师经过十几年的各种锻炼，已经逐渐成熟，逐渐挑起教学上的重担，承上启下，成为教师队伍的主力军。如黄承海、张礼贤、金荣熙、潘益善、徐鞠令、赵家镐等，有的担任副校长，有的担任教导主任，有的担任各年级的把关教师，再由这些同志带教更年轻的教师。再次是引进一些青年同志到中学担任教师。这时，市教育局从老三届下乡学生中抽调一批同志，到华东师大经短期培训，充实到教师队伍中来。同时还引进了不少各科教师，在老教师带教指导下，这些同志很快适应了教师工作的各种业务需求，承担了各年级、各学科的教学任务，适当弥补教师队伍不足。1982年

相比要低很多，可（4）班大多数同学都顺利地考入了大学。有很多同学考入了中国科大、复旦、交大等，但更有很多同学选择了医生、老师作为自己未来的职业，其中有10人考入了上海第一医学院、上海第二医学院、铁道医学院；有8人考入了华东师范大学和上海师范大学。推而广之，五十一中学成为当时培养专业人才的摇篮。

后，大学开始有本科毕业生，又逐年从中引进一些优秀毕业生，担任教师。[10]教师队伍紧缺问题逐步得以解决。老、中、青三代教师共同努力，逐步完成了新老教师的交替，使五十一中学朝气蓬勃，不断向前。[11]这一时期，五十一中学涌现出一批有代表的优秀教师，其中先后荣获1981、1983年两届上海市劳动模范，以及荣获1980年上海市教育战线先进工作者，荣获1981年市优秀人民教师的赵家镐老师就是其中优秀的代表（图4-4至图4-6）。

2003年获得第三世界科学院院士，2007年获得中国科学院院士的著名数学家张伟平也是1980届（4）班的学生。在这里，张伟平遇见了对他一生影响很大的几位老师：高一班主任数学老师顾秋惠、高二班主任数学老师金荣熙、高中语文老师陈文钵。在他的印象中，老师们都非常敬业，讲课认真，一丝不苟。很多老师将学生的事当成自己的事来办，关心爱护学生，让他感受到校园温馨的学习生活。张伟平的数学之所以成绩出色，他认为老师的鼓励非常重要："我喜欢学数学，自己做得不错，老师就表扬，然后自己就希望做得更好。"一次，他的数学老师金荣熙将一道上海市数学竞赛题布置为作业，张伟平用一种与别人不同的解法解了出来。金荣熙老师在批改作业时，特地在边上写了个"好"字。在当时，老师对学生的这种表扬并不多见。张伟平为此高兴了好久，此后数学课成了他最喜欢上的课，看各类数学书更是他最大的娱乐。1980年他获得上海市中学生数学竞赛第七名。优秀的教师不仅直接决定着学生某一科的学习成绩，而且还潜移默化地影响着学生的性格。高中时，语文老师陈文钵经常对学生讲鲁迅的事，推崇鲁迅的文章。后来，张伟平逛书店，特别是到了旧书店时，就专门留意鲁迅的书籍，见到一册买一册，最后硬生生凑齐了一套《鲁迅全集》。鲁迅成了张伟平最敬重的大师之一。多年后，当张伟平也成为一名教师时，他也像当年自己的老师一样关心爱护自己的学生。[12]同样受到这些优秀教师激励、投身于教育的还有1981届的滕平。曾获得上海市园丁奖、上海市优秀教育工作者称号的滕平记忆中最深刻的就是当年在五十一中学的班主任对她说的一句话："做一件事，要么不做，要做，就要把它做得最好。"毕业以后，她选择了教师这个职业，上了师范学校，然后又走上了三尺讲台，开始了教师生涯。这句话，她始终未能忘怀，正是这句话给了她信念，支撑她在教师这个工作岗位上不断追求卓越。[13]可以说，正是母校在张伟平和滕平的心里埋下了一颗种子，最终生根发芽，成长为参天大树。

第二节 "八字"校风的确立

校风建设一直是五十一中学办学的宝贵经验。张啟昆校长、陈炜副校长到任以后，认为恢复五十一中学的教育质量，关键在于学校要有好的风气，就是要清除过去对学校校风的破坏，要批判那些四处散布的读书无用论等种种谬论，力争改变无政府主义的思潮和目无尊长的情况，恢复师道尊严，提倡勤学苦练，因此如何培养优良的校风，成为摆在学校领导面前的重要任务。[14]

1980年1月，上海的《解放日报》《文汇报》一起刊登了上海师范大学第一附属中学一个中学生写的题为《一个中学生的苦闷》的稿件。这个学生谈了她个人对当前社会现象的一些看法，揭示了当前青年中比较普遍存在的一些思想认识问题，《解放日报》以《什么是生活的正确道路》为题开辟了"青年思想通信"专栏，《文汇报》以《怎样帮助她解除苦闷》为题组织了问题讨论，这场讨论引起了全国范围内的反响，同样也在五十一中学中引起了热烈的讨论。有的与"苦闷"作者观点共鸣，有的反对，有的认为作者想得太多。为了把同学们引向正确的方向，高一语文教师结合作文练习，让同学们给"苦闷"作者写信。这引起了同学们的极大兴趣，大多数同学都用自己所见所闻的事实努力去帮助作者解除苦闷。有的同学写道："在我们社会里，不可否认，还存在落后的东西，当我们看到这些就光唉声叹气吗？不，我们要努力奋斗，去改变那些落后的方面。"有的同学说："我们不能对着失去的昨天叹息、犹豫、彷徨，又虚度了黄金般的今天。我们要从现在起，努力学习，掌握建设祖国的本领，把自己培养成对四化有用的人才。"这件事给了学校党支部重要的启示，于是一个"为四化立志成才"的活动在学校里开展起来了。在学校的引导下，学生们提出了"八十年代成才，为四化从我做起，从现在做起，从点滴小事做起"的口号，并将这个口号化成为学生们的自觉行动。他们纷纷从自己的实际出发，按照德、智、体全面发展的要求，订出了为四化立志成才的规划。整个学校热气腾腾，学生精神面貌发生了显著的变化。1980年新学期开学以来，各班光荣册上记载了好人好事1200多件。同学间相互帮助，蔚然成风。有的班级的团员还和同学结了帮学对子，向德、智、体全面发展的目标携手共进（图4-7）。

高一（1）班王同学是个天文爱好者，春节期间曾随市少年天文爱好者协会组织的观测队赴云南观测日全食。她说：立志成才，首先要有雄心壮志；她要立志做一个居里夫人式的女科学工作者，献身于祖国的天文事业。她把远大的革命理想和目前的学习紧密地结合起来，平时严格要求自己，刻苦学习，发觉自己对数学的基本概念掌握得并不牢固，基础运算也欠熟练，就反复复习，直到熟练地掌握为止。高一（2）班学生汪同学立志长大当个科学家，他已经自学完了高中数学的全部内容，正在钻研高等数学。学习中碰到许多困难，但他不气馁，总是用祖国需要我们快快成长来激励自己，决心不畏艰难地向科学高峰攀登。

初中同学年龄小，教师们则从具体问题入手，引导他们立志成才。初一（4）班一些同学在考试中作弊，教师就引导他们讨论："立志成才，是成蠢才，还是成为对祖国有用的人才？"小同学纷纷说："要做对祖国有用的人才。""怎样才能成为对祖国四化有用的人才呢？"小同学抢着回答："要有过硬的本领。"通过生动活泼的讨论，同学们对学习的目的性有了正确的认识，他们说："作弊虽然可以欺骗老师，欺骗家长，但害了自己，虚假的知识是不能建设四化的。"有个学生以前学习上怕艰苦，一遇到难题，就要爸爸告诉他答案。现在他克服了这个坏习惯。最近，他在做一道比较复杂的应用题时，脑子里又闪起了"问问爸爸"的念头，但是一想到自己要立志成才，就不问了，经过自己钻研，解出了难题。

过去，一提"成才""人才"这些字眼，差生就会泄气。教师便引导他们讨论：怎样理解成才，我们能不能成才？经过学习和讨论，基础班和补课班的同学也树立了信心。他们说：四化建设需要各级各类的人才，只要我们不自暴自弃，从我做起，从现在做起，从点点滴滴的小事做起，就能成为对四化有

图4-7 《市五十一中学学生满怀壮志提出响亮口号》（选自《文汇报》1980年5月3日，第1版）

图4-8 《市五十一中的教工"五讲四美"公约》（选自《文汇报》1982年3月4日，第4版）

用的人才。补课班一位同学过去一学期旷课100余节也无所谓，最近有了紧迫感，觉得再不能像过去那样糊里糊涂地虚度光阴了。一些学习比较差的同学，都表示要迎头赶上去。他们说，正因为我们失去了昨天，今天就显得更重要、更可贵了。第五十一中学的这一活动引起了发起讨论的《文汇报》的重视，报纸评论道："这反映了我们这一代青少年应有的精神风貌。"[15]

同样，在学校教师中也认真开展了师德师风的教育。随着教师数量的解决，教师质量问题被提到议事日程上。学校师资队伍建设重点逐步转到培养骨干教师和优秀教师上面。学校领导坚持从师德教育着手，把师德建设放在队伍建设的首位，提倡精神奖励与物质奖励兼顾，但以精神奖励为主。1982年3月，五十一中学在开学初召开的教工代表大会上，通过了一份教职员工"五讲四美"公约（图4-8）。这项公约的主要内容有：一是坚持四项基本原则，热爱党、热爱社会主义祖国，忠诚于党的教育事业。二是严格要求自己，重在身教，要求学生做到的，自己首先要做到。三是待人诚恳，尊重他人，教职工之间、干群之间，互相关心，互相尊重，互相谅解。彼此有意见应及时谈心，通过正常途径解决。要分清是非，形成正确的舆论。不讲不利于团结的话，不做不利于团结的事。有关教育、教学问题上的探讨，不同见解的争论是正常的，不应当影响同志之间的团结。四是衣着整洁，仪表端庄，举止有礼。五是谈吐文雅，语言要规范化。上课、开会、广播发言要讲普通话。六是维护环境整洁，做到办公室内无纸屑、烟蒂、痰迹，开大会不抽烟，课本作业、报刊及其他用品要安放整齐。七是要管教管导，人人关心学生的思想、学习和身体健康。要像关怀爱护自己子女一样关怀爱护学生。坚持说服教育，防止简单粗暴，禁止对学生进行体罚或变相体罚。对学生教育要动之以情，晓之以理，导之以行，持之以恒。八是积极、主动、严谨、踏实地完成本职工作，反对拖拉、松垮和马虎等不良作风。九是遵守法纪，遵守学校的各项规章

图4-9　上海市第五十一中学校工会被评为"全国五讲四美为人师表先进集体"（摄于1982年，黄承海提供）

制度，讲究社会公德。十是勤俭办校，发扬新风。提倡婚事新办，退休俭办，简化一切礼仪。[16]

　　由于五十一中学在"五讲四美"活动中表现出色，1982年五十一中学工会获"全国五讲四美为人师表先进集体"称号，这不但是对当时学校工会工作的肯定，也是对学校办学成绩，特别是师资队伍建设的肯定（图4-9）。这是继学校1960年评为全国文教系统先进单位后，又一次获得国家级的奖项，对全校师生办好五十一中学是一个极大的鼓舞。正是由于学校工会获得的这一荣誉，再加上学校组织的职工读书活动也取得较好成绩，市总工会决定由五十一中学派一名代表参加北京国庆35周年的庆祝活动。经学校和市总工会商量决定要赵家镐代表学校参加该项庆祝活动。参加国庆35周年庆祝活动的上海代表团成员均是上海各界比较著名的劳模，能参加这样一次有纪念意义的的庆祝活动，也是学校的一次极大的荣誉。

　　在学校风气逐步好转的基础上，校领导又根据历史上位育中学倡导的优良校风的积淀，归纳提炼出"团结、严谨、求实、进取"作为五十一中学的校风（亦为校训），并在师生中大力宣传，倡导推行。1984年张敔昆校长因工作需要，调任徐汇区教育学院任院长兼党支部书记。之前曾先后担任过位育中学副校长的陈炜、黄承海等都已调任区政府工作，1983年调庄中文担任副校长。张敔昆校长调离后，学校的行政工作暂由庄中文主持。到1984年，区委派姚民定为组长的工作组到学校调研并负责筹建学校领导班子。经过群众推荐，确定由赵家镐担任校长，并于1985年1月由区政府颁发任命证书，赵家镐成为位育历史上第五任校长。[17] 赵家镐校长上任后，根据办学发展的要求，又对"八字"校风的内涵做了一些诠释，并专门召开一次教代会，讨论"八字"校风的建设，形成决议。号召全体师生在实际工作学习中落实教代会精神。"八字"校风使校风建设有切入点,逐渐成为位育人共同认同的价值取向和学校文化的重要组成部分,不断推升位育中学的办学水平(图4-10)。

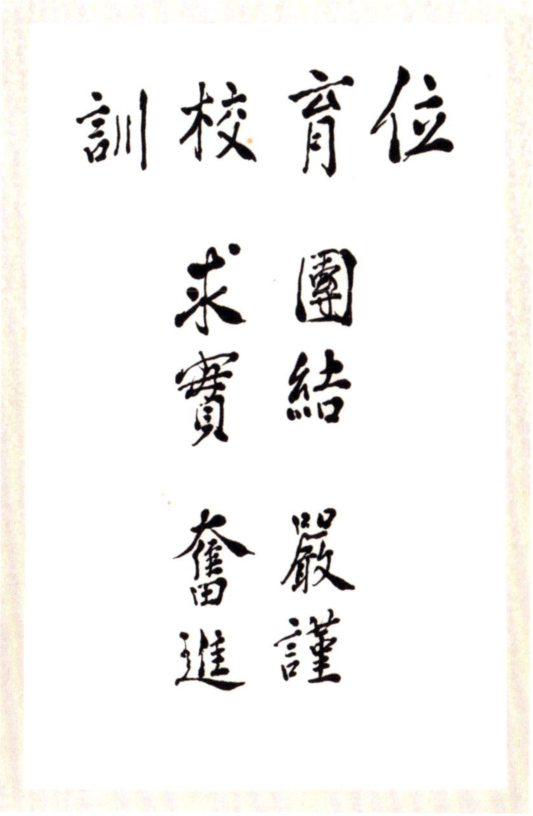

"八字"校风,是对位育中学历史上优良办学传统的最精炼的概括,是位育历届师生经过几十年实践而创造的最宝贵的精神财富,也是位育中学久盛不衰的最重要原因。"八字"校风的内涵是一个动态的概念,随着时代的变迁、教育的发展,"八字"校风的内涵也在不断丰富与完善。根据赵家镐校长的阐释,"团结、严谨、求实、进取"这"八字"校风主要有以下几方面的内涵。

"团结"强调的是人际关系,位育中学历来就有"天时"不及"地利","地利"不及"人和"之说。可见,人际关系在学校传统中所处地位之重。位育中学人际关系一直追求一种诚恳、谦让、协作、和谐的完满的境界,使所有教工在学校内为着一个共同的奋斗目标,心情舒畅地努力工作。

图4-10 李楚材老校长题写的八字校训

团结首先要使全校师生有共同的追求,共同的奋斗目标,这是团结的思想基础,离开了这个思想基础讲团结,只能是和稀泥,只能是老好人,最终也达不到团结的要求。

团结的核心要求是学校领导班子的团结,特别是党政主要领导之间的团结是全校教工团结的关键。所以主要领导之间必须相互补台,勇于承担责任,为全校倡导良好风气。领导对待全体教工必须公平公正,不在教工中搞亲亲疏疏,不要为了树立个人威信而在教工中拉帮结派,不要用小恩小惠笼络人心,把个人的威信建筑在私人的庸俗的感情上。

"团结"对教工的要求是诚恳、协作、谦让、谦虚、大度。诚恳就是诚以待人,做到教学公开,不保守,不留一手,相互切磋,共同提高;协作就是互相支持、互相帮助,一人有困难,八方来帮助,而不是各人自扫门前雪;谦让是一事当先,先替别人打算,为别人设想,涉及个人利益的事不争不抢,顺其自然;谦虚是多看别人的长处、自己的不足,不要以己之长比人之短,而改学人之长,克己之短;大度是不信不传小道传闻,不在背后议论他人之长短,杜绝搬弄是非的小市民习气,善于和不同意见的人相处共事,凡事恰到好处,不得理不饶人。

"严谨"讲的是工作态度,有四层意思。一是严格要求,从严治教,严格要求自己,严格要求学

图4-11 上海市第五十一中学党支部合影，二排右五为张启昆，右四为陈炜（摄于1982年，黄承海提供）

生，严格要求工作；严格要求自己要做到取得成绩不自满，不骄傲，不沾沾自喜，务求再立新功，再创新高。发生失误，不推诿，务求改正，不再重犯。要严格做好各项工作，不偷巧，不"捣糨糊"，要严格要求学生，不降低标准，不放松要求，不达标准，推倒重来。二是认真负责，一丝不苟，随便什么事情，都要认真对待，不马虎，不敷衍。三是严肃紧张，讲究效率，不拖沓，不拖拉，按时完成各项工作。四是谨慎小心，周到细致，凡事均要周密思考，周到安排，万无一失，没有疏漏。

"求实"讲的是工作作风。"求实"就是四句话：要做到常规管理，长期坚持，形成规范，学科教学要做到长期积累，形成厚实的基础，作风要朴实；要勤奋工作，埋头苦干，不尚空谈，提倡实干兴邦，警惕空浅误国；要讲求实效，不搞形式，不搞炒作，不务虚名，不赶时髦；要实事求是，说老实话，办老实事，做老实人，不吹嘘成绩，不弄虚作假。

"进取"讲的是精神状态，有三层意思：第一层意思是勤于学习，勇于实践，挑战自我，超越自我；第二层意思是讲求高标准，力求高质量，力争第一，力争最好；第三层意思是勇于改革，勇于探索，勇于攀登，勇于创新，永不满足，永无止境。[18]

"八字"校风的提出，丰富了李楚材校长"生长创造"办学理念的内涵，李楚材根据这一想法，专门修改了学校的校歌，把"八字"校风放入校歌中一段，使"生长创造"的办学理念又有了发展和深化。经过长期努力，一个好的校风逐渐得到恢复，并有所发展，为学校教育质量的提升创造了良好氛围。这一时期，学校除了赵家镐老师之外，又涌现出了一大批优秀的中青年教师，几乎在所有课目中都保持全市前列的地位（图4-11、图4-12）。

图4-12　上海市第五十一中学部分师生合影（约摄于20世纪80年代）

化学老师喻昌楣先后于1985年获"上海市劳动模范"称号；1989年获"全国优秀教师"称号；1990年，又得"上海市三八巾帼奖"。喻老师把她在中学化学教学中积累的成功经验概括为十六个字："面向实际，有的放矢，务求落实，讲究实效。"前八个字，就是要求教师要充分了解学生的思想、知识、能力的实际，了解教学大纲的实际和祖国建设需要的实际，然后在对中学化学教材融会贯通的基础上，有的放矢地组织教学。后八个字，就是要求教师要切实地抓好每节课的教学质量，也就是要善于捕捉每一节教学内容的中心要点，以讲练结合的方法激发学生的学习兴趣；同时，要精选练习，在巩固原有知识的基础上，通过练习帮助学生清楚地整理和完整地掌握前、后知识之间的联系，以达到提高综合利用知识的能力。凭着这套教学方法，喻老师在中学化学教学上取得了出色的成果，她所教过的班级的学生在历届高考、会考中，化学成绩总是名列前茅。自1985年以来由华东化工学院主办的华东杯高三化学竞赛中，她的学生年年获奖；自1983年以来举行的上海市学生化学小论文竞赛中，几乎每年都有她的学生被评为优秀。喻老师常说："我自己没有生儿育女，但我经常想到学生家长望子成龙的殷切期望，经常想到祖国母亲需要千千万万个有知识有文化的儿女。我对学生们倾注的是母亲般的爱，是这种爱使我抛弃了个人的烦恼，忘掉了辛劳。每当看到孩子们思想上取得了进步，知识上得到了提高，我的心里就得到极大的满足和安慰。"

在工作中，喻老师继承了学校化学教研组以老带新的优良传统并发扬光大了。她为了带好青年教师而花了大量时间，包括听他们的课和参与他们的备课。同时，她也诚恳地欢迎教研组其他教师听她的课，毫无保留地把自己多年积累的教学心得提供给别人。在喻老师的带领下，整个教研组成为一个团结战斗的集体。学校化学教研组荣获"上海市先进化学教研组"的光荣称号。喻老师不但带好了本校的化学组，而且能把自己先进的教学经验传授给其他学校。同区的两所普通中学，请喻老师兼任两校化学教师的导师。在不长的时间内，两校化学教学迅速改变了面貌，在1989年底该区的会考中，两校化学成绩分别名列第二、第三（图4-13）。[19]

特级教师蒋衍老师是历史老师，他认为历史教学要注重能力的培养，这个目标既要通过适当的练习去训练，也要通过适当的考查去测量，因此，研究和开发各种具有不同测试功能的新题型，指导和开拓学生解答问题的科学思路，是教改的一个重要方面。因此，分析研究试题题型与解题思路，不能只是为了应试，也不能只在复习备考时进行，而应该在平时教与学的过程中有目的、有步骤地进行培养，把掌握知识和提高能力结合起来，打下扎实可靠的基础。[20]在他和教研组的探索下，长期试行先让学生自行阅读课文，在教师示范下，培养边阅读边列提纲的能力，而后主要由教师穿线结网，按教材的基本线索教学重点做必要的讲解，在学生已有的知识基础上进行启发，引导学生积极思考，共同分析，得出结论，并深化教材，挖掘教材中没有明说的"潜台词"，提高学生对教材本质的理解。为培养学生的自学能力，教师还特别重视系统板书，使教材所述内容具有一条纵横联系、发展清楚的基本线索，帮助学生掌握知识体系。在教改中由于坚持这一教学革新，使学生在教师的指导和培养下，能较好地动脑、动口、动手，取得了一定的成绩。在历史教研组的努力下，五十一中学文科班的高考历史成绩一直在全市保持领先，在当时全市举行的"历史知识竞赛"和"读史一得"征文评比中，曾获得两项一等奖（各设六名一等奖）。毕业学生座谈，也都一致认为历史教学改革的做法，使他们学有兴趣，阅读、笔记的能力提高，完全能适应高一级学校的学习要求。[21]在1983年1月召开的全市历史教学研究会第二届年会上，专门印发了控江中学、市八中、五十一中学试订的《历史学科分年级培养能力的具体要求》，并提出了关于智能培养的研究参考选题，广泛发动教师进行实践、探讨。同时，要求各区县组织试点，市里也选定三所中学作为重点，以求取得经验，逐步推广。在蒋衍老师的带领下，五十一中学坚持教改实践，并经过总结，编辑出版了《历史教学论文选编》。在1985年1月召开的第三届年会上，广泛交流了在历史教学中怎样培养和发展学生智能的体会，提高了大家的认识。[22]

马君文老师主动承担全校最差班级的班主任工作，高考揭晓后，这个班同学全部进入了大学。她培养出一大批优秀的学生，如荣获第三十八届美国中学生数学竞赛上海赛区第一名的李海婴同学、全国数学竞赛上海赛区第七名何伟同学、全国数学联赛优胜奖获得者方奕枫同学，6名品学兼优同学直升大学。

图4-13 五十一中学工会委员会被评为1981年先进工会集体

1983年，马君文被评为上海市优秀班主任，1985年荣获上海市优秀教育工作者的光荣称号，1988年荣获全国中小学德育先进工作者的光荣称号。[23]

数学老师顾秋惠坚持每周六为基础差的学生补课，在她的努力下，有一位落为班中最后一名的学生，以530分的成绩考入交通大学。她对学生的家庭情况了如指掌，在同学心目中的威信极高。她教的毕业班数学每次在高考中都取得了良好成绩。她本人荣获1985年度全市"三八红旗手"称号。[24]

特级教师潘益善老师是学校物理教研组组长，有一流的物理教学艺术，关于物理教学的经验在实践中发挥了很大的作用，他的示范课得到了市区专家和外国学者的好评，班级成绩历来名列前茅。1987年，潘益善老师获评"上海市优秀教育工作者"，1989年，获"上海市劳动模范"称号（图4-14）。

20世纪80年代末是中国社会急剧变化的时代，学生们通过各种渠道接受现代化科学文化知识和现代观念，同时也受到纷繁复杂的社会思潮和五光十色的商品经济的巨大冲击。中学思想教育工作者面临着新的形势，出现了新的课题。对教师的要求越来越高，难度也越来越大。但是在位育，"八字"校风哺育了一代又一代教师，在新的征程中，迈上更高的台阶，取得了一个又一个成绩。先后在教师中涌现出一批劳动模范、特级教师、全国优秀教师等名师。除了前述的一系列成绩之外，1983年，叶枫获得全国先进少年儿童工作者称号；1986年，赵家镐老师获得全国教育系统劳动模范。正是在这批优秀教师的教导下，学校的成绩蒸蒸日上。学校虽然此时还是区重点的帽子，但由于历史影响和现实办学成绩的优秀，报考的学生生源一直很优秀，学校的最低录取分数线一直保持在全区领先水平，即使全市市重点中学中，学校也可排在中上水平。1985年，中国物理学会主办了第一届全国中学生物理竞赛，共有4万多名中学生参加，试题是专家们参照历届奥林匹克中学生物理竞赛试题严格选定，非常重实验，结果五十一中学高三学生沈冰获得一等奖，成为全国中学生物理竞赛的第一个一等奖。沈冰品学兼优，基础扎实，动手能力强，最终被交通大学选中。此外，1985年在全国第二届青少

图4-14　上海市第五十一中学卫生室获评上海市先进体育、卫生集体（选自《文汇报》1982年1月16日，第4版）

图4-15　上海市第五十一中学校门（约摄于1983年）

图4-16 上海市第五十一中学1981届理（3）班合影留念（摄于1981年，黄承海提供）

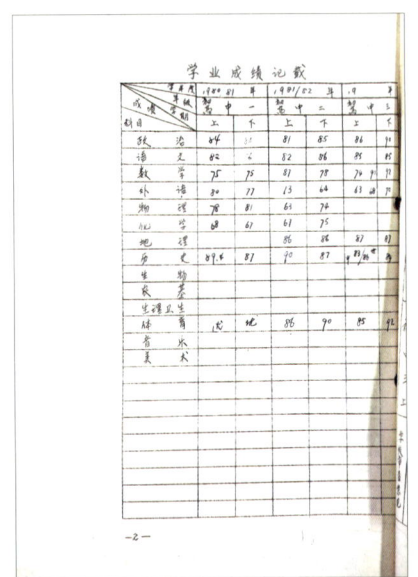

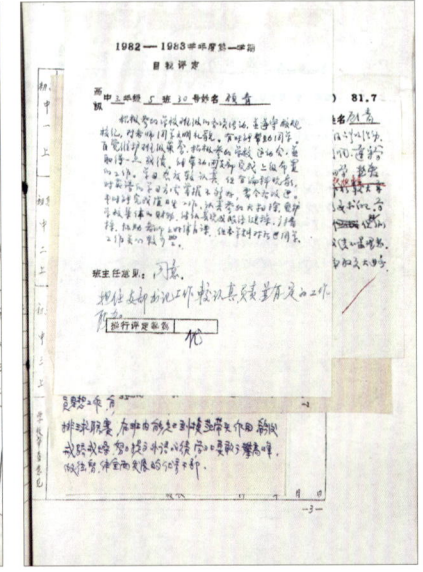

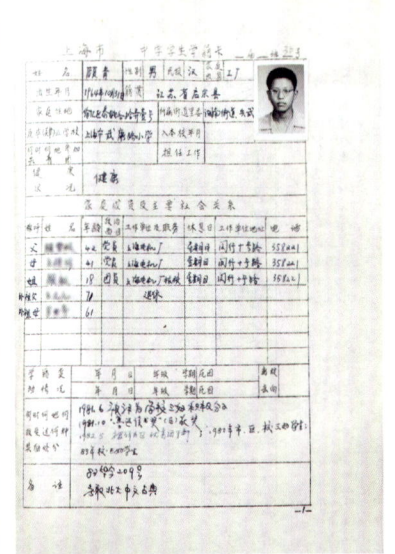

图4-17 20世纪80年代初上海市第五十一中学学籍卡摘选

图4-18 上海市第五十一中学学籍卡摘选（顾青，1983届5班），该生后考入北京大学

年计算机竞赛中，五十一中学的鲍国斌和五十四中学的胡颖共同编制的《气体状态方程自我测试》，获软件制作第一名。1986届学生夏立群获第三十七届美国中学生数学竞赛上海赛区第一名；1989届学生吴巍铭获上海市数学竞赛第一名，凡此种种，都证明了当时在校学生水平之优秀（图4-15、图4-16）。

曾经获得2002年上海医苑新星称号的1986届毕业生常青至今记得，刚进入初中的时候，她受到的教育是"为实现四个现代化而奋斗"。当时能进入五十一中学这样的重点学校，也是个人和家长的骄傲。五十一中学聚集了许多优秀教师，他们不仅教授教科书上的知识，还培养学生们有远大的理想和良好的学习方法。虽然常青日后从事的是医学研究，但在位育时期印象最深的课程是英语。她清楚地记得那里的英语老师就曾指导学生们说："学好英语不仅需要记单词，更要全面掌握听、说、读、写的综合技能，让英语活起来，成为今后工作和生活中一门真正可用的活的工具。"老师辅导学生们从背诵英语短文做起，她就听从老师的指导意见，开始背诵课文和英语小品，逐渐使自己发音准确，语调流畅。在课堂上良好的英语表达得到了老师的鼓励，使自己学习英语的兴趣大增，于是开始背比较长的课文和其他课外英语读物，并能在高中时比较顺利地阅读英语原版小说。在高考时，常青的英语成绩名列前茅，顺利进入当时热门的上海医科大学医学系英语班学习。大学毕业后作为上海市优秀大学毕业生，被分配到上海眼耳鼻喉科医院做眼科医生，其间又考上研究生，获得医学博士学位。良好的英语水平不仅使她能轻松地查阅英文文献，还经常参加国际学术会议，与国外同行顺利地交流，并担当国际会议的现场同声翻译。她一直认为，自己拥有的专业知识和英语水平固然与本人的不断努力有关，但良好的基础都是在中学时代打下的，所以她永远都非常感谢五十一中学各位老师曾给予自己的教导。[25]这一时期，上海市第五十一中学的高考成绩非常突出，有大量学子考入著名的高等学府（图4-17、图4-18）。

第三节 恢复位育校名

1984年9月22日，经中共上海市教育卫生工作委员会批准，上海中学叶克平、市教育局师范教育处处长、上海幼儿师范学校左淑东，育才中学段力佩，南洋模范中学赵宪初，市三女中薛正，市西中学赵传家，五十一中学李楚材，复旦附中姜拱绅8位教育界老前辈，被光荣任命为各自所在学校的名誉校长。[26]

是年10月15日下午，这是上海教育界值得纪念的日子。上海市人民政府在上海展览馆宴会厅隆重举行中学名誉校长任命仪式。市教卫办主任毛经权主持大会，市人民政府秘书长肖车宣读名誉校长任命书，市长汪道涵给8位老教育工作者颁发名誉校长证书。会上，汪道涵市长代表上海市人民政府向8位名誉校长表示最热烈的祝贺，并向他们致以崇高的敬意。他说，这8位老校长从事中、小学教育工作四五十年，具有丰富的领导和管理学校的经验，他们为国家培养了大批优秀人才，做出了显著成绩，他们理应受到党和人民的高度尊敬，名誉校长的职务，他们是受之无愧的。这不仅是他们个人的荣誉，是对他们做出的卓越贡献的表彰，也是对全市广大中、小学教师的极大鼓励。表彰这8位老校长就是要全社会都尊敬教师，提高教师的地位，启发后来者推动整个教育工作的发展和繁荣。汪市长还说，提高知

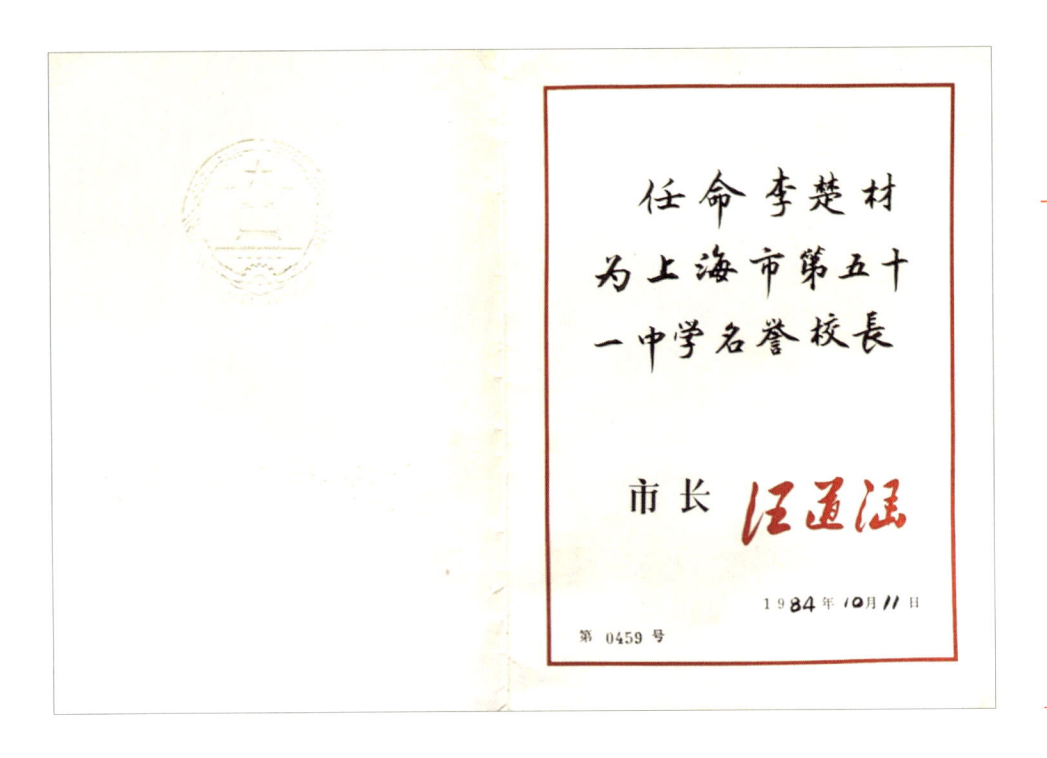

图4-19 上海市人民政府任命书，任命李楚材为上海市第五十一中学名誉校长（汪道涵市长签发，1984年10月）

识分子待遇的问题，市政府和有关部门正在研究。最近，决定给全市中小学教职工的住房困难户调配65万平方米住宅，数量虽然不多，但表示了党和政府对教师的关怀，今后还将逐年增加。[27]大会在热烈、隆重的气氛中向8位名誉校长献花、献词，并朗读了《文汇报》10月15日发表的社论《光荣属于人民教师》（图4-19、图4-20）。[28]

事实上，当时李楚材老校长早已办理了退休手续，为这一任命，市政府为李楚材先生重新办了复职手续。这在历史上恐怕是绝无仅有的。李楚材调离五十一中学后，至华东师范大学教育研究所任研究员。其间，编著《帝国主义侵华教育史资料——教会教育》等[29]，专门从事教育史研究。此次市政府任命李楚材校长为名誉校长，李楚材校长又回到了他向往的校园之中，重新成为学校大家庭的一员，并对学校的办学给予指导和帮助（图4-21至图4-25）。

李楚材校长担任名誉校长后，一直坚持要把1956年改名的"上海市第五十一中学"的校名改回原校名"位育中学"。经过多方努力，经上海市人民政府批准，于1987年2月正式恢复原校名"位育中学"。学校于1987年2月24日举行隆重的校名揭牌仪式，校名由李校长亲自题写。[30]复名标志着位育中学进入了一个全新的历史时期（图4-26至图4-28）。

一个月后的3月24日，上海市位育中学（五十一中学）校友会正式成立。[31]3月28日，上海市位育中学和上海现代信息技术研究所联合召开现代科技奖学金第一届授奖大会。位育中学80名学生和8位教师获奖[32]（图4-29）。

1988年是李楚材先生从事教育活动60周年。已经83岁的李楚材校长自1928年于晓庄师范毕业正式

图4-20　上海市中学名誉校长任命仪式，6位上海市名誉校长，左一为李楚材（1984年10月15日）

图4-21　上海市人民政府任命李楚材校长为五十一中学名誉校长，校园内的场景（摄于1984年10月）

图4-22 "欢迎李校长"（摄于1984年）

图4-23 李楚材与教职员工的合影（摄于20世纪80年代）

图4-24　李楚材名誉校长办公室

图4-25　李楚材（名誉校长）、朱家泽（副校长）合影（摄于1986年秋，黄承海提供）

图4-26　学校举行恢复位育中学校名仪式（1987年）

图4-27　学校恢复位育中学校名（1987年）

开始从事乡村教育活动，到1988年正好60周年。1988年1月16日，学校与民进市委联合举办了"李楚材校长从教六十周年纪念"活动。民进市委的主要负责同志、学校师生代表、历届校友参加。会议隆重而热烈。时任上海市政协常委、民进市委名誉副主委、市教育学会副会长、位育中学名誉校长的李楚材先生在学校接受了民进上海市委、市教育局以及他的学生们的祝贺，并做了发言。李校长几十年倡导的"勤奋学习、踏实工作"的位育校风，已成为位育师生的座右铭。这次纪念活动是位育的一件大事，是对李校长60年教育工作的充分肯定，对李校长个人的辛勤工作表示敬意，同时对广大教工来说也是一次极有意义的教育活动（图4-30、图4-31）。

1988年对位育而言，注定是不平凡的一年，这一年还是位育建校45周年。是年11月，学校举办45

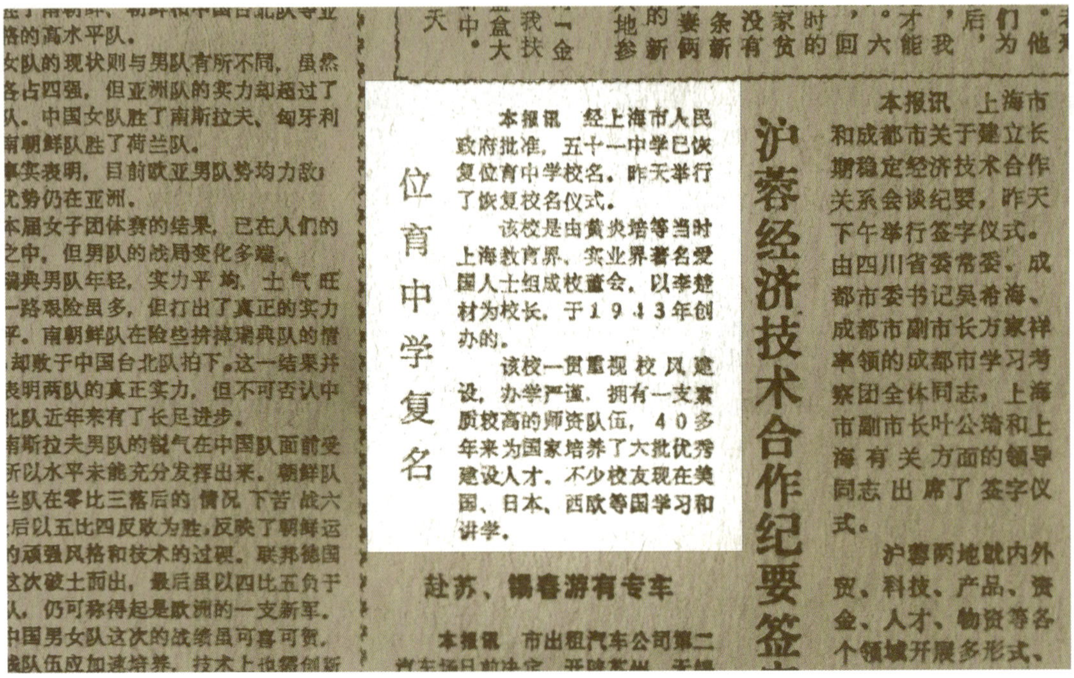

……的高水平队。

女队的现状则与男队有所不同，虽然各占四强，但亚洲队的实力却超过了……队。中国女队胜了南斯拉夫、匈牙利，南朝鲜队胜了荷兰队。

事实表明，目前欧亚男队势均力敌，优势仍在亚洲。

本届女子团体赛的结果，已在人们的……之中，但男队的战局变化多端。

瑞典男队年轻，实力平均，士气旺，一路艰险虽多，但打出了真正的实力水平。南朝鲜队在险些挤掉瑞典队的情况下，却败于中国台北队拍下。这一结果并不表明两队的真正实力，但不可否认中……北队近年来有了长足进步。

南斯拉夫男队的锐气在中国队面前受……所以水平未能充分发挥出来。朝鲜队……兰队在零比三落后的情况下苦战六……后以五比四反败为胜，反映了朝鲜运……的顽强风格和技术的过硬。联邦德国……这次破土而出，最后虽以四比五负于……队，仍可称得起是欧洲的一支新军。

中国男女队这次的战绩虽可喜可贺，……队伍应加速培养，技术上也需创新……

位育中学复名

本报讯 经上海市人民政府批准，五十一中学已恢复位育中学校名，昨天举行了恢复校名仪式。

该校是由黄炎培等当时上海教育界、实业界著名爱国人士组成校董会，以李楚材为校长，于1943年创办的。

该校一贯重视校风建设，办学严谨，拥有一支素质较高的师资队伍，40多年来为国家培养了大批优秀建设人才。不少校友现在美国、日本、西欧等国学习和讲学。

赴苏、锡春游有专车

本报讯 市出租汽车公司第二……

沪蓉经济技术合作纪要签……

本报讯 上海市和成都市关于建立长期稳定经济技术合作关系会谈纪要，昨天下午举行签字仪式。由四川省委常委、成都市委书记吴希海、成都市副市长方家祥率领的成都市学习考察团全体同志，上海市副市长叶公琦和上海有关方面的领导同志出席了签字仪式。

沪蓉两地就内外贸、科技、产品、资金、人才、物资等各个领域开展多形式、……

图4-28《位育中学复名》（选自《文汇报》1987年2月25日，第4版）

周年庆祝活动。这也是位育自成立以来第一次举行规模较大的校庆活动。学校专门刊印纪念册，并举行隆重的校友返校活动。之所以选择1988年举行较大规模的庆祝活动，第一个原因是位育刚刚恢复了原校名，借校庆这一平台，请校友返校，重叙旧情，成为位育老校友的普遍愿望。第二个原因是李校长回归位育中学并担任名誉校长，又时值李校长从事教育工作60周年。李校长是位育中学的首任校长，在老校友心中有号召力、凝聚力，能吸引早期的位育校友参加，从而推动当时学校正在进行的“寻找位育人的足迹”的主题教育活动的深入开展。第三个原因是此时的位育中学经过“文化大革命”以后10年的修复，其校风、校貌、师资质量和办学水平均呈上升态势，已恢复到“文化大革命”前的水平。这次庆祝活动也是对“文化大革命”结束以后12年办学过程的回顾与总结。校庆活动隆重而简朴，温馨而热烈，给全校师生和校友留下了深刻的印象。自这以后，学校每隔5年举行一次小庆，每隔10年举行一次大庆，成为惯例（图4-32、图4-33）。

学校自20世纪60年代初新建实验楼之后，几十年几乎没有什么大的基建活动，甚至连基本的维修也很少进行。根据当时市计委的相关文件，1978年学校共有37个班，1987名学生，而到1980年，学校计划已经扩展到40个班，2160名学生。此时学校的设施已经不能满足日益发展的教育需要。1978年，学校开始着手修整南楼和北楼，并扩建阅览室。[33]从20世纪80年代初开始，学校开始了新一轮的较大规模的改造活动。1980年拆除旧东楼，建成新东楼，并和南楼连通，增加了教室、实验室和教师办公室。1989年南楼加层，变3层为4层，增加了6个教室。1993年拆除旧综合楼，建成新的综合楼。并相继建成排球房、乒乓房、体操房，又翻建了操场，为操场铺上了新的柏油，以减少学生运动中发生伤害事故。

图4-29 位育中学校友会编：《上海市位育中学（原五十一中学）校友通讯录》（1988年3月刊印，黄承海提供）

图4-30 位育中学工作证0001号（李楚材）

图4-31 举办李楚材先生"从教六十周年大会"

同时，学校还接收了原卫生室旁边居于桃源村的几间房子，扩大了卫生室，新建了团委办公室、少先队办公室，改进了沙滤水系统，使学生饮水条件得到改善。总之，学校尽量"在十八亩小小的校园里精心设计，巧做安排，使学校环境得到美化，学校的各种设施也基本上能满足教学的需要"[34]（图4-34）。关于位育中学复兴中路校区的演变，本书第七章专门列有一节详细论述。

当时在位育中学的校园中，学生的学校生活丰富多彩，校园中充满了各种丰富多彩的活动。早在1977年，五十一中学党支部为了培养学生从小爱科学，长大攀高峰，就在校办工厂里搞起了无线电科技活动项目。当时袁永明师傅是上海开关厂自动化设计组的设计员，过去曾担任过上海航空模型队的教练。他利用厂休日和其他业余时间，走访学校和区少年宫，向青少年传授无线电遥控技术，把自己在党和人民培养下学到的专业知识，为青少年努力掌握科技知识服务。袁师傅自告奋勇地担任了五十一中学无线电遥控技术这个项目的"校外辅导员"。最终热心于无线电科技活动的师生们在袁师傅的帮助下，试制成功了一套150兆赫调频式4路28通道的无线电遥控设备。这项科研成果的技术标准，达到了先进水平，填补了当时中国民用电子工业上的一项空白。学生们不仅学到了很多科学知识，也学到了袁师傅刻苦钻研技术，对工作一丝不苟的精神，提高了学好文化科学知识的自觉性。[35]

随着教育改革与开放的深入，位育中学又确定在学生中开展以天文为特色的科学普及教育。学校

图4-32 位育中学举行校庆45周年纪念活动（摄于1988年）

天文小组获得1980年度上海市三好先进集体的称号。[36]当时天文小组同学不管酷暑和严寒、刮风和下雨以及节假日，自始至终，每周坚持一次以上的天文理论学习和观测星空活动。学生初步掌握了有关天球、星座、天球的周日旋转、天球的基本线和圆，天球坐标和永不下落的一体与永不上升的天体等内容，了解了太阳在天球上的周年运动、黄道星座、月球的运动、月食和日食，以及行星、卫星、彗星、流星、陨星等知识，揭开了恒星的物理性质、宇宙的构造等奥秘。通过对星空的实践观测，同学们已能正确地使用活动星图来认识星空，熟练地辨认大熊星座等20个星座图形，并能利用方位角和高度角迅速地确定每颗恒星的位置和名称，熟练地使用天文望远镜。天文小组还举办了多次天文科学讨论会，有86名学生参加，会上宣读了学生们自己的论文12篇，其中2篇被选登在市少年宫和天文爱好者协会的会刊《天文》杂志上，制作了活动星图、天球仪等，一部分作品选送到上海市青少年科技作品展览会上展览。并对月全食、日偏食等重大天象进行了观测。14名学生被评为区三好学生，1名学生被评为市三好学生。[37]20世纪80年代后，学校的天文小组得到了进一步的发展，地理教师陆荣麟老师尤其注重课外活动，组织天文小组，带领学生观测各种天象，成为位育中学较有特色的课外小组，并于1995年获全国优秀教师称号（图4-35）。

当时学校课外的科技活动五花八门，很多学生在老师的指导下全力投入，获得了一个又一个的全国性荣誉。1982年1月18日，全国中小学生电动车辆模型通讯赛在上海举行授奖仪式。这次电动车辆模型通讯赛，是由《小学科技》《少年探索者》《中学生》《中学科技》《我们爱科学》《科学爱好者》6家青少年科普期刊联合发起的，全国有28个省、市、自治区的百万名中小学生参加了这项竞赛。上海市第五十一中学卢勇获得了初中组的第一名。[38] 当时，学校每个班级都成立了小发明组，高三学生连鑫组成的小发明组，计划要在太阳灶上做文章。首先，他们到上海市能源研究所参观，了解目前中国生产的太阳灶的状况，听产品介绍。回到学校后再进行了讨论，全面分析了目前太阳灶的优缺点，决定从不足的地方——结构复杂，工艺要求高，分量重（50千克左右），成本贵——加以创造，加以突破。另一方面，同学们到图书馆和资料室查阅世界上太阳能的研究进展情况。在调查研究的基础上，逐渐明确了主攻方向，简化太阳灶的制作工艺，减轻重量，减少材料消耗，降低成本，获取最大的功率。同学们还善于将课本上的知识、实际技术运用到创造发明的每个环节之中，如他们把充气玩具的技术、日常商标的不干胶贴片、凸透镜似的抛物面结构，运用到新的太阳灶上来。而且还注意寻找理论根据，将实践与理论密切结合起来，这就更加强了发明成功率。最终上海市五十一中学高三小发明组（代表：连鑫）发明的充气太阳灶，荣获第三届全国青少年科学创造发明比赛一等奖。[39] 此后，在1992年第六届全国青少年发明创造比赛和科学讨论会上，位育中学林晓和南洋模范中学吴纬共同研制的"灵敏振动报警器"获得发明创造一等奖（图4-36）。[40]

图4-33 时任全国政协副主席、民进中央副主席、佛教协会会长赵朴初为位育中学45周年校庆题词（1987年11月）

除了科技活动之外，位育学生的课外活动丰富多彩。如为了向学生进行爱国主义思想教育，高一语文备课组从语文学科特点出发，发动全年级学生，搞了一次以宣传屈原、杜甫、辛弃疾、陆游、文天祥等中国古代著名诗人为中心的黑板报比赛。规定每班集中宣传一位诗人，定时出版，从内容、形式两方面进行评比。在有一次活动中，高一（6）班负责宣传唐代爱国诗人杜甫，他们热情很高，发动面广，黑板报文章短小精悍，针对性强，版面活泼，图文并茂，获得了年级组黑板报比赛的优胜奖。[41]

1991届位育学生、上海卫视的记者卫军从1985年起，在位育度过了6年的时光，在他的记忆中，这是难忘而美好的6年。那时候，位育的校园真的不大，但"麻雀虽小，五脏俱全"，有明亮整洁的教室、实验室、语音室、电脑房供学生们畅游知识的海洋。有设备齐全的体操房、乒乓房、操场让学生们锻炼体魄、放松心情，还有校园中的花草树木为他们的中学生活带来许多愉悦和浪漫。

在卫军的记忆中，位育校风严谨求实，老师们在教学中倾其所有，尽心尽力。学生们读书也很自觉、认真，记得那时候利用午休时间完成老师上午布置的作业在学生中蔚然成风，这样就不用把功课全部压在放学后突击了。而且大家还经常利用课间休息时间探讨学习中碰到的问题，一方面加强了对知识的理解，一方面也促进了同学之间的交流。位育学生是讲究学习效率的。卫军自己尽量在课堂上就把老师所传授的知识消化掉，各门课程的预习、复习也做到及时和合理安排。即使是高考前夕题海式的复习也是有条不紊，忙而不乱，8小时的睡眠也是保证的。他记得那一年的高考数学特别难，但是位育的大

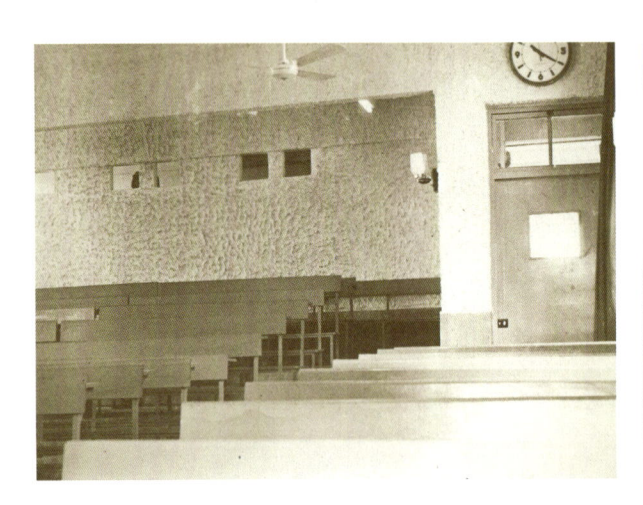

图4-34　位育中学校园

图4-35　学校举行学科竞赛给奖大会（约摄于20世纪80年代）

图4-36　《全国电动车辆模型通讯赛揭晓》（选自《人民日报》1982年2月23日，第3版）

学升学率却高达98%，这是非常傲人的成绩。位育学生还特别有求知欲，要求上进，可能当时上海前进进修学院就设在位育，有了这一近水楼台，不少位育学生就读各种业余课程，像托福什么的，所以他们的英语水平已超过了中学课程的要求。

当时位育中学的生活是丰富多彩的，而卫军的活动比一般的同学可能还要多一些。他是整个学校的早操领操员，要做到动作标准有力，外表整洁得体，做同学们的表率。他是副班长，要主持各类班活动，协助班主任处理班里的事务并组织和参与各种文艺表演。他还要负责班级的黑板报，要发挥创造力，争取把最好的内容展示给同学，经常写得手臂酸痛，而且因为黑板报在室外，冬日里更是不堪寒冷。有一段时间，他还参加了校田径队，每天很早到操场练长跑，真的很苦，但是他在区里的1500米比赛中获得第二名的好成绩。课余，卫军还参加生物和绘画兴趣小组，和同学们一起打乒乓和排球，还参加社会公益劳动像挖刺毛虫蛋、打扫里弄等。所有这些都给他的中学生活增添了情趣，也在他的脑海里留下了非常美好的回忆。正是位育中学为他打下了坚实的知识基础，培养了他各方面的能力，锻炼了他的意志并教会他许多做人的道理。1991年，他如愿以偿考入了复旦大学外语系英美语言文学专业，并自愿参加了在大连陆军学院长达一年的军训。他始终保持"位育作风"，读书自觉认真，尽己所能，所以在英语方面取得了长足的进步，打下了厚实的功底。当然，在大学里他也是文艺和体育积极分子，这跟他在中学里的锻炼经历是分不开的。[42]

上海著名节目主持人黄浩是1993届位育的毕业生，他从1987年进入位育后，参加了位育中学《钟声》文艺社，并且是校排球队队员，由于文体活动方面的表现比较突出，后进入了位育中学学生会担任校学生会文体委员。从初中二年级开始到高中二年级，每一年位育中学的全校性学生文艺会演与运动会的主持工作都是由他来担任的。可以说位育中学为他提供了一个舞台，也可以说他的舞台主持生涯是从位育中学开始的。他至今仍然清晰地记得，当第一次站在学校文艺会演的舞台上面对全校千余师生宣布位育文艺会演开始的时候，他的心在剧烈地跳动，紧张和兴奋之情真是难以言表。可以说，他的舞台经验、主持技巧是在位育的舞台上开始得到积累和磨砺的。黄浩认为，正是位育中学6年的学习生活夯实了他的基础文化知识；训练了他的观察辨别能力；造就了他的理想与信念；明确了他的人生原则。在位育的6年，他不仅学会知识，而且还学会做人。从校长、老师、同学那里学习为人处世之道。[43]同样的美好记忆也留在了1990届学生、日后成为《人民日报》记者的田泓的心里。田泓认为，位育给自己的熏陶首先体现在思维的缜密上。老师们不仅传授知识，更注重培养学生对学习的兴趣和解决问题的能力。位育还给了他"追求一流"的眼界和信心。早在20世纪80年代中期，位育就率先提出了"办成世界一流学校"的目标。这无疑给最富幻想的中学生展示了一个很高的起点。位育良好的英语教学也为学生成为"国际人"创造了条件。此外，位育给了学生很多社会实践的机会。从初一开始，他就参加了学校的文学社，出过学生刊物，还经常作为学生记者采访校领导，沟通师生共同关心的话题，这一经历为田泓日后成为一名优秀的记者奠定了坚实的基础。[44]

位育，为学生们施展才华创造了良好的环境，为他们的成长也提供了广阔的天地。

注释

[1] 《上海市第五十一中学校史》(1984年7月10日),上海市位育初级中学档案室藏。

[2] 赵家镐:《张启昆校长、陈炜副校长对位育中学的贡献》,收入赵家镐:《逝去的岁月》,2016年内部刊印,第67—68页。

[3] 赵家镐:《我的几个学生》,收入赵家镐:《逝去的岁月》,2016年内部刊印,第82页。

[4] 赵家镐:《张启昆校长、陈炜副校长对位育中学的贡献》,收入赵家镐:《逝去的岁月》,2016年内部刊印,第68页。

[5] 赵家镐:《热爱学生,关心学生,做好教师工作:全市评选优秀老师工作大会上的发言》,收入赵家镐:《逝去的岁月》,2016年内部刊印,第2页。

[6] 赵家镐:《张启昆校长、陈炜副校长对位育中学的贡献》,收入赵家镐:《逝去的岁月》,2016年内部刊印,第69页。

[7] 《上海市徐汇区人民政府填报1981年度上海市劳动模范登记表(赵家镐)》,上海市档案馆藏档案,档案号:B1-8-230-222。

[8] 《关于申报第一批办好的重点中学的请示报告》,上海市档案馆藏档案,档案号:B105-6-151-68。

[9] 《位育风采》第2辑(校庆60周年纪念),2003年内部刊印,第50—52页。

[10] 《位育中学历史沿革》,收入位育中学校友会编:《位育中学校史简编》,上海市作家协会·华语文学网,2017年刊印,第34页。

[11] 赵家镐:《张启昆校长、陈炜副校长对位育中学的贡献》,收入赵家镐:《逝去的岁月》,2016年内部刊印,第69页。

[12] 《位育风采》第2辑(校庆60周年纪念),2003年内部刊印,第54—55页。

[13] 《位育风采》第2辑(校庆60周年纪念),2003年内部刊印,第56页。

[14] 赵家镐:《张启昆校长、陈炜副校长对位育中学的贡献》,收入赵家镐:《逝去的岁月》,2016年内部刊印,第68页。

[15] 《市五十一中学学生满怀壮志提出响亮口号:八十年代成材,大展四化宏图》,《文汇报》1980年5月3日,第1版。

[16] 《市五十一中的教工"五讲四美"公约》,《文汇报》1982年3月4日,第4版。

[17] 《位育中学历史沿革》,收入位育中学校友会编:《位育中学校史简编》,上海市作家协会·华语文学网,2017年刊印,第39页。

[18] 赵家镐:《八字校风的内涵》,收入赵家镐:《逝去的岁月》,2016年内部刊印,第6—7页。

[19] 干建达:《乐为春泥一掬,赢得桃李芬芳:记全国优秀教师喻昌楣》,《民主》1991年第1期。

[20] 蒋衍:《历史学科基本题型与解题思路》,收入张民生主编:《特级教师论学习》,学林出版社1997年版,第386—387页。

[21] 上海师范大学历史系历史教学法教研室编:《中学历史教学法概论》,上海社会科学院出版社1986年版,第151—152页。

[22] 上海市中学历史教学研究会编:《上海市中学历史教改述评》,中国教育学会秘书处编:《新时期教育改革的探索:中国教育学会第二次全国学术讨论会论文选集》第6分册《外语、物理等七科教学改革》,中国盲文出版社1986年版,第73—74页。

[23] 黄涛:《动之以情,晓之情理》,收入中国作家协会上海分会等编:《师颂》,百家出版社1989年版,第

[24]《上海市三八红旗手登记表(顾秋惠)》,上海市档案馆藏,档案号：C31-5-193-101。

[25]《位育风采》第2辑(校庆60周年纪念),2003年内部刊印,第57—58页。

[26]《八位教育界老前辈荣任名誉校长》,《文汇报》1984年9月22日,第2版。

[27]《面向现代化、面向世界、面向未来的要求造就人才,人民教师受到全社会尊敬,本市今向八位老教育工作者颁发中学名誉校长证书》,《文汇报》1984年10月15日,第1版。

[28]《市府隆重任命中学名誉校长》,《文汇报》1984年10月16日,第1版。

[29] 李楚材编著：《帝国主义侵华教育史资料——教会教育》,教育科学出版社1987年版。

[30]《位育中学复名》,《文汇报》1987年2月25日,第4版。

[31]《上海市位育中学(五十一中学)校友会正式成立》,《文汇报》1987年3月25日,第4版。

[32]《现代科技奖学金第一届授奖大会》,《文汇报》1987年3月29日,第4版。

[33]《1978年重点中学设备修缮费安排情况》,上海市档案馆藏,档案号：B105-9-486-101。

[34]《位育中学历史沿革》,收入位育中学校友会编：《位育中学校史简编》,上海市作家协会·华语文学网,2017年刊印,第38页。

[35]《热心科技的"校外辅导员"》,《文汇报》1977年11月30日,第2版。

[36]《上海市三好先进集体登记表(第五十一中学天文小组)》,上海市档案馆藏,档案号：C21-5-147-42。

[37]《上海市三好先进集体登记表(第五十一中学天文小组)》,上海市档案馆藏,档案号：C21-5-147-42。

[38]《全国电动车辆模型通讯赛揭晓》,《人民日报》1982年2月23日,第3版。

[39] 廖雄军等编：《小发明12法》,农村读物出版社1996年版,第101—102页。

[40]《全国青少年发明创造比赛鸣金,上海队获奖数列全国榜首》,《文汇报》1992年9月1日,第3版。

[41] 金晨光：《一次黑板报比赛》,收入上海市教育局编：《1981—1982学年度上海市中学教育工作经验选编》,1983年版,第244—246页。

[42]《位育风采》第2辑(校庆60周年纪念),2003年内部刊印,第59—60页。

[43]《位育风采》第2辑(校庆60周年纪念),2003年内部刊印,第63页。

[44]《位育风采》第2辑(校庆60周年纪念),2003年内部刊印,第58—59页。

第五章 在改革中前行

在改革中前行

图5-1 位育中学校门（摄于20世纪90年代）

1988年，中等学校的管理体制由原来"党支部领导下的校长负责制"改为"校长负责制"，并在上海部分学校试点，位育中学被列为首批试点单位。校长负责制的实质是校长对学校工作全面负责，校长是学校的法人代表和一把手。在全面实施"校长负责制"后，在赵家镐校长的带领下，位育中学继续延续位育创办以来一直遵循的"生长创造"的办学理念，把发扬优良校风、建设团结和谐的人际关系放在突出的位置，培养了一支高素质一流师资队伍，"在教师中，赵家镐、喻昌楣、潘益善等多人被评为上海市劳动模范；赵家镐、金荣熙两位教师先后获苏步青数学奖；赵家镐被选为中共十四大代表、九届全国人大代表，并获上海市'教育功臣'提名"[1]。在德育上，学校提出了以气节教育为载体，向学生进行爱国主义教育，气节教育成为学校德育工作的特色。学校狠抓教学质量，抓学校知名度，同时重视学校的对外交往，实行开放办学，在激烈的办学竞争中赢得了社会赞誉。上海市位育中学连续多年被评为市、区文明单位，获得了诸多荣誉。20世纪90年代末起，提出"师生双自主发展"教育理念，获得上海市教委和专家的认同和赞誉（图5-1）。

1996年，全市布置建设现代化寄宿制高中的任务，徐汇区决定在华泾地区承建一所现代化寄宿制高中，并决定由位育中学高中部搬迁新校，位育中学获得了千载难逢的发展机遇。

第一节 "生长创造"提升教育质量

位育中学在以往的岁月中曾经创造过许多辉煌成绩，而这些成绩的取得很大程度上得益于位育创办以来一直遵循的"生长创造"的办学理念。"生长创造"是李楚材校长对位育校名的诠释。意思是只要给位育师生提供一个适合于他们工作、学习、生活的良好环境，就会使他们取得进步，求得发展。实践证明几代位育学子正是在"生长创造"的旗帜下接受教育，打下扎实的基础，然后走出校园成为国家各行各业的有用人才的。同时，"生长创造"的环境也培养了位育中学的几代教师，使他们凝聚在位育的校园里，在位育"团结、严谨、求实、进取"的"八字"校风引导下以敬业乐业的精神和精益求精的追求开创了位育教育的成功。

赵家镐校长担任校长之后，非常重视为"生长创造"营造一个和谐的人际环境。学校"八字"校风中最前面两个字就是"团结"，即建立和谐的人际关系。在位育历来就有天时不如地利，地利不如人和的说法，可见和谐的人际关系在位育中学处于何等重要的地位。赵家镐校长在位育中学几十年，对位育和谐的人际关系深有体会。很多人都说位育的师资是位育发展的关键。但其实，过去位育的师资学历层次并不是很高，位育师资最优秀的部分，就是位育师资的良好人际关系和强大凝聚力，这才是位育取得成功的秘密。所以他担任校长后，仍然把发扬优良校风、建设团结和谐的人际关系放在突出的位置。[2]

赵家镐担任校长以前做过24年的普通教师，和教工群众有广泛的接触，十分了解教工对领导的要求，十分知道一个有威望的领导应该具有什么样的素质。因此当他成为学校领导以后，就十分注意自身形象的塑造，努力使自己的行为能让广大教工认可和满意。他曾总结担任校长多年来的体会，就是要努力做到廉洁、勤政、公正、宽容。廉洁就是不用校长的权力谋取个人的利益，不用校长的权力为换取个人私利做交易，不和广大教工争利益；勤政就是要努力工作身先士卒积极投入学校教学、教育工作，在工作实践中取得领导学校工作的发言权；公正就是能看到每一位教工身上的各种优点，大体上能做到对待所有同志都能一视同仁，不因工作年限、教学水平高低和与自己亲疏关系不同等因素而区别对待，使大家对自己办事决定比较信服；宽容就是做到能容人之短，绝不记仇，绝不搞打击报复。[3]

在营造和谐团结的人际环境方面，赵校长主要是注意三个方面的关系：党政主要领导的关系，干群关系，和教工之间的关系。赵校长认为在创造和谐人际关系过程中，第一重要的是学校行政领导的带头作用。领导班子的团结，特别是党政主要领导班子的团结是全校教职员工团结的核心。处理好党政主要领导关系的关键是学校的一把手。在实行校长负责制的学校，一把手就是指校长，因此，校长就是关键。校长是关键并不在于校长的工作方法或者程序，他认为关键是校长和书记对事业发展的共同追求，以及建立在相互信任基础上的良好个人关系。以"诚"相见，开"诚"布公，突出一个"诚"字，就不

图5-2 上海市位育中学教师合影（数学组，摄于1993年）

会在工作过程中发生猜忌、埋怨、推卸责任从而导致校长工作缩手缩脚；就不会因为在工作中的意见分歧和对人的看法差异而导致党政领导之间矛盾的产生，甚至于关系的彻底破裂。[4]

在干群关系方面，赵家镐校长自己坚持以身作则做到廉洁勤政，同时对老师采取比较宽容的态度。他注意发掘和调动教工身上积极的一面，去克服教工身上不足的一面。在力所能及的范围内帮助教工解决学习、生活、工作中各种矛盾和困难。协调教工在分房、奖金、评先进、评职称、加工资、人事安排等工作中产生的各种利益纠纷，既要公平对待每一位教工，又要说服老师照顾大局；化解教工之间的矛盾，使全校教工之间、教工和领导之间比较团结。位育教工都比较热爱学校，热爱学生，热爱工作，队伍的凝聚力很强。使全校教工都能心情舒畅地工作，积极性得到充分发挥，愿意为位育中学工作，克服自己的困难，甚至做出牺牲，使学校工作能比较顺利地展开。[5]

和谐的人际关系还要注意全体教工的和谐相处，这是建立团结和谐人际关系的基础。要使教工和谐相处的关键是教育和引导。赵家镐校长认为，学校要有近期和长期的奋斗目标，要使大家明白学校奋斗目标的实现是全体教工共同利益所在，是学校的大局。有了共同的奋斗目标，就有了全校教工团结的基础。要教育全体教工互相支持互相帮助，教学公开，学人之长、克己之短；要教育大家互相谦让，多为别人着想。要教育大家树立正气，不背后议论，不传播小道新闻以杜绝庸俗的小市民习气。正是由于学校领导坚持不遗余力，宣传引导，党团员群众的模范带头，骨干教师的身体力行，良好的风气一直在教工中占主导地位，位育也一直保持着团结和谐的人际关系（图5-2至图5-6）。[6]

赵家镐校长认为，在一所学校，要营造和谐团结的氛围，最重要的在于真正尊重教师在学校的主人翁地位，真正树立领导为教工服务、接受教工监督的公仆意识，只有这样才能培养出一支高素质的一流师资队伍，成为办一流学校的有力支撑，而这也是这些年来位育中学始终保持高质量办学水平的最重要保证。直到20世纪90年代末，在位育还在学校讲台上上课的五代教师中（包括私立时期的位育教师、公立以后

图5-3 上海市位育中学教师合影（英语组，摄于1993年）

图5-4 上海市位育中学教师合影（语文组，摄于1993年）

50年代后期60年代初期的大学毕业生、"文化大革命"结束前夕从农场务农青年中抽调培训的教师、恢复高考以后大学毕业的教师及新进位育中学不满三年的青年教师共五代）都有杰出的教师代表，教师数量充足，质量优异，教风严谨，五代同堂，共创位育中学的辉煌。1997年教师节，位育中学曾召开了一个"四代教师话传统——庆祝教师节座谈会"，目前还在校工作的以张嘉荃、喻昌楣为代表的50年代工作的优秀教师，以潘益善、金荣熙、庞秀玲、顾秋惠、于芸等优秀教师为代表的60年代工作的优秀教师，以杜建亭、庄小凤为代表的70、80年代工作的优秀教师和新进优秀大学生四代教师欢聚一堂，人才济济，反映了位育中学雄厚的教师实力，也反映了近年来学校在师资队伍建设上的成效。这一时期，位育中学把培养和建设一支优秀的师资队伍作为学校建设的最重要工作，主要的工作概括起来有以下几个方面。

第一，尊重教师在学校中的主人翁地位，使教师真正感觉到是学校的主人，而不是校长的雇员，行政领导真心实意地树立依靠教师为教师服务的思想。为教师参与学校各项工作的决策提供各种途径，为教师对学校工作提意见、建议提供畅通的渠道，为教师评议学校干部建立完善的制度，教代会真正成为民主办学的

图5-5 上海市位育中学教职员工合影（行政，摄于1993年）

图5-6 上海市位育中学教职员工合影（教导处，摄于1993年）

形式，而不要沦为校长手中的工具作为民主办校的装饰。尊重教师在学校中的主人翁地位就是尊重人才、尊重知识在学校的具体体现。只有确立了教师在学校的主人翁地位，才能确立教师的责任感和事业心，教师才能热爱学校，热爱工作，学校才能有强大的凝聚力。

第二，精神鼓励与物质鼓励并重，以精神鼓励为主。教师是知识分子群体中层次较高的一个阶层，教师工作的积极性的源泉除了一定的物质待遇外，主要是事业上的成就和学术上的提高。所以学校工作除了要不断改善教师物质待遇的同时，大力加强思想工作，为教师事业上、学术上取得成就创造各种条件，学校领导要有进取精神，为学校发展不断提出各种目标，只有让教师感到在这个学校工作可以做出成绩，跟校长一起干可以有成就时，教师才会热爱学校，才会充分调动工作的积极性。这一时期，位育总结了不少教师教书育人的先进思想和先进事迹，把他们推出去，扩大他们的影响，提高他们的知名度。1998年，潘益善获得全国五一劳动奖章，1998年赵家镐获得全国教育系统劳动模范称号，1993年，庞秀玲获得全国优秀教师称号，1995年，陆荣麟获得全国优秀教师称号，1997年，李正之获得全国体育传统项目优秀工作者称号；1992、1999年，金荣熙和赵家镐相继获得第一届和第三届苏步青数学教育奖。1997年，潘益善获得上海市劳动模范，赵家镐、马云辉、国庆波、金荣熙、潘益善、蒋衍、姜雅风、经正阳、费仲芳、刘学堂等相继获得特级教师称号。1992年赵家镐当选为中国共产党第十四次全国代表大会代表，出席了中国共产党第十四届全国代表大会；1997年，赵家镐又当选为第九届全国人大代表（图5-7）。这些都是位育历史上的闪光时刻。此外，学校还有一批教师获全国、市、区各种先进称号，涌现了杜建亭、庄小凤等中青年骨干教师，使这些教师成为青年教师的榜样。学校还积极创造条件，为青年教师成才搭建舞台，使一批青年教师脱颖而出为学校未来发展奠定基础。学校鼓励教师进修，创造条件选派教师出国进修考察，截至20世纪90年代末，全校先后有23人次赴美国、德国、澳大利亚、日本等国进修考察。这些同志回国以后，成为各学科骨干，推动了学校教育改革的发展。

第三，加强师德教风建设。师德教风建设是师资队伍建设中最重要的工作。良好教风是一座熔炉，是无声的命令，无形的力量。会带动全体教工奋发进取，积极向上。位育中学是具有优良教风的光荣传统的，赵家镐担任校长以后，继续把继承和发扬"八字"校风作为己任。两次召开教代会把建设优良校风作为教代会主题，赋予"八字"校风新的含义，对教学常规中贯彻"八字"校风做了专门的决定。在新进教师中宣传"八字"校风的含义，使"八字"校风在位育中学教师队伍中不断发扬光大。

第四，在稳定教师队伍的同时，还提倡教师队伍适当有序的流动，在流动中实现教师价值的最好体现，流动中优化教师队伍，流动中扩大位育中学的影响。流动包括引进吸收一批优秀教师，向上级单位和兄弟学校输送一批优秀教师和干部，放走比认为在其他单位更能实现自己价值的教师，使得位育中学师资队伍保持了朝气和充满生命活力。这一时期，学校先后引进三位特级教师和一批有丰富经验的高级教师，向兄弟学校输送了多名优秀教师和干部，同意一批优秀教师报考研究生或到其他兄弟学校去任教，也劝说少数在位育中学不适应的教师到其他学校和单位去工作。在实践中建立起一套有序流动的制度和办法，确保真正建设起一支稳定的优秀师资队伍（图5-8）。[7]

位育教育质量的不断提升，与赵家镐校长身体力行有着密切的关系。他一直钟情于数学教学和研究，乐此不疲，即使担任位育中学校长之后，依旧坚持在数学教育领域进行持续探索，经常兼一点课，为在一个学校各个年级的不同层面提高数学教学质量而不懈努力。在担任校长期间，他始终没有脱离教学第一线。从1985年到1993年，赵家镐校长一直坚持上一个班级的数学课，以后由于生病才不再兼课，但仍然给学生上选修课和带兴趣小组，不脱离教学第一线。同时他还积极参与数学教研组的活动，为教师上公开课一起备课，修改教案，直到满意。还为各年级的数学测验、考试命题改题。在数学教学和研究中，赵家镐校长一直比较注重创造性教学思维，逐渐形成一套体现素质教育的行之有效的特色教学方法，根据他的总结，其要点有：一是重视知识形成过程中教学规律的研究，对教学过程如何讲透基本概念及方法有自己独到的见解；二是注重因材施教，既抓优秀学生的培养，又抓后进学生的补课，他教的班级两极分化很小，全体学生都能在不同程度上获得进步；三是注意培养学生良好的学习习惯，帮助所有学生打下扎实的数学基础，提高他们的数学素养；四是坚持课堂教学有机渗透思想教育；五是深入浅出，以通俗的方法引导学生解决疑难问题，便于广大学生理解接受。以上几个原则，体现于他的常规教学过程中，同时又逐渐推广到学校数学教学过程之中，成为学校提高数学教学质量的共同财富。[8]

作为一个校长，赵家镐老师关心的不只是数学，其他课程的进展他也非常关注。他领导教学的最重要方法就是进课堂听课，召开学生座谈会，听取学生的意见。每学期听课数量总要在60节以上，在听课中掌握学校的教学动态，了解教师的教学状况，发现教学中存在问题及时进行指导和调控。即使是对学校的思想教育工作，他也尽量和学校政教处、班主任一起进行实践，去探索对学生进行教育的最佳途径和最好方法。他常常和政教主任、班主任一起深入课程检查常规，及时对全校常规情况做出评价，提出改进要求。自担任校长以后，他唯恐办学水平下降，影响学校声誉，所以15年来兢兢业业，努力工作，一刻也没有放松过抓教学质量，抓学校知名度，在激烈的办学竞争中，保持了学校在社会上的声誉。[9]

在"生长创造"中，很关键的是"创造"，可以说创造革新是"位育之道"的精髓，是位育文化传承中最宝贵的东西，是位育中学长盛不衰的基因。20世纪90年代以后，位育在"创新革新"方面进行了有益的探索，在全面教育改革中将学校推向一个新的发展阶段。

1991年起，上海市中小学课程教材改革方案在部分学校试行。为保证这一改革的顺利进行，徐汇区教育局要求有办学特色的部分中小学，通过继续总结经验，在实践中不断发展和完善，其中位育中学提出的特色学科就是"外语教学"（图5-9）。[10]

位育的英语教学原来就有一个较高的起点，

图5-7　赵家镐校长赴京出席九届全国人民代表大会第五次会议，代表出席证（2002年）

图5-8　位育中学老教师参加活动（摄于1995年11月）

图5-9　《改革的前奏》提到位育中学的外语教学（选自《文汇报》1990年11月16日，第3版）

学校为办出特色，专门提出了宏观的"七有"目标：学科建设有方向，教学有创新，教研有理论，教师有特长，学生有特点，竞赛有成绩，社会有影响。

学校认为，位育教师有着丰富的传统教学经验，位育学生有着良好的英语基础，在应付传统考试方面，双方都得心应手，但这种以英语语法体系为主的教学方式不注重应用能力的培养，长期以来学生在试卷上得心应手，而在听、说、口译等方面举步难行，知识向能力的转化缺乏中介，造成这一"缺乏"的原因正是由于教学囿于传统思路。要有牢固的基础知识，又必须使学生具备良好的应用技能。这一原则的确立使位育的英语教学产生了重大的变革。

首先，突破了原来以课文为主，强词语法而不及其余的教学框式，增加了听力、会话、阅读、词汇、写作等各类专项新课型；其次，与课型适应改革考试方式，增加口试、听力、阅读、写作等专项内容，变单一的语法、词汇笔试为读、写、听、说、译各方面全面衡量的考试；再次，坚持课外辅助教学的形式，如定期举办英语演讲比赛（高中），英语讲故事比赛（初中），英文打字比赛，科技英语翻译竞赛，双周一次的英语角活动，每周两次英语广播，播放英语新闻、幽默小品、英语歌曲等。初预、初一年级还要求每学期学唱5首英文歌曲，并进行英文歌曲演唱比赛。通过上述各类手段的配合应用，形成学英文、用英文的氛围，从而激发学生学习英语的积极性、主动性。

要使上述变革的教学形式在实践中取得成效，还依赖于总目标与阶段目标的明确。对此外语教研组群策群力，反复讨论，共同拟定了一份"位育英语教学大纲"。这份大纲全面量化，注重衔接，讲究坡度，突出重点，使英语教师教有所本，心中有数。例如在词汇目标上明确规定："高三毕业的学生必须掌握4255个基本词汇（其中包括新概念英语教材第二、第三册常用词汇）。"而这一目标又具体落实到各个年级英语教学的阶段目标中，如初预年级词汇量为527个，初一年级为610个……高三年级为701个，类似于此，对听力（如教材选定、语速）、语法（如各年级语法点、结构要求）、口语（如教材、内容）、阅读（如教材、速度、课外读物）等，均有明确的、量化的规定。

阶段目标的明确，为总体目标的提出打下了良好的基础。位育英语教学的总目标是：通过6年系统的英语学习，使全体毕业学生达到现行英语大纲要求，60%的同学达到校英语大纲要求，30%的同学能略高于现行校英语大纲要求，10%的学生能通过国家高校四级统考。

学科建设的方向不仅包括教学的目标，同样包括师资队伍的建设目标。教学有创新，教研有理论，教师有特长，是对外语教师们提出的要求与努力方向。课堂教学是外语教学阵地的前沿，教学创新的水准标志着外语教学的最新水平与对最佳教学途径的探索。学校提倡、鼓励创新，要求教研组出面组织每学期3堂探索实验课，向全校教师公开，并形成个人总结、教研组集体评价的形式，对好的经验及时归纳、推广。杨兰石老师在系统学习了"现代教学论"之后，着重研究了英语学习中的差生现象，分析其内外因素，从而逐步总结出一些规律性的做法并反复运用于实践，取得了明显的效果，并在外语组进行了推广。改革后的教学把英语课分成了听力、口语、阅读、写作、语法、词汇等类型课。这一改革更要求教师具有一定的教研理论使之完善化。实践证明，教师具备了科学的教育、教学理论，才能够上好课，并使课堂教学有更高的成效。例如词汇课，教师除了能进行构词分析，对词汇灵活运用的能力外，还要研究记忆词汇的最佳方法、途径、情境，探索记忆规律以运用于教学，这样才能使学生在不感到增加负担的前提下，学到更多的词汇。对位育的英语教师来说，学校要求他们除了有一定的基本功应付普通课之外，还必须做到学有所专、技有所长，能承担专项课的教学，以适应改革后的外语教学。

学校还注重教师队伍的培养与关心，敢于投入，善于投入。当许多学校还停留在一支粉笔、一张嘴的授课方式时，位育外语教师早已是人手一台双卡收放机了；位育外语语音室的设备是全区一流的，电化设备的添置保证了外语教学日益更新的上课要求，外语资料室的资料图书曾让不少外校同行惊羡，除了国内出版的英语图书报刊之外，更多的是国外友好学校赠送的英语教学图书、声像资料。外语教研组有专门的图书杂志经费，这些费用专款专用且逐年递增。硬件的具备还需要软件的过关才会有最佳的组合。为了让外语教师在教学过程中继续学习、不断更新，学校创造了各种条件，制定了许多措施，完善并加强了"五制"：带教制，老教师带教新教师，带教时限2年，带教期间要求出心得、出教研成果；备课组制，每个年级的外语教师组成备课小组，共同备课，以求互补，各备课小组向教研组负责，教研组向分管教导、校长负责；听课制，要求各年级英语教师相互听课，每学期规定听课节数，上交听课笔记与听课心得；研讨制，每学年由教研组组织，学校出面进行一次大型的教学心得、教研成果的汇报、研讨、展示，并对优秀论文、优秀个人进行奖励；进修制，鼓励并创造条件让外语教师进修，这些进修包括出国进修，请大学教师来校上课，请本校外籍教师定期上课，专科升本科的学历进修以及外出参加市区组织的培训、听课，此外，还包括第二外语的学习。由于位育中学与德国汉堡的一所中学是友好学校，两校间开展着教师、学生间的互访与交流活动。利用这一条件，学校不失时机地开设了第二外语德语课，在初、高中组织学有余力的同学进行学习，并请了德籍教师来位育任教，同时派出英语教师前往汉堡进行为期一年的德语学习。这一项目也成为位育外语特色的一个组成部分。

正是在学校和教师共同的努力下，位育的英语教学改革有了全方位的拓进，取得了一系列令人瞩目的成就。位育学生普遍英语基础好，这是来自许多高校老师的赞誉。许多位育的学生在进入大学后，都能在一二年内通过国家的英语四级统考，这就使位育的学生具有更强的竞争力。因为他们常常能将别人花在英语上的时间更多地花在其他专业的学习上，而这正依赖于他们在中学打下的良好基础。大面积的提高与拔尖学生的培养是分不开的。正是由于有了普遍良好的基础，一些优秀学生通过位育教师的培养，在英语学科上取得了无数令人瞩目的成绩。从1991年到1992年，位育学生在市、区各类英语竞赛中所获名次的人次竟达71人次，其中3名同学获英语奖学金竞赛一等奖，3名学生获二等奖，2名学生获1991上海市高三英语竞赛一等奖。还有多名学生获得1990学年区中学生英语文艺会演优秀奖，1990学年区英语朗读竞赛（高中重点中学组）一等奖，1990学年区英语朗读竞赛（初中重点中学组）一等奖。此外在其他各类英语竞赛中，如"凯乐特"英语大奖赛、"肯塔基"英语大赛等等，位育学生也都榜上有名，捷报频传。一大批在英语学科上学有专长的学生出现，使位育的英语教学得到了社会各界的首肯与好评。大面积提高与拔尖学生培养并重的意识，使位育的外语教学硕果累累，得到了区教育局、高校教师以及社会各界的赞扬。当澳大利亚昆士兰州州总理来位育听完学生的外语课并与学生交谈后，不禁竖起大拇指连声称赞"中国学生的英语好，位育的英语好"。在与德国汉堡中学生的互访交流中，德国学生常常为位育学生英语之流利、德语之纯正而瞠目，不得不承认中国学生的智慧、聪明。徐汇区教育局在对位育中学的外语教学进行了全面的评估以后，正式确认位育为区外语特色学校。[11]

升学教育与素质教育之争已成为教育界老生常谈，正是由于认识到以往升学教育的诸种弊病，位育的外语教改才有了明确的方向，变以往知识型、学院化的升学教育为重应用、讲技能的素质教育。但是这一转变过程并不是通过降低原有教学难度、减少原有教学内容实现的，相反这一转变反而对学生有了更高的要求与更多的内容，而这些要求与内容的落实绝不能通过增加课时、考试、作业这些手段来完成，这样只会又退回到升学教育的老套路上去。正是由于这一共识，位育外语教师们更加重视教学的科学性，越来越重视课堂教学的效率，越来越重视一些科学手段的应用，也越来越讲求一些科学的教育规律，而这些才是真正使位育外语特色保持下去并不断拓进的关键。

位育在教育改革方面的探索远不止于外语一科，尤其在实施课程教材改革的过程中，赵家镐校长严谨而有序地探索必修课、选修课、活动课这些新教学模式的教学规律，率先提出，全面改革课堂教学，提高学科教学质量，是加强素质教育，实现"课改"目标的关键。他总结出教学落实素质教育的六条基本原则：一是课堂教学有机渗透思想教育原则；二是注意学科特点，培养学生掌握科学的学习方法和严谨治学态度的原则；三是重视理科教学中课题研究的完整过程，重视文科教学渗透最新信息传递，加大课堂教学密度的原则；四是综合能力（口头表达和书面表达，社会实践社会调查和理论评判，分析和综合，形象和抽象）培养的原则；五是教师主导与学生主体互动原则；六是运用现代教学手段原则。这六项原则，是在一个新的时代对教学中最核心问题提出的重要变革，体现了学校教育中现代教育意识对传统教育观念的改革，是位育不断在改革中保持其生机活力的重要体现。

位育中学还不断寻找传统教育与现代教育意识的交融：一方面，改革课程结构，改革课堂教学方法，强调"人文学科"教学的作用，全面提高教学质量；另一方面，在各个领域全面拓宽知识视野，注重教会学生学习，培养学生完整的品格和能力，使学生逐渐形成完美的思维素质，从而引导更多的学生走向成功。优秀的文化传统与现代教育意识一经交融，以新的内涵充实"位育之道"，从而不断创造着新的学校文化，开拓着新的教育道路。[12]

到20世纪末，位育继承光荣传统，昂奋精神，注重开拓，逐步形成了具有一支优秀整齐的师资队伍，以整体化、高水准的教学质量和卓有成效的单项学科建设为三大支柱的特色学校。在日后成为《文汇报》记者的1996届学生许琦敏的记忆中，虽然位育老师们不得不围绕着高考的指挥棒，可是有许多老师总希望学生们能更超脱。历史老师杜建亭在上课的时候介绍了好多大学教授的观点，让学生们惊讶于历史的宽阔。生物老师庄小凤也常常在生物课上聊起学生的生活，把生物课上成"对你们一生有用"的课。桑岱老师的语文课总是这么与众不同，他的写作课成了她文思最活跃的课。而给她印象最深的是高三时的班主任唐序杰老师，她觉得，就像老子常说"无为而治"，唐老师管班级就有这样的味道，从来没怎么见他成天管头管脚，班里的学生却没一个不服他的。他的政治课从来没有说教，似乎在说说笑笑之间，就让人把那些枯燥的条条杠杠记住了（图5-10）。[13]

同样是1996届学生，日后成为新华社高级记者的许晓青认为，位育的老师不仅教学生学问，而且教大家怎样生活、怎样做人。特别是当年三位不拘一格的班主任，伴着她走过了人生最重要的一段成长道路，令她记忆深刻。初中时，她的班主任是非常出名的优秀教师王丽曼。王老师经验非常丰富，不仅生物课上得棒，而且组织集体活动"一只鼎"。王老师点子多，能把每一次班会、每一场文艺演出搞得很活跃。也许是善于把握孩子的心理，学生的积极性很快被调动起来。第二位班主任是费午华老师，大家都亲切地叫她"妈妈"。她很信任自己的每一个孩子。有时候从一两件小事给人的鼓励，也许就会影响人的一生。许晓青记得一次班级大扫除，她问费老师借了一副袖套。后来，费老师竟然在班里表扬了她。许晓青这才恍然大悟，原来是自己还袖套时，把这副袖套清洗干净、叠得整整齐齐，再物归原主。费老师发现了这

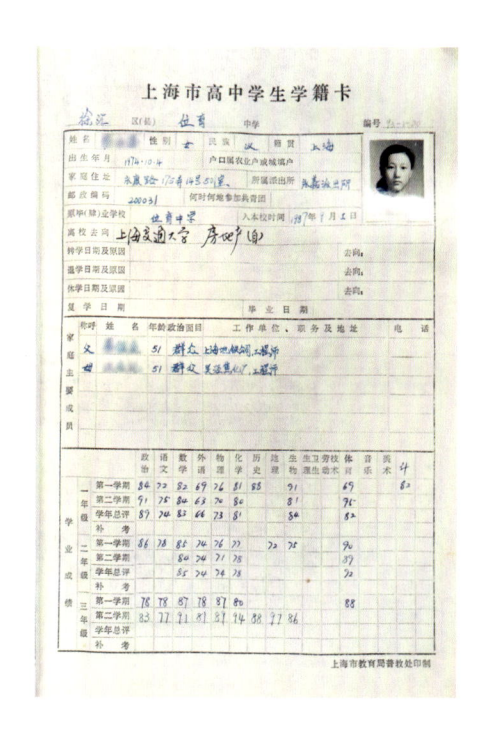

图5-10　位育中学20世纪八九十年代学籍卡摘选（1993届1班）

些小细节，并告诉全班，这是做人的基本道理，只有一丝不苟，将来才能有出息。这番话，许晓青一直记在心里。此后，她又遇到高中阶段最后一位班主任唐序杰老师。唐老师的政治课上得最让人折服，庞大的信息量，深入浅出的例子，总让学生们欲罢不能。往往是他在这个班上完课，学生中间立马就把内容传开了，等他到了第二个班上课，大家就主动要求他把最精彩的故事再重复一遍。所以后来进入高考选科时，许晓青毫不犹豫选择了加试政治。毕业班无疑面临人生的一次重大选择，唐老师了解每个学生的特点，非常耐心地做大家的思想工作。在他的支持和鼓励下，许晓青以笔试和面试总分第一的成绩提前批考入华东师范大学历史系"文基班"。在位育高中毕业那年，她还获得了上海市作文竞赛二等奖和华山奖学金，这也与历届班主任的培养密不可分（图5-11）。[14]

1999届学生王岚毕业后总是很想念她的老师们。在她心里，老师们教给她的，不仅仅是知识，更重要的是竞争意识和拼搏精神。他们要求学生的，也不仅仅是应付考试，而是不断拓宽知识面，开阔视野，更快地适应环境，提升自我。

数学一直是她最喜欢的科目。中学的数学也为她在大学里学习金融工程打下了扎实的基础。她始终认为位育的数学老师是最棒的。尤其是顾秋惠老师，她治学严谨，知识渊博，讲课生动，引人入胜，善于用形象化的语言深刻地揭示数学的奥秘，从而在学生们的脑海里牢固地树立起一个个清晰的公式概念。良好的英语基础向来是位育毕业生引以为自豪的。她最感谢的是高三的英语老师曾美娟老师。高三

图5-11 学校举行第三届华山奖学金授奖大会

的学习很辛苦，英语成绩又直接影响到高考的结果。然而，曾老师的和善与宽容，无形中减轻了学生们的学习压力。更重要的是，她学得很扎实，很全面，为日后在香港城市大学就学时的全英语学习打下了良好的基础。口语训练教给了她应变的能力，精读让她学会了严密分析问题，而在课堂上讲授的西方国家的历史文化背景不但拓宽了她的知识面，更重要的是让她在英语学习中开阔了视野。[15]

位育办学，秉承培养全面人才的宗旨，在原有特色的基础上，继续拓展培养途径和培养方式。五十一中学时期，学校就以天文特色享誉一时。到20世纪八九十年代，位育的天文特色得到进一步发展。1988年，区教育局评定命名6所中学为第一批区科技特色学校，位育中学以天文特色学校名列其中。1996年5月18日，上海市区内规模最大的天文台——位育中学青少年天文台，正式落成并举行了开台仪式。[16] 天文台共分4部分——天文科技演讲厅、天文圆顶观测室、室外天文观测平台、天文资料工作室，为推动中学天文选修课程教学提供了新设备（图5-12、图5-13）。[17]

除了天文之外，学校也逐渐发展出计算机和摄影特色。1990年，徐汇区再度评定命名7所中学为第二批区科技特色学校，位育中学以摄影与计算机特色名列其中。1996年10月，国内首家以中国名牌命名的学校——海鸥摄影学校在位育中学诞生。上海海鸥照相机有限公司向该校授旗，并赠送一批海鸥变焦镜头、海鸥摄影包及摄影服装等。该校将在初、高中开设摄影课，发展学校特色教育。[18] 海鸥摄影学校的前身是学校摄影小组，这是位育中学坚持10年的课外教学的传统特色项目。摄影小组学生的作品曾多次在本市和全国性摄影比赛中获奖。海鸥摄影学校成立后，在老师的指导下，学员们的摄影技术不断提高。学员的作品《祖国辉煌》《红岩魂》等又在首届海鸥摄影赛中荣获一、二等奖。校内喜爱摄影的学生越来越多，学员已从30名增加到60名。位育中学还将摄影教学向校内辐射，除了课外活动小组外，该校还在初二、高三两个年级普及摄影知识，每周一节摄影课已经列入课表内。在由化学实验室改装而成的专用摄影教室里，一排排桌子排列整齐，桌上摆着统一的存放显影、定影药水的瓶罐；窗上都挂着遮光的窗帘，必要时教室即可变成一间很大的暗室；橱柜里摆着几十架相机，可以两人合用一台学习操作。教室的一角放着一台单缸洗衣机，那是摄影教师特地从家里搬来，为学生调制冲印照片的药水的。为了提高学生的兴趣，上课时，老师把摄影理论知识压缩成最基本的框架，让学生初步涉猎，然后用大量的时间让学生实践操作，在操作过程中学生遇到问题时，再结合物理、化学知识做进一步的讲解，这种讲课方式深受学生欢迎。学生们感觉，在紧张的语、数、英等课程学习之余，能有一堂兴趣盎然的摄影课调节情绪，真是太好了。通过学习，他们了解了照相机的基本原理，会使用相机，会拍照片，暗房操作也达到一定的水平，尤其是审美情趣和欣赏水平有了很大的提高（图5-14）。[19]

位育的发展还受到了来自校友和社会各界的支持。1958届校友华山于1990年在学校专门设立华山奖学金，奖励位育师生。1989年11月，著名企业家唐翔千先生以其父唐君远名义设立唐君远奖学金，唐君远先生逝世后，改名为"上海唐氏教育基金会"，共有基金4000万元人民币，捐赠学校20余所，唐君远先生的次子，唐翔千先生的弟弟唐仓千是位育1958届校友，因此，位育中学也在资助的学校名单之中。该项基金先后为位育上千优秀师生发放了奖金。此外，上海投资公司也斥资百万元，设置奖教基金；上海现代集团也专门设立了新上海国际奖学金。另外，章寿朴老师将其著作稿费全部捐赠学校，李楚材校长也将其稿费共4万元以其夫人名义捐赠学校购买图书，该笔捐款为日后设立在华泾的新位育中学图书馆

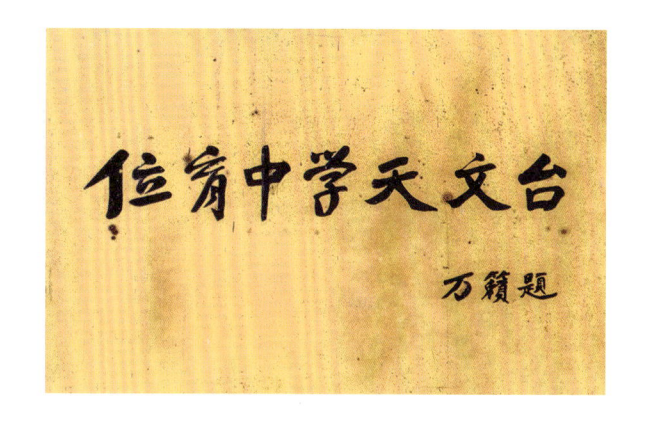

图5-12　位育中学天文台牌匾

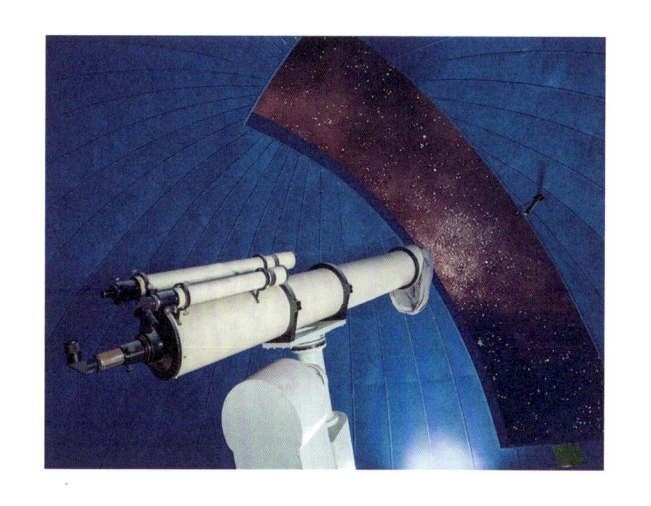

图5-13　位育中学天文台

图5-14　摆满打字机的教室（摄于1993年）

图5-15 位育中学获奖运动队合影留念（摄于1995—1996年间）

图5-16 位育中学学子在体育场（摄于1995—1996年间）

图5-17 位育学子参加运动会的场景（摄于1995—1996年间）

购置了第一批图书。[20]

进入20世纪90年代以来，位育中学保持了在社会上的良好声誉，高考成绩稳定在全市前列，进入重点高校的入学率在60%以上。学校获得市文明单位、市行为规范示范学校、市"国家体锻"达标先进学校、市语言文字工作先进集体等等称号，斐然的成绩令人欣喜。一流的师资培养一流的学生，位育中学的学生在德、智、体、美、劳五方面全面发展。仅1990—1993年间，该校学生就共获得包括全国力学竞赛一等奖在内的国际、全国奖121人次，市级奖214人次，学校被市领导部门命名为市排球项目传统学校。1990年以来，高中、初中男排连续多次获得全市前三名的好成绩，并为市排球队、高校输送多名优秀运动员。在上海市中学生游泳赛中曾获得冠军2名、亚军3名。在美育上，每年举办的艺术节、文艺会演、大型歌咏比赛、钢琴独奏会，欢快热情，异彩纷呈。校舞蹈队曾荣获1993年83所重点中学合唱比赛一等奖（图5-15至图5-18）。[21]

1996届学生许晓青至今仍记得，她十三四岁时就跟着班主任王丽曼老师，积极开展各项文体活动和社会实践，在当时的沪警总队营房里学会了打桌球，下了人生第一盘围棋，和武警战士结下了深厚友谊；王老师还请来市舞蹈学校的教练指导大家学习简单的芭蕾动作，增强了大家的形体训练力度。更令人难忘的是，王老师带领学生们到烈士遗属韩慧如家中聆听关于"战上海"的传奇故事，并要求大家定期为韩奶奶扫地擦窗。后来大家才知道，这位烈士就是电影《永不消逝的电波》中英雄"李白"的原型人物之一秦鸿钧。很多年以后，当许晓青回想起位育生活的点滴，仍觉得受益良多。[22]

图5-18　位育中学学生参加运动会（摄于1996年10月28日）

图5-19　位育中学复兴中路校园建筑（摄于1993年）

1994届学生高立出身于位育之家。外婆是位育中学的数学老师，父母和三个舅舅都是位育的校友，他和表妹也是位育的学生。他永远都记得初入校园时的老北楼，在透着缝隙的木地板和吱吱呀呀的楼梯中，她摇摇晃晃地迈出中学的第一步。他清晰地记得那个只容得下有限人数的阶梯教室，每次开全校大会，只有一个年级可以列席，剩下的都静静地在教室里听广播。他也忘不了卢湾区体育场，在灼热的起跑线上，于一片硝烟弥漫中，潜听着爆发的那一声号响。他忘不了武警会堂，每年元旦前夕的文艺会演。在他的记忆中，母校虽然很小，但是她包容很大。像高立这样，一代又一代的位育学子在母校"生长创造"的氛围中学习长大，学习观察和思考，学会了踏实和严谨。他们就这样来了又走了，带走了回忆，也给母校留下了辉煌（图5-19）。[23]

第二节　"气节教育"塑造校园新风

如果说建设一个团结和谐的教育工作环境是位育中学在"生长创造"教育理念下获得成功的基础，那么继承位育中学一贯注重的学生思想品德教育，提倡教书首先要育人则是贯彻"生长创造"教育理念的重要前提。"生长创造"既不是无根的发展，也不是无序的发展。"生长创造"应当深深植根于共产主义、爱国主义理想信念的土壤之中，才能绽放姹紫嫣红，呈现满园春色。一切以国家民族利益为重是学校对每一位育学子的要求。每一个位育人都意识到，使位育师生感到自豪的不只是几十年来位育中学培养了一批"名人"，更重要的是学校培养的许多优秀人才都能立足国内，为社会主义建设做出自己的贡献。这从一个侧面反映了位育中学重视学生思想教育的优良传统。

图5-20 位育中学校园（摄于1993年）

赵家镐老师担任校长期间，一直把德育放在学校教育最核心的地位。德育有一个针对性和实效性问题，因此，学校在开展德育工作时一直在思考如何建立适合位育中学学生特点、体现位育中学传统、发挥位育中学教育资源优势并能反映时代特点的德育特色的问题。在德育的实践和探索过程中，位育中学逐渐形成了"气节教育"的德育特色。开展"气节教育"就是要旗帜鲜明地贯彻社会主义教育的培养目标，这是"生长创造"教育理念所体现的精神境界的高位（图5-20、图5-21）。[24]

1991年前后，学校根据当时中共中央提出在学生中进行"二史一情"教育和当时社会形势的实际情况，提出了要在学生中进行弘扬民族气节为内容的爱国主义教育。[25]最初学校提出开展"气节教育"，只是有感于开放之初的出国潮，思考着如何来定位位育"赶潮人"的爱国主义情怀，思考着必须让位育中学的毕业生树立远大的理想、奋发图强的进取精神和为祖国服务的抱负。以后，在广泛实践和研讨的基础上，逐步发展出了"气节教育"的较为完整的概念，形成了全校的共识。[26]学校认为，气节就是指人们在政治上、道德上、事业上的责任感和坚定性，它包括"骨气、志气、锐气、正气"。"骨气"是指人格尊严、民族尊严、国家尊严，要自尊、自信、自立、自强，表现在困难、挫折、危险面前不低头，不退却，有坚定不移的信念，既有富贵不能淫其心，威武不能屈其节，贫贱不能移其志的优秀传统，又有在新时期新阶段的发展和新内涵。"志气"指有抱负、有理想、有奋斗目标，方向明确，充满信心，表现为强烈的事业心与牺牲精神。"锐气"指开拓创新，不甘落后，锐意进取，敢于走前人没有走过的路，表现为创造性学习与工作。"正气"指明辨是非、坚持真理，有正义感，表现为热情善良、正直待人、见义勇为，具有基本的道德品行。[27]在学校开展"气节教育"就是要让学生树立国家、民族、人格的尊严感，做到在困难面前不低头，不退却，要有富贵不能淫其心，威武不能屈其节，贫贱不能移其志的骨气，要让学生树立为了理想、事业而拼搏奋斗的志气。要让学生树立敢为天下先，不断开拓创新，勇于攀登高峰的锐气。让学生树立明辨是非、坚持真理、见义勇为、热情善良的正气。在这四气当中，正气是气节的基础与起点，志气与骨气是正气的升华，锐气是志气与骨气的结晶，四气融会贯通，有机结合，形成了一个整体。[28]

为了贯彻落实位育中学"气节教育"的德育工作，1991年以后，每年位育都开展相关的主题活动。学校紧扣形势，选择一个重大事件作为载体，围绕这一载体，通过具体的活动，引导学生领悟和接受一些基本观点，为形成正确的世界观和人生观做一点积累。比如1991年的"讴歌民族气节，弘扬爱国主义精神"的主题系列活动；1993年开展的"寻找位育人足迹，发扬位育人精神"主题系列活动；1994年

图5-21　校园一瞥（摄于20世纪90年代）

的"颂祖国45年成就，想位育人肩负责任"的主题系列活动；1995年的"庆祝抗日战争和反法西斯战争胜利50周年"的主题系列活动；1997年的"迎接香港回归"主题系列活动；1999年的"迎接建国50周年，迎接澳门回归"的主题系列活动等。这些活动既有轰轰烈烈的大型全校活动，也有扎扎实实的小型的班级乃至个人活动。[29] 位育的"气节教育"取得的成果在全市引起了强烈的反响，在全市中学爱国主义教育现场会上，位育专门做了交流发言。《中国教育报》《解放日报》《文汇报》《上海教育杂志》都先后发表文章，对位育开展气节教育做了报道（图5-22至图5-24）。

位育把每一个大大小小的活动都看作一个形象教育的过程。初一（3）班为准备主题班会"民族英魂"，组织学生到烈士陵园扫墓，看烈士史料展览，看电影《永不消逝的电波》《在烈火中永生》，读《红岩》《烈士诗抄》，请秦鸿钧烈士的夫人韩慧如老妈妈到班上来做报告。在广泛开展了一系列情感活动的基础上，同学们心动情沸，积极地自行设计、编写、排练，然后开了一个寓教于乐的主题班会。在高一年级举办的"向当代青年学习，为祖国贡献青春年华"的主题班会上，同学们几乎是屏住呼吸，倾听着班长朗读一封写给为建设浦江大桥、英年早逝父亲的信。有的女同学一边听着声泪俱下的朗读声，一边抹着止不住的眼泪，有的甚至难以控制地哭出声来了。1992年元旦晚上，上海电视台的荧屏上专门播出了这一封信。1991年4月，位育举办了"讴歌民族气节，弘扬爱国精神"演唱会，借徐汇区少年宫的会场，演各年级自编、自导、自演的文艺节目，有百人大合唱《满江红》《黄河》；课本剧《屈原》《最后一课》《秋瑾》；朗诵《群英谱》，故事《谭嗣同》《林则徐》《两弹元勋》；歌舞《长江之歌》《绣红旗》等。各年级、各班级的广大同学正是通过编写、排练、演出、观赏，受到了一次又一次生动形象的情操熏陶。一位演秋瑾的高一女同学在演出结束后，激动得泪流不止，她说："我从来没有上台演过戏，为了演好秋瑾，我把'无限伤心家国恨，长歌慷慨莫徘徊'的诗歌背了又背，我觉得一下子被秋瑾的爱国思想感染了。"

图5-22 学校举办"忆我革命史，扬我革命威"讲故事演讲比赛（摄于1992年）

图5-23 学校举办"中国传统美德与青少年讲故事比赛"（摄于1994年）

图5-24 学校庆祝香港回归大型活动（摄于1997年）

学校还采取到校外去考察、请模范人物做报告、从报刊上找资料等办法，开展广泛的社会调查。学生的足迹遍布了企业、农村、军营、商店、大学、街道，收集了丰富的第一手材料，采访了各条战线上的优秀分子，并请了市科技精英华东化工学院的傅黎明教授和李新洲教授、交通大学的席予庚教授谈"我是中国人"的感受，谈"为了祖国，努力奋斗"的感人事迹。这些真人真事，极大地震动着广大学生的心灵，激励着学生的民族气节。高二学生董梁听了李新洲教授的报告后，激动不已，心潮澎湃，当夜疾书："我一定要刻苦学习，顽强锻炼，做一个像李教授那样的有作为、有骨气的中国人，为中华民族争气。"这个学生曾多次在市区学科竞赛中获优胜，现已直升交大。在广泛进行社会调查的基础上，学校不失时机地组织学生举行演讲比赛，开展各类主题班会活动，使气节教育迈上理性思考的台阶。各班主题班会中心一致，形式各异，都表现出理性的思考，面对现实，展望未来，增强了使命感。初中的《巍巍中华魂》《我是中国人》《历史给我们的启示》，高中的《爱国·气节·四化》《气节·理想·人生奋斗》等等都获得很大的成功。高一（4）班在参观南浦大桥时，在主桥上召开了"在南浦大桥上"主题班会，各人做一分钟演讲，一位同学说："我站在雄伟的大桥上，看到大桥下还有破房子，长辈们已建造了现代化的大桥，改造破房子的任务理应落在我们身上。"1992年秋，高二各班在华东化工学院和梅陇乡进行社会调查的基础上，分别召开"改革开放与我的关系""未来改革召唤着我们"等主题班会。一位经常获全年级学习成绩总评第一的同学，在对华东化工学院的年轻名教授和大学生干部的调查后，思想触动很大，他三易其稿，在班会上激动地发言："我要从安于现状中解放出来。我从小到大，所受的教育都是'做一个听话的孩子'，我现在与女同学谈话就脸红，我做功课时哼几声歌，周围同学就会投来奇怪的目光。我太不适应改革开放的形势了，我要改变自己，要在改革开放的过程中使自己更加完美，做一个全新的老实人。"[30]

除了这些主题活动之外，学校还让教师在主渠道开展德育活动，其中很重要的一点就是在各学科教学中渗透思想教育，这一设想其实就体现在赵家镐校长提出的实施素质教育的课堂教学六项原则的第一条之中，即在学科教学中渗透思想教育的原则。为了加强学科渗透的作用，位育还在全校范围内提出加强文科教学的设想，并付诸实践。学校认为文科学科不仅在传递知识上，而且在学生人生观和世界观的形成上有着理科学科不可取代的作用，在学生和家长中普遍存在的重理轻文现象如果长期得不到纠正，会导致学生整体素质的滑坡，甚至出现价值观的偏离。位育要求文科学科（是指政治、语文、历史、地理四科）的教师要更多关注课堂教学改革，关注时代特征，关注社会，让更多的学生参与到教学过程中来，增强学生的经济意识、社会意识、国际意识、公民意识，来落实学校的德育意图。[31]

如高一语文在教《三元里抗英》时，引导学生提炼出"落后要挨打""做一个有骨气的中国人"等论点，组织学生撰写和交流小论文，收到很好的效果。还有的搞课文的"一句话"点评活动，发掘概括文章的思想内容，例如，执教新教材《诀别》时指导同学评点陈毅元帅的傲岸性格，初一同学纷纷点评说："霜重色愈浓""骨气与豪气的完美结合"。又例如在历史课教《新航路的开辟》时，历史教师指点说：当时欧洲人仰慕东方（主要是中国）的富庶，需要东方的科技和文化，他们对东方文明从向往到渴望，到冒着风险行动，寻找新航线，若从唐朝算起，中国被欧洲人向往了800多年。现在，西方发达国家比我们富庶，我们对他们先进的科技和文化也有向往，同时也看到他们的腐朽面，我们一定能从现在起，到21世纪末，通过我们的双手和大脑，再创造出一个富庶的现代中国。这样点拨对学生起了很大的激励作用。政治学科指导学生写社会调查文章，组织赴德国考察的学生写考察笔记，学生从中德文化、经济、教育、生活等各方面的对比中，看到闪光的民族传统和我们的不足，增强了民族自信心和历史责任感。胡哲皓同学的《中德教育比较的启示》一文获全国政治小论文二等奖。语文组根据不同年级学生的特点，结合课文与身边的事，组织了一系列的征文活动，初预年级的《我心爱的一首诗》《读〈革命烈士诗抄〉的感受》，初二、初三年级的《大桥的希望》《学习初二学生的家长，南浦大桥主设计师已故的张介望同志的感受》，高二的《有感于爱国要有实力》《学习曾乐的体会》，高三的《黄花岗七十二烈士祭》《学习课文孙中山的〈黄花岗七十二烈士事略序〉》《又逢辛亥革命八十周年纪念》。这些征文活动，人人动笔，取得了很好的效果（图5-25）。

"气节教育"的一系列活动都在学生成长的过程中留下一点痕迹，燃起一点火花，对他们的成长起到一点潜移默化的影响，将来长大成人以后，回忆起中学发展时期，必将勾起他们一点美好的回忆。高二年级的小刘，原来是一个比较松散的学生，学习成绩也较差，现在变化很大，老师说他像换了一个人似的。他说："在气节教育主题班会上我也讲了一个民族英雄的故事，我向大家表示在自己的学习生活中也要弘扬英雄气节。在语文课上我学习了桥梁专家茅以升的事迹，我暗暗下决心也要像他那样有一颗爱国之心。于是我渐渐地改掉了原先松松垮垮的习惯，学习的节奏加快了，行为规范方面也开始严格要求自己了。现在我的学习成绩有明显提高，还被评为行为规范标兵，被选为班干部。当然，这仅仅是我进步的开端。"李海婴同学在校的时候一贯优秀，她曾说："学校希望我们出类拔萃，鼓励我们出类拔萃，我们应当做一个出类拔萃的当代中学生，为位育中学增添光辉，为四化贡献力量。"她屡经考试，取得了整个高中阶段物理免试的资格。她还参加了大大小小的市区

图5-25 校刊《钟声》（1995—2012年一览）

校级竞赛10余次，有数学、物理、生物、英语等竞赛……成功和失败参半，但每一次成功并没有使她头脑发热，每一次大败，也没有使她灰心丧气，"我总是从失败中去寻找通向成功之路，从没有折了锐气！"高一时，她进入了上海市物理竞赛前50名的行列，后来她又以147分的优异成绩（满分150分）获得了美国第38届数学竞赛上海赛区第一名的特殊荣誉。有个女同学小莫，"不甘落后"在她身上表现得非常突出。她主动要求"参赛出征"，参加全区数学竞赛，小莫"敢"字当头，锐气十足，竟然能在全区竞赛中临场不慌，进入了前三名的行列，使学校中许多老师喜出望外。所以荣获全国数学竞赛一等奖的高三学生戴光伟说："我们学校之所以保持着这种优良的校风、学风，使我们每一个位育学生不断进步，这与近几年来学校持续进行爱国主义的气节教育是密不可分的。"1992年度，有35位同学参加了党章学习小组。1992年6月，高三学生钱刚加入了中国共产党，实现了位育中学发展学生党员工作中零的突破。[32]

改革与开放相结合，自20世纪80年代中叶起，位育和很多上海重点中学一样，逐渐迈开了对外交往和开放办学的步伐。1986年，上海市与德国汉堡市结为友好城市。汉堡方面提出将中学生互访交流列入友好交流备忘录。1987年起，位育中学与上海中学等开设德语课程的学校作为市政府指定学校，与汉堡市开设中文课的4所学校开展中学生互访，每年双方互派10—16名学生交流，这也是上海市政府与非英语国家开展中学生交流最早的项目之一。位育中学自1987年起与德国汉堡华尔德多夫高级文科学校结为友好学校，每年每校各派出3名学生组成的代表团去对方学校访问交流。一年以后，华尔德多夫文科学校的校长和教师代表团来访，我们认真做好接待工作，对方校长和教师十分满意这次访问。这一互访交流项目，开创了上海中学界对外交流开放的先河，在上海产生了广泛的影响。这个交流项目，一直坚持到现在还在开展，形式也更多样。特别值得一提的是1989年夏秋之交以后，西方国家一度停止了一切中国的交流互访活动，为了打开局面，上海与汉堡首先突破制裁，开始恢复交流，为成功解除西方国家对中国的制裁做出了贡献。汉堡华尔德多夫高级文科学校的退休教员哈根先生还到位育执教。位育教师也

被派至德国教学。1992年,上海市教育局与澳大利亚伊普斯维奇市的圣·爱德盟德学院(St. Edmund's College)和圣·劳伦斯学院(St. Lawrence College)建立友好合作关系。同年,徐汇区与澳大利亚罗棋市开展交流,双方交流被列入《上海—昆士兰1993—1995年合作项目备忘录》。市政府与澳大利亚昆士兰州签订协议,昆士兰州教师访中互派团团长柯大卫、其夫人柯丽莎及4个子女住在位育,柯丽莎在位育任教,位育外语教研组组长杨石兰老师到昆士兰任教。位育认真做好准备工作,在红楼顶层专门做了装修,不但在住宿条件上基本满足对方的要求,还为他们的孩子安排学习,还专门去请了一位保姆照顾他们的小孩和婴儿,很好完成了接待任务,与柯大卫、柯丽莎一家结下了深厚友谊。此后,柯大卫多次以私人身份来华访问,还到位育交流许久。昆士兰州州长、教育部部长访问上海时,都先后访问位育,并看望柯大卫一家。1992年后,位育中学又与日本甲北高中建立姐妹校。这几次比较重大的外事交流活动,不仅给对方留下深刻印象,也获得市外事办公室的肯定。另据《文汇报》报道:"位育中学与德国汉堡州一所中学结为友好学校,每年互派学生代表团访问三周,同时该校还与澳大利亚昆士兰州一所中学有友好的联系。九二年汉堡中学代表团于三月、九月来了两批三十二位师生,十二月昆士兰州来了二十一位师生,他们来沪均住在位育中学内。"[33](图5-26)

图5-26 德国中学代表团来访(摄于1990—1991年间)

1991年10月，徐汇区有关部门提交《关于位育中学申请列为外事接待单位的请示》，其中写道："与国外的友好交往颇多，并且接待过程中，逐渐完善外事接待的条件，加强该校职工的外事意识，不断提高外事接待的质量。目前位育中学的接待工作状况良好，较出色地完成了市、区有关部门交办的外事接待任务。"[34]是年11月，经市外事部门批准，位育中学被列入外事接待单位。[35]此后，学校有了更多机会和外国学校师生代表团进行交流和学习。不但锻炼了学生，也提高了教师的能力，这在当时是一种难得的机会。徐鞠令老师和徐植老师在当时专门负责对外接待工作，为外事接待工作做了大量的具体工作，做出了重要的贡献。随着改革开放的不断扩大和深入，这种交流活动也越来越多，特别是进入21世纪之后成为常态。通过加强与国外及中国港澳台地区的交流，位育师生"开阔了视野，学会了与世界不同文化的交流、选择、理解与包容，为以后学校提出国际化打下基础"[36]。

位育1993届学生戴光伟，当年是上海市三好学生，全国高中数学竞赛一等奖，日后成为纽约大学博士的他认为，出国访问对他一生都产生了重要的影响。德国之行让他有机会以零距离去体验异国的生活，去了解另一种文化和理念，同时也让他能用更开阔的眼界去观察世界，体会人生。从那时起，他就希望以后能有一天真正地在外面精彩的世界中游历一番、搏击一番。可以说，那次访问为他日后的飞越重洋埋下了伏笔。[37]同为1993届学生，日后成为建筑师的王颖也认为，1992年，她有幸参加了位育与汉堡的姐妹学校的互派交流活动，这次经历开阔了她的视野，教会她可以从各方位思考问题，对她有着很大的影响。[38]

随着对外开放的不断扩大，教育的对外交往也日益频繁，徐汇区教育部门要求相关学校在对外交往过程中，利用中外比较的便利，对学生进行爱国主义教育，要求处处表现出中国人的国格和人格，反映出强烈的民族自信心和自尊心。[39]位育中学适时地将"气节教育"融入对外交往的过程中，收到了良好的教育效果。为了让学生在复杂的对外交往环境中磨砺骨气，学校采取了开放的态度，宁愿多开支外事经费，尽可能多地让同学们参与外事活动。他们除了组织外国的师生深入班级广泛接触中国学生外，还组织学生轮流陪同外宾参观博物馆、中医学院、音乐学院、玉雕厂、地毯厂、南浦大桥等，并一起开展各类文体活动，进行中西文化教育比较的研讨，同学们在接触中，自豪地向外宾展示中华民族优秀文化和四化建设的成就。在组织学生外出访问中，学校也有意识地让学生在复杂的环境中磨砺自己的骨气、志气、锐气、正气。学生赴德国访问时，以他们流利的英语、扎实的文化基础、较为丰富的知识以及多方面的文娱才能和良好的气质风度，获得了国外师生的好评。德国友好学校的校长说："为能与这样一所高质量的学校结为友好学校而感到自豪。"[40]

1992年8月，由副校长龙世明带学校学生代表团去德国汉堡访问3周。3周访问结束时，德方召集了一个欢送会，汉堡州政府官员和中国驻汉堡总领事也参加了。在那次欢送会上，俄罗斯人先发制人地向德方送了礼物，使同学们感到很"闷气"。当仪式结束，即兴表演开始了，学生表示一定要争口气。先是俄罗斯人表演朗诵，掌声稀稀拉拉。轮到位育学生表演时，学生群情振奋，先是用德文唱了《欢乐颂》，又用中文唱了一曲《送别》，赢得阵阵掌声，尤其是当学生会委员王颖表演孔雀舞时，她使出浑身解数，十分投入地在闪烁的灯光下翩翩起舞，活脱脱像一只开了屏的可爱的小孔雀掠过傣寨水池，那轻柔的舞步博得声声喝彩与热烈的掌声。当王颖在跳孔雀舞时，中国驻汉堡总领事对龙校长说了句悄悄话："这小姑娘舞姿很美，这下可把俄国人比下去了。"学校出访的一些学生，在那里树立了中国学生的形象，充当了"小小外交家"的角色。

直接的国际交往活动使同学们了解别人，认识自己，破除迷信，更加自信。他们颇有体会地说：在同外国同龄人的接触过程中，看到外国中学生懂礼貌、讲卫生等优点，也看到自己的外语水平、数理化程度、知识基础、文娱才能等方面并不比他们差，许多方面还胜过他们。在整个外事活动中，"学生们表现出民族自豪感和多方面的才能，多次受到驻外机构与外事机构的称赞。在对外交往中，同学们更深切地体会到祖国的强盛对每个中国人意味着什么，从而进一步树立了为建设强大祖国而勤奋学习的决心和信心"[41]。在对外交流中，位育中学在全校师生中开展了以"骨气、志气、锐气、正气"为内容的中华民族气节教育，也收到了良好的教育效果。

第三节　筹建新校区

改革开放前期，我国基础教育的主要任务是完成基本普及九年制义务教育的目标。但随着改革开放成果的逐步显现，如何不断提高教育质量，扩大和建设优质教育资源，以满足人民群众对高质量教育日益增长的需要，成为摆在教育界面前最重要的任务和目标。为了支持上海教育的改革和发展，上海市委、市政府在制订经济、社会发展规划时，将学校发展纳入城市整体发展规划中。1994年在全市教育工作会议上，中共上海市委书记黄菊提出了建设现代化寄宿制高中的任务。在城乡结合部建设11所现代化寄宿制高中，就是贯彻落实上海市委、市政府建设"一流城市、一流教育"战略方针，全面实施素质教育，提高普通高中教育质量的一项重大措施。为贯彻这一要求，1996年8月31日，上海市在进才中学召开各区县分管教育的区县长会议，布置在市郊结合部或郊县城镇建设10余所寄宿制高级中学，上海现代化寄宿制高中的建设自此正式启动。[42]其中，徐汇区上报计划，拟在华泾地区承建一所现代化寄宿制高中，并决定由位育中学高中部搬迁新校。

1996年12月17日，徐汇区教育局向徐汇区政府提交《关于建造"华泾地区位育寄宿制高级中学"的请示》，内有徐汇区教育局《关于新建"位育寄宿制高级中学"的项目建议书》，该项目建议书包括：一、建造的目的和依据；二、基地概况；三、建设内容；四、建设进度；五、投资预算和资金来源；六、开学日期；七、建设后的社会效益；等等。[43]经区政府同意，1996年12月25日上海市徐汇区计划委员会向上海市计划委员会呈交《上海市徐汇区计划委员会请示》，主要内容是："根据市委、市政府领导的要求：'在城郊结合部建设一批现代化高标准的寄宿制高级中学，并将这批学校作为上海一流教育的标志性建筑'的指示精神，区委、区政府研究决定在我区华泾地区、华泾路以北，赋春路以西地区建造一所'华泾地区位育寄宿制高级中学'，该项目设计规模为36个班级，占地175亩，预计总建筑面积50000平方米,总投资1.5亿元。"明确提出:建成后的"华泾地区位育寄宿制高级中学"将是一流的、跨世纪标志性、现代化的学校。[44]该请示很快得到上海市计划委员会的批复(图5-27至图5-29)。[45]

徐汇区政府对新建华泾地区的位育寄宿制高级中学非常重视,1998年9月28日,徐汇区四套班子(成员)赴位育中学参加现场办公(图5-30)。[46]1996年底,中共徐汇区委书记钱景林到校宣布这一决定,确定由赵家镐校长主持搬迁工作并担任新校校长。由此,位育中学获得了千载难逢的发展机遇。[47]1997年4月8日,现代化寄宿制的位育中学举行开工典礼,时任上海市副市长的陈至立亲手摁下开工的按钮(图5-31、图5-32)。

对于位育新校区的建设,最激动的就是此时已经94岁高龄的李楚材先生。李楚材先生当年的宏伟理想就是要想在郊区买一块土地,办所晓庄师范式的寄宿制学校,实践陶行知先生的教育理念。当时也通过义卖、义演、各界捐助等各种方式,筹钱在梅陇地区购了几十亩土地,但始终无力建成学校,这一直是他的遗憾与解不开的心结。当他得知位育中学将在华泾地区建造一所占地180亩的现代化寄宿制中学,自己终生的理想有望实现时,李楚材老校长内心之喜悦溢于言表。他一直关心新校区建设规划方案,听过几次设计汇报。他又不顾九旬高龄,坚持参加新位育中学的开工典礼,并与学校相约一等来年新位育落成之时,要再来校园,他要亲自看到他的理想的实现。遗憾的是,他没能等到新位育的落成,第二年春天因病去世。为了实现老校长的遗愿,学校在校友的帮助下,在位育新校建成后,于1998年11月在校园内为李校长塑了一尊半身铜像,让他永远安坐在校园之中,一直有他热爱的学生陪伴在身旁,一直倾

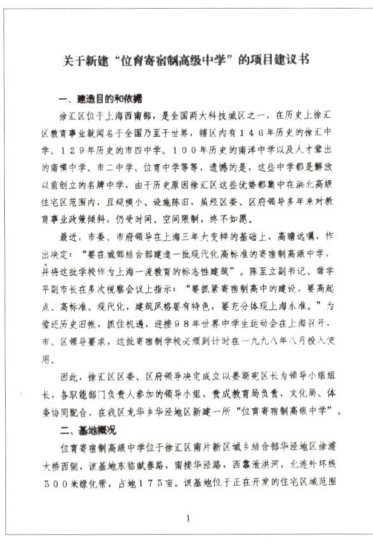

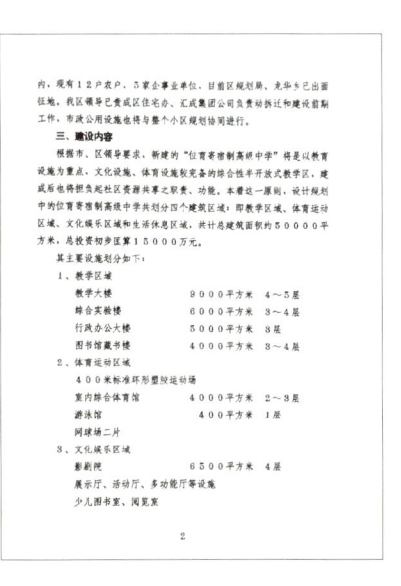

图5-27 徐汇区教育局向徐汇区政府提交的《关于建造"华泾地区位育寄宿制高级中学"的请示》(1996年12月17日)

图5-28 徐汇区教育局《关于新建"位育寄宿制高级中学"的项目建议书》(1996年12月17日)

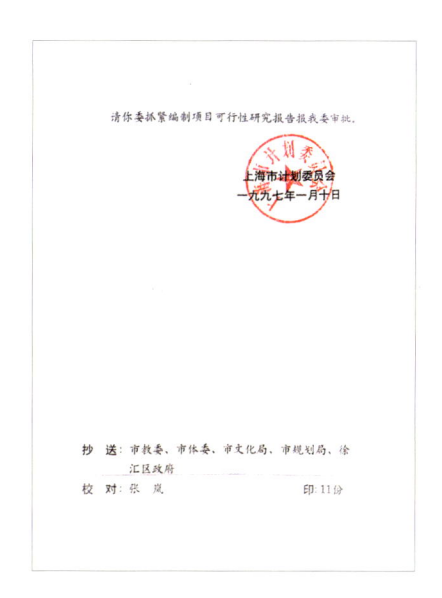

图5-29 《关于徐汇区位育寄宿制高级中学项目建议书的批复》，上海市计划委员会文件，沪计社（1997）04号（1997年1月10日）

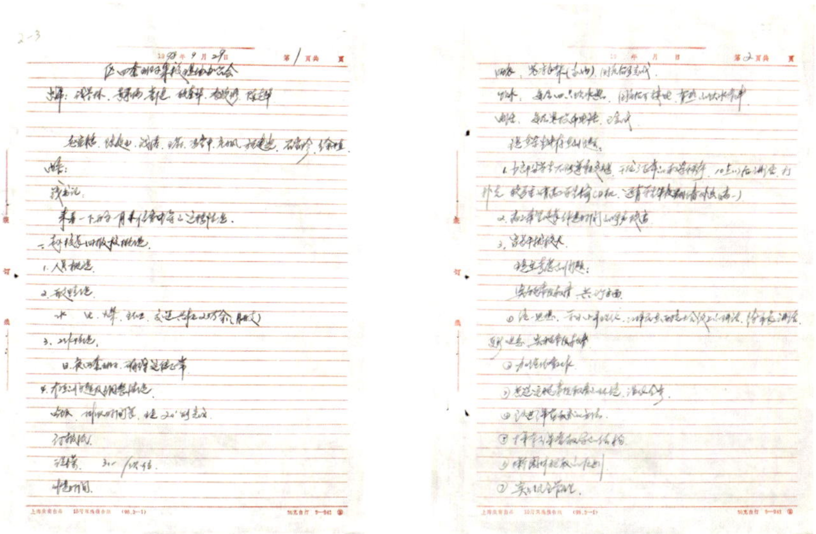

图5-30 徐汇区四套班子（成员）赴位育中学参加现场办公会议记录（档案摘选，1998年9月28日）

听位育中学前进的脚步声。[48]正如赵家镐校长所言，是改革开放30年的成果，成就了这位老教育家一生的追求。位育的变化，只是全区、全市、全国30年教育变化的一个缩影。"党和政府，用最大努力去实现教育优先、民生优先的承诺，用心兑现为区域内人民提供优质教育、充分教育的庄严保证。而这后面，正是30年改革开放积累的财力作为后盾。"[49]（图5-33）

新位育的校址在徐汇区华泾路以北、赋春路以西地区，办学规模初定为30个班，项目占地175亩，建筑面积5万平方米，项目总投资1.5亿元，由徐汇区政府、区教育局、区文化局和区体委共同承担。设计规划中的位育寄宿制高级中学共分4个建筑区域，即教育区域、体育运动区域、文化娱乐区域和生活休息区域，其中教育区域包括教学大楼、综合实验楼、行政办公大楼、图书馆藏书楼，体育运动区域包括400米

图5-31 上海市领导出席位育中学新校园开工典礼（摄于1997年4月8日）

图5-32 《徐汇区人民政府办公室关于加快位育寄宿制高级中学建设的通知》（摘选，1997年）

标准环形塑胶运动场、室内综合体育馆、游泳馆、网球场，文化娱乐区域包括影剧院、少儿图书室、多功能厅等，生活区域包括教职工、学生公寓等。[50]1997年，徐汇区人民政府办公室专门下发了徐府办发（1997）12号文，要求各有关部门加快位育寄宿制高级中学的建设，指出建设位育寄宿制高级中学是徐汇教育本年的大事，要求各有关单位各司其职、同心同德、认真负责、高效优质地建造好这所中学，确保1998年开学。并希望区各有关部门要在自己职责范围内全力支持，服从全局、实事实办，为确保早日建成这所高标准、现代化的高级中学而努力。[51]

但要建设好一所现代化寄宿制高中建设，并不只是简单的校舍设备建设，更需要有完善的干部师资队伍及学校管理建设。位育中学搬迁对位育中学本身发展是一次最好的机遇，也是对位育中学几十年办学质量的肯定，但同时也是对位育中学领导和师生的一次严峻考验。要实现平稳分离，老校顺利搬迁，新校高质量筹建、有序运转，其间的工作力度和工作难度都是可想而知的。赵家镐校长从接到任务后开始，身心就处于高度运作的紧张之中。建成后现代化寄宿制学校的教育蓝图该如何描画？学校的办学目标该定位在哪里？办学方案又该如何制定？标志性学校的设施布局和绿化带该有什么特色？这一串串问题，都迫切需要尽快找到答案。

赵家镐校长后来回忆，在这一过程中，位育主要做了以下两项重要的工作。首先是筹建新校领导班子，招聘新校工作人员，储存新校教师，做好原校教师的分离，使分离后两校均有相当的师资力量。所有这些工作中，最重要的是要保证两校分离过程中原有教师特别是骨干教师不流失，这是迁校的成败关键，也是新校能否取得社会认可的关键。[52]庄小凤老师回忆，赵校长考虑到分校后两校首要任务是师资队伍建设，因此，在上学期刚结束，就让她参与了学校的师资招聘工作。他们一起分析了目前及今后师资需要量，各学科师资的素质，对前来应聘的大量师资一一听课，然后对着材料逐个挑选，经过反复筛选，引进了几位有丰富经验的中青年教师和十几位应届大学生，为两校分离做好了师资队伍的准备。

为做好教师队伍建设，学校主要还做了以下几方面的工作。一是抓师德、教风建设，通过教风建设，使大家清楚地认识到，学校正处于两校分离阶段，因此，教师身上肩负着历史使命，任重而道远，必将会遇到很多困难和挫折，全体教师只有同心同德，艰苦奋斗，才能创办好两所初、高级中学。二是从思想上到技术上对教师进行现代化教学的渗透，既对全体教师进行电脑知识的普及教育，又输送一批又一批优秀的中青年教师读研究生班以提高师资的队伍的素质。三是对新来的大学毕业生进行上岗培训。对新大学生设立导师带教制，制定了带教的具体要求和计划，同时，还由教学经验丰富的几位特级、高级教师组成质量评估小组，对新教师进行各方面的定期质量评估，帮助他们能早日上岗，当一名合格的教师，为争创一流的教师积蓄了后备力量。学校力图通过三方面的建设，使新的位育不仅具有21世纪所具有一流硬件设施，更具有21世纪所需要的一流软件——优质的师资队伍，使位育能真正成为软硬件相匹配的一所名副其实的一流学校（图5-34）。[53]

其次是制定新校各种规章制度、岗位职责、办学方案，保证新校在高起点上运转。新校建成后，将是一所现代化的寄宿制中学，这就要求学校有新的办学思路、新的办学理念，在全推进素质教育上有新的成绩，绝对不能沿袭应试教育的

图5-33　1996年李楚材在听取位育中学新建校舍设计汇报

图5-34　赵家镐校长在建设上海一流现代化寄宿制高级中学规划评审会上的汇报发言（摘选）

办学模式，这就要求学校做好充分的规划与足够的思想准备，并要完成教师的思想发动与业务培训。在完成日常教学工作的同时，赵家镐校长选编了3本学校文件汇编，把学校规章制度、岗位

职责和学生须知都编印成册。[54]学校还引进教学管理软件，用电脑对学校进行全面的质量管理，管理软件包括学生的档案管理、成绩管理（包括对学生成绩的各种测评）、品德管理等几个方面，由此来摸索一套符合位育特点的学校管理模式，为今后高级中学建网后的网上统一管理做一些前期探索工作。让学校在计算机的管理下高度有序地组织起来。[55]

但天有不测风云。其实，赵家镐校长这几年来原本是拖着瘦弱病体拼搏着工作的，从1993年起，他已接连动了两次大的手术。病后，完全没有休息。忙于新位育建设的他再次累倒了。医生一度告诉家人和学校，他得的可能是恶性肿瘤。这时正是学校搬迁的关键时刻，人心不稳，赵校长知道是学校最需要他的时候。他说："我要是不去学校，一批教师就会流走。"[56]在再次住院前夕，赵校长接连不断同教师会面，向行政、老同志和向中青年教师描述位育发展的美好前景，讲述前进中还会遇到的困难。他反复叮咛大家"为了教育搞上去，拜托大家多做奉献"。在入院前的一天，赵家镐校长还专门让石宝珍把他接到学校，召集了学校组长以上骨干开会，一一托付大家要做好迁校的各项准备工作，最后他哽咽地对大家说："可能我已经不能和大家一起去新校了。但创办寄宿制高中是位育的大好机遇，拜托大家一定要做好充分准备。"当时在场的人们分明看到了他眼中的泪花，会后很多人都哭了。[57]住院后，在整天输液，身上插着网络般的各种导管的那些天，赵校长还不断询问市府、区府有什么新的指示，教学大楼什么时候封顶，宿舍卫生间应放在哪个位置合适，学校今后的创新路子，等等。有几位青年教师前往医院看望赵校长，看见他身上的各种导管，看见他疲弱的身体，心里都难受极了，赵校长反倒安慰起他们来："有了你们这些年轻人，学校一定会越办越好。"青年教师们劝他不要再操劳迁校的事情，他却坚定地说："不，我一定要去办新位育，就是用担架抬着，我也去定了。"[58]赵校长以他羸弱之躯去面对百事待兴的新位育，义无反顾，心中唯有学校。在他的带动下，一大批骨干教师到新位育艰苦创业，不再计较个人得失。学校搬迁过程中，几乎所有高中部的教师都克服了许多困难来到市郊结合部的新校，他们中有年逾古稀的顾问、家住市区的骨干，将位育中学原有骨干教师完整保存下来，为新校高质量高起点办学奠定了基础。

依靠上级党政的正确领导、建设部门的有力配合、学校师生的全力支持，位育终于完成了迁校的各项繁重任务，交出了一份各方满意的答卷。1998年夏，位于上海城区最南端、徐浦大桥桥堍的位育中学一期工程全部完成，成为上海市提出计划建设10余所现代化寄宿制高级中学方案以来，最早竣工的一所寄宿制高中。在位育中学竣工前夕，学校专门成立了由沪上一批高校校长和企业界知名人士参与的学校董事会，上海交通大学、同济大学、上海医科大学、华东理工大学、上海师范大学和上海音乐学院6所高校的校长以及建设银行上海分行行长等一批企业界人士为校董事。[59]经董事推选，时任上海市政协副主席、市委统战部部长的王生洪任名誉董事长，徐汇区人大常委会主任黄承海和徐汇区副区长顾奎华分别为董事长和副董事长，徐汇区教育局局长李骏修为秘书长（图5-35）。[60]

1998年6月，国家主席江泽民亲笔为位育中学题写了校名（图5-36）。7月20日，位育中学在新址举行落成典礼。中共上海市委副书记龚学平、市人大常委会副主任沙麟、副市长周慕尧、市政协副主席王

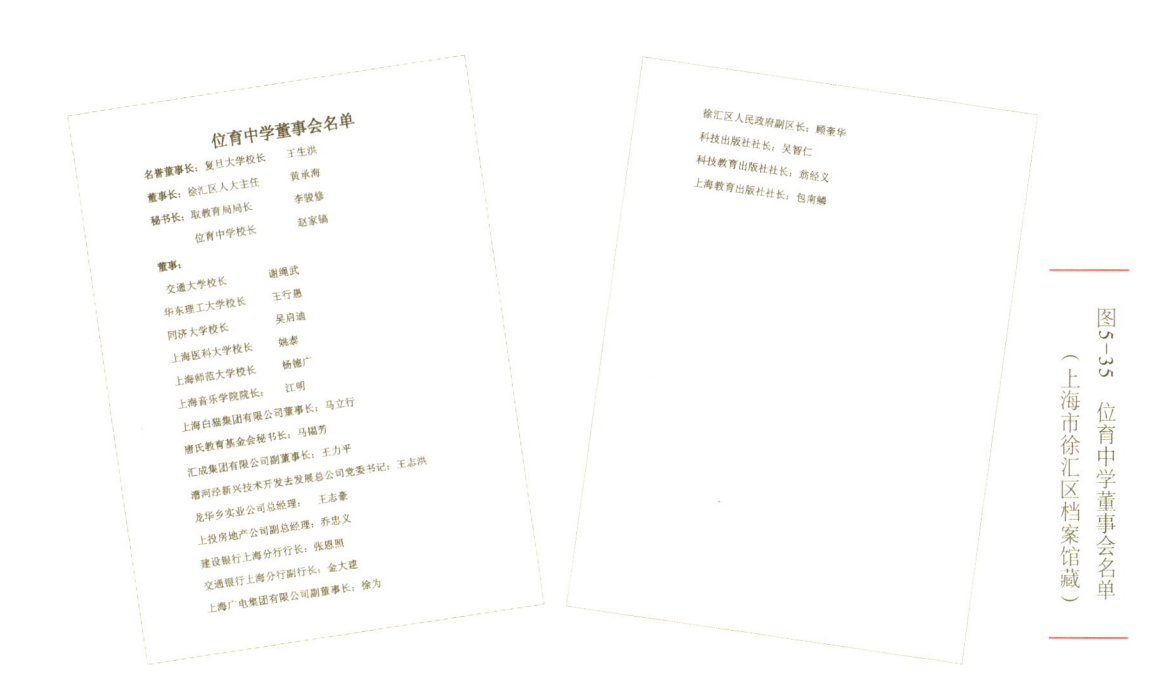

图5-35 位育中学董事会名单（上海市徐汇区档案馆藏）

图5-36 江泽民同志为位育中学题写校名（1998年）

图5-37 举行位育中学新校园落成典礼（摄于1998年7月20日）

生洪等出席落成典礼（图5-37）。周慕尧代表市委和市政府，对位育中学新校的落成表示热烈祝贺。[61] 7月22日，上海市市长徐匡迪出席上海市寄宿制高中建设工作汇报座谈会，专门视察了位育中学，他走进教学大楼，察看阶梯教室、语音室、教室等，并来到食堂、学生宿舍及操场了解竣工情况，在实验大楼，他提出利用大厅中央的空间，开辟一个科技展示角。[62]

经过一年多的施工建设，位育中学展现了英姿勃勃的新面貌。新建成的位育中学是一所具有一流设施的现代化寄宿中学。根据环境地形条件和现代教育建筑的特征，按功能性质划分为教学、行政、生活、运动和堂馆五个相对独立的功能区。其中教学及行政中心是学校的主体功能区，主要建筑有图书馆、教学楼、实验楼、行政楼和教师办公楼。规划将其与城市绿带为邻，尽量减少外界干扰。校门口的马路原名赋春路，位育中学建成后，专门更名为位育路（图5-38）。[63]

入口是进深达170米、宽50米的校园绿地广场，背景是面宽60米、高六层的图书馆，两翼对称排列着长达百米的教学、办公楼及实验、行政楼。开门见山的布局用以展示校园宽敞的整体面貌。大片的绿地、清新的现代建筑、流畅的抽象雕塑，让学生一进校门便感受到校园的亲切和活力（图5-39、图5-40）。

图书馆为学校的标志性建筑，建于教学、行政区的中轴线上，造型简洁大方，整个墙面随编织有序的纵横线条，统一在浅黄色基调内忽深忽浅。馆内设直通六层的中庭，以一个直上二层的大台阶与广场绿地衔接，围绕中庭设置了形态各异、互相延伸、互相连贯、上下呼应、大小不等的多层次空间，可同时供500人阅览。在满足阅览、藏书、电教、语音、天文等一系列功能的同时，还为学生开辟了不受日晒雨淋的开敞、私密兼有的辅助空间。

教学楼是由两幢并排的单廊式三、四层楼房以两条连廊组成，除了光线充足、通风良好、年级可以有序排列等优点外，由于构成内院及增加廊道，使学生在短暂的课间有了蹦蹦跳跳的地方，调节紧张的学习生活。实验楼亦是由两幢单廊式的三、四层楼房并排构成，与教学楼不同之处是两楼间以中庭取代内院，目的同样是为了延伸课间的休息空间，给学生以更多的活动余地。全校共有标准教室和辅助教室40余个，有理、化、生实验室和计算机房各4个，语音教室2个以及其他门类齐全的专门教室。

生活区主要建筑有学生宿舍、单身教师宿舍、食堂、浴室及辅助用房等。针对该区的功能特点，规划设计在达到布局合理、内部功能完善的前提下，用大力气投到外部环境的营造上，或巧用建筑界面围合形态各异的半私密性空间，或抓住道路走向、空间的收放，捕捉人与人之间、人与自然之间的交融氛围。为了充分发挥校园生活环境的育人作用，于生活区和运动区的动静转换部分规划了一块长100米、宽40米的生活广场，借鉴中国造园以小见大、以点带面、隔而不断等传统手法，以花木、铺地、水面、小品谱写校园中的一方休闲天地。

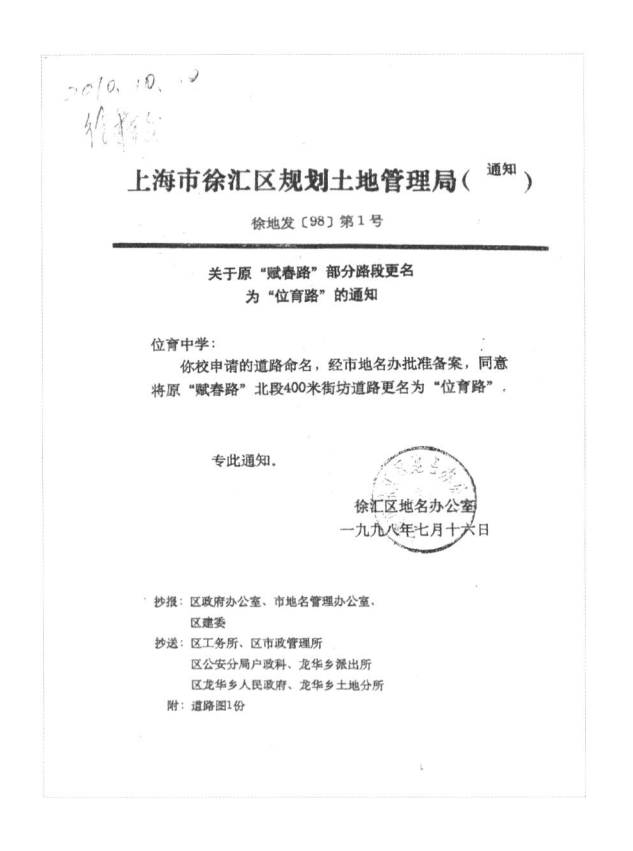

图5-38 关于改名位育路的通知（1998年7月）

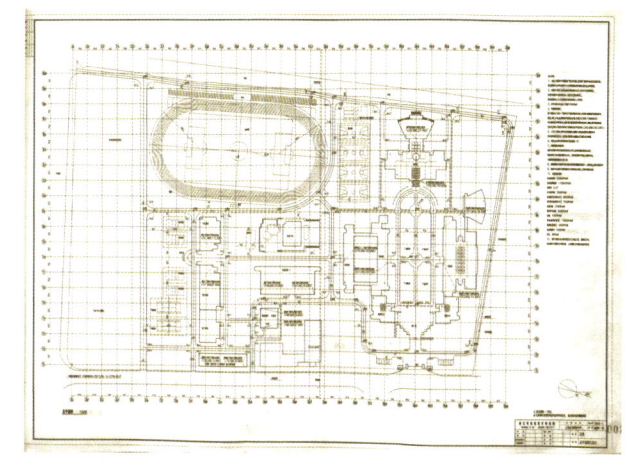

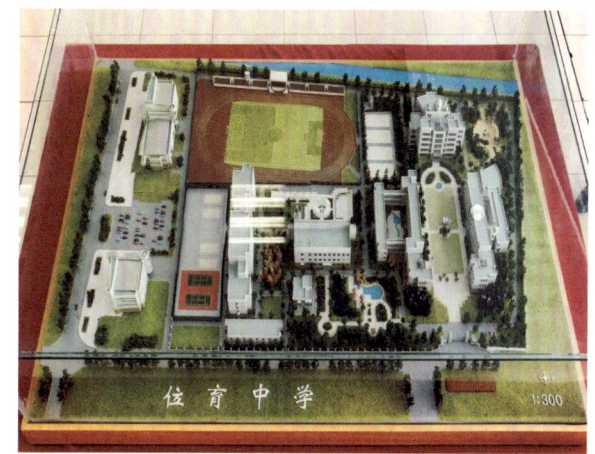

图5-39　位育中学新校园建设规划图纸　　　　图5-40　上海市位育中学校园模型（1998年）

运动区由400米跑道运动场和10个不同类型的球场组成。运动区位于教学、行政区的南面，生活区的西面，以绿篱形成视觉和听觉上的软隔断。在中学校园的总体环境布局中，处理动静关系始终是关注的重点。运动区的规划，不仅力求自身布局合理和相邻功能区隔音、联系等处理恰当，还有意把球场插入教学区和生活区，让学生充分利用时间，在课间、课余就近参加体育活动。

堂馆区包括礼堂和体育馆。在当初设计时，考虑到礼堂及设风雨操场的体育馆虽然占校舍建设的投资比例大，但利用率相对不高，因此规划建议将这两项工程与所在社区合作，这个构想得到了徐汇区政府的大力支持，经牵线搭桥，确定礼堂升格为影剧院，由区文化局出资投建，风雨操场升格为体育练习馆，由区体委出资投建，既供学校使用，又面向社会，使学校、社区两相得益（图5-41）。[64]

现代化建筑有较先进的设施配置，学校还有一个完整的闭路电视系统和一个先进的校园网络。所有设施为全校学生实施素质教育提供了充分的物质保证。校园内绿化充分，环境优美，是学生学习、生活、工作的理想场所。1998年9月，位育中学在新校区正式开学，在当年的《位育中学简介》中这样介绍（图5-42）：

位育中学是上海市委市府决定建设的十余所寄宿制高级中学之一，位于徐汇区南端华泾地区，紧靠着徐浦大桥。学校于1997年4月18日开工建设，1998年7月20日竣工。当年招收新生并将原市区的位育中学高中部迁到新址，组成一所完整的高级中学。学校设计规模为36个班级。目前学校共有三个年级25个班级，学生1100余名，百分之九十五以上学生寄宿。

新建成的位育中学是一所具有一流设施的现代化寄宿制中学。学校占地180余亩。校区布局合理，教学区由教学楼、实验楼、图书信息楼组成，三幢建筑以马蹄形排列；生活区有食堂、男女学

图5-41 《位育中学（1943—1998）》（简介小册子，1998年刊印）

图5-42 上海市位育中学简介（包括校舍示意图等，1998年9月）

生宿舍、教师宿舍各一幢，供全校师生住宿和用餐。教学区和生活区之间有生活广场连接，供学生课余饭后休息、散步、活动之用。文化体育区内有带400米环形塑胶跑道的标准足球场一个，篮球场、排球场、网球场各一片以及带游泳池的体育馆一座和一个剧场。（体育馆和剧场二期工程待建，约在99年底以前建成）。全校建筑可以为学生全面发展提供足够空间。[65]

位育师生意气风发搬入新校园，"决心经过几年的艰苦奋斗，把学校建设成一所现代化的实验性示范性学校，成为上海一流基础教育的一个窗口"[66]。

位育现代化办学的新篇章就此揭开。

注释

[1] 《上海普通教育志》编纂委员会编:《上海普通教育志》,上海社会科学院出版社2015年版,第515—516页。

[2] 赵家镐:《探索生长创造自主发展的教育模式》,收入赵家镐:《逝去的岁月》,2016年内部刊印,第25—26页。

[3] 赵家镐:《校长工作十五年》,收入赵家镐:《逝去的岁月》,2016年内部刊印,第17—18页。

[4] 赵家镐:《探索生长创造自主发展的教育模式》,收入赵家镐:《逝去的岁月》,2016年内部刊印,第26页。

[5] 赵家镐:《校长工作十五年》,收入赵家镐:《逝去的岁月》,2016年内部刊印,第17页。

[6] 赵家镐:《探索生长创造自主发展的教育模式》,收入赵家镐:《逝去的岁月》,2016年内部刊印,第28页。

[7] 赵家镐:《校长工作十五年》,收入赵家镐:《逝去的岁月》,2016年内部刊印,第21—22页。

[8] 赵家镐:《在苏步青数学教育颁奖会上的发言》,收入赵家镐:《逝去的岁月》,2016年内部刊印,第14—15页。

[9] 赵家镐:《校长工作十五年》,收入赵家镐:《逝去的岁月》,2016年内部刊印,第18页。

[10] 《改革的前奏》,《文汇报》1990年11月16日,第3版。

[11] 《位育中学:面向未来,办一流的外语特色学校》,收入徐仲安主编:《上海市中小学特色教育(中学部分)》,上海人民出版社1993年版,第43—51页。

[12] 钱涛:《站在时代前沿,争做成功校长》,收入吴秀娟编著:《成功校长的实践与研究》,辽宁人民出版社1998年版,第9—10页。

[13] 《位育风采》第2辑(校庆60周年纪念),2003年内部刊印,第68页。

[14] 《位育风采》第2辑(校庆60周年纪念),2003年内部刊印,第69—70页。

[15] 《位育风采》第2辑(校庆60周年纪念),2003年内部刊印,第65页。

[16] 《位育中学青少年天文台落成》,《文汇报》1996年5月19日,第2版。

[17] 《位育中学青少年天文台》,《文汇报》1996年5月20日,第7版。

[18] 《位育中学成立海鸥摄影学校》,《文汇报》1996年10月4日,第7版。

[19] 《摄下生活中的美景》,《文汇报》1996年11月18日,第9版。

[20] 《位育中学历史沿革》,收入位育中学校友会编:《位育中学校史简编》,上海市作家协会·华语文学网,2017年刊印,第41—42页。

[21] 《桃李芬芳誉申城:访位育中学校长赵家镐》,收入中国新闻社编著:《跨越世纪的中国》,改革出版社1996年版,第299页。

[22] 《位育风采》第2辑(校庆60周年纪念),2003年内部刊印,第69页。

[23] 《位育风采》第2辑(校庆60周年纪念),2003年内部刊印,第66—67页。

[24] 赵家镐:《探索生长创造自主发展的教育模式》,收入赵家镐:《逝去的岁月》,2016年内部刊印,第29页。

[25] 赵家镐:《校长工作十五年》,收入赵家镐:《逝去的岁月》,2016年内部刊印,第19页。

[26] 赵家镐:《探索生长创造自主发展的教育模式》,收入赵家镐:《逝去的岁月》,2016年内部刊印,第29页。

[27] 赵家镐:《校长工作十五年》,收入赵家镐:《逝去的

岁月》，2016年内部刊印，第20页。

[28] 赵家镐:《探索生长创造自主发展的教育模式》，收入赵家镐:《逝去的岁月》，2016年内部刊印，第29页。

[29] 赵家镐:《校长工作十五年》，收入赵家镐:《逝去的岁月》，2016年内部刊印，第20页。

[30]《响彻二十一世纪的"正气歌"：位育中学进行民族气节教育答问录》，《上海教育》1994年第16期。

[31] 赵家镐:《探索生长创造自主发展的教育模式》，收入赵家镐:《逝去的岁月》，2016年内部刊印，第29页。

[32]《徐汇区：利用对外交往，激发民族自信心》，《文汇报》1994年5月16日，第7版。

[33]《徐汇区：利用对外交往，激发民族自信心》，《文汇报》1994年5月16日，第7版。

[34]《关于位育中学申请列为外事接待单位的请示》，1991年10月，上海市档案馆藏，档案号：B105-11-547-1。

[35]《关于同意位育中学列为外事参观单位的批复》，1991年11月7日上海市人民政府外事办公室文件，沪府外办综（91）1107号文，上海市档案馆藏，档案号：B105-11-547-1。

[36]《位育中学历史沿革》，收入位育中学校友会编：《位育中学校史简编》，上海市作家协会·华语文学网，2017年刊印，第37—38页。

[37]《位育风采》第2辑（校庆60周年纪念），2003年内部刊印，第62页。

[38]《位育风采》第2辑（校庆60周年纪念），2003年内部刊印，第65页。

[39]《徐汇区：利用对外交往，激发民族自信心》，《文汇报》1994年5月16日，第7版。

[40]《响彻二十一世纪的"正气歌"：位育中学进行民族气节教育答问录》，《上海教育》1994年第16期。

[41]《徐汇区：利用对外交往，激发民族自信心》，《文汇报》1994年5月16日，第7版。

[42] 上海市教育委员会:《关于建设一批寄宿制高级中学有关问题的请示》，1996年，上海市位育中学档案室藏。

[43] 徐汇区教育局:《关于新建"位育寄宿制高级中学"的项目建议书》，1996年12月17日，上海市位育中学档案室藏。

[44] 上海市徐汇区计划委员会向上海市计划委员会提交的《关于建设"华泾地区位育寄宿制高级中学"的项目建议书的请示》，徐计（1996）42号，1996年12月25日，上海市位育中学档案室藏。

[45] 上海市计划委员会致徐汇区计划委员会:《关于徐汇区位育寄宿制高级中学项目建议书的批复》，上海市计划委员会文件，沪计社（1997）04号，1997年1月10日，上海市位育中学档案室藏。

[46]《徐汇区四套班子（成员）赴位育中学参加现场办公会议记录》，1998年9月28日，徐汇区档案馆藏，档案号：0211-1-5-001-1。

[47] 赵家镐:《校长工作十五年》，收入赵家镐:《逝去的岁月》，2016年内部刊印，第23页。

[48]《位育中学师生为李楚材铜像揭幕》，《文汇报》1998年11月17日，第6版。

[49] 赵家镐:《改革开放30年带给学校的深刻变化》，收入赵家镐:《逝去的岁月》，2016年内部刊印，第52页。

[50] 徐汇区教育局:《关于新建"位育寄宿制高级中学"的项目建议书》，1996年12月17日，上海市位育中学档案室藏。

[51] 徐汇区人民政府办公室:《徐汇区人民政府办公室关于加快位育寄宿制高级中学建设的通知》，徐府办发（1997）12号文，上海市位育中学档案室藏。

[52] 赵家镐:《校长工作十五年》，收入赵家镐:《逝去的岁月》，2016年内部刊印，第23页。

[53] 庄小凤:《带教的收获》，收入赵家镐:《逝去的岁月》，2016年内部刊印，第212页。

[54] 赵家镐:《校长工作十五年》，收入赵家镐:《逝去的岁月》，2016年内部刊印，第23页。

[55] 庄小凤:《带教的收获》，收入赵家镐:《逝去的岁月》，2016年内部刊印，第212页。

[56] 任博生:《知难而进，开拓进取》，收入赵家镐:《逝去的岁月》，2016年内部刊印，第204页。

[57] 石宝珍:《我的师长》,收入赵家镐:《逝去的岁月》,2016年内部刊印,第214页。

[58] 任博生:《知难而进,开拓进取》,收入赵家镐:《逝去的岁月》,2016年内部刊印,第204页。

[59] 《位育中学董事会名单》,徐汇区档案馆藏,档案号:0211-1-3-001-1。

[60] 《邀请高校企业界人士"参学",位育中学成立董事会》,《文汇报》1998年5月13日,第6版。

[61] 《新校舍落成典礼昨举行,龚学平等出席》,《文汇报》1998年7月21日,第1版。另,《位育中学(新校区)竣工典礼邀请领导名单》,1998年,徐汇区档案馆藏,档案号:0211-1-3-009。

[62] 《徐匡迪在本市寄宿制高中建设工作汇报座谈会上要求,坚持素质教育,培养"四有"新人》,《文汇报》1998年7月23日,第1版。

[63] 《关于原"赋春路"部分路段更名为"位育路"的通知》,1998年7月,徐汇区档案馆藏,档案号:0211-1-11-001。

[64] 顾钟声:《上海市位育高级中学建筑创作随笔》,《时代建筑》1999年第1期。

[65] 《位育中学简介》(包括校舍示意图等),1998年9月,徐汇区档案馆藏,档案号:0211-1-7-003。

[66] 《位育中学简介》,1998年9月,徐汇区档案馆藏,档案号:0211-1-7-003。

第六章 建设现代化一流名校

建设现代化一流名校

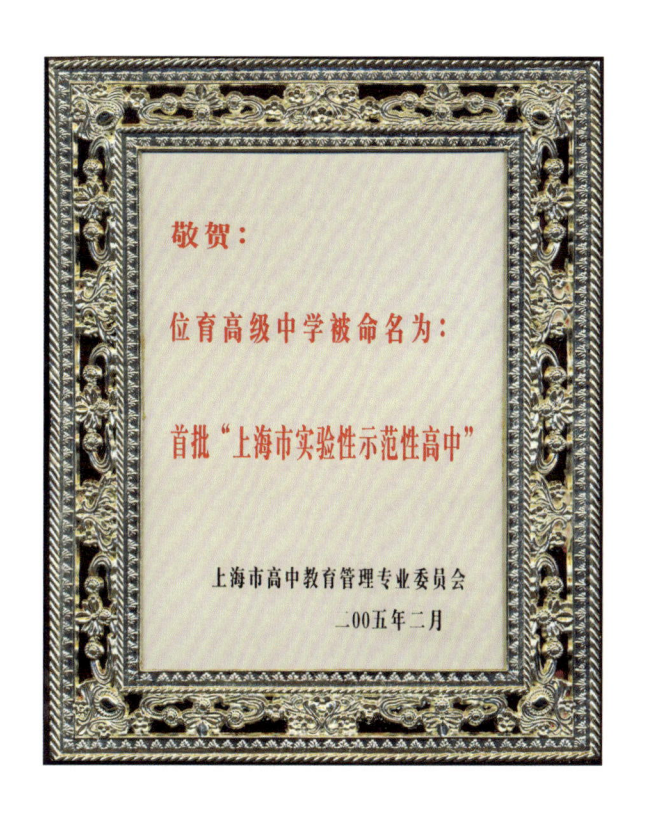

图6-1 上海市实验性示范性高中（2005年）

1998年位育中学新校区落成，学校实行初高中分离，高中整体搬迁至华泾新址，成为上海市11所现代化寄宿制高级中学之一，原址成为位育初级中学。位育中学自迁入新校区后[1]，开启了位育中学办学的新阶段。

上海市位育中学诞生于特殊的时代，因图强而生；崛起于改革开放的新时期，因变革而兴。学校传承位育朴实的办学传统，秉持"团结、严谨、求实、进取""八字"校风（校训），不断提升办学水平，在提高教学质量、培养学生素质等方面做了大量工作。2005年位育中学被上海市教委命名为首批"上海市实验性示范性高中"（图6-1）。学校先后获得教育部授予的"现代教育技术实验学校"、教育部和国家教师科研基金会授予的"科研兴校示范学校"称

图6-2 位育中学荣誉墙（摄于2023年4月10日）

号、2020年清华大学生源中学、全国"全民健身先进单位"称号、首批"全国健康学校建设单位"，以及"上海市中学行为规范示范校""上海市中学共青团工作示范单位""上海市文明校园""上海市安全文明校园""上海市民族团结进步教育基地"等荣誉称号。[2]同时，涌现了一批优秀教师，获得全国、上海市、徐汇区各类荣誉。位育学子在参加国家、上海市等各类竞赛中也屡创佳绩，捷报频传（图6-2）。

第一节　成为首批上海市实验性示范性高中

1998年，在位育中学的发展史上具有重要意义：一方面，实行初高中分离办学；另一方面，高中部离开复兴中路校区，搬迁到华泾地区，开启建设现代化一流学校的新进程。赵家镐任校长15年，对于1996—1998年的这一段位育办学，他有一段论述：

（1998年）完成位育中学高初中分离办学，位育高中搬迁到华泾办成一所现代化的寄宿制高级中学，为位育中学发展到新的高度奠定坚实的基础。

1996年11月，上海市委市府决定在市郊结合部新建十余所寄宿制高中，徐汇区决定承建一所，并决定由位育中学高中部搬迁新校。96年底区委书记钱景林同志到校宣布，由我主持搬迁工作并担任新校校长。这样，我就承担起两校分离，和新校的筹建工作。

位育中学搬迁对位育中学本身发展是一次最好的机遇，也是对位育中学几十年办学质量的肯定，但同时也是对位育中学领导和师生的一次严峻考验。要实现平稳分离，老校顺利搬迁，新校高质量筹建、有序运转，其间工作数量和工作难度是可想而知的。我依靠上级党政的正确领导，建设部门的有力配合，学校师生的全力支持，终于完成了各项繁重任务，交出了一份各方满意的答卷。[3]

图6-3　上海市位育中学全体教职工合影（摄于1999年4月）

赵校长认为初、高中分离与迁校工作，头绪众多，但成败的关键之一是要留住骨干教师。所以，他一方面筹建新校的领导班子，招聘新校工作人员，储存好新校的教师，做好原校教师的分离，使分离后两校均有相当的师资力量。在"所有这些工作中，最重要的是要保证两校分离过程中原有教师特别是骨干教师不流失，这是迁校的成败关键，也是新校能否取得社会认可的关键"[4]。通过各方面的努力，迁到新校区的位育中学基本上做到了原有高中骨干教师完整保存，此为新校的高质量、高起点办学创造了条件，奠定了基础（图6-3）。

作为一所历史名校，如何向现代化学校转型，是这一时期位育中学面临的新课题。新校的建成，为位育中学的发展提供了空间，赢得了难得的机遇。

一、华泾校区

位育寄宿制高中位于华泾赋春路，占地180余亩，于1997年4月破土动工。1998年7月，位育寄宿制高中建成，并举行了隆重的落成典礼。1998年8月，位育中学高中部正式搬迁到新校区办公，并于当年招收寄宿制的高一新生10个班级，连同老校迁入的高二、高三新生，成为三年制完整的高级中学（图6-4）。

位育中学落成后，改赋春路为位育路。位育中学新校区的建设，引起各方关注。中共中央政治局常委、国务院副总理李岚清于1998年9月22—25日在上海考察。23日，李岚清副总理"兴致勃勃地前往上海11所面向21世纪的寄宿制高中之一的位育中学，看宿舍，进食堂，与师生们亲切交谈"[5]。他还就素质教育问题与上海部分中学教师代表座谈。他说，素质教育事关中国的未来。全国各地包括上海在内的实践证明，素质教育使孩子们更聪明、更活跃，有利于孩子们的全面健康成长。现在不能满足

图6-4 赵家镐校长与校领导合影（上海市位育中学校长办公室提供）

图6-5 上海市位育中学校园（摄于2018年10月10日，上海市位育中学校长办公室提供）

图6-6 新校区红楼落成（摄于2011年，上海市位育中学校长办公室提供）

图6-7 上海市位育中学校园航拍图（摄于2023年4月10日）

于一般的经验交流，而要从法规上确立素质教育的地位，确保素质教育得到实施。他强调，要使学生在德育、智育、体育和美育方面都能得到发展。他说，在重视德、智、体教育的同时，也要重视美育教育。美育不仅能陶冶人的情操，还能开发人的智力和培养创新能力。[6]其间教育部，中共上海市委、市政府领导相继来位育中学新校园参观调研。各级领导、社会各界人士关注位育中学，并对办好现代化寄宿制高中提出了许多重要的宝贵建议。1999年春节，教育部部长陈至立专程到学校向在校学习和工作的部分师生拜年并表示慰问。早些时候，她曾为位育中学题词："把位育中学办成一流学校。"[7] 1999年，此值位育中学建校55周年，是年11月14日在新老两个校区同时举行庆典，并在新校区为李楚材老校长铜像举行揭幕仪式，参加庆典的历届校友对新校区的规模与设施都大为赞赏，祝愿母校在新

第六章　建设现代化一流名校

的环境下获得更大的发展。

新建成的位育中学，是一所具有一流设施的现代化寄宿制中学。整个校区布局合理，教学区由教学楼、实验楼、图书信息楼组成，三幢建筑以马蹄形排列；生活区有食堂、男女学生宿舍、教师宿舍各一幢，供全校师生住宿和用餐。教学区和生活区之间有生活广场连接，供学生课余饭后休息、散步、活动之用。文化体育区内有带400米环形塑胶跑道的标准足球场一个、篮球场、排球场、网球场各一片以及带游泳池的体育馆一座和一个剧场。全校建筑可以为学生全面发展提供足够空间（图6-5至图6-9）。

新的校区也拥有先进的设施配置：

> 教学大楼内有标准教室和辅助教室40余个，有理、化、生实验室计算机房各四个，语音教室二个以及其他门类齐全的专用教室。学校有一个完整的闭路电视系统和一个先进的校园网和藏书丰富可同时供500人阅览的图书馆。所有设施为全校学生实施全面素质教育，提供了充分的物质保证。校园内绿化充分，环境优美，是师生学习、生活、工作的理想场所。[8]（图6-10、图6-11）

尤其值得一提的是，为了适应信息化时代的需要，学校很早就意识到要加强管理的信息化，"现代管理离不开计算机网络，新校将充分应用位育中学校园网，做到用计算机学籍管理、教学管理、后勤管理、教师管理信息化，提供管理现代化水平，提高管理工作效率"[9]。学校注重以校园网为中心的现代教育网络系统的打造，开发了具有位育特色的校园网络信息平台，学校建有

图6-8　上海市位育中学总平面图（2022年）

图6-9　食堂学生用餐场景（摄于2023年5月15日）

图6-10　化学实验室（摄于2023年5月15日）

图6-11　科创实验室（摄于2023年5月15日）

图6-12　学校信息组合影（摄于2018年10月19日，位育中学校长办公室提供）

图书信息楼，设有信息组（处）等。[10]这些都充分体现了现代化办学的特点（图6-12）。

二、创建实验性示范性高中

上海市位育中学具有优良的办学传统，自改革开放以来，按照国家与社会需要，结合本校的实际情况，自觉提出了符合时代特点的教育改革新思路，自主发展。在位育中学的办学史上，有几个关节点值得关注。20世纪五六十年代，成为徐汇区重点学校。此后，位育中学一直被列为重点中学建设，为国家培育了一大批杰出人才。"文化大革命"中取消重点中学，均改为普通中学。国家实行改革开放后，恢复重点中学，位育中学进入了振兴发展阶段。

到了21世纪，位育中学的目标就是要"建设成为一所现代化的实验性示范性学校，成为上海一流基础教育的一个窗口"[11]，从而实现这所历史名校向现代化一流名校的转型。位育中学要达到这一办学目标的核心，就是实现教育的现代化，"具体而言，就是通过教育管理的现代化，利用现代化的教育设施，形成现代化的育人环境，培育现代化的建设人才"[12]（图6-13）。

而这一时期，正是上海开始实施"上海市实验性示范性高中"的申报工作。"建设一批现代化的寄宿制高中，不仅要在硬件建设上体现现代化，更重要的是要在办学理念上有创新的思维，要在实现素质教育的探索上做出贡献，这是参观校园的各级领导对位育中学的共同要求。上海市教委适时提出要在全市创建若干所实验性示范性高中，以探索素质教育的实验项目，推进素质教育的实施，并以素质教育实施取得的成绩向各类学校示范辐射。"[13]位育中学在"新建的现代化寄宿制高中"与"申报上海市实验性示范性高中"中占据有利条件，但还要做大量的工作。为了申报上海市实验性示范性高中，位育中学

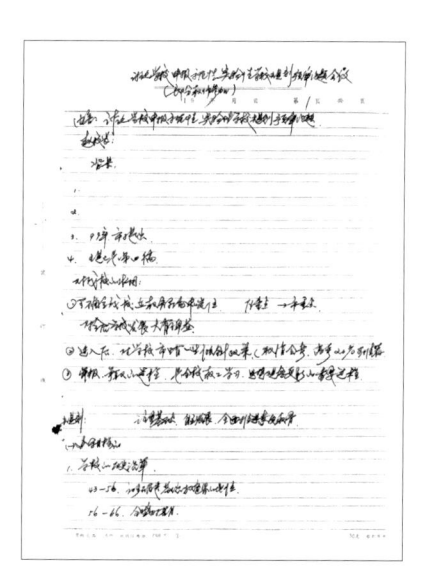

图6-13 《创造教育现代化的辉煌明天——位育中学专题报道之八》（档案摘选，1998年）

图6-14 位育中学讨论学校申报示范性实验性学校规划预审会议（档案摘选，1999年）

图6-15 《上海市示范性普通高中办学标准》（1999年）

在赵家镐校长的带领下全力以赴，多次召开有关"申报示范性实验性学校规划预审会议"。[14]仔细参照《上海市示范性普通高中办学标准》等文本[15]，结合本校实际，充分调研、分析，1999年9月，形成题为《求真务实，自主发展，建设上海一流的现代化寄宿制高级中学——位育中学创建实验性示范性高中规划（1999—2002）》的报告，并附有8个"三年规划附件"。[16]从所存的档案中发现，当时为了制订这一规划，学校数易其稿，反复斟酌，反复讨论，彰显了位育中学"严谨、求真、务实、进取"的精神（图6-14至图6-16）。

进入新世纪，学校在申报上海市实验性示范性高中方面取得重大进展。在经过多次修订与落实规划后，位育中学接受上级职能部门和专家的预审。从申报到预审，学校经历了赵家镐、任博生两任校长[17]，让我们来看看他们作为亲历者的回忆。赵校长写道："制订了位育中学创建实验性示范性学校的三年规划。这个规划是全校教工的智慧结晶，凝聚了广大教工一年多推进素质教育的心血和汗水，也是我办学理念与办学思想的具体体现。这个规划在2000年3月5日到7日通过了市教委专家组的规划评审，这不但使学校在争取成为实验性示范性学校的过程中迈出了重要的一步，也表示市教委对学校办学方向的肯定。"[18]由于年龄问题，赵家镐离开了校长岗位。1999年10月，任博生到位育中学报到，他清楚地记得，"来位育报到的当天，在博育楼前，赵校长紧紧地握着我的手，引导我走进教工大会的会场，赵校长语重心长地叮嘱我们：要充分地利用现代化的教育设施和寄宿制这两项宝贵的教育资源，实施创新教育的策略，全面推进素质教育，让学生主动发展"[19]。2000年，任博生正式接任校长，他主要的工作就是组织创建实验性示范性高中：

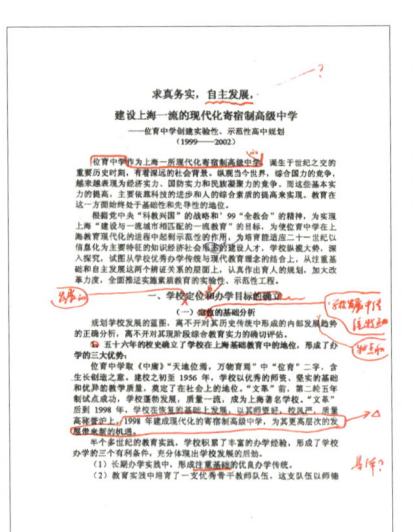

图6-16 位育中学创建市实验性示范性高中规划（1999—2002年）及附件（档案摘选，1999年9月）

世纪之交，上海市教委正在深化二期课改，组织创建实验性示范性高中，这对刚刚搬迁到华泾、当时还是区重点中学的位育来说，是一次难得的发展机遇。如何让一所历史名校，乘改革东风，实现跨越式发展？这是摆在我们这个班子面前的一大挑战。

我和钱涛、宋敏两位副校长，科研室杜建亭老师、教导处朱万宝老师和一些骨干教师组成了创建实验性示范性高中工作领导小组，开展课题研究，开始了《位育中学创建规划》的起草工作。2000年的暑假，全校30多位骨干教师对创建规划的初稿进行了专题研讨，教导处、政教处与各教研组对教育教学改革、课程建设等重要问题提出了设想，开展了交流。经过多次修改，集思广益，群策群力，形成了位育中学创建实验性示范性高中的正式方案。

开展创建工作的三年间，我主持了三次重要的专家评审，2001年的初评大会、2002年的中期评审大会、2003年的总结评审。每一次评审工作，都由市教委领导带队，组织近30位各学科专家，查阅创建资料，深入教室听课，召开师生座谈会，全面评估学校的办学成果。在全校师生的共同努力下，三年的改革实践取得积极的成效，市教委专家组给了位育中学创建工作高度评价。2005年，位育成为上海市第一批实验性示范性高中，实现了办学历史上的一次突破。[20]

位育中学率先向上海市教委提出申请创建实验性示范性学校的报告，制订了详细的创建规划。规划以双自主发展教育理念为灵魂，统率学校的德育、教学、管理、科研、师资队伍建设等各个方面。双自主发展即学生的自主发展与教师的自主发展，学生的自主发展目标是要求学生摆脱应试教育的束缚，摆脱对教师的过分依赖，根据自身的发展愿望与学校提供的良好服务，自主选择发展的方向，加强学习的自觉性与主动性。位育中学提出的"双自主发展"，充分体现了以人为本的素质教育的基本要求，同时又是学校倡导的"生长创造"理念的传承，在此基础上有所发展："生长创造"理念偏重于培养目标，而"双自主发展"理念着眼于实现目标的途径和方法，"其共同要求都是要求学生和教师成为有持续发展、有创造性思维与能力、有基本道德规范、有理想、有真才实学的人，既学得努力，又学得愉快，既动脑又动手的人"[21]（图6-17）。

在位育中学创建实验性示范性高中的过程中，学校党组织积极配合，提供了强有力的组织保证。特别需要指出的是，位育中学原来虽属区重点中学，但其级别和普通完中一样，属副处级单位。位育寄宿制高中建成后，根据中共徐汇区委的意见，将位育中学的级别调整为正处级，2000年区委组织部领导到学校正式宣布区委的这一决定。2001年10月底，学校党支部升级为党总支。2001年11月，中共徐汇区委又批准上海中学和位育中学率先在全区中学中成立党委，位育中学的首任党委书记由原上海市第四中学党支部书记宋燕臣调任。关于这段经历，宋书记在口述中谈道：

> 2001年11月，位育中学成为徐汇区第一所党委学校。我成为这所学校第一任党委书记兼纪委书记。这是我的"有幸"和"荣幸"。……原以为即将走上夕阳红的路上，给自己做了一次工作总结，写下了《书记的追求》，并在徐汇区教育系统党建工作会议上做了交流发言。原以为从徐汇中学出发，在教育局平台上进步，在市四中学获得圆满，但是"意料之外"的机遇，给了我别样的考验。……那天，区委书记、区委组织部副部长、教育党工委书记、办公室主任及办公室的同事们一起送我到校上任。我除了终生难忘外，更感到义不容辞的责任。[22]

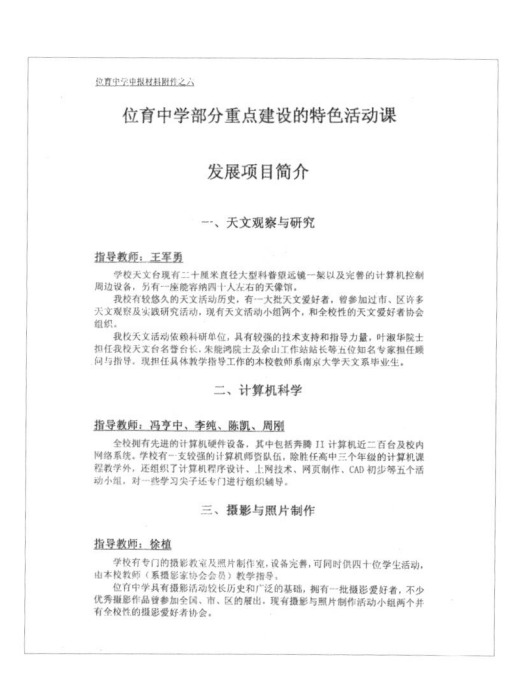

图6-17 位育中学创建市实验性示范性高中规划（1999—2002年）附件（档案摘选，1999年9月）

图6-18 中共上海市位育中学委员会成立大会
（摄于2001年11月14日，宋燕臣提供）

图6-19 位育中学举行2000学年开学典礼

位育中学的升格，党委的成立和随后被列入上海市首批实验性示范性高中，这是位育中学办学史上的重要事件（图6-18）。

位育中学在完成制订创建规划后，学校师生按照规划要求逐一落实到位。2000年，位育中学高中班级35个，学生1615人，专任教师113人，其中高级教师41人，特级教师5人。搬迁新址后，学校进行了新的课程体系探索，开设了天文、摄影、机器人与发明创造、网页制作、排球、桥牌等20多个拓展型与研究型校本课程。学生桥牌比赛持续3年获全市冠军；高中男排保持全市前两名；学生运用计算机编程获"国际光学工程最佳专项奖"（图6-19）。[23]

图6-20 2006年位育中学实验性示范性高中年检报告会

2000年3月，上海市教委组织专家组对位育中学的创建规划进行评审。专家组对规划和学校工作予以充分肯定。[24]经过专家组的评议，通过了位育中学规划的初审。此后，进入中期评审。最后，又经过了规划实施的复审和终审。学校的创建工作获得市教委和专家组的充分认可。此后，市教委宣布位育中学列入全市首批28所实验性示范性高中。从赵校长开始申报，精心筹划，到后有任校长“接力”，历时6年，位育中学终于完成了创建工作。

2005年2月，上海市教委命名上海中学、位育高级中学（即位育中学）等28所完成创建实验性示范性高中规划总结性评审的高中学校为“上海市实验性示范性高中”。这是在网上公示和专家评议基础上做出的决定。实验性示范性高中建设，“是上海市现代化的重要组成部分”；创办实验性示范性高中，“是扩大优质教育资源，满足百姓对教育需求的一大措施，也是贯彻上海市教育工作会议的具体行动，旨在采用新的机制，调动各方办学的积极性，整体提高高中的质量”[25]。成为上海市首批实验性示范性高中后，位育中学的发展又跨入了一个新阶段。学校在硬件建设方面更加大了投入，为学生的全面发展提供优越的条件。

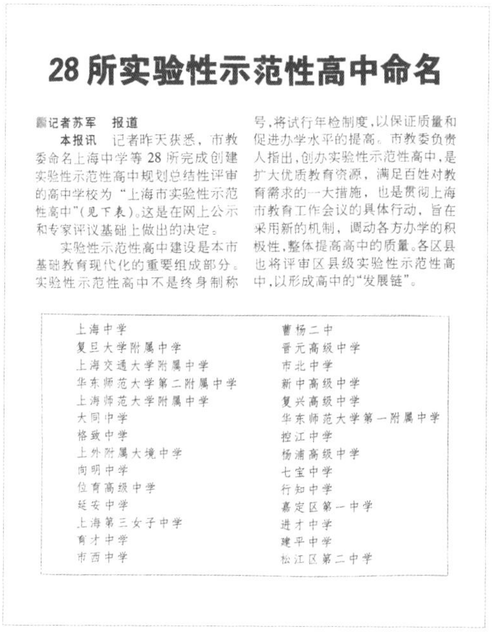

28所实验性示范性高中命名

记者苏军　报道

本报讯　记者昨天获悉，市教委命名上海中学等28所完成创建实验性示范性高中规划总结性评审的高中学校为“上海市实验性示范性高中”（见下表）。这是在网上公示和专家评议基础上做出的决定。

实验性示范性高中建设是本市基础教育现代化的重要组成部分。实验性示范性高中不是终身制称号，将试行年检制度，以保证质量和促进办学水平的提高。市教委负责人指出，创办实验性示范性高中，是扩大优质教育资源，满足百姓对教育需求的一大措施，也是贯彻上海市教育工作会议的具体行动，旨在采用新的机制，调动各方办学的积极性，整体提高高中的质量。各区县也将评审区县级实验性示范性高中，以形成高中的“发展链”。

上海中学	曹杨二中
复旦大学附属中学	晋元高级中学
上海交通大学附属中学	市北中学
华东师范大学第二附属中学	新中高级中学
上海师范大学附属中学	复兴高级中学
大同中学	华东师范大学第一附属中学
格致中学	控江中学
上外附属大境中学	杨浦高级中学
向明中学	七宝中学
位育高级中学	行知中学
延安中学	嘉定区第一中学
上海第三女子中学	进才中学
育才中学	建平中学
市西中学	松江区第二中学

图6-21　上海市首批28所实验性示范性高中，位育高级中学名列其中（选自《文汇报》2005年2月26日）

在全校师生的共同努力下，位育中学教学质量稳步上升，各项事业快速发展，赢得社会各界的广泛赞誉（图6-20、图6-21）。

第二节　自主发展与开放办学

位育中学80年办学，卓有成效，但在各个阶段发展各有侧重，各有特色。随着教育改革的不断深化，此也极大丰富了位育办学的内涵。

进入21世纪，位育中学确立了新的发展目标，抓课程改革，深化内涵建设，努力把学校建设成为现代化、国际化的一流名校。学校坚持德、智、体、美全面发展，发扬“团结、严谨、求实、进取”校风。在传承中创新，在创新中发展。多方拓展，实行多样化办学、多元化发展，以质量树品牌，以特色促发展。不断更新教育理念，积极推进新课程改革，学生的综合素质得到全面提高。

一、“自主发展”的新探讨

1998年搬迁新址后，位育中学传承历史文化，在“生长创造”理念的基础上进一步发展为“师生双自主发展”，成为学校发展新的办学理念和办学特色。[26]

学校不断总结办学经验，关于“自主发展”的理念，在赵家镐任校长期间，曾在不同场合下有多次阐发。1999年5月，赵家镐校长在位育中学董事会年会上发言，提到了“自主管理”“自主学习”等办学模式（图6-22）。[27] 1999年9月，赵校长在主持撰写创建市实验性示范性高中规划报告中，就有了“求真务实，自主发展，建设上海一流的现代化寄宿制高级中学”的提法。[28] 2001年9月，赵家镐做了一个题为《探索生长创造自主发展的教育模式》的报告，明确指出位育中学探索“自主发展”的教育模式，是为了让学生循序渐进地达到自主学习上的三个层次：“第一是挖掘学生的潜力，开启他们的想象力，提高他们学习的主动性和积极性；第二是让学生在实践中学会主动、积极思维，逐渐培养勇于探索、善于探索的科学精神；第三是学生最终学会根据自身的特点及国家发展需要来制订学习计划和选择学习方法，初步确定自己未来发展方向，并能为实现自己这一目标而不懈努力。”[29] 赵校长自1961年大学毕业后，长期在第一线任教师，自1985年任校长，从事学校管理工作，长达15年。他既有丰富的教学经验，又有长期从事行政工作的经历，他善于思考，勇于探索，不断总结位育的办学模式，他把“自主发展”的教育表述为自主管理、自主学习、自主研究三个层面，其论述系统内涵丰富，且具有可操作性。

赵家镐与他的同事们也十分注重办学实践。这里，以位育中学创建的“实验班”为例予以说明。

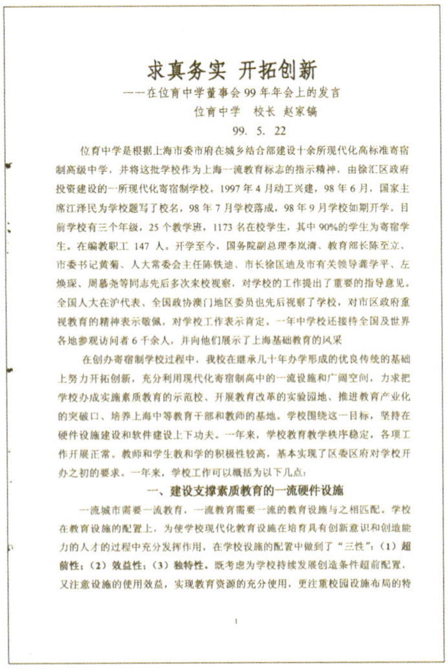

求真务实 开拓创新

——在位育中学董事会99年年会上的发言

位育中学　校长 赵家镐

99. 5. 22

位育中学是根据上海市委市府在城乡结合部建设十余所现代化高标准寄宿制高级中学，并将这批学校作为上海一流教育标志的指示精神，由徐汇区政府投资建设的一所现代化寄宿制学校。1997年4月动工兴建，98年6月，国家主席江泽民为学校题写了校名，98年7月学校落成，98年9月学校如期开学。目前学校有三个年级，25个教学班，1173名在校学生，其中90%的学生为寄宿学生。在编教职工 147 人。开学至今，国务院副总理李岚清、教育部长陈至立、市委书记黄菊、人大常委会主任陈铁迪、市长徐匡迪及市有关领导龚学平、左焕琛、周慕尧等同志先后多次来校视察，对学校的工作提出了重要的指导意见。全国人大在沪代表、全国政协澳门地区委员也先后视察了学校，对市区政府重视教育的精神表示敬佩，对学校工作表示肯定。一年中学校还接待全国及世界各地参观访问者6千余人，并向他们展示了上海基础教育的风采

在创办寄宿制学校过程中，我校在继承几十年办学形成的优良传统的基础上努力开拓创新，充分利用现代化寄宿制高中的一流设施和广阔空间，力求把学校办成实施素质教育的示范校、开展教育改革的实验园地、推进教育产业化的突破口、培养上海中等教育干部和教师的基地。学校围绕这一目标，坚持在硬件设施建设和软件建设上下功夫。一年来，学校教育教学秩序稳定，各项工作开展正常。教师和学生教和学的积极性较高，基本实现了区委区府对学校开办之初的要求。一年来，学校工作可以概括为以下几点：

一、建设支撑素质教育的一流硬件设施

一流城市需要一流教育，一流教育需要一流的教育设施与之相匹配。学校在教育设施的配置上，为使学校现代化教育设施在培育具有创新意识和创造能力的人才的过程中充分发挥作用，在学校设施的配置中做到了“三性”：（1）**超前性**；（2）**效益性**；（3）**独特性**。既考虑为学校持续发展创造条件超前配置，又注意设施的使用效益，实现教育资源的充分使用，更注重校园设施布局的特

1

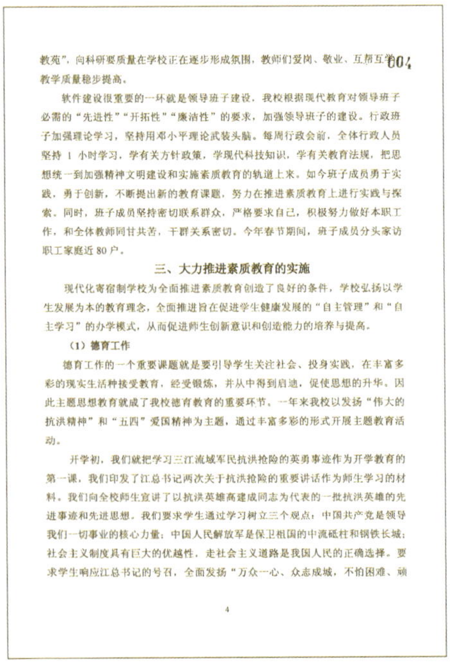

教苑”，向科研要质量在学校正在逐步形成氛围，教师们爱岗、敬业、互帮互学，教学质量稳步提高。 004

软件建设很重要的一环就是领导班子建设，我校根据现代教育对领导班子必需的“先进性”“开拓性”“廉洁性”的要求，加强领导班子的建设。行政班子加强理论学习，坚持用邓小平理论武装头脑。每周行政会前，全体行政人员坚持1小时学习，学有关方针政策，学现代科技知识，学有关教育法规，把思想统一到加强精神文明建设和实施素质教育的轨道上来。如今班子成员勇于实践，勇于创新，不断提出新的教育课题，努力在推进素质教育上进行实践与探索。同时，班子成员坚持密切联系群众，严格要求自己，积极努力做好本职工作，和全体教师同甘共苦，干群关系密切。今年春节期间，班子成员分头家访职工家庭近80户。

三、大力推进素质教育的实施

现代化寄宿制学校为全面推进素质教育创造了良好的条件，学校弘扬以学生发展为本的教育理念，全面推进旨在促进学生健康发展的“自主管理”和“自主学习”的办学模式，从而促进师生创新意识和创造能力的培养与提高。

（1）德育工作

德育工作的一个重要课题就是要引导学生关注社会、投身实践，在丰富多彩的现实生活种接受教育，经受锻炼，并从中得到启迪，促使思想的升华。因此主题思想教育就成了我校德育教育的重要环节。一年来我校以发扬“伟大的抗洪精神”和“五四”爱国精神为主题，通过丰富多彩的形式开展主题教育活动。

开学初，我们就把学习三江流域军民抗洪抢险的英勇事迹作为开学教育的第一课，我们印发了江总书记两次关于抗洪抢险的重要讲话作为师生学习的材料。我们向全校师生宣讲了以抗洪英雄高建成同志为代表的一批抗洪英雄的先进事迹和先进思想。我们要求学生通过学习树立三个观点：中国共产党是领导我们一切事业的核心力量；中国人民解放军是保卫祖国的中流砥柱和钢铁长城；社会主义制度具有巨大的优越性，走社会主义道路是我国人民的正确选择。要求学生响应江总书记的号召，全面发扬“万众一心、众志成城，不怕困难、顽

4

图6-22　赵家镐校长在位育中学董事会1999年年会上的发言（摘选）

"素质教育实验班构思于1998年,2000年正式启动,招收第一届学生",这在赵校长撰写的《实验班的缘起》一文中有详细解读(图6-23)。位育中学办这个实验班,其定位始终是"把实验班在常规智力条件下以培养学生的综合能力、提高学生的综合素质为目标。实现目标的途径是通过加强德育和课程、教材、教法的改革来实现。适当减少必修课学时,注重减轻学生过重的课业负担,空出更多时间让学生参加社会实践活动,拓宽学生的知识视野,培养学生兴趣爱好,发展学生个性特长,为将来成为优秀人才打下坚实的素质基础"[30]。为了完整地实施实验计划,位育中学提出了"七年一贯,三四分段"的策略,即预备班至初二三年在初中学习,初三一年和高中三年在高中学习。位育中学在办学实践中不断丰富"自主发展"的理念。赵家镐校长也清醒地认识到:"七年实验,效果究竟怎样?目标达到没有?这是一个很难回答的问题。实验效果的近期检测标准是高考成绩,要不了多少时间就可以揭晓。"[31]就短期而言,实验班的成效很好:参加考试的39位学生(一位学生已先期被法国工程师大学录取),在这40位同学(含被法国工程师大学录取的)中,37位学生被"一本"学校录取,其中29位学生录取在复旦、交大、同济以上的学校。[32]百年树人,办学是一个长时段的检验,赵校长的眼光看得很远。2004年12月,上海市教委同意授予赵家镐为上海市位育中学名誉校长。赵校长继续为位育的发展献计献策(图6-24、图6-25)。

2000年,任博生接任校长,在已有的基础上,学校提出"双自主发展"办学理念,确立了学生自主发展和教师自主发展的关系(图6-26):

学生和教师的自主发展是互为条件、相互促进的。学生的自主发展,对教师的发展提出了要求,为教师的自主发展提供了舞台。教师的自主发展为学生的发展服务,使学生的发展有了更多的可能性,也为学生的自主发展提供了榜样作用。在师生互动中,完善师生双方的人格,促进师生的全面发展。学校以培养全面发展和主动发展的学生

图6-23 赵家镐:《实验班的缘起》(选自《且试天下:2007届实验班毕业纪念册》,2007年刊印)

图6-24 赵家镐老师在上课
(上海市位育中学校长办公室提供)

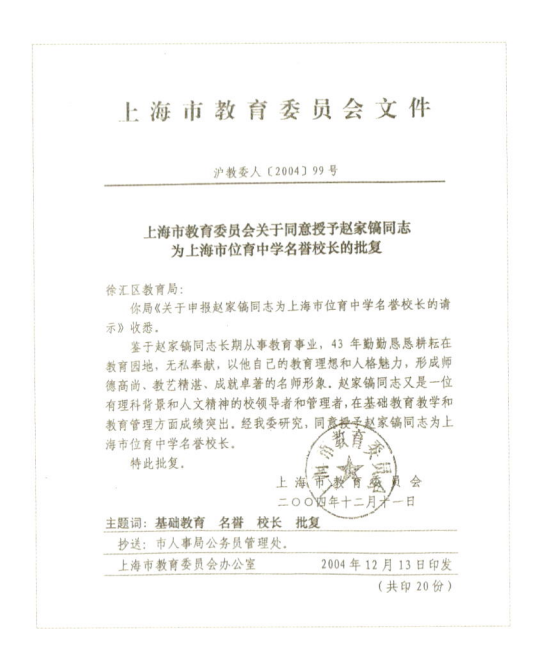

图6-25 赵家镐担任学校名誉校长（2004年）

图6-26 任博生校长进教室听课评课（上海市位育中学校长办公室提供）

图6-27 刘晓舟校长（上海市位育中学校长办公室提供）

为目标，促进教师自主进行专业发展是实现这一目标的重要抓手。[33]

学校形成了"双自主发展"的三类课程体系。二期课改提出要构建基础型、拓展型、研究型课程。在创建实验性示范性高中期间，位育中学共开设各类拓展型课程累计100多门，经过多年的整合、筛选，稳定在80余门，分布于文科、理科、艺术等各个领域。学校成立了26个社团组织，极大拓展了学生追求个性化发展的空间，激发了学生充实自我、展现自我的主动性和积极性。学校先后与4个科研单位和几所高校合作，开发了天文、生命科学、电子、环保和计算机五大科技实验室，确立一批研究课题，帮助一批学生取得自主学习和研究的成果。学生确立研究性课题2500余个，结题800余个，出现一批优秀课题报告和论文，获各类市级以上学科竞赛奖项94个、各类科技竞赛奖项74个。2002年4月，学校遴选优秀课题报告论文61个。[34]

2008年2月，刘晓舟任位育中学校长，成为位育中学历史上第七任校长（图6-27）。2009年9月，按徐汇区教育党工委要求，位育中学试点实施党委公推直选工作，选举产生新一届党委。刘晓舟经公推直选后由徐汇区教育党工委任命为位育中学党委书记。刘晓舟担任校长近11年（到

2019年12月离任），围绕"自主发展"务实开拓，"在学校管理工作中，他努力以较高的职业、专业、事业标准要求自己，以'大事想清楚、小事做精细'自勉，团结同志，努力推动学校事业的发展"[35]。

在"双自主发展"探索中，位育中学也取得了丰硕的教学成果（图6-28、图6-29）。表6-1为2001—2020年出版的位育中学部分研究成果。

表6-1　2001—2020年间出版的位育中学研究成果（据不完全统计）

出版时间	名称	出版单位
2001年3月	《创新与实践：学生课题研究论文选（一）》	同济大学出版社
2002年5月	《走进自主研究的天地：上海市位育中学学生研究型课程论文集》	上海远东出版社
2003年4月	《位育文库·优秀教案评析》	上海远东出版社
2005年3月	《潮汐之间：位育中学学生优秀作文集锦》	上海三联书店
2007年1月	《在自主发展天地里——位育中学学生课题项目论文集》	上海三联书店
2009年11、12月	"探索与创新：位育中学教改成果集"丛书，包括《杏坛丝语》《晨曦甘露》《烛影墨香》《行思无际》《青春之痕》各册	学林出版社
2011年10月	《位育中学语文学科基地科研文集·论语说文》	学林出版社
2011年12月	《位育中学教改成果集·静夜沉思》《位育中学语文教师论文集·杏坛丝路》	学林出版社
2020年7月	《在自主发展中生长创造——位育中学研究型课程成果集》	文汇出版社

*资料来源：《位育中学大事记》，上海市位育中学提供。

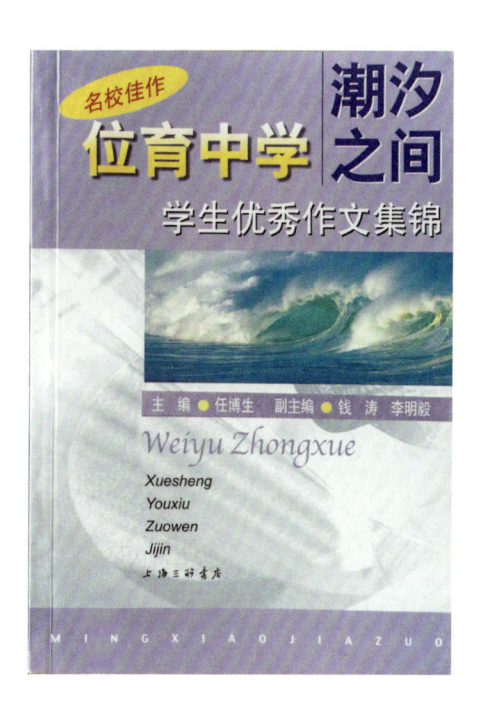

图6-28　《潮汐之间：位育中学学生优秀作文集锦》，任博生主编，上海三联书店2005年版

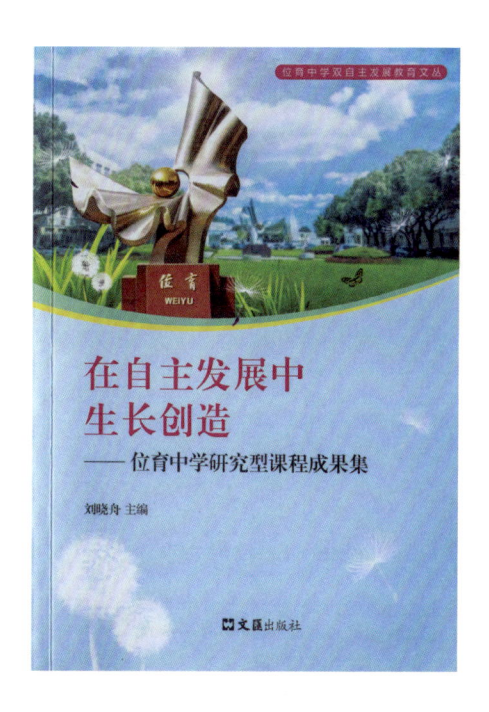

图6-29　《在自主发展中生长创造——位育中学研究型课程成果集》，刘晓舟主编，"位育中学双自主发展教育文丛"，文汇出版社2020年版

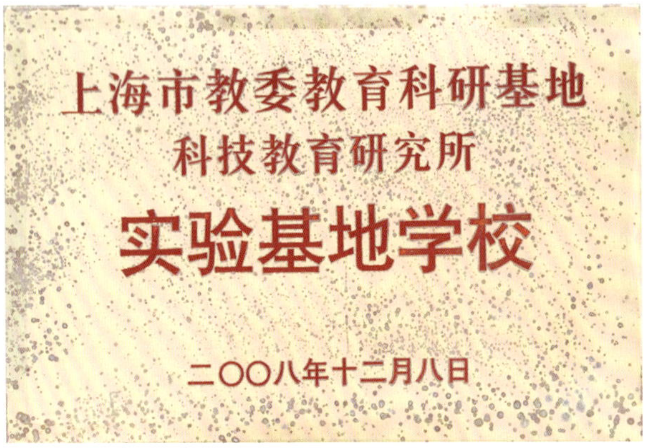

图6-30 位育中学被授予上海市教委教育科研基地、科技教育研究所实验基地学校（2008年12月）

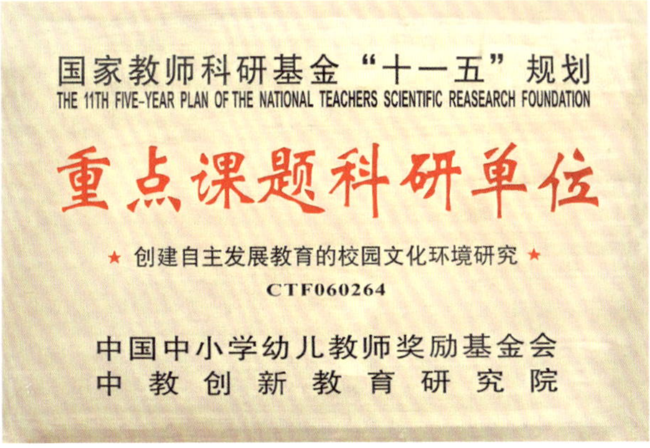

图6-31 位育中学承担课题"创建自主发展教育的校园文化环境研究"，获得国家教师科研基金"十一五"规划重点课题科研单位称号

2007年5月，位育中学承担的课题"创建自主发展教育的校园文化环境研究"获得国家教师科研重点课题立项（国家教师科研基金"十一五"规划重点课题科研单位）。翌年，位育中学被教育部和国家教师科研基金会授予"科研兴校示范学校"荣誉称号。2008年12月，位育中学被授予上海市教委教育科研基地、科技教育研究所实验基地学校。2009年，学校课题"创建自主发展教育的校园文化环境研究"被国家教师科研基金会授予优秀结题课题，学校获得"重点课题科研单位"称号（图6-30、图6-31）。[36]

二、开放办学的新格局

位育中学坚持特色办学、优质办学。在这一过程中，学校拓展视野，积极开展多种层次、各种形式的合作与交流，主要包括：（一）建立校外基地，拓展学生的活动空间；（二）加强与著名高校、科研院所的合作，相继建立起科学、人文、艺术等研究基地，了解学科前沿，开拓师生视野，引导学生往更高的阶段发展；（三）做好与家长的联络、沟通，招募家长志愿者等；（四）建立与校友的联系，合理利用校友资源；（五）积极引进社会、社区资源，实行资源共享。凡此，增加了学校课程的丰富性、专业性与科学性，有利于学生综合素质的提升。在《上海市位育中学章程》中明确提到："学校主动与社会、家庭联系沟通，加强学校、家庭、社会密切配合的育人体系建设，形成教育合力。学校根据教育教学需要，聘请兼职教师和校外学生辅导员。"学校要借助社会资源，"建立德育、科普、法制、社区等各类教育基地，定期组织开展校外教育活动"[37]。学校要依托社区，开发社区教育资源，开展各种社会实践活动，为学生创造服务社区和实践体验的机会。同时，学校也要配合社区开放校内文化设施和体育场地。总之,学校、家庭、校友、社区、社会,要求构建开放的格局,让学校教育教学融入于相互影响、相互促进的共同成长的协同办学体系中(图6-32)。

在这一阶段位育的办学中,"新疆班"("新疆部")的开设是令人关注的。

根据教育部、民政部的统一安排与部署,2010年位育中学接受上海市政府关于筹建新疆部工作任务,筹划新疆部基础设施建设。学校在原一幢艺术小楼和一个后花园的空地上,圈出一块土地,建造了专属新疆班学生学习、生活的"新疆部"。2011年6月,位育中学接到《上海市教育委员会关于位育中学新疆高中班推迟举办的通知》(图6-33):"原拟于2011年实施的位育中学招录86名新疆内高班学生工作事项未纳入计划之中。为此,我委专门与教育部民族教育司进行了沟通与协商,对此项工作安排作了调整。"调整事宜包括:(1)根据教育部民族教育司的安排,上海内地新疆高中班的扩招工作作适当调整,原定2011年开始举办位育中学内地新疆高中班(招收两个班级、86名学生)的招生计划将推迟至2012年度实施。(2)鉴于位育中学已按照原计划实施了内地新疆高中班相关基础建设项目,上海市教委仍按照原计划下拨相关基础建设经费。[38] 2011年1月6日,位育中学新疆部寝室楼、食堂大楼建设举行开工仪式。2012年,位育中学正式招收2个班级的新疆学生,学制四年,首届招生90名新疆学生(图6-34)。

为了做好相关工作,位育中学创办新疆部,此在《上海市位育中学章程》第十五条中也专门提到:"学校设置教导处、政教处、总务处、信息处、国际部、新疆部和科研室等职能部门,

图6-32 学校成为创造教育实验基地

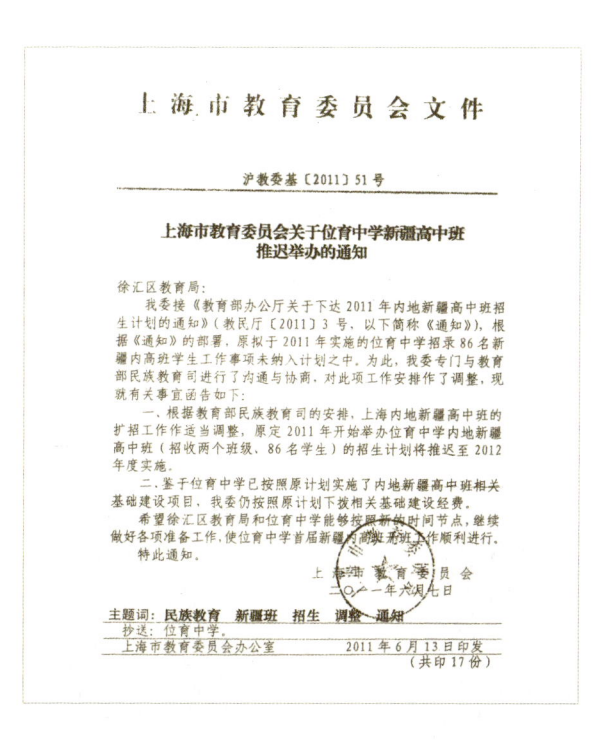

图6-33 《上海市教育委员会关于位育中学新疆高中班推迟举办的通知》(2011年6月)

分别承担相应的管理职能。"[39] 在招生中,学校也规定,位育中学新疆部按照国家有关规定招生。新疆班属于民族教育的一部分,以招收新疆维吾尔自治区的少数民族学生为主,也有少

量汉族学生（图6-35至图6-37）。

开设新疆班，有其独特、重要的政治意义。位育中学克服了诸多困难，全力为新疆班学生服务，受到新疆班学生的好评与欢迎。2016年3月3日，学校新疆部获2015年度上海市教育系统"巾帼文明岗"荣誉称号。2020年6月，位育中学新疆部支部在徐汇区疫情防控一线中表现突出，荣获"先锋基层党组织"称号。2023年6月29日，位育中学被命名为2022—2024年度上海市民族团结进步教育基地。位育中学努力完成国家交代的政治任务，在实践中不断探索新疆班的办学经验。

位育中学还与国内一些学校建立友好交流关系，包括四川省广安中学、云南省蒙自高级中学、云南元阳高级中学、云南省屏边民族高中、海南陵水中学、河南省平顶山市第一中学、上海市金山中学、奉贤区曙光中学、上海市位育体校等等。[40]通过校际之间扩大交流，取长补短。这里，需要一提的是2022年11月18日，上海市位育中学与中国中学、位育初级中学、民办位育中学、徐汇区教育学院附属中学、位育实验学校、龙苑中学等学校共同成立位育教育集团。位育教育集团由上海市位育中学牵头，"集团将秉持'核心引领、创新驱动、集群发展、合作共赢'的办学理念，发挥'位育'深厚的文化底蕴和丰富的现实优势资源，通过发挥集团化办学的集群优势，取长补短，共建共享，为保持徐汇教育在上海的示范领先优势，实现更高水平、更高质量的教育现代化做出积极的努力和贡献"[41]。

在开放办学中，还有一项重要内容就是与国外及中国港澳台地区学校的交流。进入21世纪，位育中学更加重视对外交流，开展经常性的业务

图6-34 上海市位育中学迎接新疆班同学（2012年8月）

图6-35 位育中学举行2013学年新疆部第一学期开学典礼

图6-36　位育中学新疆部欢迎徐汇区领导来校视察

图6-37　位育中学新疆部同学参加校园艺术节

图6-38　位育中学国际部（摄于2007年11月21日，朱万宝老师提供）

交往活动。在交流中拓展视野，在交往中增加见识。在开放办学中，学校按照"多样化办学、多元化发展"的思路，于2003年5月筹建位育中学国际部。位育中学国际部按照国家有关规定招生。[42]是年9月，位育中学国际部招收首批来自韩国的学生。2006年9月，位育中学国际部中国港澳台班招收首批学生。2011年9月，学校国际部开设IBDP课程并招生。位育中学国际部，作为公办普通高中最早开办的中外合

图6-39　位育中学国际部2007年学期全体师生合影留念（摄于2007年11月）

图6-40　位育中学国际部举行开学典礼（2013年9月）

图6-41　位育中学获得国际文凭组织授权学校

作办学项目之一，颇具开拓性（图6-38至图6-41）。

位育中学重视对外交流，在交流中拓展视野，在交往中增加见识。自20世纪90年代以来，位育中学获得了更多与国际学校频繁接触的机遇，学校分别与日本、澳大利亚、美国、英国、法国、德国、瑞典、韩国、泰国等地的海外知名学校签订合作协议，详见表6-2。

表6-2 与上海市位育中学缔结的国际友好学校、合作学校一览表

学校名（所在国文字）	国家	城市（地区）	中文名	缔结时间
兵庫県立神戸甲北高等学校（Kobe Kohoku High School）	日本	大阪	兵库县立神户甲北高等学校	1992年12月
John Paul College	澳大利亚	布里斯班	约翰保罗学院	2000年3月
Lycée Jean de La Fontaine	法国	巴黎	枫丹白露中学	2002年10月
Collège et Lycée François Couperin	法国	巴黎	弗朗索瓦·库珀林中学	2004年1月
Lauriston Girls' School	澳大利亚		澳大利亚卓林顿女子中学	2004年4月
Mahidol Wittayanusorn School	泰国	曼谷	玛希顿科学纪念学校	2004年4月
Aylsham High School	英国	诺福克	艾尔舍姆中学	2005年3月
Goethe Gymnasium	德国	法兰克福	公立歌德高级文理中学	2005年6月
Gymnasium Christianeum	德国	汉堡	克里斯蒂安文理中学	2005年6月
North Sydney Girls High School	澳大利亚	悉尼	北悉尼女子中学	2005年7月
Gwacheon Foreign Language High School	韩国	果川	果川外国语高等学校	2005年12月
Notre Dame High School	英国	诺福克	圣母玛利亚中学	2006年5月
Carlforsska Gymnasiet	瑞典	卡尔福斯卡	卡尔福斯卡中学	2007月3月
Thayer Academy	美国	波士顿	塞尔学院	2008年5月

*资料来源：上海市位育中学校长办公室提供，2023年5月。

注：克里斯蒂安文理中学，中文名德国领事馆网站更新。

表6-3，为2000—2023年间位育中学与国外及中国港澳台地区学校的交流活动统计。

表6-3 2000—2023年间位育中学与国外及中国港澳台地区学校的交流活动统计

时间	性质	对方学校
2000	出访	日本神户甲北高等学校
2000	出访	澳大利亚约翰保罗学院
2001	出访	澳大利亚约翰保罗学院
2002	出访	台湾地区台北建国中学、台北第一女中、新竹台湾交通大学
2013	来访	日本神户甲北高等学校
2014	来访	日本神户甲北高等学校
2015	来访	美国塞尔学院
2016	出访	美国塞尔学院
2016	来访	美国塞尔学院

(续表)

时间	性质	对方学校
2016	来访	日本神户甲北高等学校
2017	出访	美国塞尔学院
2017	来访	美国塞尔学院
2018	出访	美国塞尔学院
2018	来访	美国塞尔学院
2018	来访	澳大利亚约翰保罗学院
2019	出访	美国塞尔学院
2019	来访	美国塞尔学院
2023	来访	香港东华三院吕润财纪念中学、东华三院伍若瑜夫人纪念中学

*资料来源：上海市位育中学校长办公室提供，2023年5月。

注：自1986年起上海与汉堡结为友好城市，位育中学每年和汉堡的3个学校有互访活动直至2019年。2020—2022年外事交流活动因故暂停。

在与国外和中国港澳台地区的一些学校的交流中，2023年位育中学与香港东华三院吕润财纪念中学签署姐妹校友好协议；是年6月，香港东华三院吕润财纪念中学、东华三院伍若瑜夫人纪念中学访问位育中学。早些时候，学校曾与香港保良局罗氏基金中学开展一些交流活动（图6-42至图6-44）。

通过参加各种交流活动，位育中学师生增强了对外交往的意识和能力。这里摘引郑斯敏老师的一次交流总结：

> 2016年9月29日到10月5日，我和胡慧玲老师受学校委派带领12名高二同学赴美国波士顿赛尔中学进行回访交流。这批同学都是在赛尔中学访问我校时负责接待的同学，本次回访我们在自愿报名的同学中经面试选拔出以上12名同学。本次活动受到赛尔学校的热情接待和细致安排……除了体验校园生活之外，赛尔学校还安排了一系列的参观活动。在三天时间里，我们分别在美国教师Jim先生的带领下，参观了自然博物馆、水族馆……了解了波士顿作为美国独立战争和美国内战的历史名城的悠久历史。我们还走进世界名校哈佛大学和麻省理工学院，近距离体验美国大学生的学习气氛和校园环境；我们也参观了肯尼迪图书馆兼博物馆……这些参观活动让学生的交流活动不局限于课堂、校园，进一步领略了波士顿这一历史名城的风采！
>
> 七天的时间很短，但是同学们的收获颇丰。同学们锻炼了独立生活的能力，进一步培养了人际交流能力，实战练习了学习了多年的英语口语，深切地体会到美国高中生的学习压力和对体育活动的热爱。同学们带着憧憬去了美国，带着反思和一份成熟回来了。这或许就是本次交流活动的意义所在。[43]

图6-42　上海市位育中学成为STEM+研究项目合作学校

图6-43　位育中学师生代表团赴德国访问，参观汉堡市政厅（摄于2017年9月14日，上海市位育中学校长办公室提供）

图6-44　香港东华三院吕润财纪念中学、东华三院伍若瑜夫人纪念中学访问位育中学（摄于2023年6月25日，上海市位育中学校长办公室提供）

位育中学师生勇于开拓，面向世界，接轨国际，积极探索多种形式的教学新模式，打造出开展国际合作教育的新品牌。

开放办学新格局的塑造，为位育中学师生开拓了广阔的平台，也为学校走向世界开辟了一条新通道。

第三节　新时期的课程建设与学科发展

位育中学是上海市较早开展高中课程体系多元性整体改革的学校，多年来遵循"减少必修课、增设选修课、加强活动课"的课程改革要求，高中的学制结构改革，高中组合式课程和学分制管理以及正在构建中的基础型课程、拓宽型课程、探究型课程的新课程体系，都是从整体目标出发，体现出课程结构的多元性、自主性、创新性。经过长期的努力，位育中学的课程建设卓有成效。

作为一所具有深厚办学底蕴的名校，位育中学一直在丰富与完善自己的办学理念，并在章程制度、校本教材、教学科研、德育、体育、美育、社团等方面切实做好传承与发展工作，在上海乃至全国的中学教育中均产生一定影响。跨入21世纪，位育中学在办学理念、课程设置、学科发展、队伍建设等方面都取得了新的进展，值得总结。[44]

一、按照二期课改的要求，推进课程建设

课程是实施素质教育的重要载体，二期课改把学校课程分为基础型课程、拓展型课程和探究型课程，要求通过三类课程的建设实施和质量的提升，推动学生自主学习，培养学生兴趣爱好，发展学生个性特长，提高学生创新能力。

2019年12月，刘晓舟卸任校长，由王亦群接任位育中学校长（图6-45）。王亦群是位育中学第八任校长，也是第一位女校长。几任校长连续"接力"，高度重视学校的课程建设，从提出规划，搭建框架；到继续实施，提升质量，拓展空间；再到如今的开拓创新，引向深入。做到循序推进，务实提升。

新时期位育中学课程建设的总体情况是：1.基础型课程校本化，对二期课改规定设置的国家统一课程按照学校的特点适当进行统筹、调整，逐渐形成了位育中学实现课程标准的教学途径和教学要求，数学、语文两大学科曾作为课程统整的试点，最后形成学校实现课程标准的实施方案，并不断在教学实践中改进。2.拓展型课程，主要是帮助学生拓展学科知识的视野，有的是课堂教学的延伸，有的是培养和发展学生的兴趣爱好，为学生将来的发展方向提供帮助。拓展课主要用选修的形式实现，老师将选修内容简介放

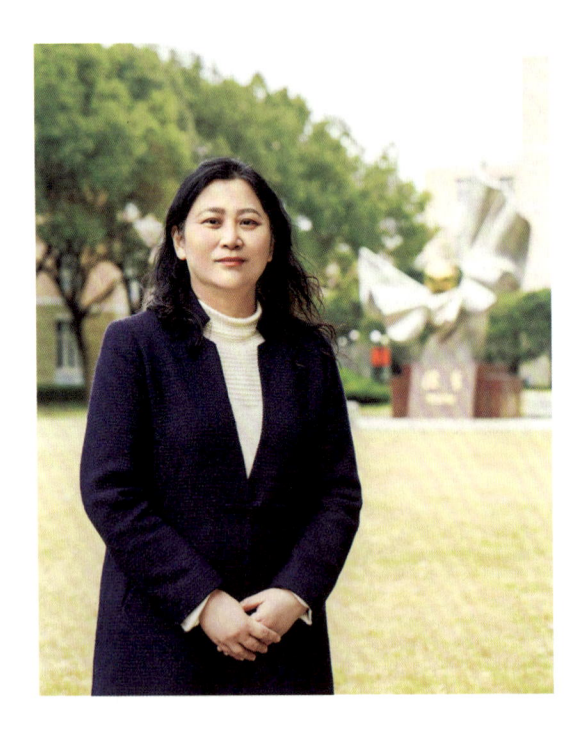

图6-45　王亦群校长
（上海市位育中学校长办公室提供）

在网上，学生根据自己需要，每学年选择1—2门学科报名，学校提供2—4节选修课的统一时间，学生可跨班级，甚至跨年级上课。经过10余年的积累筛选，学校已经保留了几十门较受学生欢迎的选修课程，可以初步满足学生选修需求，选修课的评价采用学分制，学校规定学生3年应完成的选修课程的总学分，选完一门，老师给以相应的学分，记入学生评价手册，将来作为综合评价的一部分，供大学录取学生时参考，拓展课程的建设是个动态的过程，会随时间的推进越做越好。3.研究型课程是要求学生自主选择一个课题进行探究，可以一人独立完成，也可以几个学生一起合作完成。通过开题到结题的过程，让学生了解一个完整的科研过程，同时在完成课程的过程中，培养学生自主学习的能力。探究课目前尚无考核评价的统一要求，只是将研究课程和完成情况记载在学生评价手册上，供将来高校录取挑选学生时参考。研究型课程在学校的实施，还有很大的成长空间，需要进一步探索实施研究型课程的形式、途径和方法。

三类课程的建设和改进提高，是位育中学课程建设工作的重要任务。近年来随着学校国际化发展的需要，学校开设了国际部、境外班，相应形成了一些新的课程，特别是经过国际文凭组织授权的IBDP课程，因其在留学中受到各方的认可，所以选择读IBDP课程的学生也在逐步增加，IBDP课程的建设也是学校发展的一大特色。2012年，位育中学创建新疆部，开设新疆班，招收新疆各族人民的子弟来学校就读，学制四年（一年为预科），学校相应又有了针对新疆部学生四年制特点的课程。总之，课程多元化将是学校发展的一个趋势和办学的特色。

二、课堂教学方法的改进，以适应推进素质教育的需要

学校迁入新校区以后，随着教学硬件设施的改善，每个教室都成为多媒体教室，所以教学方法的改进首先要从课堂教学信息化开始，充分利用多种媒体的信息资源，充实课堂教学内容，使教学的信息量

图6-46　在物理实验室（摄于2023年5月15日）　　图6-47　化学课上课场景（摄于2023年5月15日）

较大地增加，提高了课堂教学的效率，提升了学生兴趣。

此外，适应教育改革的要求，从围绕学生成为课堂教学的主体这一总要求出发，老师们进行课堂教学模式改进的多种探索与创新，经过10余年的努力，在课堂教学中，学生参与程度有了明显提高，学生主动参与、主动探索的气氛日益浓厚，学生的质疑能力逐步提高，这些都是教学改革成果的体现（图6-46、图6-47）。

自从2005年位育成为上海市首批实验性示范性高中以来，学校在推进素质教育的实施中不遗余力，进行了大量有益的探索，也取得了一定进展，使学校顺着素质教育的大潮顺势前行。

三、尊重个性，呼应时代，构建全面多元的特色课程体系

位育课程建设注重遵循国家课程方案的总体要求，落实立德树人、德智体美劳全面发展的教育理念，对接区域经济、社会发展对人才培育的时代需求。学校课程坚持四点基本原则，即坚持正确的政治导向、对接时代的现实要求、选用科学的实施方法、打造完善的课程体系。

学校在课程建设中重视师生的"自觉"和"自主"。"自觉"，包括对社会和时代发展趋势的自觉、对各学科各行业发展趋势的自觉、对个体自身的特点及意愿的自觉等。"自主"，就是在课程规范实施的目标和要求下，通过教师的自主发展引领学生树立自主发展意识，开展自主发展实践，提高自主发展能力，体验自主发展成果。

1."双新"背景下构建"依标、应时、多样"的位育课程体系

"依标"。学校在认真研究国家课程标准和课程方案的基础上，按照上海市课程计划的相关要求，结合学校教学工作实际，制订学校的课程方案及课程计划。学校严格执行国家课程方案，开齐开足高中各类课程，并通过各层级的校本研修，引导教师深入研究各学科的核心素养，关注各类课程的学科育人价值，确保开设的必修课程、选择性必修课程和选修课程均符合国家课程标准的要求，高品质实施国家课程，落实"五育"融合。在"依标"的基础上，满足学生学习生涯中的个性化发展需求，采用分层分类的形式开展课程实施，通过高一体验、高二选科的形式，保障了学生加三学科的学习体验，落实了学生的选科自主权。

"应时"。学校的校本课程应时而变，与时俱进。在推进校本课程建设的过程中，融入更多的时代元素。一方面结合新高考的相关要求，在必修课程和选择性必修课程中进行科学、动态的调整，突出时代特征，融入更多顺应时代需求、鲜活生动的课程学习内容和课程学习手段，从而提升课程的学习品质。另一方面，在选修课程的建设中，突出校本化特色。结合生涯发展导师项目，通过开设特色课程增加高中生生涯规划的意识与能力，丰富对接时代的课程体验，促进学生的健康成长与终生发展。

"多样"。多样化的校本课程促进学生的个性化学习和自主发展。通过开设研究类课程，为学生提供更多自主研究、自主实践的机会。通过开设讲座类课程，从前沿科技、政治经济、文化体验、心理健

位育中学课程框架

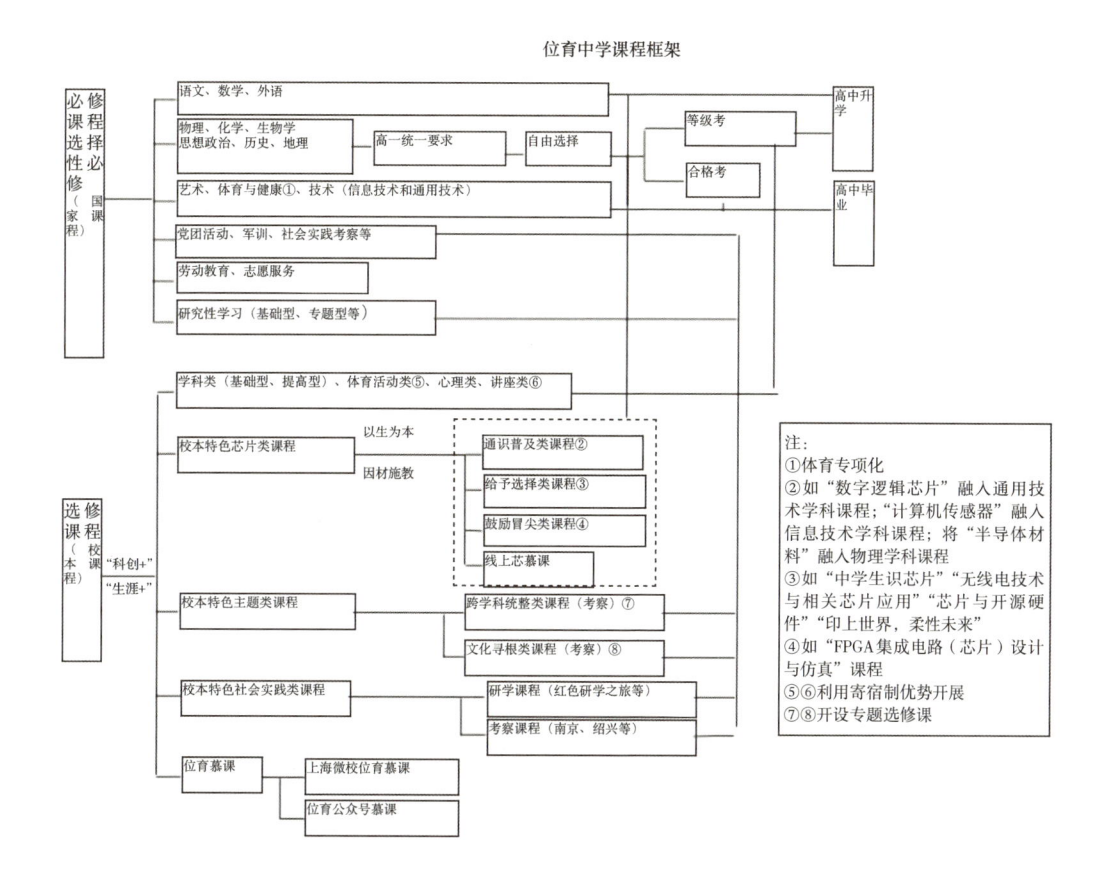

图6-48 位育中学国家课程校本化实施框架图

康、生涯指导等方面邀请高等院校、科研院所、知名企业等的专家学者和本校特色教师开设专题讲座，拓展学生视野，培育学习潜力。通过开展研究性学习活动，让所有学生参与、体验研究性学习选题、开题、研究、撰写、结题、汇报、答辩的全过程，同时培养学生的团队合作和沟通能力。通过开设线上课程，多维度实施国家课程与校本课程，多形式满足学生学习的自主性和个性化需求。详见图6-48"位育中学国家课程校本化实施框架图"。

2. 打造位育"234"校本特色课程

新课程新教材实施背景下，位育中学形成了"234"校本特色课程体系，它指的是2条主线、3种形式、4大课程群，以对接区域经济、社会发展对人才培育的需求，坚持为党育人、为国育才，落实立德树人根本任务，同时借助"4+N"实施形式，满足学生的个性化发展需求，实现育人目标。

2条主线："生涯+""科技+"。通过2条主线开发、定位学校校本选修课程方向。

3种形式：主题类、实践类、学科类。通过3类实施形式，支持国家课程高质量落地，促进校本课程多形式推进。

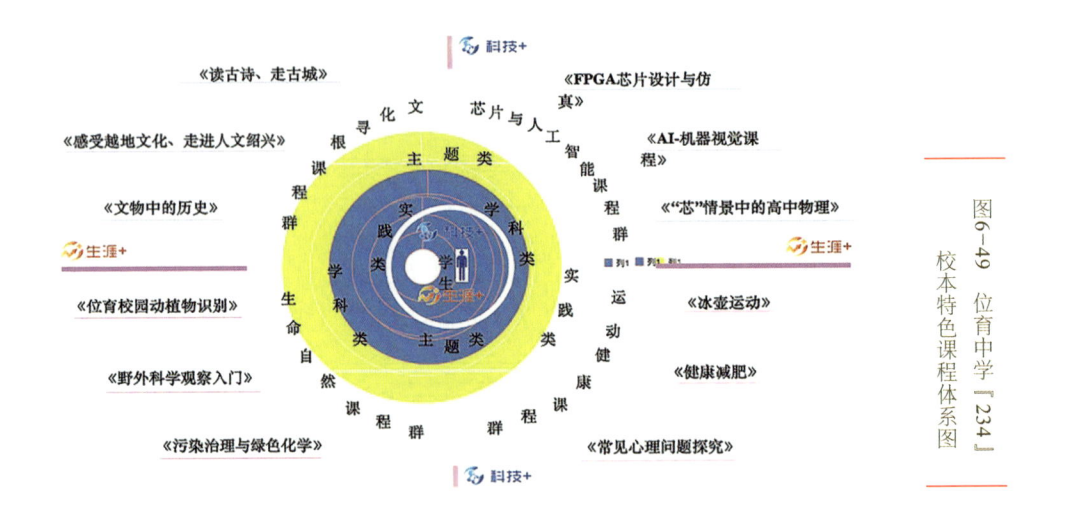

图6-49 位育中学"234"校本特色课程体系图

4大课程群：芯片与人工智能课程群、文化寻根课程群、生命自然课程群、运动健康课程群。详见图6-49"位育中学'234'校本特色课程体系图"。同时，参见表6-4"位育中学4大课程群开设课程"。

表6-4 位育中学4大课程群开设课程

4大课程群	相关课程
芯片与人工智能课程群	"FPGA芯片设计与仿真""'芯'情景中的高中物理""AI-机器视觉课程""'印'上世界，'柔'性未来""芯片科创课程"等
文化寻根课程群	"感受越地文化、走进人文绍兴""读古诗、走古城""文物中的历史""齐鲁文化"等
生命自然课程群	"位育校园动植物识别""野外科学观察入门""污染治理与绿色化学"等
运动健康课程群	"冰壶运动""舞蹈排演与实践""常见心理问题探究"等

*资料来源：上海市位育中学校长办公室提供，2023年5月。

"4+N"方式，4指4级课程图谱，N指N种课程标签，明确课程定位，帮助学生依据自身发展需求更好地自主选择课程。4级课程图谱分别是，第1级：惠及全体、夯实基础的通识普及课程；第2级：尊重兴趣、给予选择的选修课程；第3级：鼓励冒尖、支持拔尖的专项课程；第4级：线上课程（上海微校的位育慕课，位育公众号慕课）。N种课程标签：历史、经济、哲学、理学、工学、艺术等标签。通过课程标签分层分类满足学生个性化需求，匹配学生的兴趣、爱好、优势、生涯发展。图6-50为"位育'4+N'课程实施图谱"。

3.形成"芯片科技教育"校本课程体系

近年来，位育中学在课程建设又有新突破，这就是形成"芯片科技教育"校本课程体系。这里，要

图6-50 位育「4+N」课程实施图谱

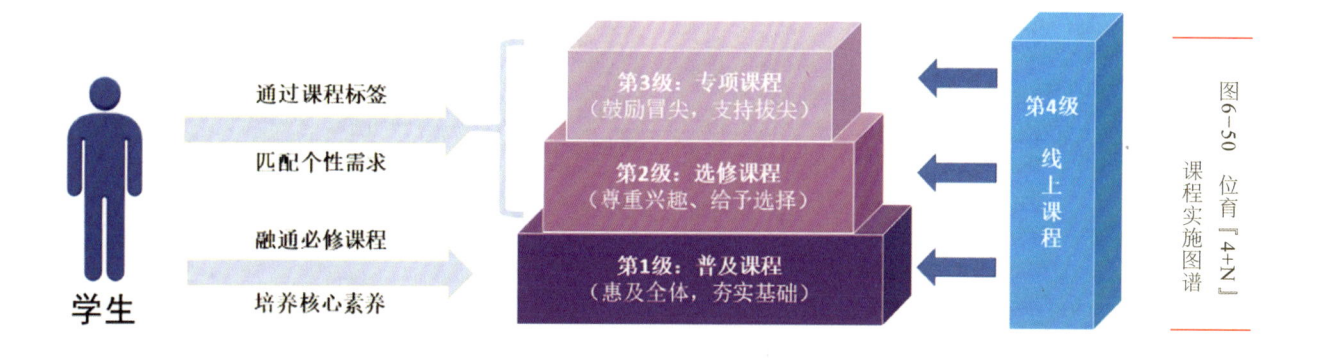

援引王亦群校长的一段口述,她说,她记得位育中学名誉校长赵家镐曾说过,"要在国家发展各个领域的制高点上有位育毕业生",也正是这句话深深触动了她要打响学校的科技品牌,创建全国第一家芯片科技教育学习体验中心,实现高中"芯片科技教育"零突破:

> 2020年10月16日,一个细雨蒙蒙的上午,我们位育中学行政中心组成员一行十多人来到中国科学院上海微系统与信息技术研究所芯片创新实验基地进行参观学习。对于基础教育工作者来讲,对芯片技术我们既好奇又陌生,当时给我们留下印象最深刻的是研究所的芯片技术展厅。就是在这一天,我们亲眼见识并亲手触摸了神秘的芯片制作原料硅锭,第一次知道在这个芯片的大家族里有AI芯、激光芯、超导芯、存储芯、生物芯、传感芯、硅光芯、物联芯等各种芯片。这时,我们才真切地感受到为什么芯片产业是国家最高科技的代表……创新驱动是国家命运所系,国家力量的核心支撑是科技创新能力,科技创新人才的培养刻不容缓,芯片人才的培育更是迫在眉睫,"芯苗"的栽培,从高中生的职业规划就要开始。这一刻,在位育中学开展芯片科创教育的想法萌生了。[45]

2021年,位育中学建成课程"硬件模组"——"芯动位育"科创学习体验中心,并依托该基础平台配置相关教学和实验设备(图6-51)。同时,学校还构建课程必需的"软件模组"——"芯片科技教育"的课程体系。学校从"惠及全体、夯实基础,尊重兴趣、给予选择,鼓励冒尖、支持拔尖"不同要求出发,建成融通"双新"课程体系的"芯片科技教育"特色课程。位育中学将芯片科技教育作为切入口,探索创新型人才早期培养的抓手,学生通过芯片科技教育不同课程的学习,眼界不断开阔,对于前沿技术、学科内涵的认识也在不断加深,学生的创造力普遍提升,撬动了生涯规划在高中的生发。在短短不到两年的时间里,学生在科技类方面获国家级奖项17人次、市级奖项33人次。越来越多的位育学子立志走进"芯片"产业,投身国家科技发展的创新之路。[46]

位育中学关于"芯片科技教育"校本课程体系构建方面的具体做法是:

(1)顶层设计,在课题引领下深化课程内涵。学校将芯片科技教育纳入学校"十四五"发展规划,

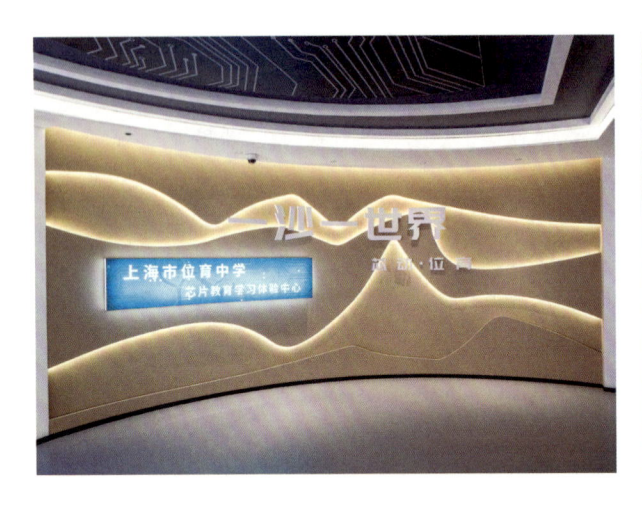

图6-51 位育中学芯片教育学习体验中心

将其课程建设作为学校校本特色课程中的重点项目予以推进。针对遇到的跨学科教学设计和相关学科知识点降维高中课堂等瓶颈问题和核心问题，将其转化为研究课题，制订问题解决的行动计划。位育中学是上海市首批"双新"实践项目学校，市级课题"'双新'背景下高中'芯片教育'课程的开发与实践研究"顺利立项并在前段时间通过中期评审。[47]通过课题引领，学校在课程建设的专业支持、深度挖掘、实践转化等方面都有了更加强有力的保障。

（2）外联校企、内强师资，锻造"双自主"团队。在师资团队建设上，学校挑选来自数学、物理、生物、化学、计算机等不同学科的优秀学科骨干教师，与中国科学院专家组共同组建全国第一支中学芯片教育导师团队，共同完成课程的开发和实施。学校广泛开发社会资源，与高校、科研院所进行紧密合作。比如中国科学院上海微系统与信息技术研究所、上海交通大学学生科创中心、同济大学等国内最早从事集成电路、生物芯片、硅光芯片的高校和研究机构，成为位育中学校外"芯片科技教育"的常驻基地，在帮助学校打造一整套芯片科技教育的实施方案的同时，也为学生开展科技研学、课题探究等综合性活动提供了丰富的时空资源。

（3）立柱架梁，配置芯片课程"软硬件模组"。2021年位育中学建成课程必需的"硬件模组"——"芯动位育"科创学习体验中心，并依托该基础平台配置相关教学和实验设备。学校用课程的理念来设计整个科创空间，不同于传统教室和实验室，空间的设计和高中育人方式变革相结合，让其不仅仅是一个物理的概念，而是成为学生学习芯片的动力和兴趣，成为激发教师芯片教育灵感的源泉，成为学校"芯片科技教育"课程生发的土壤，呼吁双新背景下变革育人方式。2023年，在徐汇区教育局和商汤科技的支持下，学校将建成人工智能实验室和体验馆（图6-52）。

学校还构建课程必需的"软件模组"——"芯片科技教育"的课程体系。为了顺应国家战略性科创方向的转变，学校在科普性教育的基础上，发展"更具体，更明确，更基础"的相关技术人才教育和培

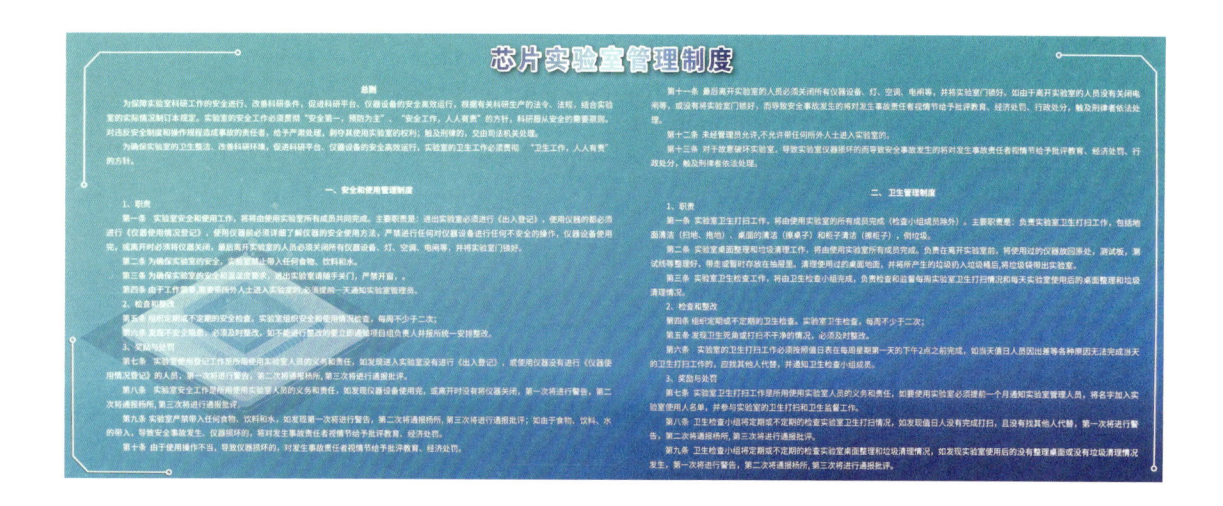

图6-52 位育中学芯片实验室管理制度

养，结合高考"综合评价体系"的改革新要求，从芯片理论基础、芯片材料认知、芯片设计、芯片制备、芯片封装、芯片测试、芯片创新应用等方面构建课程，形成校本化的课程方案、课程讲义和学生学习手册。相关课程主要分为通识普及课程、跨学科统整融合的精品特色课，以及芯片教育选修课。表6-5为"位育中学芯片教育选修课一览"。

表6-5 位育中学芯片教育选修课一览

课程名称	课时	授课教师	面向对象
中学生识芯片	15	顾纯辰	全体学生自主报名
芯片与开源硬件	15	张莞雪	全体学生自主报名
无线电技术与相关芯片应用	15	王嘉忱	全体学生自主报名
FPGA集成电路（芯片）设计与仿真	30	陈凯	学生自主报名+选拔

*资料来源：王勇：《2021—2022位育中学芯片教育特色课程阶段工作汇总简要报告》，上海市位育中学校长办公室提供。

四、分层打造课程，渗透学科育人，鼓励自主探究

1.以学生为本、因材施教，打造四级课程图谱

在课程图谱上，学校从"惠及全体、夯实基础，尊重兴趣、给予选择，鼓励冒尖、支持拔尖"不同要求出发，构建满足基础需求、兴趣发展、特长培养的课程群，建成融通"双新"课程体系的"芯片科技教育"特色课程群落。

第一类课程是惠及全体、夯实基础的通识普及课程。一是在必修课程中，融通"芯片科技教育"，打造必修课程的校本化特色。比如将"数字逻辑芯片""电路搭建"融入通用技术学科课程；将"利用芯片架设信息系统的实验""计算机传感器"融入信息技术学科课程；将"半导体材料"融入物理学科课程。二是开发芯片系列讲座课程，包括"中国的艰'芯'路""芯片与计算"等这类通识课程，加强学生对课堂所学原理应用方向的感知，切身体会并理解芯片在现代科技社会中不可或缺的地位。

第二类课程是尊重兴趣、给予选择的选修课程。学生根据自己的兴趣和需要，可以选择"芯片"类选修课程进一步学习。比如"中学生识芯片""无线电技术与相关芯片应用""芯片与开源硬件"等，学校在保证课程多样性、选择性的基础上，尤其强调这类课程的目的、价值、质量、趣味、周期等要素。学生在相对系统的学习中，不断发现自我、认识自我，为职业生涯规划在高中的生发创造契机。

第三类课程是鼓励冒尖、支持拔尖的专项课程。面对有学科特长、学有余力的学生，学校专门开设竞赛、探究类专项课程，以满足尖端学生能力的发展。如位育老师自主开发的"FPGA集成电路（芯片）设计与仿真"这门课程，学生在为期一年的课程学习中，不仅学习了数字逻辑、电路搭建、程序语言等内容，还自主进行了科学探究，用芯片搭建具有通用计算能力的计算机。仅高一一年，学生在完成教学进度的同时开展课题研究，相关论文在学科类杂志上发表。

除了线下课程，学校还着手开发了第四类课程——线上慕课，建立"芯片科技教育"课程资源库。慕课课程立足于芯片产业链的通识介绍，与线下课程形成呼应和互补，为学校储备了丰富的芯片课程资源。

2.重构整合、联结学科，学科素养、科技素养"齐头并进"

芯片课程作为一门综合性极强的学科，融合了数学、技术、物理、化学、语言、信息等学科知识，带动和深化多门基础学科的学习和理解，同时也融通了"双新"背景下核心素养的培育。

为了将芯片课程与基础学科课程有机融合，充分发挥跨学科教学的育人价值，学校在课程设计上做了如下探索：一是将课程目标与核心素养相结合。明确发展学生的"技术意识""创新设计""工程思维""工程能力""逻辑能力"等核心素养，全面提高学生提出问题、综合分析问题、解决问题的能力。二是精心选择教学内容。课程重点选取芯片设计和芯片制造这两大方向作为知识载体，这部分内容与位育中学学生目前的知识水平、理解能力、思维方式更加匹配，同时可以衔接基础学科的教学大纲，方便教师充分搭建学习脚手架，让高尖端的芯片科技顺利"降维"到高中课堂。三是以项目化学习实现跨学科发展。项目的产生可以是教师设置真实的科创场景，比如芯片应用涉及的"居家养老""无人驾驶""物联网"等，抑或是学生自主生发，比如针对社区采集核酸用喇叭通知过于嘈杂、效率低等问题，学生用数字逻辑芯片制备居委会—居民的定点叫号系统，这个芯片设计过程就涉及利用数学知识厘清逻辑、利用物理学知识实现装置实体化、利用无线电技术实现信号传递的综合跨学科应用。学生在完成项目的过程中，发展了多类学科能力，培养了创新意识，提升了科学思维，为他们今后升入高等院校做更专业具体的学习打好扎实的理论与实践基础。

图6-53 伍琳老师：物理应用在芯片技术课堂

图6-54 测试脑神经活动pk比赛芯片应用

3. 多维体验、浓郁氛围，为学生自主探究、发展"保驾领航"

为了增加学生的体验感，开拓学生的眼界，在课堂教学之外，学校也为学生搭建多元的活动载体与发展平台。比如贯穿整个高中生涯的"科技+"课题研究平台，通过"芯片科技教育"课程的支持，学生从高一便开始启蒙；在高二，学生可以自由选择学科教师作为导师，开展自己感兴趣的课题。学校的所有学科实验室、芯片实验室、创新实验室全部为学生开放，只需提前预约，学生便可以进入开展实验；完成课题后，学校会组织研究报告撰写类培训，进行论文撰写。通过2—3年持续性的系列学习、探究、实践、课题、实验、论文6个阶段的推进，在高中阶段增强对学科的兴趣、对专业的初探、对行业产业的认知（图6-53、图6-54）。

五、师资队伍建设与人才兴校

历史上的位育中学，名师辈出。要办好一所学校，师资是关键，学校需要拥有一支精良的师资队伍。位育中学重视人才兴校，注重培育年轻教师，又通过多种渠道，广纳贤才，学校逐渐拥有一支优质的师资队伍。详见表6-6"位育中学特级校长、特级教师、正高级教师名录"。

表6-6 位育中学特级校长、特级教师、正高级教师名录

姓名	学科	获得特级、正高级年份	类别	职称（正高/高级）	备注（在职/退休情况）
赵家镐	数学	1990	特级教师	高级	2006年12月退休
		2000	特级校长		
金荣熙	数学	1995	特级教师	高级	2005年11月退休
潘益善	物理	1996	特级教师	高级	2004年8月退休
经正阳	政治	1996	特级教师	高级	2008年12月退休
费仲芳	英语	1998年认定江苏省特级，2002年认定上海市特级	特级教师	高级	2011年11月退休
任博生	政治	2005	特级校长	高级	2008年2月退休
姜雅风	生物	1994	特级教师	正高	2023年4月退休
		2021	正高级教师		
刘学堂	物理	2002	特级教师	高级	2023年1月退休
庄小凤	生物	2009	特级教师	高级	2020年1月退休
刘晓舟	政治	2015	特级校长	高级	2020年2月退休
马云辉	语文	1998	特级教师	高级	2020年4月退休
郝景鹏	语文	2020	正高级教师	正高	在职
舒翔	体育	2020	正高级教师	正高	在职
左双奇	数学	2022	正高级教师	正高	在职

*资料来源：上海市位育中学校长办公室提供，2023年5月。

注：历史学科蒋衍老师于1994年被评为特级教师，1997年4月退休，于2011年因病去世。

位育中学拥有特级校长、特级教师、正高级教师14位。

到2023年5月底，全校在职教职员工195人，其中专任教师172人，获得高级职称的61人。[48] 位育中学教师爱岗敬业，近年来又涌现了不少劳动模范、骨干教师、教坛新秀等。学校也获得了大量荣誉（图6-55至图6-62）。[49]

位育中学的特级教师
——位育中学专题报导之四

位育中学在长期的教育教学实践中，形成了优秀教师群体，产生了五位特级教师，其中数学特级教师赵家镐、金荣熙、物理特级教师潘益善皆随校南迁。

赵家镐，位育中学校长，党的十四大代表，全国九届人大代表，全国劳动模范。在数学教学中，他积累丰富的经验。他提出"分析教学法"，让那些数学基础差、看见数学就头痛的学生有所获；他提炼出"概念的深化、运算的训练、知识的联系、解题的规律"二十字经验，融入他数学教学实践，为学生的数学学习打下坚实的基础。

金荣熙，位育中学数学教研组长，全国优秀教师，"苏步青数学教育奖"获得者。金老师的数学教学经验，概括起来有以下几条：讲练结合，及时反馈；因材施教，照顾两头；培养学生科研能力；培养学生思维能力；重点培养尖形结合能力；教学过程渗透德育。金老师在尖子学生培养方面尤其有见地，他在培养优秀学生自学并把握现代数学思想方法方面下了大功夫。他所指导的学生在全国、市各类竞赛中获奖共230多人次，其中包括全国高中数学联赛上海赛区第二名，美国数学竞赛上海市一、二名等。近三年中获一、二、三等奖的有39人次。其中数学应用小论文《白水泥抗强抗压28天预测研究》获上海市青少年小发明科学讨论会一等奖。他的《怎样学好数学（立几）》等著作及《第八届美国数学邀请赛试题小结》等论文发表在一些数学杂志上。

潘益善，位育中学物理老师，上海市劳动模范。他几十年积累的物理教学经验，归纳为：创设因材施教机制；注意对学生进行从逐步到整体，从单向到多向，由静态到动态的正确思维方式的训练；注意逆向思维训练及注意迁移规律在教学中的应用。潘老师二十多年把关高三物理教学，其会考高考成绩领先于一般市重点中学，在区内也名列前茅。他尤其偏爱物理学习有困难的同学，帮助许多同学树立信心，在落后条件下迎头赶上，取得好成绩。他指导学生参加全国物理大赛，先后有近四十名学生获得大奖，其中包括全国中学生物理竞赛一等奖数名。近年来，潘老师发表物理教学论著颇丰，有《物理成功之路》、《高中物理能力的培养》和《高中物理》等书出版。

魏五

图6-55 位育中学特级教师介绍（档案摘选，1998年）

图6-56 2001年举行赵家镐校长从教40周年纪念活动

图6-57-1 特级教师、特级校长赵家镐(数学)

图6-57-4 特级教师金荣熙(数学)

图6-57-5 特级教师潘益善(物理)

图6-57-10 特级教师费仲芳(英语)

图6-57-11 特级教师、正高级教师姜雅风(生物)

图6-57-2 特级校长任博生（政治）

图6-57-3 特级校长刘晓舟（政治）

图6-57-7 特级教师庄小凤（生物）

图6-57-8 特级教师马云辉（语文）

图6-57-9 正高级教师郝景鹏（语文）

图6-57-13 正高级教师舒翔（体育）在上课

图6-57-14 正高级教师左双奇（数学）

图6-58 潘益善老师1998年荣获中华全国总工会授予的"五一劳动奖章"

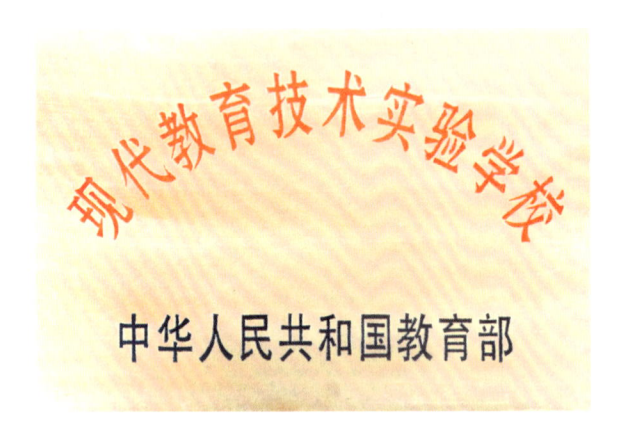

图6-59 教育部授予位育中学"现代教育技术实验学校"

图6-60 2020年上海位育中学成为清华大学生源中学

图6-61 位育中学成为复旦大学优质生源中学

图6-62 位育中学荣获上海市五一劳动奖状（2018年）

位育中学教师承接了各级各类课题，有力推动了学校的教学科研工作。表6-7、表6-8，分别为"2019—2022年学校各级各类课题一览表""2019—2022年位育中学教育科研获奖情况"。

表6-7　2019—2022年学校各级各类课题一览表（上海市、徐汇区级）

级别	项目名称
国家级	普通高中新课程视域下学科导师育人方式变革的实践研究
市级	"双新"背景下高中"芯片教育"课程的开发与实践研究
市级	"问题研讨式"校本深度教研模式实践研究
市级	职初期教师"问题研讨式"培训课程的建设
市级	"双新"背景下高中数学探究式学习教学设计与反思
市级	上海博物馆课程资源在中国古代史教学中的整合运用
市级	基于核心素养培育的高中地理社会实践活动课程的开发研究
市级	地理信息技术实践课程开发研究
市级	基于生物学学科核心素养的情境教学与作业设计研究
市级	高中羽毛球专项大单元教学校本课程建设研究
区级	普通高中学科导师多维育人模式研究
区级	核心素养视域下高中化学微项目设计与功能开发实践研究
区级	统编高中语文单元主题阅读校本化设计与实施
区级	《红楼梦》整本书阅读的研习推进
区级	单元规划视角下高中政治课议题式教学的结构化设计与实践研究
区级	深度学习视域下高中生物"情境+体验"式教学的创设和实践研究
区级	高中概率统计与数学建模的相互渗透教学

*资料来源：上海市位育中学校长办公室提供，2023年5月。

表6-8　2019—2022年位育中学教育科研获奖情况

奖项名称	获奖人
第十二届"四方杯"全国优秀语文教师选拔大赛论文评比一等奖	祁建鑫
上海市中小学新科学新技术创新课程平台研讨会征文一等奖	陈韵竹
上海市青年教师教育教学研究课题二等奖	陆颖
上海市教委教研室"双新背景下育人方式的变革"论文评比三等奖	陈凯
徐汇区教育系统青年教师首届"汇萃杯"教育教学论文评选一等奖	陈雨露
徐汇区教育系统青年教师首届"汇萃杯"教育教学论文评选一等奖	李倩夏
徐汇区教育系统青年教师首届"汇萃杯"教育教学论文评选一等奖	闫亚瑞
徐汇区教育系统青年教师首届"汇萃杯"教育教学论文评选一等奖	钟稳

(续表)

奖项名称	获奖人
徐汇区教育系统青年教师首届"汇萃杯"教育教学论文评选二等奖	张弛
徐汇区1号工程攻坚项目区级青年教师课题二等奖	赵欣
徐汇区第十三届教育科研成果三等奖	钟稳
"智能时代的教师专业发展"征文评选二等奖	李倩夏
"智能时代的教师专业发展"征文评选二等奖	陈韵竹
"智能时代的教师专业发展"征文评选三等奖	朱哲
徐汇区教育局骨干网络课程方案评比一等奖	闫亚瑞
徐汇区教育局骨干网络课程方案评比一等奖	陈韵竹
徐汇区教育局骨干网络课程方案评比二等奖	王勇
徐汇区教育局骨干网络课程方案评比二等奖	宋晨辰
徐汇区教育局骨干网络课程方案评比三等奖	薛嬿
徐汇区教育局骨干网络课程方案评比三等奖	张弛
《上海课程教学研究》"'双新'背景下育人方式的变革"征文优秀奖	张莞雪

*资料来源：上海市位育中学校长办公室提供，2023年5月。

新世纪，新发展。位育中学在传承中创新，不断焕发出新的活力。

第四节 独具个性的校园文化

考察一所名校蕴含的文化内涵，可以从很多方面得以体现，如办学的历史、文脉的传承与校园的变迁。上海市位育中学是一所江南名校，拥有独特的文脉，自创建起，就一直注重自身的成长历程，并不断赋予新的办学内容，努力营造富有特色的校园文化。

1998年位育中学新校区落成，当时在一篇关于位育中学的专题报道中，专门谈到位育中学的校园文化，认为这是"独具个性"的，体现在几个方面：

在半个多世纪的教育实践中，位育中学形成了"生长创造发展个性"为独特个性的校园文化，哺育了一代代学业有成、创造力强、卓有成效的国家英才。位育中学的这种校园文化，除了表现在师生严谨求实的教学风气、和谐友爱的校园氛围，还集中表现于德育、科技、艺术教育的许多方面。

位育中学坚持以气节教育为核心，形成了爱国主义教育的体系，使学校"生长创造"的精神始终植根于爱国主义的土壤之中。近年来，学校构思了纪念"双五十"、迎接香港回归的大型德育系列活动，深入细致的思想酝酿，气势恢宏的艺术表演，激发起学生的爱国精神，立志为祖国富强而奋发学习。

位育的学生不但文静好学，有良好的学习毅力和协作精神，还能歌善舞，极有才气。学校开设了多种艺术兴趣组，其中合唱队、舞蹈队、文学社等艺术团体已形成相当规范。每年的艺术节，总有六七个专场，产生一批色彩缤纷的剧目。许多节目，在市、区艺术大赛中获得大奖。

位育的科技教育源远流长，位育的科技节是位育学生盛大的节日。在每年为期一周的科技节上，学生的"生长创造"精神和独特个性获得最全面最突出的体现。以1997年艺术节为例，学校全体学生参与了各类科技活动，有300多人获科技竞赛各类奖项。近年，学生在国家和市级数理化学科比赛中，有数百人次获奖。[50]

这篇报道提到位育的校园文化，不仅包括教风学风，以及和谐友爱的校园氛围，还从德育、科技、艺术教育等方面体现出来。搬迁到新校区后，办学的环境、条件都发生了变化，尤其是成为一所寄宿制高级中学后，位育如何守护好原有的校园文化，并在传承中得以发扬，这需要做大量的工作。

新时代的位育中学努力营造良好的校园环境，校园文化精彩纷呈。

一、校园的建筑与文化

在位育新校区里，如何传承老校区的历史文脉，并将一些要素、内容提炼出来，融合于新校园的教学、生活、运动与综合服务各个部分。"设境导学"，一草一木皆为育人场所。校园内的建筑、雕塑、道路、亭榭乃至花草树木的命名，是一所学校办学传统与特色、人文风貌的彰显，也是学校办学理念、价值追求的高度浓缩。

位育中学在新校园的建造中，从规划到设计，都非常注意与复兴中路校区的一些文化元素的融合。新校园环境的建设，富有创意，"在完成绿化设计、标志性雕塑设计的同时，完成学校区域环境的创设，精心设置民族角、外语角、艺术角等"[51]。学校注重素质教育，需要留有一定的空间，保证学生有条件参加各类科艺体活动。迁到华泾后，学校首先将原有的赋春路改名位育路。同时，开始考虑校园内的建筑、雕塑、道路等的命名。位育新校园的一些楼宇名称如何得来？学校记录的一些原始信息可供参考：

1998年9月份，位育中学新校园即将落成之际，时任总务处主任的徐植找到副校长钱涛，请钱校长为校园中的几幢楼宇命名，便于师生指称。钱校长考虑，楼宇的名字应当要有一些特殊的含义，一方面需要呼应楼宇的功能，另一方面则要包含"位育"的元素。为统一风格，六大楼宇的名字便都采用了"某育楼"的格式。

博育楼高五层，正对校门，是位育的主楼（图6-63）。楼内有图书馆、阅览室、会场、机房等各种重要场所。图书馆内藏有古今中外各类图书，开放给同学浏览与借阅。遨游在书海中，同学们可以接触到不同种类的知识，领略前修时贤的智慧成果。二楼的600人会场是多功能厅，不仅有完善的多媒体设备，而且空间宽敞。学校延请校内外专家学者所做的报告、演讲，就是在这里进行。四楼有电脑房。电脑在今天当然已经普及，但在上世纪90年代，仍然是稀罕的事物。位育中学作为一所普通高级中学，却能拥有这么多台电脑供学生学习信息技术、上网查找资料，在当时便更显稀奇。上述这些场所虽说功能不同，但都有广博见闻的效用，取一"博"字，既是勉励位育学子充分利用学校先进的办学条件开拓视野，亦是期许位育学子都能成为识见广博的优秀人才。

荟育楼是学校的教学楼（图6-64）。"荟"即荟萃、荟聚。所谓"聚天下英才而教育之"。荟育楼正是荟萃了四面八方而来的优秀学子。不唯如此，这里还同时荟聚了一批认真负责、各有所长的优秀教师陪伴、呵护学生成长。不过一开始，钱校长其实想将这幢楼命名为"萃育楼"，但当他拿着这名字征询语文教研组长于荟老师意见时，于老师说，"萃"字读来不如"荟"字好听，尤其"荟育"和"位育"在上海话中发音是一样的，不妨改成"荟育楼"更好。钱校长听取了这一建议。

理育楼与荟育楼相对，当初是实验楼，物理实验室、化学实验室、生物实验室等都在其中。因是理科中心，所以称"理育楼"（图6-65-1、图6-65-2）。

黍育楼，看名字即可知是食堂（图6-66）。人食五谷，所谓五谷，就是稻、黍、稷、麦、菽。黍，亦即黄米，是五谷之一，取来作为粮食的代表。位育食堂质量很高，坊间流传有"吃在位育"的说法。

和育楼是学生宿舍（图6-67）。位育中学搬迁至华泾地区，其目的就是要建一所寄宿制高中，在上世纪90年代，寄宿制是一个有待探索的新课题。同学寄宿在学校，节省了通勤时间，有更多

图6-63　博育楼，前为球场（摄于2023年4月10日）　　　图6-64　荟育楼（摄于2023年4月10日）

图6-65-1　理育楼（摄于2023年4月10日）

图6-65-2　理育楼中庭
（摄于2023年5月15日）

的空间来进行社团活动，固然有着巨大优势，但同时也带来许多新的挑战。同学来自各处，有不同的习惯、脾气、兴趣、专长，相聚在一间小小的宿舍，是否都能通过友好协商找到妥帖的办法，是否都能和睦相处呢？"以和为贵"，这对寄宿制学校的学生而言，有着特别重要的意义。事实上，"和"在我们民族的文化中本就有特殊的意蕴。……不同的人相聚一处，求同存异，取长补短，携手进步，才是理想的人际关系——这是作为寄宿制高中带给学生很重要的教益。

在建校的时候，勤育楼是总务所在地（图6-68）。总务部门大部分时候都居于二线，但他们兢兢业业，勤勉工作，为师生安心教学提供保障。"勤"字是对全体位育人辛勤劳动的礼赞。[52]

除了这6幢主要楼宇外，校园内还有两处雕塑颇为特别。其一，为一入校门，即可关注到位育标志性雕塑。细看雕塑，其左半部分的波折曲线呈W形，包含了一"W"；正面整体观之则银色部分又呈Y形，包含了一"Y"。"WY"是"位育"二字拼音首字母的缩写。不仅如此，如雕塑背面碑铭中指出的那样，这座雕塑更是对学校"生长创造"理念的艺术化呈现。位育中学校名取自《中庸》"天地位焉，万物育焉"，意思即是说当天地都处在恰当的位置，宇宙社会形成和谐美好的秩序，万物便能蓬勃生长。对一所学校而言，"天地"就是校园育人环境，"万物"就是学生。李楚材老校长将"位育"理念解读为"生长创造"，是希望当我们营建好了合宜的校园育人环境，学生在其中学习，都能健康生长，勇于创造。另据任博生校长的解读，"雕塑中金色的圆球象征太阳，金色圆球同银色部分镂空处呈现的月牙形状象征月亮，而在雕塑周边地上所标有的时钟刻度象征时间的流转，上述这些象征合在一起，便有了天地宇宙的意思。Y形银色部分指代一株植物的幼苗，是'万物育焉'中'万物'的代表。在天地培

图6-66　黍育楼（摄于2023年4月10日）

图6-67　和育楼（摄于2023年5月15日）

图6-68　勤育楼（摄于2022年3月15日，上海市位育中学校长办公室提供）

图6-69　理育楼前的位育雕塑（摄于2023年4月10日）

育之下，幼苗茁壮生长、孕育无限希望，这正是'位育'的理念"[53]（图6-69、图6-70）。

还有一处为日晷，如今放置在校门同勤育楼之间的花园中，这处日晷雕塑的设立，源于时任教导主任朱万宝老师的提议，谓学校提倡双自主发展，就是要鼓励师生利用先进的办学条件，自主地在自己感兴趣的领域探究、深耕。而天文是位育中学在复兴中路时期便已经形成的特色，因此便以日晷来象征位育师生对宇宙浩瀚知识的求索。[54]

从功能上说，这些建筑可以为位育学子全面发展提供足够空间。就文化而言，位育中学所具有的独

图6-70　位育中学Logo

图6-71　艺体楼（摄于2023年4月10日）

图6-72　位育校园（大操场、艺体楼、宿舍，摄于2023年4月10日）

特的文脉，需要从校园建筑、雕塑等中得以表达，反映出学校办学的内涵。

位育新校址，校园宽阔，文化气息浓重，绿化充分，环境优美，是师生学习、生活、工作的理想场所（图6-71、图6-72）。

二、注重文脉传承

1.重视校史资源的研究与利用

位育中学拥有丰厚的校史资源，值得深入挖掘。位育中学自建校以来，就重视自己的校史，通过各种方式予以表达，或举办立校周年纪念，或出版校庆特刊，或整理编纂校史资料，或筹建校史博物馆。

2013年位育中学校史陈列馆建成，并正式开放。是年，由位育中学校友会编写的《位育中学校史简编》（第一版）完成编撰。修订后的第二版，2017年由上海市作家协会·华语文学网刊印。关于这些内容，我们在第八章中有专门章节予以论述。

2. 关于学校的校风、校训、校歌与校刊等

《上海市位育中学章程》第七条中写道：

> 学校的"八字"校风为"团结、严谨、求实、进取"。"团结"的基础就是诚以待人，做到教学相长，共同提高。"严谨"强调的是工作态度。一是科学严谨，从严治教；二是认真负责，一丝不苟；三是严肃紧张，讲究效率；四是谨慎小心，周到细致。"求实"强调的是工作作风。一是教学要注重长期积累，形成厚实的基础；二是工作要注重埋头苦干，提倡讲求实效。"进取"强调的是精神状态。一是要勤于学习，勇于实践，超越自我；二是要讲求高标准，力求高质量；三是要勇于改革，勇于创新，永无止境。[55]

校风（校训），这是一所学校的灵魂，字数虽不多，却是这所学校办学的精髓所在，与这所学校的创立背景、办学理念、治校精神与文化传统有着密切关系。

位育中学创办时期的校歌，一直沿用至今。校标，见图6-73。校刊为《钟声》。应该引起重视的是，80载位育办学，留存了大量校刊、图书，各个时期的毕业证书、学籍卡、各种校徽与纪念章，等等，这些都是位育办学的重要物证，是"办学记忆"的重要组成部分（图6-74）。

| 图6-73 位育中学校标 | 图6-74 位育中学藏书章 |

三、丰富的校园生活

位育学子不仅学业优秀，而且应该是身心健康、体魄强健、意志坚强、充满活力与朝气的。

1. 位育三大节日

位育中学注重办学特色的继承与创新，逐渐形成了科技、外语、艺术、体育等特色教育。在校园文化建设中，位育中学也相继设立了课外教育活动三大传统节日，即科技节、艺术节和体育文化节。这些节日也是位育双自主发展教育的重要组成部分。

关于体育文化节。2002年秋，在体育教研组组长田其伟老师的倡议下，创办首届体育文化节。设立体育文化节主要是为了增加校园体育活动的文化内涵，"提倡奥运精神，重在参与；注重个性特长，风采展现；既要竞争拼搏，更强调健康第一；创新热烈，师生同乐又团结协作，安全有序；在体育活动中充分体现自主发展精神"[56]。位育的体育文化节还把体育活动和一些校园文化活动结合起来，纳入了体育征文、体育演讲、体育摄影、体育漫画、体育游戏及网页创编、啦啦队比赛、行进入场式表演等校园文化项目，同时和每年的田径运动会、三大球比赛融合在一起，成为学校体育工作的特色。据统计，2002—2018年，体育文化节共举办了17届，其中第十五届开幕式盛况还在网上直播（图6-75）。[57]

位育中学作为上海市体育课程改革的试点学校，也备受关注。2012年，上海市在所辖的区县各选择一所高中开展了以学生兴趣和技能水平为依据，打破传统年级、班级概念的分层次专项化体育教学改革试点工作，以高中专项化体育课程改革为突破口，率先启动学校体育课程改革工作。以此为突破口，"破解长期以来存在的'学生喜欢体育，不喜欢体育课'的难题，树立学校体育的育人理念，改革授课内容和方式，满足学生全面而有个性的成长需求；依据青少年生长发育规律和体育教育教学规律，开展以'小学体育兴趣化、初中体育多样化、高中体育专项化、大学体育个性化'为特点的体育课程改革，构建小学、初中、高中和大学各学段相互衔接、逐级提升的学校体育体系"[58]。徐汇区的试点学校就是位育中学，怎样让学生们更加喜爱专项课？位育中学的特色是"比赛教学融合"：

学校在专项化体育课程中都会安排赛事活动，赛事安

位育中学定向越野队历年比赛成绩一览

时间	比赛名称	成绩
2000年4月	世界中学生定向锦标赛 以色列	男子团体 第六名
2002年7月	全国中学生定向比赛	总团体 第二名
2002年10月	全国第二届体育大会 定向越野比赛	第二名 第三名
2004年7月	全国学生定向越野比赛	男子团体 第二名
2004年10月	上海市第十二届市运会 定向越野比赛	第一名
2008年11月	上海市第十三届市运会 定向越野比赛	获得二金 四银二铜
2011年11月	上海市第十四届市运会	获得三金 三银一铜

图6-75 2000—2011年位育中学定向越野队获得比赛成绩（全国、上海市级奖）一览表

排中有个人挑战内容和团队比赛相结合,通过赛事来检验教学的效果。此外,学校"三大球"联赛贯穿全学年,比赛从每年的十月份开始一直持续到第二年的六月份结束,做到班班有队伍、天天有比赛。此外,中场休息有班级女生罚球比赛,男生还有上篮比赛,争取让每一个学生都有上场比赛的机会。

为了让操场成为德育的沃土,位育中学还利用丰富的体育资源开展了多种多样的比赛活动,耐力达人赛、健身达人赛、乒乓球精英赛、羽毛球精英赛等,各具特色的赛事遍布于整个校园之中,树立锻炼的榜样,弘扬体育特色的风采。[59]

位育中学除了有体育文化节,还有科技节。学校搬迁华泾后,1998年11月16日至12月4日,位育中学举办了第一届科技节。在位育中学开办之初,学校即提倡科学教育,培养学生的科研兴趣,陈佳洱、田长霖、钱绍钧(3人均为1950届)等后当选中外科学院院士,成为科学界的精英,这与位育早年播下的"种子"有关。私立位育中学转为公立学校后,学校更加重视科学技术,1960年5月学校被评为"上海市1960年文教方面先进单位",在一份事迹材料的介绍中写道:1960年初以来的3个多月来,"全校师生制作了半导体、天文望远镜、万用电桥、无线电遥控舰模、航模、电子示波器等科技项目1105件,提供和协助工厂搞出了技术革新250件,包括有协助工人首创九元素钢铁炼块分析仪,是全市64项尖端高级产品之一。还绘制了革新图纸440件。学生在教师的指导之下把书本知识结合科技及生产劳动,进行了系统整理,写出大批的专题研究,据高中五个班级统计,即达354篇"[60]。并总结了学校开展三结合的3个特点:一、科技和劳动、教学紧密结合;二、科技的专题研究和各科教学紧密结合;三、科技活动和工厂技术革新紧密结合。[61]重视科技,注重科学教育,这一传统在位育一直得以延续,一脉相承。

最近几十年,"天文"是位育科学教育的一大特色。位育中学的一位老教师为迎接学校80华诞,写了两篇与他工作相关的文章,其中一篇就是详细回顾了位育半个多世纪天文方面的教学研究情况。[62]1999年6月,位育中学天文台建成,其中大型望远镜是由上海天文台制造,中国科学院院士朱能鸿教授亲自组装调试。2007年4月,位育中学天文台改建工程竣工,为位育师生开展一些教学与研究提供了良好条件(图6-76)。

1999年11月,中国科学院上海植物生理研究所与位育中学合作共建"位育中学生命科学实验室",此为

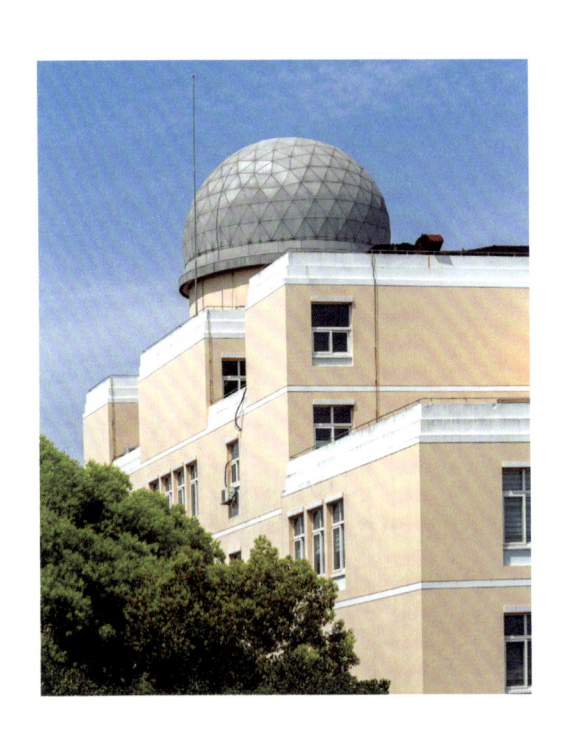

图6-76 位育中学天文台

图6-77 位育中学荣获上海市中学生数学知识应用竞赛团体第一名（2021年11月）

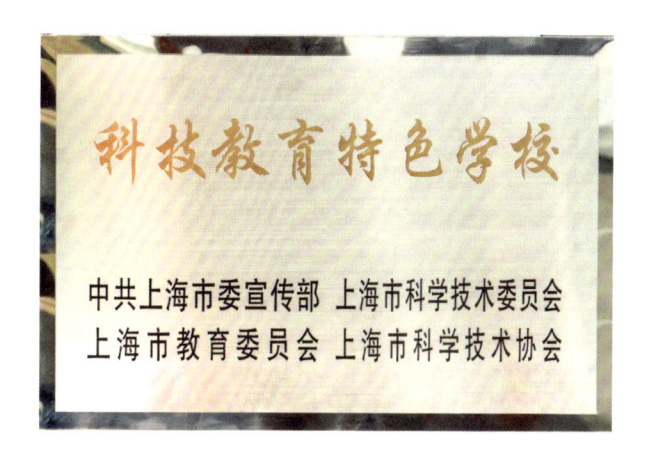

图6-78 位育中学被授予上海市科技教育特色学校

上海市第一个由高级中学与著名研究所共建的生物实验室。为此,《光明日报》予以报道:"全国第一个由中学与正规科研院所合作建立的实验室——'上海市位育中学·中国科学院上海植物生理研究所生命科学实验室'日前挂牌。一批对生物学有浓厚兴趣的师生在科学家的指导下开始在该实验室进行植物克隆技术与微生物学的研究。这是童永琪老师在为学生们做植物外植体消毒示范。"[63] 1999年11月,位育中学在上海市科技节中获得优秀组织奖。位育中学也是上海市科技教育特色学校（图6-77、图6-78）。

最近几年,位育中学在开展科学教育方面又有新进展,这就是"芯片科技教育"。此在前面的课程建设与学科发展已有一些论述。位育学生自主设计了一些课题研究,项目类别涵盖人文社科、工程学、信息学,还参与了大量的实践活动。学生们在一些赛事中亦频频获奖：2021年7月,参加第二届上海交通大学荣昶杯人工智能大赛,获得团体二等奖；2021年9月,参加第四届全国青少年人工智能创新挑战赛,"智能机器人专项赛火星探测"获得二等奖；2021年12月,在首届长三角人工智能奥林匹克挑战赛中,边丞阔获得一等奖；2022年1月,在上中杯徐汇区科技创新论坛上获创新成果,其中陈闳获得一等奖,刘乐谦获得二等奖；2022年3月,在第三十七届上海市青少年科技创新大赛青少年科技成果,周语竹获二等奖。[64]

位育的艺术节也颇有名声,每当艺术节开幕,相关学生社团积极参与,声乐、器乐、配音、舞蹈、戏剧及青春风采综合表演,一展位育师生的艺术风采。学校艺术节主要由学生工作委员会承办（图6-79）。

2. 学生社团活动

在位育的校园文化中,最活跃的就是学生社团组织（图6-80）。

学校大力提倡学生自主活动,学生自主建立社团是一个很好的载体。学校每学期为社团配备指导教师,社团活动也有一定的课时。一般以年级为单位组织,每学期开始,老社团招募社团成员,学生可自主组建社团。位育中学已有的学生社团参见表6-9。

图6-79　位育中学电视台（摄于2023年4月10日）　　　　图6-80　学生发展指导中心（摄于2023年4月10日）

表6-9　上海市位育中学学生社团一览表

社团名	活动地点	指导教师（最初或早期）	成立时间	最初人数
辩论社	艺体楼201	丁晓昕		
街舞社	艺体楼舞蹈房	王舒涵		
摄影社	校内			
模联社	艺体楼201	罗梦玲	2022.10.9	12
天文社	艺体楼206，操场，小花园草坪			
流行之声社	艺体楼合唱教室	陆平		
哲学社	艺体楼206或207	赵欣	2022.9.18	9
排球社	排球场，艺体楼	叶菁		
生命科学社	理育楼307		2014	
飞镖社	艺体楼207	诸振华		
推理社	艺体楼206		2023	9
经济学研究社	艺体楼207	陈丽丽	2023	
乒乓社	艺体楼乒乓房	王靓元	2021	
冰壶社	冰壶馆	舒翔	2021	10
电声乐队社	乐队排练室			
滑板社	艺体楼之间空地			
魔方社	艺体楼207	周祺		
时政讨论社	艺体楼207		2021	
数理研究社	艺体楼201			
丝念爱心社	图书馆，艺体楼	宋晨辰	2010	
网球社	网球场			
微生物社	艺体楼，实验室	张弛		

(续表)

社团名	活动地点	指导教师（最初或早期）	成立时间	最初人数
戏剧社	艺体楼206			
游泳社	艺体楼，游泳馆	卓伊欣		
钟声文学社	艺体楼106	钱涛	1998	
围棋社	艺体楼206			
漫研社	艺体楼206或207			
心的客栈社	艺体楼106	金莉	2021	
篮球社	篮球场			
足球社	足球场			
羽毛球社	羽毛球馆或理育楼羽毛球场地			
古风社	艺体楼206			
流行文化社	艺体楼206		2022	
桥牌社	艺体楼207		2022	
民乐社	艺体楼排练室			

*资料来源：上海市位育中学校长办公室提供，2023年5月。

位育中学的学生社团不仅数量多，一些社团的创办时间也较早，如钟声文学社、天文社，在校内外都有一定的影响。最近几年，又涌现了大量新的学生社团。位育一些学生社团开展的活动很有特色，限于篇幅，这里仅选取其中的5个社团予以介绍。[65]

辩论社

位育中学辩论社是一个创办时间较长的学生社团，同时每一届位育学子都为辩论社注入着全新活力。位育中学辩论社旨在让喜爱辩论的辩友有一个聚集交流的平台。我们的活动以举办辩论赛、探讨话题、学习辩论为主。同学们在辩论赛场上学习辩论，体会事实逻辑和价值的交锋碰撞，提高自己的思辨能力，加深思想深度，培养自己的哲学、社会学、逻辑学等学科素养。除了在社团内开展辩论比赛，社员们还积极参与学校法治月辩论赛的组织开展，同时也积极与上海其他高中开展友谊赛，交流比赛经验与辩论技巧。位育中学辩论社希望能够组成一支训练有素的辩论队，积极参与各项高中生辩论赛事，也能继续为位育中学营造一片爱好辩论的热土（图6-81）。

生命科学社

生命科学社团创办已有9年，是位育中学最为活跃和充满朝气的学生社团之一。作为一个致力于推动生命科学领域研究、实验和交流的社团，在过去的9年里，我们共同探索诸多生命科学领域，实验覆盖了从微生物学到动物学的广泛领域，包含大肠杆菌培养，探究酵母菌的呼吸方式，制作人工琥珀标本、蝴蝶标本等，进行脊蛙实验等诸多有趣实验，让成员们有机会亲手体验科学探究的全过程，并且让每一位成员都能够深入理解生物书后拓展实验，掌握一定的实验方法和技术。本社于创建初与学校内上海市生命科学实验基地进行合作，在活动中采取学科教学与动手实践相结合的模式，在区里屡次显露头角，并曾获得过区优秀社团的称号（图6-82）。

图6-81　辩论社（摄于2023年6月30日）

流行之声社

流行之声社是学校热门社团之一，创办时间久，曾多次荣获学校四星级社团。

流行之声社建社的目的是为了宣传音乐文化，提高音乐感受力和鉴赏力，让热爱唱歌的同学们在课余时间能够聚在一起，一同享受音乐，缓解学习压力，为大家提供一个音乐交流的平台。音乐是耳朵的眼睛，音乐是人生的艺术。社员们能够通过各种各样的活动锻炼自身能力，提升唱歌技巧。我们在这里收获友谊，在这里共同成长，在这里用心去倾听，在这里用音乐创造辉煌。流行之声社活动种类繁多，每年都会开展"位育好声音"比赛，以及参加学校举办的各类艺术表演等。声逢其时，音为有你（图6-83）。

图6-82　生命科学社（摄于2023年6月30日）

冰壶社

冰壶社于2021年创立，是位育中学最新的一批社团之一，而位育中学作为冰雪特色学校，冰壶社也是位育的特色社团。在冰壶馆中，社员接受体校老师的指导，冰壶水平迅速提升。每年秋冬，核心社员，也是校队队员在百忙之中挤出时

图6-83　流行之声社（摄于2023年6月30日）

图6-84 冰壶社（摄于2023年6月30日）

图6-85 丝念爱心社（摄于2023年6月30日）

间，每天晚上来到体校训练一个小时以上，一次次复盘、相互磨合。在努力奋斗中，我们青春飞扬，携手进步。校队也分别在2021年的市锦赛和第十七届上海市市运会中斩获了亚军和季军的好成绩。期待冰壶社能与广大社员一起走得更远（图6-84）。

丝念爱心社

丝念爱心社是位育中学于2010年成立的公益实践类学生社团，致力于使高中生体验多种多样的志愿者活动。本社不仅把投身公益、服务社会的理念扎根于社员的头脑中，更鼓励社员用实际行动帮助社会上有需要的人，通过不同的志愿者活动感受社会，弘扬真善美。本社曾被评选为2017年度校四星社团、2018年度校五星社团、2019年区优秀社团。丝念爱心社将继续秉承"奉献、友爱、互助、进步"的志愿精神，以一份真挚的爱心，贡献自己的力量，为社会做出积极的贡献（图6-85）。

在学校的统一管理下，位育中学的学生社团以自主参与为原则，社团负责人是学生，学校委派指导教师参与活动并予以指导。大量学生社团的活动，为位育校园注入了生机，增添了活力。

从复兴中路到华泾，1998年位育中学迁入新校区，"在上海教育改革的巨大浪潮中，历史选择了位育中学，时代选择了位育中学，位育中学的发展遇到了千载难逢的机遇"[66]。位育中学在这里开始实现从历史名校向现代化一流学校的转型之路。"以光荣的历史传统为趋力，全面培养适应知识经济社会形态和市场经济竞争机制所需的具有创造性思维的复合型、高素质的新世纪建设人才，把学校建设成现代化、高标准的一流学校，并逐步实现办学资源向周边地区做有规则的辐射。"[67]到2023年，25年过去了，在全体师生的共同努力下，位育中学成为上海市首批实验性示范性高中，办学进入了一个新阶段。学校以此为契机，全面推进各项事业的发展。位育中学积极探索"自主发展"的教育模式，开拓进取，整合资源，发挥综合优势，让更多的优质教育资源进入学校。如今的位育中学是一所办学有特色、教学有特点、学生有特长的上海市著名中学，在海内外享有很高的声誉（图6-86至图6-89）。

图6-86 上海市位育中学2000届高中毕业生与教师合影留念（摄于2000年6月）

图6-87 上海市位育中学全体教职工合影（摄于2001年5月）

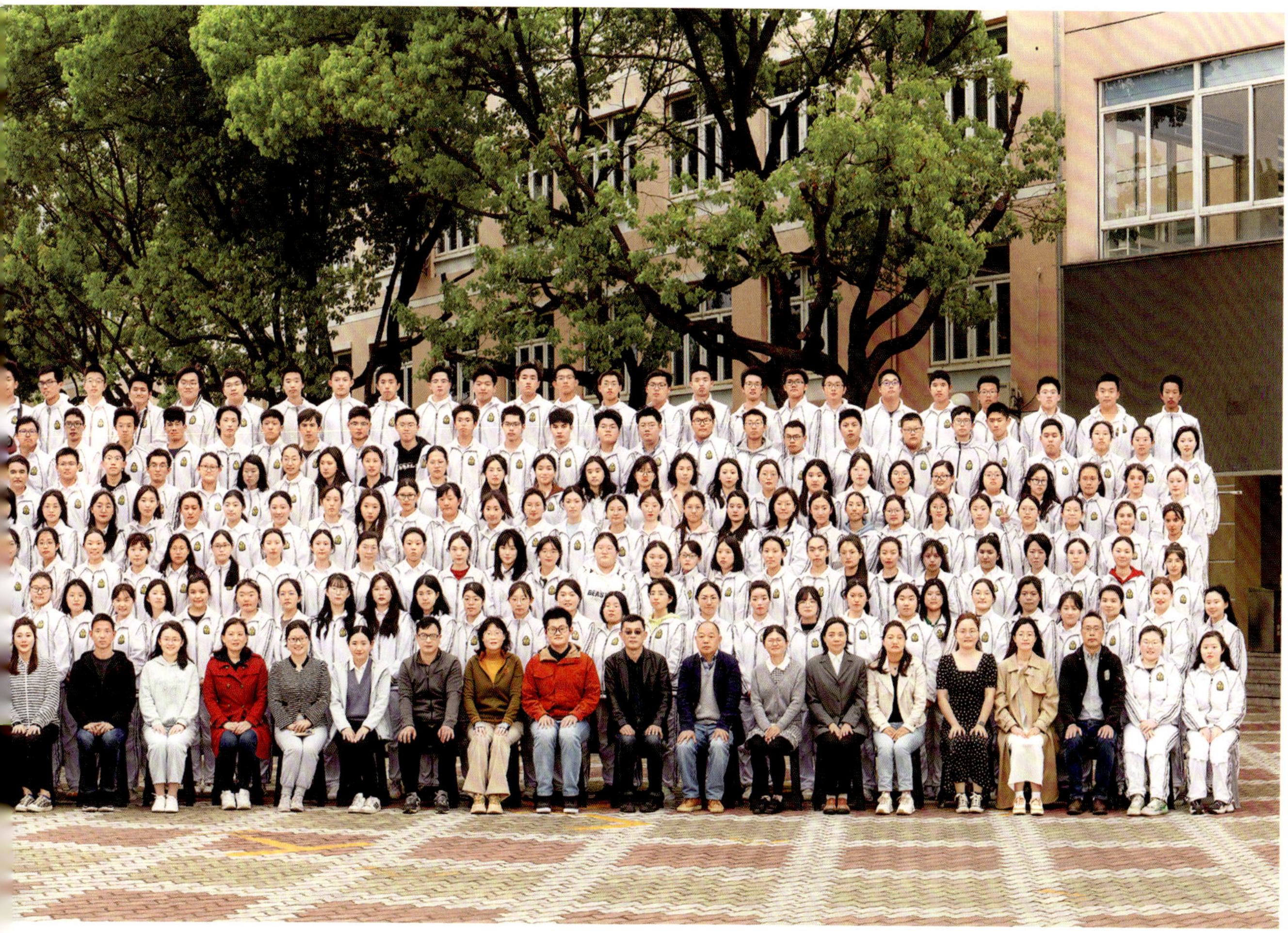

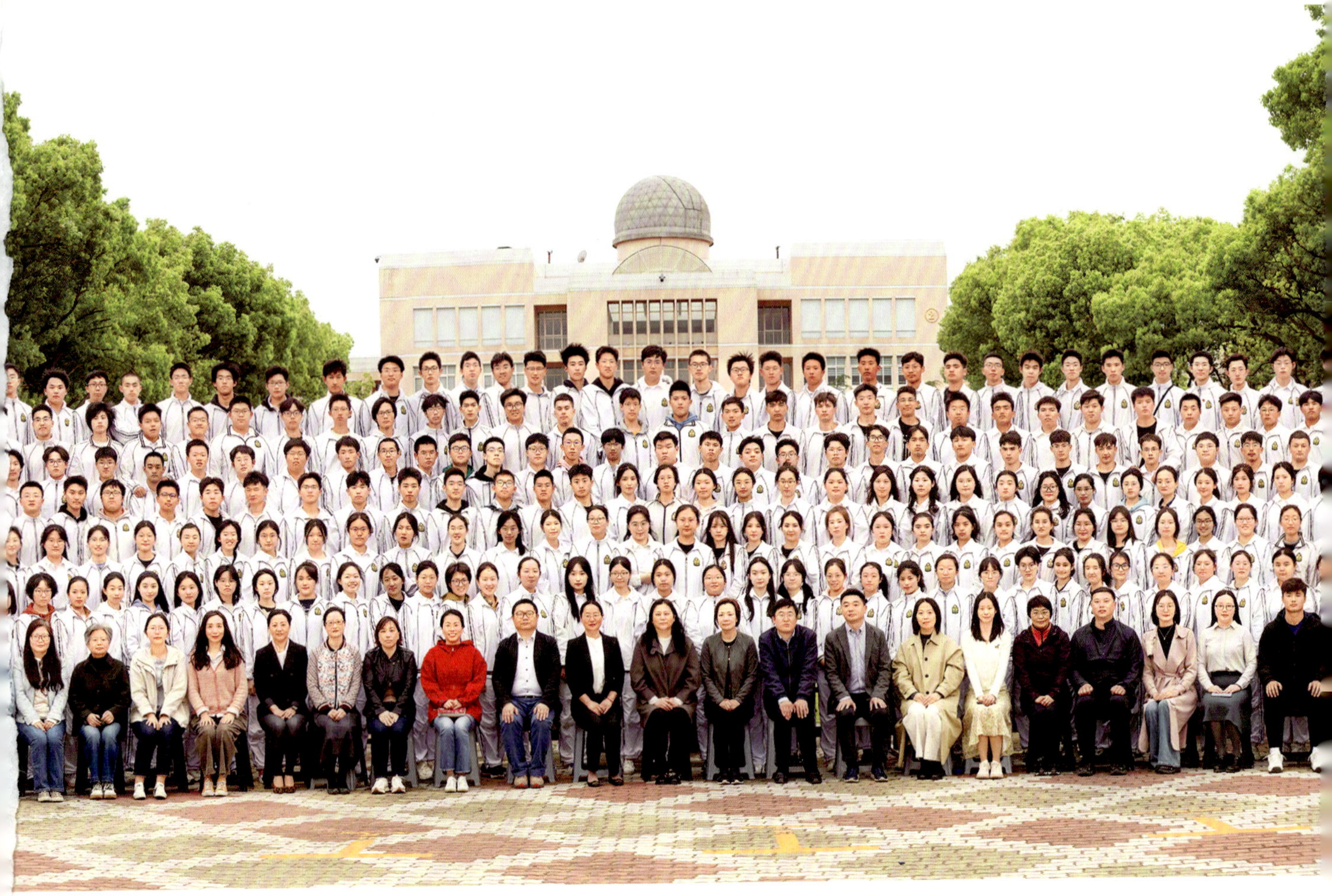

图6-88 上海市位育中学2023届毕业生集体合影（摄于2023年4月23日）

图6-89 上海市位育中学建校80周年全体教工合影（摄于2023年8月31日）

注 释

[1] 1998年位育中学实行初高中分离后，在一些档案资料与报刊报道中，曾出现"位育寄宿制高级中学"或"位育高级中学"，此或与仍在复兴中路办学的位育初级中学有所区别，实际上迁址后的高中，校名一直是"位育中学"。

[2] 据《上海市位育中学大事记（1998年8月—2023年6月）》，上海市位育中学校长办公室提供。

[3] 赵家镐：《校长工作十五年》，收入赵家镐：《逝去的岁月》，2016年内部刊印，第23页。

[4] 赵家镐：《校长工作十五年》，收入赵家镐：《逝去的岁月》，2016年内部刊印，第23页。

[5] 《人民日报》1998年9月26日，第1版。

[6] 《人民日报》1998年9月26日，第1版。

[7] 时任中共上海市委副书记陈至立在1997年8月18日赴位育中学视察时的题词。

[8] 《上海市位育中学简介》（包括校舍示意图等），1998年9月，徐汇区档案馆藏，档案号：0211-1-7-003。

[9] 《赵家镐校长在位育寄宿制高中董事会成立会上的发言》，1998年5月12日，徐汇区档案馆藏，档案号：0211-1-3-003-6。

[10] 《上海市位育中学章程》（2014年）第十五条中提到学校设置信息处。

[11] 《上海市位育中学简介》（包括校舍示意图等），1998年9月，徐汇区档案馆藏，档案号：0211-1-7-003。

[12] 《创造教育现代化的辉煌明天——位育中学专题报道之八》，1998年，徐汇区档案馆藏，档案号：0211-1-7-006-11。

[13] 位育中学校友会编：《位育中学校史简编》，上海市作家协会·华语文学网，2017年刊印，第43页。

[14] 《位育中学讨论学校申报示范性实验性学校规划预审会议》，1999年，徐汇区档案馆藏，档案号：0211-2-32-001-1。

[15] 《上海市示范性普通高中办学标准》等，徐汇区档案馆藏，档案号：0211-2-32-001-6。

[16] 《求真务实，自主发展，建设上海一流的现代化寄宿制高级中学——位育中学创建实验性示范性高中规划（1999—2002）》档案摘选，1999年9月，徐汇区档案馆藏，档案号：0211-2-32-036-72。

[17] 至1999年底，赵家镐校长因年龄也因离任，但正逢学校升格期间，继续担任校长，暂缓办理手续。1999年任博生任副校长，2000年末，学校升格，赵家镐离任，由任博生任校长兼党支部书记。

[18] 赵家镐：《校长工作十五年》，收入赵家镐：《逝去的岁月》，2016年内部刊印，第24页。

[19] 《我与位育中学》，任博生口述，2023年6月1日，上海市位育中学校长办公室提供。

[20] 《我与位育中学》，任博生口述，2023年6月1日，上海市位育中学校长办公室提供。

[21] 位育中学校友会编：《位育中学校史简编》，上海市作家协会·华语文学网，2017年刊印，第44页。

[22] 《位育，永驻心田》，宋燕臣口述，2023年6月5日，上海市位育中学校长办公室提供。

[23] 《上海普通教育志》编纂委员会编：《上海普通教育志》，上海社会科学院出版社2015年版，第515—516页。

[24] 位育中学校友会编：《位育中学校史简编》，上海市作家协会·华语文学网，2017年刊印，第44页。

[25] 《28所实验性示范性高中命名》，《文汇报》2005年2

[26] 《上海市位育中学章程》，2014年11月修订，上海市位育中学校长办公室提供。

[27] 赵家镐校长在位育中学董事会1999年年会上的发言，1999年5月，徐汇区档案馆藏，档案号：0211-1-19-001-1。

[28] 《求真务实，自主发展，建设上海一流的现代化寄宿制高级中学——位育中学创建实验性示范性高中规划（1999—2002）》档案摘选，1999年9月，徐汇区档案馆藏，档案号：0211-2-32-036-72。

[29] 赵家镐：《探索生长创造自主发展的教育模式》，收入赵家镐：《逝去的岁月》，2016年内部刊印，第36页。

[30] 赵家镐：《实验班的缘起》，收入《且试天下：上海市位育中学2007届实验班毕业纪念册》，2007年刊印。

[31] 赵家镐：《实验班的缘起》，收入《且试天下：上海市位育中学2007届实验班毕业纪念册》，2007年刊印。

[32] 赵家镐：《实验班的缘起》，收入《且试天下：上海市位育中学2007届实验班毕业纪念册》，2007年刊印。

[33] 《我与位育中学》，任博生口述，2023年6月1日，上海市位育中学校长办公室提供。

[34] 《我与位育中学》，任博生口述，2023年6月1日，上海市位育中学校长办公室提供。

[35] 上海市位育中学校长办公室提供的刘晓舟事迹材料，2023年7月。

[36] 详见《上海市位育中学大事记（1998年8月—2023年6月）》，上海市位育中学校长办公室提供。

[37] 《上海市位育中学章程》，2014年11月修订，上海市位育中学校长办公室提供。

[38] 上海市教育委员会《关于位育中学新疆高中班推迟举办的通知》，上海市教育委员会文件，沪教委基〔2011〕51号，2011年6月7日，徐汇区档案馆藏，档案号：0211-2-585-001。

[39] 《上海市位育中学章程》，2014年11月修订，上海市位育中学校长办公室提供。

[40] 上海市位育中学校长办公室提供，2023年5月。

[41] 相关资料由上海市位育中学校长办公室提供。

[42] 《上海市位育中学章程》，2014年11月修订，上海市位育中学校长办公室提供。

[43] 郑斯敏：《2016年9月29日—10月5日高二学生赴美访校交流总结》，2016年10月25日，上海市位育中学档案室藏。

[44] 本章节内容由位育中学相关职能部门的老师提供。

[45] 《我在位育中学这三年》，王亦群口述，2023年7月3日，上海市位育中学校长办公室提供。

[46] 《我在位育中学这三年》，王亦群口述，2023年7月3日，上海市位育中学校长办公室提供。

[47] 2021年10月，位育中学成为上海市普通高中新课程新教材实施研究与实践项目学校，其中"'双新'背景下高中'芯片教育'课程的开发与实践研究""'问题研讨式'校本深度教研模式实践研究"两个项目获得市级立项项目。

[48] 此数据由上海市位育中学校长办公室提供。

[49] 据对2008—2023年的不完全统计（依据《上海市位育中学大事记（1998年8月—2023年6月）》、上海市位育中学档案室馆藏档案），位育中学获得的国家级、上海市级的荣誉主要有：（全国）2008年，位育中学被教育部和国家教师科研基金会授予"科研兴校示范学校"称号。2009年，位育中学承担的课题"创建'自主发展教育'的校园文化环境研究"被国家教师科研基金会授予优秀结题课题，学校获得"先进科研单位"称号。2012年2月，学校荣获全国"全民健身先进单位"称号。2023年，位育中学成为首批"全国健康学校建设单位"。（上海市）2012年，位育中学被评为上海市中学行为规范示范校；学校教工团支部荣获2011年度"上海市五四红旗团支部"称号。2014年，学校荣获"2013年上海市学生阳光体育运动先进学校"称号；学校荣获"上海市中学共青团工作示范单位"称号。2015年，学校"妇女之家"荣获上海市示范点称号。2016

年，学校新疆部获2015年度上海市教育系统"巾帼文明岗"荣誉称号。2018年，位育中学荣获2018年度上海市五一劳动奖状；位育中学"情系华泾志愿服务队"荣获2016—2017年度"上海市志愿者服务先进集体"称号。2020年，学校被评为2019—2020学年度上海市文明校园，2019—2020学年度上海市安全文明校园。2022年，位育中学党委被命名为"上海市中小学校党组织'攀登'计划'特色学校'培育创建单位"。2023年6月，位育中学被命名为"2022—2024年度上海市民族团结进步教育基地"。

[50]《独具个性的校园文化》，选自位育中学专题报道，1998年，徐汇区档案馆藏，档案号：0211-1-7-006-9。

[51]《独具个性的校园文化》，选自位育中学专题报道，1998年，徐汇区档案馆藏，档案号：0211-1-7-006-9。

[52]《位育校园的建筑与雕塑》，上海市位育中学校长办公室提供，2023年5月30日。

[53]《位育校园的建筑与雕塑》，上海市位育中学校长办公室提供，2023年5月30日。

[54]《位育校园的建筑与雕塑》，上海市位育中学校长办公室提供，2023年5月30日。

[55]《上海市位育中学章程》，2014年11月修订，上海市位育中学校长办公室提供。

[56] 位育中学校友会编：《位育中学校史简编》，上海市作家协会·华语文学网，2017年刊印，第53页。

[57] 位育中学校友会编：《位育中学校史简编》，上海市作家协会·华语文学网，2017年刊印，第53页。

[58]《10年专项化体育课程改革，上海高中让学生拥有"一技之长"》(位育中学作为试点学校)，《解放日报》2021年2月2日，第3版。

[59]《10年专项化体育课程改革，上海高中让学生拥有"一技之长"》(位育中学作为试点学校)，《解放日报》2021年2月2日，第3版。

[60]《上海市1960年文教方面先进单位登记表》，1960年5月，上海市档案馆藏，档案号：A31-2-111-105。

[61]《上海市1960年文教方面先进单位登记表》，1960年5月，上海市档案馆藏，档案号：A31-2-111-105。

[62] 朱万宝：《回顾位育中学的天文科普教育活动》，上海市位育中学校长办公室提供。朱万宝，曾任上海市位育中学教导处副主任、科技活动总指导。

[63]《中学里建起"生命科学实验室"》，《光明日报》2000年3月17日，第A1版。

[64] 参见王勇：《2021—2022位育中学芯片教育特色课程阶段工作汇总简要报告》，上海市位育中学校长办公室提供。

[65] 相关社团的文字介绍，均由各社团提供。

[66]《创造教育现代化的辉煌明天——位育中学专题报道之八》，1998年，徐汇区档案馆藏，档案号：0211-1-7-006-11。

[67]《创造教育现代化的辉煌明天——位育中学专题报道之八》，1998年，徐汇区档案馆藏，档案号：0211-1-7-006-11。

第七章

位育初级中学的创新发展

位育初级中学的创新发展

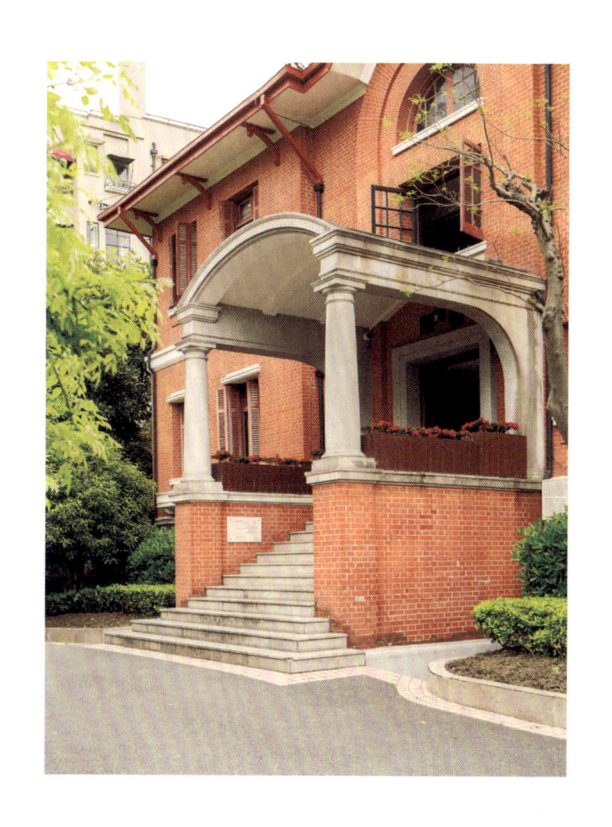

图7-1　位育初级中学校园（红楼，摄于2023年4月13日）

1998年，位育中学初高中分离"脱钩"，高中部迁至华泾校区办学，初中部则作为一所公办初中留在复兴中路校区独立运转，定名"上海市位育初级中学"（图7-1）。

"脱钩"以后，位育初级中学赓续"位育"传统，砥砺前行。面对新机遇与新挑战，学校在"团结、严谨、求实、进取"八字校训的指导下，不断探索，在改革中前行，确立了"天地位焉，万物育焉"的办学理念、"创新发展"的办学思路与"位中和，育英才"的办学目标，制定了"会健体、会做人、会学习、会生活、会创造"的育人目标，并逐步建设、完善"生长创造"的课程体系。位育初级中学重视校园文化的建设，为了使"位育"的品质经久不衰，学校持续开展德育素质教育，不断升华办学内涵，鼓励学生自主创建社团，丰富校园生活。

近年来，位育初级中学学子的中考成绩屡创佳绩，参加各类竞赛的获奖人数亦逐年攀升，学校先后获得全国红十字模范校、全国青少年校园排球体育传统特色学校、全国桥牌特色学校、全国国防教育示范校等荣誉称号。

位育初级中学以其深厚的历史底蕴与优秀的办学成绩而备受社会赞誉。

第一节　创新发展与特色办学

1998年，位育中学初、高中部分离，位育初级中学在原校区接续办学。面对全新的办学形势，学校遇到了诸多难题与挑战。然而，位育初级中学秉持"位育精神"，在传承中创新，在创新中发展，不仅确立了自身的办学特色，还打开了学校开放办学的格局，取得了令人瞩目的办学新成绩。

一、"脱钩"后的发展新起步

1998年8月，随着华泾校区逐步建成，按照市、区教育局部署，位育高中、初中正式分离。高中部搬至华泾地区，成为现代化寄宿制高级中学。初中部留在原校址，校名改为"上海市位育初级中学"，龙世明任校长（图7-2）。[1]

初高中部"脱钩"后，位育初级中学作为一所公办初中独立运转，面临着许多新的挑战，其中最为突出的便是从1997年开始全面实施推行的初中招生制度改革。事实上，自20世纪80年代中期起，有关初中招生制度的改革就已在上海郊区开始试点，并已取得了初步的成效与经验，同时也发现了许多不足。至1996年，上海市为了贯彻国家教委改革招生制度的精神和市委市府下达的"九五"期间基本实现应试教育向素质教育转变的指示，在静安、闸北、卢湾、浦东新区4个区的主动探索下，进行了取消初中升学考试、全部考生就近入学的试点改革。1997年秋季起，上海市20个区县全面实施初中入学办法改革，即实行小学生免试就近升入初中，取消重点中学初中部，高、初中分离办学。[2]

图7-2　龙世明校长（上海市位育初级中学提供）

改革实施后，上海市教科院普教所进行了3次大规模的调查，总结了改革所带来的优势与遇到的问题。经过教科院普教所的广泛考察，调查组发现，初中招生改革取得的成效十分明显，它有利于减轻学生过重的课业负担，同时也促进了学校正常开展教学活动，保证了活动课的开设，激励学生的学习积极性，有利于学生的素质培养。不过，在招生改革的初期，也遇到了一些问题，比如各中学普遍认为生源质量与前几届相比有所下降，这一点就对各初中的招生办学产生了一定的影响，现将部分调查报告摘引于下：

> 调查表明，初中认为生源质量满意和较满意仅占10.9%，其中重点中学为0%，完中12.5%，初中13.4%，而不满意和很不满意的占80.4%，其中重点中学98.0%，完中80.6%，初中75.0%。初中学校领导和教师认为与前几届相比，学生学习成绩提高有7.0%，下降为65.7%，学习态度端正占9.4%，不端正为64.5%，学习习惯更好了有7.0%，更差了占66.2%，学习方法有效了为8.4%，变差了占53.0%，行为规范变好了占12.2%，变差了为59.2%，活动能力提高的是18.2%，下降的为36.1%。因此，对初中的调查表明，认为在教学中与前几届学生相比较，这届实行招生改革的学生难教的占66.3%，好教的仅占2.5%。难教的依次原因是：基础差，38.2%；差距大，28.5%；态度差，19.9%；品德差，10.2%。[3]

当然，初中招生改革初期所普遍展现的生源问题对于位育初级中学来说也产生了一定的困扰与影响。按招生改革规定，小学升初中取消升学考，实行电脑派位，就近入学，当时如要择校，只能找民办中学。同时，初中取消重点中学，位育初中不再享有原先作为重点中学的招生"优先权"。如此一来，位育初级中学在"脱钩"后的生源质量开始呈现一定程度的下降趋势。面对生源问题，龙世明校长坦言这是位育初级中学"新的挑战"，他回忆说："虽然'生源'已变化，但家长和社会对我校极高的期望值却丝毫没有改变。1998年入学的新生家长像以往家长一样会打听当年位育初中的中考成绩和重点高中升学率，当然很好。但他们忽略了1998年的初中毕业生当年是通过升学考进入我校的，而1997年电脑派位进来的学生要到2001年才毕业。于是，从1998年开始，新生入学后的第一次家长会，都是由我本人先向家长讲话，我必须实事求是地告诉家长现在和过去的不同。但我同时告诉家长，学校与教师有信心、有能力让每一位来到位育初中的学生得到最适合他的发展。"[4]

针对新出现的问题，龙世明校长开始致力于教育观念和教育实践的改革。为此，他提出了"创新发展"的办学思路，并创新性地要求位育初级中学要实现"从选拔适合于教育的学生"向"创造适合于学生的教育"的转变。[5]为了实现这一转变，龙校长认为，必须将"人文关怀"融入学校的教育教学中，即要把学校教育与人的尊严、人的幸福、人的价值联系起来。以学生发展为本，"一切为了学生、为了一切学生、为了学生一切"[6]，让每一位学生都尽可能地受到最合适的教育，并取得最大程度的进步，尊重学生个性发展的需要和选择的权利，重视为学生提供优质的教育资源和多元选择的教育机会。

正如龙世明校长所倡导的，"人文关怀"四字是位育初级中学"脱钩"以来始终坚持的工作重点，在

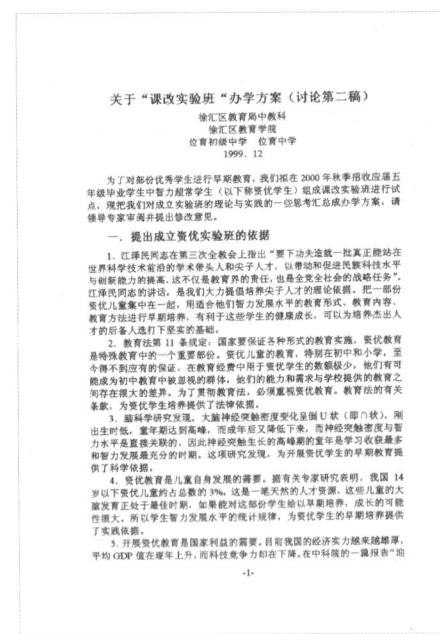

图7-3 位育初级中学、位育中学等关于"课改实验班"办学方案讨论（档案摘选，1999年12月）

学校章程的序言中就明确指出要"注重教育、教学、管理的人文关怀"[7]。学校关注教育教学的人文关怀，长期以提高学校教育的人文性和提升每一位师生的综合素质为主导内容推进办学实践。学校以提高教育质量为中心，积极开展了作业有效性的校本研修，倡导"四精"，即教学内容精选、知识要点精讲、习题精练、试卷精批；落实"四必"，即学生作业、试卷等有发必收，有收必批，有批必评，有错必纠。在师生的共同努力下，位育初级中学成功申报并完成了区级重点课题"构建优化整合型初中作业模式的实践研究"。为进一步深化"学期课程统整"的研究，学校还组织教师编写"学期课程统整指南"，以提高课堂教学有效性，并提升相关教师的科研水平。同时，以上海二期课改为契机，学校除了进行关于"课改实验班"的讨论与尝试外[8]，还把提高师资整体素质和"有效教学""有效作业"作为工作重点，规范教育教学行为，加强教学和教学管理的研究，着力打造和谐校园，构建"人文关怀"的教育（图7-3）。[9]

2014年，龙世明校长退休。17年来，在龙世明校长的带领下，位育初级中学克服诸多困难，提出了"创新发展"的办学思路，并确立了"服务地区、代表上海、影响全国、融入世界、持续发展的现代化名牌学校"的办学目标，取得一定成绩，没有辜负家长与社会对位育初级中学的殷切期望。[10]王志方书记对位育初级中学办学有一段回顾：

（我）赴位育初中任职的时间很短，但一年的感受在生命中却很长，也很深。"位育"一词取自《中庸》"致中和，天地位焉，万物育焉"，创始人李楚材先生将之诠释为：教育是让学生在校园这片广阔有序的天地里"生长创造"。这个诠释将"生长发育"的原义极大地提升了，即不但提升了学校的教育目标，也提升了学校的教育功能，同时明确了学校教育是一项创造性的工作，是一项具有崇高意义的工作，学校教育的主要功能是培养人的潜能、提高人的素质以及引导学生打好基础而逐步走向社会实践。这一年我从对校名的认知逐步扩展到对位育史、位育人和位育事的认知，这一年我经历了六十周年的校庆，更对位育的前世今生有了较深认知。我仿佛看到了位育几代人沿袭楚材先生的初心、耕耘创造的辉煌成果，我为学校培育出来的无数国之栋梁、社会中坚而感到自豪。此感受也一直让我曾是位育人而引以为傲。[11]

2015年，吕东被任命为位育初级中学校长（图7-4）。事实上，这并不是吕东校长首次加入位育这个大家庭。1990年，吕东在大学毕业后就进入了当时还是完中的位育中学。因此，此次回到位育初级中学，她倍感亲切。在出任校长后，吕东倾心于学校的发展与建设，并提出了这样的疑问和想法：

> 位育初中是一所享有盛誉的老牌公办学校，有着悠久的历史传统。时代在发展，老百姓心目中的好学校的标准也在不断提高。如何让"位育的师资"这一口碑得以继承发展，使"位育"的品质经久不衰，历久弥新？[12]

基于这样的思考与目标，在吕东校长主持期间，位育初级中学秉持"天地位焉，万物育焉"的办学理念，进一步确立了"位中和、育英才"的办学目标。吕东校长对此目标做了这样的解释："'位中和'意味着我校要善于把握全面，处理好学校发展中内外部因素的关系，不偏不倚，居中庸，追求和谐的办学状态。'育英才'是学校在'位中和'的基础上，努力实现的作为。'英'指的是'尚未开放的花朵'，因此'育英才'，不是初中阶段就要培养精英人才，而是我校立足初中学段培养祖国未来的栋梁。"[13]位育初级中学依据办学的历史、校情、社情、师情、生情等产生了"会健体、会做人、会学习、会生活、会创造"的"五会"育人目标、构建了"生长创造"课程体系以及"和谐生长"德育体系，使得学校教育进一步得到发展。

2022年10月，吕东校长退休，位育初级中学党支部书记焦爽兼任位育初级中学校长（图7-5）。焦校长从大学毕业就一直在位育工作，对位育有着深厚的感情。在全面主持学校工作后，她和学校班子成员

图7-4　吕东校长在75周年校庆上与校友交谈
（上海市位育初级中学提供）

图7-5　焦爽校长（左中）参加在位育初级中学红楼会议室举行的位育80周年校庆工作筹备会议（之一）（摄于2023年4月13日）

图7-6　位育初级中学校园（摄于2023年4月13日）

一起，传承和发扬位育优良校风、教风，在"双新"和"双减"的教育政策要求下，推进五育融合的育人方式转变，加强指向学生核心素养培养的课程建设，构建以"四有教师"为标准的师资队伍，力求努力办好人民满意的教育。[14] 学校加强课程建设，在活跃校园文化、提高办学质量、落实课程建设、加强思想教育方面也做了大量工作，得到了家长与社会的认可。焦爽校长提出了自己办学的思路：

> 自进入位育工作以后，"天地位焉，万物育焉"的办学理念始终根植在心里。怎样把位育的办学理念和新时代的教育要求相融合，是我思考和实践的切入点。在担任书记期间，党支部工作力求通过加强四项行动，即师德引领行动、师能提升行动、干部领雁行动和志愿服务行动来增强党组织的核心力、凝聚力、创造力，使组织力不断得到生长；创造和谐的师生关系，师生优质成长的校园生态和人文环境促进师生的发展；做好学校德育顶层设计，加强对学生的核心价值观教育。在德育工作中提出"传承生长创造的位育精神，培育向善而行的位育学子"的理念，遵循"在活动中体验，在实践中感悟"的德育工作思路，建构以"生长创造"的位育精神和"五会"为育人目标的德育课程。校长书记一肩挑以后，我继续传承"天地位焉，万物育焉"的办学理念和"位中和、育英才"的办学目标，立足办学目标，指向学生发展的核心素养，推进位育课程的3.0版本，构建了"修身""生长""创造"三类课程体系。[15]

可以说，在初高中分离之后，位育初级中学面对全新的局面，在历任校长与师生的共同努力下，他们不断摸索初中办学规律，与时俱进；同时，继承位育的优良传统与严谨的教育风格，重视培养青年骨干教师，主动推进教育创新，实现了较大的新发展（图7-6）。

二、建设校本传统特色项目

"传统"与"创新"是位育初级中学办学以来不可回避的两个重要关键词。"脱钩"以来,位育初级中学以"创新"为主基调,取得了一些新成就,同时学校也不忘"传统",在传承中砥砺前行。

全国排球特色学校。排球项目在位育初级中学有着广泛的基础,作为全国青少年校园排球体育传统特色学校,位育初级中学坚持"体教结合"的训练模式,本着"课内与课外相结合、普及与提高相结合、校内和校外相结合"的教学原则,完善排球队的管理工作,细化学校特色排球拓展项目,形成适合学校排球教学的校本教材。学校注重排球文化建设,以排球引领综合体育项目,通过体育节、年级排球联赛、拓展课、徐汇区"排球嘉年华"、徐汇区"位育初中杯"中学生排球比赛等一系列有趣的活动,将排球文化和技能扎根在学生们的心中,同时扩大学校排球项目的知名度。利用全国排球特色学校的优势带动周边的小学、初中以及高中进行排球运动开展,形成品牌(图7-7)。

全国桥牌特色学校。桥牌是位育初级中学的一大特色,通过每周的桥牌专项课、拓展课,完善校本教材,使其简洁、明了、实效,形成满足学生实际需要的教学模式。通过以点带面的方式,将桥牌运动进行推广和普及,让更多的学生去体验和享受桥牌运动的无穷魅力。学校积极配合市区组队,聘请中国桥牌五星特级终身大师为顾问来指导学校桥牌队伍,从而促进桥牌活动的深入开展,同时也为学生们搭建更多的平台,参加更高一级的桥牌比赛并争创佳绩。2022年,位育初级中学荣获首批全国桥牌特色学校称号。近年来,学校桥牌队参与全国、市级各类比赛,屡获佳绩。

徐汇区艺术团戏剧分团。艺术特色戏剧项目的活动在学校的各类教育活动中积极开展。学校以课堂教学、课外活动和校园文化三位一体的艺术教育发展机制,邀请上海话剧艺术中心的导演作为外聘指导老师,通过拓展课、专项课,指导学生每一次的排练,培养学生的艺术修养和能力,激发学生热爱艺术热爱生活的优秀品格。2021年9月,位育初级中学戏剧社被评为2018—2021年徐汇区艺术团戏剧分团的称号,为了不断开拓创新,向徐汇区戏剧表演艺术特色团的高度努力,戏剧社结合"四史"教育,编排了新剧本,并积极排练;积极融入拓展课综合实践活动项目,演绎表达学习红十字的技能和精神。用更多的优秀作品感染着周边的学生和教师。2021年11月,参加"2021年上海市中小学生戏剧

图7-7 位育初级中学排球课教学场景,由体育教研组组长倪庆锋老师指导(摄于2023年6月27日)

图7-8　位育初级中学生物实验室
（摄于2023年6月20日）

图7-9　位育初级中学生物实验准备室
（摄于2023年6月20日）

节"，获得团队三等奖、最佳改编剧本奖、最佳女主角提名和最佳女配角提名。

跨学科综合学习空间。位育初级中学的科普设备齐全，设施一流，常年被评为科技特色校、上海市航空特色校、上海市自然博物馆学校。目前的东底楼科技中心，里面包括了综合模型教室、乐高机器人教室、STEM教室、摄影艺术教室，共同构建了融合多项学科的综合性学习空间，为实现学生多元赋能的综合素养培育搭建了平台。其中综合模型创新实验室作为徐汇区首批创新实验室，每年参加上海市模型节、上海市模型锦标赛等重大赛事，曾荣获上海市机甲大师挑战赛季军、长三角青少年人工智能创新挑战赛一等奖等殊荣。位育初级中学和上海科技馆、上海自然博物馆、上海天文馆、上海航宇科普中心等科普单位建立了馆校合作关系，其中科技特色课程开设了综合模型、乐高机器人、天文、STEM、生物演化等拓展课程，为学生搭建各种平台，培养兴趣，提升综合能力，进一步融合德智体美劳五育发展（图7-8、图7-9）。

STEM+课程。2015年，位育初级中学在区教育局和史坦默国际科学教育研究中心的关心、支持和帮助下，开始了STEM+课程。该课程是以学习者为中心，以真实问题解决为导向，以项目式学习为基础，以工程设计为主要过程和手段，以合作、探究为形式，以培养创新能力和实践能力为价值追求，强调综合知识和能力的培养的跨学科的融合教育模式。随着学校各方面软硬件的投入，STEM+课程得到了长足的进步，先后开设了"设计桥梁""设计义肢""防止水土流失""3D创意设计""乐高机器人""显微摄影"和"设计水净化系统"等课程，深受学生喜爱。课程的理念在保持STEM教育的精华的同时，也融合了学校的人文理念，形成了注重"合作、创新、探究、实践"的学校STEM教育特色。参与的学生，在综合创新能力和实践能力等方面都有长足的进步，在每年参加的各类市级比赛中，屡获上海市一等奖，累计获上海市大奖人次过百项，学校多次被评为上海青少年STEMx实践展示活动优秀组织奖。学生还参加了在美国举行的"2018年世界青少年人工智能MindX创新大赛"，获得国际银奖。学生和老师多次在颁奖大会、区教研活动中进行主题交流和分享。

红十字拓展融合项目。位育中学红十字会成立于1981年，经过红十字多年工作的积累，尤其是经过最近10年的发展，已有了自己的鲜明特色。内容上，位育初级中学的红十字活动与社会主义精神文明建设、民族精神教育、生命教育、健康教育、国际主义精神教育等相结合。形式上，有红十字宣传栏、志愿者服务队、红十字救护队、红十字拓展型课程等多种形式。为不断推进红十字拓展融合项目、壮大红十字会员队伍，深入学习救护知识，熟练掌握救护技能。通过红十字+信息+摄影+戏剧+志愿者活动等新模式，使青少年个性化表达能力得到锻炼，提高了团队合作意识，同时也丰富了青少年的活动，扩大拓展融合课程的影响力，多角度多方式理解红十字会精神并加以宣传。在学习中，学生了解了人道主义精神和自救互救常识，营造了同学之间互帮互爱的和谐氛围。弘扬了"人道、博爱、奉献"的红十字精神。荣誉方面，在2020年上海市中小学校红十字特色项目评估中获得一等项目称号。

课后服务特色课程。伴随国家"双减"政策落地，学校全面贯彻落实国家和上海市关于学生课后服务的要求，坚持以学校为主阵地全面开展课后服务，结合学校办学特色、学生学习和成长需要，充分运用校内师资和设备等各种资源，并外请专家进校指导，开设了形式丰富的特色课程。预初年级开设的"二十四节气"课程，采用多维模式认知节气习俗，感知节气文化，培养学生感知自然、品读鉴赏、实践操作、思维能力等方面的素养。初一年级开设的"天文望远镜操作与观测"课程，基于天文知识学习，形成科学的自然观、宇宙观、世界观，在组织观测活动的同时也培养学生动手实践能力。每周五，开设以科技教育为主的特色课程，并融入课后服务中。"综合模型"课程，学习如何制作建筑模型和航海模型，在动手中学习相关的历史、地理等跨学科知识。"摄影艺术"课程，秉承着"提高摄影技术，丰富校园生活，锻炼综合素质，实现全面发展"的理念，教授摄影技术，捕捉精彩瞬间。"乐高机器人"课程，以开放愉快的探索式协作，激发学生对编程机器人的兴趣，形成良好的合作意识。"计算机应用"课程，凭着循序渐进的教学过程与图形化编程形式，生动有趣地呈现孩子们学习的进阶过程。2022年4月，学校聘请全国脱贫攻坚先进个人，青年书法家徐宏斌为书法辅导员，面向预初和初一年级开设了书法辅导课后服务特色课程；依托馆校协作，与中国科学院合作开设了天文课程以及分子植物课程；聘请上海音乐学院青年指挥家组建管弦乐团，让爱好艺术的学生丰富课余生活。[16]

三、开放办学

位育初级中学始终坚持高质量发展，高品位办学。在这一过程中，上海市位育初级中学积极开展多层次、多形式的合作与交流，包括：与上海航天博物馆、上海自然博物馆等场馆合作，拓展学生的活动空间；与著名高校、科研院所合作，聘请专家学者进校开设讲座，开拓师生视野，引导学生积极进取；做好与家长的联络、沟通，招募家长志愿者等；建立与校友的联系，合理利用校友资源；作为天湖学区主任单位，学校积极引进社会、社区资源，实行资源共享，通过各种渠道，让学校的教育教学融入学区协同办学的开放体系中。

在开放办学中，学校尤为重视开展与国外及中国港澳台地区的学校的交流。在交流中打开国际视野，在交往中增长见识，增强民族自豪感。

表7-1　与上海市位育初级中学缔结的国外及中国港澳台地区的友好学校、合作学校一览表

国家/地区	友好交流学校、合作学校名称	缔结时间
澳大利亚	玛利亚维尔中学（Marryatville High School）	2003年8月
英国	圣母玛利亚中学（Notre Dame High School）	2006年5月
英国	诺斯格特高中（Northgate High School）	2008年3月
英国	芬汉姆帕克二校（Finham Park 2）	2015年11月

*资料来源：上海市位育初级中学校长办公室提供，2023年5月。

自1998年位育初级中学在原址独立运行以来，学校的国际交流活动基本上每年都保持着一定数量。2003—2015年，学校与澳大利亚姐妹校玛利亚维尔中学（Marryatville High School）每年都有师生往来，积极做好文化教育交流。此外，2001年开始，学校先后接待了来自日本、英国、美国、爱尔兰、沙特阿拉伯、巴西、卢旺达等国家的教育代表团，共计约16批次，138人次。现将学校的部分对外交流活动列举于下（图7-10）。

2001年6月，日本大分县联合国教科文组织青年访华团一行11人来校参观，开展和平文化活动。2002年5月，学生代表5人赴日本参加教育交流活动。2003年8月，校师生代表团赴澳大利亚访问交流，并与南澳洲首府阿得雷德市著名的公立中学玛利亚维尔中学进行多方面交流。访问期间，龙世明校长与Castine校长签署了姐妹校协议。2004年8月，徐美娥、杨锦幼老师率18名学生赴澳大利亚玛利亚维尔中学交流。是年10月，澳大利亚玛利亚维尔中学校长Mark Leahy先生和Sarah Goldfain女士应邀来校进行短期访问。2005年11—12月，澳大利亚玛利亚维尔中学的两位老师Philip Wilson先生与Rosemary Fotheringham女士受邀来校访问交流，两位老师广泛参与学校的各项教育活动。2006年5月，英国诺福克郡教育代表团来校访问交流。本着友好合作精神，位育初级中学与圣母玛利亚中学（Notre Dame High School）结为姐妹学校，共同开发诸如师生互换的教育交流项目以及有关课程和师资发展的合作项目。翌月，美国南部富有影响力的纳什维尔附属中学（University School of Nashville）来校参观交流。2007年5月，英国诺福克郡圣母玛利亚中学教师代表来校交流。2008年3月，位育初级中学与英国诺福克郡诺斯格特高中（Northgate High School）签订姐妹校关系缔结备忘录。2010年7月，王玥华和焦文玮老师赴澳大利亚玛利亚维尔中学学习交流。此后的3个月，爱尔兰教育代表团、姐妹校澳大利亚玛利亚维尔中学、日本大阪府教育代表团先后来校访问交流。2012年12月，玛利亚维尔中学两位老师对校进行1个月的交流访问。2013年7月，郑育丽、孙海燕老师赴澳大利亚玛利亚维尔中学学习交流。2014年5月，英国

第七章 位育初级中学的创新发展

诺福克郡教育代表团的7位校长来校进行为期2天的访问交流，开展"教师专业发展"主题研讨，观摩英语课堂教学，参观学校特色项目。2015年11月，英国芬汉姆帕克学校（Finham Park School和Finham Park 2）两位校长来校访问交流。芬汉姆帕克二校（Finham Park 2）与位育初级中学签订姐妹校关系缔结备忘录，双方学校鼓励师生积极参加文化交流，获取全球化视野。2016年5月，来自世界银行和30多个国家的教育官员在世界银行梁晓燕博士的陪同下来校参观考察，其中包括沙特阿拉伯、巴西、卢旺达等国家的副部长级教育官员。活动旨在通过与校长、一线教师的互动交流进一步分享上海基础教育发展经验，加强教育领域的交流与合作。是年，新加坡立化中学学生交流团与姐妹校英国芬汉姆帕克二校师生分别来校交流访问。2017年9月，学校师生代表团一行10人前往英国芬汉姆帕克二校访问交流，增进中英双方在教学方法、课程设置、技术应用及教师专业发展等方面的交流。2018年8月，位育初级中学师生代表团15人应澳大利亚昆士兰州政府教育部邀请，参加澳大利亚昆士兰州的排球主题游学项目。通过访问增进中澳双方在学生排球比赛和训练、运动队管理和培训模式以及学生排球项目普及等方面的相互交流。同年，英国芬汉姆帕克二校代表团、澳大利亚昆士兰州国际司亚太官员、"中英数学教师交流项目"英方教育代表团相继来校考察访问（图7-11、图7-12）。2019年11月，由2位英国教育部国际司的官员和3位英方数学教师组成的"中英数学教师交流项目"英方教育代表团来校开展为期3天的交流访问活动。[17]此后几年受新冠肺炎疫情影响，交流活动减少，一些活动改为"线上"举行。[18]

图7-10 陈群书记带领师生代表参加在斯洛伐克举行的世界中学生定向越野锦标赛（2006年）

图7-11 英国芬汉姆帕克二校师生代表团来校交流访问（2018年10月）

图7-12 "中英数学教师交流项目"英方教育代表团来校进行教学交流（2018年12月）

通过开展广泛的国际交流活动，位育初级中学师生增进了对外文化交流的能力，拓展了国际视野，提升了民族自豪感。在开放办学中，位育初级中学与国外及中国港澳台地区的学校开展教育理论研讨、课堂模拟教学、实地考察等一系列交流互动，双方经验分享，各取所长，同时也提升了教师专业水平和教学素养。

第二节　课程建设和卓有成效的办学

课程建设是学校办学的重要组成部分，位育初级中学始终重视学校的课程建设，并致力于构建适合于学生教育的课程体系。为了适配于全新的课程体系，也为了对"位育的师资"这一口碑的继承发展，通过课程建设、锤炼一支优秀的教师队伍。这一时期，位育初级中学的师生屡获佳绩，办学颇有成效。

一、课程建设

1998年，上海市位育中学初高中分离，位育初级中学成立，此也适逢上海课程改革正式进入第二阶段，即"二期课改"。可以说，上海市位育初级中学的课程建设，也伴随着上海市课改的步伐，可谓如影随形。

1998年起，时任校长龙世明提出位育初级中学要秉承"二期课改"，构建"以学生发展为本"的课程改革理念，着重解决如何深入实施素质教育的问题。龙校长强调，学校的课程建设要注重人的发展，尤其是在个性发展中培养学生的创新精神、实践能力和健全人格的发展，使素质教育更加体现新时代的要求（图7-13、图7-14）。

图7-13　位育初级中学合唱队教学场景，由艺术总指导左丹聆老师指导（摄于2023年6月27日）

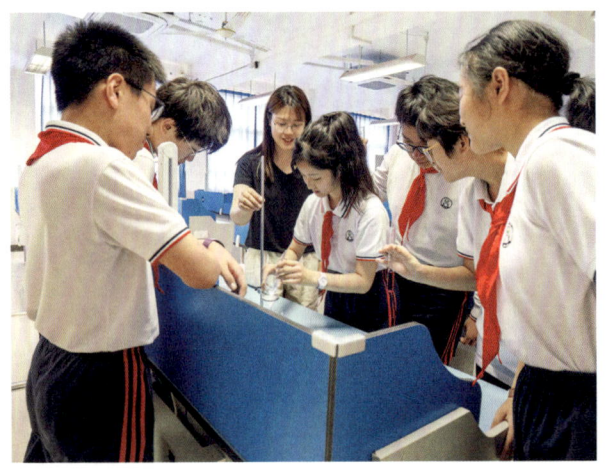

图7-14　位育初级中学实验课教学场景，由化学教学骨干陈佳妮老师指导（摄于2023年6月27日）

要落实"以学生发展为本"的课程改革理念，位育初级中学首先要做到的便是严格规定课程，发展校本课程。学校严格执行国家规定的课程计划。按学校的课程方案，在保证学校各个年级周课时总量34节的基础上，开齐、开足三类课程。每节课的时间为40分钟，保证每天有20分钟的晨会和午会课。课程管理由教导处统筹，专人负责，注重教研组课程管理。同时，随着二期课改的不断深入推进，学校以课程管理为载体将基础型、拓展型、探究型课程有机结合起来，健全和完善拓展型、探究型课程体系。

（1）基础型课程。形成了自己的基础型课程优势学科，为了切实提高教学有效性、减轻学生学习负担、提高学生的学习效率，我们进行了基础性课程校本作业的开发和编撰。已经形成了语文、数学、英语、物理和化学的校本作业的开发，并逐年地完善。

（2）拓展型课程。为了培养、激发和发展学生的兴趣爱好，开发学生的潜能，促进学生个性的发展和学校办学特色的形成，依托学校的传统、特色项目和特色教师，在各年级开设拓展课数十项，形成了多门比较成熟的校本课程如桥牌、排球、红十字常识与紧急救护、摄影基础和夏威夷吉他。

（3）探究型课程。在课程开设过程中，每个年级以学科探究型课程学习为基础，既重视学生的发展，也关注教师的成长，以教师的探究性学习带动学生的探究性学习，促进教师与课程共同成长。[19]

学校在切实提高课堂教学效率的基础上增效减负，以进一步达成课程改革的预期要求。事实上，提高课堂效率本身就是减负增效的最有效手段，位育初级中学充分发挥课堂教学的主渠道作用，聚焦课堂教学，提出"聚焦教学细节，打造精致高效课堂"的教改思想。从"开放式"与"精致化"的统一到从"要我精致"到"我要精致"之教学管理，把学校的两次备课和两种命题的优良特色传统在教学管理中深入有效地延续。

2020年以后，随着道德与法治、语文、历史三科教材率先实现国家统编，上海课程改革进入"双新"时代。其实，早在2018年，时任校长的吕东就颇有远见地提出了"学会健体、学会做人、学会学习、学会生活、学会创造"的"五会"学校课程目标，构建"生长创造"课程体系，培养学生核心素养。

在"生长创造"课程体系的构建上，学校不仅清晰区分"基础型""拓展型""探究型"三类课程，还在先前课程改革的基础上对这三类课程加以完善与补充，通过课程的整合与融合，实现把握知识之间的内在联系，目的是培养学生的综合素质，科学安排课程，保证开齐课程、开足课时，专课专用，严格做到按规执行（图7-15）。[20]

在基础型课程方面，学校提出了"规准导向、校本实施"的做法。作为上海市研究重点研究项目"基于课程标准的区域性转化与指导策略研究"的区首批实验校之一，学校参加实验的教师在课程理念、课程目标、课程结构、课程标准等方面做了不懈的探索，以课程标准为依据形成校本实施特点。学校课程内容的校本化，努力做到国家课程校本实施，实现国家、地方、学校课程有机整合，建立具有时代特征、地区特点、学校特色、贴近学生学习实际的学校基础型校本课程体系。细化单元目标的《学科手

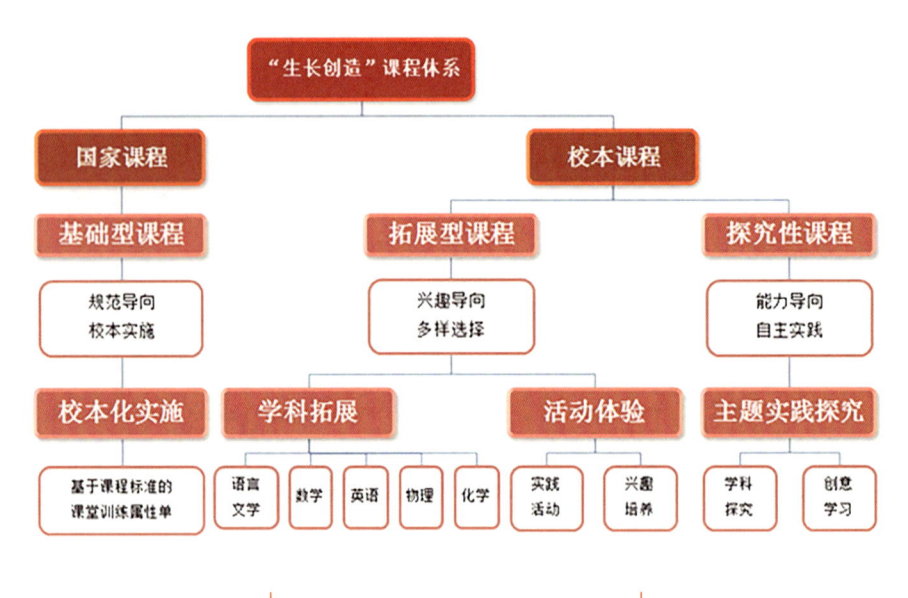

图7-15 "生长创造"课程体系

册》能在课标同学校教师教学和学生学习之间搭建起"脚手架",填补"专业空白",通过多年的实践进一步制定了具有学校特色的教师的《单元课堂训练属性单》,覆盖了语文、数学、英语及物理和化学等8门学科,使得《学科手册》更具有参考价值,使课程目标的达成更具有可操作性,围绕学科的核心知识,设计不同程度和要求的课程,有针对性地对学生进行分层教学,以适应学生的实际水平。

在拓展型课程方面,兴趣导向与多样选择是其建设的重点。在学校课程建设中,在确保完成国家课程的教学内容基础上,为满足学生的兴趣爱好和个性特长发展需要,以学生为主体,整合各类社会资源共同开发的适合学校特点和条件的拓展型课程,为学生的充分发展开拓了可供选择的课程领域,因此拓展型课程的多样性是不言而喻的,深化限定拓展课程与非限定拓展课程,采用以校本课程的形式为主,不断丰富拓展课的类型和门类,由学校根据学生的需要与课程资源组织开发与实施,允许和鼓励学生根据自己的兴趣、爱好、个人发展的潜能自主选择拓展型课程的学习。

在探究型课程方面,则以能力导向、自主实践为主。探究型课程主要是在基础型课程和拓展型课程的基础上,以主题实践探究,着重在专题性和综合性的探究过程中培养学生的科学态度和人文精神,激活基础型学习中的知识储备,尝试相关知识综合运用,获得亲自参与研究探索的积极体验。学科探究是在基础型课程中挖掘相关内容所开发实施的指向问题寻找和问题解决的方法论指导课,旨在使全体学生都能体验探究过程、学习基本的探究方法,从而培养学生的思维能力。创意学习是课程发展的要求,是帮助学生自主学习,首先是表现在培养目标的多维性上,它兼顾知识、技能和情感价值观目标,特别注重创新精神和实践能力的培养;其次,表现在知识的多重性上,它不仅综合了学科内的知识,也融合了其他学科甚至课外知识。探究型课程最终引导学生转变学习方式。课程设置的最终目的是:学会学习、学会创造。

除此之外,为保障课程实施的有效性,位育初级中学还以研促教,以课题为抓手,把提高课堂教学效益放在首位，进行作业有效性的研究。教学理念明确，并在课堂教学中能充分得到体现。在课程实施过程中，学校注重课堂教学改革，各教研组以各自的校本课题为引领，以提高课堂效益、提升教师教学科研能力为目标开展教研，备课组则紧紧围绕"学生学习的知识与技能、过程与方法、情感态度与价值观的养成"三方面来制定教学目标，教师在学科教学中，适时适地地渗透德育，形成民主、平等、和谐、互动的师生关系和教学环境。并且，学校还注重教学手段和方法的改革，其广泛利用多媒体教学，整合现代信息技术，提高教与学的效果。在教学中，通过提问、布置课后实践调查、做小报、写小报告等形式引导学生自主探究，鼓励学生独立思考，创造各种机会促进学生合作交流，提高学生实践操作能力。学校尊重学生差异，在课内体现分层教学思想，布置作业时也根据学生实际采取难易选做的方式实施因材施教，课后对不同的学生进行分层辅导，进行培优辅差，满足学生多样化和个性化发展的需求。[21]

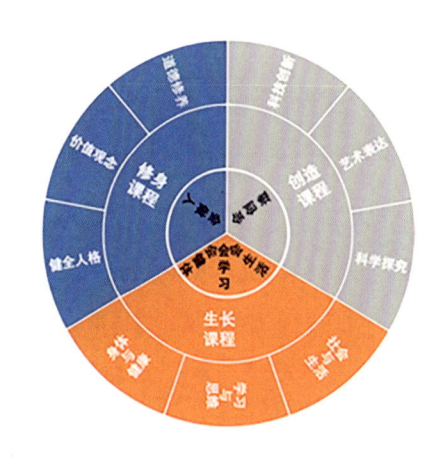

图7-16 位育初级中学课程体系图

2022年，随着《义务教育课程方案和课程标准（2022年版）》的颁布与实施，上海课程改革进入了"3.0时代"。焦爽校长承续龙校长、吕校长对学校课程体系的规划，提出了面向未来的"位育课程体系3.0"。[22]

"位育课程体系3.0"具体分为修身课程、生长课程、创造课程三大类。其课程目标紧扣"坚持德育为先，提升智育水平，加强体育美育，落实劳动教育，聚焦中国学生发展核心素养，培养学生适应未来发展的正确价值观、必备品格和关键能力，引导学生明确人生发展方向，成长为德智体美劳全面发展的社会主义建设者和接班人"的新课程理念。至此，位育初级中学的课程建设也走上了素养化、体系化道路（图7-16）。

修身课程。修身课程指向育人目标中的"会做人"，同时也是办学理念"致中和"在课程育人中的体现。"修身课程"分为道德修养、价值观念和健全人格三个板块，旨在促进学生修身养德、培育爱国主义与核心价值观、涵养内在精神、提升道德素养、完善自身人格、保持积极的心理状态，使学生发展成为有坚定理想信念、有更高精神追求的人。

表7-2 位育初级中学的修身课程

修身课程	
道德修养	行规教育、法治教育、校本德育课程
价值观念	核心价值观教育、国防安全教育、团队教育、传统文化教育、校史教育
健全人格	心理健康教育、生活中的积极心理

*资料来源：上海市位育初级中学校长办公室提供，2023年5月。

生长课程。生长课程旨在让学生掌握与所处环境相互促进、共同发展的能力，也是办学理念"天地位焉"在课程育人中的体现。"生长课程"分为身体与健康、学习与思维、社会与生活三个板块。对应学校"五会"办学目标中的"会健体、会学习、会生活"。其中"身体与健康"板块旨在帮助学生正确处理个人与自己的关系，保持健康的身体状态。"学习与思维"板块旨在帮助学生开阔知识视野，丰富人文与科学知识，掌握分析问题的科学方法，学会正确处理个人与自然的关系。"社会与生活"板块旨在帮助学生正确处理个人与他人、与社会的关系，增强对社会的理解，增强处理社会关系的能力，提高自身的生活品质，使得个体掌握与所处环境相互促进、共同发展的能力。

表7-3 位育初级中学的生长课程

生长课程	
身体与健康	男篮、排球、红十字救护与人道法
学习与思维	科学锦囊、美国史、寰宇世界、意大利语、折纸玩数学、英语沙龙、趣味辩论、天体周年视运动的探索研究、思维与辩论
社会与生活	桥牌、国际跳棋、影视欣赏、摄影、最炫民族秀、守"沪"城市记忆、劳动教育、生涯教育、社会实践

*资料来源：上海市位育初级中学校长办公室提供，2023年5月。

创造课程。创造课程指向育人目标中的"会创造"，同时也是办学理念"万物育焉"在课程育人中的体现。"创造课程"分为科学探究和科技创新两个板块，旨在让学生通过掌握先进的科学技术，改善人类生活环境，促进人类社会发展的能力。其中科学探究板块更关注学生对科学问题内在机理的理性分析，科技创新板块更关注学生应用高科技手段进行科学发明和创新创造。

表7-4 位育初级中学的创造课程

创造课程	
科学探究	微World、项目化学习、探索天文、神奇生物在这里
艺术表达	悠扬口风琴、夏威夷吉他、素描、静心解压——禅绕画、戏剧表演、书法
科技创新	无人机、MetalKnight机甲骑士、STEM+、软件作品设计

*资料来源：上海市位育初级中学校长办公室提供，2023年5月。

表7-5 位育初级中学2022年度课程计划

课程、科目	周课时 年级	六	七	八	九	说明
基础型课程	语文	5	5	5	5	
	数学	4	4	4	5	
	外语	4	4	4	4	
	道德与法治	1	1	2	2	
	科学	2	3			
	物理			2	2	
	化学				2	
	生命科学			2	1	初中《习近平新时代中国特色社会主义思想学生读本》安排在八年级上学期，作为必修内容，利用道德与法治课、班团队课、校本课程等统筹安排课时，平均每周1课时
	地理	2	2			
	历史		3	3		
	社会				2	
	音乐	1	1			
	美术	1	1			
	艺术			2	2	
	体育与健身	3	3	3	3	
	劳动技术	2	1	2		
	信息科技	2				
	周课时数	27	28	29	28	
拓展型课程	学科类、活动类（含体育活动）	4	3	2	3	各年级学科类、活动类科目每周至多不超过1课时，鼓励开设短周期的学科类、活动类科目，供学生选择。部分活动类科目可与学生体育活动相结合。学校可根据实际情况，统筹分配学科类、活动类拓展型课程以及探究型课程的课时。至少安排一个年级每2周开设1课时生命教育心理健康活动课
	专题教育或班团队活动	1	1	1	1	
	社区服务社会实践	每学年2周				学生必修，可单独设置，也可整合实施，落实综合实践活动要求。课时可集中安排，也可分散安排
探究型课程		2	2	2	2	
晨会或午会		每天15—20分钟				
广播操、眼保健操		每天约40分钟				
周课时总量		34	34	34	34	每课时按40分钟计

*资料来源：上海市位育初级中学校长办公室提供，2023年5月。

二、教师队伍建设

课程的建设和实践与教师队伍密不可分,教师不仅是课程资源的建设者和开发者,同时也是学生学习的促进者,更是教育教学的研究者。至2023年6月底,位育初级中学在职教职员工115人,专任教师104人,获得高级职称的有25人。

位育初级中学尤为注重教师队伍的建设。自龙世明校长起,学校就非常关注对于教师的人文关怀。龙校长认为,要实现"从选拔适合于教育的学生"向"创造适合于学生的教育"的转变,其落实者必须是学校的教师,因此对教师的人文关怀必不可少,下面摘录一段龙校长的回忆:

> 在一次有众多校长参加的经验交流会上,一位名牌学校校长说:"学校的青年教师敬业精神很强,结婚时没有一个人请过婚假。"轮到我发言时,我说:"在我的学校,我公开表示保证每一位青年教师的婚假。"
>
> ……新的时代有新的变化,发表文章已与评职称挂钩,且指定是市级刊物,大部分教师会早做准备,但确实有上课非常好的个别中老年教师还差"临门一脚",此时,校长就应尽力而为,助其成功。新时期还有更多新的发展机会,也应尽力为教师争取。据统计,2002年到2007年的5年中,我校先后有20多位教师公派出国(或出境)访问、交流、培训,归来后我必然会要他们在全体教师大会上做一次报告。[23]

正是由于学校极为注重对于教师的人文关怀,位育初级中学的教师队伍具有独特的文化氛围。可以说,温暖、团结、具有责任感是最为贴切的形容词。每个教师都在为位育这个大家庭无私地奉献着,大家会竭尽所能地帮助新人教师迅速成长,有的老师会勤勤恳恳地在学校忙碌至深夜。时任校党支部书记、副校长陈群对此就深有体会:

> 刚到位育初时,在文物红楼里上班的特别体验,位育特别的文化氛围,工作上龙校长及管理团队都给予很多的帮助,团结温暖的老师团队,让我很迅速地融入了位育大家庭,顺利开展各项工作。
>
> 位育的老师们总是将学校的声誉放在第一位的,学校在创建上海市文明单位的过程中,根据50多个指标要求全面开展各项创建活动,相关所有教师学生的活动的文字、图片材料的准备,需要组织、归纳、上传系统,这些工作都分解到每个部门的校级和中层领导,每个人接受了任务,毫无怨言地积极投入开展工作,记得当时材料的上传,系统很不稳定,人事干部李静霞老师,在白天上传不成功,就把材料都带回家,等半夜系统不忙了,她开始工作,终于把所有材料上传成功,为学

校成功创建成上海市文明单位默默奉献，所有人就是这样把学校的事放在第一位。

记得有一次，年轻班主任老师与学生、家长发生了误会，当时的年级组长吴海蓝老师担心会产生负面影响，于是我和吴老师连夜买了礼物，前去探望家长和学生，进行了沟通，最终将事情圆满解决。由于在位育初分管德育，学校学生人数多，所以意外事件相对也是比较多的，德育处、各位老师、各部门都是通力合作，在每一件事情中总是把学校的声誉放在第一位，为教育教学工作保驾护航。

在位育初工作的日子是繁忙的，也是多彩的。老师们抓学生学习到天黑，办公室的灯光让我敬佩；排球馆训练的灯光和呐喊声，班级学生排球比赛、工会组间老师们的排球比赛，传承着老位育的传统；每年丰富多彩艺术节科技节体育节活动，让学校师生的人文和谐凝聚得到升华，我为曾在这个团结温暖的集体工作感到荣幸和自豪。[24]

21世纪以来，学校在教师队伍建设方面不断坚持深耕，逐渐形成了"V-I-P"教师专业修炼课程。基于学校办学理念，只有这样教师专业发展课程的理念是"率性而教，万物育焉"。率性而教，就是要尊重教师的特点、教师的成长规律，只有这样教师发展才能自由生长，万物育焉，即要努力让所有的教师在这里得到发展，所有的教师都可以成长为优秀的教师。学校希望教师都基于自身的条件和努力，自由生长，过最幸福的教育生活。因此"自由生长，诗意栖居"便是学校教师专业发展的愿景。位育初级中学对于教师发展有一套自己独特的公式，学校认为，教师发展的本质是：认真做事"加上"系统反思，再共同"乘以"价值追求。学校要求教师要有价值追求。针对这一点吕东校长解释道："位育传统的特点就是朴实，在我们周围有很多认真备课、认真批改作业、认真上课的老师，但是成为不了优秀的教师，还有可能不受欢迎，做过只是会做，做好才能学会，所以，在认真做事的基础上要系统反思。因此，认真做事'加上'系统反思，再共同'乘以'价值追求，教师才能'率性而为，万物育焉'，这就是我们的办学理念，朴实而深刻。"[25]以下是位育初级中学教师专业修炼课程的目标：

修炼师德，让教师成为育德巧手。

修炼课程，让教师成为课程高手。

修炼课堂，让教师成为教学能手。

修炼研究，让教师成为科研推手。

修炼管理，让教师成为协作强手。[26]

近年来，在"双新"背景下，学校针对教师队伍建设又进行了不少变革。比如，在教学管理上实施"下沉式跟进"的组织变革；建立课堂与作业专项制度确保工作到位；完善激励考核制度，保障改革到位。[27]此外,学校还坚持以高质量师资队伍建设为保障,推进新课程标准要求下的课程建设和课堂教学改革,提出了由"知识本位"向"素养立意"的转换,聚焦核心素养,落实跨学科主题学习,展开多项研究。[28]

正是基于长久以来的教师队伍建设,位育初级中学的教师爱岗敬业,名师频出。其中,龙世明和吕东两位校长皆荣获特级校长和上海市园丁奖;申霞荣获全国中小学外语教师教学能手、全国中小学外语教学名师;范其一荣获市模范教师、上海市园丁奖、市优秀班主任、市魅力教师;李慧楠荣获上海市园丁奖、市优秀班主任;徐雪芳荣获市优秀教育工作者、上海市园丁奖;瞿军、黄琼、费晓芳、杨菁、郑育丽、翁德慧等人荣获上海市园丁奖。[29]总的来说,位育初级中学的教师队伍自"脱钩"以来,获得了大量各级各类荣誉,十分优秀(图7-17至图7-20)。

图7-17 位育初级中学语文骨干教师沈磊教学场景(摄于2023年6月27日)

图7-18 位育初级中学语文骨干教师王洁颖教学场景(摄于2023年6月27日)

图7-19 位育初级中学数学骨干教师张晓艳教学场景(摄于2023年6月27日)

图7-20 位育初级中学数学骨干教师瞿军教学场景(摄于2023年6月27日)

三、位育初级中学的办学成就

位育初级中学自初高中分离以来，在历任校长的领导下，通过广大师生的不懈努力，逐渐发展出了自己的办学特色，拥有了完善独特的课程体系以及优秀团结的教师队伍。

自1998年以来，学校取得了较大的办学成就，其中不乏国家级和上海市级的荣誉称号，详见表7-6（图7-21至图7-24）。

表7-6　1998—2022年上海市位育初级中学获得国家级、上海市级主要荣誉一览（据不完全统计）

奖项名称	颁奖单位	获奖年份
上海市中小学校活动大队光荣称号	全国双有活动上海组委会市少年宫少先队活动部	2000
1999年度上海市雏鹰大队	上海市少工委	2000
2000学年度全国雏鹰大队	全国少工委	2001
上海市中小学2001年度优秀卫生室	上海市教委	2001
2001学年度全国红旗大队	全国少工委	2002
上海市学校卫生工作先进集体	上海市科技艺术教育中心	2005
2003—2005年度上海市安全文明校园	上海市综治委学校及周边治安综合治理工作领导小组	2006
2005—2006年度上海市红旗文明岗（初一年级组语文教学岗）	上海市精神文明建设委员会办公室	2007
全国红十字模范校荣誉称号	中国红十字会总会、中华人民共和国教育部	2008
2006—2007年度上海市安全文明校园	上海市综治委学校及周边治安综合治理工作领导小组	2008
2007—2010年度上海市体育传统项目学校	上海市教育委员会	2008
上海市红旗大队	上海市少工委	2008
国家教师科研基金"十一五"重点规划项教育科研先进单位	教育部中国教师奖励基金会、国家教师基金管理办公室	2009
上海市教委教育科研基地科技教育研究所实验基地学校		2009
上海市中小学行为规范示范校	上海市教育委员会、上海市精神文明建设委员会办公室	2009
2008—2009年度上海市安全文明校园	上海市综治委学校及周边治安综合治理工作领导小组	2010
2009—2010年度上海市文明单位	上海市人民政府	2011
上海市健康促进学校	上海市科技艺术教育中心	2011
"现代学校联盟行动计划"加盟学校	中国教育学会	2011
全国桥牌协会会员	中国桥牌协会	2012
2010—2011年度上海市安全文明校园	上海市综合委学校及周边治安综合治理工作领导小组	2012
2011年度上海市平安单位	上海市社会治安综合治理委员会	2012
上海教育出版社编辑实习基地	上海教育出版社	2012
上海市教师专业发展学校暨见习教师规范化培训基地学校	上海市教育委员会	2012
上海市中小学生行为规范示范学校	上海市教育委员会、上海市精神文明建设办公室	2013

(续表)

奖项名称	颁奖单位	获奖年份
2011—2012年度上海市文明单位	上海市人民政府	2013
2013—2014年度上海市文明单位	上海市人民政府	2015
2014—2015上海市安全文明校园	上海市综治委学校及周边治安综合治理工作领导小组	2016
上海市校园篮球联盟会员单位	上海市校园篮球联盟	2016
上海市爱国拥军模范单位	上海市双拥工作领导小组	2016
2017年度上海市教育系统巾帼文明岗（理科教研组）	上海市教育系统妇女工作委员会 上海市教育工会女教职工委员会	2017
2016—2017年度上海市安全文明校园	上海市综合委学校及周边治安综合治理工作领导小组	2018
2016—2017年度上海市志愿服务先进集体	上海市精神文明建设委员会办公室上海市志愿者协会	2018
上海市中小学行为规范示范校	上海市教育委员会、上海市精神文明建设委员会办公室	2018
上海市中小学非通用语种学习计划项目实践基地	上海市教育委员会	2018
上海市中小学校卫生工作先进单位	上海市科技艺术教育中心	2018
全国青少年校园排球体育传统特色学校	教育部办公厅	2020
第一批上海市依法治校示范校（2016—2020年）	上海市教育委员会	2021
上海市绿色学校	上海市教委、上海市发展改革委	2022
2019—2020学年度上海市安全文明校园	上海市综治委学校及周边治安综合治理工作领导小组	2022
全国桥牌特色学校	中国桥牌协会	2022
全国国防教育示范学校	教育部、中央军委政治工作部	2022
上海市中小学行为规范示范学校	上海市教育委员会、上海市精神文明建设委员会办公室	2022

*资料来源：上海市位育初级中学档案室提供，2023年5月。

图7-21 上海市位育初级中学荣获教育部、中央军委政治工作部颁发的"全国国防教育示范学校"

图7-22 上海市位育初级中学获得"上海市中小学行为规范示范校"称号

图7-23　上海市位育初级中学荣获"上海市五四红旗团支部标兵"称号（2018年4月）

图7-24　上海市位育初级中学成为上海市体育传统项目学校（2003年1月）

第三节　复兴中路校园的变迁

自建校以来，位育中学几易校址，历经沧桑。80年风雨变换，复兴中路校园陪伴着位育师生度过了美好的岁月。这是一个独特的"时空"，可以说，复兴中路校园承载着众多位育学子的青春记忆，寄托着他们的情感与思念（图7-25）。

在此，先简要介绍一下位育中学在搬迁至复兴中路校园前的校舍情况。1943年，位育中学成立。在位育中学初创时期，一直借用位育小学襄阳南路校园余舍办学。[30]虽然襄阳南路校园自有"建筑精致，场地宽大，其设备之完全"[31]的美誉，但在中小学部合用的情况下，师生仍感拥挤。故位育中学于1947年1月，添建了B字楼房屋一座，在10月又添建E字楼房一座，增开教室9间，办公室、图书馆等多间。[32]此外，学校还曾于1946年购置并租借梅陇镇54亩的土地以建筑新校园，当时一切计划和校舍平面图都已考虑成熟，但后因时局变迁与经济原因，无奈放弃计划。[33]据记载，为解决校舍拥挤问题，自1943年6月至1948年6月的5年间，学校共进行了24次修建工程[34]，其中不少皆为校友慷慨捐助，但是这一问题一直没有得到完美解决（图7-26、图7-27）。

中华人民共和国成立后，位育中学的办学规模不断扩大，原来的校舍愈加不敷应用。因此，1952年，在政府的支持下，学校租借了复兴中路1261号外国侨民遗弃的6亩多花园，建造北楼共12间教室。1954年，在原址的基础上再建南楼共18个教室。不久，又购得东楼和红楼，并铺设了操场。[35]至此，复兴中路校园大致建设完毕，位育中学的办学重心从位育小学迁至复兴中路，仅留部分年级于旧址过渡，学校的办学条件得到了较大幅度的改善。20世纪50年代的校园建设总体上虽使位育中学暂时摆脱了

图7-25　位育中学复兴中路校园照片

图7-26　位育中学教室（选自《位育中学第一届毕业纪念刊》，1948年刊印）

图7-27　位育中学办公室、图书馆（选自《位育中学第一届毕业纪念刊》，1948年刊印）

完成，新增生产力计有16间教室，869个席位，在实际使用上，尚无不平衡现象，只是学生人数增至1700余人，膳堂礼堂尚付阙如，集会及课外活动，稍有不便。"[36]因此，有关复兴中路校园的建设工程问题仍是学校积极推行的重点（图7-28至图7-30）。

20世纪60年代初，位育中学继续对复兴中路校舍进行扩充与整修。学校在红楼南面偏西方向，建造了一幢三层综合楼，用于实验室和教室，使得学生的实验课程与拓展课程拥有更好的教学环境。同时，学校还对室外的活动场地进行小规模的整理翻修，以丰富学生的课外活动项目。1962年，暂留于位育小学旧址的部分年级学生全部撤出，并搬迁回复兴中路校园。如此，位育中学终于拥有了属于自己的独立完整的校园。[37]

自复兴中路校园建设以来，位育中学办学规模也随之不断扩大。据统计，1959年时位育中学的校舍面积扩大了近14倍，而学校规模已由10年前的11个班级扩充至44个班级，学生人数也由400余人增加到2500余人。[38]

在此摘引一些校友对于彼时复兴中路校园初建时的回忆。1967届校友陈茵对于东楼有一段回忆：

> 记得那时候位育所有的班级都在坐落于校园中央的南楼和北楼两栋正规的教学大楼里，只有中四的四个班级偏居东楼一隅。东楼是一栋年代久远而奇特的二层楼建筑，有内天井，有过街楼。据说1952年人民政府将复兴中路1261号地块拨给位育建校时它就存在了。东楼的底楼是食堂，琅琅书声不时与饭菜的气味一起在教室里飘荡；天井里分左

相对拥挤的校舍环境，但仍然面临需要改善办学条件的迫切性。1955年1月，李楚材校长就1954年的校园基础建设进行年度总结，并撰写了相关报告。在报告中，李校长直言道："因本工程的

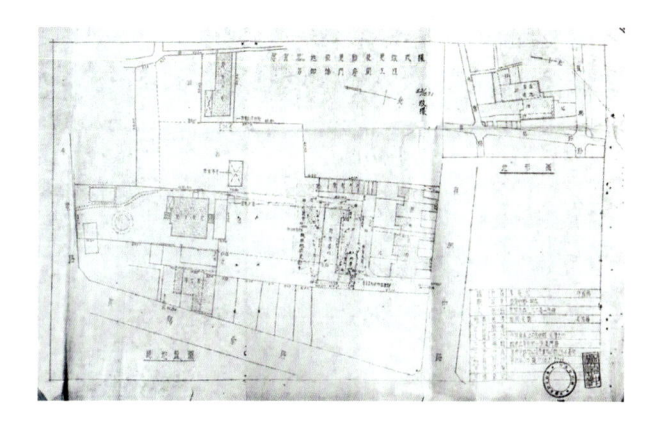

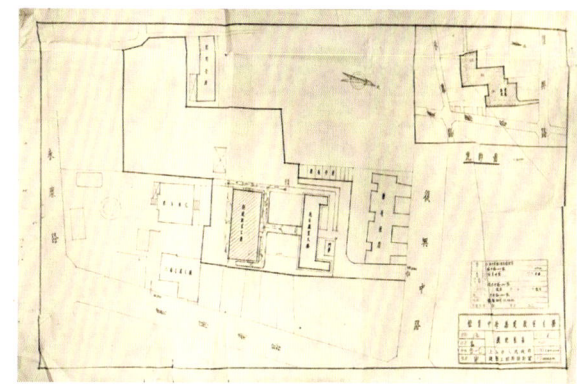

图7-28　位育中学复兴中路校园总地盘图、地形图（1952年）

图7-29　位育中学复兴中路校园地形图（1954年）

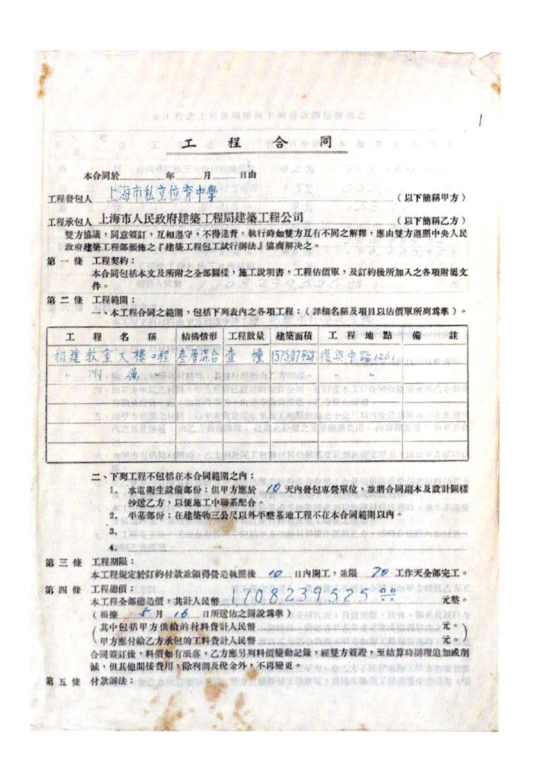

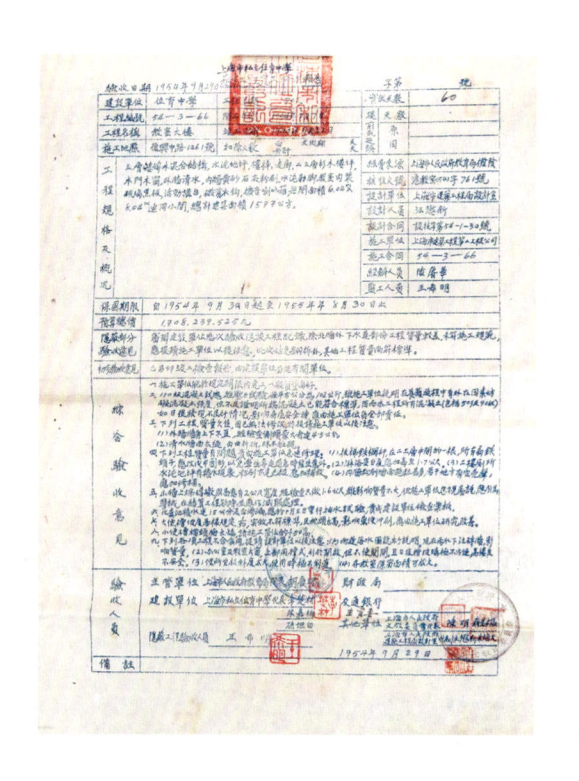

图7-30　位育中学复兴中路1261号教室楼建造档案（摘选，1954年）

右两道表面粗糙的水泥楼梯直上二楼就是中四的四个教室。给我印象最深的是东楼那年久失修的地板，只要有一个人走上二楼，四个教室都会听到咚咚的脚步声和感觉到地板的震动。伴随咚咚的脚步声的，是那些飘动的黑发和清澈的不谙世事的目光。[39]

1965届校友王家斌谈到了复兴中路校园操场：

位于复兴中路上的校园的操场并不很大，又都铺了柏油用作篮球、排球场，仅在靠南面的围墙边有一条不足百米的煤屑跑道，宽仅可划出四根跑道。红楼与阶梯教室之间的一片空地上有一只沙坑和几个单、双杠之类的器械。跳高的时候要退到背靠阶梯教室墙上才能有足够的助跑距离。有个训练项目是跑楼梯，规定在南楼里从一楼跑到三楼，再走下来，连做十遍。几十个少年人在楼里上上下下，只听见蹬蹬的脚步声，这种情景我至今还记得清清楚楚。就是在这样简陋的条件下，我们这批小孩还是练得兴致勃勃，从来没有人抱怨条件差。[40]

1965届校友金恩德在2015年毕业50周年纪念日返校时作了一首诗，金校友故地重游，跨越时空，将过去与现在相连接，抒发了思恋母校之情（图7-31、图7-32）：

我们走啊走，留恋地回过头，
但急切的脚步迫使我们穿过北楼和南楼。
抬起头，眼前一栋朱色墙壁的洋楼在招手，
那就是学校的心脏——大家管它叫"红楼"。
啊，想起来了，红楼里有广播室、图书馆，
通过电波，我们曾经了解许多国家大事和学校的追求；
图书馆、阅览室又曾经让我们在知识的海洋里遨游。
红楼是学校领导的办公楼，
在那儿，校长、支书、教导主任经常开会做研究。

| 图7-31 位育中学20世纪六七十年代校园一景 | 图7-32 位育中学20世纪六七十年代校园一景 |

他们为了学校的开拓、学生的成长,

兢兢业业地把发展蓝图构。

他们提出了"团结、严谨、求实、进取"的学风校训,

让学生为养成学习的好习惯而奋斗。[41]

20世纪60年代新建实验楼以后至80年代期间,位育中学几乎再没有进行大规模的基建改造。随着学校的日益发展,复兴中路校园的硬件设施逐渐不能满足办学的需要。因此,从20世纪80年代开始,位育中学又启动了新一轮大规模的校园翻新工程。1980年,学校拆除旧东楼,建成新东楼并和南楼连通,增加了教室、实验室和教师办公室。1989年,实施南楼加层工程,南楼由原先的三层加为四层,总共增加了6六个教室。1993年,学校拆除旧的综合楼,建成新综合楼,并相继建成排球房、乒乓房及体操房。同时,再次翻新了操场,为操场铺上了新的柏油,如此可以减少学生运动中发生伤害事故。此外,位育中学还接受了原校卫生室旁边居于桃源村的几间房子,扩大了卫生室的规模,新建了团委办公室、少先队办公室。最后,学校对沙滤水系统进行改进和升级,使学生饮水条件总体上得到改善。总之,经过这一轮的精心翻新后,学校的整体环境得到了美化,各类设施也基本上能满足教学的需要(图7-33至图7-35)。[42]

复兴中路校园的一草一木、一砖一瓦,皆是位育学子们共同的"位育记忆"。1993届校友戴光伟曾动情地说:"对我来说,最怀念的则是位育的老校园:绿树红楼,书声琅琅……"[43]而1994届校友高立则对复兴中路校园及其周边之景均记忆犹新:

一九八八年秋,我开始就读坐落于复兴路、襄阳路口的位育中学。还记得初入校园时的老北楼,在透着缝隙的木地板和吱吱呀呀的楼梯中我摇摇晃晃地迈出中学的第一步。记得那个只容得下有限人数的阶梯教室,每次开全校大会,只有一个年级可以列席,剩下的都静静地在教室里听广播。也忘不了卢湾体育场,在炽热的起跑线上,于一片硝烟弥漫中,潜听着爆发的那一声号响。忘不了武警食堂,每年元旦前夕的文艺会演。六年来这样热热闹闹轰轰烈烈,也小心翼翼平平静静走过。[44]

1998年6月,华泾校区落成。8月,位育中学高中部正式搬迁至新校区办学,而复兴中路校园成为位育初级中学,续写辉煌。

位育初级中学接手复兴中路校园后,随即开始对校区进行一系列的改造。2000年暑期,学校对红楼、教学楼、综合楼及排球馆进行大修,同时改建食堂。至2004年,此次校区改造基本完成。2007年,学校再次对综合楼、南楼、北楼大修,完成退租还教,增加音乐教室等专用教室。2011年,位育初级中学实施校安工程,预初、初一年级借用南洋中学校舍,初二、初三借用徐汇职业高级中学旧校舍。由于建于20世纪50年代的南楼、北楼及80年代的东楼在1998年初高中分离前已接受过多次改建,所以此次校安工程期间按A类建筑设计抗震加固,后续使用年限进一步延长30年。2012年6月,校安工程完成,

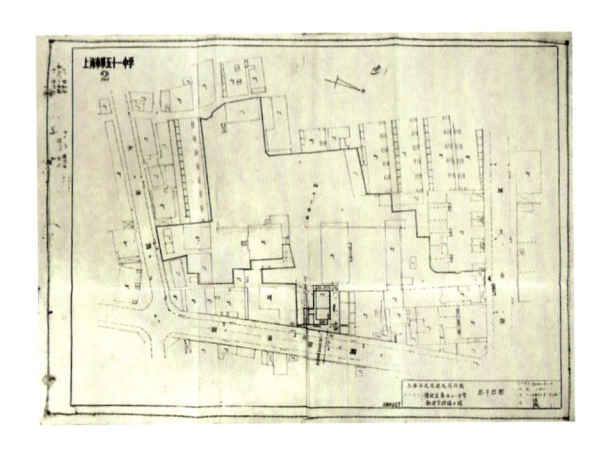

图7-33　上海市第五十一中学复兴中路校园总平面图（1980年）

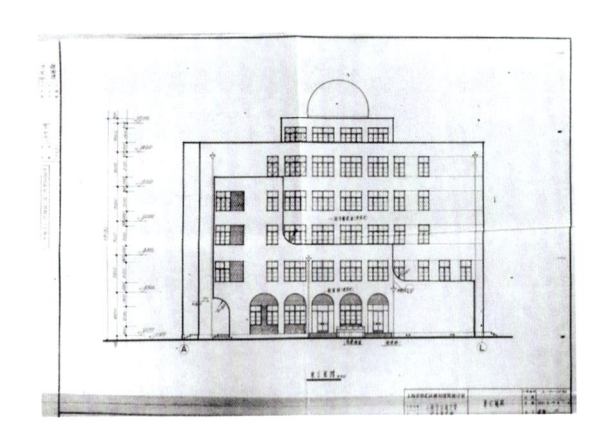

图7-34　位育中学综合教学楼东立面图（1991年）

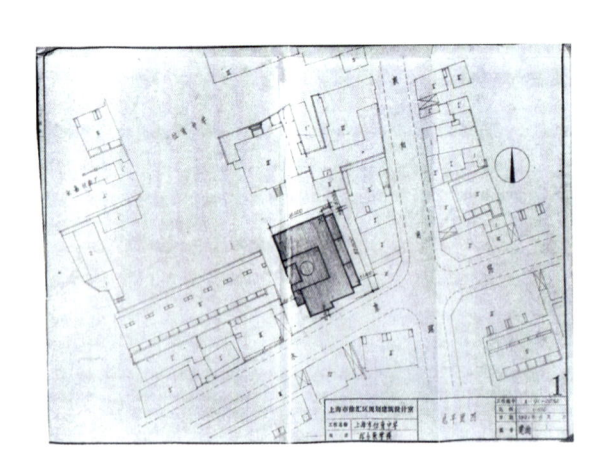

图7-35　位育中学综合教学楼总平面图（1991年）

复兴中路校园的环境有了较大的改善。是年，学校在综合楼建成健康卫生中心，在硬件上与现代化素质教育更加匹配。2017年，学校于综合楼建成青春健康俱乐部。2019年，修缮面向特教学生的资源教室和开展安全实训的安全教育教室。2020年，面对不断扩大的班级规模和学生人数，学校再次对校园操场及食堂进行改造，工程结束后，学生运动场地及供餐条件焕然一新，校园环境显著提升。2022年，位育初级中学对主要教学楼更换照明灯光及加装教室空调，建设了高压配电房，更新教学硬件及办公条件，新媒体教学设施一应俱全，为学校推进教育质量提升提供硬件保障。[45] 2023年暑期，学校再次全面修缮，在保持校园原有风格不变的前提下，对教学楼内外整体翻修，教学硬件条件得以改善。同时，校方还修建完善了校史陈列室，进一步提升复兴中路校园的办学环境（图7-36至图7-39）。[46]

位育中学根据各阶段发展的需要，对复兴中路校区内部的功能布局不断提出新要求，或改造，或修缮。如今，成为位育初级中学的校园，也不断加大投入，对校舍进行修缮，让学校的环境得到改善，空间、功能得以优化。学校根据不同年龄的学生的行为特点，设定不同的路径，让校园成为一个更适宜的场所。学生的学习与玩耍，室内与室外，多种不同的旋律和声音在时间与空间中互动和激活，室内教学、室外休闲、体育运动几者进行拓扑，多种有区别的界面相互渗透，在拉长穿越路径的同时，也增加了学生的交流机会，建筑也随之变得连续起来。位育初级中学对复兴中路校园的改造为全体师生提供了一个更为安全、舒适、优美、精致的学习和工作环境（图7-40至图7-42）。[47]

图7-36 位育初级中学化学实验室（摄于2023年6月20日）

图7-37 位育初级中学物理实验室（摄于2023年6月20日）

图7-38 光的三原色演示器（位育初级中学）

图7-39 内燃机模型（位育初级中学）

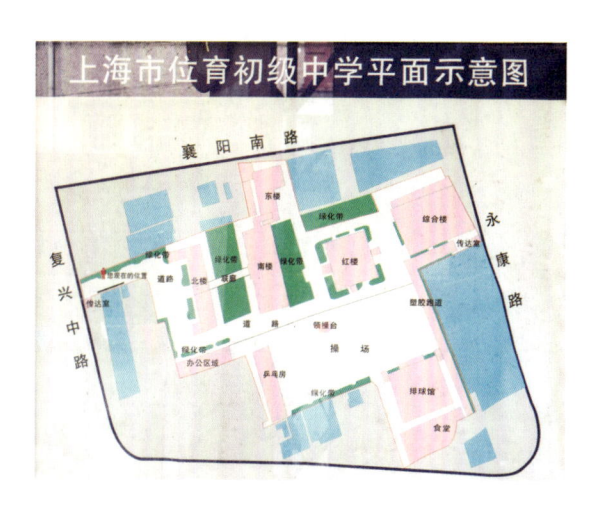

图7-40 上海市位育初级中学平面示意图

图7-41 上海市位育初级中学校园（摄于2023年4月13日）

图7-42 上海市位育初级中学校园（摄于2023年4月20日）

第四节 多彩的校园文化

位育初级中学作为一所具有悠久历史的公办初中名校，自1998年初高中分离后，在传承位育中学优秀传统的基础上，勇于创新，形成了属于自己的多彩且独特的校园文化。位育初级中学不断丰富办学内容，提升办学特色，注重校史资源，开展精彩繁多的社团活动。

一、关于学校的校训、校歌、校徽与校刊

关于校训，位育初级中学传承位育中学一直以来的"八字"校风，将"团结、严谨、求实、进取"作为学校的校训。"八字"校风是对位育中学优良办学传统的最精炼的概括，是位育历届师生经过几十年实践而创造的最宝贵的精神财富，也是位育中学久盛不衰的最重要原因。位育初级中学继承传统，在"八字"校风的指导下，继续重视制度建设，重视和谐人际关系的创造，重视勤奋工作，重视开拓创新。同时，随着时代的变迁，教育形势的发展，位育初级中学也在不断对"八字"校训进行丰富与完善，逐渐建构出适应需要的校训新内涵。在75周年校庆之际，位育初级中学在校庆纪念刊上登载了一首有关校训校风的诗作，摘引如下：

承载位育精神，营造和谐校风
踌躇满志入黉堂，岁月峥嵘梦启航。
乐学和谐重创造，明理守纪共生长。

第七章　位育初级中学的创新发展

七五春秋兴基业，二十寒暑显锋芒。

展望辉煌情无限，桑榆藻绘著雄章。[48]

关于校歌，位育初级中学继续沿用位育中学的校歌，这是"位育精神"的核心体现，更是对"生长创造"课程体系与"天地位焉，万物育焉"办学理念的最佳阐释。在位育初级中学的章程中，对校歌做了详尽的解释："位育校歌创作于40年代，歌曲的旋律采用了学堂乐歌的风格，明快向上，歌词表现了第一任校长李楚材先生的办学理念，并用了'创造，创造，生长，生长，位育意义深且长'作为结尾，体现了校名'位育'二字出自《中庸》'天地位焉，万物育焉'之句，其含有生长创造之意义。"[49]位育初级中学的师生在传唱激昂歌词的同时，也在将"位育精神"延续、发展、升华。

图7-43　位育初级中学校徽

关于校徽，位育初级中学的校徽与位育中学有所不同，在学校章程的第一章中对其含义有着清晰完整的说明："（校徽）由图形和文字组成，图形部分是一本打开的书，寓意为在知识的海洋里遨游；亦是一只展翅的雄鹰，寓意为在广阔的天空展翅翱翔，上面的小圆是预示初升的太阳，小苗象征着我们位育初级中学的学生，在位育这片沃土上茁壮成长！'WY'是校名的首字母；两同心圆间校名中英文对照，上下呼应。"[50]（图7-43）

关于校刊，位育初级中学一直致力于校刊与学生刊物的创办工作，除各类校庆纪念刊外，现已拥有数种成熟的学生刊物出版发行。如《撷芳》《小荷》《拾取》《少年游》等皆为2005—2008届素质教育实验班学生刊物，另外还有位育初级中学自编的《钟声》校刊，这本校刊由钟声文学社主办，其延续位育传统，让"钟声"响彻位育初级中学的校园（图7-44）。[51]

图7-44　位育初级中学校刊《钟声》

291

二、丰富的社团活动

位育初级中学向来注重学生的自主发展，鼓励学生自主创办社团。学校的社团由学生建立，学期伊始，老社团会招贤纳士，吸引新的社员，同时也会有许多新兴的社团陆续建立。据统计，至2023年，学校共有社团20个，分别为红十字社团、桥牌社团、钟声文学社、摄影社团、杜氏夏威夷吉他社、戏剧社、鸿蒙天文社、女排排球社、男排排球社、篮球社团、综合模型社团、STEM+创新社团、地铁志愿者服务社、翰育书法社、国际跳棋社团、口风琴社团、顽石辩论社、英语戏剧社、法学社和流行舞社团。具体社团详情参见表7-7。

表7-7 上海市位育初级中学社团情况一览

社团名称	创建年份
红十字社团	1981
桥牌社团	1997
钟声文学社	1998
摄影社团	2000
杜氏夏威夷吉他社	2004
戏剧社	2010
鸿蒙天文社	2011
女排排球社	2012
男排排球社	2012
篮球社团	2012
综合模型社团	2015
STEM+创新社团	2015
地铁志愿者服务社	2016
翰育书法社	2018
国际跳棋社团	2019
口风琴社团	2020
顽石辩论社	2023
英语戏剧社	2023
法学社	2023
流行舞社团	2023

*资料来源：上海市位育初级中学档案室提供，2023年5月。

以下对部分社团进行简要介绍。

红十字社团

学校红十字社团成立于1981年，红十字工作多年的积累，尤其是经过最近10年的发展，已有了自己的鲜明特色。为了有效承担"生命教育"的职责、宣传"国际人道主义"精神、增强学生法律意识、弘扬中华民族"救死扶伤"的精神、践行我校"人文关怀"的思想，学校将"红十字"引入课堂，开设了相关的校本课程并且形成社团组织。内容上，社团的红十字活动与社会主义精神文明建设、民族精神教育、生命教育、健康教育、国际主义精神教育等相结合。方式上，社团拥有红十字宣传栏、志愿者服务队、红十字救护队、红十字拓展型课程等多种形式。"红十字知识、技能"和"探索国际人道法"进入课堂，借鉴核心素养导向下的项目化学习模型，以学校"红十字救护与人道法"自主拓展型课程为核心，联合信息、心理、戏剧、摄影等科目，设计开展"青春善言行·'位育'红十字青少年在行动"的综合活动。在社团活动中，学生了解了人道主义精神和自救互救常识，营造了同学之间互帮互爱的和谐氛围，弘扬了"人道、博爱、奉献"的红十字精神。

桥牌社团

桥牌社团成立于1997年，经过26年的桥牌教学实践与摸索，逐渐形成了适合位育初级中学的发展模式。学校于2008年被市教委命名为首批上海市中学体育（桥牌）传统项目学校之一；于2020年被上海市桥牌协会授予"上海市青少年桥牌人才培育优秀学校"光荣称号，成为上海市桥牌新一届理事单位；并于2022年被评为中国桥牌协会命名的首批全国桥牌特色校。位育桥牌可谓是享誉上海乃至全国桥坛的一颗璀璨明珠。校桥牌社团和桥牌队会定期聘请王伟民、傅学明等桥牌五星大师来校教学指导，同时充分运用网络资源渗透到桥牌课堂，提高教学有效性。作为中国桥牌协会B类俱乐部会员，学校定期每年举行校内桥牌联赛，学生独立承担组织工作，裁判能力得到了很大的提升，联赛规模与参赛人数逐年提高。经过精心打造，创设了堪称一流的桥牌训练教室，学生定时定期利用校园橱窗开设桥牌园地，普及桥牌知识与发布比赛信息。兼职教练杨建忠老师经常带领桥牌队员早出晚归刻苦训练，辛勤的灌溉换来了累累硕果，桥牌队员艾

图7-45 位育初级中学桥牌队获得的荣誉

愉程等5位同学荣获光启区长奖。100多位桥牌特长生荣获上海市唐君远奖学金。3位同学的桥牌感悟文章被中国桥牌杂志选用刊登，新华网、中国体育网等主流媒体都有过专业报道。近十几年中，桥牌队到访过

美国、日本、中国香港等国家和地区比赛,也接待过台湾地区中学生的友好交流比赛。近5年学校与"明日之星"桥牌俱乐部的体教结合模式为桥牌学子提供了更高、更强的表演舞台。在荣誉方面,校桥牌队代表上海市荣获2022年度全国青少年桥牌锦标赛U15组别锦标组亚军及2023年度全国青少年桥牌锦标赛U15组别锦标组冠军,此外校桥牌队还获得过第24届亚太联合会青少年桥牌锦标赛U15公开组的冠军,并在近几年来几乎包揽上海市宇振杯桥牌比赛、智力运动会等市级比赛初中公开组的冠军(图7-45)。

摄影社团

位育初级中学的摄影社团成立于2000年,至今已有23年的历史,其间取得了许多新的发展。2013年暑假,学校在摄影社团的基础上成立了摄影艺术创新实验室,这也是上海市教委第一批命名的创新实验室。2013年9月,摄影艺术创新实验室以全新的面貌正式开展,崭新的数码相机、齐全的配件、辅助摄影器材等焕然一新,使学校在开展普及艺术教育工作时如虎添翼。教师在辅导学生时,让学生了解摄影是一门艺术和科学相结合的学科,它将为我们的学习、工作、生活带来无限的美和帮助。同时注重培养学生的艺术欣赏能力,在课堂上增加美感意趣的活动,通过摄影、构图、用光、色彩的综合教学来提高学生的审美度。摄影班的学生在日常生活学习和假日休闲中在观察中取景,在美感中构图,在神韵的刹那间按下"快门",拍摄出更多更好的照片。这么多年来,摄影艺术创新实验室在老师和学生的共同努力下,培养出了很多优秀的摄影爱好者,取得了可喜的成绩,屡屡在国际青少年影展、全国和上海市的各种摄影活动比赛中获奖。

杜氏夏威夷吉他社

2004年,著名爱国伉俪杜重远、侯御之的女儿杜毅、杜颖姐妹在上海市徐汇区位育初级中学创立了爱国主义吉他教育基地,聘请中国音协吉他学会夏威夷专委会副主任、美国HSGA夏威夷吉他协会会员洪奕史先生担任艺术顾问,从此铺就了一条弘扬夏威夷吉他艺术的康庄大道,杜氏夏威夷吉他社就此成立。十几年来在洪大师的指导下,一个又一个零基础的孩子学会了弹奏夏威夷吉他,走进了夏威夷吉他的美妙世界,得到了艺术的熏陶,品尝到了成功的喜悦。从2015年9月起,又新聘请上海音乐家协会吉他专业委员会会员马友伦担任指导教师。艺术团保证每周3次,每次1个小时的活动时间。据不完全统计,由"杜氏夏威夷吉他教育基地"培养出来的夏威夷吉他演奏者超过200人。其间,学生在2006年"上海之春"

图7-46 位育初级中学杜氏夏威夷吉他教育基地(摄于2023年4月13日)

国际音乐节上荣获乐器组银奖。2010年5月受邀参加美国夏威夷州旅游观光局在上海举办的推介会和2010年中国上海世博会美国馆钢棒吉他专场演奏会。在2014年中国首届夏威夷吉他大赛中本校学生包揽了青少年组的第一至第六名所有奖项以及成人组的第一名，在2017年上海"明日之星"吉他邀请赛中本校学生又包揽了夏威夷吉他组前三名（图7-46）。

戏剧社

位育初级中学戏剧社成立于2010年，自社团创办以来，一直获得众多学生的喜爱。戏剧社旨在激发学生对戏剧表演的兴趣，带领学生在戏剧表演中找寻不一样的自我，共同探寻戏剧的魅力。戏剧社通过对团员进行思想教育，促进社员德智体素质的全面提高，做到文化学习和文艺活动两不误、两提高；制订艺术团计划，通过名师任教对社员进行扎实的专业训练，每年能创编、排练和演出新作品，在各专场比赛中争得荣誉。同时戏剧团社招生工作做到有计划、有步骤，加强组织纪律性，加强凝聚力，建设学习型团队。为了探索建立学校艺术素养评价机制，形成课堂教学、课外活动和校园文化三位一体的艺术教育发展机制，学校在确保现有的艺术类课程的基础上，开设戏剧拓展课，扶持本校戏剧社，积极开展各项戏剧教育活动，取得了积极的反响，在校园内形成了良好的艺术氛围（图7-47）。

鸿蒙天文社

鸿蒙天文社成立于2011年9月，成立之初就确立了她的理念：为有天文兴趣爱好的同学提供交流、学习的平台，让更多的人有机会了解天文，为

图7-47　位育初级中学戏剧社演出场景

图7-48　位育初级中学鸿蒙天文社活动场景

天文科普工作奉献自己的力量。鸿蒙天文社属于科技创造类社团，每年社长1人，副社长若干人，下设4个部门，分别是学术部、宣传部、实践部、活动部。社团内部活动有很多，每逢有重大天文现象或适合观测的行星等，社团都会举行活动供大家参与，让理论知识能够实际运用。鸿蒙天文社团在2019学年度徐汇区中学生社团评选中获得明星社团称号，每年在徐汇区天文知识科普活动、未来飞行器设计、上海市青少年无人机大赛、上海市青少年创新大赛等赛事中取得各级奖项（图7-48）。

女排排球社

位育初级中学女排排球社成立于2012年，学校开展排球训练工作自20世纪50年代至今，1998年学校初高中分离，位育初级中学被评为当年的区排球传统学校，可以说，排球项目是位育初级中学最具传统的体育项目。女排排球社是以学校女排队员为骨干，排球队队员带动班级同学参与。在荣誉方面，指导教师潘王晔老师曾参加2000年世界青年奥林匹克运动会获得冠军；2001年亚洲沙滩排球巡回赛获得亚军；参加第九届、第十届中华人民共和国全国运动会等并取得多项优异成绩，拥有国家健将级运动员，以及中学一级教师称号。排球社团学生每年代表学校和徐汇区参加上海市各项排球比赛获得优异名次，为排球项目的开展起到了重要的承上启下无可替代的作用（图7-49）。

男排排球社

位育初级中学男排排球社在2012年10月22日成立。事实上，在社团成立之前，学校的男排队就一直拥有着优异的成绩，2001年12月获上海市第八届中学生运动会男子初中组第二名，这是初高中分校后初中队获得的最好、最重量级的名次，从此位育初级中学男子排球队代表的徐汇区队成为市里一支强队，至此在重大比赛中始终保持前三的好成绩。在此基础上，学校的男排排球社由排球运动爱好者自发组织成立，为本校广大排球爱好者提供了一个结交球友、交流球艺、增进友谊的平台，通过团队不断练习，学生排球的水平得到提高，同时由这些爱好者带动其他同学也

图7-49　位育初级中学排球队获得的荣誉

积极投身到排球运动和体育锻炼中来；丰富校园文化生活，营造健康、积极的校园体育文化氛围，增强学生的全民健身意识；同时锻炼身体，愉悦身心，促进交流，增进团结，促进本校精神文明建设，培养全面发展的高素质人才。在初二、初三的排球联赛中，师生共同上场，充分发挥了纽带的作用，让我们的师生关系更加融洽，更加和谐。

综合模型社团

位育初级中学的综合模型社团成立于2015年，一直以来的教学目标是提高学生的学习兴趣，增强学生的知识面。模型社团自成立以来，深受学生的欢迎。同学们通过自己动手、动脑、制作、拼装、调试，在训练中摸索出适应模型在高速运动时的操作方法。学生把学到的知识运用到实践操作中。在航模、车模、船模的各项市、区级比赛中同学们克服各种困难，发扬团队精神。从训练、保养、维修，一直到比赛，小组成员齐心协力，拼搏向前，为学校争得了可喜的荣誉。

STEM+创新社团

位育初级中学的STEM+创新社团成立于2015年。在区教育局和史坦默国际科学教育研究中心的支持和帮助下，社团的运行在比较困难的条件下起步，但不断坚持开展活动，现已步入良性发展之路，成为学校广受学生喜爱的热门社团之一。每年招募新成员，报名极为踊跃。学校对STEM+社团从软硬件方面都有相当多的投入，使得社团活动得到充分保障。学校为社团配备了通过STEM教育培训的辅导教师。学校有一个STEM创新实验室，有计算机、3D打印机、高精度显微镜（体式镜）、数字图像采集设备、精密测量（探测）工具、热升华照片打印机、彩色激光打印机、DIS实验模块、乐高机器人、各种电动工具和手动工具等设备。STEM+社团的学生通过开展"合作、创新、探究、实践"的SETM+主题活动，在综合创新能力和实践能力等方面都有长足的进步。每年社团成员都会参与"上海青少年STEMx实践展示交流活动""上海未来工程师大赛"和"上海市OM擂台赛"等青少年科技比赛（活动），并屡获上海市一等奖。累计获上海市大奖数过百项。此外，社团学生还参加了在美国举行的"2018年世界青少年人工智能MindX创新大赛"，获得国际银奖（图7-50）。

图7-50 上海市位育初级中学荣获第七届上海青少年STEMx实践展示交流活动优秀组织奖

国际跳棋社团

位育初级中学国际跳棋社团成立于2019年，从预初和初一年级的拓展课开始发展至今，形成从预初到初二年级的国际跳棋梯队，成为国际跳棋校队选拔人才的中坚力量。国际跳棋项目作为五棋一牌智力运动中的新兴项目，目前正处于推广普及阶段，其入门快、对弈所需时间短的特点，让国际跳棋项目在校园内得到迅速的推广，课程之外的同学也主动报名，积极参与其中，营造良好的棋类氛围。在学生午休期间开放棋类专用教室，为感兴趣的学生进行普及教学。与此同时，通过一系列的比赛和考核，选拔出优秀人才，组建国际跳棋校队，代表学校及徐汇区参加各类市级国际跳棋赛事，稳步推进国际跳棋项目在学校的开展。在荣誉方面，校社团曾获得2020年上海市中小学生国际跳棋锦标赛男子100格初中组团体第二名；2020年上海市第五届学生智力运动会初中组女子100格个人第四名，100和64格混合团体第四名；2023年上海市少年儿童国际跳棋锦标赛少年组100格女子个人第一名和第二名，100格男子个人第三名，100格女子团体第一名，100格男子团体、64格男子团体、64格女子团体第二名等优秀成绩。

口风琴社团

位育初级中学口风琴社团成立于2020年9月，口风琴是一种体积小、音准好、旋律性优美、携带非常方便的键盘式吹奏乐器，它既保持了键盘乐器的特性，又吸取了吹奏乐器的特点。口风琴易学、易吹，可以演奏任何调式，便于与其他乐器合奏。因此，不管是否有键盘演奏的基础，位育初级中学的学生都可以加入这个社团。在社团里同学们除了学习口风琴演奏，也可以与其他同学协作演奏多声部作品，或者对音乐作品进行创编，尝试着为他人伴奏。《雪绒花》《铃儿响叮当》《贝加尔湖》《天空之城》都是同学们喜欢演奏的作品。[52]

近年来，顽石辩论社、英语戏剧社、法学社、流行舞社团等一众新兴社团陆续成立，为位育初级中学的校园文化注入新的活力，同时也丰富了学生的日常校园生活，推动学校的素质教育建设。

2023年，是位育中学建校80周年，也是位育初级中学"脱钩"办学以来的第二十五年。25年来，位育初级中学追求创新发展，自强不息，在复兴中路校园谱写出了属于自己的新篇章。在广大师生的共同努力下，学校逐渐完善课程体系，培养出一支优秀的教师队伍，在此过程中也形成了具有位初中特色的办学方式，赢得了一定的社会声誉（图7-51、图7-52）。

图7-51　上海市位育初级中学全体教职员工合影（摄于2023年6月）

级 合 影 留 念　2023.6

2023.6

念 2023.6

初级中学2023届初三年

图7-52 上海市位育初级中学2023届全体毕业生合影（摄于2023年6月）

注 释

[1] 《上海市位育初级中学大事记（1998—2023）》，上海市位育初级中学档案室提供。
[2] 傅禄建：《上海市市区初中入学办法改革的调查研究》，《上海教育科研》1997年第10期。
[3] 傅禄建：《上海市市区初中入学办法改革的调查研究》，《上海教育科研》1997年第10期。
[4] 《我和位育》，龙世明口述，2023年6月，上海市位育初级中学校长办公室提供。
[5] 《我和位育》，龙世明口述，2023年6月，上海市位育初级中学校长办公室提供。
[6] 《上海市位育初级中学章程》，2016年9月修订，上海市位育初级中学档案室提供。
[7] 《上海市位育初级中学章程》，2016年9月修订，上海市位育初级中学档案室提供。
[8] 《关于"课改实验班"办学方案》，1999年12月，徐汇区档案馆藏，档案号：0211-2-32-019-1。
[9] 《初高中分离，发展新起步》，2023年6月，上海市位育初级中学提供。
[10] 上海市位育初级中学编：《上海市位育初级中学70周年校庆纪念专刊（1943—2013）》，2013年刊印，第6页。
[11] 《在位育初中壹年》，王志方口述，2023年6月，上海市位育初级中学校长办公室提供。
[12] 《"双线"并进，位而育焉》，吕东口述，2023年6月，上海市位育初级中学校长办公室提供。
[13] 吕东：《率性而教，万物育焉》，收入上海市位育初级中学编：《上海市位育初级中学75周年校庆纪念专刊（1943—2018）》，2018年刊印，第70页。
[14] 《我和位育初级中学》，焦爽口述，2023年6月，上海市位育初级中学校长办公室提供。
[15] 《我和位育初级中学》，焦爽口述，2023年6月，上海市位育初级中学校长办公室提供。
[16] 《建设校本传统特色项目》，2023年6月，上海市位育初级中学提供。
[17] 《上海市位育初级中学大事记（1998—2023）》，上海市位育初级中学校长办公室提供。
[18] 《学校的开放办学情况》，2023年6月，上海市位育初级中学提供。
[19] 《课程建设》，2023年6月，上海市位育初级中学提供。
[20] 吕东：《率性而教，万物育焉》，收入上海市位育初级中学编：《上海市位育初级中学75周年校庆纪念专刊（1943—2018）》，2018年刊印，第72页。
[21] 《以研促教聚焦课堂，提高课程实施的有效性》，2023年6月，上海市位育初级中学提供。
[22] 《潮头逐浪辟新途》，2023年6月，上海市位育初级中学提供。
[23] 《我和位育》，龙世明口述，2023年6月，上海市位育初级中学校长办公室提供。
[24] 《团结温暖的位育》，陈群口述，2023年6月，上海市位育初级中学校长办公室提供。
[25] 《"双线"并进，位而育焉》，吕东口述，2023年6月，上海市位育初级中学校长办公室提供。
[26] 《"V-I-P"教师专业修炼课程》，2023年6月，上海市位育初级中学提供。
[27] 《"双线"并进，位而育焉》，吕东口述，2023年6月，上海市位育初级中学提供。
[28] 《我和位育初级中学》，焦爽口述，2023年6月，上海市位育初级中学校长办公室提供。

［29］《位育初级中学的名师介绍》，2023年6月，上海市位育初级中学提供。

［30］李楚材:《三十六年来的上海位育中学》，收入中国人民政治协商会议上海市委员会文史资料工作委员会编:《文史资料选辑》第六辑，1979年刊印，第69—78页。

［31］《位育小学扩充校舍》，《申报》1934年1月25日，第14版。

［32］《位育中学简史》，收入《位育中学第一届毕业纪念册》，1948年刊印。

［33］《上海市第五十一中学校史》，1984年，上海市位育中学档案室提供。

［34］《本校五年来修建工程简明表》，《位育校刊》第3期，1948年6月刊印，第8页。

［35］位育中学校友会编:《位育中学校史简编》，上海市作家协会·华语文学网，2017年刊印，第19页。

［36］《关于1954年基本建设年度总结》，1955年1月，上海市档案馆藏，档案号：B105-5-1169-169。

［37］位育中学校友会编:《位育中学校史简编》，上海市作家协会·华语文学网，2017年刊印，第28页。

［38］《上海市第五十一中学校史》，1984年，上海市位育中学档案室藏。

［39］陈茵:《历史·命运·情操——位育中学校区六十年随想》，《钟声》2004年第12期，第15页。

［40］王家斌:《田径场上呈矫健——忆五十一中学田径队》，《钟声》2010年第16期，第19页。

［41］金恩德:《怀念与感恩》，《钟声》2016年第22期，第12页。

［42］位育中学校友会编:《位育中学校史简编》，上海市作家协会·华语文学网，2017年刊印，第38页。

［43］戴光伟:《忆母校——祝位育中学六十周年校庆》，收入上海市位育中学校友会编:《位育风采》第2辑，2003年刊印，第61页。

［44］高立:《位育与我家的缘分》，收入上海市位育中学校友会编:《位育风采》第2辑，2003年刊印，第66页。

［45］《98年之后校舍修缮大事记》，上海市位育初级中学档案室提供。

［46］《上海市位育初级中学大事记（1998—2023）》，上海市位育初级中学档案室提供。

［47］《98年之后校舍修缮大事记》，上海市位育初级中学档案室提供。

［48］《校风好》，《上海市位育初级中学75周年校庆纪念专刊（1943—2018）》，上海市位育初级中学编，2018年刊印，第5页。

［49］《上海市位育初级中学章程》，2016年9月修订，上海市位育初级中学档案室提供。

［50］《上海市位育初级中学章程》，2016年9月修订，上海市位育初级中学档案室提供。

［51］《校刊与学生刊物》，2023年6月，上海市位育初级中学提供。

［52］《位育初级中学社团情况》，2023年6月，上海市位育初级中学提供。

第八章 沪上名校竞风流

沪上名校竞风流

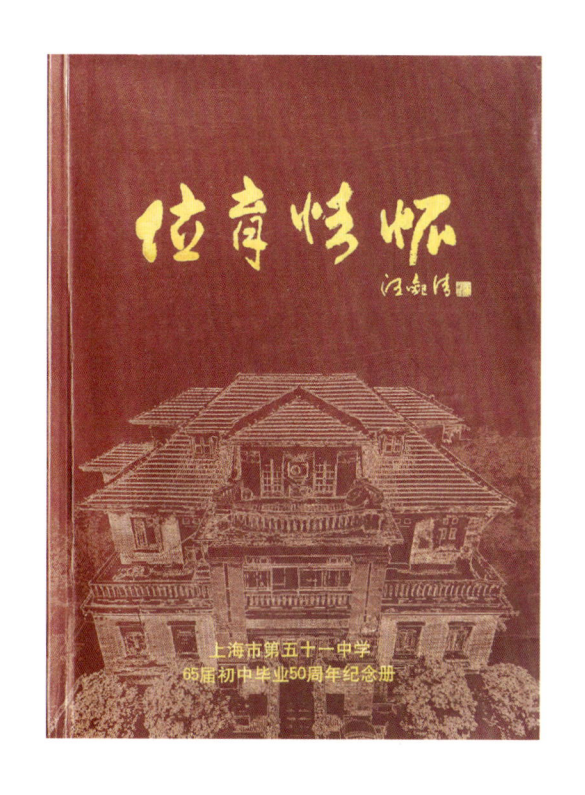

图8-1 《位育情怀：上海市第五十一中学65届初中毕业50周年纪念册》（2015年刊印）

位育中学自创建以来，迄今整整80年，其间培养了4万余名校友。[1]八秩风云砥砺，桃李春风。位育学子的足迹遍布海内外，他们活跃于政界、商界、科技、教育、文学、艺术、体育等各个领域，取得令人瞩目的成就。位育校友素有爱国、爱校、爱先生、爱同窗的优良传统，他们传唱着位育的校歌，以感恩回馈为责，怀常回母校看看之心，抱助母校发展之志，通过校友会对母校发展出谋划策。每至校庆佳期，校友们在与旧时同窗共忆往昔的同时，也倾心于母校的建设，热心捐资助学，在潜移默化间逐步提升了位育的社会影响力。80载春秋，韶华如驶，在漫漫历史长河中，位育校友是位育中学砥砺奋进的宝贵财富与力量之源（图8-1）。

饮水思源，薪火相传，这就是位育人的情怀和担当。

第一节 "爱我国，爱我校，爱我先生，爱我同窗"

2023年6月13日，位育中学校领导和课题组成员探望1950届位育校友、北京大学老校长陈佳洱院士。采访之前，母校工作人员先播放《位育中小学校歌》："黄浦江，水洋洋，大小朋友聚一堂。用我手，用我脑，大家工作一齐忙。……"听到熟悉的歌声，陈院士立即哼唱起来："爱我国，爱我校，爱我先生，爱我同窗，人生目的不可忘，将来国事谁担当？创造，创造，生长，生长。位育意义深且长。"[2]（见图1-25）他努力平复心情，慢慢讲开："我一辈子按照校歌在实践，'创造，创造，生长，生长'……校歌、校训指引着我。位育培养了我，我经常说：我是位育的学生，一直感到自豪。"[3]（图8-2）

位育校歌道出了多少校友的真实心声。"爱我国，爱我校，爱我先生，爱我同窗"，歌词高度凝练。80年来，在位育中学"生长创造"的教育思想指引下，学校培养了4万余名毕业生。他们之中有各领域、各部门、各行业的佼佼者，也有默默坚守在工作岗位上的普通劳动者。"这些最普通的校友是位育中学毕业生的主体，是位育的骄傲，是位育中学对国家的贡献。"[4]在位育，学子们度过了美好又难忘的少年时光。毕业之后，他们奔赴各地，在不同的工作岗位上，为国家振兴和社会发展贡献自己的才智，但在这些位育校友心中都还有一个共同的念头，那就是对同窗及母校的怀念。

"爱我国，爱我校，爱我先生，爱我同窗"，展现了位育学子对国家、对老师、对母校、对同窗之情的重视，也反映了位育中学教育思想的独特性。

位育学子们怀念母校、老师、同窗的方式多种多样，创办纪念刊是其中的一种。1948年，《位育中学第一届毕业纪念刊》发行，这是位育中学的第一本毕业纪念册。刊物的筹备者是陈松雪、李文俊等五年制实验班的第一届毕业生，而顾问则由李楚材校长，朱家泽、郁定一等教员担任。1948届毕业生对于母校的情感无疑最为特殊，在那个艰难的时代，在敌伪的重重钳制下，位育中学的第一届学生与学校一同度过了难以忘却的5载岁月。5年的时光并不短暂，正如李楚材校长所说："一年一年，我看着你们长成起来，你们从儿童时期到少年时期，又渡到青年时期；你们的脸上先是玫瑰色，现在已变成了紫红色；你们的手臂壮了，体重增加了，身长增高了，你们已经摒弃了孩子时代的游戏器具，专做篮球排球等运动了。体格的变化固多，精神的变化也大，你们想一想自己的'兴趣''好向'，对人、对物、对事的见解和态度，就会发觉5年来的变化，实在变得太多，变得太奇特了。"[5]

图8-2　1950届位育校友陈佳洱在讲述早年就读的经历（摄于2023年6月13日）

图8-3 《位育中学第一届毕业纪念刊》（1948年刊印）

图8-4 《位育中学第一届毕业纪念刊》（图照摘选，1948年刊印）

1948届的同学们在5年的学习生活中完成了身心上的蜕变，同样也与同窗及母校结成深厚的联系。在此摘引《位育中学第一届毕业纪念刊》发刊词中的部分内容，以反映其创办缘由：

> 在国步艰难的情况之下，我们能安然毕业，不得不感激我们的师长。他们不屈不挠的精神，乐观的态度，值得我们效法。
>
> 集合了二十八位毕业同学的力量，准备了三个多月，我们才完成这本册子。没有其他用意，其他目的，我们只希望为我们五载同窗的友谊留下一个纪念，要为各位师长谆谆教诲的厚意留下一个纪念，要为我们的学校建下第一个光荣的里程碑。际此艰难的局势，要办这样一本纪念刊，谈何容易，然而我们终于完成了；这一点，我们谨向帮助我们的校董和师长致十二万分谢意。[6]

如此，位育中学毕业生的第一本纪念刊便应运而生。在此纪念刊中，既有师生学习活动的历史相片，亦有"成绩展览""校舍一景""通讯录""同学录"等丰富板块，颇具纪念意义（图8-3、图8-4）。[7]

此后，毕业纪念刊的出版成为位育中学的一项传统，刊物的筹备者基本皆为当届的毕业生，顾问则照常由学校有名望的教员出任。1949年，《位育中学第二届毕业纪念刊》成功见刊（图8-5）。由于战事侵扰，此本纪念册的筹备工作中期陷于停顿，过程并不顺利，幸得级任陆福遐老师的帮助与鼓励，这本刊物才得以精简出版。[8]1950年见刊的《位育中学第三届毕业纪念刊》是位育中学在中华人民共和国成立后的首本纪念刊，具有较为特殊的意义。李楚材校长在该本刊物中为第三届五年制实验班的毕业生们撰写寄语,希望他们能在将来为祖国的建设有所助力:"本校五年制实验班第三届同学毕业了。幸运的是中华人民共和国成立后,各方面需要大量的建设人才,毕业同学有着良好的文化科学智识作基础,进入大学深造,将来一定能在国家建设机构里担负起最适合的工作。"[9] 李校长谆谆教诲,让位育学子学好本领,投身到参加中华人民共和国的建设事业之中。林明邦同学在《发刊词》中动情地写道(图8-6):

> 我们一九五〇级全体级友,在五年以内,像兄弟姊妹一般的朝夕共集,和睦亲爱,合作互助,一起学习,一起工作,一起游息,不平凡的时代的影响和日常生活的细节,更使我们融洽得像一个整体,我们团结坚持地经历了黑暗的漫漫长夜,也共同幸福地享受革命胜利的果实,我们是学习上的同学,也是患难中的朋友,更是工作上的同志。[10]

1951年,《位育中学六年一贯制第一届毕业纪念刊》出版,作为位育第一届毕业的六年一贯制毕业生,学校对于他们自然寄予厚望。在这本刊物中,首次出现了"临别的纪念""我们的话"等板块,师生在其中互道离别祝福之语,同窗情谊令人动容。一如1951届毕业生欧阳仁荣同学在纪念刊中所写:"我们生长在位育大家庭中,成为这大家庭中的一员,受着师长们的热心教导,同学们的真诚帮助,当然在思想上,行动上都有了相当的转变。今天我们要离开这大家庭……我们应该感谢母校对我们的教育……一定要贡献出我们的全部力量来为伟大的祖国服务。"[11] 想必这也是大多数位育学子的心声(图8-7、图8-8)。

在此特别介绍历届毕业纪念刊中的"级史与同学录"板块,在这一板块中,即将毕业的同窗们除

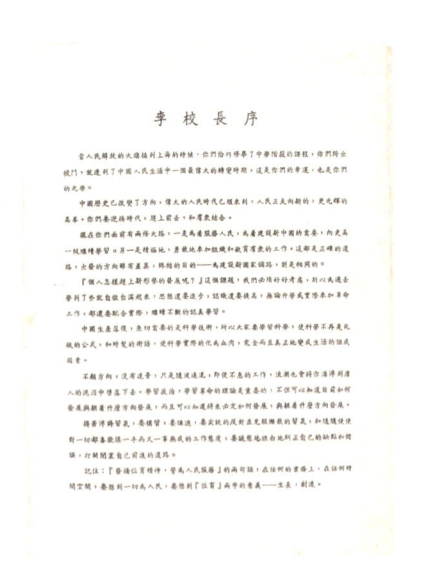

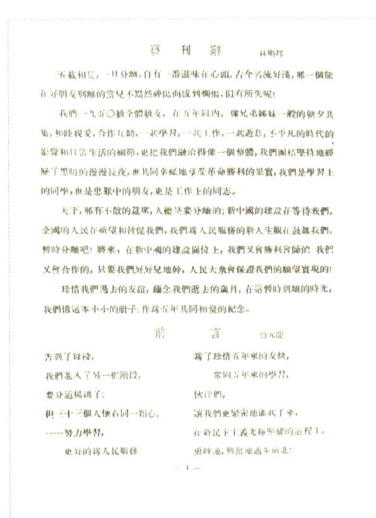

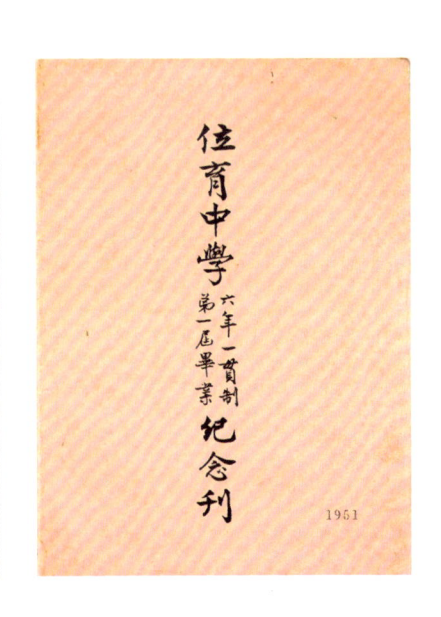

| 图8-5 李楚材校长为《位育中学第二届五年制毕业纪念刊》作序 | 图8-6 林明邦:《发刊词》(选自《位育中学第三届毕业纪念刊》,1950年刊印) | 图8-7 《位育中学六年一贯制第一届毕业纪念刊》(1951年刊印) |

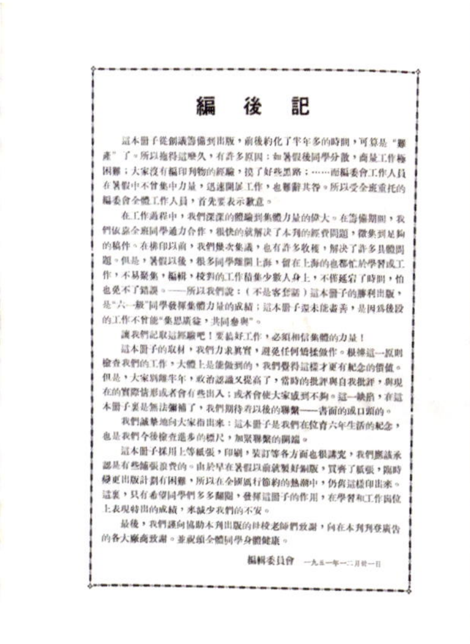

編後記

這本册子從創議籌備到出版，前後約化了半年多的時間，可算是"難產"了。所以拖得這麼久，有許多原因：如暑假後同學分散，商量工作極困難；大家沒有編印刊物的經驗，摸了好些黑路；……而編委會工作人員在暑假中不曾集中力量，迅速開展工作，也難辭其咎。所以受全班重托的編委會全體工作人員，首先要表示歉意。

在工作過程中，我們深深的體驗到集體力量的偉大。在籌備期間，我們依靠全班同學通力合作，很快的就解决了本刊的經費問題，徵集到足夠的稿件。在排印以前，我們幾次集議，也有許多收穫，解決了許多具體問題。但是，暑假以後，很多同學離開上海，留在上海的也都忙於學習或工作，不易聚集，編輯，校對的工作積集少數人身上，不僅延宕了時間，怕也免不了錯誤。——所以我們說：（不是客套話）這本册子的勝利出版，是"六一級"同學發揮集體力量的成績；這本册子還未能盡善，是因爲後段的工作不曾能"集思廣益，共同參與"。

讓我們記取這經驗吧！要搞好工作，必須相信集體的力量！

這本册子的取材，我們力求眞實，避免任何矯揉做作。根據這一原則檢查我們的工作，大體上是能做到的，我們覺得這樣才更有紀念的價值。但是，大家別離半年，政治認識又提高了，當時的批評與自我批評，與現在的實際情形或者會有些出入；或者會使大家感到不夠。這一缺陷，在這本册子裏是無法彌補了，我們期待着以後的聯繫——書面的或口頭的。

我們誠摯地向大家指出來：這本册子是我們在位育六年生活的紀念，也是我們今後檢查進步的標尺，加緊聯繫的開端。

這本册子採用上等紙張，印刷，裝訂等各方面也很講究，我們應該承認是有些鋪張浪費的。由於早在暑假以前就製好銅版，買齊了紙張，臨時變更出版計劃有困難，所以在全國厲行節約的熱潮中，仍舊這樣印出來。這裏，只有希望同學們多多翻閱，發揮這册子的作用，在學習和工作崗位上表現特出的成績，來減少我們的不安。

最後，我們謹向協助本刊出版的母校老師們致謝，向在本刊刊登廣告的各大廠商致謝。並祝頌全體同學身體健康。

編輯委員會　一九五一年一二月廿一日

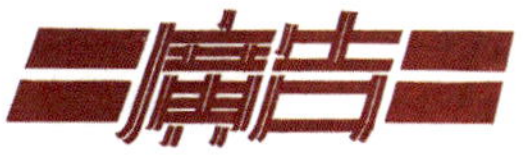

图8-8《位育中学六年一贯制第一届毕业纪念刊》（编后记、广告页，1951年刊印）

了总结、回顾共同度过的数年位育岁月，还会对自己、对同窗留下真情的评价与诚挚的祝福。通过阅读“级史与同学录”，我们不仅可以一览每一届学生共同的“位育记忆”，还能大致知悉每一个位育学子中学时期的独特个性与趣闻逸事。

几乎每届毕业纪念刊的级史都是由同窗们共同回忆讨论，再由学生代表执笔写成的“大作”，同学们对于纪念刊的重视程度可见一斑。可以说，级史凝聚并概括了每届位育学子在学校的最为难忘的时刻，这是每一个位育人心中共同的美好回忆。以1950届毕业纪念刊的级史为例，这一届的级史虽仅寥寥数百字，但却清晰生动地记载了1950届的五年一贯制同学共同度过的5年中学时光。从一年级入学到五年级毕业，其中既有不甘与难舍，也有欢乐与希望。在此摘录于下：

悠长的，动荡的，也是变化多端的五年，过去了；我们在抗日全面胜利声中踏入了中学的大门，在蒋匪帮的高压和恐怖统治下，金融混乱，经济不景气的低气压下坚持着我们的学习！终于，在全国人民庆欣自己解放的欢呼声中，我们胜利地完成了五年一贯制的中学阶段的学习，每个级友从心底里发出了欢欣，但依依的声音：“别矣！母校！”

回忆一九四五年秋，我们以本校小学部毕业生为骨干而组成的一年级甲组，因为在小学里打下了优良的基础，使我们对这一年的功课，一点也不觉得吃力！所以，这一年来，课外活动——主要是童军活动，占据了我们大部分的时间；但是，在我们的记忆中，只好像一个孩子拿到了新的玩意而感到特别的新鲜罢了。二年级，是大半页的空白，但是空白的后面，却添上了最雄伟的几笔，反美暴行和反饥饿运动给了我们很深的影响；三年级时在李玉廉先生的领导下，我们为位育造成了一个典型的杰出的班级，这一年，我们站在一切课外活动的最前线：文娱活动，墙报，在这一年发展到了最高峰；后来更在助人运动展开中，为位育揭开了最扣人心弦、最令人激动的一幕。五年一贯的学制决定了,三年级结束,我们举行编制考试,部分同学离开了我们;留下来的,更紧密地团结,更紧张地学习,也更积极地活动,这一年正是经济崩溃,蒋匪帮垂死挣扎的时光,但我们同时仍开展着文娱活动,进行着助人运动,替位育内部,造成了一个桃源,抵御着一切外来的压力。解放了,我们已踏入中学的最后一年——五年级,在紧张的学习中,我们没有放弃活动,更积极地领导着各项活动,一年来,不断地在班中发掘出许多卓越的领导人才和优秀的技术人才,为位育的学生活动建立了不可磨灭的功勋,打下了今天牢固的基础。

五年了,我们深深地感谢着各位导师给我们的教诲,更感谢多年来一直像严父慈母般领导和鼓励着我们的级任导师,为了迎接经济建设的高潮,我们纷纷投入了国内著名的大学,同时我们更庆欣,我们没有白白浪费了五年学习的成果。

今天,我们握手道别,但是我们默默相约,在祖国和平建设的高潮中,我们再胜利会师吧![12]

就"同学录"而言,其中的内容与"级史"不尽相同,相较整个班级,其更注重并聚焦于每一个学生的个体。在"同学录"中有同学之间的互评,也有针对自身情况的自评。1948届毕业生颜文伟在纪念刊同学录中评价自己道:"或许是祖传的脾气,我很容易发怒,假使有人惹恼了我,发怒时便不顾一切了。还有,我的好胜心太强。我爱艺术——音乐、图画、雕刻、金石工。我最爱听'华尔兹',听了似乎能开胃顺气,骨节舒畅。"[13]这份坦然面对自我的魄力令人钦佩。1949届毕业生王万里同样自评道:"我的性情十分刚强,除了真理我什么都不怕,然而在现实世界中,真理是很少存在的,因此我是在奋斗,在寻取真理。我不爱虚荣,憎恶浮华,我将来希望研究农业,以开垦我国西北的广大领域。"[14]

然而,在自评外更多的则是同窗之间的互评。通过阅读这些真诚友善的互评,我们会发现位育学子在位育就学期间丰富多彩甚至不为人知的一面。他们的外貌迥异,个性特长也截然不同,连外号都是千奇百怪。其中,有同学向往"原始社会"的生活;有同学活跃于学校内外,成为众人皆知的有名之士;有同学志同道合,痴迷于专研无线电;也有同学沉默寡言却异常聪慧(图8-9)。

这里展示几段颇有趣味的评语,首先是1948届毕业生陈松雪对同学蔡武进的评价:

他吗?全校闻名的大编辑,师生争睹的"位中周刊"就是他一手打出天下的。

功课在他简直是Game,没有不轻轻易易地独占鳌头,第一把交椅,全级没有第二人作此想的。

对历史英文极有心得。

打得一手好Billiard,其他如Bridge, Literature, Music, Cinema, etc.——几乎无一不精。[15]

这段评语不仅展现了蔡武进同学的诸多特点,同时也将评论者陈松雪同学诙谐幽默的性格展现得淋漓尽致。事实上,在别的同学写给陈松雪的评论上,就正是以"圆滑"[16]一词来形容他的性格。

其次再来一睹强毓锟同学对1950届校友陈佳洱院士的称道:

图8-9 《位育中学第一届毕业纪念刊》（同学互评摘选，1948年刊印）

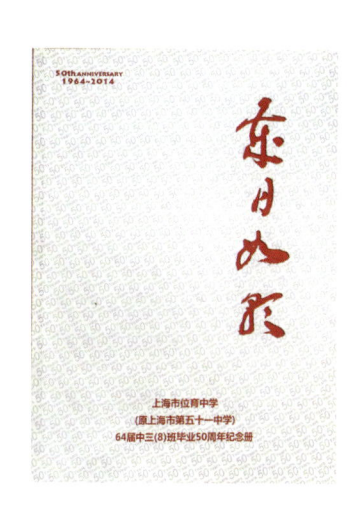

图8-10 《岁月如歌：上海市位育中学（原上海市第五十一中学）64届三(8)班毕业50周年纪念册》（2014年刊印）

陈佳洱同学，提起他父亲的名字来，真是无人不晓，便是有名的儿童文学家陈伯吹先生，可是陈君的兴趣却不在文学这一方面，而在于无线电，所以"有其父必有其子"这句话对于陈君不适用，他有一个"小白菜"的绰号，是取之于"小伯吹"的谐音，陈君是本校闻名的无线电工程师，对于无线电工程，他在位育有极大的贡献。

这里还要提出的，是陈君是一个翻译家，本校科学刊物"创造"上的许多精彩文章都是陈君从外国科学杂志上摘录而翻译的，译笔流畅，内容丰富。

陈君是一个优秀的青年团员，他在学习政治上给了我很多的帮助，常常纠正我的错误思想，帮助我进步，这点我很感谢他。[17]

可以发现，陈佳洱在中学时期就对无线电等技术充满兴趣，并展现出异于常人的研究能力与翻译能力，这与其日后突出的成就不无关系。

除了创办毕业纪念刊外，位育学子们也会积极参加或自发组织一些班级、年级的毕业周年庆典和返校活动。位育中学向来注重与毕业生之间的情感联系，在这一方面，校友会和朱家泽校长做出了重要贡献。朱校长对位育有着深厚的感情，他在离休之后，始终致力于宣传位育精神，同时积极组织筹备各届校友返校活动，凝聚校友对母校的情感。在朱家泽校长的倡导和努力下，从1998年开始，每届校友毕业40周年、50周年组织纪念活动逐步形成惯例，这一传统一直延续至今（图8-10）。[18]

历次毕业周年纪念活动都是位育学子翘首以盼的盛会，昔日的同窗故友再度汇聚一堂，留下了许多珍贵的回忆。在2002年举办的位育中学1952届学生毕业50周年返校活动中，1952届校友们围聚在一起讨论着当年的种种趣事，从课堂学习到篮球比赛，从艺术表演到业余活动，可见纵使1952届的校友们都已从意气风发的青年变为两鬓斑白的老者，但是他们对于往日的位育生活仍然历历在目，并且津津乐道。在此次返校活动中，朱家泽、王希明、江希和等1952届教师也悉数到场，与同学们一同追忆往昔，情至深处，江希和教员感叹道："整50年了！我怎能不想念位育52届的同学……我真希望再天天走一遍388弄，再经过藕初堂进入你

图8-11 "师恩长润"，位育1952届乙班毕业50周年纪念

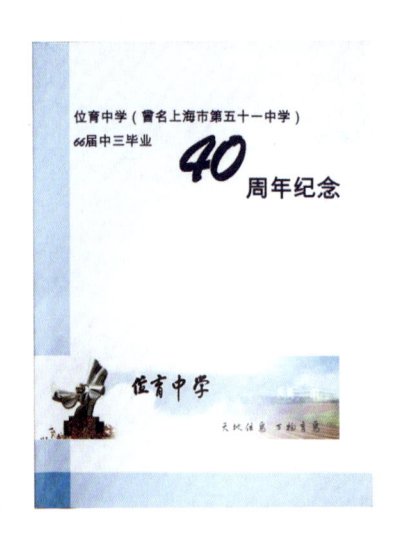

图8-12 《位育中学（曾名上海市第五十一中学）66届中三毕业40周年纪念》（2009年刊印）

们的教室，再看到你们济济一堂，全那么聚精会神。"[19]活动结束后，1952届校友共同制成50周年返校留念册，以作纪念。1965年的毕业校友在筹备毕业40周年的纪念活动时就提出：要约集同学返回当年的教室，和任课老师一起团聚，舒畅共话，缅怀母校，吐露我们对老师的由衷感谢。还要请各地分散的同学写回忆文章，回忆当时的学习生活，汇总出版纪念专刊，不让"往事如烟"，但愿"记忆犹新"（图8-11）。

另据赵家镐校长回忆，2006年举办的1966届五（1）班毕业40周年纪念活动亦留下了不少的记忆、宝贵的瞬间。负责筹办本次活动的是1966届五（1）班的班长屠柏森，屠班长重情义，对师生、同窗情谊十分珍惜，他在同学之间十分具有号召力，在筹备毕业40周年纪念活动时，屠柏森和其他筹备委员冒着酷暑，到任课老师家一家一家拜访，几无遗漏，受访老师均十分感动。正式活动那天，师生出席率极高，气氛高涨，情绪激动，十分成功，更可贵的是这次活动留下许多珍贵的镜头。这次活动后，朱家泽老师、柯从绳老师、蔡光天老师、胡文梅老师、帅正直老师、张孔铭老师、蒋衍老师、倪友蓝老师、陶秉诚老师都先后去世，这些照片成为这些老师留下的最后纪念（图8-12）。[20]

除大型毕业返校活动以外，校友们在平日里也会时常沟通互助，并自发地组织一些小型的同学聚会和纪念活动。如位育中学1952届五年一贯制班的胡诞宁校友自毕业后就一直致力于班级同学的联谊工作。70余年来，其参与并出版了毕业刊物《同学之窗》共14期，组织参与大小同学聚会与返校活动，并在黄锦林、胡建勋、王申元、钱景仁、徐福仑、陈东升、汪贤曾等同学的帮助下，于2023年完成了《位育中学52届五年一贯制班回忆录》的撰写工作。这是一部详细完整的回忆录。记录了1952届五年一贯制班从入学、毕业至今约76年的宝贵回忆。由胡诞宁按预定的"抢救班史计划"向全体同学咨询，由同学们提供资料，再由胡诞宁整理分析，执笔而成。在这本回忆录中，除了有完整的全体同学、班主任及老师等信息外；还有对每位班主任和教师的授课与管理方式的细致生动的回忆与描写；对同学家庭情况的调查分析；对该班特有的班耻日的来龙去脉的阐述；以及收集到的当年教科书和练习本的实物。这些都是丰富鲜活的珍贵资料。[21]事实上，与1952届五年一贯制班的纪念活动类似的自发性活动还有许许多

位育中学(曾名上海市第五十一中学)67届高中毕业40周年纪念
1967—2007

图8-13 位育中学(曾名上海市第五十一中学)67届高中毕业40周年纪念(1967—2007)(摄于2007年,黄承海提供)

多。上文所提1966届五年(1)班亦是如此,班长屠柏森会热心组织班级同学聚会,几乎每年总有一次,他还十分关心班级同学的日常生活,同班同学张保罗、骆宗琪患重病,他常去关心照顾,两位同学去世,他帮助亲属料理后事,组织同学参加追悼会,使亲属得到了安慰。[22] 2019年3月26日中午,1967届中二(7)班的12位同学和班主任火观民老师进行了小型聚会活动。纵使已经过去了半个世纪,同窗们相见依旧相识。见面后的几句问候立即把大家带回到那熟悉而又难忘的年代。50年前的件件往事如同开闸的洪水般奔流而出,同学们分享了许多这些年来的心历路程和轶闻趣事,而更多的则是关心互相的身心健康。3个小时的聚会方兴未艾,最后中二(7)班的同窗们一致提议将母校80周年的校庆日作为全体同学的下一个团圆日(图8-13)。[23]

在海内外一些重要的报刊中,我们也经常可以读到位育校友感恩母校的老师、回忆昔日的同窗的文章。陈佳洱校友在《光明日报》《文汇报》等发表多篇回忆文章,此列举数篇:《家庭、学校教育所给予我的》(《光明日报》2002年1月8日),《科学影响时代》(主讲人:陈佳洱,《光明日报》2013年10月15日),《我的位育同学田长霖》(《文汇报》2015年3月10日,"笔会")《祈通中西 励志感人——我读〈田长霖新传〉》(《光明日报》2015年8月10日)。在这些文章中,陈校友提到了位育的多位老师、同窗。其中,在《祈通中西 励志感人——我读〈田长霖新传〉》中写道:

我和长霖兄是在上海位育中学的同班同学,且前后邻座;我长他一岁,他个子比我略高。

位育中学那时为五年制完全中学,也是上海的一所历史名校。"位育"一词取自《中庸》的"致中和,天地位焉,万物育焉"。创校校长李楚材先生将其表述为"生长、创造"。我们是1945年秋一起进入"位育"的,在那里共度了四年美好时光。四年间,长霖兄给我的印象是,天资聪颖,且勤奋好学,尤以数学成绩最好,代数和几何考试总是全班第一名,谁也考不过他。他生性活泼好动,性格开朗,喜欢打篮球,爱踢小皮球,也比较"调皮捣蛋"。在班上,我坐在他的前面,他有时从后面用铅笔捅我,和我戏耍。他的这些性格和优点,一直保持到后来。在随后的五十余年中,除了有一段时间中断外,我们时常往来。[24]

在《文汇报》刊登的《我的位育同学田长霖》一文中,陈佳洱非常思念这位昔日的位育同窗:"长霖兄虽然离我们远去了,但令人欣慰的是,在纪念田长霖八十华诞之际,我们可通过《田长霖新传》追寻他的足迹,回忆他的奋斗故事与治校传奇,这是一件非常有意义的事情。我也借此机会,寄托对窗友的深切怀念!"[25]

陈校友提到的田长霖这位"华裔奇才",就是位育的50届校友,后任美国柏克莱加州大学(后译为加州大学伯克利分校)这所国际知名的一流大学校长,成为该校首任亚裔校长。作为位育的校友、同学,他们的交往与友谊也在延续发展,同为世界著名大学的校长,"柏克莱加大和北大建立校际交流关系已有三十多年,两校之间非常友好。长霖兄1990年至1997年担任柏克莱加大校长期间,我刚好在做北大副校长、校长。我们见面的机会和次数也就更多了。两校之间合作和交流的渠道更宽了,领域更广了。"[26]田长霖校友关心中国的发展,1994年被选为中国科学院外籍院士。田校友也爱母校,曾回校看望老师,关心母校发展(图8-14、图8-15)。

位育的校友爱老师,爱同窗,他们经常保持联系,这也可以从大量物件中得到反映。为了迎接位育中学建校80周年,我们名校校史研究团队与学校合作,筹建"位育校史博物馆",从海内外多方征集,收集到不少老物件,包括师生之间、同学之间的信函信件,字里行间透露出彼此的关爱、相互的情谊。这也是一个独特的视角(图8-16至图8-19)。

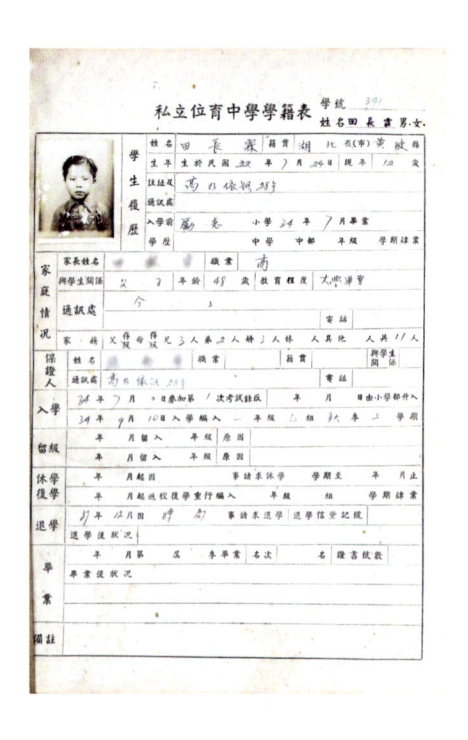

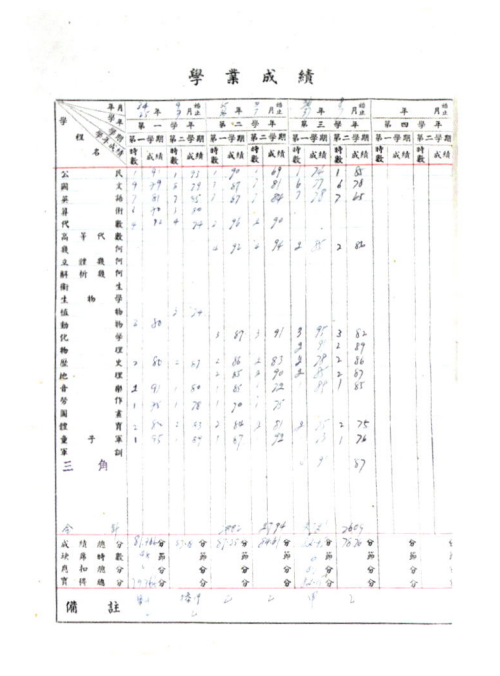

图8-14 田长霖校友学籍卡

图8-15 田长霖校友回母校
（上海市位育中学校长办公室提供）

图8-16 校庆50周年田长霖校友贺词（原件，1993年）

图8-17-1 位育校友寄赠贺卡，钱绍钧院士致陈佳洱院士（2011年新春）

图8-17-2 位育校友寄赠贺卡，钱绍钧院士致陈佳洱院士（2011年新春）

图8-18 赵国屏校友写给黄承海老师的信（1969年7月）

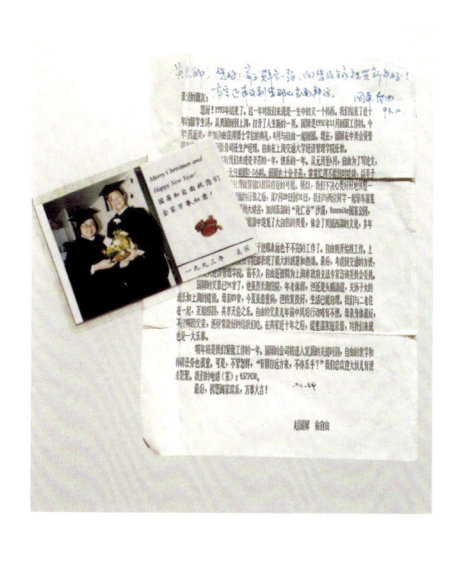

图8-19 赵国屏寄给黄承海老师的信与照片（1993年12月）

第二节　位育情深：校友会的演变

位育中学拥有独特的文脉传承，其中的一个体现就在于学校注重与校友之间的联系，重视利用校友资源，构建自己的校友文化，这也是位育中学办学的一大特色。

位育自创建以来，一直重视校友会的作用，通过制定章程、举办活动，加强校友之间的联系，扩大学校的社会影响力。每逢校庆日，学校均要举办庆祝活动，邀请著名学者、社会名流来校演讲。位育很早就组织了自己的校友会，定期召开校友会，在上海市档案馆、徐汇区档案馆与位育中学档案室、位育初级中学档案室还保留了校友会的一些记录。

由于种种原因，位育校友会的活动一度停止。1978年以后，随着中国实行改革开放，开始重视与海内外各界人士的联系，一些部门与机构纷纷成立国外及中国港澳台地区的联谊会。位育中学作为一所闻名海内外的知名学校，拥有丰富的校友资源。学校有关方面积极与社会上有声望、政治上有影响、经济上有实力、学术上有贡献及所有关心祖国建设、关心母校发展的校友取得联系，并建立起良好的关系。

在一份份位育校友的名录、名册中，可知在海内外的位育学子分布之广，人数之众。80年来，位育校友已构建起庞大而广泛的社会网络。分布在海内外的位育校友，也在各地纷纷建立起校友会。校友会是学校与校友、校友与校友之间加强联系、增进友谊、促进合作的重要桥梁。一方面，校友会能够积极促进母校与校友情感、信息的交流沟通，使校友与母校之间的感情更加紧密；另一方面，校友会也能助推校友在自身事业领域的发展，广泛团结校友共商母校发展大计，协调组织校友用各类方式回报母校，成为学校发展的重要资源。

一、位育中学校友会与各分会概况

位育中学校友会筹备于1986年，并于1987年3月24日正式成立，地址设在上海复兴中路1261号。[27]校友会由李楚材担任会长，陈冰清、赵家镐担任副会长，正副秘书长则由蒋衍、蒋正楠、金晨光担任。初届校友会的常务理事除上述数人外，还有鲍文希、王希明、余小柏等共24人。同时，位育中学校友会还设名誉会长与名誉理事，几乎皆由杰出校友担任，如名誉会长田长霖，名誉理事陈敏恒、陈佳洱、王生洪、陈祖德等。此外，校友会顾问由姚惠泉、胡蔚英、朱家泽、鲁夫、张啟昆、陈炜、朱彭龄担任（图8-20至图8-22）。[28]

校友会成立之初，已制定较为完备的章程，内容摘录如下：

> 一、本会定名为位育中学（五十一中学）校友会，凡曾在位育中学、五十一中学工作和学习过的校友均可加入。
>
> 二、本会宗旨是促进校友间互通信息，交流情况，联络感情，增进友谊；并在可能范围内为母

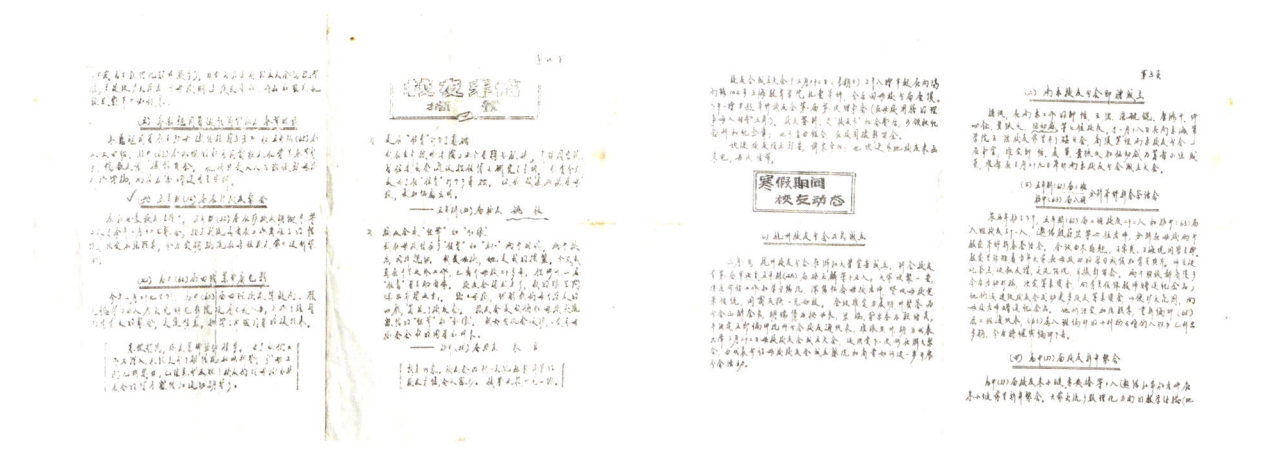

图8-20 《上海市位育中学（原五十一中学）校友会简讯》（油印件，20世纪80年代）

校的教育事业贡献力量。

三、本会设理事会，由各届校友推选代表组成，并推选在职教师若干人参加，负责领导校友会工作。以后每年毕业的校友陆续推选出参加理事会的人选。

四、本会设名誉会长、名誉理事、顾问各若干人，顾问校友会工作。

五、本会设会长一人，副会长三至五人，由理事会推选，负责主持会务。

六、理事会设常务理事若干人，由理事会授权会长在理事中聘任，会商日常会务工作。

七、本会设秘书处，由会长提名，聘任秘书长一人，副秘书长若干人。

八、理事会每年召开一次，常务理事会每半年召开一次，由会长和秘书处商定召开。如工作需要可召开临时常务理事会。

九、各届校友可以组织级友会。外地校友（包括国外及中国港澳台地区的校友）可以组织校友会分会，并推选出参加校友会理事会的人选。各校友会分会每年应将分会活动简况向校友会报告一次。

十、本会会员每年应交纳会费一元，三年一交。捐赠不限。

十一、本会会址设在上海市复兴中路1261号。

十二、本章程有未妥善处，得随时由理事会修订之。[29]

解读该《章程》，我们可以发现，位育校友会的组织架构清晰，宗旨明确，也较为开放。校友会定期召开的理事会和常务理事会能够及时处理与反馈校友或学校遇到的问题，而各类级友会、校友会分会的开办也能在相当程度上促进校友与母校之间的联系。

朱家泽校长在位育校友会的建立与发展上做出了重要贡献。赵家镐曾谈道："朱校长是历届校友对

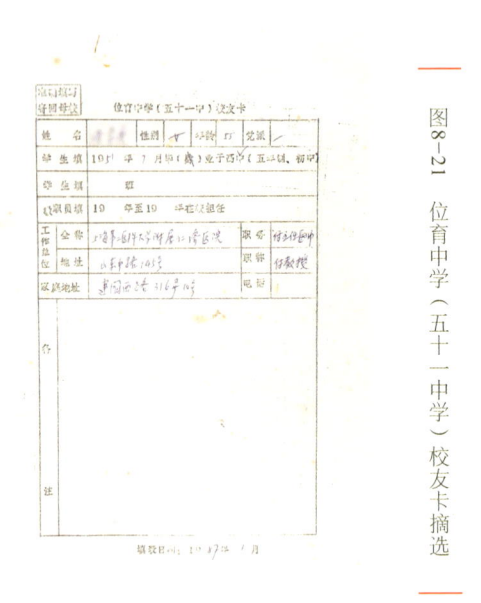

图8-21 位育中学（五十一中学）校友卡摘选

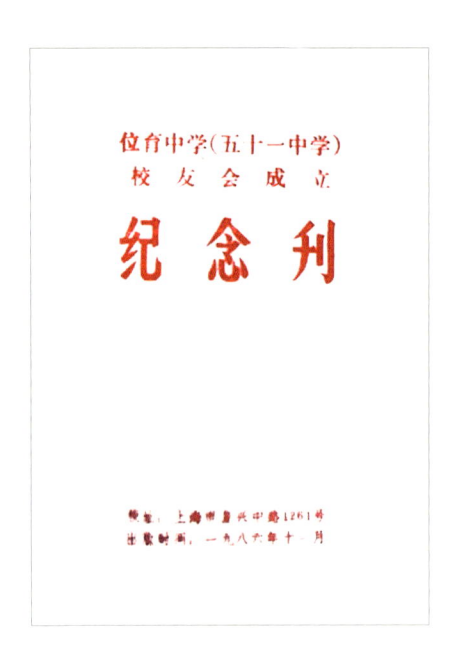

图8-22 《位育中学（五十一中学）校友会成立纪念刊》（1986年11月刊印）

位育感情的寄托中心。"[30] 朱校长离休后，仍心系位育，不顾年事已高，怀揣对教育事业的高度责任心，为宣传位育的优良办学传统，不遗余力。他努力做好校友的联络和凝聚工作，在他的倡导与大量前期工作的筹备下，位育校友会才得以顺利成立。[31] 如同朱校长自己所说：

> 作为位育人，回顾位育创建发展的征程，情之所系，总不免有一种自豪感。但瞻望国际国内形势，想到教育要面向现代化、面向世界、面向未来，就会清醒地察觉到前进的道路永无止境，"自豪"只能是自我激励的动力，绝不能成为自满自限的障碍。因此，殷切希望校友们经常回母校看看；向母校、向你们的师弟师妹传经送宝，或由学校安排知识讲座；建议学校设立书库，陈列你们的著作；继续出版以校友风采命名的专辑。我们还认为联系实际、发现工作中存在的问题、针对改进是取得进步业绩的途径。校友见多识广，经验丰富，更希望你们敏锐地发现学校工作中的不足之处，率直地提出批评、建议，给母校以有益的帮助和支持。[32]

带着上述想法，朱校长为联络凝聚各届校友呕心沥血做了大量的组织和筹备工作，校友会也因此顺利发展。

朱家泽校长对位育中学校友会在各地建立校友分会也有着不可忽视的推动作用。在朱校长的倡议和努力联络下，各地都陆续成立了校友分会。一些校友分会的建立他都亲自参加祝贺。如此，校友会北美分会、北京分会、香港分会、天津分会、南京分会等分会陆续建立，世界各地的位育校友纷纷加入各地的校友分会，为自己的母校献出一份力。以下将着重介绍北美分会、北京分会、香港分会这三个规模相对较大的校友会分会（图8-23-1、图8-23-2、图8-23-3）。

图8-23-1 位育中学校友会编：《上海市位育中学（原五十一中学）校友通讯录》（1988年3月刊印）

图8-23-2 位育中学校友会编：《上海市位育中学（原五十一中学）校友通讯录》（节选，1988年3月刊印）

图8-23-3 《位育中学（五十一中学）校友通讯录》说明（1988年3月刊印）

北美分会。位育北美校友会是由1965届校友李忠明等北美位育人于1994年组织的一个联谊会，由北美位育人自愿注册加入，并由吉力立、汤沐黎、宓哲新等多位会员自愿为校友们服务。这里摘录一段北美校友会负责人李忠明校友对组建北美分会的历史回顾：

> 我于1986年2月来美国食品和药品管理局（FDA）生物制品研究和评估中心做博士后研究。1993年12月回上海探亲期间，蒋衍老师给了我一份当时他所知道的一些位育中学老师和校友在美国的通讯信息，总数在30多位，有些有地址和电话，有些只有电话或只有地址。蒋老师希望我回美国后和他们联系一下，待条件成熟后，筹建上海位育中学校友会北美分会。校友会的宗旨是联谊旅美位育校友和老师之间的感情，促进校友和母校之间的联系。我在1994年的2月底开始用写信和打电话的方法，联系上了名单上的十几位老师和校友，并于1994年举行了三次校友和老师的聚会。[33]

历年来，不知凡几的位育学子，远涉重洋，来到北美洲闯荡，安家。他们可能曾是同届同班的熟悉学友，也可能从未见面相识，却被一种无形却相似的对位育时光的回忆和思念，对位育师长的尊敬和感激及因母校而生的自豪感所牵引相连，在远离母校的异国他乡，悄然以同窗情凝聚成群。北美位育人既有他们共同的自豪和气质，也有各自的快乐幸福和坎坷曲折。这些在校时和离校后的经历、情感、经验和体会，成为位育人交流和分享的无尽话题，增添了位育人的生活情趣，也增进了位育人之间的关心和友谊。多年来，北美校友会运用《钟声》杂志年刊、年度聚会、网页网站及电子邮件等多种形式为北美位育人创造了相连相聚的渠道和机会，也密切了与母校和师长的联系（图8-24）。

赵振平校友曾撰写《记北加州位育中学校友的首次聚会》（图8-25），其中写道：

> 今天是北加州位育中学校友会的第一次聚会，这是多么令人心动的一天。有几十年未见面的老师和同学，有从未谋面的前后届校友，还有校友的太太和孩子们；我们位育校友会的负责人李忠明和我们的"财政部长"陈旦丽校友，特地从东部不远万里地飞来助兴；在加州南部的杨宝琳老师和何祖明、史美进等校友也赶来参加聚会；最令人感到荣耀的是，我们的老校友、加州名校、柏克莱大学的校长田长霖在百忙中带着夫人参加了我们的聚会。田长霖校友风趣地回忆了他在位育时的趣事。田校长积极向上的精神也正是"位育"精神的体现，他是第一位成长为柏克莱大学校长的美籍华人。[34]

1998年8月29日，北加州位育校友们欢聚一堂，谈当年在位育读书的点滴，谈位育如今的新发展。尽管身处异国他乡，但"对我们这批老校友和老教师来说，都永远不会忘记在上海复兴路上的南楼、北楼和红楼……"[35]他们十分关心母校的发展，当得知"现在，新的现代化的花园式的位育中学已在上海郊区建成。

图8-24 位育中学校友会北美分会会员通讯一览（节选）

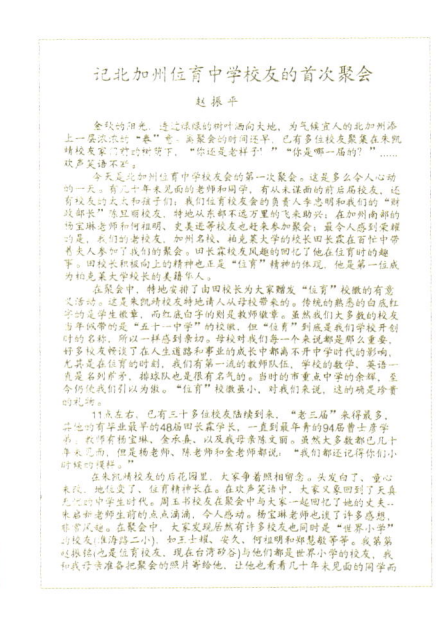

图8-25 《记北加州位育中学校友的首次聚会》（选自《钟声》第5期，上海位育中学旅美校友会，1999年1月）

图8-26 上海位育中学旅美校友会加州聚会（选自《钟声》第5期，上海位育中学旅美校友会，1999年1月）

图8-27 上海位育中学旅美校友会合影（前排左起：金承燕、杨宝琳、田长霖夫人、田长霖、陈文丽等，选自《钟声》第5期，上海位育中学旅美校友会，1999年1月）

国内外校友们捐赠的李楚材老校长的铸像也已安放在新校舍"，校友们感到无比欣慰（图8-26、图8-27）。

北美位育人以校友会为桥梁，互通音信，同享情谊，共祝平安。北美分会逐年吸引了越来越多的身居北美的位育人，2000年前后已拥有近300名成员，交流活动日趋活跃。[36]

北京分会。位育北京校友会成立于20世纪末，由1961届校友徐家和、1952届校友何业光等召集。徐家和校友是位育中学北京校友会分会的组织者与负责人，其毕业后历任北京市人大代表、北京市西城区政协常委、九三学社北京市委常委，他心系位育，将校友会工作视为己任。何业光校友毕业后考入清华大学，此后便一直热心于校友会的工作，他曾担任校友会北京分会的副秘书长、组长。1993年，何校友代表北京校友会分会回到上海市位育中学参加母校成立50周年校庆庆典，并积极开展校友会北京分会的工作。1949届的林慈校友（后考入北京大学，曾任北京市行政学院党委书记、院长等职）也非常热心，多次在北京接待来访的位育中学师生。[37]正得益于这批无私的北京校友夜以继日地为北京校友会分会工作，才使得在北京求学、工作的位育学子们能够得以有一处寄托对于母校、同窗思念之情的港湾（图8-28、图8-29）。

香港分会。位育香港校友会由李楚材校长的长子、1957届校友李健熊于1994年组建，地址位于香港沙田火炭桂地街10-14号华丽工业大厦。[38]李健熊校友从位育中学毕业后考入上海财经大学，后任东方国际集团上海市纺织品进出口有限公司驻香港代表。其前往香港工作后，便在香港广泛联系位育校友，建立了香港分会，并任香港校友会的负责人，致力于校友会的联络组织工作。[39]香港校友会利用同学聚会、出版校刊等方式将远在香港的位育学子凝聚一心，并与位育中学校友会建立了密切的联系（图8-30至图8-32）。

最近几年，校友会工作上存在着诸如新老交接的问题，香港校友会、天津校友会、南京校友会等分会与上海校友会总会曾短暂失去过联系，虽然在校友会多位老师的努力下有所恢复，但仍有部分珍贵的校友会资料缺失，亦属遗憾（图8-33）。

位育中学、位育初级中学学校领导均非常重视校友会的工作，在学校的章程中也都提到了校友会。《上海市位育中学章程》第三十五条中明确指出："学校建立校友会组织，发挥校友的宣传、桥梁、教育、助学、咨询等作用，促进学校发展。"[40]《上海市位育初级中学章程》中也专列"校友会"一条："我校暂不建校友会，如建校友会，名称是'位育初级中学校友会'，而与学校联系较多的主要是40岁以上的校友，他们希望在名称中去掉'初级'两个字，但这不是学校所能决定的。鉴于学校的历史及实际情况，校友事务还是较多的，所以有人兼管这项工作，主要是：联络广大校友，互通信息，增进友谊；接待校友的来信来访；收集校史资料（含文字、图片、实物等）；协助学校的校庆工作；接待校友的联谊活动；

图8-28 《上海市位育中学北京校友通讯录》（节选，1992年5月）

图8-29 上海市位育中学北京校友会班级活动合影留念（1990年5月6日摄于北京大学校园，位育中学校友会提供）

图8-30 《位育中学校友会香港分会会员通讯录》封面（1994年编印）

图8-31 《位育中学校友会香港分会会员通讯录》（节选，1994年编印）

图8-32 位育中学香港校友会成立（摄于1994年）

校友会南京分会成立时合影

位育中学香港校友会成立，到会者合影

1987年校友会成立时，学校领导和北京、南京、杭州分会的负责同志合影

图8-33 位育中学各地校友会照片一览（上海市位育中学校长办公室提供）

校友的其他日常工作。总之要利用校友资源充分发挥校友的宣传桥梁、教育、助学、咨询等作用，促进学校的发展。"[41] 位育中学、位育初级中学商定联合举办校庆活动，重视共同拥有的校友资源。

根据位育中学校友会的实际情况，以及为适应与推进新时期的校友会工作，2023年初位育中学校友会特制定《上海市位育中学校友会章程》，分总则、职责和原则、会员、组织机构、资产管理和使用、终止程序及终止后的财产处理、附则等，计7章28条。[42] 校友会的成立，就是为了更好发扬位育中学的优良传统，加强校友之间、校友与母校之间的联系，交流经验，增进情谊。促进校友自身价值的实现，促进学校各项事业蓬勃发展，推动祖国教育事业发展。

二、校友会开展的工作与活动

校友会搭建了学校与校友间沟通交流、互利互助的平台，校友会各级成员为校友会工作的开展发挥了极为重要的作用。校友会工作能够积极促进母校与校友间情感、信息的交流沟通，助推校友在自身事业领域的蓬勃发展，广泛团结校友共商母校发展大计，使得校友与母校之间的联系更为紧密，互动更为有力。近年来，位育中学校友会及各地校友分会做了大量工作，主要体现在几个方面。

第一，收集、整理校史资料，参与编写校史。

近年来，位育中学先后刊印了《位育中学建校四十五周年（一九四三——一九八八）》（1988年）、《位育中学五十周年纪念（1943—1993）》（1993年）、《位育风采》第1辑（1998年）、《上海市位育中学六十周年校庆纪念册》（2003年）、《位育风采》第2辑（2003年）、《上海市位育初级中学（1943—2008）》（2008年）、《上海市位育初级中学（1943—2013）》（2013年）、《位育中学校史简编》（2017年）、《上海市位育初级中学（1943—2018）》（2018年）、《位育师生名录》（2018年）等等。校友会均积极参与（图8-34至图8-36）。[43]

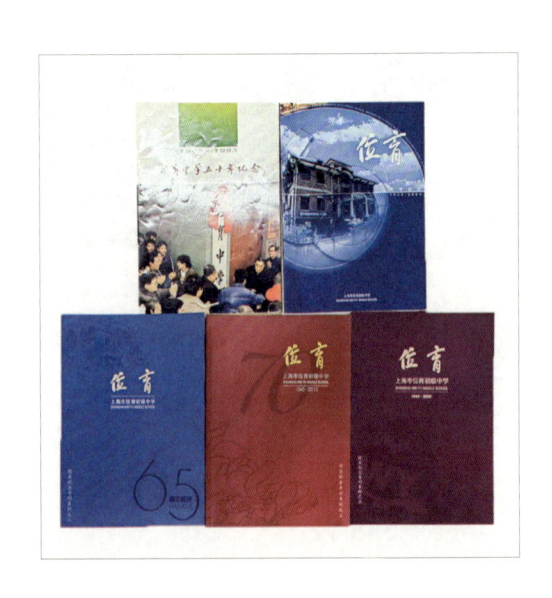

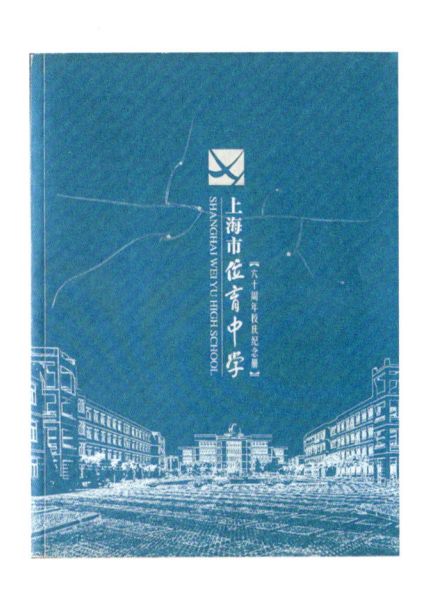

图8-34 刊印的校庆纪念册、纪念刊一览（部分）

图8-35 《上海市位育中学六十周年校庆纪念册》（2003年刊印）

图8-36 上海市位育初级中学编：《位育：上海市位育初级中学（1943—2018）》

图8-37 《位育中学校史简编》封面

在此着重介绍《位育风采》与《位育中学校史简编》。位育中学为祖国培养了数以万计的人才，校友在各自的岗位上，为国家与社会发展做出了卓越贡献，为此，校友会特别在1998年校庆与2003年校庆时编印《位育风采》二辑，为校友提供园地，讲述成长过程，抒发怀念母校的深情，汇报工作实践和奋斗奉献的经历，留作母校校史的资料。《位育中学校史简编》是校友会参与编写的资料较为丰富的一本，共分为两编：其一是校史简编，包括创建位育中学的动因、李楚材校长简介、学校历史沿革，以及教师、校友事迹等；其二是校史资料，涵盖了包括学校发展历程、校歌、师生回忆、各类报告等资料。它将位育中学成立以来的各种史料汇编成册，对校史研究具有重要的参考价值（图8-37）。

校友是学校发展的亲历者与见证者，他们自身的经历本就是校史的重要组成部分。校友会将校友的亲身经历及其保存的如文字、照片、影像等一手资料保存下来，这对于校史研究来说弥足珍贵。

第二，编纂发行校友专刊。

位育校友会极为注重校友与母校之间的情感联系，为此特别发行《位育校友》《钟声》等校友专刊，供各地校友及时了解母校资讯，并提供相互交流的平台。以下简要介绍之。

《位育校友》由上海市位育中学校友会主编，为校友内部通讯，校友会会长李楚材老校长题写刊头词。《位育校友》于1991年11月发行第1期，主要内容是向校友们汇报校友会理事会的具体工作情况。校友会理事会于这一年的10月26日在位育中学红楼会议室举行，到会人员有校友会顾问朱家泽、校友会副会长陈冰清、秘书长蒋衍、理事徐鞠令等20余人，理事会围绕1993年学校将举行50周年纪念等事项进行讨论，朱家泽顾问对校友会工作和校庆活动提出了许多建议，并被一致采纳。[44] 1993年10月，第3期《位育校友》发行，适值位育成立50周年大庆，因此这期《位育校友》"既是庆祝会的通知，又是校庆的请柬"。在刊中，位育中学校友会对广大校友发出了诚挚的邀请：

今年是我校成立五十周年大庆。现定于十一月四日上午九时在校部举行庆祝大会，会后分年级（班级）开展庆祝联谊活动。竭诚邀请历届校友力排冗忙，返校团聚。

欢迎你们重游少时负笈旧地，寻踪觅迹，追忆当年。

欢迎你们欢晤曾朝夕相处的师友，畅谈别后往事，欢叙纯真友情；

欢迎你们访问母校发展新貌，为母校的兴旺昌盛，争创一流学校献计献策，倾心支持。[45]

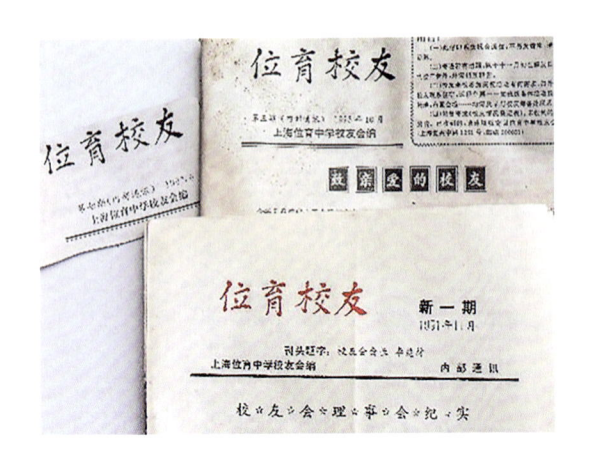

图8-38 《位育校友》

此后，《位育校友》基本按照每年一期的标准按时发行，并同时分发至香港校友会等分会，使得各地校友均能及时与上海总会通讯（图8-38）。

《钟声》杂志是位育中学北美校友会出版发行的一份校友会会刊，是一个以"分享"为宗旨，让校友交流思想抒发情怀的校友年刊，内容着重在最受读者欢迎的那些难忘的位育时光和青春岁月，突出位育人自己的回忆和经历，同时也畅谈位育人在事业上拼搏奋斗的心得体会，倾诉在家庭中尽心尽职的酸甜苦辣，细说云游世界的奇见异闻，传授享受现代文明的方法诀窍，点评文学艺术电影音乐，等等。

值得特别指出的是，北美校友会校刊杂志《钟声》之名取自位育中学"钟声"黑板报，北美《钟声》的编委有一些校友在中学时期就担任过"钟声"的主编，如吉力立、汤沐黎、宓哲新等。在此摘引一段北美吉力立校友对于位育中学"钟声"壁报的回忆：

我是在中二时作为预备抄写员被钟声招募的。当时的总编辑是任德铭，一位高三学生，后来成为著名物理学家且英年早逝。钟声二字据说就是出自他的首创，并成为日后所有刊头的楷模。当时许多品学兼优的学生，都以有机会为钟声报抄写为荣。但每星期三下午，当编辑把一张勾画整齐的手稿交到他们手中时，他们大都不明白也不屑知道这份壁报运转出版的详情。……

编辑工作的重要部分是改稿。在没有电脑的时代，一切靠纸靠笔，在原作者的初稿上涂写勾略，以适应内容和版面需要。尽管编委们尽心尽力，但每周要确定十几版的内容，最后定稿还得花费大量时间精力。汤沐黎家住襄阳公园对面的高塔公寓，我们周二常在他家工作到深夜，直到每份稿子都能被抄写员看懂为止。当然，同学少年，书生意气，经常海阔天空地谈论些不着边际的话题，例如人类是否会进化成只有一个手指按电钮（汤氏科学假设）等，也是常事……

当年全校名列第一的抄写员非矫桂瑾（矫瑜老师的弟弟，也是北美校友）莫属。他的字体娟秀而有内力，颇见功底。覃雪芝的字工整奇特，独树一帜。现在能回忆起参与抄写的北美校友还有荣兆丰，

第八章　沪上名校竞风流

如果我把哪位遗漏了，在此致歉。沐黎和我也常常得临时上阵，聊以补缺，以我目前仍愧于见人的书法，真不知那时怎么敢露脸。但沐黎更重要的任务是排版，把色彩、动感、视觉冲击力带到这一字长蛇阵的十几块大小一般的黑板上。标题是用仿宋、隶书、草书；立体、斜体、还是用双勾，都由他决定。现在位育校友会刊上的"钟声"二字，即是他的手笔。要用粉笔信手创作图画，须有很大才气。除了沐黎本人（当初即显露绘画天赋），中五（3）班的沈家驹是另一位高手。他的漫画生动诙谐，让人叫绝，总能吸引大群观众。我在位育的五年期间除了寒暑假，从未记得钟声有任何一周开个天窗，哪怕是一个版面……对于我们这代人，这钟声将永久地回荡在耳边，萦绕在心中，永不消失。[46]

位育中学"钟声"壁报每期十几版的内容，并无上级布置，基本上是由总编辑领导下的编委会决定并征稿。总编辑由校学生会指派，第一届总编辑是任德铭，他的继任者是伍幼威，伍幼威以后即由汤沐黎和吉力立负责。宓哲新后来也受团委指派参与编辑工作。每个年级设一名"钟声"编委，每班设一名通讯员，大都由主动热心而又有文笔功底的同学担任。覃雪芝和陈文乔等人都曾是编委成员。北美校友会的朱凯靖、徐承一、肖亦麟、郑慧敏等校友，亦都是当时的干将。彼时编委会议常在北楼侧自行车棚旁边的一个小屋里进行，但每周一期的出版，则完全是有规律的运转。编委除了按总编辑的意图约稿写稿，也常常主动向通讯员们征稿。偶尔，校长或团委书记等学校领导也会按局势需要向编辑部发出指示，集中宣传报道某一方面的内容，比如学习雷锋，评审三好五好学生，等等。正因"钟声"壁报伴随着众多位育学子度过了难忘的中学时光，北美校友会遂决定继续以"钟声"之名在北美地区延续位育的精神。这里，也要提一下，后来位育初级中学也有《钟声》刊物（图8-39、图8-40）。

北美校友会的《钟声》杂志第1期发行于1994年，主要介绍位育中学旅美同学聚会的花絮和简报，内容相对简单。后续随着北美位育人的无私奉献，《钟声》已经从初期简单数页的版面，到2011年第17期后近百页图文并茂的彩印出刊，汇集精彩的报道、回忆、诗词、绘画、摄影、书法等内容。每逢校庆周年纪念，《钟声》也会开辟专栏，进行校庆活动的介绍与报道。北美校友会会员每年都会收到邮寄的《钟声》

图8-39　钟声文学社

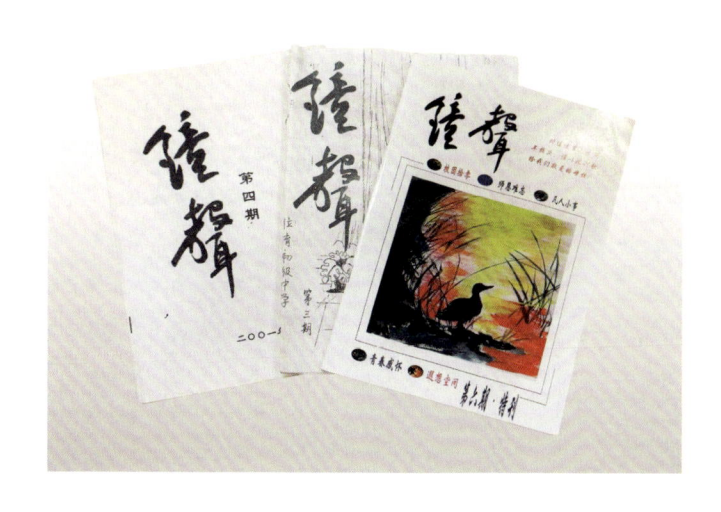

图8-40　钟声文学社校刊《钟声》

图8-41 《钟声》第5期,上海位育中学旅美校友会(1999年1月)

刊物,北美地区的《钟声》也会时常与上海地区的《钟声》相互交流、交换,会员们不仅能阅览欣赏同窗们的精彩故事,生动近影,也能从中获知老同学的通讯联络信息,使各地位育人越走越近(图8-41)。[47]

不过令人遗憾的是,囿于每一年印刷邮寄《钟声》年刊的费用不断上涨,并且在新媒体、自媒体等网络媒体的冲击下,北美校友会的《钟声》杂志后难以维系,运作不易,故在2022年第28期出版以后,北美《钟声》暂停出版,部分内容转为线上,做出了一些调整。即便如此,位育中学北美校友会服务组的全体成员依然欢迎对编辑排版有兴趣有经验,并甘愿服务校友的位育人,自告奋勇地承担出版责任,负责组织新的年富力强的编辑组。如此,《钟声》定将再次回荡。

表8-1 上海位育中学北美校友会《钟声》杂志一览

发行期数	发行年份	形式	主编	编委
1	1994	通讯	李忠明	冯和赉、何祖明、温宁、林海琳
2	1995	通讯	李忠明	温宁、林海琳
3	1996	通讯	李忠明	温宁、林海琳
4	1997	通讯	李忠明	蒋青、温宁、林海琳
5	1999	通讯	李忠明	蒋青、温宁、林海琳
6	1999	通讯	蒋青	华非非、朱凯靖、郑慧敏等
7	2000	通讯	蒋青	华非非、朱凯靖、郑慧敏等
8	2001	通讯	华非非	蒋青
9	2002	杂志	陈文乔	不详
10	2003	杂志	陈文乔	不详
11	2004	杂志	陈文乔	不详
12	2006	杂志	瞿德霖	罗首初、洪钧言、徐慧丽等
13	2007	杂志	吴攸承、罗首初	罗首初、洪钧言、徐慧丽等
14	2008	杂志	吴攸承	瞿德霖、蒋青、徐慧丽
15	2009	杂志	吴攸承	瞿德霖、蒋青、徐慧丽
16	2010	杂志	吴攸承	瞿德霖、蒋青、徐慧丽等
17	2011	杂志	吴攸承	瞿德霖、蒋青、徐慧丽等
18	2012	杂志	吴攸承	瞿德霖、蒋青、叶秋怡等
19	2013	杂志	吴攸承	瞿德霖、蒋青、叶秋怡等

(续表)

发行期数	发行年份	形式	主编	编委
20	2014	杂志	吴攸承	瞿德霖、蒋青、叶秋怡等
21	2015	杂志	吴攸承	瞿德霖、蒋青、叶秋怡等
22	2016	杂志	叶秋怡	瞿德霖、蒋青、王家斌等
23	2017	杂志	周家钧	瞿德霖、蒋青、吴攸承等
24	2018	杂志	周家钧	瞿德霖、蒋青、吴攸承等
25	2019	杂志	周家钧	瞿德霖、蒋青、吴攸承等
26	2020	杂志	周家钧	瞿德霖、蒋青、吴攸承等
27	2021	杂志	周家钧	瞿德霖、蒋青、吴攸承等
28	2022	杂志	周家钧	瞿德霖、蒋青、王家斌等

*资料来源：据上海位育中学北美校友会，上海市位育初级中学档案室藏。

第三，组织校友举办毕业纪念、同学聚会、校庆等活动。

"爱我校，爱我先生，爱我同窗"是为校歌中所传唱的歌词，"联络感情，增进友谊"是位育校友会的宗旨之一，因此毕业纪念、同学聚会及校庆等活动，一直以来都是学校、校友会工作的重点。

正如前文所述，在朱家泽校长的倡议下，在校友与校友会的共同努力下，位育中学每届校友毕业40周年、50周年组织纪念活动逐步形成惯例。校友会在这之中做了不少工作，在每次组织纪念活动结束后，校友会都会发行返校纪念册、返校纪念文集等刊物留作纪念。根据学校档案室、校友会提供的资料，在此列举部分校友会组织的毕业周年纪念活动及其出版的刊物（图8-42、图8-43）。

表8-2　1998—2023年位育中学校友会组织学生毕业周年纪念活动及出版刊物（据不完全统计）

活动时间	学生届别	毕业周年	刊印纪念册、文集、通讯录等
1998	1948	50	不详
2002	1952	50	《一九五二届乙班同学毕业五十周年返校留念》
2003	1951	52	《位育中学第四届五年制班（1946—1951）纪念册》
2004	1954	50	《位育中学54届校友毕业五十周年纪念文集》
2006	1966	40	《位育中学66届中三毕业40周年纪念》
2007	1967	40	《往事如烟，往事并非如烟》
2011	1961	50	《上海市位育中学61届高中毕业五十周年纪念》
2013	1968	45	《上海市第五十一中学65级中（7）班纪念册》
2015	1965	50	《位育情怀：上海市第五十一中学65届初中毕业50周年纪念册》
2017	1965	50	《位育中学六五届毕业五十周年纪念校友通讯汇编》

*资料来源：据上海市位育中学档案室、上海市位育中学校友会提供资料汇总。

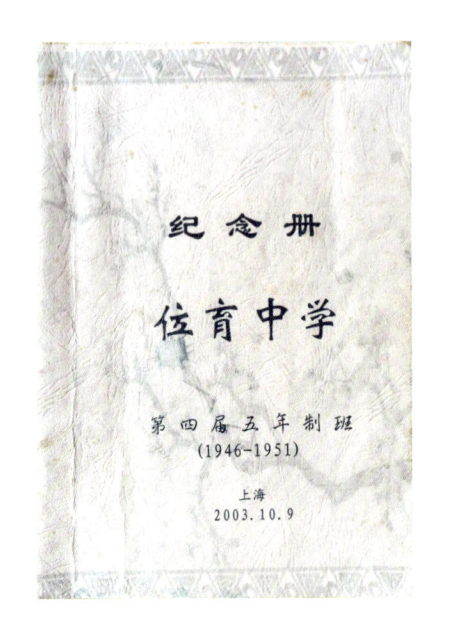

图8-42 《位育中学第四届五年制班（1946—1951）纪念册》（2003年刊印）

图8-43 《上海第五十一中学七十华诞暨八六届毕业生2013全球百人汇纪念相册》（2013年刊印）

图8-44 《且试天下：上海市位育中学二〇〇七届实验班毕业纪念册》（2007年刊印）

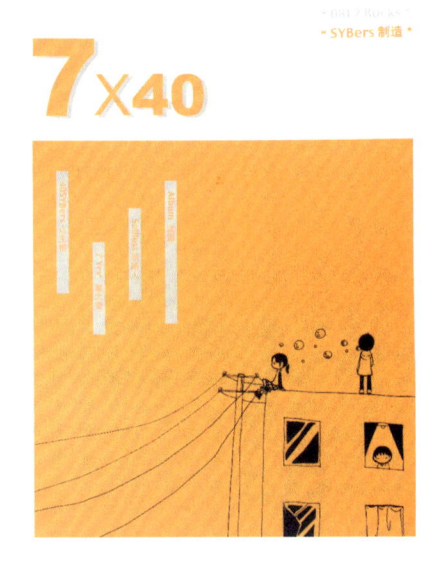

图8-45 《7×40：2008届实验班毕业纪念册》（2008年刊印）

此外，学校还有《且试天下：上海市位育中学二〇〇七届实验班毕业纪念册》（图8-44）（2007年刊印）；《7×40：2008届实验班毕业纪念册》（2008年刊印）（图8-45）。

组织毕业校友的同学聚会同样也是校友会工作的重点。以位育中学北美校友会为例，北美分会自成立以来，每年都会不定期地由校友会举办一些同学聚会。位育中学旅美校友在1994年就已举行了3次聚会。第一次聚会于5月28日在洛杉矶市刘伟民校友家中，有8位老师和校友参加；第二次聚会于9月4日在纽约市宋微楚家中，有19位老师和校友参加，上海市位育中学还专门寄来了贺信；第三次聚会于9月25日在芝加哥市洪大德校友家，有12位老师和校友参加。北美校友在每次聚会后都会撰写一些文章简报来留作纪念，在1994年第三次芝加哥聚会结束后，洪大德校友撰写《芝加哥地区校友会聚会简报》，其中写道：

> 这次聚会每一个人都度过了愉快的时光。这是一次分别多年的老朋友再相重逢的好机会。大家在回忆过去往事的同时又各自介绍了来美国后的不同经历。因为我们将近三十年前离开位育，每个人变化都很大。我们中有的成为教授，有的成为医生，有的成为商业工作者，有的成为工程师等等。一个共同的纽带使我们今天来到了一起。如果说我们对在母校的所有日子的回忆是美好的，那将是虚伪的说法。然而，每个学生将证明在位育我们有最好的师资。他们教育了我们，并培养了我们的理想。我很高兴这次能有这么多人来，我希望下次聚会能见到更多的校友。[48]

此后，几乎每两年北美校友会的校友都会在校友会的组织下欢聚一堂，每到聚会前夕，北美分会都会发布策划通知，共邀校友一同讨论聚会的具体安排。在北美校友会的联络下，从纽约到华盛顿，从洛杉矶到明州，从费城到芝加哥，此外还有加利福尼亚州、内华达州、犹他州、伊利诺伊州、密西根州、弗吉尼亚州、纽约州、新泽西州和宾夕法尼亚州等等，分散于北美大地的位育校友虽相距万里，但他们的内心却时时刻刻同母校紧密联系在一起（图8-46、图8-47）。

位育校友众多，联络广泛，分布在海内外的位育校友始终关心母校的发展，饮水思源，他们利用各种途径，通过多种方式来表达对母校的热爱与感恩之情。有的校友尽管毕业多年，远在外地，每逢母校举行同学聚会，举办校庆活动，总是千方百计返回上海，来到母校，与师长、同学相聚，抚今思昔，共叙友情。有的校友关心母校建设，为母校发展献计献策，或建言，或捐物，或捐款，拳拳之心，令人感佩（图8-48、图8-49）。

难忘母校，情系位育。

图8-46　位育北美校友会纽约聚会（摄于2019年）

图8-47　位育北美校友会多伦多聚会（摄于2019年）

图8-48　学校举行华山奖学金大会授奖大会
（位育中学校友会提供）

图8-49　校友、中国棋王陈祖德回母校
（位育中学校友会提供）

第三节　历年的校庆活动

位育重视自己的办学历史，在位育小学创办之时，就自觉意识到要将学校的办学情况告知社会，"自应公诸社会，就正于有德"[49]。所以开办未久，每年出版刊物一种，此即《位育校刊》，先后有8期之多。抗战时期，由于上海环境特殊，暂行停刊。此后又因物价昂贵，学校也无发行定期刊物之力量。1943年，位育中学成立。彼时虽无校刊，但学校十分注重自己的校庆纪念，1944年6月12日，举行立校一周年纪念会。此后每年均要举办建校纪念会。1948年3月，《位育校刊》第1期出版，刊登《校史简史》。是年6月12日，第3期《位育校刊》出版，此为中学部5周年纪念专号，刊登李楚材校长撰写的《五年志感》，并刊发"位育中学五年大事记"。在位育中学部（位育中学）建校5周年纪念专号中，位育校董们纷纷题词，或祝贺，或勉励，社会各界也予以热切关注。

位育中学自1943年创设以来，每逢校庆日（一般为6月12日）[50]，学校都要举办形式多样的庆祝活动，或编写纪念册，或举办成绩展览会、游艺会、家长恳谈会等。师生齐聚一堂，也邀请一些社会名流、学生家长与会。校庆日成为位育师生和关心位育发展的社会人士的欢聚时刻。

1950年6月12日，位育中学举行建校7周年校庆大会，这是中华人民共和国成立后位育中学举办的第一次校庆活动（图8-50）。校庆当日上午举盛大的表演活动，有中学部的海军舞、小学部的歌舞剧、足尖舞和口琴队的大规模演奏等等。[51]表演进行的同时，中华职业学校向位育中学献旗致贺，上面写着："愿咱们共同努力迎接中华人民共和国文化建设高潮。"下午则举行排球赛，由位育中学迎战清心中学，两队打得难解难分，为师生们献上了精彩的体育比赛。此外，校方还邀请了中国傀儡剧团来校演出木偶戏《万里长城》《兄妹垦荒》《猴子戏》等一系列剧目，获得师生一致赞誉。[52]举办这样的校庆活动，一直延续到20世纪60年代初（图8-51）。

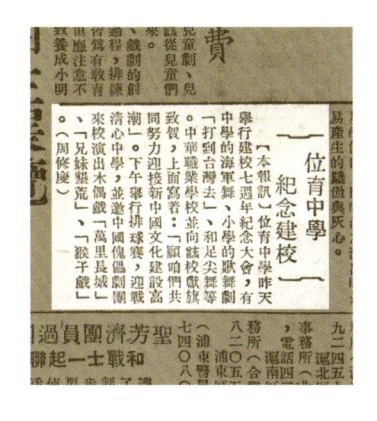

图8-50　位育中学举行建校7周年纪念大会（选自《文汇报》1950年6月13日，第3版）

图8-51　学校举行20周年校庆纪念合影留念（摄于1963年）

此后，校友会、校庆活动一度停止。国家实行改革开放后，学校又逐渐恢复校庆活动。位育中学（第五十一中学）通过成立校友会组织，举办校庆活动，不断加强与校友的联系。对于位育中学这样一所名校来说，举办校庆纪念活动有着重要意义。举办校庆活动，可以传承与发扬学校的历史传统，增强学校组织成员的凝聚力，促进学校与外界的信息交流；同时也可以进一步加强校友与学校、校友与校友、校友与在校师生之间的情感交流与沟通往来，弘扬位育精神，扩大社会影响。

1983年10月，位育中学举办建校40周年校庆纪念活动。此次校庆规模虽然相对较小，也未举行隆重的大型表演节目或组织刺激的体育赛事，但回到母校共叙过往位育情怀的师生却依旧济济一堂，具体有包括李楚材、王德宁、王希明、郁定一、江志英、陆景一、庞翔勋在内的46名教师及从1948届至1983届已经毕业的数百名校友。[53] 他们回到母校，畅谈过往，留下了美好又珍贵的回忆（图8-52、图8-53-1、图8-53-2）。

1988年是位育中学建校45周年。是年11月，学校举办建校45周年纪念，这是位育中学成立以来第一次举行规模较大的校庆活动。之所以选择1988年学校成立45周年之际举行较大规模的庆祝活动，基于三方面的原因：第一个原因是由于位育中学刚刚恢复了原校名，成立了校友会，开展45周年庆祝活动顺理成章，学校希望借校庆这一平台，请校友返校，重叙旧情，也是老校友的普遍愿望。第二个原因是李楚材校长回归位育中学并担任名誉校长，李楚材是位育中学的首任校长，在老校友心中极具号召力与凝聚力，在此时举行校庆活动，自然能吸引早期的位育校友参加，从而推动学校彼时正在开展的"寻找位育人的足迹"的主题教育活动。这里，还要提一下1988年前后，李楚材曾给巴金写信，邀请他"为学校的纪念刊写几句话或者发表对中小学教育的一点意见"。当时巴金未完篇，后完成，题为《致李楚材》，发表于《收获》2004年第1期。第三个原因是那时的位育中学经过"文化大革命"以后10年的修复，其校风、校貌、师资质量和办学水平均呈上升态势，已基本恢复到"文化大革命"前的水平，这次45周年

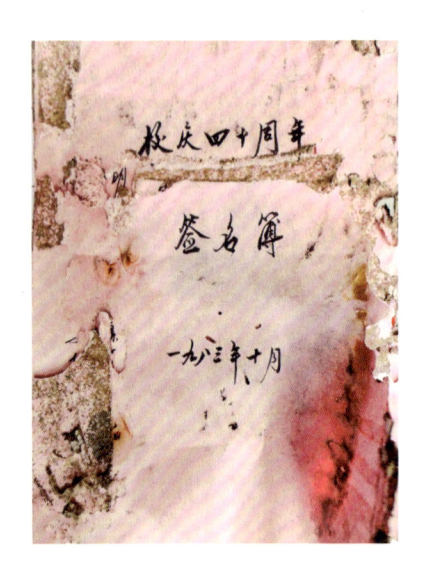

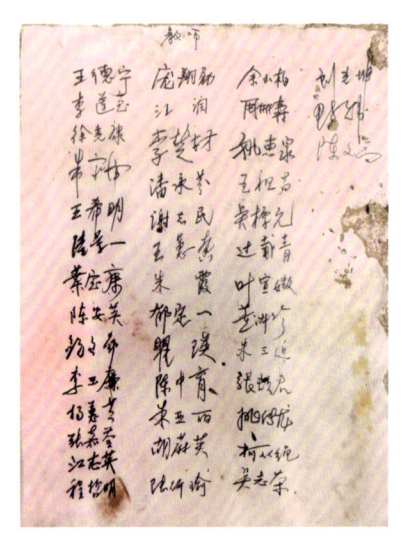

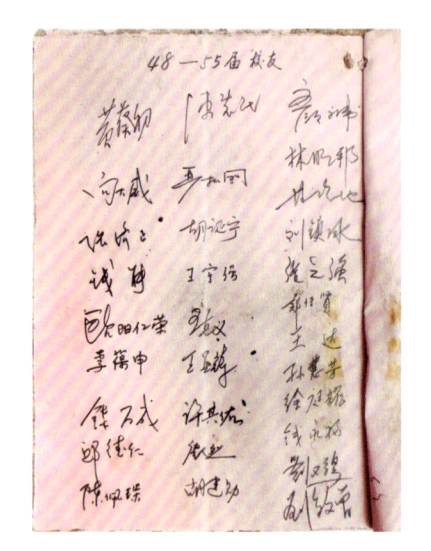

图8-52 《校庆四十周年签名簿》（1983年）

图8-53-1 《校庆四十周年签名簿》（教师部分）

图8-53-2 《校庆四十周年签名簿》（学生部分）

的校庆活动也是对"文化大革命"结束以后12年办学过程的回顾与总结。[54]位育中学举行的45周年校庆活动，庆典隆重而简朴，温馨而热烈。社会各界人士纷纷前来祝福，时任全国政协副主席、民进中央副主席、佛教协会会长赵朴初（见图4-33），国家教委党组书记、副主任（此前为教育部部长）何东昌等为位育中学45周年校庆题词。学校举行同窗返校活动，广泛邀请校友返校，取得了热烈反响。为了更好地使校友切实感受到母校情怀，位育中学特意出版发行了45周年校庆纪念册，郁定一、陆景一、金晨光、潘承芬等人都在纪念册中发表过纪念文章，回忆在位育的种种过往。如潘承芬老师在45周年校庆纪念册上回忆位育教师优良风气的一段内容便引起了老校友及老教师的广泛共鸣：

> 我是1955年调入位育中学任教的，位育的"团结、严谨、多思"的优良校风熏陶了我，使我从一个不大熟悉中学业务的新教师，逐步懂得如何尽快成为称职的教师。位育的老校长李楚材先生、朱家泽老师以及很多老教师，他们的身教言传，以身作则，为人师表，我直接得到了很深的启迪。
>
> 位育教师之间形成了团结友爱、互相帮助的好风气，这对办好学校、教好学生是至关重要的。我进位育初教中学数学，缺乏经验，在数学教研组和年级备课组老师们的帮助下，特别是钱松若、叶宣徽两位老师的热情帮助，使我这个新教师，有了克服困难、承担工作的信心。在我边学边教过程中，她们帮我摸索到了概念教学规律："小步前进、螺旋上升"，知识反复循环，形成正确的概念。我逐步懂得了：尊重概念教育、加强基本训练，这是提高教学质量的关键。因此经过一段不长的教学实践，我的教学效果就有了显著提高。钱松若、叶宣徽两位老师治学严谨，一丝不苟；工作

踏实认真，一步一个脚印，关心帮助同志，十分热情诚恳，她们在教研组里为大家做出了榜样。其他各年级组和各教研组也都有这样一些同志起着榜样的作用，大家相互学习，学校的优良传统得以在全校发扬。

在纪念我校四十五周年校庆之际，衷心祝愿母校的优良传统发扬光大，为祖国四化建设培养更多更好的人才做出贡献。[55]

此次庆典举办取得很好的效果，校友们意犹未尽，纷纷表示希望能够将举办校庆纪念活动作为一项传统延续下去，校方与校友会对此认真思考并最终采纳了这一建议。因此，在45周年校庆之后，位育中学每隔5年举行一次小庆，每隔10年举行一次大庆，此后成为惯例（图8-54、图-55）。

1993年，位育中学举行50周年校庆。彼时位育中学校友会已初具规模，各地校友分会也逐步成型，因此在筹备50周年校庆时，校友会出力甚多，此后一直成为历年校庆筹备中不可缺少的一份力量。在50周年校庆举办前夕，校友会不仅利用刊物《位育校友》及《解放日报》等媒体向广大校友发出邀请函，邀请他们共赴盛会，向世界各地的校友汇报校庆筹备的具体内容与安排，并发放《校友情况登记表》登记校友信息，力求做到公开、透明、完整、及时。在校友会、校庆筹备处的努力下，外地校友的住宿、返程车票、班级集体活动的场地预约、纪念册发放及布置会场等校庆安排都在井然有序、有条不紊地推进着。[56] 校庆当日，校友们云集昔日校园，各地校友会的代表也纷纷回到上海，相聚母校。如位育中学校友会北京分会的副秘书长、组长何业光代表北京校友会回到上海参加母校50周年校

图8-54　何东昌题词祝贺位育中学45周年校庆（1988年）

图8-55　位育中学校庆45周年纪念合影（摄于1988年11月）

图8-56 庆祝上海市位育中学建校50周年
（摄于1993年）

图8-57 位育50周年校庆设立募捐处
（摄于1993年）

图8-58 位育中学举行建校50周年庆祝大会
（摄于1993年）

庆庆典，身处美国的田长霖等校友亦纷纷来信祝贺。大家欢聚校园，畅谈昔日趣闻，享受着久违的团圆时光。为了加强校友与在校师生之间的情感交流，校友会与校方特意组织30余位杰出校友，分别到全校各班做"寻找位育人的足迹"的辅导报告。校友们从自身经历等不同角度叙述、畅谈学生时代的勤奋与工作创业的艰辛，给在校学生以亲切、生动的教育，以校友们自身的经历、经验和教训，激励在校学生，使其茁壮成长。在校友前辈们身体力行的感染与鼓励下，位育中学的在校学生体会到了很多在课堂上难以接触到的生动知识与人生道理，度过了一个难忘的校庆之日。（图8-56至图8-58）。

1998年11月14日，位育中学举行建校55周年庆典。在策划筹备55周年校庆时，筹委会经过讨论，决定向校友发起征文，希望校友撰写"成长的历程"，回忆师生、同窗、母校之间的往事，并将文章汇编为《位育风采》作为贺礼献给母校。[57]这一年，又适逢华泾新校区落成；4月22日，位育中学首任校长、名誉校长李楚材逝世。为了纪念李校长，学校决定将立李楚材校长雕像与参观新校园等环节纳入此次校庆的活动安排之中。[58]校庆当日，上午在复兴中路校区举行开幕式，由位育初级中学龙世明校长主持，位育中学赵家镐校长致辞，回顾了位育的发展。特级教师潘益善作为教师代表致辞，学生代表与校友代表也陆续发言。各地校友分会方面，北京分会、北美分会的代表悉数到场，而香港校友会的负责人、李楚材的长子李健熊也回到母校，表达了对母校的感谢之情。会后，学校组织大巴将校友们载往华泾的位育路新校址，继续校庆活动。到达新校园后，首先举行李楚材校长塑像揭幕仪式，在李健熊等人致辞后，缓缓揭起深红色丝绒帷，李楚材校长的塑像随即展现在众人面前。李校长的这座塑像是由校友会官方及部分校友个体捐资建造而成，整体呈裸铜色，连底座约有一人高，李校长双目凝视前方，神情坚毅，体现出他为教育事业苦心孤诣、九死无悔的风骨。事实上，关于这座塑像还有一段小插曲。如按照原定计划，在校长塑像底座应刻上所有捐款校友的姓名，但最后由于捐款人数实在过于庞大，且持续不断地有新的校友前来捐款，因此这项提议最终不得不暂时搁置，后另行增补。仪式结束后，校领导邀请海内外众校友座谈，并让校友们参观新校区。校友们争相在新校园里合影留念。据1967届蒋青校友回忆，许多校友都不约而同地说，瞧今天做位育的学生多惬意啊，我要是能在这里重读一次就好了（图8-59至图8-61）。[59] 55周年校庆的社会影响力颇大，《文汇报》特别对此次校庆做了专题报道：

  本报讯　日前，位育中学师生和历届校友欢聚一堂，共庆建校五十五周年并隆重举行已故名誉校长李楚材先生铜像揭幕仪式。半个多世纪以来，该校培育了数以万计的学生。今年，位育中学高中部南迁华泾地区，成为上海新建的现代化寄宿制高级中学。全校师生决心抓住机遇，艰苦奋斗，充分运用现代化设施和学生寄读的有利条件，在实施素质教育的轨道上，探索前进。[60]

2003年11月15日，是位育中学的60周年校庆日。校友们首先乘车前往华泾校区，到了华泾校区大门处，已见彩旗飞扬、锣鼓喧天、仪仗队两边雁列，报到处的工作人员严阵以待，井然有序。时任校友会负责人蒋衍老师，作为60周年校庆的主要组织者，在校门处迎接着诸位校友。参观校区后，校友们汇集礼堂聆听各届校友代表发言，并欣赏学生的音乐表演。1958届校友刘伟民为庆祝60周年校庆，代表国外及中国港澳台地区的校友向母校赠送香港出版的精装世界史一套。北美校友会的汤沐黎校友则为母校献上诗词一首：

图8-59　学校55周年校庆，刊印《位育风采》第一辑（1998年）

图8-60　位育中学建校55周年庆（摄于1998年）

图8-61 位育中学首任校长、名誉校长李楚材先生塑像

高穹广厦任徘徊，回首夕阳红小宅。
一代钟声依旧响，六旬桃李正当开。
已达良治行周礼，更拓宏疆造楚材。
母校双园莲并蒂，赵钱孙李慕名来。[61]

大会结束后，校友们返回复兴中路校区继续活动。相比于华泾校区，老校区更能引起校友们的共鸣。1967届校友洪钧言讲述自己的心情：一回到老校区，"是另外一种亲切的感受，毕竟这里才是我们度过美好少年时光的地方。红楼的图书馆和钟声广播室，柏油地操场和煤渣跑道，阶梯音乐教室和楼间的葡萄架，教室和工场间，无一处没有留下我们成长的脚印"[62]。曾经的位育中学（第五十一中学）排球队，也乘此次60周年校庆得以重逢。以下是昔日排球队队员、1966届校友姚方方的回忆：

> 我们在复兴路的老校园集合，看到昔日英姿勃勃生龙活虎的男女排队员们如今也已两鬓如霜体态发福，心里不禁唏嘘感叹："岁月无情，青春不再。"走过操场，那里曾经是我们抛洒汗水、鲜活蹦跳的地方；来到红楼底下那间曾经的体育室，那狭小的外间曾是体育老师的办公室；简陋的里间就是我们球队的更衣室，一切是那么熟悉和亲切，又是那么遥远和陌生。走进建立在原小操场上的体育馆，宽敞明亮的灯光球场，泛着油漆光辉的木质地板，一切都今非昔比，旧貌换新颜了。在排球场上，大家情不自禁捡起了散落在地上的排球，男女混合玩起来，我在一边观战，脑海里又浮现出四十多年前母校那方兴未艾的群众性排球活动场面；耳畔似乎又响起阵阵"好球！好球！""五十一加油！五十一加油！"的欢呼声；眼前，一群青春靓丽活泼潇洒的女排姑娘们身着枣红色球衣仿佛正向我走来，她们是：周增棠、王其炎、王芒、周家钧、罗鸿仔、尹慧庄、刘仁、徐慧丽、章秀贞、徐涤、甘克森、陈青禾、蒋性媚、吴禧、盛芳掎、许蕴中、曾小迅。[63]

正如姚方方校友所说："一切是那么熟悉和亲切，又是那么遥远和陌生……我在一边观战，脑海里又浮现出四十多年前母校那方兴未艾的群众性排球活动场面……"，纵然校园里的许多场景已经今非昔比，但是那份美好而又温馨的校园回忆却会一直留在每一个位育学子的心中（图8-62、图8-63）。

2008年11月23日，举行位育中学65周年校庆纪念活动。是日，虽然天空中飘洒着雨丝，但是位育初中复兴中路的校园里依旧人潮涌动，校友们沉浸在一片欢乐的海洋中，他们的热情没有受到天气的丝毫影响。空中彩旗飘飘，耳边锣鼓震天，校门口夹道欢迎的师生、电子信息屏上闪烁的欢迎辞、校园里随处可见的欢迎标语以及位育每一个教师和学生脸上的笑容，这一切都向校友与各界人士传达着谢意，更使得所有的校友找到了回家的感觉。校园的道路上，我们看到许多校友都已是白发苍苍的老人，他们回到久违的母校，兴奋的心情溢于言表。一位1967届的位育校友在接受采访时说道："来到学校之后，首先是觉得校舍、校园变化很大，但不失亲切感……位育在我们人生道路上是有很大影响的，从小就培养了我们的世界观、人生观，要为祖国服务，要为社会做贡献……走进……教室，觉得十分温馨和激动，也很感谢母校培养了许多人才。"[64]学校体操房是此次65周年校庆的主会场，虽然外面飘着细雨，但会场内却灯火辉煌，热闹非凡。伴随着雄壮的国歌声，位育初级中学龙世明校长代表两所学校发言，龙校长说，位育是站在巨人肩膀上，这个巨人是由四种力量组成的：老教师、社会各界人士和市教委领导、兄弟姐妹学校校长、毕业生和校友。这四种力量使位育发展成为一个巨人，也使这个巨人站得更高站得更稳。要感谢对位育的发展做出贡献的每一个人。1988届校友裴奕根作为校友代表发言。裴校友感谢位育中学给予了他无限荣耀，使他树立了正确的价值观，坚定了对生活的信念。他直言道，在位育的时光里，他学会了做人的理念，做事的科学方法。他特别感谢位育的"八字"校风——团结、严谨、求实、进取，希望新一代位育人能把这八个字继承下去，发扬光大。在校友代表致辞结束后，2006届初中毕业生何立弘、2007届初中毕业生范昕宇同学的家长也分别表达了对学校的感激之情。接着各级领导与社会各界人士都纷纷致辞，他们回顾了位育悠久的历史和辉煌的成就，并祝愿位育能够迎接新的挑战，抓住机遇，进入新的发展期，成为社会满意的更加优质的学校（图8-64）。[65]

2013年11月16日，学校隆重举行建校70周年校庆活动。事实上，早在2012年校方就已开始筹建

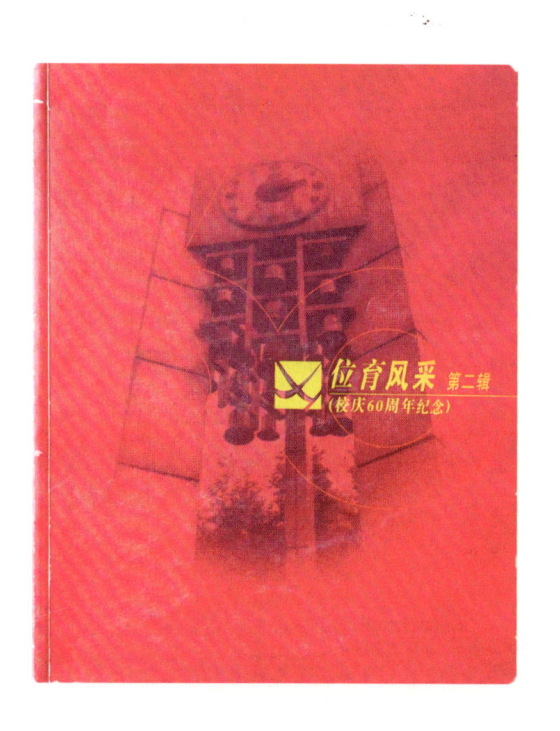

图8-62 《位育风采》第2辑（校庆60周年纪念，2003年）

图8-63 《钟声》第6期（60周年校庆纪念特刊）

图8-64 位育中学庆祝建校65周年（摄于2008年11月23日，位育初级中学提供）

70周年校庆的相关事宜，并于2013年上半年起，开始于各大网站上对位育70周年的校庆活动进行宣传，诚挚邀请广大校友回到母校共参盛会。前来参加70周年校庆的校友人数与其相应的举办规模都相对庞大。庆典当日，校友们首先坐大巴车前往位育路1号的华泾校区，有许多校友是初次回到母校参加校庆活动，他们都为新校舍的气派而感到震惊，另外还有很多位育老教师也是首次到访华泾校区。校友们一同参观了筹备近一年的校史陈列室。[66] 此后，校友们共赴大礼堂开会，大楼前，大红制服的学校军乐队演奏着欢迎曲，场面十分壮观。庆典仪式上，徐汇区教育局局长庄小凤、位育中学名誉校长赵家镐共同为位育中学校史陈列馆揭牌。位育1965届校友、教育部原副部长吴启迪，1967届校友、中国科学院院士赵国屏，1974届校友、上海市政协副主席周汉民先后发言，深情回忆母校的一草一木及恩师的悉心栽培。在之后的学生表演中，管弦乐队、民族舞蹈、吉他合奏相继出场，为在座校友献上了精彩的演出。典礼结束后，大巴又将校友们拉回了复兴中路校区。回到老校舍后，1966届陈怀谷校友感慨道：

> （回到老校园有）几个感觉，一是原来觉得很大的校园，操场，现在怎么都这么小了！另一个是，见了不少校友，有50年代（姑姑的同学），老三届的最熟悉，66、67、68级的都有朋友，还有一些七几届的（我弟弟那一届），但believe or not，来得最多的还是66届高中和初中的校友，坐满了整个教室，还不够。大概在学校待的时间最长，最有"感情"吧！[67]

校园里有许多初中生在做志愿者，他们为校友倒茶、擦桌，校友则跟他们讲述过去的故事，此番景象令人难以忘怀。同先前数次校庆相同，70周年校庆结束后，校友会发行刊印《上海第五十一中学七十

图8-65 热烈庆祝位育建校70周年（摄于2013年11月16日，位育初级中学提供）

图8-66 热烈庆祝位育建校70周年、校友合影（摄于2013年11月16日，位育初级中学提供）

华诞暨八六届毕业生2013全球百人汇纪念相册》，以保留珍贵的校庆时刻。此外，与以往有些不同的是，位育中学趁学校70周年校庆之际，特意出版了位育中学校友名录，留下了他们的名字。对此校方表示："从此，他们（校友们）将永远和位育中学在一起。位育中学将永远记住这些校友，随时欢迎他们回到母校来寻找儿时的记忆，更希望他们把工作中点滴成功向母校汇报。位育中学始终以这样的一批校友为荣。"[68]（图8-65、图8-66）

2018年11月17日，学校举办建校75周年校庆。此次校庆在两个校区同时举行，开幕式放在复兴中路校区。上午9点30分，在初中志愿者们和锣鼓队的欢迎下，校友们缓缓走入老校园。在校庆典礼上，首先，刘晓舟校长向关心支持学校发展的各位领导和各界朋友，向各个时期为学校竭诚奉献的师生员工，向为母校增光添彩的广大校友表示衷心的感谢。初级中学吕东校长则对位育文化与位育精神进行阐释与展望。然后是校友代表发言，他们深情地回溯母校的一草一木、难忘恩师的一言一行，用情至深，令人动容。位育初级中学合唱队的悠扬歌声将校友们瞬间拉回到从前那段青葱岁月，校朗诵队的《我爱你，我的母校》与夏威夷吉他队的《鹦鹉》等节目也赢得了台下热烈的掌声。最后是学校老领导

图8-67 学校举办建校75周年返校纪念活动（摄于2018年11月17日）

图8-68 位育建校75周年返校纪念活动合影（摄于2018年11月17日）

登台，他们为校友们带来了属于他们的"位育记忆"。是日下午，校庆活动继续进行，场地移到了华泾校区。一面硕大的返校签名纪念墙伫立在大楼的中央，上面写着"书生意气共忆同窗往事，岁月风华再叙母校情怀"，校友们纷纷上前签下自己的姓名与其对位育的寄语，并合影留念。值得一提的是，在校庆当日，有不少校友是携家带口一同回到母校参加75周年庆典，甚至有的家庭一家三代皆是位育人，堪称"位育世家"，其中就有一位老校友颇为风趣地表示希望在将来能够达成"四代位育"的成就（图8-67、图8-68）。

2023年，上海市位育中学、位育初级中学将迎来建校80周年华诞。为此，学校领导与广大教职员工、校友会多次商谈，筹划如何做好校庆工作。其中一项工作就是，学校与国内名校研究专业团队合作，成立位育中学校史研究课题组。课题组拟从系统的文献整理着手，对校史内容进行深入挖掘。在此基础上，撰写一部校史研究专著，在校庆80周年之际由商务印书馆出版。校史是对一所学校变迁的真实记录，是校园文化建设的重要内容。撰写、出版一部系统、完整、准确的校史著作，此有助于彰显位育中学的办学特色，丰富学校的文化内涵，对提升学校的办学水平和扩大社会影响具有重要意义。

2023年5月，上海市位育中学校长办公室通过校园网上发布"校庆筹备公告"（公众号版）：

上海市位育中学八十周年校庆筹备公告

鸿业初基，爱在战火纷飞之日；李公经始，乃以为国储才为宗。兹后风雨数经，艰苦备尝，弦歌终于未辍，桃李足慰初怀。时节如流，已经甲子复廿载；今修盛典，实期继往而开来。

二〇二三年是上海市位育中学建校八十周年。学校拟于今年举行一次典礼（十二月十六日），建造一座校史馆，撰修一本校史，制作一部短片，并举办一场教育教学展示，以纪念此一校史上的重要时刻。

时历八秩，人更数辈。制度有因有革，俊彦或往或来。然而精神一贯，薪火承传，终始如一。以进取相勖勉，于笃行求实绩，牢记生长创造之期许，坚持立德树人之本旨。位育中学有今日之规模、今日之声誉，皆赖一代代位育人共同的努力。他们的辛勤汗水、卓越贡献，值得感谢，亦值得铭记！期待与您共聚位育，共叙位育情！[69]

2023年10月，《文汇报》也在显著位置刊登"上海市位育中学八十周年庆祝活动公告"：

上海市位育中学、位育初级中学建校八十周年庆祝活动公告

上海市位育中学、位育初级中学定于2023年12月16日9:00在位育中学（位育路1号）举行建校八十周年庆祝活动，诚挚邀请并热烈欢迎曾在位育（包括五十一中学）工作的教师、就读的学生莅

临。当日9:00至12:00，位育中学、位育初级中学将分别在两校举行校友返校活动。庆祝活动具体安排将于12月份在两校公众号发布，敬请期待！

上海市位育中学、位育初级中学建校八十周年庆祝活动筹委会
二〇二三年十月二十七日[70]

自1943年肇创以来，上海市位育中学走过了整整80年。

80年来，栉风沐雨，学校历经磨难而坚韧不拔，屡受挫折而自强不息，书写传奇。

80年来，位正育卓，学校在时代之境的变与不变、常与无常之间，演绎着文脉的起承转合，屡创辉煌，谱写新篇章。

80年来，桃李春风，学校为国家、为社会培养了大批毕业生，他们活跃于各个行业、各个领域。

80载春秋更迭，位育办学屡经考验，自主发展，与时代和城市同频共振，傲立潮头；八秩芳华润养，位育精神薪火不辍，探寻卓越教育之道，陶铸群英。如今，身处新时代，面临新征程，教育强国之重任在肩，承载着沪上名校润泽厚重的流风遗韵，寄托着社会各界殷切热烈的期望与信任，位育中学必将不忘初心，砥砺前行（图8-69至图8-72）。

图8-69　上海市位育中学校园航拍图（摄于2023年4月10日）

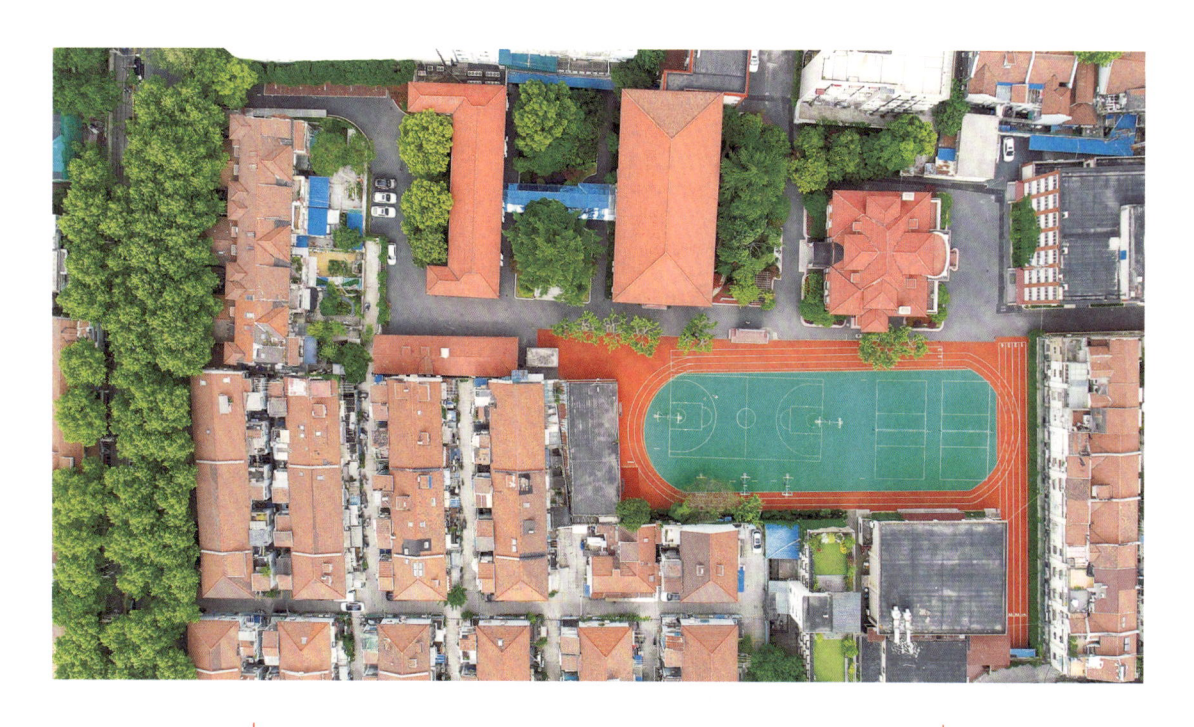

图8-70　上海市位育初级中学校园航拍图（摄于2023年4月20日）

图8-71　上海市位育初级中学校园（摄于2023年4月20日）

图8-72 上海市位育中学校园(摄于2018年10月10日,上海市位育中学校长办公室提供)

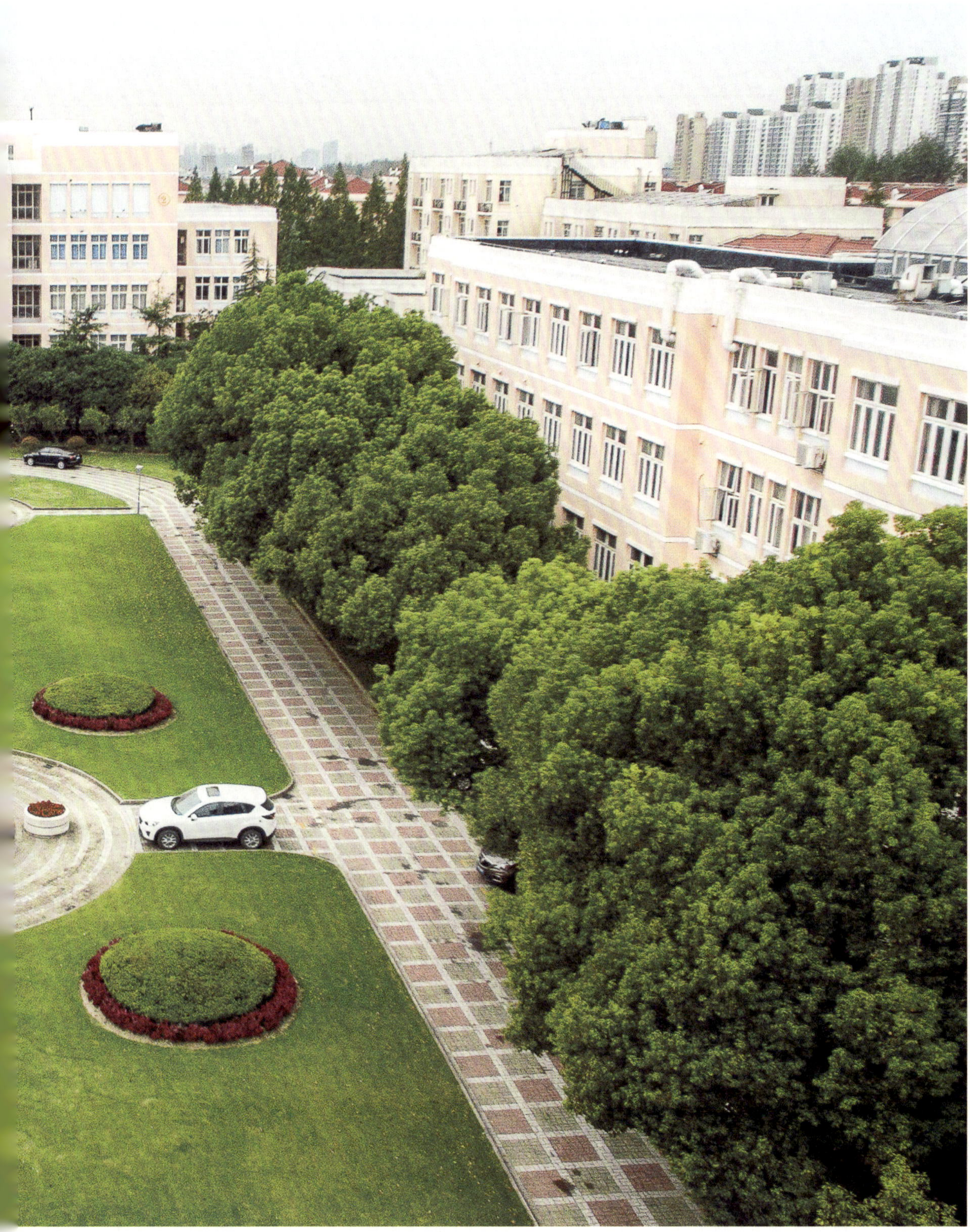

注释

[1] 据位育中学、位育初级中学统计（2023年6月数据），位育中学创办80年来，共计毕业生40169人，其中高中28532人，初中11637人。

[2] 《位育中小学校歌》，江问渔词，吴逸亭曲，《位育校刊》第3期，1948年6月刊印。

[3] 陈佳洱口述，马学强采访整理，2023年6月13日。

[4] 位育中学校友会编：《位育中学校史简编》，上海市作家协会·华语文学网，2017年刊印，第106页。

[5] 《李楚材校长序》，收入《位育中学第一届毕业纪念刊》，1948年刊印。

[6] 《发刊词》，收入《位育中学第一届毕业纪念刊》，1948年刊印。

[7] 《位育中学第一届毕业纪念刊》，1948年刊印。

[8] 参见戴家齐：《发刊词》，《位育中学第二届毕业纪念刊》，1949年刊印。

[9] 《位育中学第三届毕业纪念刊》，1950年刊印。

[10] 林明邦：《发刊词》，收入《位育中学第三届毕业纪念刊》，1950年刊印。

[11] 《位育中学六年一贯制第一届毕业纪念刊》，1951年刊印。

[12] 《位育中学第三届毕业纪念刊》，1950年刊印。

[13] 《位育中学第一届毕业纪念刊》，1948年刊印。

[14] 《位育中学第二届毕业纪念刊》，1949年刊印。

[15] 《位育中学第一届毕业纪念刊》，1948年刊印。

[16] 《位育中学第一届毕业纪念刊》，1948年刊印。

[17] 《位育中学第三届毕业纪念刊》，1950年刊印。

[18] 赵家镐：《朱家泽校长对位育中学的贡献》，收入位育中学校友会编：《位育中学校史简编》，上海市作家协会·华语文学网，2017年刊印，第56—58页。

[19] 江希和：《2002年教师节纪念1952届》，收入《上海位育中学一九五二届乙班同学毕业五十周年返校留念（1946—1952）》，2002年10月刊印，第4页。

[20] 赵家镐：《我的几个学生》，2012年，上海市位育中学档案室藏。

[21] 胡诞宁：《位育中学52届五年一贯制班回忆录》，由校友胡诞宁提供。

[22] 赵家镐：《我的几个学生》，2012年，上海市位育中学档案室藏。

[23] 《67届中二（7）班上海聚会》，上海市位育中学校友会提供。

[24] 陈佳洱：《祈通中西 励志感人——我读〈田长霖新传〉》，《光明日报》2015年8月10日，第13版。

[25] 陈佳洱：《我的位育同学田长霖》，《文汇报》2015年3月10日，"笔会"。

[26] 陈佳洱：《我的位育同学田长霖》，《文汇报》2015年3月10日，"笔会"。

[27] 《昨天上午上海市位育中学（五十一中学）校友会正式成立》，《文汇报》1983年3月25日，第4版。

[28] 《位育中学（第五十一中学）校友会成立纪念刊》，1986年刊印，第4—5页。

[29] 《位育中学（第五十一中学）校友会成立纪念刊》，1986年刊印，第3页。

[30] 赵家镐：《朱家泽校长对位育中学的贡献》，2012年，上海市位育中学档案室藏。

[31] 赵家镐：《朱家泽校长对位育中学的贡献》，2012年，上海市位育中学档案室藏。

[32] 《朱家泽老师寄语》,收入位育中学校友会编:《位育中学校史简编》,上海市作家协会·华语文学网,2017年刊印,第302页。

[33] 李忠明:《位育中学北美校友会和"钟声"期刊的历史回顾》,《钟声》2019年第25期,第8页。

[34] 赵振平:《记北加州位育中学校友的首次聚会》,《钟声》第5期,上海位育中学旅美校友会,1999年1月。

[35] 赵振平:《记北加州位育中学校友的首次聚会》,《钟声》第5期,上海位育中学旅美校友会,1999年1月。

[36] 《北美校友会》,上海位育中学北美校友会提供。

[37] 位育中学校友会编:《位育中学校史简编》,上海市作家协会·华语文学网,2017年刊印,第116、117页。

[38] 《位育中学校友会香港分会会员通讯录》,上海市位育中学档案室藏。

[39] 位育中学校友会编:《位育中学校史简编》,上海市作家协会·华语文学网,2017年刊印,第119页。

[40] 《上海市位育中学章程》,2014年11月修订,上海市位育中学校长办公室提供。

[41] 《上海市位育初级中学章程》(2016年)第三十五条,上海市位育中学校长办公室提供。

[42] 《上海市位育中学校友会章程》,2023年6月,上海市位育中学校友会提供。

[43] 以上校刊资料由上海市位育中学、位育初级中学档案室提供。

[44] 《校友会理事会纪实》,《位育校友》1991年11月新1期,第1版。

[45] 《致亲爱的校友》,《位育校友》1993年10月第3期,第1版。

[46] 吉力立:《钟声记事》,上海位育中学北美校友会提供。

[47] 《〈钟声〉为位育人长歌》,上海位育中学北美校友会提供。

[48] 洪大德:《芝加哥地区校友会聚会简报》,《钟声》1994年第1期,第7页。

[49] 《发刊词》,《位育校刊》第1期,1948年3月刊印。

[50] 《位育中学五年大事记》,《位育校刊》第3期(中学部5周年纪念专号),1948年6月刊印,第10—11页。

[51] 张永龄、张楚龄:《位育中学六年一贯制第一届毕业生级史》,收入《位育中学六年一贯制第一届毕业纪念刊》,1951年刊印,上海市位育中学档案室藏。

[52] 《位育中学纪念建校》,《文汇报》1950年6月13日,第3版。

[53] 《校庆四十周年签名簿》,上海市位育中学档案室藏。

[54] 位育中学校友会编:《位育中学校史简编》,上海市作家协会·华语文学网,2017年刊印,第40页。

[55] 潘承芬:《传统和榜样》,收入位育中学校友会编:《位育中学校史简编》,上海市作家协会·华语文学网,2017年刊印,第199页。

[56] 《附告》,《位育校友》1993年10月第3期,第1版。

[57] 《前言》,收入上海市位育中学校友会编:《位育风采》第1辑,1998年刊印。

[58] 《位育中学五十五周年校庆活动初步方案(讨论稿)》,校庆55周年筹委会,1997年11月。

[59] 蒋青:《98校庆纪行》,《钟声》1998年第5期,第5页。

[60] 《位育中学师生为李楚材铜像揭幕》,《文汇报》1998年11月17日,第6版。

[61] 汤沐黎:《贺位育中学建校六十周年》,《钟声》2003年第10期,第2页。

[62] 洪钧言:《我们都是位育人》,《钟声》2003年第10期,第17页。

[63] 姚方方:《难忘的五十一中学排球队》,收入位育中学校友会编:《位育中学校史简编》,上海市作家协会·华语文学网,2017年刊印,第313—314页。

[64] 《生长、创造,位育精神永流传——暨位育中学、位育初级中学建校六十五周年庆典纪实》,2008年,上海市位育中学档案室藏。

[65] 《生长、创造，位育精神永流传——暨位育中学、位育初级中学建校六十五周年庆典纪实》，2008年，上海市位育中学档案室藏。

[66] 赵家镐:《党的群众路线教育党员教师会议上的发言提纲》，收入位育中学校友会编:《位育中学校史简编》，上海市作家协会·华语文学网，2017年刊印，第349—356页。

[67] 陈怀谷:《从位育七十周年校区到回忆我们的英文老师》，《钟声》2014年第20期，第11页。

[68] 位育中学校友会编:《位育中学校史简编》，上海市作家协会·华语文学网，2017年刊印，第106页。

[69] 此公告（公众号版），由上海市位育中学校长办公室提供。

[70] 《文汇报》2023年10月27日，第1版。

附录

附录一

上海市位育中学历史沿革图

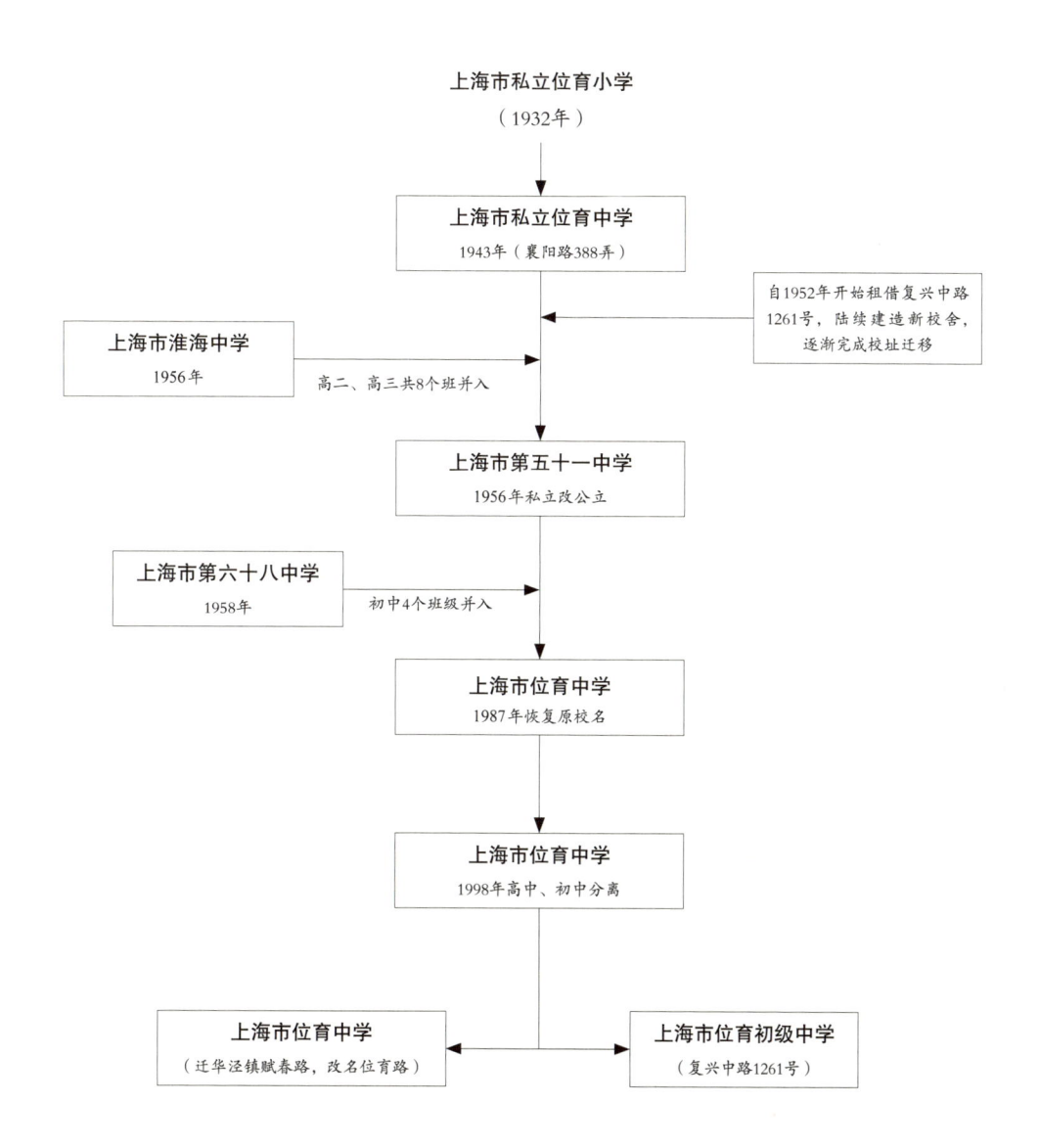

```
           上海市私立位育小学
              （1932年）
                  │
                  ▼
           上海市私立位育中学          ◄──  自1952年开始租借复兴中路
           1943年（襄阳路388弄）              1261号，陆续建造新校舍，
                  ▲                          逐渐完成校址迁移
                  │
  上海市淮海中学 ──┤
     1956年        高二、高三共8个班并入
                  │
                  ▼
           上海市第五十一中学
           1956年私立改公立
                  ▲
                  │
  上海市第六十八中学 ──┤
     1958年          初中4个班级并入
                  │
                  ▼
            上海市位育中学
           1987年恢复原校名
                  │
                  ▼
            上海市位育中学
          1998年高中、初中分离
                  │
        ┌─────────┴─────────┐
        ▼                   ▼
   上海市位育中学        上海市位育初级中学
 （迁华泾镇赋春路，        （复兴中路1261号）
  改名位育路）
```

* 资料来源：据位育中学校友会编《位育中学的历史沿革》，由陈思月绘制。

注：学校详细的沿革情况，参见《大事记》。

附录二

大事记

民国三十二年（1943）

6月12日，校董会议决创办本校，定名为"位育中学"。早些时候，李楚材来到上海，与位育小学留沪校董会面，决定在位育小学基础上扩办中学，负责筹建位育中学。
6月16日，位育中学开始筹备。
6月22日，学校启用各印章。
7月6日，第一次招考新生。
8月1日，新聘教职员来校办公。
8月19日，第二次招考新生。
9月1日，举行开学典礼。下午正式上课。
9月8日，学生自治会成立。
9月10日，举行第一次校务会议。
9月15日，体格检查开始。
9月29日，第一学月测验开始。
10月7日，施行智力测验。
10月11日，开始收集家长意见表。
10月23日，远足漕河泾黄家花园。
11月1日，第二学月测验开始。
11月17日，组织学生自学测导团。
11月20日，举办体育竞技会。
12月6日，第三学月补测开始。
12月11日，举办成绩展览会、音乐会、家长恳谈会。

民国三十三年（1944）

1月7日，举行第二次校务会议。
1月10日，学期测验开始。
1月16日，举行休业式。
1月17日，寒假开始。
2月7日，举行始业式。下午正式上课。
2月11日，举行第三次校务会议。
2月19日，举办假期作业展览会。
3月6日，第一次学月测验开始。
3月22日，学校举办表演会。
4月7日，调查学生家庭生活。
4月17日，第二学月测验开始。
4月21日，远足江湾叶家花园。
5月10日，举行第四次校务会议。
5月22日，第三学月测验开始。
5月27日，学校举办运动会。
6月12日，举行立校一周年纪念会，举办成绩展览会、游艺会、家长恳谈会等。
6月17日，体格检查开始。
6月26日，学期测验开始。
6月30日，举行第五次校务会议。
7月1日，举行休业式。召开校董会。
7月2日，暑假开始。
7月6日，第一次招考新生。
7月8日，暑期补习班开始上课。
8月17日，暑期补习班结束。
8月19日，第二次招考新生。
9月1日，举行始业式。
9月2日，正式上课。
9月13日，举行第六次校务会议。
9月15日，体格检查开始。
10月2日，第一学月测验开始。
10月21日，学校举行表演会。
10月28日，远足漕河泾曹氏墓园。
10月30日，尚武体育会来校表演。
11月6日，第二学月测验开始。
11月18日，举办体育竞技会。

12月9日，举办成绩展览会、音乐会、家长恳谈会。
12月27日，举行寄宿生联欢会。

民国三十四年（1945）
1月3日，举行校董会。
1月8日，学期测验开始。
1月12日，举行第七次校务会议。
1月13日，举行休业式。
1月14日，寒假开始，第一次招考新生。
1月30日，第一次招考新生。
1月31日，举行第八次校务会议。
2月1日，始业式下午正式上课。
2月10日，举办假期作业展览会。
3月5日，第一学月测验开始。
3月25日，木偶剧团来校表演。
3月27日，召开全体教职员座谈会。
4月16日，第二学月测验开始。
5月6日，体格检查开始。
5月12日，举办体育表演会。
5月31日，召开教职员谈话会。
6月3日，举行校董会。
6月10日，举行立校2周年纪念会，举办成绩展览会、恳亲会等活动。
6月25日，学期测验开始。
6月29日，举行第九次校务会议。
6月30日，举行休业式。
7月1日，暑假开始。
7月2日，第一次招考新生。
7月8日，暑期补习班开始上课。
8月12日，举行校董会。
8月19日，第二次招考新生。
9月13日，举行第十次校务会议。
9月14日，始业式，下午开始上课。
10月10日，召开庆祝胜利大会，举行游艺会。
10月20日，第一学月测验开始。
10月27日，远足龙华机场。
11月13日，参加全市中学生国语演说竞赛初中组荣获锦标，举行校董会。
11月27日，第二学月测验开始。
12月6日，学校放映教育电影。
12月8日，举办体育竞技会。
12月20日，举办音乐会。

12月25日，第三学月测验开始。

民国三十五年（1946）
1月12日，召开寄宿生同乐会。
1月16日，学期测验开始。
1月22日，举行十一次校务会议。
1月24日，举行休业式。
1月25日，寒假开始。
1月27日，招考新生。
2月21日，举行始业式，下午正式上课。
3月4日，举行十二次校务会议。
3月20日，学校放映教育电影。
3月24日，召开校董会。
3月25日，第一学月测验开始。
3月30日，童子军检阅。
4月27日，远足龙华。
5月4日，第二学月测验开始。
5月14日，召开十三次校务会议。
6月1日，举办运动会。
6月9日，李楚材校长和儿童文学作家陈伯吹等人一起发起成立《中国儿童读物作者联谊会》，该会在位育中学成立。
6月12日，举行立校3周年纪念会，举办成绩展览会、游艺会等。
6月22日，参加全市童子军露营。
6月24日，学期测验开始。
6月27日，教育局顾视察莅校视察。
6月30日，召开十四次校务会议。
7月1日，举行休业式。
7月2日，暑假开始。
7月9日，招考新生。
7月15日，暑期补习班开始上课。
7月16日，召开校董会。
8月1日，市教育局核准本校校董会立案学校开办。
8月16日，暑期补习班结束。
8月20日，操场改铺柏油面，教育局夏视察莅校视察。
9月9日，举行始业式。下午正式上课。召开十五次校务会议。
9月23日，接管新购漕泾区校地。
9月28日，童子军露营。
10月3日，增筹基金呈局备案。举办假期作业观摩会。
10月8日，教职员旅行杭州。
10月14日，第一学月测验。
10月22日，本市私立中小学校长互助会各校长来校参观。

10月24日，放映教育电影。
11月2日，远足江湾、高桥、苏州。
11月13日，浙江省立湘湖师范学生来校参观。
11月20日，第二学月测验开始。
11月30日，教育局倪视察莅校验察。
12月12日，教育部隋专门委员星源莅校视察。
12月13日，市教育局核准本校立案。
12月29日，参加全市中学国语演讲竞赛获列第三名。

民国三十六年（1947）
1月10日，学期测验开始。
1月14日，学校添建B字校舍奠基。
1月16日，召开十六次校务会议。
1月17日，举行休业式。
1月18日，寒假开始。
2月1日，招考新生。
2月10日，举行始业式。
2月17日，开始上课。
2月26日，召开十七次校务会议。
3月1日，添建B字校舍落成。
3月17日，放映教育电影。
3月18日，召开校董会。
3月24日，第一学月测验开始。
4月4日，教职员旅行无锡。
4月20日，学生远足佘山。
4月30日，第二学月测验开始。
5月5日，参加全市童子军宣誓典礼。
5月17日，木偶剧团来校公演。
5月30日，江苏省立上海中学教师2人来校参观。
5月31日，体育表演会。
6月3日，第三学月测验。
6月7日，参加全市中等学校体育表演会。
6月12日，举行立校4周年纪念会。
6月15日，举办成绩展览会、游艺会。
6月30日，学期测验开始。
7月2日，召开十八次校务会议。
7月6日，师生参加学校董事长穆藕初追悼会。
7月7日，举行休业式。
7月8日，暑期开始。
7月13日，第一次招考新生。
7月15日，暑期班开始上课。
8月10日，学校指派教师参加本市中等学校教师暑期讲习会。

8月16日，学校添建E字校舍奠基。
8月19日，暑期班结束。
8月20日，第二次招考新生。
9月5日，市政府丁专员教育局倪视察到校调查。
9月7日，举行十九次教务会议。
9月8日，举行始业式。
9月9日，正式上课。
9月10日，举行校董会。
10月8日，E字新校舍落成。
10月15日，第一学月测验开始。
10月25日，学生旅行苏州、嘉兴。
11月6日，参观中航协会飞机模型展览会。
11月8日，童子军露营。
11月17日，第二学月测验开始。
11月24日，校董江问渔莅校演讲。
11月28日，体格检查开始。
12月8日，南京市教育参观团来校参观。
12月15日，第三学月测验开始。
12月18日，学校推行助人运动。
12月26日，举行校董会。
12月28日，举行童子军宣誓晋级典礼。

民国三十七年（1948）
1月7日，举行校董会。
1月10日，举行电影义映。
1月12日，举办音乐晚会，市教育局倪视察来校视察。
1月19日，学期测验开始。
1月25日，召开二十次校务会议。
1月26日，举行休业式。
1月27日，寒假开始。
2月21日，招考新生。
2月22日，举行二十一次校务会议。
2月23日，举行始业式。
2月24日，正式上课。
3月17日，举办寄宿生音乐唱片欣赏会。
3月18日（《位育校刊》注明出版日期为3月15日），《位育校刊》第1期出版，刊登《校史简史》。
3月19日，召开校董会。
3月31日，台湾教育参观团来校参观。
4月1日，第一学月测验开始。
4月14日，教育部核准董事会备案。
4月15日，师生旅行杭州。第2期《位育校刊》出版，刊登黄延芳撰写的《为学四要》。
5月4日，参观电讯展览会。
5月5日，童子军一小队服务全国运动会，学生120人参加全国运动会大会操。
5月17日，第二学月测验。
5月22日，参加公展杯篮球赛。
5月29日，童子军露营开始。
5月30日，参加中等学校协进会主办数学竞赛。
6月1日，应届毕业生升学指导会议，第二届助人运动开始。
6月12日，第3期《位育校刊》出版（为中学部5周年纪念专号），刊登李楚材校长撰写的《五年志感》，并刊发"位育中学五年大事记"。
10月9日，第4期《位育校刊》出版，此为"小学部十六周年纪念号"，其中有李楚材校长撰写的《十六年来的信念》。

1949年
是年初，临近解放，上海形势非常紧张，学潮、工潮此起彼伏。位育师生准备迎接上海解放。
1月14日，第5期《位育校刊》出版，刊登校董姚惠泉撰写的《位育在苦难中生长》、李楚材校长的《私立学校问题》、鲍文希老师的《时代产儿的位育中学》等。
3月15日，第6期《位育校刊》出版，李楚材校长发表《生活教育的发展》。
5月，上海解放。
6月12日，第7期《位育校刊》出版，刊登李楚材校长撰写的《以工作来迎接解放——为位育中学立校六周年纪念作》。
6月，位育教职员会编《新民主主义论研究纲要》。
10月8日，学校组织师生员工参加参加保卫世界和平，庆祝中华人民共和国开国大典示威游行。
10月20日，第8期《位育校刊》出版，内有《上海市私立位育中小学校行政组织暂行条例》。

1950年
1月28日，第9期《位育校刊》出版。
6月，举行建校7周年纪念大会，中华职业学校向本校献旗致贺，上面写着："愿咱们共同努力迎接中华人民共和国文化建设高潮。"
8月，本届毕业同学投考东北区公立高等学校统一招生录取的有9名，同学们和家长们纷纷到北火车站欢送他们集体北上。
12月1日，举行抗美援朝动员大会。
12月9日，组织师生参加一·二九及抗美援朝保家卫国运动示威大游行。

12月，在镇压反革命运动中，本校中有4个反革命分子被拘，全校师生展开了惩治反革命条例的学习，举行班级座谈会，并组织发动班级控诉与全校控诉。
是年，党和政府号召高中学生自愿参加中国人民解放军，参加军事干校，参加市政建设。学校召开志愿报名军事干部学校动员大会。位育学生三度响应号召，参加各种军事干部学校者共48人，参加上海市政建设工作者3人。

1951年
7月，"六年一贯制"第一届学生毕业，共有毕业生34位，编辑发行《位育中学六年一贯制第一届毕业纪念刊》。
是年底，在"五反"运动中，有6位教师调离学校，参加实际斗争。
是年，有9位同学报名参加军事干校，占到全班的四分之一。其中，周志刚、孙宗颉、顾家骅、陈晓肯、张楚龄5名同学最终获得批准。

1952年
7月，五年制第五届和六年制第二届同时毕业，当年秋季招收初一新生12个班。
暑假期间，教师集中参加思想学习。
是年，租借复兴中路1261号外国侨民遗弃的6亩多花园，由市教育局拨款兴建教学大楼一幢，12间教室。
是年，建立男、女排球两队，被列为市、区重点项目。
是年，学校开始学习苏联模式，除了外语教学改用俄语外，在理念、教材、教法、评价等方面发生不同程度的变化。

1954年
6月，党组织派上海市私立京沪中学支部书记的胡蔚英到校任副校长。
9月，中共位育中学党支部成立，由胡蔚英任党支部书记。
是年，添建教学楼一幢，18间教室，并铺建柏油操场，学校规模迅速扩大，原襄阳南路旧址作为分部。
是年，全校师生迁入复兴中路新建校舍。

1955年
6月，在全市中、初等教育界学习社会主义教育思想、批判资产阶级唯心主义教育思想运动中，位育率先举行教师座谈会，批判实用主义教育思想。

1956年
1月，在全市社会主义改造的高潮中，教育局宣布接管全市私立中学，改为公立中学，位育更名为"上海市第五十一中学"，由李楚材继续担任校长。

2月26日，据《黄炎培日记》记载：得上海来信，位育中学已改为市立第五十一中学。

是年，淮海中学因迁移校址，市教育局将淮海中学高二、高三共8个班级，连同高中教师并入位育中学。

是年，从上海师专毕业生中挑选一些优秀学生进入学校，成为科班出身的青年教师。

是年，据统计，本校197位毕业生中，104位学生考取部属重点大学，占毕业人数的53%，66位学生考取普通大学本科，两者相加共170位学生，占总人数的86%。其中，考取清华、北大、交大、复旦四所名校的有50人，占25%。

1957年

11月，校长李楚材在《文汇报》上发表《开出更鲜艳的花朵》一文，阐述了苏联教育经验在中国学校教育中运用的益处。

是年，在整风反右运动中，位育中学有10余位教师被错划为"右派"。

是年，取消原襄阳南路旧址分部。

1958年

3月，校长李楚材在《文汇报》发表《坚决做左派》一文，表示要通过政治锻炼与理论学习，成为坚定的左派，团结全校师生，树立勤俭办学精神，以推动学校各项事业的跃进。

3月，中共中央发出《关于开展反浪费反保守运动的指示》，学校举行反浪费、反保守展览会，会上贴出一些揭露教育质量上存在浪费现象的大字报，对教师的教育思想产生较大冲击。

是年，《人民日报》介绍上海市第五十一中学学生制作的《惠斯顿电桥》和《基尔霍夫和惠斯顿电桥》等4篇论文。

是年，第六十八中学因迁并，初一4个班级师生并入。学生最多时38个班，1900余人。

是年，为响应"教育大革命"，新考入的高一学生赴上海新建造船厂半工半读一年。

1959年

8月，被确定为徐汇区重点中学。

10月，大搞科技活动，组织几十个科技小组，在制作和研究过程中，不仅丰富了科学知识，而且做出相当成绩。

是年，学校扩充至44个班级，学生由400余人，增加到2500余人。相较于1949年，班级数与学生数都增加4倍以上，校舍面积扩大13倍以上。

1960年

3—7月，学校举办以教学为中心深入持久开展科技活动，以及学习、生产、劳动三结合展览会，制作了天文望远镜、惠司登电桥、无线电遥控舰模、航模等科技项目1105件；协助工厂搞出了技术革新250件，还绘制了技术革新图纸440件，作为"教育大革命"的一个小结。

5月，上海市召开解放以来第一次文教群英大会，出席大会的有基层单位、各区县、各文教系统评选产生的近7000位先进单位代表和先进工作者。其中，被列为"普通中学"先进单位的有10所学校，五十一中学位列其中，成为上海中学系统"十面红旗"之一。

6月，全国教育和文化、卫生、体育、新闻方面社会主义建设先进单位和先进工作者代表大会（即"全国文教群英大会"）在北京举行，五十一中学及校长李楚材还当选为全国先进单位及先进单位代表，应邀出席，受到党和国家领导人的接见。

秋，上海市启动以缩短学制为主要内容的教育改革，全市有13所学校参加试点五年制，先后采用上海市新编五年制中学和部编十年制中小学教材，徐汇区仅五十一中学1所。

1961年

1月，中共徐汇区委发动全区中小学教师，通过总结工作、创造、交流和积累经验，探索提高教育质量的规律。学校党支部受到启发，就把调查研究和总结、交流经验作为领导的基本工作方法之一，称之为"让事实说话"。

1962年

是年，中学部全部从位育小学（此时位育小学已经改名为"襄阳路二小"）撤出，建成了独立完整的校舍。

1963年

6月，举行校庆20周年纪念大会。

是年，分管五年一贯制试点工作的副校长朱家泽出席教育部召开的试点工作座谈会。

是年，全市学制试点中学调整为3所，即华东师大一附、复兴中学和五十一中学。

1964年

年初，由于"左"的路线的影响，李楚材被调离位育中学，到华东师范大学教育研究所任研究员，由鲁夫担任校长。

9月，学校组织中四年级学生下乡，到马桥人民公社参加十天的"三秋"的劳动。

是年，男子排球队取得上海市男子少年组冠军，女子排球队取得市女子少年组亚军。

是年，为迎接国庆15周年，100多位学生参加了上海市大型团体操《红旗颂》的排练，出色地完成了任务，受到市、区领导的高度赞扬。

1965年

是年，男子排球队取得市男子少年组冠军，女子排球队取得市女子少年组亚军。

是年，全校六年制的高三与五年制的中五两届毕业生，共有24位被清华大学第一志愿录取。其中，中五这一届毕业生共占据18席之多。当时在上海主持招生工作的清华教务长何东昌来校和试点班教师座谈，听取副校长朱家泽的汇报，对试点工作的成绩加以肯定。

1966年

6月，"文化大革命"爆发，中共中央决定当年停止高考，在校的五届学生（1966、1967、1968届初中，1966、1967届高中）滞留学校，留校闹革命。

是年，男子排球队取得市男子少年组冠军，女子排球队取得市女子少年组冠军。

1967年

2月，中央发出《关于中学无产阶级文化大革命的意见（供讨论和试行用）》，规定自3月1日起，中学师生一律返校，一边上课，一边"闹革命"。

10月，校革命委员会以"斗私批修"为纲，举办毛泽东思想学习班，参加学习的成员有学校革委会、红代会、革教会的委员和各班级红卫兵小队的负责人，学习班组织师生认真学习"老三篇"，从思想上巩固革命的大联合。

1968年

9月，工宣队与军宣队进驻校园，军宣队由一位乔姓连长带队，工宣队由颛桥七一拖拉机厂派出，何川才、张国栋任队长。

是年，学校五届学生响应"上山下乡"的号召，全部离校。

是年，建立了所谓"三结合"的校革命委员会，作为学校的领导机构，由原徐汇区委办公室主任张华担任校革委会主任。

1969年

12月，工宣队、军宣队和校革委会发动和依靠群众审查图书馆图书，把适合青少年学习的书挑出来，对全体师生进行"看革命书，做革命人"的教育。

1970年

2月，五十一中学红卫兵团1969届毕业班的7个委员率先向工宣队表示了自己毕业后坚定地走上山下乡、插队落户的决心。在委员的积极带头与主动宣传下，有不少同学决心到农村去插队落户干革命，成立了"乾坤赤""全球红"战斗队。

1972年

1月，教师在党支部的带领下，和广大学生一起狠批"教师倒霉论""读书无用论"，树立为革命而教的思想。

1973年

4月，中日友好协会访日代表团在会长廖承志的率领下，前往日本友好访问。代表团由各界人士组成，上海市第五十一中学教师、围棋运动员陈祖德是代表团成员之一。

1976年

10月，中共中央粉碎了"四人帮"，宣布"文化大革命"结束。全校师生欢欣鼓舞，人心大快，召开了庆祝大会。

1977年

2月，新学期开学，学校组织师生深入揭批"四人帮"，开展"学雷锋、争三好"活动，提出了对纪律的要求，整顿校风、校纪。

10月，国务院正式宣布恢复高考。

是年开始，学校根据政策对全部错划"右派"进行改正并落实相关经济政策；对"文化大革命"中立案审查的冤假错案进行平反，对历史上所有的冤假错案全部审核并改正。

是年，五十一中学党支部在校办工厂里搞起了无线电科技活动项目。邓大文老师是该项目的主持人。袁永明师傅是上海开关厂自动化设计组的设计员，曾任上海航空模型队的教练，他自告奋勇地担任五十一中学无线电遥控技术这个项目的校外辅导员。在师生们的共同努力下，试制成功一套150兆赫调频式4路28通道的无线电遥控设备。这项科研成果的技术标准，达到了先进水平，填补当时中国民用电子工业上的一项空白。

1978年

1月，经国务院批准，教育部颁发《关于办好一批重点中小学试行方案》。上海市教育局根据国务院批准教育部关于办好一批重点中小学试行方案的通知，确定了上海市、区的一批重点中小学。

是年，在上级党委领导下，第五十一中学撤销学校革委会的称号，恢复学校党支部和校长的管理层称号。区教育局调张启昆、陈炜分别担任正、副校长和正、副支部书记，成为五十一中学的新一届领导班子。

是年，学校从1974年入学的学生中，挑选了100名左右的学生编成2个班级，强化训练，冲击1978年的高考，剩下的学生也依成绩编班，挑战中专、职校、技校等各自的目标。在这一年的高考中，有70多位学生考取大学，其中2个强化班近100名学生升学率达到70%。

是年，学校开始着手修整南楼和北楼，并扩建阅览室。

是年，全市恢复中考制度。学校招收4个理科班，学制三年。

1979年

是年起，第五十一中学和南洋中学、第五十四中学、中国中学先后开设高中理科班、文科班。理科班开设政治、语文、数学、物理、化学、外语、体育7门课程。文科班开设政治、语文、数学、外语、历史、地理、体育7门课程。(此据《徐汇区教育志》，上海辞书出版社2012年版，第115页。)

1980年

5月3日，《文汇报》第1版刊登《市五十一中学学生满怀壮志提出响亮口号：八十年代成材，大展四化宏图》。

是年，学校拆除旧东楼，建成新东楼，并和南楼连通，增加了教室、实验室和教师办公室。

是年，"文化大革命"后通过招生考试招进学校的4个理科班毕业，高考成绩优异。

是年，赵家镐荣获上海市教育战线先进工作者称号。

是年，张伟平获得上海市中学生数学竞赛第七名。

是年，学校天文小组获得了1980年度上海市三好先进集体的称号。

1981年

10月31日，徐汇区申报了第一批办好的重点中学名单，南洋模范中学、第五十一中学、上海市第二中学名列其中，但是在1982年3月4日，上海市教育局沪教普（82）第17号文公布的名单中，第五十一中学落选。两个月后，沪教普（82）第37号文公布的上报教育部普教司的非首批办好的全市重点中学50所名单中，第五十一中学名列其中，并且是徐汇区的唯一一所。

11—12月，上海市文改办公室、市教育局教学处分别在朱家角中学、五十一中学、南模中学、扬浦中学、北郊中学开了5堂说话训练课，着重研究在语文教学中如何培养学生的口头表达能力，提高说普通话水平。

是年，赵家镐荣获上海市劳动模范以及上海市优秀人民教师称号。

1982年

1月18日，全国中小学生电动车辆模型通讯赛在上海举行授奖仪式。此次电动车辆模型通讯赛，是由《小学科技》《少年探索者》《中学生》《中学科技》《我们爱科学》《科学爱好者》6家青少年科普期刊联合发起的，全国有28个省、市、自治区的百万名中小学生参加了这项竞赛。上海五十一中学卢勇获得了初中组的第一名。

3月4日，《文汇报》第4版刊登《市五十一中的教工"五讲四美"公约》。

是年，五十一中学工会荣获"全国五讲四美为人师表先进集体"称号。

上海市第五十一中学卫生室成为上海市先进体育、卫生集体。

1983年

1月，在召开的全市历史教学研究会第二届年会上，专门印发了控江中学、市八中学、五十一中学试订的《历史学科分年级培养能力的具体要求》，并提出了关于智能培养的研究参考选题，广泛发动教师进行实践、探讨。同时，要求各区县组织试点，市里也选定这三所中学作为重点，以求取得经验，逐步推广。

是年，庄中文任市五十一中学副校长。

是年，赵家镐荣获1983年度上海市劳动模范称号。

是年，马君文被评为上海市优秀班主任。

是年，叶枫获得全国先进少年儿童工作者称号。

1984年

9月22日，经中共上海市教育卫生工作委员会批准，上海中学叶克平，市教育局师范教育处处长、上海幼师范学校左淑东，育才中学段力佩，南洋模范中学赵宪初，市三女中薛正，市西中学赵传家，五十一中学李楚材，复旦附中姜拱绅8位教育界老前辈，被光荣任命为各自所在学校的名誉校长。

10月15日下午，上海市人民政府在上海展览馆宴会厅隆重举行中学名誉校长任命仪式。市教卫办主任毛经权主持大会，市人民政府秘书长肖车宣读名誉校长任命书，市长汪道涵给8位老教育工作者颁发名誉校长证书。

是年，市总工会决定由第五十一中学派一名代表赴京参加中华人民共和国国庆35周年的庆祝活动。经学校和市总工会商量决定由赵家镐代表学校参加该项庆祝活动。国庆庆祝活动中，赵家镐在观礼台上观看阅兵式和群众游行，晚上观看烟花表演。

是年，张啟昆校长因工作需要，调任徐汇区教育学院任院长兼党支部书记。

1985年

1月，经群众推荐，区政府批准确定由赵家镐任校长，赵家镐成为位育历史上第五任校长。赵家镐校长到任后，根据办学发展的要求，对"八字"校风的内涵做了一些诠释，并专门召开一次教代会，讨论"八字"校风的建设，形成决议。

1月，在全市历史教学研究会第三届年会上，第五十一中学广泛交流了在历史教学中怎样培养和发展学生智能的体会，提高了大家的认识。

10月，学校在全国高中数学联赛中获得一等奖。

是年，化学老师喻昌楣获上海市劳动模范称号。

是年，马君文荣获上海市优秀教育工作者的光荣称号。

是年，顾秋惠荣获1985年度全市三八红旗手称号。

是年，在中国物理学会主办第一届全国中学生物理竞赛中，五十一中学高三学生沈冰获得一等奖，成为我校中学生物理竞赛的第一个一等奖。

是年，在全国第二届青少年计算机竞赛中，五十一中学的鲍国斌和第五十四中学的胡颖共同编制的《气体状态方程自我测试》，获软件制作第一名。

1986年

11月，《位育中学（第五十一中学）校友会成立纪念刊》刊印。

是年，赵家镐获得全国教育系统劳动模范称号。

是年，上海市第五十一中学高三小发明组（代表：连鑫）发明的充气太阳灶，荣获第三届全国青少年科学创造发明比赛一等奖。

是年，夏立群获得第三十七届美国中学生数学竞赛一等奖，在全国高中数学联赛中获得一等奖。

1987年

2月24日，学校举行隆重的"位育中学"校名揭牌仪式，位育中学校名由名誉校长李楚材题写。

2月，经市教育局同意，学校正式恢复原校名"位育中学"。

3月24日，上海市位育中学（五十一中学）校友会正式成立。朱家泽老校长任校友会会长。

3月28日，上海市位育中学和上海现代信息技术研究所联合召开现代科技奖学金第一届授奖大会。位育中学80名学生和8位教师获奖。

是年，上海市外办和市教育局决定由上外附中、复兴中学、位育中学3所学校与德国汉堡3所学校开展交流。每年双方互派10—16名学生交流，这也是上海市政府与非英语国家开展中学生交流最早的项目之一。位育中学自本年起与德国汉堡华尔德多夫高级文科学校结为友好学校，每年每校各派出3名学生组成的代表团去对方学校访问交流。同年，对方学校也派出相同数量的学生来上海访问交流。

是年，潘益善荣获上海市优秀教育工作者。

是年，在第三十八届美国中学生数学竞赛中，李海婴获得一等奖，为上海赛区第一名。

是年，胡魏、吴巍铭在第三届全国中学生物理竞赛中获得上海赛区一等奖。

1988年

1月16日，学校与民进市委联合举办"李楚材校长从教六十周年纪念"活动。民进市委的主要负责同志、学校师生代表、历届校友参加。会议隆重而热烈。时任上海市政协常委、民进市委名誉副主委、市教育学会副会长、位育中学名誉校长的李楚材先生在学校接受民进上海市委、市教育局以及他的学生们的祝贺，并做发言。

3月，在第六届美国中学生数学邀请赛中获得一等奖。

4月，两位同学在上海市高三数学竞赛获得一等奖。

10月，在全国高中数学联赛中获得一等奖。

11月，学校举办建校45周年校庆活动。这也是位育自成立以来第一次举行规模较大的校庆活动。学校专门出了纪念册，并举行隆重的校友返校活动。

是年，中等学校的管理体制由原来"党支部领导下的校长负责制"改为"校长负责制"，并在上海部分学校试点，位育中学被列为首批试点单位。

是年，华尔德多夫文科学校的校长和教师代表团来访，位育认真做好接待工作，对方校长和教师十分满意这次访问。这一互访交流项目，开创了上海中学界对外交流开放的先河，在上海产生广泛的影响。

是年，徐汇区教育局评定命名6所中学为第一批区科技特色学校，位育中学以天文特色学校名列其中。

是年，马君文荣获全国中小学德育先进工作者的光荣称号。

1989年

是年，南楼加层，变三层为四层，增加了6个教室。

是年，喻昌楣获"全国优秀教师"称号。

是年，潘益善获上海市劳动模范称号。

是年，本校有3名学生获上海市数学竞赛一等奖，其中吴巍铭获上海市第一名。

11月，著名企业家唐翔千先生以其父唐君远名义设立唐君远奖学金，唐君远先生逝世后，改名为"上海唐氏教育基金会"，捐赠学校20余所，位育中学也在资助的学校名单之中。

1990年

是年，徐汇区再度评定命名7所中学为第二批区科技特色学校，位育中学以摄影与计算机特色名列其中。

是年，1958届校友华山在学校专门设立华山奖学金，奖励位育师生。

是年，喻昌楣荣获上海市三八巾帼奖。

1991年

自本年起，上海市中小学课程教材改革方案在部分学校试行。为保证这一改革的顺利进行，徐汇区教育局要求有办学特色的部分中小学，通过继续总结经验，在实践中不断发展和完善，其中位育中学提出的特色学科为"外语教学"。

是年，学校开展"二史一情"教育，并根据当时社会形势的实际情况，提出要在学生中进行弘扬民族气节为内容的爱国主义教育，举办"讴歌民族气节，弘扬爱国主义精神"的主题系列活动。

是年，经区、市两级部门批准，位育中学被列入了外事接待单位。

1992年

1月，元旦晚会上，上海电视台的荧屏上专门播出了位育中学的学生写给为建设南浦大桥而英年早逝父亲的信。

5月31日，上海市位育中学香港校友会成立。龙世明副校长代表学校出席活动并祝贺。

6月，赵家镐当选为中国共产党第十四次代表大会代表，并出席了于10月召开的中国共产党第十四次全国代表大会。

是年，上海市政府与澳大利亚昆士兰州签订协议；徐汇区与澳大利亚罗棋市开展交流，双方交流被列入《上海—昆士兰1993—1995年合作项目备忘录》。昆士兰州教师互派团团长柯大卫、其夫人柯丽莎及4个子女住在位育，柯丽莎在位育任教，位育外语教研组长杨石兰老师到澳大利亚昆士兰州学校任教。

是年，位育中学与日本甲北高中建立姐妹学校。每年双方进行师生交流互访。

是年，金荣熙获得第一届苏步青数学教育奖。

是年，在第六届全国青少年发明创造比赛和科学讨论会上，位育中学林晓和南洋模范中学吴纬共同研制的"灵敏振动报警器"获得发明创造一等奖。

1993年

11月，学校举办50周年校庆活动。

是年，学校拆除旧综合楼，建成新的综合楼。并相继建成排球房、乒乓房、体操房，又翻建了操场，为操场铺上了新的柏油，以减少学生运动中发生伤害事故。

是年，学校开展"寻找位育人足迹，发扬位育人精神"主题系列活动。

是年，庞秀玲获得全国优秀教师称号。

1994年

是年，徐汇区教育局要求全区中小学在对外交往过程中，利用中外比较的便利，对学生进行爱国主义教育，要求处处表现出中国人的国格和人格，反映出强烈的民族自信心和自尊心。位育中学开展中华民族气节教育，收到了良好的教育效果，《文汇报》在5月18日第7版进行了报道。

是年，学校开展"颂祖国45年成就，想位育人肩负责任"的主题系列活动。

是年，钱卫良在第十一届全国中学生物理竞赛中获得一等奖。

1995年

7月，学校举办"庆祝抗日战争和世界反法西斯战争胜利五十周年"的主题系列活动。

是年，陆荣麟获全国优秀教师称号。

1996年

5月18日，上海市区内规模最大的天文台——位育中学青少年天文台，正式落成并举行了开台仪式。

8月31日，上海市在进才中学召开各区县分管教育的区县长会议，布置在市郊结合部或郊县城镇建设10余所寄宿制高级中学，上海现代化寄宿制高中的建设自此正式启动。其中，徐汇区上报计划，拟在华泾地区承建一所现代化寄宿制高中，并决定由位育中学高中部搬迁新校。是年底，时任徐汇区委书记钱景林到校宣布这一决定，确定由赵家镐校长主持搬迁工作并担任新校校长。

10月，国内首家以中国名牌命名的学校——海鸥摄影学校在位育中学诞生。

11月，位育中学主持苏、浙、沪、闽三省一市的语文教育艺术研究会第二十届年会。由钱涛副校长主要负责，总务处负责接待与后勤保障。这是位育中学首次举办区域性的大型学术会议，提高了学校的知名度。

1997年

4月8日，现代化寄宿制的位育中学举行开工典礼，时任上海市委副书记陈至立亲手摁下开工的按钮。

9月，庆祝教师节，学校召开"四代教师话传统——庆祝教师节座谈会"，出席会议的有以张嘉荃、喻昌楣为代表的50年代工作的优秀教师，以潘益善、金荣熙、庞秀玲、顾秋惠、于芸等优秀教师为代表的60年代工作的优秀教师，以杜建亭、庄小凤为代表的70、80年代工作的优秀教师和新进优秀大学生，四代教师欢聚一堂，人才济济。

12月，赵家镐当选为第九届全国人大代表。

是年，徐汇区人民政府办公室专门下发了徐府办发（1997）12号文，要求各有关部门加快位育寄宿制高级中学的建设。

是年，学校举办"迎接香港回归"主题系列活动。

是年，李正之获得全国体育传统项目优秀工作者称号。

是年，潘益善获得上海市劳动模范称号。

1998年

4月22日，中国共产党的挚友、著名教育家、社会活动家、中国民主促进会上海市委员会名誉副主委、原上海市政协常委、中国陶行知研究会顾问、位育中学首任校长、名誉校长李楚材因病于本日下午1时15分逝世，享年93岁。

6月，中共中央总书记、国家主席江泽民亲笔为位育中学题写校名。

7月20日，位育中学在新址举行落成典礼。中共上海市委副书记龚学平、市人大常委会副主任沙麟、副市长周慕尧、市政协副主席王生洪等出席落成典礼。周慕尧代表市委和市政府，对位育中学新校的落成表示热烈祝贺。

7月22日，上海市市长徐匡迪出席上海市寄宿制高中建设工作汇报座谈会，专门视察位育中学。

是年，赵家镐获得全国教育系统劳动模范。

潘益善获得全国五一劳动奖章。

上海市位育中学大事记[1]
（1998年8月—2023年6月）

1998年

8月，位育中学高、初中正式脱离。高中部迁至华泾新校区。初中部留在原位育中学校址，并更名为"上海市位育初级中学"。

8月，两位同学在第九届全国青少年发明创造比赛和科学论坛上获得一等奖。

9月23日，中共中央政治局常委、国务院副总理李岚清到位育中学考察。李岚清副总理"兴致勃勃地前往上海11所面向21世纪的寄宿制高中之一的位育中学，看宿舍，进食堂，与师生们亲切交谈"。他还就素质教育问题与上海部分中学教师代表座谈。上海市委领导龚学平等陪同参观。

9月，中共中央政治局委员、上海市委书记黄菊视察位育中学。

9月，由市委副书记陈铁迪带领全国人大在沪代表视察新落成的位育中学。由赵家镐校长汇报并陪同视察。

10月30日，位育中学举办迁校后第一届田径运动会。

11月16日至12月4日，位育中学举行第一届科技节。

1999年

春节，教育部部长陈至立来位育中学考察，慰问在校工作人员。

3月，学校接受市教委专家组关于申办"上海市实验性示范性"学校的初评。

6月，建成位育中学天文台，其中大型望远镜是上海天文台制造，中国科学院院士朱能鸿教授亲自组装调试。

11月，学校在上海市科技节中获得优秀组织奖。

11月，我校与中国科学院上海植物生理研究所合作共建"位育中学生命科学实验室"，此为上海市第一个由高级中学与著名研究所共建的生物实验室。

12月26日，位育中学举办上海市第一届重点中学演讲比赛决赛，并获得一等奖。

2000年

8月，校刊《位育之声》创刊。

9月，第一届素质教育实验班开学。

9月，位育中学1965届校友、同济大学校长吴启迪来校访问。

10月，位育中学1950届校友、中国科学院院士陈佳洱重返

---

[1] 此为高中部分。

母校，并向全体同学讲话。

是年，徐汇区统战部部长黄霄鹰到校召开校领导会议，宣布位育中学升格为正处级单位。

是年，任博生任位育中学校长，为位育中学第六任校长。

2001年

3月，《创新与实践：学生课题研究论文选（一）》由同济大学出版社出版。

6月，上海市原子能科学研究所所长、中国科学院院士沈文庆为位育中学学生做讲座。

9月，成立"位育—万体"网球学校。

10月，学校举行"赵家镐情系位育四十年"主题报告会，中共上海市委副书记龚学平题词，市教委副主任张民生参加会议并讲话。

11月14日，中共上海市位育中学委员会成立，宋燕臣任党委书记。

12月，1958届校友华山访问母校。

2002年

1月，我校被命名为上海市科技特色学校。

5月，由上海远东出版社出版《走进自主研究天地：上海市位育中学学生研究型课程论文集》。

7月1日，位育中学党委被评为徐汇区教育系统先进党组织。

9月，2001年教育部"长江学者"、2001年"中国十大青年"、2002年第三世界科学院院士张伟平教授回母校访问。

10月，1974届校友、上海申博办副主任周汉民教授来校做讲座。

11月27日，位育中学和上海天文台成功举办上海市首届青少年天文科学普及研讨会。

12月，位育中学召开第一届校园文化建设大会。

12月，位育中学获得由教育部颁发的贯彻《学校体育工作条例》优秀学校表彰奖励。

2003年

4月29日，《人民日报华东新闻》第3版以《深化教改、创一流名校——记上海位育中学》为题，介绍位育中学教育教学工作。

4月，由上海远东出版社出版《位育文库·优秀教案评析》。

5月，学校筹建位育中学国际部。

5月，评选位育中学首届"十佳"学生。

9月，位育中学国际部招收首批来自韩国的学生。

12月，1965届校友朱邦芬院士来母校访问。

12月，位育诗社获"上海市中学十佳社团"称号。

2004年

10月22日，首次举行校园社团开放日。

11月4日，徐汇区副区长周秀芬来我校调研。

11月，我校食堂被评为上海市学校A级食堂。

11月，我校高一（12）班学生带着10多个社会课题到徐汇区湖南街道挂职锻炼一周。此活动创上海市先例。

2005年

2月，上海市教委首批命名位育中学为"上海市实验性示范性高中"。

3月23日，赵家镐校长被批准为享受国务院政府特殊津贴专家和上海市位育中学名誉校长。

3月，《潮汐之间：位育中学学生优秀作文集锦》由上海三联书店出版。

2006年

2月，1967届校友，国家人类基因组南方研究中心研究员、执行主任，中国科学院院士赵国屏出席开学典礼并为师生讲话。

9月，位育中学国际部中国港澳台班招收首批学生。

9月，学校建立党委委员联系支部制度。

2007年

1月，《在自主发展天地里——位育中学学生课题项目论文集》由上海三联书店出版。

4月，我校天文台改建工程竣工。

4月，我校高二年级全体师生赴北京开展社会实践活动，高一年级师生赴南京开展社会实践活动。

5月，我校课题"创建自主发展教育的校园文化环境研究"获得国家教师科研重点课题立项。

9月，上海市教委副主任李骏修等出席我校教师节庆祝活动并发表讲话。

2008年

2月，刘晓舟任位育中学校长，成为位育中学第七任校长。

是年，我校被教育部和国家教师科研基金会授予"科研兴校示范学校"称号。

2009年

6月，位育中学邀请著名作家叶辛来校参与读书节开幕式活动，本次位育中学读书节的主题是"与世博同行，同好书相伴"。

8月，学校开设科学实践统整课程，赴浙江安吉进行天文、地理、生物等自然观测活动。此后数年利用暑期先后赴大明山、齐云山、雁荡山等地开展自然观测活动。

9月，按徐汇区教育党工委要求，位育中学试点实施党委公推直选工作，选举产生新一届党委。刘晓舟经公推直选后由徐汇区教育党工委任命为位育中学党委书记。

10月，我校承办徐汇区"为祖国喝彩"国庆60周年文艺会演。

10月，学校承办上海市实验性示范性高中第十一届"创作杯"演讲邀请赛，学校被评为优秀组织奖。

12月，学校承办上海市爱的教育研究会"温馨冬至夜"活动。

12月，出版"探索与创新：位育中学教改成果集"丛书，包括《杏坛丝语》《晨曦甘露》《烛影墨香》《行思无际》《青春之痕》各册，由学林出版社出版。

是年，学校课题"创建'自主发展教育'的校园文化环境研究"被国家教师科研基金会授予优秀结题课题，学校获得"先进科研单位"称号。

2010年

11月，位育中学心灵守望者协会获得徐汇区明星社团称号。

11月，学校承办上海市作家协会的"文学百校行"的文学社团活动，学校文学社团被评为优秀文学社团。

是年，我校团委荣获2010年上海市中等学校系统共青团组织暑期工作优秀组织奖。

是年，学校接受市政府筹建新疆部工作任务。筹划新疆部基础设施建设。

2011年

1月6日，学校新疆部寝室楼、食堂大楼建设举行开工仪式。

9月，学校国际部开设IBDP课程并招生。

10月，由学林出版社出版《位育中学语文学科基地科研文集·论语说文》。

11月27日，首届上海市激光竞技大赛在学校举行。

11月，学校举行首届校园课本剧比赛。

12月，由学林出版社出版《位育中学教改成果集·静夜沉思》和《位育中学语文教师论文集·杏坛丝路》。

2012年

2月21日，学校荣获全国"全民健身先进单位"称号。

2月，学校被评为上海市中学行为规范示范校。

11月，学校教工团支部荣获2011年度"上海市五四红旗团支部"称号。

是年，学校创办新疆部，首届招生90名新疆学生。

2013年

7月，学校开设暑期文化寻根课程，赴山东进行齐鲁文化考察。此后数年先后赴徽州、湖湘、长安、北京等开展文化之旅考察。

11月17日，学校与位育初级中学共同隆重举行建校70周年庆典活动。

11月，经徐汇区教育党工委、教育局批准，位育中学与上海西岸开发（集团）有限公司、徐汇区教育基金会联合举办上海民办位育中学。上海民办位育中学日常管理委托位育中学承担。

是年，学校成为廉政风险防范机制试点单位并完成试点任务。

是年，学校成为徐汇区唯一一所参与上海市体育专项化改革的学校。

是年，位育中学校史陈列馆建成，并正式开放。

是年，由位育中学校友会编写的《位育中学校史简编》（第一版）完成编撰。

2014年

3月18日，"上海市位育中学"微信公众号创建。

4月11日，学校举办首届寝室文化节。

4月，学校荣获"2013年上海市学生阳光体育运动先进学校"称号。

7月23日至8月1日，学校承办全国学生运动会女足比赛。

11月，教代会审议通过《上海市位育中学章程》。

是年，学校荣获"上海市中学共青团工作示范单位"称号。

是年，学校全新"教工之家"正式落成。

2015年

3月，学校总务处被评为市后勤管理与服务先进集体。

3月，学校"妇女之家"荣获上海市示范点称号。

9月，上海民办位育中学招收首批IBDP课程学生。

11月28日，学校科学实践统整课程暑期考察组获2015上海市大中学生暑期社会实践活动成果优秀团队奖。

2016年

3月3日，学校新疆部获2015年度上海市教育系统"巾帼文明岗"荣誉称号。

9月，经徐汇区教育局批准，上海民办位育中学招收首批初中生。

9月，以暑期文化寻根课程为主的研究型课程，获第二届徐汇区教育系统改革创新奖。

2017年

3月16日，位育教育集团成立启动仪式在徐汇区教育专题工作会议上举行。

3月，学校工会筹建位育中学教职工读书会。

7月7—15日，我校承办2017中国（上海）国际青少年校园足球邀请赛。

11月22—23日，市教育督导室专家来校进行督导评估工作。

是年，位育中学校友会编写的《位育中学校史简编》（第二版）由上海市作家协会·华语文学网刊印。

是年，学校被评为2017年度徐汇区学校"办学绩效评估"优秀综合奖。

2018年

2月，位育中学"情系华泾志愿服务队"荣获2016—2017年度"上海市志愿者服务先进集体"称号。

4月，学校荣获2018年度上海市五一劳动奖状。

5月，程宇昂和王乐鸿同学在上海市中学劳动技术学科竞赛中荣获一等奖，实现该项目的突破。

2019年

3月，学校推出上海市慕课课程"自然生存法则""汉字游戏'原来如此'"。

6月，学校龙舟队在第六届上海市学生龙文化全能赛龙舟比赛中获一等奖，实现该项目突破。

9月，学校举行迎国庆70周年歌咏会。本次歌咏会主题为"扬帆筑梦新时代，畅想青春颂祖国"，师生在歌声中重温中华人民共和国的峥嵘岁月和光辉历程。

10月，学校新疆部党支部被评为"徐汇区教育系统先进基层党组织"。

12月，王亦群任位育中学校长，成为位育中学第八任校长。

是年，学校被评为2019年度徐汇区学校"办学绩效评估"先进奖。

2020年

2月，王亦群任位育中学党委书记。

2月，学校制定《上海市位育中学新冠疫情防控工作实施方案》。

3月，徐汇区副区长秦丽萍在教育局党工委书记姚黎红陪同下，莅临位育中学检查开学工作和防疫工作。

4月21日，中共徐汇区委书记鲍炳章来校检查开学工作和防疫工作。

6月19日，学校召开推进"四史"学习教育暨庆祝建党99周年大会，大会主题为"学史明志育新人 砥砺前行谱新章"。

6月，位育中学新疆部支部在徐汇区疫情防控一线中表现突出，荣获"先锋基层党组织"称号。

7月14日，学校举行题为"战疫情，发挥党员光辉作用为党旗增辉学四史，继承党的光荣传统为位育添彩"的主题党日活动。

9月，周孙芷萱同学获得2020年全国中学生生物学联赛一等奖。

10月27日，区委第五巡察组在学校开展党委巡察工作。

10月29日，市政协副主席金兴明、市教委副主任贾炜等来校调研新疆部工作，实地考察我校的办学环境及新疆班办学情况。

10月29日，位育中学语文教研组参与上海市普通高中"双新"推进工作系列研讨首场活动，向全市教师做了高中语文统编教材课例分享。

12月2日，学校开展"法治进校园"活动，上海市人民检察院副检察长盛勇强受聘为位育中学法治副校长。

是年，学校党委组织成立了"四史"讲师团，由其中5位教师录制了微党课。通过微党课，全体党员重温党和国家走过的峥嵘岁月、奋斗历程，感悟初心，明确责任。

是年，学校被评为2020年度徐汇区学校"办学绩效评估"优秀奖。

是年，学校被评为2019—2020学年度上海市文明校园，2019—2020学年度上海市安全文明校园。

2021年

3月25日，徐汇区光启青少年创新教育基地签约揭牌仪式在校举行。

5月14日，学校召开党委（纪委）换届选举大会，选举王亦群为学校党委书记，李小朴为党委副书记、纪委书记。

5月19日，学校在高一年级首次开展"我心向党"市内研学活动。

6月1日，王亦群校长带队到商汤教育进行参观学习，并就人工智能课程签署合作协议。

6月18日，学校举办"翰墨飘香·丹心颂党"百名师生书写百年百句党史名言活动，共同庆祝中国共产党成立100周年。该活动报道被中共中央宣传部"学习强国"学习平台收录。

6月20日，"一沙一世界"芯片教育学习体验中心落成。"强国芯片·智能未来"芯片教育学习体验中心启动仪式在校举行。学校同中科院微系统与信息技术研究所签订合作协议。

9月9日，中共徐汇区委书记曹立强、徐汇区副区长秦丽萍等看望慰问从教60年的退休老校长赵家镐。

9月，王文江、许明瑞同学获得2021年全国中学生生物学联赛一等奖。

10月，学校成为上海市普通高中新课程新教材实施研究与实践项目学校，"'双新'背景下高中'芯片教育'课程的开发与实践研究""'问题研讨式'校本深度教研模式实践研究"两个项目成为市级立项项目。

12月2日，徐汇区教育系统第十一届学术节"技术赋能核心素养培育——生物学单元教学设计实践与推广展示活动"专场在我校举行。

12月，祁璟玥同学获2021年全国信息学奥林匹克联赛上海赛区一等奖。

是年，学校全面推行全员导师制工作。该工作目标在于贯彻党的教育方针，落实立德树人根本任务，构建全员、全程、全方位"三全育人"工作体系。

2022年

1月，学校获评徐汇区冰雪项目特色学校。

2月18日，学校邀请中国科学院上海分院专家和上海交通大学专家，举办"科技+芯片"芯片教育体验课程研讨会。

3月，学校成为上海市艺术（舞蹈）、体育（网球）一条龙龙头学校。

8月，吴孝涵同学获得2022年全国中学生生物学联赛一等奖。

10月，楼宸同学获得2022年全国高中数学联赛（上海赛区）一等奖。

10月，我校在2021年上海市教师专业发展校市级年检中获评优秀。

11月18日，紧密型位育教育集团启动仪式暨工作推进会在我校举行。新位育集团由上海市位育中学、中国中学、位育初级中学、上海民办位育中学、徐汇区教育学院附属中学、位育实验学校、龙苑中学组成。

12月，我校党委被命名为上海市中小学校党组织"攀登"计划"特色学校"培育创建单位。

是年，学校被评为2022年度徐汇区学校"办学绩效评估"优秀奖。

2023年

3月27—29日，学校接受徐汇区政府教育督导室发展性综合督导评估和党建督导。督导组对学校办学和党建工作给予高度评价。

3月，位育中学举行爱心义卖活动，将师生筹得的善款捐给云南元阳高级中学，援助西部教育事业。

5月10日，位育中学、位育初级中学为迎接建校80周年，与上海社会科学院名校校史研究团队、商务印书馆合作，拟于11月底出版发行《位正育卓：位育中学校史研究》。

5月，位育教育集团举办首届科技节。

5月，"'双新'背景下学科课程校本实施方案编制的实践研究""'双新'视域下基于高中生学科素养提升的深度教学研究"入选上海市提升中小学（幼儿园）课程领导力行动研究项目（第四轮）。

6月13日，位育中学、位育初级中学与校史研究团队成员赴北京，探望位育中学1950届校友、北京大学老校长、中国科学院院士陈佳洱，并与位育中学北京校友会部分会员座谈。

6月29日，我校被命名为2022—2024年度上海市民族团结进步教育基地。

6月，教育部公布首批全国健康学校建设单位，其中有上海市位育中学。

6月，我校与香港东华三院吕润财纪念中学签署姐妹校友好协议。

上海位育初级中学大事记
（1998年8月—2023年6月）

1998年

8月，位育中学初中、高中分离，高中部搬至华泾地区，成为现代化寄宿制高级中学，初中留在原校址，校名改为"上海市位育初级中学"，龙世明任校长，汤敏任党支部书记。

11月，位育初级中学和（新）位育中学共同庆祝校庆55周年，1965届校友、时任同济大学校长的吴启迪回母校参加了庆典活动。

1999年

是年，学校召开了第五届教职工代表大会。

2000年

4月，学校获"上海市雏鹰大队"称号；《新民晚报》刊登报道《师资力量雄厚的位育初中》。

7月，企业家王启翔先生与我校签订"王启翔奖教金"协议书。

10月，红楼底层归属学校。

是年，红楼、南北楼大修。

自是年开始，由位育老校长、数学特级教师赵家镐领衔，从全区各所小学招募80余名优秀学生，每年开办两个"素质教育实验班"进行初高中七年一贯制培养，分别在位育初级中学、南洋模范中学和位育中学完成学业。

2001年

4月，我校获"全国雏鹰大队"称号。

6月，日本大分县联合国教科文组织青年访华团一行11人来我校参观，开展和平文化活动。

12月，我校获评上海市中小学2001年度优秀卫生室。

是年，学校东楼大修。

2002年

2月，企业家杨方军先生为支持教育科研工作的开展，与我校签订"杨方军教育科研经费"协议书，设立"杨方军教育科研论文奖"。

4月，我校获"全国红旗大队"称号。

5月，我校学生代表5人赴日本参加教育交流活动。

是年，王志方任党支部书记。

2003年

8月，我校师生代表团赴澳大利亚访问交流，并与南澳洲首府阿得雷德市著名的公立中学玛利亚维尔中学（Marryatville High School）进行多方面交流。访问期间，龙世明校长与Castine校长签署了姐妹校协议。

11月，我校与位育高中共同举办校庆60周年活动；延锋伟世通汽车饰件系统公司为进一步回报社会，支持教育事业，倡导尊师重教的风气，与我校签订协议，设立"延锋伟世通"奖教金。

是年，陈群任党支部书记。

2004年

2月，由我国知名爱国人士杜重远先生的女儿杜颖、杜毅倡议，经徐汇区委、区政府和徐汇区教育局推荐，"夏威夷吉他艺术团"在我校成立。

6月，第一届"延锋伟世通"奖教金颁奖大会在我校综合楼五楼多媒体教室举行。

8月，我校徐美娥、杨锦幼老师率18名学生赴澳大利亚玛利亚维尔中学交流。

10月，澳大利亚玛利亚维尔中学校长Mark Leahy先生和Sarah Goldfain女士应邀来我校进行短期访问。

是年，学校综合楼、排球馆修缮，食堂改建。

2005年

11月，《新民晚报》刊登关于我校的报道《给初中生讲讲"人道主义"——国际人道法培训首次进入申城校园》。

11—12月，澳大利亚玛利亚维尔中学的两位老师Philip Wilson先生与Rosemary Fotheringham女士受邀来我校访问交流，两位老师广泛参与我校各项教育活动。

12月，我校获评上海市学校卫生工作先进集体。

2006年

2月，我校获评2003—2005年度上海市安全文明校园。

3月，由陈群书记带领的我校师生代表团一行31人前往斯洛伐克参加世界中学生定向越野锦标赛。

4月，龙世明校长随徐汇区教育代表团赴英国参加"第二届国际名中学校长论坛"。

5月，英国诺福克郡教育代表团来我校访问交流。本着友好合作精神，我校与圣母玛利亚中学（Notre Dame High School）结为姐妹学校，共同开发诸如师生互换的教育交流项目以及有关课程和师资发展的合作项目。

6月，美国南部富有影响力的学校University School of Nashville到我校参观交流。

2007年

2月，陈群、俞静芳两位老师前往澳大利亚玛利亚维尔中学学习交流。

3月，学校初一年级组语文备课组荣获"2005—2006年度上海市红旗文明岗"称号。

5月，英国诺福克郡圣母玛利亚中学教师代表到我校交流。

9月，上海市位育初级中学校长龙世明被评为上海市特级校长。

是年，学校综合楼、南楼、北楼大修。

2008年

1月，我校荣获"全国红十字模范校"称号。

2月，我校获评2006—2007年度上海市安全文明校园；获评2007—2010年度上海市体育传统项目学校。

3月，我校与英国诺福克郡诺斯格特高中（Northgate High School）签订姐妹校关系缔结备忘录。

4月，学校荣获"上海市红旗大队"称号。

11月，学校与位育高中共同举办校庆65周年活动。焦爽、程艳两位老师赴澳大利亚玛利亚维尔中学学习交流。

2009年

1月，我校获评国家教师科研基金"十一五"重点规划项教育科研先进单位。

4月，我校成为上海市教委教育科研基地科技教育研究所实验基地学校。

8月，我校邓颖洁和杨菁老师赴澳大利亚玛利亚维尔中学学习交流。

11月，我校获评上海市行为规范示范校；姐妹校澳大利亚玛利亚维尔中学教师代表来我校交流学习。

2010年

2月，我校获评2008—2009上海市安全文明校园。

7月，我校王玥华和焦文玮老师赴澳大利亚玛利亚维尔中学学习交流。

10月，爱尔兰教育代表团来我校参观。

11月，姐妹校澳大利亚玛利亚维尔中学两位老师对我校进行1个月的交流访问。

12月，日本大阪府教育代表团来我校访问交流。

2011年

3月，我校获评2009—2010年度上海市文明单位。

3月，日本福冈县教育代表团来我校访问交流。

6月，我校获评上海市健康促进学校。

7月，王伟壮等教师代表2人前往澳大利亚玛利亚维尔中学交流访问。

11月，《东方教育时报》刊登关于我校有效作业研究的报道《位育初中学生爱上有效作业》。

12月，我校成为"现代学校联盟行动计划"加盟学校。

是年，学校实施校安工程，预初、初一年级借用南洋中学校舍，初二、初三借用徐汇职业高级中学旧校舍。

2012年

1月，学校成为全国桥牌协会会员。

2月，学校获评2010—2011年度上海市安全文明校园；获评2011年度上海市平安单位。

3月，我校成为上海教育出版社编辑实习基地。

4月，学校获评上海市教师专业发展学校暨见习教师规范化培训基地学校。

6月，位育初级中学校安工程完成，校园环境焕然一新。

12月，姐妹校澳大利亚玛利亚维尔中学两位老师对我校进行1个月的交流访问。

是年，校长龙世明兼任党支部书记。

2013年

2月，我校获评上海市中小学行为规范示范校。

4月，我校获评2011—2012年度上海市文明单位。徐汇区教育局宣布成立上海市位育实验学校，由上海市特级校长、位育初级中学校长龙世明担任位育实验学校校长，与位育初级中学实行统一领导、统一管理。

7月，我校郑育丽、孙海燕老师赴澳大利亚玛利亚维尔中学学习交流。

11月，我校与位育高中共同举办校庆70周年活动。

2014年

5月，英国诺福克郡教育代表团的7位校长到我校进行为期2天的访问交流，开展"教师专业发展"主题研讨，观摩英语课堂教学，参观学校特色项目。

7月，我校李慧楠、王洁颖老师赴澳大利亚玛利亚维尔中学学习交流。

是年，副校长焦爽兼任党支部书记。

2015年

3月，吕东任上海市位育初级中学校长。

4月，学校获评2013—2014年度上海市文明单位。

7月，位育初级中学夏威夷吉他艺术团与全国吉他名家交流活动在校举行。活动由学校艺术团艺术总监著名夏威夷吉他演奏家洪奕史先生策划，参与活动的有本校夏威夷吉他艺术团的新老学员，以及来自天津、福建、江苏和上海等地的吉他演奏家、教育家；我校刘振英、张洁老师赴澳大利亚玛利亚维尔中学学习交流。

9月，"天平—湖南学区"成立，学校任学区化工作主任单位。"天湖学区"各校围绕一个目标——培养隽雅的天湖学子，充分挖掘"物华"和"人杰"两类资源，形成老洋房、名家坊、名人故居三大课程平台，构建30分钟德育圈的探索与努力。

11月，英国芬汉姆帕克学校（Finham Park School和Finham Park 2）两位校长到我校访问交流。芬汉姆帕克二校（Finham Park 2）与我校签订姐妹校关系缔结备忘录，双方学校鼓励师生积极参加文化交流，获取全球化视野。

2016年

1月，我校获评2014—2015年度上海市安全文明校园。

2月，我校成为上海市校园篮球联盟会员单位；《东方体育日报》刊登题为《位育初级中学培养体育英才 学区化背景下展现体育魅力》的报道。

5月，来自世界银行和30多个国家的教育官员在世界银行梁晓燕博士的陪同下来到我校参观考察，其中包括沙特阿拉伯、巴西、卢旺达等国家的副部长级教育官员。活动旨在通过与校长、一线教师的互动交流进一步分享上海基础教育发展经验，加强教育领域的交流与合作；新加坡立化中学学生交流团到我校访问交流。

6月，我校获评上海市爱国拥军模范单位。

10月，姐妹校英国芬汉姆帕克二校师生到我校开展为期近两周的访问交流活动。

2017年

6月，在徐汇区教育局的牵头下，"位育教育集团"成立，作为核心品牌学校，位育初级中学发挥自身优势，使"位育"教育理念渗透到课程建设、教学改革、教师发展、学校管理与环境文化当中，更好地传承和发扬"生长创造"的位育精神。

9月，我校师生代表团一行10人前往英国芬汉姆帕克二校访问交流，增进中英双方在教学方法、课程设置、技术应用及教师专业发展等方面的交流。

10月，中国吉他学会上海夏威夷吉他培训基地授牌仪式在位育初中隆重举行。出席本次活动的嘉宾有徐汇区教育局副调研员刘军、徐汇区教育局科艺体卫科科长阮惠琍、中国吉他学会夏威夷吉他专委会副主任洪奕史、上海交响乐团副团长何大耿、上海音乐家协会吉他专业委员会会员马友伦、位育初级中学校长吕东、位育初级中学党支部书记焦爽以及来自天平—湖南学区的各兄弟学校的领导和老师们。

12月，我校理科教研组荣获2017年度上海市教育系统巾帼文明岗。

2018年

1月，我校获评2016—2017年度上海市安全文明校园。

2月，我校获评2016—2017年度上海市志愿服务先进集体；教工团支部被评为2017年度"上海市五四红旗团支部标兵"；初三联合团支部被评为2017年度"上海市五四红旗团支部"。

3月，我校获评上海市中小学行为规范示范校。

6月，我校成为上海市中小学非通用语种学习计划项目实践基地。

8月，我校师生代表团15人应澳大利亚昆士兰州政府教育部邀请，参加澳大利亚昆士兰州的排球主题游学项目。通过访问增进中澳双方在学生排球比赛和训练、运动队管理和培训模式以及学生排球项目普及等方面的相互交流。

9月，吕东校长被评为上海市特级校长。

10月，我校获评上海市中小学校卫生工作先进单位；姐妹校英国芬汉姆帕克二校师生到我校开展为期近两周的访问交流活动。

11月，学校与位育高中共同举办校庆75周年活动；澳大利亚昆士兰州国际司亚太官员到我校访问交流。

12月，"中英数学教师交流项目"英方教育代表团到我校进行访问交流活动。通过教育理论研讨、课堂模拟教学、实地考察加上经验分享，双方各取所长。我校教师通过参与这一项目，发展国际视野，促进自身专业成长，提升教学素养。

2019年

11月，由2位英国教育部国际司的官员和3位英方数学教师组成的"中英数学教师交流项目"英方教育代表团到我校开展为期3天的交流访问活动。

12月，学校获评第一批上海市依法治校示范校（2016—2020年）。

2020年

2月，学校成立新冠疫情防控领导小组。

7月，《在自主发展中生长创造——位育中学研究型课程成果集》，由文汇出版社出版。

10月，学校获评全国青少年校园排球体育传统特色学校；获评青春健康教育示范基地。

2021年

8月，第一次组织学生与新加坡立化中学部分中二学生开展线上主题交流活动。

10月，上海市中小学思政课骨干教师培训班、上海市思政课研究师训基地活动在我校举行。

2022年

2月，我校获评上海市绿色学校。

7月，我校获评2019—2020学年度上海市安全文明校园、全国桥牌特色学校。

9月，我校获评全国国防教育示范学校。

10月，党支部书记焦爽兼任校长。

11月，我校与上海市位育中学、中国中学、民办位育中学、徐汇区教育学院附属中学、位育实验学校、龙苑中学等学校共同成立位育教育集团。集团将秉持"核心引领、创新驱动、集群发展、合作共赢"的办学理念，发挥"位育"深厚的文化底蕴和丰富的现实优势资源，通过发挥集团化办学的集群优势，取长补短，共建共享。

是年，我校获评上海市中小学行为规范示范校。

2023年

3月，我校作为徐汇区英语学科基地举行展示活动。

4月，我校作为徐汇区数学学科基地举行展示活动。

6月，我校成为上海市中小学财经素养教育项目合作联盟校。

暑期，学校进行校园大修。

说明：

（1）1943—1949年大事记，主要依据上海市私立位育中小学编《位育校刊》（共9期）等。1949年后大事记，根据上海市档案馆、上海市徐汇区档案馆、上海市位育中学档案室等所藏的相关档案资料整理，并综合报纸杂志、地方志书、文集笔记等有关学校的记载整理。

（2）1998年，位育中学实行高、初中分离办学，此后的大事记分为位育中学大事记、位育初级中学大事记。

（3）大事记截止日期为2023年6月底。

（4）1978年以来的大事记，由校史课题组分别与上海市位育中学校领导、位育初级中学校领导、校友会等商讨撰写。其中位育中学大事记部分，由位育中学党委会会议确认；位育初级中学大事记部分，由位育初级中学校长办公室确认。

（5）校领导的任职时间，详见附录三《学校历任校长（负责人）、副校长名录》、附录四《学校历任中共党组织书记、副书记名录》。1978年以后校长（书记）等任职时间以所发公函为准。

（6）为行文方便，大事记中有时简称"位育""我校""本校""学校"等。

附录三
学校历任校长（负责人）、副校长名录

(1) 上海市位育中学（上海市第五十一中学）历任校长、副校长名录

姓名	任职时间	备注
校长		
李楚材	1943—1964	1956年1月，私立改为公立中学，位育中学改名为"上海市第五十一中学"；1984—1998年任名誉校长
鲁夫	1964—1968	1977年后任市二中学校长、党支部书记
张华	1968—1976	任校革委会副主任，主持工作；1976年后任徐汇区人大常委会办公室主任
张啟昆	1977—1984	1984年调任徐汇区教育学院院长、党支部书记
赵家镐	1985—2000	1987年2月，学校正式恢复原校名"位育中学"；2005年起任名誉校长
任博生	2000—2008	
刘晓舟	2008.2—2019.12	后任上海民办位育中学校长、党支部书记
王亦群	2019.12至今	
副校长		
胡蔚英	1954—1964	1964年后历任徐汇区区委宣传部副部长、区委副书记、区长、区政协主席等职
朱家泽	1959—1968	1977年调任南模中学校长，后任徐汇区教育局局长、徐汇区政协主席
陈炜	1977—1982	1982年调至徐汇教育局任副局长，后任徐汇区副区长、区委宣传部部长，静安区区委书记、区人大常委会主任
黄承海	1982—1984	1984年调任徐汇区委教卫部副部长、教育局党委书记、局长；1988年后任徐汇区委副书记、徐汇区人大常委会主任等职
朱彭龄	1982—1985	
庄中文	1983—1993	后任西南位育中学校长
龙世明	1990—1997	初高中分离后，任位育初级中学校长
钱涛	1995—2004	
王蔚	1998—2002	
任博生	1999—2000	
石宝珍	1999—2003	2003年调任徐汇区团委书记；后任虹口区政协党组书记、主席
宋敏	2001—2015	2015年5月至2020年4月，上海民办位育中学校长；2020年4月后任上海民办位育中学副校长

（续表）

姓名	任职时间	备注
姚国超	2003—2005	
国庆波	2007—2013	2013年后调任零陵中学校长、党总支书记，后任西南模范中学校长、党总支副书记
包霞	2008.2—2019.6	
周刚	2015.10—2021.4	2021年调任徐汇区教育局副局长
奚云斐	2020.1—2022.8	2022年8月调任徐汇区教育督导事务中心主任
周萍	2021.6至今	
胡毅	2022.9至今	
王海生	2022.9—2023.11	

*资料来源：上海市位育中学校长办公室提供，2023年6月。

注：1978年以后校长、副校长任职时间以所发公函为准，参见附录二《大事记》。

（2）上海市位育初级中学校长、副校长名录（1998年以来）

姓名	任职时间	备注
校长		
龙世明	1998—2014	校长
吕东	2015—2022	校长
焦爽	2022至今	校长
副校长		
周继光	1998—2002	副校长
夏文辉	2001—2005	副校长
王志方	2002—2003	副校长
陈群	2003—2012	副校长
焦爽	2005—2022	副校长
郑育丽	2012—2019	副校长
申霞	2012—2019	副校长
王玥华	2019—2023	副校长
范其一	2020至今	副校长
袁学佳	2022至今	副校长

*资料来源：上海市位育初级中学校长办公室提供，2023年6月。

注：1998年以后，位育中学实行初高中分离办学。校长、副校长任职时间以所发公函为准，参见附录二《大事记》。

附录四
学校历任中共党组织书记、副书记名录

(1) 上海市位育中学（上海市第五十一中学）历任中共党组织书记、副书记名录

姓名	任职时间	备注
李鹏	1949—1954	任联合党支部书记
胡蔚英	1954—1964	任党支部书记； 1956年1月，私立改为公立中学，位育中学改名为"上海市第五十一中学"； 1964年后历任徐汇区区委宣传部副部长、区委副书记、区长、区政协主席等职
鲁夫	1964—1968	任党支部书记
张敔昆	1977—1984	任党支部书记
陈炜	1977—1982	任党支部副书记； 1982年调至徐汇区教育局任副局长，后任徐汇区副区长、区委宣传部部长，静安区区委书记、区人大常委会主任
朱彭龄	1984—1985	任党支部书记
李骏修	1985—1988	任党支部书记； 1987年2月，学校正式恢复原校名"位育中学"； 1988年调任徐汇区教育局副局长，后任区教育局局长，上海市教育委员会副秘书长、副主任等职
龙世明	1988—1990	主持工作的党支部副书记，1990年转任副校长； 1998年后任位育初级中学校长
陈福媛	1990—1991	主持工作的党支部副书记
赵家镐	1991—1993	任党支部书记
陆庭玉	1993—1999	任党支部书记
宋敏	1999—2001	主持工作的党总支（筹）副书记； 2001年转任副校长
任博生	2000—2001	2001年学校党组织升格为党委，兼副书记
宋燕臣	2001—2003	2001年学校党组织升格为党委，为学校首任党委书记、纪委书记
李明毅	2003—2007	任党委书记、纪委书记； 2007年调任徐汇区体育局局长，后任徐汇区文化局局长、区委宣传部副部长

（续表）

姓名	任职时间	备注
国庆波	2007—2013	任党委副书记、纪委书记； 2013年后调任零陵中学校长、党总支书记，后任西南模范中学校长、党总支副书记
刘晓舟	2008.2—2020.2	2008年2月任党委副书记主持工作； 2009年9月经公推直选任党委书记，后任上海民办位育中学校长、党支部书记
王圣春	2013.10—2019.10	任党委副书记、纪委书记； 2019年调任南洋中学党委书记、校长
王亦群	2020.2至今	任党委书记
李小朴	2019.10—2023.10	任党委副书记、纪委书记
王海生	2023.11至今	任党委副书记、纪委书记

*资料来源：上海市位育中学校长办公室提供，2023年6月。

注：1978年以后书记、副书记任职时间以所发公函为准，参见附录二《大事记》。

（2）上海市位育初级中学党支部书记、副书记名录（1998年以来）

姓名	任职时间	备注
书记		
汤敏	1998—2002	书记
王志方	2002—2003	书记
陈群	2003—2012	书记
龙世明	2012—2014	书记
焦爽	2014至今	书记
副书记		
焦爽	2012—2014	副书记
吕东	2015—2022	副书记
王玥华	2019至今	专职副书记

*资料来源：上海市位育初级中学校长办公室提供，2023年6月。

注：1998年以后，位育中学实行初高中分离办学。书记、副书记任职时间以所发公函为准，参见附录二《大事记》。

附录五
文献档案选摘

整理说明 在80年位育中学办学史上留存了大量文献资料，此次，上海社会科学院历史研究所校史研究团队与上海市位育中学、位育初级中学合作，成立校史研究小组，从海内外相关机构收集到不少资料，从中选取部分内容，作为"位育校史文献档案选摘"。在资料收集与整理中，研究小组注意其多样性、连续性、完整性等特点，举凡学校章程、课程教材、校刊资料、档案记录、校舍建设、教师来源、学生人数等校史档案，以及地方志书、文集笔记、报纸杂志，乃至回忆文章、口述资料，均予以关注。这些资料对研究各个时期的位育办学均具有重要的参考价值。

目　录

一、学校各个时期文献档案选摘（按时间先后，细目略）
二、地方志书、名校校史卷中关于位育中学的记载
　　《徐汇区志》（1997年版）
　　《上海普通教育志》（2015年版）
　　《中国名校》（中学卷）
三、回忆文章、口述资料选摘（细目略）
四、报刊中的记载
　　（近代）《申报》等报道选摘（细目略）
　　（当代）《人民日报》《光明日报》《文汇报》《解放日报》等关于上海市位育中学（上海市第五十一中学）的报道选摘（细目略）

一、学校各个时期文献档案选摘

位育中学三十二年度上/下学期教职员工名单（1943年）

姓名	地址
李楚材	西爱咸斯路712号
穆伯华	台拉斯脱路110号
鲍文希	苏州泗井巷41号
陈维之	福熙路1212号转

(续表)

姓名	地址
朱燿坤	环龙路316号
杨兰秋	马斯南路90号朱瑞颐小姐转
陈安英	霞飞路和合坊82号
朱启甲	崑山菉葭浜镇
钱君匋	海宁路咸宁里十一号
谭翠荣	毕勋路毕兴坊3号
李锦屏	爱多亚路西自来火街太源（不确定）里22号
李引弟	成都路33弄50号
郁定一	二马路大舞台西弄7号达丰转
赵富英	赵主教路131号
孙蕊	巨籁达路764号

＊资料来源：上海市位育初级中学档案室藏。

位育中学三十二年度下学期学生名单（1943年）

姓名	住址
孙玉麟	环龙路486弄11号
朱家瑾	西爱咸斯路291弄9号
李文俊	拉都路敦和里50号
颜文伟	西爱咸斯路拉都路396弄2号
王美雯	辣斐德路桃源邨14号
孙福延	金神父路花园坊102号
潘元墉	甘世东路崇仁里14号
王明	博物院路83号惠工行
张丽南	辣斐德路桃源村51号
张士超	福煦路746号
仲豫光	辣斐德1311号
江可明	辣斐德路拉都路1256号
郑作定	白尔部路22号
吴薇薇	北京路688弄24号
吉佩琪	雷米路甘世东路永盛里49号
陈效杰	亚尔培路亚尔培坊30号
薛忠国	拉都路368号

(续表)

姓名	住址
萧鹤麟	巨赖达路同福里18号
米明璧	亚尔培路亚尔培坊10号
武达梓	巨泼耒斯路5号
陆时协	拉都路166弄2号4楼
包锦明	拉都路510弄15号
羊涤生	辣斐德路桃源村1293号
郑淑蕙	白尔部路太和里12号
张珏	福履理路336弄1号
陈民权	西爱咸斯路慎成里84号
李冠嵩	辣斐德路益馀坊8号
宋静存	福履理路355弄4号
芮树良	拉都路228号
汪世界	普恩济世路232号
张汝藩	亚尔培路589弄27号
王开一	福履理路130弄18号
张喆	福履理路336弄1号
姚祖同	拉都路165弄4号
黄瑞熙	薛华立路金神父路225弄6号
陈秉枢	拉都路391号
胡明淑	拉都路151弄4号
黄肇文	康脑脱路康宁村12号
吴善名	辣斐德路1295弄7号
陈心善	霞飞路1487弄30号

*资料来源：上海市位育初级中学档案室藏。

位育中学三十三年度上/下学期教职员工名单（1944年）

姓名	住址
李楚材	西爱咸斯路712号
穆伯华	
鲍文希	苏州泗井巷41号
陈冰清	江阴东外护漕港
朱燿坤	新闸路麦特赫斯脱路庚庆里18号
吴澡渌	威海卫路640号

(续表)

姓名	住址
葛鲤庭	贝勒路民生小学
陈安英	霞飞路和合坊82号
汪润	福履理路建业里东弄37号
朱启甲	
唐璜	南阳桥西门路福源里11号
钱君匋	天潼路宝庆里39号
刘若楠	高思路210弄25号
李引弟	成都路33弄50号
郁定一	二马路大舞台西弄7号达丰转
赵富英	赵主教路131号
顾松林	
孙蕊	巨籁达路764号
邢福海	华商交易所36号

*资料来源：上海市位育初级中学档案室藏。

位育中学三十七年度下学期教职员工名单（1948年）

姓名	住址
李楚材	建国西路懿园28号
王希明	青浦北门外131号
陆福遐	亚尔培路步高里192号无锡杨舍南新街
朱家泽	苏州卫道观前11号
郁定一	本校浦东周浦
李玉廉	无锡华墅镇天裕号
陆景一	汉阴东外大德镇
张士魁	黄渡东市
余小柏	宜兴湖镇
杨乃挺	戚墅堰横山桥
倪友兰	汶林路景鸿小学
朱培钧	高恩路缕浦弄文安坊51号
薛鸿达	徐家汇路810号
许光锐	本校 暹罗莫拉限许卓利号转
周昌寿	新闸路1370号

（续表）

姓名	住址
江希和	嘉善路185弄6号
汪润	徐家汇马家宅29A号
朱燿坤	环龙路364号 新闸路944弄18号
潘炳泉	浙江永康生失堂转苟仁

*资料来源：上海市位育初级中学档案室藏。

位育中学简史（1948年）

  我校创于民国三十二年夏，时上海在敌伪钳制下，文化教育事业，备受压迫，优良中等学校，劫后不免因陋就简，素质低落。位育小学校董会，为应家长要求，便利毕业生继续升学，于是年六月十二日决议创办位育中学。

  计议既定，聘李楚材先生为校长，主持其事。李校长深以初高中课程重复割裂，缺乏一贯性与统整性，乃决定试行六年一贯制中学课程标准，并缩为五学年完成之实验。

  六月十六日开始筹备，拟订实验计划，以准备升学为目标，自一年级起，采双轨制，设甲乙二组，逐年增班。八月招足一年级新生二班八十三人，于九月一日正式开学。

  抗战胜利后，本校即按照中学法规所定程序，造具各项表册，于三十五年一月备文呈请沪市教育局立案。经局方派员视察认可，于八月一日奉市教中（35）字第六〇六三号令准本校董事会立案学校开办，十二月十三日复奉市教中（35）字第一一〇六五号令准本校立案，次年六月立案证书校钤亦同时奉颁。

  三十七年四月，市教育局将本校呈件转呈教育部备案，四月十四日奉教育部中字第一九六七九号指令核准本校董事会备案，十一月十一日奉教育部会字第六一六二九号令准备案，至是本校立案准备之程序，全部完成。嗣经缮具实验报告，呈请核准本校"以六年一贯制中学课程缩为五年完成之实验"奉部令核定三十六年度以前所招各班学生实验至毕业为止，以后仍按六年一贯制办法办理。并蒙教育部拨助三千金圆，以资奖励。五年制实验班首届毕业生于七月结束，毕业生几全部考入公私立著名大学，是项试验，成绩尚称圆满。

  本校系利用位育小学余舍开办，班级逐年增加，虽经于三十六年一月添建B字楼房一座，十月又添建E字楼房一座，增辟教室九间，办公室，图书馆等多间，无如中小学合用，辄感场地狭小，黉舍不敷。曾于三十五年购得沪郊梅陇镇东校基三十四亩八分，合租借之地，共计五十四亩，该处距市区不远，环境优美，爰先筹办农场，布置园林，至于完成建筑计划，犹待各方协助焉。

*资料来源：《位育中学第一届毕业纪念刊》，1948年刊印。

中学部教务工作纲要（1948年）

陆福遐

  本校实验六年一贯制，并拟于五年内完成六年课程，施行以来，已届第五学年。全部教学科目及时数表前经拟定，呈请教部备案，不日可获批示。兹值三十六年度第二学期，爰将教务工作进行计划，胆列于后，并希一一付诸实施焉。

一、目标

  1，添置图书仪器，充实教学设备。

  2，实行自学辅导，提高学生程度。

  3，实施升学指导，使毕业生升入理想大学肄业。

  4，鼓励集体研究，发展个别才能及兴趣。

二、实施

  甲、教材

    1，依据新课程标准，修订各科教材细目。

    2，选择各科补充教材。

    3，编译教科书。

  乙、教学

    1，举行分科会议研讨教学方法。

    2，详细认真评估习作簿籍。

    3，规定理化生物实验标准。

    4，励行自学辅导。

    5，延聘专家指导各科学习方法。

    6，顾及学生了解之能量，指示学生研究之途径及参考之图书。

  丙、成绩考查

    1，定期考试改为每学期两次，停课严格举行。

    2，注重日常考查，每周举行临时测验。

    3，揭示优良成绩，以资观摩。

    4，校庆日举行成绩展览会。

  丁、学艺竞赛

    1，举行中英文书法竞赛，（中文书法，本学期规定用钢笔书写）。

    2，举行时事测验一次至二次。

    3，举行中文作文竞赛。

    4，举行数学比赛。

    5，举行壁报竞赛。

  戊、集体研究

    1，举行专题研究（已举行台湾研究，出有专刊，继续举行东北问题，边疆问题，国共问题等）。

    2，举行时事座谈会。

    3，举行学术演讲，（已聘请赵景深先生演讲作文四要）。

    4，组织学科研究会。

  己、升学指导

    1，调查五年级学生升学志愿。

    2，举行升学指导。

    3，置备著名大学历年试题以及招生简章。

    4，开设复习课程。

    5，选定补充教材。

  庚、其他

    1，规定本校小学部毕业生升入中学部办法。

    2，造报教局各项表册。

3，编造各项统计图表。

4，充实图书馆（最近龚永毅先生捐助法币一亿元，计划购置大批图书杂志）。

5，与家长充分联络，实行家庭访问。

*资料来源：《位育校刊》第2期，1948年4月刊印，第2页。

位育学校访问记（1948年）

沈龙

小小门庭小小楼

颜色绿油油

小桌小椅小图书

布置在上头

别说地方小，许多问题供研究

啊，研究，研究，对面是谁的花园，路上有何人巡守？

小手小脑小朋友

会想会寻求

做小工人，读小书

还玩小皮球

别说年纪小，打起精神各奋斗

啊，奋斗，奋斗，幼时在校中活动，长大为国家奔走

这是吴研因先生为初期的位育学校所做的一首校歌。

那时该校校舍，在上海吕班路上的"小小门庭小小楼"里，由于容纳不下接连来的"小手小脑小朋友"，而搬到辣斐德路上。因为都面临"法国公园"，要天天看那些趾高气扬的外国兵，和顶会打中国"洋车夫"的矮小又黧黑的安南巡捕。所以吴先生要在歌词上连用三个"研究"，三个"奋斗"了。

位育也是因几位敢"为国家奔走"的教育先进者，痛心于国是，而想从教育着手来谋复兴所办的。正如江问渔先生为位育（已迁到自建校舍的拉都路上）十年以后由小学而扩充到中学时代所作的一首校歌，那是更好的说明：

黄浦江，水洋洋，大小朋友聚一堂

用我手，用我脑，大家工作一齐忙

莫怕工作忙，身心俱康强

国旗兮飞扬，庭树兮芬芳，琴韵兮悠扬

爱我国，爱我校，爱我先生，爱我同窗

人生目的不可忘，将来国事谁担当？

创造创造，生长生长，位育意义深且长

"位育"至现在已经有了十六岁的年纪，正如该校先生们所说的"已经到了懂得世故的年华"，是受过苦难来的。今天，当然更非"苦尽甘来"的时候。下面是该校教职员历年薪金比较表，我们从这里多少可以看出许多耕耘者挨苦受难的痕迹来。（编者按：表上的数目字很繁，所以删掉了。最后一学期卅六年度第二学期：最高薪一百八十四万一千四百元，最低一百四十

八万五千元,平均一百六十万多一点。合那学期初开学时米价,平均薪约可买三石米,放假时,却只能买一石米了。)

我们再看他血汗所化成的收获:

小学部(包括幼稚园)的历届所毕业的学生总数共二六〇九名。中学部因推行五年一贯制教育,第一届毕业学生计二十四人,都分别考入交大大同等校。本期现有小学部学生九〇六人,中学部学生(奉部令改为三三制)四五一人。

"位育"也逃不了一般私立学校所遭遇的苦难,都限于"经费"无法发展,譬如以操场来说,本是学生活动的场地,虽则他们一样活活泼泼地在玩儿,在做游戏,但要在水泥地上甩跃打究竟是危险的,又如图书仪器来说,虽则也名目繁多,但真正能实地配合学生的"胃口",还是不够的。但这不是位育一校所应负的责任,这应是整个中国教育界有苦所说不出口来的一个弱点。相反,正如同有一部分人对教育视同点缀园庭的"盆景",是可有可无的,再说句笑话,今天教育多少要妨碍"政治""军事",不能使其"畅所欲为",那是一定的。

但话虽如此,"位育"还是有位育的目标,正如李楚材校长所说,"位育因国难而产生,位育要解救国难而努力"的,在他们"未来的工作重点",还得要扩充校地添建校舍,充实设备,并一本穆敌主席校董藕初先生所希望的"我们的教育,重质不重量",要"为教育而教育",要"为新教育做开路先锋"!

这里,笔者也极诚恳的祝愿位育"创造,创造,生长,生长!"更能使"教育与生活"打成一片!

*资料来源:沈龙:《位育学校访问记》,收入沈百英著,周谷城、孙福熙、周士信等编:《小学教科书的改革》,华华书店1948年发行,第60—61页。

李楚材校长序(1948年)

你们又走完了一个阶段。今天以后,你们将去敲大学之门了。

五年的时间并不算短,但,我们还清楚地记得三十二年九月一日开学典礼时的情景。不知不觉之间,你们要离开学校了。离别之前,我和你们说些感情的话还是理智的话呢!

没有人满意于今日的中学教育:办小学的人说中学校的训练太严,教材太深,教法太陈旧,把活泼泼的孩子变成了呆板板的少年。办大学的人说中学的基础打得太松,各科学习得都不够标准,精神差,体格不健全。许多家长说,孩子读了中学,除掉考入大学继续求学外,什么事都不会做,什么事都不能做。中学生也说学校的功课那么紧,考试那么严,松一口气也难,结果,我们想学的没有学到,没有兴趣的东西却塞满了头脑。至于实际从事中学教育的人,又何尝满意于自己的工作?依照部定的课程标准施行,把教材教完后,大学的试题还是答不出来,为了校誉,为了学生升学的准备,不得不再把教材的分量加多加深,不得不减削不重要科目的时间,专作升学的准备。中学校的校长和教师让毕业生全部或一部考入大学,虽然松了一口气,但是有理想的校长和教师,实在会感到幻灭,因为工作的结果仅让学生敲开了大学之门而已。

今日之教育,虽有方针,却无计划,和其他方面也不配合。循致小学毕业生的出路是升入中学(职业学校和师范学校还是勉强进去的),中学毕业生唯一的希望是升入大学,大学毕业生在社会上又找不到适当的职业,纸面上要养成多少技术人才来做建设事业,事实上毕业生却成了"毕业即无业"的现象。

中学校成了无数小学毕业生竞争的场所,更成了大学的预备教育,中学校还能有什么理想?还能为学生作选择分化等等的工作?还能因材施教么?中学校对学生的态度是一手捧来,一手捧去,成了小学和大学间的跳板。

一年一年,我看着你们长成起来,你们从儿童时期到少年时期,又渡到青年时期;你们的脸上先是玫瑰色,现在已变成了紫红色;你们的手臂壮了,体重增加了,身长增高了,你们已经摒弃了孩子时代的游戏器具,专做篮球排球等运动了。体格的变化固多,精神的变化也大,你们想一想自己的"兴趣""好向",对人、对物、对事的见解和态度,就会发觉五年来的变化,实在变得太多,变得太奇特了。

我听到你们对学校的不满意,你们应该向学校表示抗议的地方也多,很明显的,喜欢的学科没有充分时间作研究;需要的材料太多,消化又不容易;不感觉兴趣的功课又强制要接受。这是你们的苦恼,也是学校的不合理。但你的志愿和家长的期望,又必须你去敲开大学之门,学校又怎样适应你的才能兴趣,让你研究喜欢的学科呢?

你们已经到达中学毕业标准，这是你们努力的结果。在这五年中，我没有鼓励你们专读死书，学校经济虽很困难，科学仪器和药品每学期都尽力添置，图书杂志也尽量购买，运动和娱乐器具也多置备，希望你们在学习外，再参考别人的经验，动手做一做，用脑想一想，把学习的范围扩大，把知识的领域增广。

也许你们会感觉到，五年中，我不仅在帮助你们增长智识，更重要的是在鼓励你们"做人"，做个堂堂正正的人。任何人不能离群索居，在现时代，不仅居住在同一地方的人发生关系，全世界的各色人种都是息息相关的；不仅要顾到现社会现时代的人，还得顾到子子孙孙的福利。我常常提醒你们，要"以公处事，以诚待人"，希望你们的心胸坦广，处处顾到别人。我要你们在吃饱穿暖后，想到别人的饥饿与寒冷，要你们在读书的时候，想到千千万万的青年被摒在学校的门外。我更要你们注意的，就是求学的目的是为大家服务，帮助万万千千的人求进步，得到满意的生活。

大学里去学工、学农、学理、学文、读哲学、读科学都好，别忘了将来要为大众谋幸福，要把位育中学所推行的助人运动，扩大开去，影响到更广更多的人。

每个青年的力量凝集起来，一定能够改造不满意的现实，一定能够把时代推上更新更合理的轨道上去。

去吧，勇敢些，走进大学之门，为着更多的人而去学习更高深的学科吧！

*资料来源：《位育中学第一届毕业纪念刊》，1948年刊印。

《位育中学第一届毕业纪念刊》发刊词（1948年）

蔡武进

位育创立于艰难的黑暗时代——民国三十二年八月，在敌伪的重重钳制下，李楚材先生在上海的一角按下这星星的火种，等待着天明。

胜利果然来临了，然而社会不安定，大好的计划难于实行，可是位育始终在生长中，但是，还得咬紧牙关，为未来而埋头苦干。

在国步艰难的情况之下，我们能安然毕业，不得不感激我们的师长。他们不屈不挠的精神，乐观的态度，值得我们效法。

集合了二十八位毕业同学的力量，准备了三个多月，我们才完成这本册子。没有其他用意，其他目的，我们只希望为我们五载同窗的友谊留下一个纪念，要为各位师长谆谆教诲的厚意留下一个纪念，要为我们的学校建下第一个光荣的里程碑。际此艰难的局势，要办这样一本纪念刊，谈何容易，然而我们终于完成了；这一点，我们谨向帮助我们的校董和师长致十二万分谢意。

*资料来源：《位育中学第一届毕业纪念刊》，1948年刊印。

位育中学五年实验报告（1948年）

一、实验动机

抗战初期，文化事业横受摧残，沪上中等学校，既限于人力财力，复受敌伪特殊实力之压迫，实穷于应付；各项设施亦不免因陋就简，素质不能与战前相等。位育小学校董会有鉴于斯，为便利毕业生继续升学计，于卅二年夏创议设置位育中学。楚材时丁忧，自渝来沪，无法内旋，受命主持其事，以考虑事实需要，根据以往经验，征得校董会诸公同意，决定就位育中学实验六年一贯制课程。

上海沦陷后，新设学校不克按法定手续进行立案，举办学生毕业事项，困难甚多；且毕业生与外界不能避免接触，极易招致敌伪之注意或干预。位育学生家长既均有培植子弟入大学深造之意，则创办纯以升学为目的之六年制中学，延长学生在学时间，确能切合事实之需求。楚材历年从事中等教育，一度在教育部主管中学课程标准编审事宜，颇感初高中课程重复割裂，缺乏一贯性与统整性，而以教部试行六年一贯制之议为是，窃愿躬与实验。上海罗致优良师资，采购教学设备既较容易，自可依据平日经验意愿从事实验，无论效果若何，但举成败得失或可作改革学制之参考资料也。

二、实验计划大要

实验工作既决定，即拟具计划，作实施之依据；此项实验计划，包含下列原则：

一、以准备升学为目标，选择学生。务须严格，俾提高程度，增进教学效率。

二、不求速效，应自一年级办起，循序渐进，逐年扩充。

三、各科课程根据六年制中学课程标准草案，采取直经一贯之编配。

四、免除教材二重圆周之重复后，教学时间自较经济，决仿照前国立十四中学办法，期于五年内完成六学年课程，教学科目及各学期每周教学时数，按照教育部所颁"六年制中学教学科目及各学期每周各科教学时数表"，参酌实际情形改订。

五、各种学科力求均衡发展，不予分组，俾树立进行高等教育之良好基础。

六、尽量培养自学之兴趣及能力，使学习结果得以恒久保持，学习范围得以日益扩展。

七、训导方针在鼓励学生自省自治，注重课外活动，使学生于学业进步以外，复能陶冶优良品格。

八、体育活动，力求普遍参加，摒弃选手制，务使学生按其能力受适当训练，收强身之效。

九、学校草创伊始，一切设备应渐谋充实，而图书仪器标本等尤有关教学，每学期均宜预筹的款，尽先购置。

十、学校一切设施，无论为行政组织，教材编选，教法改进，训育设施，体育活动……均应于实验中求创新改进，裨补实际，决不墨守陈法，因循贻误。

三、学校行政概略

学校创设已五年于兹，第一届学生即将毕业，初期实验似可告一段落，本节先将五年来学校行政概况作一报告，以后再次第叙述教训设施。此五年来行政工作之重心，为"奠定学校基础"。诸凡完成立案备案手续，申请核准实验，购置校地，添建校舍，充实教学设备，佥为达到此一目标而努力，试分述之：

一、完成立案手续。抗战胜利后，沪市教育局复员。本校即按照中学规程之规定，整理各项表册，于卅五年一月备文呈请市教育局立案，经市教育局派员视察认可后，于同年八月一日奉市教中（35）字第六〇六三号指令核准本校校董会立案，学校开办。同年十二月十三日续奉市教（35）字第一一六八五号指令核准本校立案。三十六年六月十九日复奉市教育局颁到等一〇八号立案证书，及私中一〇八号校铃，至是立案手续业已完成。本年四月，市教育局又将本校呈件转呈教育部备案，已于四月十四日奉到教育部中学第一九六七九号指令，核准本校校董会备案。预计学校备案亦可于短时间内邀准。

二、申请核准实验。本校于立案手续完成后，即会缮具四年实验报告，呈请教育局正式准予实验"以六年一贯制中学课程缩为五年完成"，旋于卅七年二月奉局令称事关变更学制，嘱暂从缓议。四月又转奉教育部指令，以为本校备案报表课程编制项内所称实验于五年内完成六年课程一节，不合规定，仍令按照六年一贯制办法办理，嗣经本校代电教育部声叙理由，请求继续实验或卅六年度以前所招各班学生实验至毕业为止。近奉市教育局转颁教育部指令，已准卅六年度以前所招各班学生实验至毕业为止。实验计划得蒙教育主管当局核准，从此可不复彷徨不定，实于本校师生以极大鼓励也。

三、购置校地，增建校舍。本校系借小学部余舍开办，班级逐年增加，辄感场地狭仄，房舍不敷，亟拟购买校地，自建校舍。延至卅五年始于漕泾区梅陇镇东，由沈曼英女士之助，购得校地三十四亩，合租借之地，共计校基五十四亩。惟该处距市区甚远，若兴工建筑，规模极大，爰先筹办农场，培植树秧，完成建设计划，犹待继续努力。谋暂时之计，遂就现址隙地建屋，卅五年寒假费国币五千万元将原有平屋一幢翻造成二层楼房，卅六年夏又辟校园一隅，以国币三亿元建二层楼房一幢，增教室四间，办公室图书室两间，勉敷应用。然楚材始终以为中小学合设一处。活动场地过小，对学生生活管理，诸多窒碍，限制綦严，发展困难，最近又拟租赁龙华路旷地，先行建筑房舍，该地尚有空屋可以租借，暂时可敷应用。一俟经济有着，再行兴建梅陇镇新舍。

四、充实教学设备。教学设备之充实与否，楚材尝视为实验成败之关键，每学期支配经费时，为避免币值贬落影响，必须发的款，整批添购仪器图书及运动器具，以是历年增加，对教学实多裨益。现物理仪器共有二二〇件，已敷示范实验应用，化学仪器示教实验两用仪器十二组，补充器皿六六四件，药品二六二种，可供给学生轮流实验。生物方面显微镜有九架，切片四匣，解剖用具十套，浸制标本及模型六十六件，压制植物百余张，学生实验亦能勉强应付。本校选购图书，除由各教师推荐外，并征询学生意见，故五年来置办之书籍，均适于师生参考或浏览，无徒为点缀或不合时宜者，现总计藏书二四六三册，并订阅杂志三十一种，流通尚便利，学生均可利用此精神食粮，扩大其知识领域。本校场地虽狭窄，然运动器具，力求具全，童子军营帐，炊具军乐乐器等亦尚齐备。

四、教务设施

本校系自一年级办起，而后逐渐扩充，对新生入学，选择荼严，除考试其学科成绩外，复举行智力测验，口试，与体格检查，抱宁缺毋滥之旨，凡不合标准者概不录取。故学生素质，尚能达到水准。入学以后，又根据其各科成绩，学习能量，分组授课，同一教材，异其课程，便利教学，兹举历年所设班级及学生人数统计表于下。

俾明扩充及学校编制情形：

年度	学期	班级	学生人数
卅二年度	第一学期	一年级两班	八二人
卅二年度	第二学期	一年级两班	七八人
卅三年度	第一学期	一二年级各两班	一八二人
卅三年度	第二学期	一二年级各两班	一七九人
卅四年度	第一学期	一二三年级各两班	二八六人
卅四年度	第二学期	一二三年级各两班	二九三人
卅五年度	第一学期	一二三年级各两班	三三二人
卅五年度	第二学期	四年级一班	三二一人
卅六年度	第一学期	一二三年级各两班	三九九人
卅六年度	第二学期	四五年级各一班	三九一人

因计划于五年内完成六年课程，各级教学科目及教学时数会比照"部颁六年一贯制中学教学科目及各学期每周教学时数表"参酌实际需要改订；改订以后之情形为：（一）教学科目未曾减少，主要科目五学年总时数不少于部颁标准，且力求匀配。（二）一年级劳作，美术，音乐等科每周时数悉与部颁标准相符，年级增高即渐次递减，而使学生于课外活动中，延续此种技能学科之学习兴趣，教师乃从旁辅导。（三）各级每周上课总时数以三十三小时为限，除星期六下午停课，上午四小时外，每日平均上课六小时，并不因缩短年限而增加。（四）有施行重点教学之偏向，低年级注重工具学科，如国文、英语，高年级注重理解较为困难之学科，如数学理化。（五）对相关较密之学科有适宜编配。

教材之编选，为本校实验过程中最感困难之问题，因截至今日为止，各书局尚未印行六年制中学教科书，无现成教材可资采用，本校解决此问题，暂采用下列办法：（一）三三制国文，英文课本，采循序渐进，故仍沿用，酌量节删补充，进程亦较速。（二）数理化学科，除算术及初等代数外，均采用高中课本，惟开始教学时则由教师自编讲义，作必要之准备与补充。（三）历史，地理及公民由教师自编纲要教授，并指定学生购备与程度适合之书籍作为参考。（四）其他偏重技能训练之学科由教师按课程标准，于学期开始时拟定教学进度预定表实施，遇有须提供理论知识时，则由教师自编材料教学。同仁咸希望以后能将所编讲义整理补充，作为确定之教材。

各科教学方法，除均注重适应学生能力引起学生兴趣，使能理解所授教材外，更指导发见问题，作进一步之探讨，养成自学习惯，且按各科性质，分别决定要则：语文学科注重听音，阅读，发表之熟练，培养欣赏及应用技巧。数学科注重理解应用，奠定高深研究之基础。理化生物注重观察实验，启发研究自然现象之兴趣。史地公民注重系统及事理分析，使常识丰富，并训练推理能力。劳美，音乐，体育等科则适应个别差异，注重基础训练。

学业成绩之考查，分日常考察（包括口头问答，作文，测验，演算，练习，报告，实验，实习，采集报告等方式）、学月考试（每学期举行二次至三次）、学期考试以及毕业考试四种，日常考查成绩与学月试验成绩合为平时成绩，比率各占百分之五十，平时成绩与学期考试成绩合为学期成绩，前者占百分之六十，后者占百分之四十，以上办法，与他校施行者并无多大差异，然有一点，手续固较繁琐而收效则大，即于学月考试之一周后，必将学月成绩报告家长，并征询家长意见，由家长盖印后收回，其成绩过劣者，则约家长来校商谈补救办法，或由级任导师亲往访问，探究学生成绩低劣之原因，以谋改善之道。

为鼓励学生进修各项学艺，如英语背诵，书法练习，国语演说，写作技能，各科常识，数学演习，每学期举行竞赛，借竞争促进步，并收示范提倡之效，亦殊有益也。

五、训导设施

本校向揭橥真善美群为训导目标，希望学生崇尚正义，确立正确之人生观；实践道德，恪遵共同校训及青年守则；爱护群体，培养服务牺牲之利他精神；涵融情操，以美育完成道德训练。每学年并拟订实施重心，借求达到此项目标，故工作推进，能有遵循。

本校以训导会议为审议研究机构，以训导主任及各级级任导师为执行人员。训导会议由全体教员参加，审核各种规章，厘订训导工作施行细则，商讨训导设施，应行兴革事宜，决定学生应得操行成绩，研究特殊学生训导问题。至训导主任及级任导师之具体工作，则为指导学生自治，调查学生个性，考核学生言行，执行奖励惩罚，主持家庭联络，处理偶发事项，平素分工合作联系配合，尚能发挥积极训之效能。

所采训导方法，注重指导劝诱，少用干预制裁，于合乎学校纪律范围内之有益活动，尽量启发，使学生于生活中增加实际经验，训练办事干才。若学生有过失行为，必先善言劝告，动之情，冀其悔悟，设不能获预期效果则剖析事理，反覆晓喻，使之明辨是非，知所适从，至情节严重告诫不悛，或行为于团体有重大不良影响者，则施以惩罚，惩罚方式以有教育意义者为限，且视其平日言行及行为动机而权衡轻重，故犯大过者甚少，学校风纪尚整饬。

课外活动既可以为正式教学之补充，又系导学生入于正规最简捷有效之方法，本校对之颇为重视。活动向以学生自治机构为主体，各级有级会，全校有学生自治会，受教师指导，从事学艺进修，休闲康乐及社会等工作，如刊行壁报，举办讲演，主持球赛，演习剧艺，辅助远足筹备事宜，筹集救济助学款项……各学期来均有成绩。

使学生有强壮之体格，自须鼓励学生重视运动及卫生；本校于体育方面，以普通化为目标，力求提高全校学生运动兴趣，支配全校学生运动机会，绝不为造就少数选手而努力，校队与他校角逐，遭遇失败亦不以为耻，若有学生不谙体育普通常识，视操场为畏途，则引为全体之辱。五年动本此原则，教师率先提倡，同学相互激励，运来空气故甚浓厚。至于适应性别差异，实施能力分组，在体育教育上亦均予注意。于卫生方向，本校确认预防重于治疗，因本校学生大多系通学，患有疾病，家庭护送治疗，极为方便，学校只需有急救设备，防不时之虞即足。至事前预防则以集体设施较易，故本校保健工作以下列工作为重心：（一）实施体格检查，发现生理缺陷。（二）改进环境卫生及饮食营养。（三）按季节佈种牛痘，举行防疫注射。

学校与家庭，必须有密切之联系，故家庭联络亦为本校教导上重要工作，所采方式，系通涵，恳谈，及访问，凡一般性设施，通常以信件通知家长，请求协助督导，或查照参考，或征询改进意见，至于特殊事项，则函约家长来校或访问家庭，详细商谈，对于教学及训导，至有裨益。

六、实验工作检讨

于实验进程中，困难固迭有发现，然赖社会人士热心赞助，全体同仁努力不懈，均渐次克服，时至今日，实验乃稍有成果。熟思克服困难所采之办法，有历久未见弊端，确应继续保持者，亦有未臻理想，须更谋改进者，敢详加检讨，坦自陈述，以为后事之师。

（一）学校设施，均由同仁以恳谈式方决定进行，一事议定，全体动员，从未有梗阻诿避或敷衍塞责者，此种协力合作之精神，成为位正困难之钥，位育之有今日，合作所赐；位育之前途，亦惟持续此种精神，方得扩展。

（二）经济公开及支用灵便亦为实验成功之重要因素，因经济公开，同仁生活比较安定，方能久于其任，始终其事；支用灵便，方能充实设备，便利教学，固不能目标庶务小节而漠视之。

（三）本校创设时，系以小学部学生为基础，以后历届学生，小学部学生亦占最大比率，各项设施乃力谋与小学联系，课程更求与小学衔接，沟通无间，如此学生既无难以适应扞格不入之苦，学校教导行政亦得顺利推展。

（四）教学时间因缩短年限，视部颁标准稍有变更，然几经调整，均无一小时以上之相差，主要各科时数较六年制有增无减，各技能功课虽稍减削，辅以课外练习（如童军，劳作，美术）或与课外活动配合（如各级轮流康乐活动与体育配合，组织合唱团与音乐配合）亦无甚影响。

（五）学生应养成自学习惯，为我同仁之一致愿望，然佥以为自学仍赖辅导，对于平日练习簿本之订正，始终认真，对于学习结果之考查，始终严密。于此种考核中，且时常发见教学缺陷，作编选教材，改进教法之重要参考。

（六）训管学生不事高压，而以情理晓喻，故学风淳朴。学生活泼性成，均能自爱，循规守矩。至沾染时习之越轨行动，从未发生，使学校环境趋于安定，学生乃专心向学，不至旁骛也。

（七）学校与学生家庭亦能密切联络，学校之措施及学生专业性行，经常报告家长，俾家长明了实况，共同督促辅导，并会商补救办法。同时学校感有困难，亦常向家长呼吁，五年来各家长所予精神上之鼓励与物质上之扶助，亦为学校进步之动力，实令全校师生感奋。

（八）实验期间无现成适用教材可资采用，实为最大困难，吾人解决此一困难之办法，犹未认为满意，因缮印讲义，编纂无法详尽，印刷极难清楚，而沿用三三制课本，又感不合；若以后教育主管当局对六年制之实验仍将鼓励，希望能由国立编译馆编印六年制中学教材用书。

（九）学生入学时固会受严格考验，然入学以后未必能始终保持优秀成绩，本校进程较速，随班前进，遂感困难，对于此等学生，平日恒督饬课外补习，然成效不著。以后拟另设班级，延长肄业年限，正研究方案并征询家长意见中。

（十）本校厘订实验计划时，因遵照教育部实施六年一贯制不予分组之指示，未曾分组，然此五年来深感为学生作升学计划准备，强求一律，实事倍功半，以后希望教育主管当局准于最后一年，按照学业成绩及将来志愿分为文理组修习，使各组各有重点，以宏造就。

（十一）实验期间正值抗战胜利前后，社会动荡不安，学生家庭流徙颇剧，学生有中途转学者，学校栽培之劳力，每多捐弃。又因对转入学生限制重重，各班人数较少，影响学校经济，颇感穷于应付。以后亟盼学生家长确认六年一贯制之性能，减少学生流动，以竟全功。

（十二）最高年级与最低年级之学生年龄上相差甚远，身心发育状况差异甚大，行共同生活，训导上颇多不便，虽亦曾设计求生活隔离，分别设施，然场地校舍狭窄，此种努力，恒难收效，故希望建校计划早日实现，取消客观环境之限制，解决此项困难。

上述各点系荦荦大端，本校实验工作，并非至此即止，亦殊不欲以此自满，不求进步，望热心教育之人士时赐南针，俾所遵循。

* 资料来源：《位育中学五年实验报告》，《位育校刊》第3期，1948年6月刊印，第2—6页。

上海市私立位育中小学行政组织暂行条例（1949年）

（本校中、小学部行政组织暂行条例，大体相同，仅少数条目，略有差异。兹合并刊印。凡遇相异之处，分别于括号内注明。）

第一章 总纲

第一条 本校行政组织，采民主集中制，力求精简；校务处理，务实事求是，权责分明。本条例即依据此等原则订定。

第二条 本校设校长一人，综理校务。

第三条 本校设校务会议，为全校最高决策机构。

第四条 本校设校务委员会，为全校最高行政机构。

第五条 本校设教导处，处理教导事宜。

第六条 本校设事务处，处理全校庶务。

第七条 本校按事实需要，得分设各种会议、委员会及研究会。

第二章　校长

第八条　本校设校长一人，由董事会聘任之。

第九条　校长之职责如左（下）：

（1）秉承校董会办学方针，规划校务改进与发展大计。

（2）领导师生员工，综理校务。

（3）对外代表学校，主持联络事宜。

（4）主持校务会议及校务委员会，为两会之召集人及主席。

（5）遴聘各科教员及各处组织员，并支配教职员薪金数额。

（6）考察及辅导教学，督促教员研究并协助进修。

（7）考核及调整职员工作。

（8）依据学校预算，核定经常费用支付事宜。

第十条　校长室设秘书一人，秉承校长，撰写文稿，处理校长室日常事务。

第三章　教职员及校务会议

甲、教职员

第十一条　本校教职，由校长聘任之。

第十二条　教职员初聘任期，以一学期为原则。一年后每次续聘，任期均为一学年。

第十三条　教职员服务努力，著有成绩。遵守政府法令及团体规约者，其职务应受保障。

乙、校务会议

第十四条　本校由全体教职员及学生推举之代表五人，（小学部无学生代表）组织校务会议，为全校最高决策机构。

第十五条　校务会议之职权如左（下）：

（1）厘定校政大计。

（2）审核及修订各种计划章则。

（3）审查通过学校预算及决算。

（4）检讨各部分工作。

（5）议决其他校务上兴革事宜。

第十六条　校务会议于每学期始末各举行一次，由校长召集，并任主席。必要时经四分之一以上教职员联署提议，得召开临时会议。

丙、经济稽核委员会

第十七条　校务会议附设经济稽核委员会，由全体教职员选举五人组织，（经办会计及经管款项人员不得当选）互选一人为主席，任期一学期，连选得连任。

第十八条　经济稽核委员会之职权如左（下）：

（1）审核一切收支款项。

（2）核对每月计算书表。

（3）审核各项单据。

第十九条　经济稽核委员会每月开会一次，必要时得举行临时会。

丁、教职员进修会

第二十条　校务会议附设教职员进修会，由全体教职员互选干事五人，组织干事会，设计并推动教职员进修及康乐活动事项。干事任期一学期，连选得连任。

戊、员工福利会

第二十一条　校务会议附设员工福利会，由事务主任，教职员代表三人，及校工代表一人，组织干事会，互推一人为主席，主持办理员工福利事项。

第四章　校务委员会

第二十二条　本校设校务委员会，为全校最高行政机构，由校长、教导正副主任、事务主任、及教职员推举之代表五人、学生推选之代表二人（小学部无学生代表）组织之。

选任之校务委员任期为一学期，连选得连任。

第二十三条　校务委员会之职权如左（下）：

（1）决定校务上重大事项之处理办法。

（2）执行校务会议决议案。

（3）决定各部分应行实施之工作。

（4）解决各部分相互有关事项。

（5）检讨各部分工作报告，必要时得提出纠正。

第二十四条　校务委员会设秘书一人，由校长室秘书兼任，掌理该会文书事宜。

第二十五条　校务委员会每两星期开会一次，必要时得召集临时会议，由校长召集，并任主席。校长因故不克出席时，得就委员中指定一人代表主持会议。

第二十六条　校务委员会之决议案，不得与校务会议通过之章则及议案抵触。

第二十七条　校务委员会决议之案件，各部分应遵照办理，如认为窒碍难行，得拟具理由提交下次会议复议。复议时如出席委员会三分之二以上仍坚持原议，各单位仍应照办。

第五章　教导处（中学部分）

第二十八条　本校设教导处，由校长聘任正副主任各一人，主持本校教导事宜，并分配督促教导处职员工作。

第二十九条　教导处设教学组、注册组、生活辅导组、图书仪器组及体育组。各组设组长一人，教学组组长由教导主任兼，生活辅导组组长由副教导主任兼，其他各组组长，由校长于专任教职员中聘任之。

第三十条　教导处各组之职务如左（下）：

（1）教学组拟订教学上各项章则办法，掌理教学实施研究指导等事项。

（2）注册组掌理学生学籍及成绩登录保管事项。

（3）生活辅导组辅导学生生活，掌理课外活动学生自治指导事项。

（4）图书仪器组掌理图书及教学设备之购置、整理、保管统计等事项。

（5）体育组掌管体育、体格检查、早操、课外运动等事项。

第三十一条　教导处由校长各主任全体级导师及教员组织教导会议，教导主任任主席，于每学月开会一次，必要时并得举行临时会议。

第三十二条　教导会议之职责如左（下）：

（1）决定教导方针。

（2）审议教导上各项章则。

（3）规划教导上应行改进事宜。

（4）讨论课程分配及教材编订。

（5）讨论辅导学生生活指导学生自治之实际问题。

（6）研订各科成绩考查办法。

（7）研订学生操行成绩考查办法。

（8）审查学生学行成绩决定重大奖惩事项。

第三十三条　教导处设各种学科研究会议，由各学科教师分别组织，互推主席，每学期各开会两次，研究各科教材编选及教学法改进事项。

第三十四条　教导处因事实需要，经教导会议通过，得设特种委员会。如招生委员会、升学就业指导委员会等。

第五章　教导处（小学部分）

第二十八条　本校教导处，由校长聘任正副主任各一人，主持本校教导事宜，并分配教导处职员工作。

第二十九条　教导处设课务成绩组、生活辅导组、图书组、学籍组、体育组、及统计组。各组设组长一人，课务成绩组组长由教导主任兼。生活辅导组组长由副教导主任兼。其他各组组长由校长分请教职员担任之。

第三十条　教导处各组之职务如左（下）：

（1）课务成绩组——处理学级编制课程支配学生成绩考查等工作。

（2）生活辅导组——处理学生自治指导，课外活动指导等工作。

（3）图书组——处理图书之添置、整理、借还及指导儿童管理图书馆等工作。

（4）学籍组——处理调查统计学生学籍及保管学籍片等工作。

（5）体育组——处理体育、体格检查及早操课外运动等工作。

（6）统计组——处理学校各项调查统计及调制各项表册等工作。

第三十一条　教导处视实际需要，得设高级、中级、低级、幼稚园四组，于每学期开学时，由各该组级任师互选主任一人主持各该组事宜。

第三十二条　教导处由校长各主任全体级导师及教员组织教导会议，教导主任任主席，于每学期始末各举行一次，必要时得举行临时会议。

第三十三条　教导会议之职责如左（下）：

（1）决定教导方针。

（2）审议教导上各项章则。

（3）规划教导应行改进事宜。

（4）讨论课程分配及教材编订。

（5）讨论辅导学生生活，指导学生自治之实际问题。

（6）研订各科成绩考查办法。

（7）研订学生操行成绩考查办法。

（8）审查学生学行成绩决定重大奖惩事项。

第三十四条　教导处得设下列各种会议：

（1）组务会议：高、中、低、幼四组分别开会，由组主任召集，每学期开会三次，必要时得开临时会。

（2）分科会议：由教导处召集各学科教师，分别组织，互推主席，研究各科教材编选及教学法改进事项。

（3）特种委员会：如招生委员会、升学就业指导委员等，由教导会议推选委员，教导主任召集之。

第六章　事务处

第三十五条　本校设事务处，由校长聘任主任一人，主持处理全校教导以外之事务。

第三十六条　事务处设文书组、庶务组、会计出纳组、卫生组，由校长聘任专任人员主持各组事务。

第三十七条　事务处各组之职务如左（下）：

（1）文书组掌管文书及文件保管事项。

（2）庶务组掌管校舍、校具、供应等庶务事项。

（3）会计出纳组掌管款项出纳、帐项登录及现金票据契约之保管、移转事项。

（4）卫生组掌管个人卫生、环境卫生、医药治疗等事项。

第三十八条　事务处由校长、秘书、各主任，事务处全体职员及校工代表二人组织事务会议，事务主任任主席，每学期开会两次，必要时并得召开临时会议。

第三十九条　事务会议之职责如左（下）：

（1）审议事务上各项章则办法。

（2）规划校舍及设备。

（3）改进学校环境布置。
（4）研讨事务处理及校产保管办法。
（5）其他关于事务事项。

第四十条　事务会议召开时，得通知中小学部各处主任及学生会代表列席。

第四十一条　事务处因事实需要，经事务会议通过，得设特种委员会，如校舍建筑委员会，建设基金保管委员会等。

第七章　附则

第四十二条　本校中小学部相互有关问题，得由两部校务委员会联席会议商决之。

第四十三条　本校事务处及事务会议以中小学部合并为原则，惟经济收支，仍应分别处理。

第四十四条　本校教职员进修会，员工福利会，中小学部以合并组织共同活动为原则。

第四十五条　本条例经校务会议通过后施行，其未尽善处，须由校务会议过半数同意修正之。

*资料来源：上海市私立位育中小学编：《位育校刊》第8期，1949年10月刊印，第1—2页。

位育中学校务委员会决议案件摘要（1949年）

一、同人年功加俸，其年资依连续服务年期计算，但如因生病或深造而中断服务者，以不兼校外有给职务为限，以前年资仍予保留。

二、教职员聘任期限按行政组织条例规定，任职满一定期限者，以后每次续聘任期均为一学年，然各学期学额学级及设科等情形容有变更，以是教职员所任职务及教学科目时间，应视情形于每学期初酌量调整，聘约上不作硬性规定。

三、要否厘订校服色样并限期实施以造成朴实风气一案，经议决先由中小学教师及学生会号召，再行设计实行。

四、本校运动场地如外界人士要求借作业余练习运动，限于星期日上午并照本校所订运动场地出借规则办理。

五、升旗仪式分全体肃立、唱国歌，升旗三项，由中小学间日轮流办理。

六、本校校旗规定绸质、白底红字，大小与二号国旗等。

七、家庭接送学生车辆，上学放学时拥塞巷道，妨碍交通，应由学校通告家长，除幼稚生外，接送车辆一律停于巷道外上下，并由工友及同学组纠察队予以劝阻。

*资料来源：《位育中学校务委员会决议案件摘要》，《校务委员会决议案件摘要》，《位育校刊》第8期，1949年10月刊印，第4页。

李楚材校长序（1949年）

当人民解放的大旗插到上海的时候，你们恰巧修毕了中学阶段的课程，你们跨出校门，就逢到了中国人民生活中一个最伟大的转变时期，这是你们的幸运，也是你们的光荣。

中国历史已改变了方向，伟大的人民时代已经来到，人民正走向新的、更光辉的高峰。你们要迎接时代，赶上前去，和群众结合。

摆在你们面前有两条大路，一是为着服务人民，为着建设中华人民共和国的需要，向更高一级继续学习。另一是积极地、勇敢地参加组织和教育群众的工作。这都是正确的道路，出发的方向虽有差异，终结的目的——为建设新国家铺路，则是相同的。

"个人怎样赶上新形势的发展呢？"这个课题，我们必须好好考虑，别以为过去学到了些就自傲自满起来，思想还要进步，认识还要提高，无论升学或实际参加革命工作，都还要配合实际，继续不断的认真学习。

中国生产落后，急切需要的是科学技术，所以大家要学习科学，使科学不再是死板的公式和时髦的术语，使科学实际的化为血肉，完全而且真正地变成生活的组成因素。

不顾方向，没有远景，只是随波逐流，即使不息的工作，浪潮也会将你漂浮到庸人的泥沼中堕落下去。学习政治，学习革命的理论是重要的，不但可以知道目前如何发展与朝着什么方向发展，而且可以知道将来必定如何发展，与朝着什么方向发展。

摒弃浮夸习气，要朴质，要谦逊，要尖锐地反对并克服懒散的习气，和随随便便对一切都喜欢摸一手而又一事无成的工作态度，要诚恳地坦白地纠正自己的缺点和错误，打开闭塞自己前进的道路。

记住："发扬位育精神，誓为人民服务"这两句话，在任何的业务上，在任何时间空间，要想到一切为人民，要想到"位育"两字的意义——生长，创造。

*资料来源：《位育中学第二届毕业纪念刊》，1949年刊印。

《位育中学材料》（1949年）

A. 类型——老牌

B. 一般情况——该校实验一贯制，成立于民国卅二年。教职员多半年青，在师资上还好。教师们亦很团结，中华人民共和国成立后在工作与学习上辅导学生，尚能趋向进步方面发展，并定有各种公约。教学情绪尚高，学生学习情绪尚好，秩序上已入正轨。各班都根据具体情况，订立学习及生活公约。学生对出版刊物颇感兴趣，现已出版的有《曙光》《位育》《创造》《红星》等各刊物，有指导教师，统一领导者为副教导主任，经常召开刊物负责人会议。

C. 民主领导——校务会议，中华人民共和国成立前已有组织，每学期始末开会一次，附有经济稽核委员会，由全体教职员代表选举五人。校委会本学期开始才组织，为全校最高行政机构。校长、正副教导主任，事务主任为当然委员。教职员推代表五人。学生代表二人组成，选任代表任期为一学期，连选得连任。在人选上说尚称负责，有办好学校的精神。本校行政领导与团结教职员工作，在行政上能征求大家意见，发挥大家的智慧，采取了大家负责办好学校的精神。职权分明，有计划地进行工作。团结方面，暑期举行留校学习，养成集体观念，打下互相了解团结的基础，安定了教职员的生活。由校方津贴膳费，教职员全部住校，适当地举行娱乐调剂生活，因之，教职员与校方行政领导者团结很好，关系比较融洽。

D. 教导合一——设教导处，正副教导各一人，正主任负责教务，副主任负责生活辅导。教导会议每月召开一次，由教导主任主席，由校长、各主任、各级任组成，并设各科学科会议，由正教导主任领导，研讨教学内容及教学方法，并考核教学之成绩。校内总的方面讲，对政治思想的领导，民主生活的管理，尚能注意，并能大胆的创造。（1）预定一学期教导工作之安排。（2）加强级任先生的领导及会议，每周会议一次，探讨并布置工作。（3）各班建立学习小组，以自由结合为原则。（4）每日举行时事测验一次，各班级普遍订立报纸等，学习情绪遂称紧张，教师们因都住在学校，亦有适当的文娱活动调剂，工作情绪为之提高。

学生情况——学生学习上情绪还好，秩序上亦走上轨道，各班自己都订了学习生活小组，各班有级会领导本级活动及出壁报等。学生们都欢喜墙报工作，因之本校之刊物非常之多，统一由教导主任领导。学生会已成立，现尚未起作用，青年团尚未建立。

E. 经济情况——在学杂费之规定，是通过校方、教师、学生家长三方面。1、2年级为116单位，3、4、5年级为136单位。每个教师薪水都在300单位左右，学校的总收入与支出，都由校刊转载，案与学生家长。经济是公开的（公开程度见《位育校刊》）。

F. 存在的问题

（1）该校学习情绪尚好，行政上能注意民主领导方式。但尚缺少新民主主义政治思想教育，现正摸索中（已定了本学期的教学计划），必须加强领导，俾以创造经验，借以推动。

（2）学生秩序很好，学习情绪亦好，课外活动尚缺乏经常性，墙报很多，必须加强领导，通过此组织形式引导学生更进一步组织起来，开展学习热潮。

（3）青年团尚未成立，学生会虽已成立，现尚未发挥作用，会议必须加强学生会之工作，团结同学，领导各种活动。

*资料来源：《上海市教育局关于位育、沪新、励志中学情况》，上海市档案馆藏，档案号：B105-5-64。

《位育中学第三届毕业纪念刊》发刊词（1950年）

林明邦

五载相聚，一旦分离，自有一番滋味在心头，古今名流好汉，哪一个能在好朋友离别的当儿不黯然神伤而感到惆怅，似有所失的呢！

我们一九五〇级全体级友，在五年以内，像兄弟姊妹一般的朝夕共集，和睦亲爱，合作互助，一起学习，一起工作，一起游息，不平凡的时代的影响和日常生活的细节，更使我们融洽得像一个整体，我们团结坚持地经历了黑暗的漫漫长夜，也共同幸福地享受革命胜利的果实，我们是学习上的同学，也是患难中的朋友，更是工作上的同志。

天下，哪有不散的筵席，人总是要分离的；中华人民共和国的建设在等待我们，全国的人民在祈望和督促我们，我们为人民服务的新人生观在鼓舞我们，暂时分离吧！将来，在中华人民共和国的建设岗位上，我们又会胜利会师的，我们又会合作的，只要我们好好儿地干，人民大众会保证我们的愿望实现的！

珍惜我们过去的友谊，缅念我们逝去的岁月，在这暂时别离的时光，我们借这本小小的册子，作为五年共同相聚的纪念。

*资料来源：林明邦：《发刊词》，收入《位育中学第三届毕业纪念刊》，1950年刊印，第1—2页。

学校简史（1950年）

本校创设于一九四三年夏。时上海陷于日寇，文教事业，备受摧残，而部分中等学校，却后不免因陋就简，素质低落。本校为应家长要求，便利位育小学毕业生继续升学，因于是年六月十二日创办，定名位育中学。当时本校为免敌伪注意，于极度审慎中迁行教育，既不公开招生，亦不参加任何敌伪所号召之活动。全校师生，凛于民族气节，淬励奋发，专志学习，备为国用。

历来普通中学，初高中课程重复割裂，既缺乏一贯性与统整性，复与实际生活相隔离。本校几经缜密商讨，乃决定试行六年一贯制中学课程标准并缩为五学年完成之实验。数年来克服种种困难，反复研究改进，粗有收获。一九四八年始，五年制实验班学生毕业，学业、体格、品德成绩，均在一般水平以上，并能考入各公私立著名大学，继续深造。惟私立学校，继续作学制、课程、教材各方面之实验，人力财力，均有未逮，乃自一九四八年度起，停招五年制实验班级，但仍试行六年一贯制课程标准。上海解放后，为与各中学教学进度相接，课程编排教材选择，渐近三三制；拟俟全国学制更定，再行改制。

本校初办时，只招一年级新生，逐年扩展，学习、工作，能作有计划的布置，此后尚应致力于校舍之兴建，设备之充实焉。

*资料来源：《位育中学第三届毕业纪念刊》，1950年刊印。

李楚材校长寄语（1950年）

本校五年制实验班第三届同学毕业了。幸运的是中华人民共和国成立后，各方面需要大量的建设人才，毕业同学有着良好的文化科学智识作基础，进入大学深造，将来一定能在国家建设机构里担负起最适合的工作。

离开了母校，希望你们永远记得"位育"两字的意义——生长、创造。

*资料来源：《位育中学第三届毕业纪念刊》，1950年刊印。

《位育中学一九五〇年下学期工作总结》（节选）（1951年）

一学期来进行新爱国主义教育，通过抗美援朝、镇压反革命运动，并贯彻到经常教学中去，是有着相当的收获，有了显著的进步，表现在：

（1）每一个活动能够发动广大群众来搞

过去的活动，师生方面只能动员部分的干部和积极分子来搞，本学期一开始，强调了集体性和组织性与纪律性。大家的思想上有准备，行动上就表现出来：在校内，开始了师生一致的整齐严肃的早操；校外活动首先是"三四"工人游行时组织鼓动站，全校90%以上师生去参加，接着是"三八"妇女节大游行，全校的女同学、女教师全部参加，男同学和男教师排满了襄阳南路的最南端，也动员了90%以上。五一大游行时，除了有病和守护学校的少数师生外，全体在游行的行列里，各级的宣传品，环绕了抗美援朝、镇压反革命两个中心，都是全级同学集体创作的，在数次游行和鼓动中，不仅动员和组织了广大群众，而且发挥了群众集体创造能力。

镇压反革命活动，发动了全校师生学习文件，组织班级控诉，全校控诉，又因本校有四个反革命分子被拘，活生生的事实，把大家的太平观念和麻痹思想消除了，更联系了实际，加深对反革命分子的憎恶与仇恨，扭转了温情主义，惜才思想——教师间有被拘者的家属、亲戚、同学中对被拘教师有惜才思想——从而站稳了立场。

爱国活动更具体的表现在捐献和参干运动方面，有的教师捐出了佩戴了20余年的订婚戒，有的捐出了代课费，戒除香烟费，有的按月认捐了固定数目，各级同学也都捐献一定的数目，有的班级开始认捐的数字，经过小组和班级讨论后，又增加了十多倍。在参干运动中，同学的表现是紧张而热烈的，经动员报告后，表示决心参干的就有31人，以后，天天增加，一直到了105人，占全校同学数1/5。在参干运动中，无论动员会、庆功会、家长招待会、欢送会，全校教师都热烈参加的。

这些和过去不同的现象，原因是师生的政治认识都提高了，通过学习，通过大环境的影响。更重要的是通过每一个活动，群众的认识就提高了，同时通过工作布置，各部分能够配合起来，不使一方面或一个人置身于活动之外，这就发挥了各部分联席会议的功能。

对于发动广大群众来搞活动的经验，首先要把中心活动和经常工作结合起来，不要停了经常工作搞中心工作，也不要把中心活动和经常工作对立起来，其次要让各部分、各班级甚至个人都要负起责任来，才会搞得全面而热烈。例如低级同学因自然条件不合而不能参干去，就把他们组织报喜队、欢送队等，他们是很高兴而热烈参加的。另外，干部起带头和骨干作用，也是重要的。学期终时，发动毕业班同学参加市政建设，因为毕业班同学里的干部未能起带头作用，因之无法完成任务。

（2）经常工作和中心活动能够结合起来

工作方式方法的改进，使工作的展开有着很大的便利，能把广大群众吸纳到工作上来，发挥他们应尽的力量。这学期开始，一个活动接着另一个活动，中间有着关联，不再像过去搞一个活动，必须花大力来动员，干部谈、班级谈，然后进入高潮，活动一停，工作又松下去。例如反对美国武装日本的活动，在班级控诉和全校控诉时，就成为"三四""三八"的游行男同学组织鼓动站女同学参加游行的动员。"三四""三八"的总结也变为召开全校师生员工代表大会订立爱国公约的动员，在每一个活动中，不仅看不出分割之处，而且把前一个活动的成就巩固起来，使后一个活动在已有的基础上展开，更能深入而热烈。

值得再提的是工作布置能够照顾到全面，这由于各部分联席会议所起的作用。由于行政上，党、团、学生会、教工会，每周有一次集会，重在汇报分析情况，并作工作布置。决定后，由教导处传达到级任，学生会传达到班级干部，团支部到团小组，教工会到教工，各部分都能意见一致，结合本单位的情况，分担着应有的工作与责任。这样可以消除工作上的忙乱现象，也能照顾到各方面的特殊工作。例如团支部、学生会和教工会的改选，在联席会议布置工作时就提出，工作上不再有冲突或过分紧张的毛病。

另有一点，工作能够深入、细致、持久，例如时事学习，不再像过去的形式主义，要大家在教室里拿了隔天或当天的报纸，随便阅读。本学期有重点地在各级里组织起读报小组，慢慢地发展开来，但要求加入的人必须坚持下去，又利用了各级装置的广播机对广大同学进行时事的讲解和宣传，这样，把读报工作经常化，又把读报的效率普遍化。

同时，我们还有错误的想法，以为经常工作只指是教学，上课学习是经常工作，抗美援朝、镇压反革命是活动，活动时把正课松懈些，活动完后再把正课紧逼些，这样就把教学和活动对立起来了。

这学期还有一个大阙失,就是没有整个工作计划,开学时,有的主张把正课搞好,中心活动来后,再定进行步骤,不要悬拟许多工作计划,这就忘掉了许多经常的事情要做,以至于在中心活动时搞得轰轰烈烈,一旦转入经常,别的活动便少生气了。

工作中的预见性不够,不能及早掌握活动中心,工作的计划性也不强,不能把工作展开的过程全盘把握,因之,工作又有被动的现象。例如参干动员以后,一般情绪还高,开始报名的一天,除掉决心参干的同学鼓舞热情,很早到校争取及早报名外,其余的同学都漠不关心,报名过程中反而冷淡了大家的情绪。因此,又布置了"完成报名任务庆功大会",把各班的热情又激发起来,放爆竹、打锣鼓地拥着报名同学,关心他们,崇敬他们!

*资料来源:《上海市教育局关于位育、沪新、励志中学情况》,上海市档案馆藏,档案号:B105-5-64。

为建设中华人民共和国而努力
——祝贺本校六年一贯制第一届毕业同学(1951年)

李楚材

中华人民共和国的青年是幸福的,责任是重大的,前途是非常光明的。

青年们在新的社会里,总能受到充分的教养和教育,总能发挥和表现自己的才能。过去,旧社会不仅不能使青年得到正常的和正当的发展,而且受到封建的买办的法西斯的文化的毒害。今天,国家对青年是热爱的,寄厚望于青年们,希求青年们的德智体美四育能全面发展的。今天,从学校到社会,从城市到乡村,最活跃和最幸福的正是年青一代。

毛主席在"论人民民主专政"里写着"没有农业社会化,就没有全部的巩固的社会主义。而欲农业社会化,必须发展以国有企业为主体的强大的工业"。这里说明:中华人民共和国要从农业中国推向工业中国,也就是说,要从新民主主义社会推向社会主义社会,更进而推向共产主义社会。这光荣的责任,不仅是中华人民共和国的青年们应该负担的义务,而且是应有的一种权利。

更好地为人民服务,尽最大的力量从事国家的建设工作,乃是青年们的光明前途。

生在毛泽东时代的中国青年是值得骄傲,值得庆幸的!

本校六年一贯制第一届同学毕业了。除掉参加军事干部学校和市政建设的少数同学外,全部考取大学,绝大多数入工学院,其次是学医,学文学,学农艺和化学。将来能更好地为国家的经济建设而努力。这是和本校创办时要"培植高级建设人才的基础"的旨趣相吻合的,和五年一贯制历届毕业同学所走的道路是一样的。

以前,我们把"生长""创造"释明"位育"的意义,今天,我们更应该知道"生长""创造"不是为的个人,乃是为着人民,为着祖国。

我相信毕业同学们不论在大学里,在工作岗位上,一定能记得母校,一定能记得"位育"两字的含义,一定能发扬"生长""创造"的精神,不断地求进步,更愉快地享受青年们的幸福生活,更勇敢更好地为人民服务,为建设中华人民共和国而努力!

*资料来源:李楚材:《为建设中华人民共和国而努力》,收入《位育中学六年一贯制第一届毕业纪念刊》,1951年刊印。

学校简史(1951年)

本校创于一九四三年,时上海陷于日寇,文教事业备受摧残,部分中等学校劫后不免因陋就简,素质低落。本校应家长要求,便利位育小学毕业生继续升学,于是年六月十二日创办,定名位育中学。当时为避免敌伪注意,于极度审慎中进行教育,既不公开招生，亦不参加任何敌伪所号召之活动。全校师生，淬励奋发，专志教学。

历来普通中学，初高中课程重复割裂，既缺乏一贯性与统整性，复与实际生活不相结合。本校几经缜密商讨，乃决定试行六年一贯制与五年一贯制之实验。数年以来，经克服种种困难，研究改进，粗有收获。惟私立学校，继续作学制、课程教材多方面之实验，虽尽主观努力，人力财力均有未逮，乃自一九四八年起，停招五年制实验班级，集中力量于六年一贯制之研究。上海解放后，为与各中学教学进度衔接，课程编排，教材选择，重作调整；惟基本精神，始终不渝，拟俟全国学制更定，再行研究改制。

本校自开办以来，迄已八载，学生人数由最初之八十三人增至目前六百余人。前后毕业于五年制实验班者四班，计一百二十人，毕业于六年一贯制班级者三十四人。又三度响应祖国号召，参加各种军事干部学校者共四十八人，参加上海市政建设工作者三人。

本校今后当在人民政府领导下，再加努力，更求进步，为中华人民共和国培植全面发展的建设人才而奋斗。

*资料来源：《学校简史》，收入《位育中学六年一贯制第一届毕业纪念刊》，1951年刊印。

《位育中学六年一贯制第一届毕业纪念刊》发刊词（1951年）

今天我们已经胜利毕业了，有的同学走上了光荣的国防建设岗位；有的同学参加了上海市政建设工作；大部分同学进入了大学；虽然我们彼此走的路并不同，可是我们的目的却一致的——为建设中华人民共和国，争取美好的将来而奋斗。

回忆过去六年的生活，意味是深长的。我们的感情融合在一起，相互勉励，彼此照顾，大家都有了显著的进步。可是并不能满足于这些，在学习上，我们不能使理论与实际很好地结合；在生活上也不免有自由散漫的现象。我们需要在爱国主义的旗帜下运用一切客观条件，加上主观的努力，继续不断地进行自我教育，弥补这些缺陷。

印这本纪念册，是要使每个人看看他已往的六年生活是怎样度过的。回想一下有没有虚度年华，还存在着哪些缺陷。这样会激起我们向前迈进的要求。同时，留下师友的临别赠言，也可以做我们今后奋斗的指针，互助互勉，不让一个人掉队，从胜利走向胜利。

这本册子能胜利出版，我们是感到无限喜悦的。这是我们六年生活的缩影，也是六年中师长对我们进行教育的写实，我们衷心感谢师长辛勤的培植，我们挚诚地把这本纪念册作为赠给母校全体教职员工的献礼。

*资料来源：《发刊词》，收入《位育中学六年一贯制第一届毕业纪念刊》，1951年刊印。

位育中学六年一贯制第一届毕业生级史（1951年）

张永龄　张楚龄

抗日民族解放战争胜利那年，我们进入中学阶段，那时候蒋匪帮和美帝国主义企图掠夺中国人民流血奋斗所获得的胜利果实，发动国内战争，进行法西斯统治。本校在反动统治下，便以"关门"为对策，提倡"学好功课，不问政治；了解政治，不参加政治"。这样，同学生活在小圈子里，脱离了实际的斗争；甚至认为只要学得本领，便可以维持生活，参加学生运动无甚意义，纯技术观点很浓，一直到中华人民共和国成立以后，才逐渐转变。

一九四三年，我们读完三年级。学校决定分别设置"五年制实验班"和"六年一贯制班"，各班举行编级考试，本级当时编为乙组，是本校实施"六年一贯制课程"的最高班级，从此以后，班上的同学才比较固定。

这里所说的"级史"主要就从这时候叙述起。四年级时，级任是陆景一先生。那时，蒋匪帮和美国侵略者正在中国大陆上做垂死挣扎，疯狂地迫害人民。恶性通货膨胀，使部分同学遭遇到困难，于是校方发动了助人运动，为清寒同学解决学费问题。那时，本级发扬了高度的互助友爱精神。义卖、捐献的成绩很优异。

解放像黎明时的曙光，驱走了一切笼罩着的黑暗，使上海充满了新生的气象。毛主席像东方的太阳，带来了无限的光芒，照耀着我们，我们满怀着兴奋的情绪，从四年级进入五年级。

五年级上学期，朱家泽先生担任本级级任，在新的时代中，我们开始受到新的教育——新民主主义教育。开始学习中国革命常识，学习人民大宪章，学习"反轰炸""反封锁"。提高了我们的认识，了解新社会与旧社会本质上不同；也初步认识了小资产阶级知识分子思想改造的必要性。同时在班级内组织小组，打下了小组学习、生活检讨的基础。开始学习运用批评自我批评这武器来改造自己。

自五年级下学期起直到毕业，本级的级任是鲍文希先生。这时候学习和生活都非常紧张丰富，本级在学习的高潮中，广泛蓬勃地展开各项活动，如中华人民共和国成立后本校第一次校庆的文娱会上，本级"群声口琴队"的大规模演奏和此后的表演，曾博得全校的好评。五年级下学期，在"五四"青年节时，本级同学结合国文教材和政治学习，将瞎老妈一课改编为剧本演出，全体同学分工合作，自编自导自演，发挥了高度的创造性和积极性，刻画了过去封建地主压榨人民的阴恶毒辣，及新社会中农民翻身斗争的情况。此外我们参观了中纺印染厂，体验了工人阶级坚强的斗争意志，明确革命必须由工人阶级领导的道理。我们又参加了军民联欢大会，认识了解放战争的艰苦和解放军同志的优秀品质，提高了我们的政治水平。

六年级上学期，本级以自由结合为原则组织小组，于是逐渐以小组活动为主要形式。在第二届国庆时，本级同学热烈参加大游行，出版特刊，集体观"中国人民的胜利"影剧，提高了对祖国的认识；六年级下学期，全级同学在紧张学习后，订立了班级爱国公约，巩固了爱国热情。同时对以后的学习生活和思想各方面也都起了一定的作用。在"五一"劳动节时，本级同学扫除及布置教室，自制彩色木架横幅，迎接这一伟大节日，当时全校在本级同学带头之下，百分之一百参加了"五一"大游行，对广大市民起了宣传教育作用；也使我们体验了群众力量的伟大。在大张旗鼓镇压反革命的运动中，本级同学，听取了市区人民代表扩大会议中对反革命分子的控诉，展开了惩治反革命条例的学习，举行了以镇压反革命学习为中心的班级座谈会，提高了我们对镇压反革命的认识，也联系自己，初次批判了级内部份同学的不正确思想。

六年级上学期末了，祖国向青年们发出了庄严的号召，召唤青年参加军事干校，加强国防建设。我级同学经过一年多来的爱国主义教育，这时候受到考验了，通过各种会议，进行思想酝酿，开展了思想斗争，本级有九位同学放弃了个人打算，解决了家庭问题，坚决服从国家的需要，报上了名，更光荣的是有周志刚、孙宗颉、顾家骅、陈效肯四位同学获得批准，坚定地踏上了光荣的岗位。

毕业考试以后，祖国再一次号召青年学生参加军事干校，本级又有朱霞、高小英、刘健生、张楚龄四位同学报了名，张楚龄同学光荣的被批准参加军事干校学习，也踏上了光荣的岗位。

接着上海市人民政府号召全市本届高中毕业生参加新上海市政建设的工作，本级有高小英、王华威、张增伟三位同学毅然响应祖国的号召，坚定了"人民要他们到那里，他们就到那里"的想法，担负起上海市政建设的重任。

通过这几次运动，再一次提高了本级同学的政治认识，使本级同学检讨、批判了过去的"专家思想""个人前途"等不正确思想，端正了我们的学习观点。三次响应号召的同学都是本级的优秀学友，他们丢弃了个人主义的想法，真正地做到"一切为人民""一切为祖国"。他们鼓舞着我们，带动着我们前进。

由于帝国主义长期统治上海，级内部份纯正的青年深受美帝文化的毒害，中华人民共和国成立后一时还不能去除旧的想法，建立新的人生观，也有些同学个人主义色彩较浓，使班级上有不团结、自由散漫、不关心班级的现象，"沉默"更是本级的特色。在毕业考试前后，我们曾举行两次郑重的会议——班级检讨会和第二次师生座谈会。消除了部分同学的不正确思想和观点，明确了新的做人态度。经过这些努力，全班洋溢着友爱互助的气氛，那两次会议后"团结就是力量"的歌声，将永远响彻在我们的心头，将永远是我们互勉互助的动力！

现在我们这群毛泽东时代的青年，整装待发了，无论天南地北，无论工作学习，一切都是为了我们可爱的祖国。让我们永远记住几年来大家共同努力的景况和友爱相处牢不可破的情谊，向着光明的前途迈进吧！

*资料来源：《（位育中学六年一贯制第一届毕业生）级史》，收入《位育中学六年一贯制第一届毕业纪念刊》，1951年刊印。

位育中学历届毕业学生人数统计表（1947—1953年）

单位：人

年度、类别	1947	1948	1949	1950	1951	1952	1953
五年制	28	36	32	24	33		
六年制				34	37		
高中						44	87
初中					109	109	169

*资料来源：《位育中学发展情况统计表》（1947—1954年），上海市档案馆藏，档案号：B105-5-1236。

位育中学教师人数统计表（1943—1954年）

单位：人

学年度	1943		1949		1950		1951		1952		1953		1954	
学期	上	下	上	下	上	下	上	下	上	下	上	下	上	下
专任	4	3	19	17	16	17	19	20	26	26	43	44	70	
兼任	3	3	3	6	10	7	5	4	1	2	3	2	3	
兼小学	8	8	14	12	12	12	9	10	7	7	7	6	2	
合计	15	14	36	35	38	36	33	34	34	35	53	52	75	

*资料来源：《位育中学发展情况统计表》（1947—1954年），上海市档案馆藏，档案号：B105-5-1236。

位育中学图书馆图书情况（1954年12月27日制表）

单位：人

学年度	1949	1950	1951	1952	1953	1954	合计
中华人民共和国成立后增添图书	255	488	318	887	873	1557	4378
增添图书累计（百分比）	255（100%）	743（291%）	1061（416%）	1948（703%）	2821（1106%）	4378（1717%）	
原有图书	2751					656 原有图书尚在流转	

*资料来源：《位育中学发展情况统计表》（1947—1954年），上海市档案馆藏，档案号：B105-5-1236。

上海市第五十一中学
——坚持三结合，形成了新的学风，全面提高了教育质量
（节选）（1960年）

第五十一中学自从整风反右运动以来，在党支部的领导下，坚持贯彻了党的教育方针，不断地与资产阶级教育思想做斗争，确立了党对学校工作的领导，学校面貌起了根本的变化。党支部团结了全校师生，认真领导了教学，提高了质量。五九年上半年毕业班全部重点学科统测名列徐汇区第一名。

但是，正如列宁所说"旧时资本主义社会所遗留给我们的最大祸害之一，就是书本与实践完全隔离"。学校中片面崇尚书本知识，轻视实践，死记硬背的资产阶级教育传统和习惯势力，还有较深的影响。党支部以毛泽东思想为指导，开展了反复的斗争。

六〇年以来，我国工农业持续跃进的形势对文教事业提出了更高的要求。市委提出了青少年大搞科技活动和教学质量提高一级的号召，全校师生在党支部领导之下坚决响应了这个号召，并且，克服了种种思想障碍，坚持把教学与科技活动、生产劳动结合起来，初步形成了理论联系实际的学风，改变了教学面貌。

三个多月来，全校师生制作了半导体、天文望远镜、万用电桥、无线电遥控舰模、航模、电子示波器等科技项目1105件，提供和协助工厂搞出了技术革新250件，包括有协助工人首创九元素钢铁炼块分析仪，是全市64项尖端高级产品之一。还绘制了革新图纸440件。学生在教师的指导之下把书本知识结合科技及生产劳动，进行了系统整理，写出大批的专题研究，据高中五个班级统计，即达354篇。教师在党支部领导之下克服了三脱离的资产阶级教育思想影响，密切结合学生实际，改进了教学。教学革新措施达708条。创造了不少课内外相结合的活动形式。最近的考试当中，许多班级优良成绩达到80%到90%左右。更重要的，知识通过了科技活动的实践和运动，通过专题研究，做了系统整理和综合归纳，成为印象深刻真正有用的东西。改变了过去"上课记笔记，下课抄笔记，考试默笔记，考后全忘记"的旧传统。教师在教学中重视实验，重视学生实践和思考能力的培养，改变了过去片面强调"理论推导"的教学方法。学生在学习中掌握和运用知识已逐步成为自觉的要求和习惯，改变了过去被动应付、死记硬背的学习方法。全校初步形成了理论联系实际的新学风。

体育锻炼也在广泛开展，有1943人参加的305个运动队，坚持经常锻炼，本学期组织了各种比赛170次，并在此基础上，获得了区排球、航海多项运动冠军，并连续战胜了全市中等学校排球冠、亚军，以及全市航海多项亚军。两年来卫生除害工作保持了市先进单位。

同时，全校师生掀起了学习毛主席著作的高潮，学生建立了178个学习小组，进行了紧密联系实际的学习。高三和初二年级同学已经做到人手一册毛泽东著作，边学边用，越学越有劲，他们自己写的诗说："鱼儿离不开泉水，花儿离不开太阳，孩子离不开母亲，中国青年离不开毛泽东思想。"毛泽东思想成为他们前进的巨大动力和武器。他们说："毛泽东思想是金钥匙，谁掌握了谁就胜利。"成批的学生明确了"落后在一定条件下可以转化为先进"、"穷则思变"的道理；学习上穷追猛赶，学习成绩直线上升，差距大为缩短。过去每逢测验，老师们总是谆谆告诫，千叮万嘱，要学生看清题目，仔细运算，不要粗心大意，可是每次免不了失望。今年可变了样，学生下定决心，非夺满分不罢休了！哪怕一点一滴微小错误疏忽，他们也不肯原谅自己。测验时每个班级总是出现了成批的一百分，但是他们并不自满，他们以不断革命的精神要求自己。

……

"写专题研究并不神秘"在同学中传开了。各学科，各种各样的专题在写着，连成绩落后的也动手了，教师信心更足了，一篇篇地审阅，提出意见，与同学研讨。学生学习上独立钻研，独立工作有了良好的开端。

接着，我们就对高三年级教师提出要求在科技项目、专题研究和教学方面，首先做出成绩来，在三八节开现场会。会前我们仔细研究和总结了同学的创造。我们找到了几个典型例子说明同学们在实践过程中已逐渐引导到三结合的方向了。接着我们以高三为基础，举行了一个全效学习、科技、劳动三结合的展览会。这会上有选择地展出了科技88件，专题研究128篇，技术革新实物及图纸30余件，号召全校向着三结合的方向，继续努力。展览会以后，"把科技、劳动和学习结合起来"成为一声洪亮的口号，在全校出现了贯彻三结合的群众性运动，做出了更多的成绩。

三个特点

我校开展三结合的特点是：

首先，科技和劳动、教学紧密结合。我们在会上着重地推荐了何宗川同学制作的惠司登电桥何几篇有关它的原理的专题研究。何宗川是高三（3）班同学。当他在仪器厂劳动时，他担任使用电桥来测量电阻的工作，他明确了电桥对工业建设有重要的作用，他想："王林鹤能创造高压电桥，我为什么不能做一个普通电桥呢？"他找来了线路图，向老师傅讨了几个电阻，一根铜丝就动起手来。他弄懂了复杂的线路，装置好了电桥。可是指示灯一点也不动。后来他运用了所学的电阻定律，考虑到铜丝太粗太短，全部电阻几乎等于零，电流计里没有电流通过。在老师傅的帮助下，他得到一根电阻较大的铜丝，才制成了电桥。可是他并不满足，他还要攀得更高，他要弄懂电桥的构成原理鹤计算方法，于是他又钻研了大学物理课本中基尔霍夫定律。可是运算过程中需要高等代数，他又钻研了高等代数中叠加方程等概念，彻底弄懂了电桥的原理和计算，于是他写出了惠司登电桥和基尔霍夫定律一篇专题研究，基尔霍夫定律还有更广泛的应用，他接着运用这个定律来解释了另一位同学制作的电容测定仪携程文章。还写了另外两篇有关的专题研究。后来，他又制作了一架电动势测定装置，也是根据了电桥的理论。整个是理论与实际反复结合，越钻越深，越攀越高的过程。何宗川同学在他的作文里写了自己的体会，"用我们的知识去实践，从而在实践中获得更多的知识，打破我们以前理论脱离实际的坏的学习方法"。他又说："虽然今天我们还在学习岗位上，我们已经向科学堡垒进军了，而且已经能搞出色的成绩；当我们走上了工作岗位，我们会发挥更大的智慧和创造力，它会像原子核裂变一样发出巨大的能量，发出无比的威力，我们的祖国将建设得更快，更美好！"

其次，科技的专题研究和各科教学紧密结合。现场会上出现各学科的大量的专题研究，例如数学科有同学所写的"函数图象解不等式"物理学科"稳恒电流"，英语学科"情态动词的用法"等。这种形式的学习方法，连系了新、旧教材，使知识系统化了，钻研得更深了。以高三（1）班朱钟益同学为例：他写了一篇"工业制硫酸"，写前看过了硫酸的性能、制法，又与工业制盐酸、制硝酸做了对比，差不多把三年来有关酸的性质和制法都理清楚了。而且他在实践中找到了一种学习方法，做系统整理，分析比较，综合归纳。形式也多样化，有时列表，有时作图，有时用文字叙述。他本是一个及格水平的同学，现在全面学科都达到了五分，又如莫珊蒂同学英语属及格水平，但在上学期写了一篇英语时态的专题研究，加深了对时态的理解，这次大考，时态全部答对了，总分亦达97分。

高中同学对写专题研究的估价是"有骨头，有肉，大大地提高了我们独立学习能力"。

第三，科技活动和工厂技术革新紧密结合。现场会上有不少是运用书本知识，大搞技术革新地成果。如高三（4）班顾允堃等同学运用了磁效应知识，为工厂制造产品自动检验器，初三同学用简单机械原理制作的自动装针机、自动画线器等。高一同学在四达尺厂劳动，看到老师傅在磨刻度的刀，技术要求严格，劳动十分劳累。他们运用了化学上电解的原理。用磷酸来处理卷边的刀锋，创造了电解磨刀，大大减轻了体力劳动，质量还更规格化，工效提高16倍。老工人兴奋地说："革命会革到磨刀石上来，这是我做梦也没有想到的事。"得到以上这些例子的启发，同学们更以毛泽东思想武装自己，高二（6）班同学下厂前明确了参加技术革命的意义之外，他们还学习了毛主席的农村调查报告，懂得了每件事应该做具体分析，要找矛盾，然后才能找到解决矛盾的关键。下厂后第一天，就分工做了全面的调查研究，找到了薄弱环节，提出革新建议十八件，又分析了时间条件，决定先攻切线机、刀架自动上下操作机、热敏电阻印号机等三项，四天半内就完成了。各提高工效10、2、3；尤其是热敏电阻印号机，解决了工厂里老师傅认为最难的问题。回校以后，他们又分析了全面情况，做了妥善安排，完成了强型冲击式超声波和两种示教板，最近，他们还以毛泽东思想指导、总结工作。现在书本知识运用于技术革新和科技研究已经成为学习不可分割的一部分。同学们说："到处都有知识，只怕你不用心。"还有的说："为生产服务，在生产中更丰富，扩大和提高理论知识，这是学习的最好的途径。"

通过以上事实使多数师生认清了教学、科技、劳动三者必须结合，也完全可以结合。

……

*资料来源：《上海市1960年文教方面先进单位登记表》，1960年5月，上海市档案馆藏，档案号：A31-2-111-105。

上海市第五十一中学1962—1967年试验班每周教学时数表

年级\时数\学科	一	二	三	四	五	上课总时数	与十年制原计划比较	与现行十二年制比较
政治	2	2	2	2	2	346	同	−58
语文	6	7	7	6	6	1108	+70	−38
外语	4/5	6	6	6	6	985	+155	+245
数学	5/6	7	7	7	7	1158	+87	−20
物理		2	3	5	6	548	+33	+46
化学			4	4	3	379	+35	+45
生物	3	2				175	同	−131
历史	2		2			210	同	−194
地理	2	2				140	同	−30
体育	1/2	2	2	2	2	328	−18	−76
音乐	1					52.5	同	−15.5
图画	1					52.5	同	−15.5
每周上课时数	27/30	32	33	32	32	5482		
劳动	每年劳动一个月							

附注：1. 中一（班）已按表上所列时间执行。

2. 与十年制原计划比较系指与上海市教育局（63）沪教研字第2号义所附上海市十年制中小学各学科每周教学时数比较。

3. 与现行十二年制比较系照教育部五年制中学试用教学计划草稿所列与现行十二年制比较数推算。实际时数恐有出入，如外语、历史。

4. 表列总时数与比较数均照每年上课35周（毕业班35周）列算，与实际时数可能稍有出入。

* 资料来源：《关于拟订我校五年制试验班级教学计划的请示报告》，1963年5月22日，上海市档案馆藏，档案号：B105-8-140。

上海市三好先进集体登记表（第五十一中学天文小组）（1980年）

一年来，天文小组同学不管酷暑和严寒、刮风和下雨和节假日，自始至终，每周坚持一次以上的天文理论学习和观测星空活动。学生初步掌握了有关天球、星座、天球的周日旋转、天球的基本线和圆，天球坐标和永不下落的一体与永不上升的天体等内容，了解了太阳在天球上的周年运动、黄道星座、月球的运动、月食和日食，以及行星、卫星、彗星、流星、陨星等知识，揭开了恒星的物理性质、宇宙的构造等奥秘。

通过对星空的实践观测，同学们已能正确地使用活动星图来认识星空，熟练地辨认大熊星座等20个星座图形，并能利用方位角和高度角迅速地确定每颗恒星的位置和名称。天文望远镜已经成为天文小组同学们的亲密伙伴，他（她）们都能熟练地使用着它，经常不断地诊断着宇宙的脉搏。

一年来，天文小组举办了二次"天文科学讨论会"，有86名学生参加，会上宣读了学生们自己的论文12篇，其中有2篇被选登在市少年宫和天文爱好者协会的会刊——《天文》杂志上，制作了活动星图44幅、天球仪9只，自绘四季的星座图56幅，其中一部分作品选送到上海市青少年科技作品展览会上展览。同学们认真对待重大的天象观测，如对1979年9月6日的"月全食"和1980年2月16日（年初一）的"日偏食"进行了仔细观测。

一年来，天文组同学不仅在爱科学方面有很大提高，而且涌现出很多德、智、体全面发展的学生，有一名学生被评为区三好学生，14名学生被评为市三好学生。

*资料来源：1980年《上海市三好先进集体登记表（第五十一中学天文小组）》，上海市档案馆藏，档案号：C21-5-147-42。

上海市第五十一中学校史（1984年）

我校原名位育中学，创办于一九四三年，校名"位育"，取自《中庸》"天地位焉，万物育焉"，富有生长、创造之意，一九五六年公立时，改名为上海市第五十一中学。迄今四十一年，历史并不长，但具有艰辛的历程和独具的风格。

位育中学是在位育小学的基础上创办起来的。李楚材任校长，实验五年一贯制。由于学校形成了勤奋学习、踏实工作的优良校风，五届五年制毕业生达到了实验的要求。

上海解放后，学校实行高初中三三制。一九六〇年，学校试验五年制，先后来用上海市新编五年制中学和部编十年制中小学教材，为全市三所学制试点中学之一。同年，上海市和全国先后召开文教战线群英会，我校被评为上海市和全国的文教先进单位。

"文化大革命"期间，学校各方面工作受到严重摧残和破坏，多年来形成的优良传统，毁于一旦，教育质量全面下降。

粉碎"四人帮"后，学校党支部首先落实了知识分子政策，调动了广大教师的积极性，接着回顾总结过去的优良传统，拨乱反正，明辨是非，学校工作基本上恢复到"文化大革命"前的水平，近几年来，团结、严谨、勤奋、多思的优良校风，得到了进一步巩固和发展，党支部先后二次被评为区先进党支部，工会被评为市和全国"五讲四美"为人师表的先进集体，学校被评上区文明校称号，学校声誉不断提高。

我校长期以来为国家培养输送了一批又一批优秀人才，不少老校友在祖国各条战线上做出了显著成绩。

（1）以五年制（50届）校友为例：全班总人数39人，目前已知工作职称的33人，（工作职称未评，未详的6人）

其中　教授1人　　　高级工程师6人
　　　副教授13人　　工程师5人
　　　讲师3人　　　主任医师1人
　　　编辑1人　　　主治医师2人

（2）历届校友成才的事例：

（50届）校友田长霖，现仍美国加州大学（贝克莱）副校长，美国工程学院院士，是国际传热界的著名学者。田长霖教授关心祖国四化工作，近年来多次回国讲学，先后获得中国科学院工程热物理系，清华大学华中工学院，上海交通大学等名誉教授。今年五月廿三日，受到赵紫阳总理的亲切接见。（50届）校友于肇英，现任长春白求恩医科大学基础医学部副教授。一九八一年十月在瑞典斯德哥尔摩罗林斯卡医学研究院获得医学科学博士学位。去年十一月，他接受邀请，到瑞典卡罗林斯卡医科院贺订科研中心，与瑞典医学专家合作研究国际上一个尖端医学课题——脑肉盐皮质激素度体，被誉为"攀医学高峰，争祖国荣誉"的医科博士。葛洲坝工程主题建筑电气工程师徐鸣琴（51届校友），她二十九年来，追随着水电建设大军的步伐，走遍了大半个中国。她把壮丽的青春无私地献给了祖国的大好河山，去撒播光与热的种子。上海市闸北区眼病防治所所长胡诞宁（52届校友），他长期从事眼防治和医学遗传学研究，发表论文百余篇，曾应邀到美国哈佛耶鲁大学和美国眼科研究所讲学，他一心扑在眼科医学上，科研成果累累，先后多次获得国家、市、局重大研究成果奖。有水声学技术专家向大威（55届校友），她以拼搏不息的革命精神，长期从事声学研制与水声信号处理技术的研究，为发展国民经济和国防建筑的现代化，做出巨大贡献，曾先后八次获得国家、局、市重大科研成果奖。有运动健将，国家一级排球教练黄济涛（55届校友），他曾任上海男排队长。一九六〇年，上海男排荣获第一届全运会冠军，为上海人民赢得荣誉。有中华人民共和国首批女飞行员潘庆平（56届校友），是一名出色的全天候的运输机飞行员。她展翅祖国冬天二十六年，执行科研试飞抢险援灾，人工降雨，军事演习等各种任务近4次。有围棋九段手，国家围棋队领队陈祖德（59年高一年级校友），他是著名的围棋国手，他三次蝉联全国围棋冠军，第一个战胜日本八段高手，创造了"中国流"布局理论，谱写了中国棋史的新篇章。近年来，他癌症缠身，在与死神的"对弈"中他又胜利了。他在养病期间，整理古代棋谱，搞棋谱述评，写回忆录，并争取重返棋坛，为新秀们充当"靶子"。他说："人总得有所贡献，生活才有意义。"有在英国皇家美术学院深造的汤沐黎（66届高中）与在西德高等音乐学院深造的汤沐海（65届初中）兄弟俩（是著名电影导演汤晓丹的儿子）。汤沐黎是我国画坛后起之秀，他的油画《霸王别姬》具有浓郁的民族风格，在中央美院七八届研究生毕业作品展览中获得好评，汤沐海在国外深造，是很有才能的青年音乐指挥家，国外有人想挽留他，他说"中国更需要我"。还有在人民广场升起悼念周总理旗帜与"四人帮"作英勇斗争的黄水生。鞍山钢铁学院副院长（49届）校友刘证，华东化工学院工程系系主任，教授，（49届）校友陈敏恒，银川市宁夏艺术学校付校长，（51届）校友达国华，上海科技大学付校长，（57届）校友王生洪，上海第二医学院党委付书记，（57届）校友林荫亚，浙江省电力局付局长，水利专家，（52届）校友方复明，上海市青年话剧团著名演员，（69届）校友陈少泽，北京海军政治部话剧团团长，（53届）校友陶浩，《忠王李秀成》作者，（66届）校友刘政泰，上影厂中编剧，（53届）校友□小玲，上海美术电影制片厂音乐作曲家（57届）校友金复载，上海乐团□习演员，（61届）校友王伟□，我校校友，上海著名女排运动员曹其伟、邵佩霞等等，许多校友，胸怀大志，热爱祖国的光辉业绩，他们为祖国为母校增添了□之光彩。

　　四十余年来学校为国家培养英才，硕果累累，应该归功于党的领导，中华人民共和国成立前的位育中学，是由民族资产阶级支持创办的，从1943年开办到1949年的中华人民共和国成立前夕的六年中仅由二班扩充到十一个班，为了建造校舍曾由全校校董（多数是民族资产阶级）和全体师生广泛募捐，认捐数额虽然很大，但物价暴涨，只能添建两座楼房共六间教室及一间理化实验室勉强容纳近五百名学生。亦曾在郊区梅陇镇购置土地五十四亩计划在那里建造新校舍，一切计划和校舍平面图都已考虑成熟，但缺乏经济力量始终没有实现，中华人民共和国成立初期，虽然我校还是私立性质，就得到党和市教育局的大力支持。中华人民共和国成立后十年至1959年，当时我校已由十一个班级扩充至四十四个班级，学生由四百余人，增加到二千五百余人。短短的十年，班级数与学生数都增加四倍以上，校舍面积扩大十三倍以上。证明了教育事业只有在党的正确领导下才能得到迅速发展。我校在党的领导下，中学取得一定的成效，为家长和社会所重视，主要做了三项基础工作。

　　第一，想方设法罗致优良师资，贯彻、落实知识分子政策，用其所长。

　　师资是办好学校的关键。这个问题一直为我校李楚材校长所重视。认为教师有了满壶水，给学生喝的一杯水，滋味才是最醇厚的。就是说，教师具有所任学科的全部知识，进行教学，才能胜任愉快。我校师资准则很高，一须高等学校毕业，业务知识丰富，二要有一定的教学经验，三要年纪轻，有干劲和培养前途。中华人民共和国成立后，我校的师资来源：一是招牌了一批失业的知识分子，二是兄弟学校转来，三是师院本科生分配到校，这些老师都符合以上条件，师资来源不一，要发挥教师的积极作用，必须要贯彻落实党的知识分子政策，尊重教师，鼓励教师，提高教师，合理安排教师的工作。

　　长期以来我们取得了一点经验：（1）安排教师任课，采取相对稳定的办法，没有特殊原因不加变动。这样有利于教师深入钻研教材，改进教学方法。（2）安排把关教师，起带头作用。语文、数学、英语学科同年级同教材的有三四位教师，我们就选择一二位教师把关，让他们长期留在这个年级里，作新教师的带头羊。这样，教学进程教学方法等都可趋于一致，教学质量也能接近。（3）学科常有变动，就得灵活变动教师，用其所长。有一年班级增多，俄语又改为英语，大量缺编英语教师，只能在校内设三年解决。我们先了解哪些教师英语程度高，哪些学科组可以抽人，抽的人是要用其所长。那年，我们从地理组一下就抽调了四位教师改教英语。由于深入调查研究，事后证明都能胜任，发挥了良好的作用。有一位高中数学教师，从小就学习英语，发音准确，语言流畅，我们就请她改教初一英语，她也乐于担任，不仅发挥了她的长处，而也带动全组重视语言教学。

　　第二，全面贯彻党的教育方针，培养德、智、体全面发展的人才。

　　塑造无产阶级革命事业的接班人是学校的根本任务，学校党组织部对学生的思想品德教育十分重视，着重启发自觉，培养爱党、爱集体的思想与情操。在学习方面做到课前勤于自习，上课专心听讲，并及时做好作业与练习，有学习的责任感，学校师生以求实的精神狠抓教育质量。从1948年至1952年共五届五年制毕业生除个别因病就业者外，全部考入大专院校。1965年，五年制试点班毕业各科成绩达到六年制中学水平，就是这一届光考入清华大学的毕业生就有27人，清华大学的领导还亲自来我校了解情况。从参加学科竞赛来讲，有三年曾获得数学竞赛全市第一名。学校领导还认为学生的成就除课堂学习打基础外，必须活跃课余生活，参加社会活动，扩大知识面。曾在1959年大搞科技活动，组织了几十个科技小组，在制作和研究过程中，不仅丰富了科学知识，而且做出了相当成绩。例如学生制作的兰顿电桥，《人民日报》也介绍过；□制的天文望远镜拍摄过电影得到过奖励。至于体育活动，按照学校的场地、设备及学生的爱好，组织排球队、篮球队、乒乓球队、游泳队、田径队等出了一些人才。特别是排球队，从1952

年就建立了男女两队,"文化大革命"前,列为市、区排球重点,学校1964年、1965年、1966年连续三年取得市男子少年组冠军,1964年、1965年取得女子少年组亚军,1966年取得市女子少年组冠军,并在1964年与1965年二年参加了全国男子少年排球比赛均获得较好的成绩。除此以外,学校领导还十分强调培养学生的自治自理能力,学校团、队学生会组织健全,独立开展工作,就以校"钟声"黑板报一项工作来说,从集稿、编辑到出版,都由学生自己动手搞,对学生很有影响,也培养一些政宣人才。

第三,积极培养和形成优良校风。

学校领导认为要逐步形成优良学风,其前提条件就是教师热爱党的教育事业、热爱学校、热爱学生,具有事业心,要认真备课,认真教学,认真布置和订正作业。担任班主任的要认真搞好学习秩序,严格执行学校各项制度和纪律,注意学生身心的正常发展,大家认真严谨,不因循敷衍,不放弃责任,脚踏实地一步一个脚印。因此,教师除上课外,在办公室内不是抓紧备课,就是仔细批改作业,初来教师,起先有些不习惯,不久就适应这种环境而跟着做了。

教师必须团结,形成相互学习,通力合作的风气,并有计划有步骤地培训和提高教师的业务水平。多年来的经验和积累,有两种行之有效的办法,一是分别辅导。就是请业务比较强的教师帮助和指导差些的教师,或是去带新(老教师带新教师),一般由同年级同教材的备课组长负担此项任务。二是集体提高。主要借助于教研组活动,首先抓紧备课,除同年级同教材的人进行集体备课外,对有代表性和重要的教材,还采取全组一起备课的方式取得互相讨论共同提高的效果。其次搞分开教学,大规模的请全校教师参加,小规模的由学科组的教师和行政领导参加,课后举行讨论,提改进意见,使大家得到启发,把教学经验贯彻到自己的教学中去。优良校风的培养与形成,教师是一方面,学生是更重要的一个方面。我们要求学生要爱党、爱社会主义、爱集体,要胸怀大志,服从祖国分配。在学习上要勤奋要踏实。作业与练习均要规范化,要有一丝不苟的作风,要培养团结互助、集体协作的能力与心向。定期举行作业成绩展览,把学生各科的练习本及作业(如实验报告和绘画等)月试卷、学期末考查卷都陈列出来,让同学做比较了解自己的优点和缺点,以后可以发扬和改正。此外,对学生还注重学习能力的培养,指导思维方法,提高自学能力。

"文化大革命"以后,学校领导把我校逐步形成的优良作风,概括成八个字:"团结、勤奋、严谨、多思。"

学校办得好坏的主要标准在于出人才。我校在粉碎"四人帮"之后,学校领导几次召开教代会,议论我校的办学经验,归纳起来有三好:一是全面贯彻党的教育方针好,这是一个方向性的问题,我校毕业校友人才辈出,皆生于此;二是教师好,"严师出高徒,自古有之",但要形成一支好的师资队伍,必须要认真落实党的知识分子政策;三是校风好,我校团结、勤奋、严谨、多思的校风确使学校成为一所锻炼人才、培养人才的大熔炉。

当前,全校师生员工正团结一致,继续全面贯彻教育方针,为把我校办成有特色的高质量的重点中学而努力奋斗。

上海市第五十一中学
1984年7月10日

*资料来源:《上海市第五十一中学校史》,上海市位育初级中学档案室藏。
注:个别字迹不清,以□标注。

上海市三八红旗手登记表(顾秋惠)(1985年)

顾秋惠同志是我校高三年级组长,数学教研组副组长,担任高三年级两班的数学课和备课组长。她对领导赋予的工作任务都能认真踏实、一丝不苟地完成。在教育上,顾秋惠老师去年第一次任高三数学课,她刻苦钻研,认真备课,教的二个毕业班数学在高考中取得了良好的成绩。她的工作如此繁重,还要带好同组的一位青年教师,对她进行指导。每周六为基础差的学生补课。顾老师几年来一直担任副班主任,由于对学生关心爱护,对学生的家庭情况了如指掌,因而在同学心目中的威信极高,师生间的感情也很深厚。她特别关心后进同学,曾使一位曾经一度落为班中最后一名的学生,以530分的成绩考入上海交通大学,并积极要求入团。顾秋惠同志在学校是老师,在家中是良母。她关心孩子成长,在她的教育下,两个孩子都考进了重点中学。她的丈夫是副校长,家中家务,她大部分承担下来。

*资料来源:《上海市三八红旗手登记表(顾秋惠)》,1985年,上海市档案馆藏,档案号:C31-5-193-101。

关于位育中学申请列为外事接待单位的请示(1991年)

市外办综合业务处:

我区所属的位育中学,在市外办领导的关心支持下,从1987年起与德国汉堡华尔德多夫高级文科学校结为友好学校后,基本每年互派中学生访问。德国汉堡中学生代表团已在1987、1988、1990年去该校访问三次,每次历时三个星期。今年,德方将于10月来沪访问,其中有四五名德国中学生要住在该校进行交流活动。此外,位育中学也曾三次加入上海中学生代表团赴汉堡访问。去年,该校的副校长庄中文作为上海中学生代表团的成员也应邀出访,并圆满地完成了任务。今年8月15日,上海中学生代表团去汉堡访问,该校又有五名学生参加。而且,德国汉堡华尔德多夫高级文科学校的退休教员哈根先生,亦已到该校执教,并住在校内,而位育中学的一位教师不久也将赴德教学。

另外,根据市府与澳大利亚昆士兰州的有关协议,在有关方面的安排下,现澳大利亚昆士兰州教师访中互派团团长柯大卫、柯丽莎夫妇及他们的四个子女住在该校,其中柯丽莎在位育中学任教。而该校的外语教研组长杨石兰老师则已被派往到昆士兰州的一所中学进行教学工作。柯大卫一家在沪开展教学活动期间,昆士兰州的州长、教育部部长均先后率团访问过该校,并了解柯大卫一家在该校工作、生活的情况。

综上述情况,该校与国外的友好交往颇多,并且接待过程中,逐渐完善外事接待的条件,加强该校职工的外事意识,不断提高外事接待的质量。目前位育中学的接待工作状况良好,较出色地完成了市、区有关部门交办的外事接待任务。经区府领导批准,拟同意把该校列入外事接待单位。

以上请示当否,请审核为感!

徐汇区人民政府外事办公室
一九九一年十月

*资料来源:《关于位育中学申请列为外事接待单位的请示》,1991年10月,上海市档案馆藏,档案号:B105-11-547-1。

关于同意位育中学列为外事参观单位的批复(1991年)

徐汇区外办:

徐府外(1991)110号文悉。经研究,同意位育中学列为外事参观单位。望认真做好教职员工、学生的外事政策、外事纪律的宣传教育。

特此批复。

上海市人民政府外事办公室
一九九一年十一月七日

抄送:市教育局、徐汇区教育局

*资料来源:《关于同意位育中学列为外事参观单位的批复》,1991年11月7日,上海市人民政府外事办公室文件,沪府外办综(91)1107号文,上海市档案馆藏,档案号:B105-11-547-1。

关于建设"华泾地区位育寄宿制高级中学"的项目建议书的请示（1996年）

上海市计划委员会：

根据市委、市政府领导的要求，"在城郊结合部建设一批现代化高标准的寄宿制高级中学，并将这批学校作为上海一流教育的标志性建筑"的指示精神，区委、区政府研究决定在我区华泾地区、华泾路以北，赋春路以西地区建造一所"华泾地区位育寄宿制高级中学"，该项目设计规模为36个班级，占地175亩，预计总建筑面积50000平方米，总投资1.5亿元。

考虑到华泾地区为人口导入区，学校拟建的体育馆、游泳馆和影剧院等文、体娱乐设施对社区开放，这既增加了学校文、体设施的利用率，又为社区精神文明建设做出一点贡献。

由于建成后的"华泾地区位育寄宿制高级中学"将是一流的、跨世纪标志性、现代化的学校，她的建成将成为徐汇区南片又一个文化、体育的活动中心。因此，该项目受到区委、区政府的高度重视，区规土局已同意拨出该块土地建造学校，其1.5亿元投资也将由区政府、区教育局、区文化局和区体委共同承担，其中区教育局7000万元（含市拨款2000万元），区政府3000万元，区体委2500万元，区文化局2500万元。

现将"关于新建位育寄宿制高级中学的项目建议书"报你委审批。

如无不妥，请批复。

上海市徐汇区计划委员会
一九九六年十二月二十五日

*资料来源：上海市徐汇区计划委员会向上海市计划委员会提交的《关于建设"华泾地区位育寄宿制高级中学"的项目建议书的请示》，徐计（1996）42号，1996年12月25日。

关于徐汇区位育寄宿制高级中学项目建议书的批复（1997年）

徐汇区计划委员会：

你委《关于建设"华泾地区位育寄宿制高级中学"的项目建议书的请示》【徐计（1996）42号】文悉。经商市教委，现批复如下：

1. 为进一步落实"一流城市、一流教育"的方针，提高高中教育质量，缓解高中入学高峰的矛盾，同时为社区的精神文明建设服务。同意在徐汇区华泾路以北、赋青路以西地区建造"华泾地区位育寄宿制高级中学"一所，办学规模为36个班。

2. 项目占地175亩，建筑面积50000平方米。

3. 项目总投资1.5亿元，资金来源：区自筹1.3亿元，教育费附加0.2亿元。

请你委抓紧编制项目可行性研究报告报我委审批。

上海市计划委员会
一九九七年一月十日

*资料来源：上海市计划委员会致徐汇区计划委员会：《关于徐汇区位育寄宿制高级中学项目建议书的批复》，上海市计划委员会文件，沪计社（1997）04号，1997年1月10日。

位育中学简介（1998年）

位育中学是上海市委市府决定建设的十余所寄宿制高级中学之一，位于徐汇区南端华泾地区，紧靠着徐浦大桥。学校于1997年4月18日开工建设，1998年7月20日竣工。当年招收新生并将原市区的位育中学高中部迁到新址，组成一所完整的高级中学。学校设计规模为36个班级。目前学校共有三个年级25个班级,学生1100余名,百分之九十五以上学生寄宿。

新建成的位育中学是一所具有一流设施的现代化寄宿制中学。学校占地180余亩。校区布局合理,教学区由教学楼、实验楼、图书信息楼组成,三幢建筑以马蹄形排列;生活区有食堂、男女学生宿舍、教师宿舍各一幢,供全校师生住宿和用餐。教学区和生活区之间有生活广场连接,供学生课余饭后休息、散步、活动之用。文化体育区内有带400米环形塑胶跑道的标准足球场一个,篮球场、排球场、网球场各一片以及带游泳池的体育馆一座和一个剧场。(体育馆和剧场二期工程待建,约在99年底以前建成)。全校建筑可以为学生全面发展提供足够空间。

现代化建筑应有较先进的设施配置,教学大楼内有标准教室和辅助教室40余个,有理、化、生实验室计算机房各四个,语音教室二个以及其他门类齐全的专用教室。学校有一个完整的闭路电视系统和一个先进的校园网和藏书丰富可同时供500人阅览的图书馆。所有设施为全校学生实施全面素质教育,提供了充分的物质保证。校园内绿化充分,环境优美,是师生学习、生活、工作的理想场所。

老位育中学是上海一所著名学校,创建于1943年。学校有优良的师资和良好的校风,教育质量较高。历年来为国家输送了一批优秀的毕业生。北京大学现任校长陈佳洱、同济大学校长吴启迪以及现上海市人大、政协领导沙鳞、王生洪等均是位育校友。美国知名学者田长霖也曾在位育中学就读。还有一批历届毕业生现都在各条战线成为建设社会主义祖国的有用人才。新建的位育中学将在继承老位育优良传统的基础上有所开拓创新。学校将充分利用寄宿学校提供的广阔空间和充分的时间,挖掘学生自主学习、自我管理的潜能,在实施素质教育的轨道上不断探索前进。全校师生有决心经过几年的艰苦奋斗,把学校建设成一所现代化的实验性示范性学校,成为上海一流基础教育的一个窗口。

*资料来源:《上海市位育中学简介》,1998年9月,徐汇区档案馆藏,档案号:0211-1-7-003。
注:该资料中包括校舍示意图等,此略。

位育中学董事会名单(1998年)

名誉董事长:复旦大学校长 王生洪
董事长:徐汇区人大主任 黄承海
秘书长:区教育局局长 李骏修
　　　　位育中学校长 赵家镐
董事:
交通大学校长 谢绳武
华东理工大学校长 王行愚
同济大学校长 吴启迪
上海医科大学校长 姚泰
上海师范大学校长 杨德广
上海音乐学院院长 江明惇
上海白猫集团有限公司董事长 马立行
唐氏教育基金会秘书长 马韫芳
汇成集团有限公司副董事长 王力平
漕河泾新兴技术开发区发展总公司党委书记 王志洪
龙华乡实业公司总经理 王志豪
上投房地产公司副总经理 乔忠义
建设银行上海分行行长 张恩照
交通银行上海分行副行长 金大建
上海广电集团有限公司副董事长 徐为

徐汇区人民政府副区长　顾奎华
科技出版社社长　吴智仁
科技教育出版社社长　翁经义
上海教育出版社社长　包南麟

*资料来源:《位育中学董事会名单》,1998年,徐汇区档案馆藏,档案号:0211-1-3-001。

上海市教育委员会关于位育中学新疆高中班推迟举办的通知(2011年)

徐汇区教育局:

我委接《教育部办公厅关于下达2011年内地新疆高中班招生计划的通知》(教民厅〔2011〕3号,以下简称《通知》),根据《通知》的部署,原拟于2011年实施的位育中学招录86名新疆内高班学生工作事项未纳入计划之中。为此,我委专门与教育部民族教育司进行了沟通与协商,对此项工作安排作了调整,现就有关事宜函告如下:

一、根据教育部民族教育司的安排,上海内地新疆高中班的扩招工作作适当调整,原定2011年开始举办位育中学内地新疆高中班(招收两个班级、86名学生)的招生计划将推迟至2012年度实施。

二、鉴于位育中学已按照原计划实施了内地新疆高中班相关基础建设项目,我委仍按照原计划下拨相关基础建设经费。

希望徐汇区教育局和位育中学能够按照新的时间节点,继续做好各项准备工作,使位育中学首届新疆内高班开班工作顺利进行。

特此通知。

上海市教育委员会
二〇一一年六月七日

*资料来源:上海市教育委员会《关于位育中学新疆高中班推迟举办的通知》,上海市教育委员会文件,沪教委基〔2011〕51号,2011年6月7日,徐汇区档案馆藏,档案号:0211-2-585-001。

上海市位育中学章程(2014年)

序言

位育中学创建于1943年,前身是1932年创建的位育小学(现为向阳小学)。20世纪50年代位育中学改名为第五十一中学,办学地址位于复兴中路1261号,是一所初高中兼收的完全中学。1987年恢复位育中学校名,1998年位育中学新校落成,位育中学实现初高中分离,高中整体搬迁华泾新址,成为上海市当时11所现代化寄宿制高级中学之一,原址为位育初级中学。2005年,位育中学首批被上海市教委命名为上海市实验性示范性高级中学。

位育中学校名取自《中庸》,从"天地位焉,万物育焉"中取"位育"二字而成。首任校长李楚材先生将其阐释为"生长创造",认为既然天地万物在自己合适的位置上会呈现勃勃生机,学生的成长发展也当如此。1998年搬迁新址后,位育中学传承历史文化,在"生长创造"的基础上进一步阐释为"师生双自主发展",成为学校发展的新的办学理念和办学特色。

第一章　总则

第一条　为规范学校内部管理体制和运行机制,推进学校依法治校,建设现代学校制度,上海市位育中学根据《中华人民共和国教育法》《中华人民共和国教师法》《全面推进依法治校实施纲要》等有关法律法规与规定,结合学校实际,制定本章程。

第二条　本校全称为上海市位育中学;英文表述为Shanghai WeiYu High School;住所地址为上海市徐汇区位育路1号;本校网址为http://www.weiyu.sh.cn。

第三条　本校由上海市徐汇区教育局举办，经登记批准，是具有法人资格的办学机构，独立承担民事责任。本校是一所实施三年制高中教育的全日制教育机构。

第四条　学校面向全市招生，招生对象以本区为主兼招本市其他区县的应届初中毕业生，招生规模以徐汇区（县）教育局核定的班级和人数为准。（注：位育中学国际部和新疆部按照国家有关规定招生。）

第五条　学校办学宗旨是：第一是体现国家意志，培养有理想，有文化，身体健康，有社会主义觉悟的高中毕业生；第二是体现学校的办学理念，师生的双自主发展，营造一个合适的环境，让广大教师和学生在学校中得到自主发展，师生都要有自主发展的意识和能力，并相互促进和谐发展；第三是体现学校特色，在师生双自主发展和寄宿制背景下创建和谐的校园文化，创建美丽和谐的生态校园；第四是体现目标的连续性，继承学校的历史传统，在生长创造、自主发展的基础上开拓未来。

第六条　学校的发展目标是：将位育中学办成一所充满民主、友爱、和谐氛围的师生双自主发展的实验性、示范性寄宿制高中；将位育中学办成一所国内一流、国际知名的实验性、示范性寄宿制高中；将位育中学办成一所数字化、国际化的实验性、示范性寄宿制高中。学校的办学理念是"师生双自主发展"。学校的培养目标是：培养有理想、有道德、有文化、有纪律的德智体美劳全面发展的，能适应二十一世纪社会经济发展需要的社会主义事业接班人；培养有自主意识、创新意识、民主意识、国家意识、数字意识、国际意识的时代新人；使未来中国经济社会发展各领域的高端都有位育中学的毕业生。

第七条　学校的文化精神凸显在两个方面："教师的敬业精神和校园的和谐环境"，这是几代位育师生传承积淀的校园文化财富。学校长期以来一直注重校园文化建设和校园文化精神引导，注重校园文化精神的继承，并不断赋予传统文化以新的时代内涵。位育中学搬迁新址已十年有余，在"生长创造"和"寄宿制高中"两大背景下发展形成的"师生双自主发展"教育理念不断深入人心，正在逐渐成为位育中学文化传统的一部分。学校一贯倡导师生团结严谨，因而生成了学校的"八字"校风为："团结、严谨、求实、进取"。"团结"的基础就是诚以待人，做到教学相长，共同提高。"严谨"强调的是工作态度。一是科学严谨，从严治教；二是认真负责，一丝不苟；三是严肃紧张，讲究效率；四是谨慎小心，周到细致。"求实"强调的是工作作风。一是教学要注重长期积累，形成厚实的基础；二是工作要注重埋头苦干，提倡讲求实效。"进取"强调的是精神状态。一是要勤于学习，勇于实践，超越自我；二是要讲求高标准，力求高质量；三是要勇于改革，勇于创新，永无止境。

第八条
校标：

校旗：

校歌：《位育校歌》：黄浦江，水泱泱，大小朋友聚一堂。用我手，用我脑，大家工作一起忙。莫怕工作忙，身心俱康强。国旗兮飞扬，庭树兮芬芳，琴韵兮悠扬。爱我国，爱我校，爱我先生，爱我同窗。人生目的不可忘，将来国事谁担当？创造，创造，生长，生长，位育意义深且长。

校徽：

校刊：《钟声》

纪念日：每年11月的第二个周末为校庆日

第二章　组织机构和管理体制

第九条　学校实行校长负责制。校长是学校的法定代表人，对外代表学校，对内全面负责学校的教育教学和行政管理工作。副校长协助校长开展工作。

第十条　校长依法行使下列主要职权：

（一）按照校长负责制有关规定，行使对学校教育教学和行政管理的决策和指挥权。

（二）根据学校工作需要，在核定的编制内，按照精简效能的原则，决定学校内部机构和岗位设置，聘任中层干部。中层干部的聘任在民主推荐的基础上征询党组织意见后由校长提名，学校党组织考察，校务会议讨论决定，校长任命（聘任）。

（三）根据政府有关部门以及教育行政部门规定，结合本校实际，制订学校内部劳动、人事管理和分配制度改革方案，按规定程序组织实施。实行教师聘用合同制，与教师订立聘用合同。

（四）根据国家和市教育行政部门的有关规定，制订学校的课程方案和教学计划，设置开发校本课程，确定教学进度，选用教材，组织教学活动，对教师和学生进行考核评价。

（五）按财务制度和教育行政部门的有关规定，对上级的拨款、学费返还留成和社会赞助等各种收入以及校舍设施、仪器设备，合理安排使用。

（六）按照有关规定和程序对教职工进行奖惩。对工作成绩显著的教职工给予奖励；对严重违纪或给学校工作造成重大损失的教职工给予行政处分、解聘或辞退。

（七）按规定履行国家和教育行政部门授予的其他职权。

第十一条　学校重大问题由校务会议决策。

第十二条　学校根据办学实际需要，建立由教师、学生及家长代表参加的校务委员会，参与制定、审议学校章程、发展规划和其他规章制度、人事与财务方案等重大事项。

第十三条　学校基层党组织发挥政治核心作用。学校依靠基层党组织，充分发挥工会、教职工（代表）大会、共青团、学生会等组织的作用。

第十四条　学校建立以教师为主体的教职工（代表）大会制度，保障教职工参与学校民主管理和进行民主监督。凡属教职工（代表）大会职权范围的事项，都应提交教职工（代表）大会审议。

学校工会作为教职工（代表）大会的工作机构，依法保障学校民主管理、民主监督的落实，维护教职工的合法权益。

第十五条　学校设置教导处、政教处、总务处、信息处、国际部、新疆部和科研室等职能部门，分别承担相应的管理职能。

第十六条　学校加强教育教学管理，主要内容与方法是：

（一）建立年级组、教研组、备课组等教育教学基层管理机制；

（二）实行班级授课制，其中基础型课程按行政班级组织授课，拓展型课程按走班选修组织授课；

（三）按照国家和上级教育行政部门颁发的教学大纲和课程计划设置课程，其中在基础型课程教学中，在严格遵循国家课程的基础上，强化国家课程的校本化，另外在拓展型课程教学中，根据学校、教师和学生的特点开发校本化课程；

（四）减轻学生过重的课业负担，严格遵循教育主管部门的规定安排作息时间，节假日、课余时间不组织集体补课或上课。

第十七条　学校依法实行信息公开，切实保障教职工、学生、社会公众对学校重大事项、重要制度的知情权、参与权、表达权和监督权。

第十八条　学校依法健全校内纠纷解决机制，综合运用信访、调解、申诉等争议解决机制处理学校内部各种利益纠纷。

学校建立校内申诉制度。分别成立校内学生申诉处理机构和校内教师申诉处理机构，明确申诉处理机构的人员组成、受理及处理规则。

第十九条　学校依法接受教育及其他政府相关部门的管理和监督，接受社会、家长的监督，听取社会各界对学校工作的意见和建议。

第三章　学生

第二十条　凡被学校录取或转入学校学习的受教育者即取得学校学籍，为学校学生。

第二十一条　学生享有下列权利：

（一）参加教育教学计划安排的各种活动，使用教育教学设施、设备、图书资料；

（二）按照国家有关规定获得奖学金、贷学金、助学金；

（三）在学业成绩和品行上获得公正评价，完成规定的学业后获得相应的毕业证书；

（四）对学校给予的处分不服可以向有关部门提出申诉，对学校、教师侵犯其人身权、财产权等合法权益，可以提出申诉或者依法提起诉讼；

（五）法律、法规规定的其他权利。

第二十二条　学生应当履行下列义务：

（一）遵守法律、法规；

（二）遵守学生行为规范，尊敬师长，养成良好的思想品德和行为习惯；

（三）努力学习，完成规定的学习任务；

（四）遵守学校制定的管理制度。

第二十三条　学校按照市、区（县）教育行政部门有关学生学籍管理的规定实行学籍管理，健全学生学籍档案，依法办理学生转学、休学、复学等手续，依法对学生给予奖励和处分。

学校对修完修学年限内规定课程且综合素质、学科学习业绩合格的学生，准予毕业。

第二十四条　学校建立学生成长档案，对学生实施综合素质评定，促进学生全面发展。每学期评价结果记入学生本人档案。

第二十五条　学校对符合入学条件而家庭经济困难的学生，通过助学金等形式提供资助。

第四章　教职工

第二十六条　学校教职工由教师和其他专业技术人员、管理人员和工勤人员等组成。

第二十七条　学校根据编制部门核定的编制数额、岗位数和岗位任职条件及教育行政部门、学校相关规定聘用教职工，公开招聘，竞争上岗，对聘用人员实行岗位管理和绩效工资制度。

第二十八条　学校依法建立教职工考核制度，对教职工定期进行学年年度考核，考核结果作为续聘或者解聘、奖励或者处分的依据。

第二十九条　学校教职工除享有法律法规等规定的权利外，还享有下列权利：

（一）进行教育教学活动，开展教育教学改革和实验；

（二）从事科学研究、学术交流，参加专业的学术团体，在学术活动中充分发表意见；

（三）指导学生的学习和发展，评定学生的品行和学业成绩；

（四）按时获取工资报酬，享受国家规定的福利待遇以及寒暑假期的带薪休假；

（五）对学校教育教学、管理工作和教育行政部门的工作提出意见和建议，通过教职工代表大会或者其他形式，参与学校的民主管理；

（六）参加进修或者其他方式的培训。

第三十条　学校教职工除履行法律法规等规定的义务外，还应履行下列义务：

（一）遵守宪法、法律和职业道德，为人师表；

（二）贯彻国家的教育方针，遵守规章制度，执行学校的教学计划，履行教师聘约，完成教育教学工作任务；

（三）对学生进行宪法所确定的基本原则的教育和爱国主义、民族团结的教育，法制教育以及思想品德、文化、科学技术教育，组织、带领学生开展有益的社会活动；

（四）关心、爱护全体学生，尊重学生人格，促进学生在品德、智力、体质等方面全面发展；

（五）制止有害于学生的行为或者其他侵犯学生合法权益的行为，批评和抵制有害于学生健康成长的现象；

（六）不断提高思想政治觉悟和教育教学业务水平。

第三十一条　学校保证教职工工资、保险、福利待遇按照国家和本市有关规定执行，逐步改善教职工的工作条件，帮助解决教职工遇到的实际困难。

第五章　学校与家庭、社会

第三十二条　学校主动与社会、家庭联系沟通，加强学校、家庭、社会密切配合的育人体系建设，形成教育合力。

学校根据教育教学需要，聘请兼职教师和校外学生辅导员。

学校借助社会资源建立德育、科普、法制、社区等各类教育基地，定期组织开展校外教育活动。

第三十三条　学校按照一定的民主程序，本着公正、公平、公开的原则，在自愿的基础上，组织家长选举组成家长委员会。学校为家长委员会开展工作提供必要的条件，保障家长委员会履行参与学校管理、参与教育工作、沟通学校与家庭等职责。

第三十四条　学校依托社区，开发社区教育资源，开展社会实践活动，为学生创造服务社区和实践体验的机会。
学校配合社区开放校内文化设施和体育场地。

第三十五条　学校建立校友会组织，发挥校友的宣传、桥梁、教育、助学、咨询等作用，促进学校发展。

第三十六条　学校根据办学实际需要，开展校际互动合作，不断扩大对外交流，拓展教育视野，提升办学水平。

第六章　学校资产及财务管理

第三十七条　学校开办资金为人民币11675万元。学校具体经费来源包括财政补助收入。

第三十八条　学校资产受法律保护，任何单位、个人不得侵占、私分和挪用。学校对侵占校舍、场地、设施等的行为和侵犯学校名称权及无形资产的行为，将积极履行国有资产管理职责，依法追究侵权者的责任。

第三十九条　学校财务活动在校长的领导下，由学校财务部门统一管理，并接受上级主管部门的督查。
学校财会人员的任职条件、工作职责、工作权限、专业技术职务、任免奖罚，严格按照国家会计法律制度执行。

第四十条　学校严格执行国家收费政策，规范收费行为，按照有关部门确定的项目和标准收费，各项收入按照有关规定严格管理，行政事业性收入实行收支两条线管理。

第四十一条　学校依法接受社会各界的捐赠，建立健全受赠财产的使用制度，加强对受赠财产的管理并接受社会监督。

第七章　附则

第四十二条　学校建立健全本章程统领下的学校规章制度体系。规章制度的立、改、废均依照民主程序进行。

第四十三条　本章程未尽事宜按照法律法规及上级文件政策执行。如有抵触，以法律法规及上级文件政策为准。

第四十四条　本章程的修订由校长提出，经教职工（代表）大会审议，校务会议通过，报徐汇区教育局核准后生效。

第四十五条　本章程由学校校务委员会负责解释。

上海市位育中学
2014年11月

*资料来源：上海市位育中学校长办公室提供。

上海市位育初级中学章程（节选）（2016年）

序言

上海市位育初级中学是一所公办初中（曾名"位育中学""五十一中学"），系联合国教科文俱乐部学校之一（全市仅两所中学），创建于1943年，1998年高、初中分离办学，初中留在原址。七十多年来，学校以"团结、严谨、求实、进取"为校训，在学校创始人李楚材先生的"促进学生个性发展，启迪学生的创造兴趣和创造能力，培养祖国需要的人才"的办学思想指导下，探索注重教育、教学、管理的人文关怀，形成了自己的教育目标体系和教育特色体系。……基于学校目前的状况，学校确立的中长期办学目标：经过较长时间的努力和奋斗，把我校建设成为培养有社会主义觉悟、有自主发展意识和生长创造能力、有现代科学底蕴和人文精神的位育学子的素质教育实验学校，成为具有"位育"特色、服务地区、代表上海、影响全国、融入世界、持续发展的现代化名牌学校。

第一章　总则

第一条　【制定目的与依据】为规范学校内部管理体制和运行机制，推进学校依法治校，建设现代学校制度，根据《中华人民共和国教育法》《中华人民共和国义务教育法》《中华人民共和国教师法》《全面推进依法治校实施纲要》等有关法律法规与规定，结合学校实际，制定本章程。

第二条 【学校名称与地址】本校全称为上海市位育初级中学，简称为"位育初中"，英文表述为Shanghai Wei Yu Middle School。住所地址为上海市复兴中路1261号。

第三条 【学校性质及隶属关系】本校由上海市徐汇区教育局举办，经登记批准，是具有法人资格的办学机构，独立承担民事责任。本校是一所实施四年制初中教育的全日制教育机构。

第四条 【招生对象与规模】学校招生工作根据"相对就近、免试入学"的原则，实行对口入学、统筹兼顾、合理安排。招生对象为本区户籍或符合就读条件的非本区户籍适龄儿童，招生规模以徐汇区教育局核定的班级和人数为准。

第五条 【办学宗旨与使命】学校积极响应市教委和教育局提出的"办好老百姓家门口的学校"，以服务地区为出发点，推进学校内涵建设，促进学生发展。学校以"三个一切"（一切为了学生，为了一切学生，为了学生的一切）为办学指导思想，依法办学，强化管理，丰富内涵，提高质量，养育品牌，办人民满意的学校。

第六条 【学校发展目标】学校的办学目标——服务地区、代表上海、影响全国、融入世界、持续发展的现代化名牌学校。

第七条 【文化精神与办学特色】学校以"团结、严谨、求实、进取"为校训，以课程建设为载体，以人文精神与科学素养为内涵，积极推进素质教育。学校在认真落实国家和地方课程标准的同时，构建学校多元特色的校本课程，满足学生个性发展的需求。其中技艺类课程包括：车模、船模、航模、乐高机器人、摄影、夏威夷吉他、素描、网页制作、软陶制作、红十字常识与救护技能等；知识类课程包括：科普英语、趣味数学、天文、守护心灵、探索国际人道法等；体育类课程有：排球、篮球、乒乓、桥牌等。

第八条 【学校标识】校歌歌词：黄浦江，水洋洋，大小朋友聚一堂。用我手，用我脑，大家工作一齐忙。不怕工作忙，身心俱康强。国旗兮飞扬，庭树兮芬芳，琴韵兮悠扬。爱我国，爱我校，爱我先生，爱我同窗。人生目的不可忘，将来国事谁担当？创造，创造，生长，生长，位育意义深且长。

位育校歌创作于20世纪40年代，歌曲的旋律采用了学堂乐歌的风格，明快向上，歌词表现了第一任校长李楚材先生的办学理念，并用了"创造，创造，生长，生长，位育意义深且长"作为结尾，体现了校名"位育"二字出自《中庸》"天地位焉，万物育焉"之句，其含有生长创造之意义。

校徽含义：

由图形和文字组成，图形部分是一本打开的书，寓意为在知识的海洋里遨游；亦是一只展翅的雄鹰，寓意为在广阔的天空展翅翱翔，上面的小圆是预示初升的太阳，小苗象征着我们位育初级中学的学生，在位育这片沃土上茁壮成长！"WY"是校名的首字母；两同心圆间校名中英文对照，上下呼应。

第二章 组织机构和管理体制

第九条 【校长负责制】学校实行校长负责制。校长负责制，是在上级党组织和教育行政部门领导下，校长对学校的教育教学和行政管理工作全面负责；学校党组织发挥政治核心作用；教代会参与学校民主管理、民主监督。

校长是学校的法人代表，对外代表学校，对内全面负责学校的教育教学和行政管理工作。副校长协助校长开展工作。

第十条 【校长职权】按照校长负责制有关规定，行使对学校教育教学和行政管理的决策和指挥权。

（一）根据学校工作需要，在核定的编制内，按照精简效能的原则，决定学校内部机构和岗位设置，聘任中层干部。中层干部的聘任在民主推荐的基础上征询党组织意见后由校长提名，学校党组织考察，校务会议讨论决定，校长任命（聘任）。

（二）根据政府有关部门以及教育行政部门规定，结合本校实际，制订学校内部劳动、人事管理和分配制度改革方案，按规定程序组织实施。实行教师聘用合同制，与教师订立聘用合同。

（三）根据国家和市教育行政部门的有关规定，制订学校的课程方案和教学计划，设置开发校本课程，确定教学进度，选用教材，组织教学活动，对教师和学生进行考核评价。

（四）按财务制度和教育行政部门的有关规定，对上级的拨款等各种收入以及校舍设施、仪器设备，合理安排使用。

（五）按照有关规定和程序对教职工进行奖惩。对工作成绩显著的教职工给予奖励；对严重违纪或给学校工作造成重大损失的教职工给予行政处分、解聘或辞退。

（六）按规定履行国家和教育行政部门授予的其他职权。

第十一条 【校务会议】学校重大问题由校务会议决策。校务会议成员为正副校长、党支部（党总支、党委）正副书记和工会主席等，会议由校长主持。重大问题决策要贯彻民主集中制原则，会前个别酝酿，会上充分讨论，民主集中，校长决策。根据管理权限，须报上级有关部门批准的重大问题应按规定程序报批后方可实施。

学校重大问题包括：

（一）制订和修改学校章程；

（二）学校发展规划、年度与学期工作计划和课程计划；

（三）重大改革措施及规章制度；

（四）学校精神文明建设实施方案；

（五）校内机构及岗位的设置；

（六）中层干部任免及重要人事安排；

（七）师资队伍建设实施方案；

（八）教职工收入分配和考核奖惩方案；

（九）年度经费预算、决算及大额经费支出安排；

（十）重大基建项目和校产发展计划；

（十一）制订校园及师生安全制度；

（十二）招生和毕业生推荐工作；

（十三）因公出国（境）访问及涉外校际交流；

（十四）其他重大问题。

第十二条 【校务委员会】学校可以根据办学实际需要，建立由教师、学生及家长代表参加的校务委员会，参与制定、审议学校章程、发展规划和其他规章制度、人事与财务方案等重大事项。

第十三条 【党团组织】学校党组织在学校发挥政治核心作用。要坚持围绕中心、服务大局、拓宽领域、强化功能的总体要求，把做好思想政治工作、促进事业发展贯穿始终。深入开展创先争优活动，积极参与学校重大问题决策，保证监督党和国家的教育方针、政策的贯彻执行；坚持党管干部和党管人才的原则，做好干部和人才教育培养等工作；负责学校领导班子思想政治建设、作风建设和学校精神文明建设，做好教职工思想政治工作；全面加强党的自身建设，不断提高党的建设的科学化水平；支持校长依法行使职权；全心全意依靠教职工，支持教代会开展工作；领导学校工会、共青团、少先队等群众组织和关心下一代工作小组的工作，支持它们依照各自章程独立自主地开展工作，充分发挥它们联系群众的桥梁作用，做好党建带工建、团建工作。

我校共青团工作在校党支部和上级团工委的领导下，培养造就大批有理想、有道德、有文化、有纪律的社会主义事业建设者和接班人，全面提高青少年的思想和文化素质。校团委在开展工作中，始终坚持民主集中制，以团建带队建，有条不紊地开展各项团队活动，坚持把竭诚服务青年作为出发点和落脚点，更好地吸引和凝聚青年，当好中国共产党的助手和后备军。

第十四条 【工会与教代会制度】学校建立以教师为主体的教职工代表大会制度。教职工代表大会，是学校实行民主管理、民主监督的基本形式，凡属教代表大会职权范围的事项，都应提交教职工代表大会审议。

教代会在本校权限范围内行使以下职权：

（一）听取和讨论校长工作报告。审议学校章程、发展规划、重要改革措施、财务工作报告以及学校其他有关重大问题，提出意见和建议。

（二）审议通过学校教职工聘用聘任方案、奖惩办法、重要规章制度、校内收入分配原则和办法以及其他与教职工切身利益有关的重大事项。审议通过后，由校长颁布施行。

（三）审议决定有关教职工生活福利的重大事项。

（四）在上级党组织的领导下，民主评议正副校长、学校党组织正副书记，提出奖惩意见和建议。根据上级领导部门的部署，参与民主推荐学校领导干部人选的工作。

教代会要团结教育全体教职工，努力完成教育教学任务；引导教职工正确处理国家、集体、个人三者关系，提高工作的主动性、积极性；关心教职工生活，维护教职工合法权益。教代会接受学校党组织的领导，支持校长依法行使职权。

学校工会作为教职工代表大会的工作机构，依法保障学校民主管理、民主监督的落实，维护教职工的合法权益。

学校工会的职责是：

（一）具体负责教代会筹备；提出大会议题、程序方案及主席团人选建议名单，报学校党组织同意；主持教职工代表选举工作，审查代表资格；征集和整理代表提案；协助大会主席团做好会议期间有关会务工作。

（二）教代会闭会期间组织各代表组和专门工作组活动，召集临时代表会议，主持代表组长联席会议；组织代表活动，宣传大会精神，检查大会决议的执行以及提案的落实、处理情况。

（三）负责教职工代表管理和培训、教代会质量评估、文书档案管理以及处理教职工代表申诉等有关事项。

（四）工会参与学校改革方案、教职工规章制度等有关重大问题的调研、制定、实施监督与反馈。工会主席参加校务会议，参与讨论和决策学校重大事项。

（五）完成教职工代表大会交办的其他任务。

第十五条　【内部管理机构】学校设置校务办公室、人事办公室、工会、教导处、政教处、总务处和信息中心等职能部门，分别承担相应的管理职能。

第十六条　【教育教学管理】学校加强教育教学管理，主要内容与方法是：

（一）建立年级组、教研组、备课组等教育教学基层管理机制：年级组长负责本年级的德育、教学工作，统筹教师分工与管理、年级教育活动、学生管理工作等。教研组长负责领导、组织教师进行集体教学研究。备课组长负责组织本组教师进行集体备课和教学研究活动，完成教育教学任务。

（二）实行班级授课制：汉语言文字为学校的基本教学语言文字，学校使用全国通用的普通话和规范字。

（三）按照国家和上级教育行政部门颁发的教学大纲和课程计划设置课程：学校贯彻国家课程、地方课程和校本课程三级管理体制，认真执行国家和地方课程计划，积极开发校本课程，形成学校特色课程体系。学校充分发挥学科课程和综合实践活动课的整体功能，尊重人的成长规律和教育规律，对学生进行德育、智育、体育、美育和劳动技术教育，促进学生全面发展，学有所长。

（四）学校制订并实行教学常规管理、流程管理、教学质量监控和评价等制度。以备课组、教研组和年级组为教学研究基地，在校长室的指导下，开展对教学模式、教学策略、教学方法、教学评价等的研究，不断提高教学质量。

（五）学校设立教育科研机构，以"创设良好的教育环境，促进素质教育"为总课题，深入推进徐汇区在基础学科对学生进行创新素养的系统性培养的实践研究，加强教育科学研究。

（六）减轻学生过重的课业负担，合理安排作息时间，节假日、课余时间不组织集体补课或上课。从实施素质教育精神的大局出发，不负重托，更新观念，解放思想，不断提高自身的从教素质和能力，以高效、创新的劳动切实为学生松绑，提高教学效益。

（七）遵循教学规律，研究学情，践行"分类教学"，要求教学满足"三类生"，即关爱学困生、面向中间生、提高优秀生。教师要关注学习困难学生，加强师生情感沟通与交流，加强学习动机与动力的引领与指导，加强学习方法的传授与训练，切实提高学困生的转化率。

（八）学校严格执行有关学校体育、卫生工作的法规、规章，通过日常体育活动以及各类体育竞赛活动增强学生体质，提高学生的运动能力。开展健康教育，培养学生良好的卫生习惯以及身心健康、和谐发展的能力。

（九）学校通过配备专职、兼职教师进行心理健康教育管理，开设心理健康教育课程和建立心理咨询室，为师生心理健康提供有效的保障与服务。

（十）科技、艺术教育充分体现以学生为本的原则，通过学校的艺术节、科技节等活动，以师生共同成长、分享，提升科学素养作为活动的主旨，充分发掘学生的艺术、科技特长，提升学生的人文素养。

第十七条　【信息公开】学校依法实行信息公开制度，通过学校网站的信息公开、公示栏、党务公开等栏目，将学校的各种信息都进行公开，让教职工、学生、家长和社会公众对学校重大事项、重要制度等能够了解，并进行互动；同时，通过校长信箱、支部信箱等听取学生、家长的建议，保证学生和家长的权益。

第十八条　【校内维权】学校依法健全校内纠纷解决机制，综合运用信访、调解、申诉等争议解决机制处理学校内部各种利益纠纷。要特别注重和发挥基层调解组织、教职工代表大会、学生团体和法制工作机构在处理纠纷中的作用，建立公平公正的处理程序，将因人事处分、学术评价、教职工待遇、学籍管理等行为引发的纠纷，纳入不同的解决渠道，提高解决纠纷的效率和效果。学校建立校内申诉制度。在学校党支部的统领下，分别设置政教处为学生申诉处理机构，工会为教师申诉处理机构。

第十九条 【管理监督】学校依法接受上级教育机构及政府相关部门的管理和监督，接受社会、家长的监督，听取社会各届对学校工作的意见和建议。

第三章 学生

第二十条 【学生入学】学校实行免试入学，不举行或者变相举行与入学挂钩的选拔考试或者测试，不将各种竞赛成绩和各类考级证书作为入学的条件。凡被学校录取或转入学校学习的学生即取得上海市位育初级中学学籍，为上海市位育初级中学学生。

起始年级学生的父母或其他法定监护人（以下简称"家长"）应凭入学通知书按学校规定的时间为学生办理入学注册手续。因故不能如期办理注册手续者，应在新学期开学后5个工作日内向学校申请办理延期注册手续，延期到期后仍不能按时注册者，应进行续办。申请办理延期的时间最晚不得超过新学期开学后30日。起始年级学生未按规定办理注册手续或延期注册手续的，其入学通知书自动失效。

第二十一条 【学生权利】学生享有下列权利：

（一）参加教育教学计划安排的各种活动，使用教育教学设施、设备、图书资料；

（二）在学业成绩和品行上获得公正评价，完成规定的学业后获得相应的毕业证书；

（三）对学校给予的处分不服向有关部门提出申诉，对学校、教师侵犯其人身权、财产权等合法权益，提出申诉或者依法提起诉讼；

（四）法律、法规规定的其他权利。

第二十二条 【学生义务】学生应当履行下列义务：

（一）遵守国家的法律、法规；

（二）遵守学生行为规范，尊敬师长，养成良好的思想品德和行为习惯；

（三）努力学习，完成规定的学习任务；

（四）遵守《位育初级中学学生须知》和其他各项规章制度。

第二十三条 【学籍管理】学校按照市、区教育行政部门有关学生学籍管理的规定实行学籍管理，健全学生学籍档案，依法办理学生转学、休学、复学等手续，依法对学生给予奖励和处分。

起始年级新生办理入学注册手续后，即取得学校学籍。学校在开学后10个工作日内编制新生名册，为在籍学生编制学籍号。

学生办理相关手续后转入我校，即取得学校学籍，由所属区教育行政部门重新编制学籍号。由我校转出的学生，其原有的学籍号自动失效。

休学：学生生病或者出国可申请休学。因病休学需有累积三个月的病假单。休学由家长提出书面休学申请，校长审批。原则上休学期限为一年，因病休学，休学期满家长需要前来学校办理继续休学或者复学手续。出国原因休学，休学期满家长需要前来办理复学或者退学手续，逾期不办的做自动退学处理。

退学：因出国等理由不再在学校履行义务制教育的，由家长申请校长批准后学校转交学生预防接种卡。

复学：学生休学期满复学或提前复学的，由家长提出书面申请（因伤病休学的需提供区级［二级］以上医疗机构证明），校长批准，即可复学。学生休学期满复学，学校根据其实际学业程度，编入相应年级学习。

学校对修完4年内规定课程且综合素质、学科学习业绩合格的学生，准予毕业。

第二十四条 【学生评价】学校如实记录学生成长记录和综合素质评价信息，促进学生全面发展。学生成长记录以本市教育行政部门制定的《上海市学生成长记录册》为依据，综合素质评价以本市教育行政部门制定的综合素质评价指标为依据。学校安排专人负责指导实施，具体记载工作由班主任牵头管理。学生成长记录和综合素质评价的信息记录在学生信息管理系统中，并形成学生电子档案。

第二十五条 【学生资助】学校对符合入学条件而家庭经济困难的学生，通过助学金等形式提供资助。助学金主要由区中教科、区红十字会、街道、"爱的教育"协会、部队等有关部门获得，依据发放单位的要求发放。

第四章 教职工

第二十六条 【教职工组成】学校教职工由教师和其他专业技术人员、管理人员和工勤人员等组成。

第二十七条 【人事制度】学校根据编制部门核定的编制数额、岗位数和岗位任职条件、教育行政部门相关规定，遵循德才兼备、择优录用、公开、平等、竞争的原则，聘用教职工，对聘用人员实行岗位管理和绩效工资制度。

第二十八条 【教职工考核】学校依法建立教职工考核制度，对教职工定期进行考核，考核结果作为职称晋升、职务评审、工资晋升、续聘或者解聘、奖励或者处分的依据。

第二十九条 【教职工权利】学校教职工除享有法律法规等规定的权利外，还享有下列权利：

（一）进行教育教学活动，开展教育教学改革和实验；

（二）从事科学研究、学术交流，参加专业的学术团体，在学术活动中充分发表意见；

（三）指导学生的学习和发展，评定学生的品行和学业成绩；

（四）按时获取工资报酬，享受国家规定的福利待遇以及寒暑假期的带薪休假；

（五）对学校教育教学、管理工作和教育行政部门的工作提出意见和建议，通过教职工代表大会或者其他形式，参与学校的民主管理；

（六）参加进修或者其他方式的培训。

第三十条 【教职工义务】学校教职工除履行法律法规等规定的义务外，还应当履行下列义务：

（一）遵守宪法、法律和职业道德，为人师表；

（二）贯彻国家的教育方针，遵守规章制度，执行学校的教学计划，履行教师聘约，完成教育教学工作任务；

（三）对学生进行宪法所确定的基本原则的教育和爱国主义、民族团结的教育，法制教育以及思想品德、文化、科学技术教育，组织、带领学生开展有益的社会活动；

（四）关心、爱护全体学生，尊重学生人格，促进学生在品德、智力、体质等方面全面发展；

（五）制止有害于学生的行为或者其他侵犯学生合法权益的行为，批评和抵制有害于学生健康成长的现象；

（六）不断提高思想政治觉悟和教育教学业务水平。

第三十一条 【教职工待遇】为保障教师完成教育教学任务，学校应当履行下列职责：

（一）提供符合国家安全标准的教育教学设施和设备；

（二）提供必需的图书、资料及其他教育教学用品；

（三）对教师在教育教学、科学研究中的创造性工作给以鼓励和帮助；

（四）支持教师制止有害于学生的行为或者其他侵犯学生合法权益的行为；

（五）保证教职工工资、保险、福利待遇按照国家和上海有关标准规定规定执行；

（六）建立帮困制度，帮助解决教职工遇到的实际困难。

第五章 学校与家庭、社会（略）

第六章 学校资产及财务管理（略）

第七章 附则

第四十二条 【制度体系建设】学校建立健全本章程统领下的学校教育教学、学生管理、教职工管理、财务管理、后勤管理、安全管理制度以及各种办事程序、活动程序、议事规则、应急管理等制度。规章制度的立、改、废均依照民主程序进行。

第四十三条 【法制统一原则】本章程未尽事宜按照法律法规及上级文件政策执行。如有抵触，以法律法规及上级文件政策为准。

第四十四条 【章程修订程序】本章程的修订由教代会代表提出，经教职工（代表）大会审议，校务会议通过，报徐汇区教育局核准后生效。

第四十五条 【章程解释】本章程由学校人事部门和工会负责解释。

上海市位育初级中学
2016年9月修订

*资料来源：上海市位育初级中学校长办公室提供。

上海市位育中学校友会章程（2023年）

第一章　总则

第一条　本会定名为"上海市位育中学校友会"（以下简称"本会"）。［英文译名］Shanghai Weiyu High School Alumni Association ［英文缩写］SWHSAA

第二条　本会是由学校历届校友及教工自愿组成的地方性、非营利性社会组织。

第三条　本会的宗旨：遵守国家宪法、法律、法规和政策，遵守社会道德规范。发扬位育中学的优良传统，加强校友之间、校友与母校之间的联系，交流经验，增进情谊。促进校友自身价值的实现，促进学校各项事业蓬勃发展，推动祖国教育事业发展。

第四条　本会会址：上海市位育中学。

第二章　职责和原则

第五条　本会的职责

（一）团结和联络广大校友，加强校友间、校友和母校间的联系和交流；

（二）组织有益于社会、有助于母校、有利于校友发展的各项活动；

（三）接受校友、教工捐赠，设立校友基金，进行合法统筹管理；

（四）建设、管理校友网站，充分发挥网络宣传作用；

（五）编辑、印刷会刊资料；

（六）负责校友、教工回学校的联络和接待工作。

第六条　本会的活动原则

（一）在国家法律、法规和社会道德规范范围内，按照核准的《章程》开展活动；

（二）遵循自主、自愿性原则、非营利性原则和维护学校、校友及教工利益原则；

（三）本会开展活动时，遵循诚实守信、公正公平原则，不弄虚作假，不损害国家、本会和会员利益；

（四）本会遵循科学办会原则，不从事封建迷信宣传和活动。

第三章　会员

第七条　本会由个人会员组成。

第八条　个人会员具备下列条件：

（一）拥护本会的章程；

（二）有加入本会的意愿；

（三）在位育中学学习过的学生或工作过的教职工。

第九条　会员享有下列权利：

（一）可以推选他人或自荐成为校友理事会成员；

（二）参加本会的活动权；

（三）获得本会服务的优先权；

（四）入会自愿、退会自由权；

（五）批评建议权和监督权。

第十条　会员履行下列义务：

（一）遵守本会的章程，执行本会的决议，维护本会的合法权益；

（二）参加本会组织的活动，完成本会委托的工作；

（三）及时向本会提供本人或其他校友近况；

（四）积极向会刊和网站投稿或提供信息资料；

（五）热心教育事业，关心学校发展，为学校建设出谋划策、提供帮助。

第十一条 违背本会章程或破坏学校声誉的，经校友理事会通过，可以暂停其会员资格或者予以除名。会员退会、被暂停会员资格或者被除名后，其在本会相应的职务、权利、义务自行终止。

第四章 组织机构

第十二条 校友理事会是本会的核心机构，领导、开展本会活动。

第十三条 校友理事会职责

（一）制订、执行本会年度工作计划，为本会建设出谋划策；

（二）制定内部管理制度，拟定年度财务预决算，协调、保证各项工作顺利开展；

（三）策划、组织校友返校、校庆等活动；

（四）筹集、管理本会基金；

（五）为学校发展献计献策；

（六）决定会员（会员代表）的吸收或除名；

（七）表决其他重大事项。

第十四条 定期召开理事会议，情况特殊可随时召开。理事会会议应当有会议记录。

第十五条 校友理事会成员产生

（一）学校校长、分管本会工作副校长、本会负责老师；

（二）对学校有突出贡献、热心教育事业，关心学校发展的校友、教工；

（三）由本会会员的推荐其他校友、教工。

第十六条 校友理事会成员设置

（一）会长1人，副会长8—10人，根据需要可设名誉会长（4—5人）；

（二）秘书长1人，副秘书长1—2人；

（三）理事若干人（原则上每届1人）。

第十七条 本会设校友联络员若干人，主要负责联系校友工作，校友理事会成员均为校友联络员。

第十八条 学校设置校友会办公室，全面负责校友会各项工作。

第五章 资产管理和使用

第十九条 本会经费来源

（一）学校专项经费划拨；

（二）校友、教工及社会捐赠；

（三）利息等增值收入；

（四）其他合法收入。

第二十条 学校校友会在校友资助的情况下，开设校友基金会。

第二十一条 本会经费实行专账管理，用于本会章程规定的业务范围和事业发展，不在会员中分配。

第二十二条 本会的资产，任何单位、个人不得侵占、私分和挪用。

第六章 终止程序及终止后的财产处理

第二十三条 本会终止活动或解散，必须由校友会理事会表决通过。

第二十四条 本会终止后剩余财产，在上级监督下按国家有关规定用于发展与本会宗旨相关的事业或捐赠给学校。

第七章 附则

第二十五条 本章程规定如与国家法律、法规和政策不符，以国家法律、法规和政策为准。

第二十六条 本章程经校友理事会成员表决通过之日起实施。

第二十七条　本章程的修改意见需经校友理事会成员表决通过实施。

第二十八条　本章程的解释权属本会理事会。

2023年6月

*资料来源：上海市位育中学校友会提供。

二、地方志书、名校校史卷中关于位育中学的记载

《徐汇区志》（1997年版）

位育中学

校址在复兴中路1261号。占地11399平方米，建筑面积6420平方米。已评聘高级教师31人。

该校创建于民国32年。1956年改公立，易名上海市第五十一中学，1987年复名。

开办初，延聘学识经验丰富的教师，以位育小学毕业生为生源，试验五年一贯制，取得预期效果。1952年迁址复兴中路1261号，规模扩大。50年代后期，试验课外科技活动，扩展学生知识领域，发展创造力；试验在平行年级学生按程度分班，大面积提高教学质量和培养拔尖学生并重。1960年定为市重点中学，评为全国教育先进单位。"文化大革命"后复定为区重点中学。坚持"五育并进，德育为首"的办学方针。建立社会实践基地，校内外课内外形成教育网络，寓德育于教学和社会活动之中，学生的思想品德素质不断提高。紧抓教学常规的落实、检查和评估，实行因材施教，建立选拔考试和免修制度，激发学生求知欲，发掘和培养优秀学生。1989—1990年，学生参加国际、全国和全市各科竞赛得奖的共252人次。老校长李楚材回顾"位育"的成长，取决于两项基础工作：一是贯彻了正确的教育方针；二是充分重视了教师的作用。

*资料来源：《徐汇区志》编纂委员会编：《徐汇区志》，上海社会科学院出版社1997年版，第719—720页。

《上海普通教育志》（2015年版）

上海市位育中学

上海市位育中学校址：徐汇区位育路1号。校长：任博生。学校占地186亩，建筑面积50703平方米。学校创办于民国32年（1943年），前身是民国21年开办的位育小学，原址拉都路（襄阳南路）388弄15号。校董为黄延芳、黄炎培、江问渔、杨卫玉等。历任校长：李楚材、鲁夫、张华、张启昆、赵家镐等。校名取自《中庸》"天地位焉、万物育焉"，寓意生长创造。值日军侵占上海时，学校不挂牌，以招收位育小学毕业生为主。1952年在复兴中路1261号兴建教学大楼。1956年中、小学分开，改为公立，学校更名为上海市第五十一中学，同年淮海中学高中部并入，1958年上海市第六十八中学4个班并入。20世纪50年代，学校形成"团结、严谨、求实、进取"的校风，被评为上海市和全国文化教育先进单位，校长李楚材出席全国文教群英会。1960年学校被列为区重点中学，并开始进行新一轮五年一贯制（"三二"分段）试点，教材多由教师自编，注重基础和思维能力的培养，1965年第一届五年制毕业生各科平均成绩都达到或超过本校同年毕业的六年制班级。1987年学校恢复现名。1998年，初高中分离，初中在原址办学，高中迁至华泾地区创办新的寄宿制学校，江泽民总书记为学校题写校名。2000年，位育中学高中班级35个，学生1615人，专任教师113人，其中高级教师41人，特级教师5人。搬迁新址后，学校进行了新的课程体系探索，开设了天文、摄影、机器人与发明创造、网页制作、排球、桥牌等20多个拓展型与研究型校本课程。学生桥牌比赛持续三年获全市冠军；高中男排保持全市前二名；学生运用计算机编程获"国际光学工程最佳专项奖"。办学多年来，涌现出陈佳

洱、田长霖、李三立、王生洪、吴启迪、周汉民、汤沐海、陈祖德、潘庆平等多位杰出校友，还有陈佳洱、李三立等11位两院院士。在教师中，赵家镐、喻昌楣、潘益善等多人被评为上海市劳动模范；赵家镐、金荣熙两位教师先后获苏步青数学奖；赵家镐被选为中共十四大代表、九届全国人大代表，并获上海市"教育功臣"提名。上海市位育中学连续多年被评为市、区文明单位。20世纪90年代末起，提出"师生双自主发展"教育理念，获得上海市教委和专家的认同和赞誉。

*资料来源：《上海普通教育志》编纂委员会编：《上海普通教育志》，上海社会科学院出版社2015年版，第515—516页。

《中国名校》（中学卷）

上海市位育中学

位育中学是在位育小学的基础上创建的。1932年，实业界、教育界知名人士穆藕初、黄延芳、黄炎培、江向渔、杨卫玉、王志莘等痛感国家积弱被侮的灾害，共识从教育入手，拯救国家；又鉴于当时教育不合国情，改进教育要从低做起，于是商定先办一所试验性小学，组成校董会，取《中庸》"天地位焉，万物育焉"两句话里的"位育"两字做校名，位育小学在爱国主义精神的孕育下诞生了。首任校长张曼筠（李公朴夫人），不久去职，由杨卫玉继任。开办时学生不多，借吕班路（现重庆南路）一座小洋房为校舍。由于校长与教师富有教育经验，管理既严格又活泼，适合儿童的生理和心理的发展，为家长所称道，赢得社会声誉，来学者日众。1936年校董会决议自建校舍，觅得拉都路（现襄阳南路）388弄内空地五亩多，向新华银行贷款建造教学楼一座，内有24个教室；大礼堂一座，可容800人；宿舍楼一座，可容100名师生住宿。在当时是上海小学中规模较大、设备较全的一所小学校。

抗日战争爆发后，上海成为孤岛，著名的中学迁入租界，因陋就简，条件较差，位育小学家长对子女毕业后的就学问题非常关切，纷纷要求在小学的基础上扩建中学。1943年6月，校董会决定成立位育中学，推选李楚材任校长，赋予全权，筹备建校。考虑到在沦陷区办学，问题复杂，困难甚多，因此决定：(1)学校不挂牌，不登报，不公开招生，主要招收位育小学毕业生，以避免敌伪的干扰。(2)实验五年一贯制，不分高初中，先招收中一学生两班，逐年扩展。位育小学毕业生的程度较高，语文、算术、英语的根基比较坚实，中学阶段缩短一年，有可能完成六年制课程纲要规定的内容。(3)紧抓教育质量，培养爱国热情，为学生升入高等院校学习和参加战后建设打下坚实基础。

位育中学开办时，李楚材校长殚精竭虑，拟订学校规划，设计实施方案，因为试验五年一贯制前无师承，外无借镜，样样都得依靠与团结教师边研讨、边实践，有计划有步骤地创造经验。对学科设置和课时分配，计划在前三年适当增加语文、数学、英语等三门的课时，使学生掌握学习各科的工具，提高自学能力；后两年以数理化为重点。对选用教材、文史、外语等科鼓励教师自编精选。数理化学科要求教师在使用教本时，照顾到学生的接受能力，按五年一贯制的原则增删部分内容。为了加深数、理、化等科的程度和扩大知识面，四、五年级采用英文课本。

教学方法重视启发学生独立思考和独立工作能力，注重预习、提问、练习、实验。教师在课前适当指定预习的段落或自学的问题，课间和课后留有一定的习题或作业。物理、化学、生物学科须作实验，并写实验报告。学校每学期财力如有节余，就购置实验器材。由于重视科学实验，提高了学生学习自然科学的兴趣和能力，是位育创办多年来形成的一个特点。

位育艰苦创业，在险恶的环境里，抵制了敌伪巨大的压力，不开设日语课，不参加敌伪的任何活动，教育学生树立抗战必胜的信念，维护民族气节。同时注重对学生进行思想品德教育，要求学生爱国爱校，尊师守纪，诚实谦和，乐于助人，勇于创造，做一个堂堂正正的中国人，积极培养和形成优良校风。

抗战胜利后，学校开始敞开校门。李校长把"位育"两字赋予新的时代气息，引申解作"生长、创造"，意义扩大而深远了，并以此作为办学目标。江问渔校董为学校编写校歌，歌词是：

黄浦江，水洋洋，大小朋友聚一堂。
用我手，用我脑，大家工作一齐忙；

莫怕工作忙，身心俱康强。
国旗兮飞扬，庭树兮芬芳，琴韵兮悠扬。
爱我国爱我校，爱我先生，爱我同窗。
人生目的不可忘，将来国事谁担当？
创造，创造，生长，生长，位育意义深且长。

1946年，位育创办仅三年，就成为一所有特色、有影响的学校。郭沫若在《洪浪曲》一书中已经谈到位育，任老（黄炎培校董）对郭老说："黄（指黄延芳董事长）不是单纯的商人，他对于教育很有贡献。假如谁有子女的话，他所创办的位育中学是值得推荐的，你可以安心把子弟寄托在那儿，断不会教育成为坏人。"大约一年以后，郭沫若曾来校参观、讲演，为学校题词留念。

位育在聘请优良师资的同时，千方百计安定教师的生活。当时私立学校的经费来源，主要依靠学费收入。学校和教师商定，以学费收入的70%为教职员工的工资，30%为办公费用。开学时收到学费，按教师任课时数，员工工作规定，六个月工资一次发给大家。那时币制贬值，物价飞涨，教职员工拿到工资后，可以购买半年的粮油燃料及日常用品，不再有后顾之忧。如果教师住校，由学校供给膳食，还雇工替教师洗涤衣服，教师生活上不须多操心，就能把全部精力用在教育和教学工作上，不再想另就别业。这项措施，从开办时就实行持续下来，对学校的稳定和发展有较深远的影响。

当时政府规定，私立学校须向市教育局立案，并向教育部备案。位育中学履行了这个规定，可是指令以后不能再实验五年一贯，必须按照部颁标准办"三三"制，即初中三年，高中三年。第一届五年一贯制30名毕业生全部考入大学，但这项成绩还拗不过当时政府的规定，五年一贯制只好停办。

1949年5月上海解放，位育中学走上了新的道路，发挥了"生长、创造"的特点，进入了蓬勃发展的阶段。1949—1956年期间，遵照市教育局指示，仍为私立学校，依旧收取比较高的学费，作为教职员工薪给和学校办公费用开支。为了多招些家境清寒的工农子女，学校设立一定比例的免费和减费名额，从而逐步改变了入学者的家庭成分。1952年，学校租借复兴中路1261号占地六亩多的花园，由市教育局拨款兴建教学大楼一幢，作为新校址；当年秋季招收初一新生12个班。1954年又添建教学楼一幢，并铺建柏油操场，学校规模迅速扩大。原襄阳南路旧址作为分部（1957年取消）。以后又陆续租借办公楼，营建实验楼、两操场、乒乓房，仪器图书也逐步充实，办学条件得到很大改善。

1956年社会主义改造进入高潮，所有私立学校全部改为公立，位育更名为上海市第五十一中学。同年淮海中学因迁移校址，高中8个班级并入；1958年第六十八中学因迁并，初一4个班级师生并入。学生最多时38个班，1900余人。学校尊重并入教师的教学经验，并尽量配备各科较好的教师为并入班级任课，使并入学校和原校的师生融和一致，相互学习，共同提高，从无界域偏见。

长期以来，学校领导依靠教师，教师信任领导，关系融洽，全校一盘棋，凝聚了集体的智慧和力量。学校特别重视教研组建设，提高各学科的师资水平，采用"以老带新，能者为师，互学互帮"的办法，拧成一股绳，积极改进教学方法，提高课堂教学的质量。语文组青年教师自觉组织起来，请老教师讲授古文"名篇"，听后还得回讲、背诵，并写心得体会，就像当学生一样认真。外语教师为了语音纯正，语调规范，在教研组里分别朗读课文，录音播放，相互评说，相互纠正，这里没有"藏拙"和"讪笑"。数学组教师有些是跟班教学，边实践，边进修，课前请老教师启发解题，引导分析，弄清重点和难点，并帮助设计教学过程和方法。诸如此类的事例屡见不鲜，形成风气。

1960年，学校被定为市的重点中学；被评为区、市、全国先进单位，李校长代表学校出席全国文教群英大会，领取奖旗。1960年，上海市指定三所重点中学试用上海所编五年一贯制各科教材，位育是试点中学之一。各级领导对位育再一次实验五年一贯制十分重视和关注，经常来校视察指导。1963年分管这一工作的副校长朱家泽出席了教育部召开的试点工作座谈会。1965年五年制第一届毕业生各学科平均成绩较高，与本校同年毕业的高三学生，参加升学统考，录取率很高，考取清华大学的就有20多人。当时在上海主持招生工作的清华教务长何东昌，曾来校和试点班教师座谈，对试点工作的成绩加以肯定，希望继续实验，狠抓数学、英语等工具学科，进一步培养学生的自学能力。

学生课余生活丰富多彩，学校积极引导，鼓励创造，发挥所长。学生创作的简易惠斯登电桥，《人民日报》做过详细报道，并写了评论文章;磨制的天文望远镜,曾摄制电影,写成科普读物。在上海市和全国学科竞赛中,位育多次获得第一名,为学校争得荣誉。校友中人才辈出,担任高等院校领导工作的有10多人,在国内外获得硕士博士学位的为数不少,有的还取得国际学术委员会委员地位。其中有:国际上享有盛誉的热辐学专家、美国加州大学柏克莱分校校长田长霖;我国第一个战胜日本围棋九段高手,并创造"中国流"布局理论的国手陈祖德;中华人民共和国第一批培养出来的全天候飞行员、展翅蓝天30年的潘庆平;国际知名的青年音乐指挥家汤沐海等等。他们以"位育学子"自居,以母校的成绩而自豪。田长霖校友回国后必来母校,他在一次欢迎会上说:"我的教育之根是在位育中学。"更多的校友对母校的赞语是:"位育中学给我最宝贵的东西是激起了我们旺盛的求知欲,培养了我们克服困难的坚强毅力。"

1966年至1976年"文化大革命"中,学校各方面受到严重摧残和肆意破坏,多年来形成的优良校风,置备的仪器、校具、图书等,毁损殆尽。粉碎"四人帮"后,学校党支部恢复,首先清理了教师档案,解除了教师的思想顾虑,并逐渐消除了余悸,使教师敢于教学,敢于管理,调动了教师的积极性。其次,引导全校师生,回顾学校过去的优良传统,拨乱反正,明辨是非,安定教学秩序。经过三年左右的努力,学校工作基本上恢复到"文化大革命"前的水平。

1983年,学校召开第一次教代会,在总结继承优良传统的基础上,向全校师生提出要进一步形成"团结、勤奋、严谨、多思"的校风,积极开拓,不断创新,创建高质量的文明学校。

学校坚持"五育并进,德育首位"的办学方针,要求教职员工统一认识,明确"思想教育工作人人有责",深入到学生生活中去,把握学生的思想脉搏,密切关注学生中的思想热点,有的放矢地进行教育;抓紧行为规范训练,贯彻落实《德育大纲》和《中学生行为规范》的各项要求。同时,争取社会力量和家长的支持配合,建立社会实践基地,形成德智体美群教育网络,开展多样的青少年喜闻乐见的活动,发掘教学中的思想因素,寓德育于活动之中,于教学之中。学生的政治素质提高较快,涌现了一批品德优良的学生,学校被评为市的文明单位。

在教学工作方面,学校坚持大面积提高教学质量和培养拔尖学生并举的方针,紧抓教学常规的落实、检查和评估,要求教师精心备课,设计教学方案,精选练习题,指导学生发现、分析、归纳、表达问题的能力,最大限度地调动学生的内驱力,激发学生的学习兴趣和求知欲望。同时实施因材施教的原则,建立选拔考试和免修制度,发掘和培养拔尖优秀生,从严要求,及时表彰奖励。实践证明,大面积提高和培养拔尖生是相互促进的,并举方针是行之有效的。1989、1990两年中,在国际、全国、全市学科竞赛中,获奖的同学达252人次,显示了重点中学的优势。

在师资队伍建设方面,由于老教师陆续退休,学校特别重视对中青年教师的培养与提高,同时重视教风建设,在"严、实"两字上下功夫;注意教师群体水平的提高,培养"位育"意识,为位育取得好成绩而自豪,为位育的不足而直言不讳,为位育的发展而献计献策,把自己的奉献和位育的集体荣誉挂起钩来。对各科的骨干教师,要求进一步发挥传帮带作用;对青年教师,要求加强进修,精通业务,准备接班,为培养跨世纪的新一代做出贡献。

1984年,上海市人民政府任命李楚材为名誉校长;现任校长赵家镐。1987年,上海市人民政府批准恢复位育中学原名。

*资料来源:魏一樵主编:《中国名校》(中学卷),辽宁大学出版社1992年版,第218—220页。
注:由朱家泽、宗震益撰写。

三、回忆文章、口述资料选摘

说明 位育中学办学历史悠久,文化积淀深厚。创校80年来,有关位育中学的回忆录与口述文章留存不少。位育中学校友会曾编写《位育中学校史简编》(2017年刊印),其中收录近百篇回忆文章。此次校史研究小组又收集、整理了一些回忆文章,同时,还对近一二十年来担任位育中学、位育初级中学的部分校领导进行口述访谈。作为各个时期的校领导、教师、学生以及相关人员,他们是这所学校发展的"亲历者""见证者",他们的回忆,他们的口述,具有独特的价值,主要体现在几个方面:(一)可以通过他们的回忆,帮助读者、研究者走进现场,加深对学校变迁的理解;(二)从中获取一些线索,了解学校发展更多的细节内容;(三)口述内容与文献档案相结合,可以互相印证,互为补充。在论述各个时期学校演变中,我们就征引了不少口述史内容。在本资料选编中,由于篇幅所限,仅摘选其中6篇。

三十六年来的上海位育中学（1979年）

李楚材

上海位育中学创办于一九四三年，一九五六年改名为上海市第五十一中学。迄今三十六年，历史并不长，但有它艰辛的历程和独具的风格。

位育中学是在位育小学的基础上办起来的。位育小学创设于一九三二年，由于教职员工的辛勤努力，办得很有成绩，博得家长的信任与赞许。抗日战争后期，在敌伪魔爪控制下，上海教育备受摧残，原来较有名望的中学，有的停办，有的局处在旧租界内，因陋就简，质量下降。位育小学家长十分希望在小学的基础上扩建中学。我于一九四三年春，从大后方回到上海，位育校董会留我筹办位育中学。是年六月十二日校董会决议，聘我担任校长，赋予全权，筹备建校。

我接受了任务，深感在沦陷区办学，问题复杂，困难良多，再三考虑，做出了以下决定：（一）学校不挂牌，不公开招生，只接收位育小学毕业生，避免敌伪教育部门干扰。（二）实施五年一贯制，不分初高中，先收中一学生两班，逐年扩展。（三）紧抓教育质量，努力提高文化科学知识水平。

当时国内没有五年一贯制中学，位育为什么要这样做，是根据形势和实际情况定下来的。因为位育小学的家长绝大多数是高级职员和资本家，都希望自己的子女能升入中学和大学，中学不分阶段，抓紧文化科学知识的学习，家长是会赞同的。同时，位育小学毕业生的程度较高，语文、算术、英语的根基比较坚实，中学阶段缩短一年时间，有可能完成课程纲要规定的内容。而我常有志于改革学校体制，对实验五年一贯制认为极有意义，就这样进行了。

位育中学开办时，各项规划和措施，可以说前无师承，外无借镜，样样都得摸索、研讨，必须有计划有步骤地创造经验。就以录取新生来说，除学科考试外，还进行智力测验。中一新生考语文、算术、常识，加试英语（当时位育小学和其他一部分小学三、四年级已开始学英语）。学科成绩须在及格线以上，方能录取。智力测验着重观察和测量学生的思维能力、分析能力、记忆能力等，并算出各生的智力商数，作为今后教学时的参考。

新生分班以数学、外语两科为主要标准，语文、常识成绩作为参考。这样可以缩短数学和外语成绩的差距，教师可以按照班级情况，加速或放慢教学进度，讲得简单些或细致些，布置作业可以增多些或简要些。同时，教师在集体辅导和个别辅导时，能够根据实际情况，有的放矢，收效较大。

首创五年一贯制中学，要在五年内完成六年的教学内容，问题不少，对学科设置、课时分配、教材编选等，如不妥善安排，难免顾此失彼。经教师们多次研究，首先决定前三年打好各科学习基础，后两年重点发展。因此前三年中，要把语文和英语两科教好学好，使学生取得学习各科的重要工具，能牢固掌握数学学科如算术、代数、几何、三角等课的基本概念并熟习运用；物理、化学从三年级开始，要求掌握两学科的重点、要点；历史、地理教材，六年制中学是采取循环制编的，初中学了，高中还要重读，我们则采取直线制进行教学，前三年就结束。由于变动了学科设置，因此前三年中，语文、数学、英语、历史、地理等科的课时，都有增加。生物、体育、音乐、美术等科的课时不变。每学期并读的科目，规定在十个以内，以利于学生集中精力进行学习。后两年的重点发展，侧重于数学、物理、化学等科的学习，课时有增加。

关于教材问题，那时各学科都没有现成的课本，我们根据各学科的特点，采取各种办法：有的自选，如语文用活叶文选，英语前三年用高中教材，后两年用大学课本；有的采用六年制中学原有教材，如生物学科；有的采取初高中教材由教师混合编写应用，如历史、地理学科；有的前三年自编教材应用，后两年用高中和大学的课本，如物理、化学学科。为了加深数学、物理、化学学科的程度并扩大知识面，四、五年级采用英文本教学。

教学方法重视启发学生独立思考和独立工作的能力，注重预习、自学、练习、实验。教师在课前适当指定预习的段落或自学的材料；课间和课后留有一定的习题或作业。物理、化学、生物学科都须作实验，并写实验报告。学校初创时期，一有节余，就陆续购置实验器材，这对提高学生学习自然科学的兴趣和能力，有着一定影响。

学业考查订有制度，注重平时成绩，包括课堂提问、练习、作业、实习、实验等；并规定月试、学期试、学年试的办法。成绩计算，以平时成绩、月试成绩、学期或学年成绩各占三分之一。计分标准，以七十分为及格，一百分为满分。

对于学生的思想品德教育，着重启发自觉，爱护集体。发现同学的行为不合校规时，班主任采取个别谈话，讲清道理，劝说改正。在日常小事上，教育学生如损坏仪器和玻璃应自动赔偿等，培养爱护集体的思想与情操。

一九四八年，五年一贯制第一届毕业，成绩颇称满意。全班三十名学生，原定二十九名发毕业证书，一名只发修业证书，后来三十名学生全部考取了大学，也就全体毕业了。五年一贯制第一届学生原有八十三名，毕业时只剩三十名，这是因为一九四五年抗日战争胜利后，很多学生随家长迁往外地；部分学生到三年级时，平均成绩不到七十分，投考到别校高中一年级；还有少数家长对最后两年能否学完高中全部课程有怀疑，就让学生转学了。事实证明，小学的根基好些，中学抓得紧些，五年学完六年的教材完全有可能。位育中学首创五年一贯制，一共毕业四届，都以较好的成绩，全部考入高等学校，符合了家长的期望和创办时的要求。

一九四七年起，改为六年制，课程、课时、教材大体上按照规定办理。但为了适应学校特点，也有增改和补充，目的在于保持教育和教学质量不低于过去，更好地为高等学校输送合格学生。

位育中学可说是白手起家的。开办时，校董会只拨借小学余款购买必不可少的校具和教具，第二年就还清。学校全部开支，依靠学生所缴学杂费收入，学费较一般学校贵些。收费后，以百分之七十为教职员工工资，因当时币值不断下降，物价直线上升，因此六个月工资一次发给，以便教职员工购储日常生活用品。百分之三十作为办公费及福利事业之用，如供给膳食，雇工为住校员工洗涤衣服等。办公费每有节余，即添置校具、教具、仪器、图书。

位育中学初办时，借襄阳南路位育小学余屋为校舍。一九四六年和一九四八年，曾发起募捐，先后建筑楼房两座，扩充教室和实验室，并在郊区梅陇附近购和捐置校地五十余亩，准备建造校舍，因局势变化未曾实现（中华人民共和国成立后，此项校地归公支配使用）。一九五三年在复兴中路新建校舍，一九五四年全部迁入。

中华人民共和国成立后，位育中学进入了大发展时期，学生和教师倍增，仍以抓好教学，提高教育质量为中心任务。在"文化大革命"前，位育中学初中毕业生升入高中，高中毕业生投考高校，录取百分率较高，也是令人满意的。

一九六〇年，位育中学被指定为全市重点学校之一，任务在于迅速提高教育质量，为高等学校输送合格学生，并带动一般中学前进。同年，上海市为试用新编五年制中学各科教材，指定三所中学为试点，位育是其中之一。

由于全校师生员工的努力，学校各方面都取得了一定成绩。一九六〇年，先后被评为区、市、全国的先进单位。我代表学校出席全国文教群英大会，学校和个人都感到无上光荣！"文化大革命"前，陆续抽调各科有经验的教师近二十人，补充高等学校师资，充实一般中学师资，参加中学各科教材的编辑工作。历年来接待过国内外教育参观团，如北京市学制试点参观团、苏联和日本的参观团。一九六五年的五年制毕业生，有二十七名录取清华大学。清华大学领导专程来校，了解提高教育质量的措施，参观教学时，有的学科还录音带到北京去。

位育中学在短时期内，取得一定成效，为家长和社会所重视，主要是做了两项基础工作。

第一，想方设法罗致优良师资，并合理安排，用其所长。

师资是办好学校的关键。位育中学开办时，规模很小，师资标准则很高：一须高等学校毕业，业务知识丰富；二要有一定的教学经验；三要年纪轻，有干劲和培养前途。多年来所聘教师，基本上符合这些条件。为什么师资标准得提这么高？我认为教师有了满壶水，给学生喝的一杯水，滋味才是淳厚的。就是说，教师具有所任学科的全部知识，进行教学才能胜任愉快。

学校逐年发展，师资来源不一，学科常有变动，就得灵活调配教师，用其所长。有一年班级增多，俄语又改为英语，大量短缺英语教师，只得在校内设法解决。我们先了解哪些教师英语程度高，那（哪）些学科组可以抽人，抽的人是否能用其所长。那年，我们从地理组一下就抽调了四位教师改教英语，由于深入调查研究，事后证明都能胜任，发挥了良好的作用。有一位高中数学教师，从小就学习英语，发音准确，语言流畅，我们就请她改教初一英语，她也乐于担任，不仅发挥了她的长处，而且带动全组重视语音教学。

安排教师任课，采取相对稳定的办法，没有特殊原因，不加变动。这样，有利于教师深入钻研教材，改进教学方法。如高中物理，有的专教力学，有的专教电热学。这样安排会不会发生"熟教材不备课"的现象呢？事实证明，并没有产生这种现象。就以物理组来说，老教师还是年年改写备课笔记，因为备课还得根据各班不同情况和学生的接受能力，决定教材增改和灵活运用教学方法。

安排把关教师，使起带头作用。语文、数学、英语学科，同年级同教材的有三四位教师，我们就选择一二位教师把关，让他们长期留在这个年级里，作新教师的带头羊。这样，教学进程、教学方法等，都可趋于一致，教学质量也能接近。至于班主任的安排，也采取同样方法，每个年级有四五个班主任，其中总有一二位稳定在这个年级里不调动，作为把关班主任。这样做，可以通过把关班主任的经验和心得，带动新的班主任，掌握各年级学生的特点，班级秩序就不会乱了。

要办好学校，首先要发挥教师的积极性。要发挥教师的积极性，必须尊重教师，鼓励教师，提高教师，合理安排教师的工作。位育中学做得还不够，但也有以上所述的一点经验。

第二，积极培养和形成优良校风。教师方面培养认真求实的工作作风，形成集体；学生方面培养学习责任感，形成勤奋踏实的学习风气。

位育中学从创办起，就要求教师热爱学生，热爱学校，具有事业心，消除"达则做官去，穷则做先生"的卑劣思想。要认真备课，认真教学，认真布置和订正作业。担任班主任的要认真搞好学习秩序，严格执行学校各项制度和纪律，注意学生身心的正常发展。大家认真求实，不因循敷衍，不放弃责任，脚踏实地一步一个脚印。因此，教师除上课外，在办公室内不是抓紧备课，就是仔细批改作业。初来的教师起先有些不习惯，不久就适应这种环境而跟着做了。

学校范围扩大，教师来源不一，必须形成相互学习、通力合作的风气，并有计划有步骤地培训和提高教师的业务水平。多年经验的积累，有两种行之有效的办法：一是个别辅导。就是请业务比较强的教师帮助和指导差些的教师，一般由同年级同教材的备课组长担负此项任务。也有的教师准备在下学年教高一级的课，本学年里就要求他跟老教师学习，抽出时间去听课，参加分析教材的备课活动，做好熟悉教材的准备工作。这种教师需要重点帮助，就得动员精通业务的教师来指导。数学组一位教师，先后辅导帮助教师多人，毫无保留地、认真负责地做好培训和提高教师的工作，使原任初中数学课的能教高中功课，原任低一级课的逐渐提升教高一级的课程，得到大家的感激和尊敬。二是集体提高。主要借助于教研组活动，首先抓紧备课，除同年级同教材的人进行集体备课外，对有代表性和重要的教材，还采取全体一起备课的方式，取得相互讨论、共同提高的效果，其次搞好公开教学，小规模的由学科组的教师及学校行政人员参加，大规模的由全校教师参加，课后举行讨论，提改进意见，着重研究教材的组织和如何突出重点，研究教学方法的经验，使大家得到启发，把教学经验贯彻到自己的教学中去。

我们认为各学科有各自的特点，教师必须正确掌握这种特点，同时必须通晓该学科初高中全部教材。这样，高中教师可以了解初中的根基，初中教师可以熟悉高中的进程，有利于教学质量的提高。这方面的工作，英语教研组做得较好。为了统一语音教学，每次教研组活动时，由发音好的教师朗读课文和文艺作品，或听英语录音。为了提高业务知识水平，在教研组里相互了解和熟悉各年级教材外，或分析一篇教材，或学习一篇论文，或解答和分析高考试题，还按各人情况，指定材料自学。为了改进教学方法，经常相互听课和组织公开教学。位育中学各教研组通过多种多样的活动，不但提高了教学质量，也培养和提高了教师的业务水平，并形成了相互尊重、相互学习、团结合作的教师集体。

优良校风的培养与形成，教师是一个方面，学生是更重要的一方面。我们要求学生在学习方面做到课前勤于自习，上课专心听讲，既会用脑又会用手，并及时做好作业与练习，有学习的责任感。在思想品德方面，要求遵守校规，爱护集体，对人有亲切感。我们认为学生的成就，除课堂学习外，必须活跃课余生活，参加社会活动，扩大知识面。活跃课余生活，对培养独立工作和集体协作的能力与心向，都有十分重要的作用。记得一九五九年大搞科技活动，我校一下组织了几十个科技小组，在制作和研究过程中，不仅丰富了科学知识，而且做出了相当成绩。例如学生制作的兰顿电桥，《人民日报》也介绍过；磨制的天文望远镜，得到过奖励。至于体育活动，按照学校场地、设备及学生的爱好，组织排球队、篮球队、乒乓球队、游泳队、田径队等，出了一些人才。初期，每学期末都要举行恳亲会，把学生各科的练习本及作业（如实验报告和绘画等）、月试卷、学期学年考查卷，都陈列出来，供家长检阅，让同学作比较，了解自己的优点和缺点，以后可以发扬和改正。参加社会活动，学生能接触社会生活，了解人民疾苦，激发乐于助人的志向。中华人民共和国成立前，各地不断出现水旱灾荒，学校发起"助人运动"，学生节约零用，量力捐助。对清寒同学，也能热诚援助，安定学习情绪。位育中学在中华人民共和国成立前，常请有名望的学者专家来校作时事分析和形势报告，开拓学生的思路和眼界。也请大学教师和有丰富教学经验的中学教师来校，向高年级学生演讲，指导思维方法，提高解题能力。为了扩大学生自然和史地的知识面，我们利用春假，举行修学旅行，到杭州、苏州等地游览，出发前加以指导，回校后进行讨论，收获是很大的。

一九四六年，位育中学才三周岁，郭沫若同志在《洪波曲》一书里已谈到了：

"上了席后，差不多还是黄延老一个人在说话，喝酒也很豪爽，连我戒了酒的人都和他对了几杯。"

"任老对我说：不是单纯的商人，他对于教育很有贡献。假使谁有子弟的话，他所创办的位育中学是值得推荐的。你可以安心把子弟寄托在那儿，断不会教育成为坏人。"

位育中学历史不长，我在校二十一年，和教职员工一起走过了一段艰辛的历程，学校初步形成了一种风格。位育校名原是一位宿儒在一九三二年题的，取材于《中庸》上两句话："天地位焉，万物育焉"。宿儒如何取意，不得而知，但我办位育中学时，对位育两学的解释是生长、创造。我认为青少年时期应该出生长、创造的生活，学校教育应该是生长、创造的过程。正如校歌上所填的词："生长、创造，位育之光。"我祝愿学校师生，不断生长，继续创造，取得新的更多的成就，为尽快实现祖国的社会主义现代化，做出更大的贡献。

*资料来源：中国人民政治协商会议上海市委员会文史资料工作委员会编：《文史资料选辑》第六辑，1979年刊印，第69—78页。

跨越半个世纪的情缘
——五十一中学六五届五年制试点班的点滴回忆（2015年）

黄承海

今年是位育中学（当时的五十一中学）六五届五年制试点班毕业五十周年，当年风华正茂的青年学生，如今也将是古稀的老人了。经过两年的积极筹备（王楚顺、朱慈勉、应利谷、王立人、王凯、高言、郑伟东、冯蕴晟等同学精心筹划和组织），近日将举行为期两天的热烈而简朴的纪念活动，预计有近百位师生出席。我作为当时与同学们相处多年的教师，也兴奋不已！五十多年前，学校里的教育、教学活动，师生们的音容笑貌还不时地浮现在我的眼前，常挥之不去。

一、接受五年制试点班的任务

我是1961年从上海师范学院化学系毕业后分配到当时的五十一中学当老师，第一年我担任高一、初三各两个班的化学课教学工作（并兼任高一-4班的副班主任）。次年的五、六月间，当时主持学校工作的朱家泽副校长找我谈话，告诉我，下学年要我担任五年制中三（2）班的班主任和四个班级新开设的化学课教学工作，要我作好思想准备，将连续带班到中五毕业。就这样，在进入五十一中学的第二年起，我就参加这届中学五年（1960—1965年）一贯制的试点工作。

这届五年一贯制的试点工作，始于1960年秋季，全市有十三所学校参加，徐汇区仅五十一中学一所。1963年后全市调整为三所，即虹口区的华东师大一附中、复兴中学和我们五十一中学。当时五十一中学的五年制试点班，初中招八个班级，是面向全区各小学招生的，生源是比较好的。中三毕业时，从八个班级中招收一百八十名左右的学生，升入本校中四年级（分四个班），未升入中四的中三毕业生，按成绩和报考志愿分别被市区各中学的高中或其他有关的中专学校等录取。高中阶段分为中四、中五两个学年，也就是说，要用两年的时间完成普通高中三年的课程（当时我们三所学校曾先后试用华师大和北师大编写的五年一贯制的试点教材）。这是中华人民共和国成立后上海普教系统进行的一项很重要的教育改革试点工作，由于学校的高度重视，师生的共同努力，1965年毕业时，圆满完成教改试点任务，在社会上得到非常好的反响！

1963年秋天，由四个班级组成的中四年级诞生了，对这个特殊的中四年级，校领导予以高度关注，抽调了学校中最富有教学经验的各学科教研组长和骨干教师任教，如朱启新、李莲宝、蒋文生、黄孟庄、钱松若、朱彭令、贺俊三、蒋正楠、杨宝琳、张颉君等（中五时又充实调整了张加荃、戴筱尧、章寿朴等老教师）。另外选派几位进校不久的青年教师担任班主任和年级组长，如徐鞠令、殷蔚芷（教俄语，她俩从中一跟班到中五）、曹建中（数学）、白铃（语文）、潘益善（物理）、黄承海（化学，兼中四、中五年级组长）等。他们都只有二十几岁，组成一个新老结合，以老带新的充满朝气活力的年级组。在年级组内，老教师对青年教师既严格要求又关心爱护。青年教师除虚心向老教师学习外，彼此间相互鼓励，团结友爱。朱家泽校长经常深入年级组，悉心指导工作，时常找我去汇报工作，帮我出了不少好的主意，重要的教学、教育安排都凝聚了朱校长的一片心血。当时新建的中四年级所处的教学环境比较艰难。记得那时候学校里所有的班级都安排在校园中央的南楼、北楼两栋正规的教学大楼里，只有我们中四的四个班级偏居东楼一隅（当年学校有两个高中毕业班：六年制的高中4个班和五年制的4个班，新建立的中四年级因缺少教室一时竟无处"安身"）。校领导只得临时动用年代久远而有点奇特的东楼（二层建筑，内有天井和两座简陋的分别通向二楼的水泥扶梯。底层是大厨房、学生和教工大、小食堂，还有阴暗、潮湿的化学实验室和实验准备室。楼上除勉强挤出四个教室〔将老旧的物理实验室改用〕外，还有生物实验室和一间教工宿舍占用着）。教室编号是第31—34。北楼是1—12，南楼是13—30。为此，教师们只能蜷缩在底层的阴暗、狭窄的化学实验准备室内办公。当时的东楼，经常是琅琅的书声不时与诱人的饭菜的香味一起在教室里飘荡。师生们毫无怨言地在这里工作学习了一年。中五最后一年才回到南三楼继续正常的教学活动。我们这个特殊的中四年级，朱家泽校长经常抽空参加班级、年级组师生的活动，他亲自上示范性的政治课。一些重要的家长会的报告都是他做的，所以他对这个年级非常熟悉，能叫得出近半数的同学姓名，同学们对他也怀有特别深厚的感情，很喜欢听他的各种讲话和报告。这次毕业五十周年纪念活动中，有一项内容就是在位育中学校园内，同学们集资为朱家泽老校长立了一个半身大理石塑像，上面镌刻了"师恩难忘"四个大字（朱老师于2009年3月病故）表达了六五届五年制试点班全体师生对朱校长的深情怀念。

二、有序的、丰富的教育教学活动

在我任教的三年（中三至中五）中，全国正掀起"工业学大庆、农业学大寨、全国学解放军"的热潮，学校对学生的思想教育工作抓得紧、抓得实，有成效。经常请领导、知名人士、劳动模范做形势报告，进行革命传统和理想教育，记得先后请团市委副书记杜淑贞、蒋文焕，劳动模范三轮车工人程德旺等来做报告，报告深入浅出，十分有感染力，很受学生欢迎。结合重要节日，举行校会和班级主题班会，以学生为主体，内容和形式生动活泼。各班经常由学生负责编写出墙报和黑板报，当年校门口设立的由校学生会负责的"钟声"黑板报办得有声有色，深受全校师生的喜爱。每周还有学生（班级卫生员和校卫生室老师）负责安排的打扫教室和校园的大扫除劳动……

每位任课教师都很有事业心，热爱学生，精心备好每一节课，认真批改作业，注重提高课堂质量，对学生既严格要求又循循善诱，关心帮助不同类型的学生，师生关系十分融洽。记得物理教研组长李莲宝老师在中四任教时，根据自己多年从教的体会，大胆向校领导建议：弃用通编教材，提出自己编教学讲义的设想。在校领导的支持下，在中四年级，他动手编写了讲义印发给学生，进行讲授。他的讲课严谨、缜密，对学生的要求十分严格，对学生的思维能力、分析判断和解题能力的培养很有帮助（一年实践证明李老师编的这套教材很有特色，有很高的水平），给学生们留下难以磨灭的印象。不少学生在高考中取得高分。进入高校后在物理课的学习中反映出来的特独能力，受到大学教师高度赞扬，有的学生被允许免修物理课。

该试点年级面对中三、中五两个初、高中毕业的重要阶段，一切教育、教学活动都是科学、有序地进行，从来没有突击加班加点和任意增加课业负担的现象。当时"学雷锋，做好事"的活动开展得丰富多彩生动活泼。记得在中四、中五时，对学生的日常思想教育，道德行为规范教育一直比较重视。各班级团支部有时会组织同学跟随环卫所的工人上街打扫马路。还去里弄清理化粪池，推粪车，体会最平凡工作岗位的光荣和艰辛。（2）班的几位同学自觉组织起来，不定期去徐家汇、中山西路等处帮菜农推运装着蔬菜的拖车。这些活动我们几个班主任有时也一起参加，深受教育。在课余，则有各种兴趣活动小组，有班级理科的"每日一题"，文科的"练笔"，还有话剧队、合唱队、舞蹈队的排练演出活动。当年学生就排练演出过歌剧《江姐》、话剧《年轻的一代》、独幕剧《变色龙》等。学校排球运动更受学生喜爱，每班都有一二个排球队，参加全校的排球联赛（分高、初中）。年级里有近十位是校男女排球队主力队员、队长。毕业时大多被复旦、交大录取（如王其炎、王立人、周增棠等）。著名话剧演员陈少泽（曾主演电影《保密局里的枪声》等，九十年代曾任上海青年话剧团团长）在中四、中五时既是校排球队主力，又是校话剧队成员，还担任中四、中五（3）班的班长，中五毕业时，以高分考取上海戏剧学院。同济大学原校长吴启迪、中科院院士、清华大学物理系原主任朱邦芬都是品学兼优的好学生，学习之余也喜爱体育活动，常打乒乓球、排球，也能代表班级参加比赛。在中四（2）班，有一些同学对时事形势很关心，课余常凑在一起议论。王宗炎和潘光两位同学就发起定期举办时事讲座的活动，由他们两人轮流主讲，每月一次，连暑假期间也不中断。他俩选定主题后，自找资料，自拟讲话的提纲，讲座过程中大家畅所欲言充分交流看法，受到同学好评和欢迎。王宗炎同学还把这项活动写成稿件，寄给《青年报》。64年7月18日的《青年报》竟在头版予以刊登。《青年报》邮寄给他的"稿费通知单"至今还珍藏着。当时班级还不定期举行时事测验活动，由王宗炎同学主动承担命题、阅卷的任务。从那时起，认真读报成了他每天的"必修课"。剪报、集报成了他业余的一大爱好。几十年从未间断过，报纸已成为他终身的良师益友。王宗炎1965年高考时可能因身体原因未被录取，后进市建七公司任工程技术员。因表现优秀，几年后，任公司党委副书记。继而任市人大常委法制办主任，他对立法执法工作颇有研究，曾有多篇重要文章发表。近十多年来，我们时有工作交流、联系。潘光同学毕业后考取中国人民大学国际政治系，从此进入国际关系学科的殿堂。几十年来一直从事国际关系方面的研究和实践，取得卓著的成绩，先后担任上海社科院欧亚所所长，上海国际问题研究中心主任。因他的出色贡献，多次受到嘉奖，2001年被评为上海市劳模，2005年被评为全国劳动模范。68岁的潘光至今还活跃在国际关系研究的舞台上。现在还担任上海世界史学会会长。在担任上海市政府决策专家、市外办咨询专家期间直接参与中以建交以及中美关系、上海合作组织升格进程等重要事件的相关研究和工作，常有重要文章发表，还多次参加上海电视台、中央电视台和香港凤凰卫视台的一些重要事件实播活动。

1964年为迎接中华人民共和国成立十五周年，该年级有一百多位学生被抽调去参加上海市大型团体操《红旗颂》演出。此时正当中四下学期中五上学期的毕业关键时刻，同学们还是积极报名参加。几个月中他们都是在课余时间排练。最初是在校内学习动作反复排练。然后区里几所学校合练，最后在国庆前一周内多次去人民广场（都是步行往返）彩排。这项团体操虽占用了大量课余时间，但同学们的热情很高，不怕苦、不怕累，在几个月的排练过程中他们不仅接受体力和意志上的磨炼，还经受加强组织性和纪律性的考验和教育。几个月中他们格外地抓紧点滴时间，认真学习，努力不脱学习进度，不忘完成每天的学习作业，终于出色完成演出任务。受到市、区领导和社会各界的高度赞扬！对全校师生也是一个有力的激励和教育！

尤其难能可贵的是，在缩短一年学制的特定条件下，按照当年的教学安排，在中四、中五时还组织学生下乡（马桥公社）参加各十天的"三秋"（秋割、秋收、秋种）、"三夏"劳动。废弃的饲养场、旧仓库都曾是我们的宿舍和食堂，每天的出工劳动、伙食安排（从去镇上买米、买菜到担柴烧饭做菜）、开展各种活动等都是班干部发挥主体骨干作用，同学们都积极参加。尽管不少同学的家庭条件优越，从小缺乏独立生活经验和能力，但在初次下乡劳动中勇于学习，自觉遵守纪律，相互照顾。生活艰苦又充满乐趣，劳动中不怕脏不怕累绝无娇骄"两气"，还在劳动之余，排练文艺节目在生产队打谷场向农民演出。碰到一些突发事情，如学生不慎跌落河中，半夜同学生病、伤痛等，学生干部和其他同学都能沉着应对妥善处理。中五下学期，大概是1965年的三、四月，临毕业前，还组织学生去了吴泾化工厂参加短暂的基建建厂劳动。我们住在厂外的农民家，大都是十几个人挤在一小间内，睡地铺（泥地上铺一层稻草）。每天以班级为单位，集合好队伍，以整齐的步伐进出厂区（当时全国开展"学习解放军"的活动）。铲土、挖沟、搬运水泥、砖头、石块，打扫卫生等分配到什么任务都干。劳动热情很高，组织纪律性很强，尤其每天年级集中军训操练很精彩（由学校团委的军体部长中五（4）班的王家斌同学负责），工人师傅一旁看了交口称赞。那一年上海沪剧《沙家浜》正好在演出、深受广大市民欢迎。厂里一位领导是《沙》剧中县委书记的原型。我们知道这个消息后，就请这位领导给我们做报告。几天后的晚上（晚饭后），一百八十多位师生在厂里的大食堂席地而坐，怀着崇敬的心情聆听他生动的报告。新四军和地方游击队的勇敢而传奇的战斗故事情节，深深吸引全体师生。这是一次终生难忘的革命传统教育。

三、难忘的几件事

（1）1965年中五毕业时，在那时有点"左"的时代背景下，（如招生录取时，强调阶级路线，比较注重家庭成分等）这个年级升学率极高，仅少数几位学生可能因家庭等原因未被大学录取（有的被录取大专，有的进大厂的培训班。但他们在不同的工作岗位上都有出色表现）。"文化大革命"后恢复高考时，他们大都被重点大学录取。

（2）1965年的五六月份，一次体育课上，俞肖邦同学（女，现名俞新天，上海国际问题研究院原院长，市社联原副主席）练跳箱时，不慎受伤跌倒在地不能动弹。记得当时还是由我与一位男同学（吉康）两人立即抬着担架在卫生室老师和几个同学的陪同下送到瑞金医院，拍片诊断为两腿骨折，立即住院治疗。此时正值紧张的复习迎考，俞肖邦住院后，惊动了老师和全班同学。不少女同学，轮流去医院为住院的俞肖邦补习上课的内容，使她尽量跟上班级复习的进度。高考那天，她是两腿绑着石膏，拄着双拐去考场的。俞肖邦最后还是考出较高的分数，被著名的北大历史系录取。八十年代初考入华师大历史系研究生，后任社科院历史研究所所长，上海国际问题研究院院长，在学术上很有造诣。

（3）当年全国掀起学大庆、学大寨、学解放军的活动，对同学们的教育很深刻，影响很大。在高考填写志愿时，许多同学把国家需要放在第一位，克服家庭的困难，报考国家急需的专业。如中五（1）班的金岑梅、罗达芸、俞玲莉三位女同学和（4）班的施永宁都以中国农业大学为第一志愿，决定将青春献给农业，他们如愿被录取，愉快地前去报到，在年级中有很大反响！中五（2）班的章贻良、张崇信、张台铭、应利谷，（1）班的吴昶等都以北京石油学院、北京地质学院、武汉水利电力学院为第一志愿，决心为祖国的石油、水利电力事业做贡献。几十年来，他们一直活跃在石油、水利电力战线，成为重要的技术专家。又如（1）班的王凯，（2）班的吴桂玲、钟元元、卢小明，（4）班的周汀兰等都以第一志愿录取在西安的西北工业大学，（2）班的三位女同学都选择了飞机制造专业，表现出他们好儿女志在四方的崇高胸怀和满腔热情。当年有许多部队的大学也招收很多名额，对政审和学习成绩都要求很高，学校动员一些符合条件的同学去报考，极大多数也响应号召踊跃报名，如（1）班的钱凯、马立华（女）等成绩非常优秀，被著名的"哈军工"录取，这届有十几位被哈军工、西安电讯、工程兵学院、四军大等军事院校录取，以哈军工录取最多。

（4）1965年，我校同时存在高三和中五两个高中毕业班（各有四个班级），共有24名学生被清华大学第一志愿录取，其中五年制试点班录取了18名，高三年级有6名被录取。五十一中学是全市中学中被清华大学录取人数最多的学校之一，且有多名考生考分名列华东地区前茅，引起清华大学招生组的高度关注。正好在上海出差的清华大学党委副书记何东昌同志（八十年代初曾任教育部长），特地来到五十一中学，与校领导座谈（部分教研组长、年级组长也参加，我作为中五年级组长也全程参加，并回答了他的提问），了解五年制试点工作情况及日常的教育、教学安排。听完朱家泽校长的汇报及大家的发言后，他很高兴，表示要派清华附中学校的领导和教师来交流学习，还对我校向清华大学输送那么多优秀学生表示感谢。

四、师生、同志、朋友的情谊永存

时光飞逝，五十年过去了，我与这些同学之间的联系从未中断过，师生情谊随着时间的推移不断地加深。我任教的几个班级的一些同学几乎每年都有接触联系，尤其是我当班主任的（2）班，三十多年来，每年都安排在春节期间以茶话会形式欢聚，从未间断，还邀请其他几位教师参加，朱家泽老校长也几乎年年赶来参加。每次聚会时必安排潘光和俞新天同学讲国际形势，学医的徐丽丽、阙家珠、王令望等则重点介绍养身保健等医疗卫生知识。石油事业上的科技专家家张崇信、章贻良等多次介绍我国石油的勘探、开采、开发的新发展新成绩等。都使到会的师生深受教育，倍感亲切！大家聚在一起不时回忆畅谈五年同窗之情，还坦诚交流各自的工作生活经历，气氛十分热烈，似有讲不完讲不够的话！当年的师生关系因同学们的成长进步和平时工作、生活上的联系交往已成亲密的朋友和同志，互相鼓励关心、帮助。我为同学们的成长进步无比高兴！每当我翻阅几十张与同学聚会的照片时，当教师的光荣感和幸福感油然而生。在历次的市党代会和人代会上，在一些重要的会议和活动中，经常会碰到我当年的学生，彼此感到十分亲切。如在市第六次党代会上。同时遇见吴启迪和俞新天，当时三人的合影尤为珍贵，我一直珍藏着。在区委、人大工作时，我多次邀请时任上海国际问题研究院院长俞新天和上海国际问题研究中心主任潘光来区委学习中心组、区退休领导干部大会上做专题形势报告，每次他们有请必到，非常认真、非常热情。我也经常就人大工作、民主法制建设等问题与时任市人大法制委员会主任的王宗炎讨论并交换意见，对我很有启发和帮助。有一年，我在体检时，发现几项血液指标异常，任主任医师的徐丽丽同学多次陪同我去多家医院检查治疗并帮我分析病情，提出治疗意见，及时给予我十分有力的关心和支持。平时与同学交往中，深感今天的许多学生，无论思想水平和工作能力还是知识专长等，都已远优于我。是值得我学习和敬佩的这就是"青出于蓝而胜于蓝"的历史必然。2003年我退休后，不少同学因此常来看望并关心我。时任同济大学校长的吴启迪约了周文、陈少泽等七、八位同学安排半天时间来我家欢聚，并向我表示良好的祝愿。2008年秋，有几位同学知道我快到七十岁时，联合三个班级部分同学为我举行简单而热烈的祝寿活动，不少同学发来贺信和电子邮件致意，令我们夫妇俩十分感动。那天活动拍的合影放大后，一直挂在我家客厅里，我十分喜爱。凡来我家的亲友看到这张珍贵而有意义照片时，多加赞扬而又羡慕不已。

退休后，我多次去美国探亲，分别受到定居在美国多年的65届学生钱凯、杨维德、谢公元、张人德、全惟伦、王晨黎、余振中等热情周到的接待……

行文匆匆，难免挂一漏万。为纪念这一特别的日子，我特地在国庆长假期间，任思绪飞扬，尽情回忆，激情澎湃，花了不少时间写成本文，一来表达对同学们和老师们的一片深情，二来缅怀已故世的朱家泽、徐鞠令、蒋衍等老师和英年早逝的几位同学。祝愿各位老师健康长寿！祝同学们家庭幸福！健康、愉快地安度晚年！让我们永远铭记当年五十一中学的师生情谊吧！

（原有图照，此略）

*资料来源：原刊登于《徐汇报》2015年10月19日，上海市位育中学校长办公室提供。

实验班的缘起（2016年）

赵家镐

素质教育实验班构思于1998年，2000年正式启动，招收第一届学生，1998年时任徐汇区教育局局长的李骏修同志在视察新落成的位育高中时，和当时担任位育中学校长的我以及其他一些位育领导谈起，能否在现在的校园内同时招收初中优秀学生，使这些学生早期就能从位育的优质教育资源中得益，并要我们思考方案。我们分析，李骏修同志之所以提出这样的设想是出于如下的考虑：从近期看，可以充分发挥优质教育资源的效益，使优质教育资源的使用达到最大化。从长远一些思考，希望通过实施素质教育的途径培养一批优秀学生，从而对愈演愈烈的应试教育形成一定的冲击，还可以通过这样的措施，加强公办初中的建设，适当平抑当时过分的民办学校择校热。想法固然很好，但实施却有困难。因为当时全市重点高中已和初中脱钩，重点高中招收初中学生不但会招来非议，也为体制所不容。所以我们虽然准备了一些折中方案（譬如以初中名义招生，但放在高中办学），但迟迟未能实施。直到1999年底，我从校长一线上退下来，李骏修同志谈我的工作安排时，希望我和教院的廖先之副院长、吴锦骠、杨佐荣等老师一起筹办实验班，并且确定实验班由位育初中招生2个班，办在初中，用我长期担任位育校长的影响，沟通初高中联系，使实验班能更多使用高中优质教育资源，更好地实施素质教育的理念，并调当时中国中学教导主任张云老师（现任市四中学校长）和我一起负责实验班的日常管理工作。经过短期筹备，在家长自愿的基础上，我们在当年徐汇区小学五年级的毕业学生中挑选了88名学生组成2个实验班，开始了长达7年的实验征程。

对实验班的定位，我们一直否认外界误传的"英才班""资优班"的说法。我们在向社会、向家长宣传时，始终把实验班定位在常规智力条件下以培养学生的综合能力、提高学生的综合素质为目标。实现目标的途径是通过加强德育和课程、教材、教法的改革来实现。适当减少必修课学时，注重减轻学生过重的课业负担，空出更多时间让学生参加社会实践活动，拓宽学生的知识视野，培养学生兴趣爱好，发展学生个性特长，为将来成为优秀人才打下坚实的素质基础。为了完整地实施实验计划，我们提出了"七年一贯，三四分段"的策略。预备班至初二三年在初中学习，初三一年和高中三年在高中学习。同时，为了照顾学生不同需要，初三和高中阶段的实验，分设位育、南模两所学校，各办一个班，由学生自主选择，并允许学生初三毕业时，选择市内其他重点中学就读。即将毕业的40位学生，就是这88位学生中经过自主选择进入位育高中实验班的（当初有41位学生进入位育实验班，后马晨昊同学在初三毕业时，经推荐保送华师大二附中学习）。7年来，我们按照实验目标的要求，制定了相应的实验方案，推出了一项又一项有利于提高学生素质的实验措施：从初中开始我们就组织学生参加各种课外小组，培养兴趣爱好，发展个性特长，现在40个学生人人都有特长，可以在学校各种活动上展现自己的风采；初中开始组织学生参加研究性学习，7年中每个学生都完成了2至3个研究课题；7年中我们请专家教授为学生做了近40个讲座，极大开阔了学生的知识视野；我们以社会为课堂组织学生多次参观博物馆、各种纪念馆、美术馆、烈士陵园等，组织学生观看音乐剧、电视、电影，滋润学生的思想情操，丰富学生的人文素养；7年中我们组织学生赴无锡、南京、绍兴、西安、延安等地进行社实践考察活动，许多活动使学生心灵受到极大的震撼；组织了超过一半的学生赴国外学习交流，培养学生国际意识并学会不同思想不同文明的交流与包容；为了增长学生才干，加深了解社会，我们组织学生到街道挂职锻炼，学生了解了社会弱势群体的生活现状后思想受到很大震动。所有这些丰富多彩的教育实践活动和教学活动一起构成了实验班色彩斑斓的实验生活。经过7年的打磨，成就了现在这样一个班级，现在这样40个学生。其间融入了教师多少艰辛，没有亲身参加实验班工作的同志是很难体会的。

7年来，为了实验工作顺利实施，为了实验班学生健康成长，区政府、区教育局在政策上，财力、物力、人力上给予了充分支持。实验班的班主任和任课老师，为实验工作呕心沥血，倾注了太多的时间和精力，才成就了今天这样的班级和学生。在第一届实验班即将毕业的时候，我向各级领导和参加实验班教学的各位老师和所有为实验班提供过帮助的同志表示深深的感谢。7年来，我们的家长对实验工作表示了完全的理解和信任，对我们每一项实验措施表示完全的支持，并为实验班创造了许多条件，我也向所有家长致以深深的敬意。实验的主体是学生，没有学生的努力与参与，再好的设想也只是纸上谈兵。7年来，实验班学生以极大的热情投入实验，参加各项实验工作，完成各项实验任务，伴随实验过程成长，并且在实验过程中和我们的老师结下了深厚的友谊。这种浓浓的师生情，使我们许多老师感动流泪，我也向这些学生致意。

现在大家最关心的问题是经过7年实验，效果究竟怎样？目标达到没有？这是一个很难回答的问题。实验效果的近期检测标准是高考成绩，要不了多少时间就可以揭晓。从目前情况看，应该可以。远期检测标准是几十年后，这些学生在社会上能不能做出显著成绩，那要经历漫长时间的检验，由历史来评说。我和老师们与学生相约20年后再相会。那时，我可能不在了，老师们、同学们还在，到那时，再由他们来评说实验班的功过，由他们来回答实验班的效果吧！现在第一届实验班即将毕业，40位学生就要离校，我要告诫我的学生，如果有幸考上了一个比较理想的大学，那只是万里长征走完了第一步，今后的路更长，还要付出更艰苦的努力，不要松劲。万一没有考上理想的大学，那也只是漫长人生经历中一个小小的曲折，丝毫不会影响将来取得伟大的成功，千万不要气馁与懊丧。祝愿我的最后的学生们个个都能在人生之路上走出一段光辉灿烂的前程。

附记：在纪念刊准备付印之际，实验班学生的考试成绩和录取学校已经揭晓，参加考试的39位学生（一位学生已先期录取法国工程师大学）全部超过"二本"分数线。40位同学（含录取法国工程师大学的）中37位学生被"一本"学校录取，其中29

位学生录取在同济、复旦、交大以上的学校。3位同学被"二本"学校录取。高考成绩作为近期检测实验效果的一个指标，这样的结果应该是家长、学生、老师、领导都能够接受而且比较满意的。附记于此，也算是对所有关心实验班同志的一个交代。

*资料来源：赵家镐：《实验班的缘起》，收入《且试天下：上海市位育中学2007届实验班毕业纪念册》，2007年刊印。

注：赵家镐著《逝去的岁月》（2016年内部刊印），赵家镐其他回忆文章详见该书。

怀念（2017年）

朱家泽

我在位育园连续耕耘了三十一个寒暑。位育中学艰苦初创的六年，蓬勃发展的十七年，备受摧残的十年，我都经历了。在漫长的岁月里，培育了对位育中学至深至厚的感情，虽然调离已经十一年，自己仿佛觉得仍是这块园地上的园丁。传来有关位育的任何信息，对我都有一股吸引力，位育的新进步，新建树，位育校友的新成就，新贡献，都使我感到分外亲切，衷心喜悦。

回忆当年，一张张熟悉的脸庞，就会在眼前浮现；一件件过往的旧事，就会在脑海泛起。一个富有凝聚力的教师集体，一个勤奋刻实、认真不苟的校风，一种乐于探索、积极进取的精神，特别使我难以忘怀。它曾经感染我，激励我，督促我奉献微薄的力量。今天仍然在鼓舞我"不待扬鞭自奋蹄"，为普通教育事业忠诚服务。

我怀念位育的教师集体。它是以事业心和责任感为支柱，在教书育人的实践中逐渐形成的。教师们意识到中学阶段是一个人成长的关键，尽心竭力为学生的全面发展打好扎实的基础；意识到学校各年级、各方面的工作相互联系，环环相扣，自觉干"分外事"，维护集体的荣誉；意识到个人的力量微不足道，只有汇入集体才能扬长补短，发出超越自我的光和热，他们相互尊重，相互学习，团结友爱，通力协作。正因为这样，他们热爱学生，既管教，又管导，既亲切关怀，又严格要求。我在会见众多的校友时，校友们怀念母校，怀念中学时代的生活，总要称道辛勤教育自己的严师，一句箴言，一次奖励，谆谆恳谈，严肃规劝，往往带来未能预计的深远影响。他们对学校的工作安排，只问需要，很少考虑个人的得失，许多学有专长，教学经验丰富的教师，长期担任初中班级的教学，他们不仅安心，而且乐意，以能为高一年级输送优秀的学生自豪；学校在重开英语课，重建英语教研组时，一下从地理、数学、生物等组抽调七位老师改教英语，他们愉快地服从，虚心进取，在新的岗位上摸索，实践，做出了出色的成绩。他们对学校的设想、计划、号召，先是以"酝酿讨论，积极地各抒己见"作为支持，再则以"创造性的实际行动"贯彻集体的要求。59年为了迎接全国文教系统群英会的召开，"全校一条心，争取上北京"的呼声响彻全校，实际上就体现了教师集体的风貌。

我怀念位育的好教风。正是凝聚着集体力量和智慧的群体，才孕育了勤奋刻实、认真不苟的教风。教风似乎看不见，摸不着，但它在教育、教学工作的各个环节中，在教师的自我要求和人际关系中，总会具体体现出来，起着潜移默化的作用。新生入学，初一的班主任和任课教师赶在入学前访问原校，访问家长；钻研教材总要求融会贯通，有时为了辨析一个注释的正误，甘愿花费大半天时间翻检出处；布置习题，为了切合学生水平，达到练的目的，总要一道道做过一遍；批改作业，总是积累资料，为讲评找数据，觅典型例子，而且从不忘记督促学生订正……这些看来是小事，但能够一直坚持，能够蔚然成风，就不简单。"教风出质量"，也许正是位育中学值得总结的经验。好教风还表现在教师积极要求进修上。在位育，智者、能者，总是无保留地给同行以指点和辅导，而要求进步的教师，又总是虚心求教，质疑问难。青年语文教师认为自己的弱点在古文，就组织起来请老教师讲授"名篇"，回讲、背诵、作文，竟那样认真。外语教师为了语音纯正，语调规范，每人分别录音，播放后相互评说，相互纠正，这里没有"藏拙"，更没有"讪笑"。数学教师中有些是跟班教学，边实践，边进修，老教师就启发解题，引导分析，带着弄清重点和难点……许多动人的事例，传为佳话，也为相互学习，共同提高的好风气作了注解。

我怀念位育的探索进取精神。位育中学创办时就试验五年一贯制，课程设置、教材处理、教法设计，都没有成规可循，需要探索、实验、创新，教育教学工作不是简单的重复，必须发现和捕捉改进的余地，才能有点点滴滴的进步。在以后的几十年中，位育中学的教师愿意在教育实践中作探索，接受各方面的试验课题，在平凡的工作中努力注入新意。如何从学生实际出发进行教学，如何在课外活动中培养尖子学习，如何摸索教育与生产劳动相结合的途径……有设想，有措施，有总结，通过实践,共同的探索变成共同的财富,而丰硕的成果又鼓励了新的探索。

1960年在"适当缩短年限,适当提高程度,适当控制学时,适当增加劳动"的指导思想下,位育中学第二次进行五年制的试验,要求通过实践回答怎样才是适当,五年完成六年的教学任务有无可能,经过师生的努力,我们向祖国递交了一份良好的答卷。更重要的是教师们品尝到了探索的乐趣,受到了开拓进取的锻炼。位育旧日的校歌里,有"生长,创造,位育意义深且长"的词句,这种探索进取的精神,不正是弥足珍贵的"创造"的体现吗?

在位育中学成立四十五年之际,我谨以深情的怀念来表达衷心的祝愿和诚挚的希望。希望位育的好传统、好精神不断发扬,祝愿位育中学在攀登教育高峰的征程中,不断取得新的胜利!

*资料来源:位育中学校友会编:《位育中学校史简编》,上海市作家协会·华语文学网,2017年刊印,第152—154页。

我与位育中学(2023年)

任博生

1999年的10月,我正式跨进了美丽宽敞的校园,成为一名位育人。此后,我在校长岗位上工作了近10年。回顾在位育工作的经历,有两件事给我留下了深刻的印象。

第一,传承创新,成功创建实验性示范性高中。

清楚地记得,来位育报到的当天,在博育楼前,赵校长紧紧地握着我的手,引导我走进教工大会的会场,赵校长语重心长地叮嘱我们:要充分地利用现代化的教育设施和寄宿制这两项宝贵的教育资源,实施创新教育的策略,全面推进素质教育,让学生主动发展。

世纪之交,上海市教委正在深化二期课改,组织创建实验性示范性高中,这对刚刚搬迁到华泾、当时还是区重点中学的位育来说,是一次难得的发展机遇。如何让一所历史名校,乘改革东风,实现跨越式发展?这是摆在我们这个班子面前的一大挑战。

我和钱涛、宋敏两位副校长,科研室杜建亭老师、教导处朱万宝老师和一些骨干教师组成了创建实验性示范性高中工作领导小组,开展课题研究,开始了《位育中学创建规划》的起草工作。2000年的暑假,全校30多位骨干教师对创建规划的初稿进行了专题研讨,教导处、政教处与各教研组对教育教学改革、课程建设等重要问题提出了设想,开展了交流。经过多次修改,集思广益,群策群力,形成了位育中学创建实验性示范性高中的正式方案。

开展创建工作的3年间,我主持了3次重要的专家评审,2001年的初评大会、2002年的中期评审大会、2003年的总结评审。每一次评审工作,都由市教委领导带队,组织近30位各学科专家,查阅创建资料,深入教室听课,召开师生座谈会,全面评估学校的办学成果。在全校师生的共同努力下,3年的改革实践取得积极的成效,市教委专家组给了位育中学创建工作高度评价。2005年,位育成为上海市第一批实验性示范性高中,实现了办学历史上的一次突破。

我们在创建过程中不断思考与实践,留下了一个又一个足迹,深化了对位育办学理念和创新实践的认识。归纳起来,有三方面感受是最深的。

一是提出了"双自主发展"的办学理念。位育中学的校名取自《中庸》"致中和,天地位焉,万物育焉"。1943年李楚材先生创办位育中学,培育英才,以救国难,在校名之中即蕴含了生长创造的教育精意。我们感到,面对当今社会和学校教育的快速发展,位育的办学思想依然具有强烈的时代意义:(1)每个人(包括学生和教师)都有自主生长、自主发展的内在动力和愿望,人的发展结果是多样化的;(2)教育的内容不仅仅是知识和技能的传授,更是对这种内在动力的开掘和弘扬,即教育的本质在于不断发挥人的潜能,促进人的全面发展;(3)学校的作用是根据社会政治、经济、文化环境的发展变化,为人的发展提供和谐的环境。在此基础上,我们提出了"双自主发展"办学理念,通过教育教学实践,为师生全面的、多样化的发展提供环境和可能。

二是明确了学生自主发展和教师自主发展的关系。学生和教师的自主发展是互为条件、相互促进的。学生的自主发展,对教师的发展提出了要求，为教师的自主发展提供了舞台。教师的自主发展为学生的发展服务，使学生的发展有了更多的可能性，也为学生的自主发展提供了榜样作用。在师生互动中，完善师生双方的人格，促进师生的全面发展。学校以培养全面发展和主动发展的学生为目标，促进教师自主进行专业发展是实现这一目标的重要抓手。

三是形成了"双自主发展"的三类课程体系。二期课改提出要构建基础型、拓展型、研究型课程。创建期间，学校共开设各类拓展型课程累计100多门，经过几年的整合、筛选，稳定在80余门，分布于文科、理科、艺术等各个领域。并成立了26个社团组织，极大地拓展了学生追求个性化发展的空间，激发了学生充实自我、展现自我的主动性和积极性。学校先后与4个科研单位和几所高校合作，开发了天文、生命科学、电子、环保和计算机五大科技实验室，确立起一批研究课题，帮助一批学生取得自主学习和研究的成果。学生确立研究性课题2500余个，结题800余个，出现一批优秀课题报告和论文，获各类市级以上学科竞赛奖项94个，各类科技竞赛奖项74个。2002年4月学校遴选优秀课题报告论文61个，由远东出版社出版了《走进自主研究的天地》上下两册。

尤其可喜的是，在自主发展教育中，一个有个性特长的学生群体成长起来了。特长生的突出代表有：在全国数理化联赛获一等奖的丁楠、王世壑、邱珉、陈天舒同学，在文博鉴赏领域已有相当造诣的徐涵懋同学，在计算机领域达到相当技术水准的贺晓麟同学，荣获第三届新概念一等奖的潘戎、杜逸昂同学，作品入选中国首届新世纪文学新星文库的小诗人巩潇文同学，上海市重点高中辩论比赛最佳辩手蒋轶力同学，小作家蒋惟怡、马潇筠，小演讲家沈东川，小电脑专家沃融、丁雪峰、戴学渊、乔志强等同学，都在位育校园崭露头角。

2004届学生：录取清华、北大6人，复旦51人，交大52人，同济39人，全国其他985大学20人。2005届学生：录取清华2人，复旦49人，交大57人，同济43人。2006届学生：录取清华、北大3人，复旦41人，交大72人，同济47人。

第二，团结奋进，打造特色师资队伍。

1998年，位育搬迁到华泾创办寄宿制高中，办学规模急剧扩大，前三年学生总数从600多人增加到了1800人，每个年级人数达到了600至700人，教师的人数增加到了近170人，学校连续3年引进了青年大学生近60位，占全校教职工43.7%。青年教师面对重点高中课堂教学经验不足，如何尽快地适应二期课改的要求和创办实验性示范性高中的需要，是摆在我们面前又一个严峻的挑战。

我们从位育的办学历史中汲取养分，"团结、严谨、求实、进取"的"八字"校风，是位育60多年办学历史给我们留下的宝贵精神财富，我们带领全校教职工，传承优良的师德师风，以老带新，激励全体教师自主发展，奋发有为。主要做了三方面工作：

一是举办名师工程，形成示范效应。积极推出本校的名师工程系列活动，其中有教育局主办我校承办的"赵家镐情系位育四十年"名师系列活动。展现赵家镐老师的人格魅力、廉洁、勤政、公正、宽容，感人至深。学校单独举办的"张嘉荃老师从教55周年庆祝活动"，弘扬张老师的奉献精神。张老师把教师生涯当作毕生事业，淡泊名利。张老师教过的学生都深受张老师人格魅力的感染。教育局名师工程办公室主持我校承办的"杜建亭历史教学研讨会"中青年名师系列活动。杜建亭老师对历史学科有深入研究，而且广学博采，对许多人文学科有着很深的造诣。杜老师渊博的知识引发了学生极大的兴趣，学生的兴趣反过来又促使他展开更深入广泛的研究。20世纪90年代，学校有4位老师获得特级教师称号，他们是赵家镐、金荣熙（数学）、潘益善（物理）、蒋衍（历史）。创建的10年中，我们又积极引进了6位特级教师：经正阳（政治）、费仲芳（英语）、国庆波、马云辉（语文）、姜雅风（生物）、刘学堂（物理）。名师的榜样作用激发了教师内心寻求发展的需求，学校的青年教师以名师为楷模，见贤思齐，形成了良好的教学和研究氛围。

二是营造教师自主发展的外部环境。学校搭建了各类教师展现才华的舞台，实现自主发展。以教学研讨课、展示课、教学评比课、专题研讨课和青年教师教学汇报课的形式，在不同层面上积极开展教法、学法的研究。创建实验性示范性高中的3年中，开出公开课市、区级95节，校级102节，区青年教师大奖赛参赛课36节，教研组、备课组内研讨课200多节。许多新来的大学生用全部精力钻研业务。教师们以校为家，甘于奉献，经过6年二轮大循环教学实践，青年教师很快跟上了创建的步伐！一批优秀青年教师脱颖而出！

三是完善教师自主发展的激励机制。优秀教师和优质教育是一种无形资产，在分配制度上体现这种无形资产的价值和激励作用，从分配制度的改革上来促使教师把自主发展的内在愿望转化为自觉行为。另外学校设立"华山奖""唐氏奖""楚材奖""青年教师成才奖""竞赛贡献奖"等系列奖项，鼓励教师自主发展，成才成功。

10年的不懈努力，位育形成了一支自主意识突出，团结协作一致，专业素养过硬，年龄结构合理的教师队伍。教师自主发展的成果丰硕：学校青年教师获全国教学大奖赛一等奖2人；九省市化学教学创新研讨会优秀成果一等奖1人；获得市教学大奖赛一等奖2人；徐汇区骏马奖3人；区教学大奖赛一等奖5人，二等奖3人，三等奖3人；获市、区级各种先进称号46人次。

培养优秀教师，关键是教研组建设。学校支持各教研组创新发展，涌现了一批优秀教研团队和优秀教师。比如，物理组由特级教师潘益善挂帅，中青年教师为主体，特别能攻关，特别能奉献的集体。全组同心协力，自己设计制作教具，创建培养学生自主学习能力的动手创新实验室。涌现出了获全国青年物理大奖赛一等奖和区骏马奖的陈浔颖老师，获市青年教师大奖赛一等奖的张黎芳老师，指导学生获机器人擂台赛亚军的王勇老师等一批各有专长的优秀青年教师。王文剑老师指导学生获全国物理大赛一等奖。又比如，化学教研组以老带新的优良传统代代相传，从中走出了许多堪称楷模的位育中学名师。导师张嘉荃老师和喻昌楣老师的对待学生关怀备至、对待工作无私敬业的精神仍然激励着化学教研组青年教师的成长。王蔚老师则更是身体力行地坚持在一线岗位上兢兢业业地做着传帮带工作。这种历史文化传统成为化学教研组发展创新的基本动力，持续影响一代又一代的青年教师。几年中，教研组开发了适合位育学生自主发展需要的校本课程，在高一、高二分别开设了《应用化学》《生活中的化学兴趣实验》等课程。在三类课程中探索分层教学实验，开展"走班教学、分层指导、个别答疑"，提升了学生学习兴趣和学业水平，也使一些教师有了发挥特长的时间和空间。

10年来，经过实验性示范性高中创建的磨炼，一批年轻人日益成熟，例如周刚、严一心、杨震青、曹雪刚、奚云斐、徐诩、陶烨昕、周萍、王海生、陈浔颖、严江华、莫翼、姜圣华、史文、陈骊、张黎芳、王勇等20多位年轻人，有的成为区级教学骨干，有的走上了区级、校级的更高平台，勇挑重担，担当起更重的责任！

*资料来源：《我与位育中学》，任博生口述，2023年6月1日，上海市位育中学校长办公室提供。

我和位育（2023年）

龙世明

1982年我从华东师范大学政教系哲学专业毕业，分配到第五十一中学任教。

一、听课　家访

9月1日开学第一天，我一踏进教室就看到后排坐着两位老教师，其中一位是报到那天见过的老教导主任陈冰清先生。下课后，我回到办公室，才从其他老师那儿知道，另一位是张启昆校长。

9月5日是星期天，这是开学后的第一个休息日，突然听到邻居在喊，有人找我。开门一看，原来是张校长和政治教研组组长姜冶远先生来家访。刚上班，单位领导就来家访，这令我的妻子、我的父母都很感动。

听课、家访，这也许是张校长的工作常态，但却给我留下深刻的印象，并成为16年后我担任正职校长的工作常态。

二、发表文章　大会做报告

张校长很赏识我的课，这是因为作为老三届的我下乡插队时，曾在农村中小学当过几年民办教师，他要我开一堂公开课。

当时，初二年级的政治课教材是《社会发展史》。按教学进度，那堂课是讲"阶级的产生"和"阶级"概念。这些内容在"极左"时代被严重扭曲，并成为迫害人的"理论工具"。我的教学目的就是"拨乱反正"，正本清源，并借此批判"极左路线"。这对于一个在"思想解放"大背景下就读于华师大政教系的毕业生，也算是驾轻就熟了。曾经的农村中小学教学经历，又使我能结合学生的年龄特征，深入浅出地举例，并与学生互动。

课后，张校长做了两件出乎我预料的事：

第一件，他要我把教案整理一下，帮我推荐到区里的一家教育杂志上发表。真没想到，我就这样有了第一篇公开发表的文章。

第二件是过了几天后说的，他要我在每周一次政治学习时间的全体教职员工大会上做几次报告。我颇感意外，也颇有压力。他鼓励我说放开讲，完全没问题。张校长给出的报告主题基本上就是当时的热门政治话题，如拨乱反正、解放思想、反对现代迷信、反对个人崇拜等，有时遇上重要的会议精神，也要结合起来讲。几次下来，我很快适应了。他还推荐我到邻近的一所学校的教师大会上讲过一次。

三、入党　校内"提干"

大约是1984年初，张校长对我说，在我的档案里发现了一份我下乡期间写的入党申请书，他想了解一下当时的情况，并要我重新写一份入党申请书。张校长一直兼学校的党支部书记。

我说，1966年"文化大革命"发生后，父亲遭受迫害，我下乡后别说入党了，连入团都没资格。1973年，父亲恢复党籍，他任职的上海港务监督还给我插队的公社发了份公函告知，于是我马上被批准入团了。我接着就写了入党申请书，但迟迟没有回音。后来有人告诉我，因为我祖父是地主，所以公社党委是不会同意我入党的。笑话，地主的儿子可以入党，地主的孙子却不能入党。哎，这就是农村。

张校长颇有同感，因为"文化大革命"中他也受到迫害。于是，我递上了一份新的入党申请书。在张校长调任区教育学院院长前的1984年4月初，我被批准入党。

时间到了1988年，这些年学校的书记是上级派来的李骏修先生，他在组织生活上一直鼓励大家畅所欲言。由于他年龄与我相近，于是我就成了一个积极的发言者。讲话多了必然会联系实际，有时也会给学校工作提意见，一次组织生活，我还对他发言中的一个讲法提出了不同看法，他肯定了我的意见，但解释说是未做分析地照搬了上级的讲话。会后我自我反思，认为"言多必失"，我这样下去会把领导给得罪了，以后要尽量少讲。

不料，下一次组织生活上，李书记宣布他将调任区教育局任副局长，学校书记的工作他推荐了我，并在这次组织生活上通过了民主程序。因为涉及逐级提拔的规定，所以正式任命下来，是"副书记主持工作"。

我有两个没想到：一个是没想到自己会当学校领导；另一个是没想到我遇上了一位气量如此大的上级领导，这够我好好学习的了。

四、新的挑战　"第二次创业"

1998年4月，在初高中分离办学前夕，我被任命为位育初中校长。分离工作当然是件大事，但一切都井井有条地进行，9月1日一如既往地正常开学。

那么，新的挑战是什么呢？不是98年的分离办学，而是开始于1997年的初中招生制度改革，按改革规定，小学升初中取消升学考，实行电脑派位，就近入学，还有一句"要择校找民办"。初中取消重点中学，位育初中也不再享有原先作为重点中学的招生"优先权"。虽然"生源"已变化，但家长和社会对我校极高的期望值却丝毫没有改变。1998年入学的新生家长像以往家长一样会打听当年位育初中的中考成绩和重点高中升学率，当然很好。但他们忽略了1998年的初中毕业生当年是通过升学考进入我校的，而1997年电脑派位进来的学生要到2001年才毕业。

于是，从1998年开始，新生入学后的第一次家长会，都是由我本人先向家长讲话，我必须实事求是地告诉家长现在和过去的不同。但我同时告诉家长，学校与教师有信心、有能力让每一位来到位育初中的学生得到最适合他的发展。

老教师称这是"第二次创业"，我则概括为"从选拔适合于教育的学生"向"创造适合于学生的教育"的转变。为了实现这一转变，必须将人文关怀融入学校的教育教学中，即要把学校教育与人的尊严、人的幸福、人的价值联系起来。这一切都需要教师来落实，而作为校长，更要落实对教师的"人文关怀"。

在一次有众多校长参加的经验交流会上，一位名牌学校校长说："学校的青年教师敬业精神很强，结婚时没有一个人请过婚假。"轮到我发言时，我说："在我的学校，我公开表示保证每一位青年教师的婚假。"

张启昆老校长的推荐"发表文章"、推荐"大会做报告"等也仍然需要运用。当然，新的时代有新的变化，发表文章已与评职称挂钩，且指定是市级刊物，大部分教师会早做准备，但确实有上课非常好的个别中老年教师还差"临门一脚"，此时，校长就应尽力而为，助其成功。新时期还有更多新的发展机会，也应尽力为教师争取。据统计，2002年到2007年的5年中，我校先后有20多位教师公派出国（或出境）访问、交流、培训，归来后我必然会要他们在全体教师大会上做一次报告。

"第二次创业"是有传承的创业，必须充分注重学校教育的人文关怀，创造适合于学生发展的教育。

*资料来源：《我和位育》，龙世明口述，2023年6月，上海市位育初级中学校长办公室提供。

四、报刊中的记载

(近代)《申报》等报道选摘

说明 1932年由上海教育、实业界著名人士穆藕初、黄炎培、黄延芳、潘序伦、刘鸿生、江问渔、杨卫玉等发起创办位育小学,备受社会各界关注,《申报》、《民报》、《新闻报》、《时事新报》(上海)等均有连续报道。1943年在位育小学基础上扩建位育中学,沪上报刊也经常刊发该校的消息。因篇幅有限,在此摘选部分内容。

上海位育小学校招生

上海号称文化发达之区,学校林立,弦歌比户,规模宏大,学生众多之校,所在皆有,然求一适中绳墨,切合原理,而又不背时代潮流之小学,实不多得。盖或则以经济关系,不能不有迁就之处,或则以囿于部章,形式转重于精神。同人服务教育界已久,窃不自量,爰集资创一小学。规模不求其宏大,而关于科学之设备,不能不全。课程不务其多,而教学之方法,必求圆满。训练管理,不能不严,而儿童身心发育,定须十分注意。誓以全副精神,为初等教育界辟一新试验区,毁誉在所不计,成功期以十年。兹将招生简则列下:学额幼稚园三十名,初级小学一、二、三、四年级各四十名。纳费幼儿园每学期二十元,小学每学明二十四元。膳宿六十五元,杂费一元。校址法租界吕班路一百七十一号,十路电车、二十一路公共汽车,法国公园门前下车便是。报名处,假华龙路、环龙路口中华职业教育社,随缴证金一元,学费内扣算。开学期九月一日。章程索阅即寄。创办发起人穆藕初、邹秉文、黄沈亦云、黄任之、潘序伦、吴湖帆、杨习贤、江问渔。筹备主任杨卫玉、姚惠泉。

*资料来源:《申报》1932年8月1日,第5版。

位育小学筹备讯

本市教育实业界名人,穆藕初、胡筠庵、潘序伦、黄任之、邹秉文诸君,创办一小学,定名位育,取天地位也,万物育也之意,择定校舍于辣斐德路吕班路一七一号,左邻公园,前有广场,非常轩敞,业已请求市教育局核准设立,并办寄宿,以便远道,除训育教授,正由各著名小学教育家研究外,请医学博士葛成慧女士,指导设备卫生,对于儿童身心发育,非常注重,现以校舍正在修理,暂假华龙路八十号,中华职业教育社为报名处云。

*资料来源:《位育小学筹备讯》,《时事新报》(上海),1932年8月7日,第2张第4版。

位育小学开展览会

法租界吕班路位育小学,为教育、实业两界闻人穆藕初、潘序伦、黄延芳、刘鸿生、黄任之、江问渔、杨卫玉诸君创办,半年以来成绩甚著。昨日上午举行成绩展览会,家属到者,如胡筠庄、杨德昭、朱义农、吴开先、童行白、邹秉文诸夫人等四十余人。由江问渔君主席报告办学方针,黄膺白夫人沈女士演说并给奖,开会毕,由校长张曼筠女士等引导来宾参观学校设备,及各科成绩,来宾均极赞美,而于该校之环境及教训方法,尤为满意,该校将于二月三日招考新生云。

*资料来源:《申报》1933年1月23日,第12版。

位育小学行毕业休业礼

吕班路位育小学,为本市教育、实业两界名人所创办。成立一年,已著声誉,前日举行休业式,到家属朱义农、吴开先、杨德昭等,及其夫人,共七十余人。由校长杨卫玉报告一年间经过,谓辟此小园地,为上海小学界作一新试验云。次校董穆藕初、黄任之、邹秉文诸君,相继演说,家属朱义农君致谢词,后由学生表演歌舞及故事等,后散会。该校下学期添招各级新生,每级至多二十人,于班级制之下,兼重个别教学,其设备与环境,均甚完美云。

*资料来源:《申报》1933年7月5日,第18版。

位育小学扩充校舍

本市辣斐德路位育小学,课程切实,设备完全,成绩之佳,为社会所赞许。故学额虽规定极少,而来学者仍甚众,都为实业、教育两界领袖之子女,校舍本甚宽敞,校园操场均有,且邻近法租界公园,环境尤佳,今悉该校又就原有校舍前面推广校舍一所,为极优美之洋房一座,并有草地及花木,将来拟供宿舍之用。现定八月二十日招考,二十二日开学云。

*资料来源:《申报》1934年8月2日,第15版。

位育小学运动会

本埠位育小学开办以来,仅阅三年,而声誉鹊起,学额已满,后至者竟有向隅之虑,最近第二区教育会举行全区算术比赛锦标亦为该校所得,可见其教学之一般。今日该校举行春季运动会,招待家属参观,各种田径赛球艺团体操均有,并有五洲大药房、上海银行、企业银行、钟山书店及各校董之奖品甚多云。

*资料来源:《申报》1935年5月5日,第15版。

位育小学毕业礼

本市辣斐德路私立位育小学,由穆藕初等创办,迄今业已四年,成绩优良,素为社会人士所推重。去年该校第一届高小毕业生,参加各著名中学校入学试验,结果均异常圆满,故近来学生人数更增,本学年度该校特别注重非常时期之教育,为复兴民族之基础。昨日举行第二届高小第四届初小幼儿园毕业典礼,同时展览全校儿童国防研究的成绩,全体师生暨来宾的七八百人,济济一堂,颇极一时之盛。首由校长杨卫玉报告,校董穆藕初、江问渔训话,蔡子民夫人演说,并给凭给奖。继由毕业生答辞,殿之以各级游艺活泼泼的表演,博得掌声不少。该校决于八月二十二日招考新生,开报名者争先前往,惟恐向隅云。

*资料来源:《申报》1936年7月8日,第15版。

位育小学近讯

本市位育小学,此次高级小学毕业生共二十人,考入江苏省立上海中学者五人,南洋中学者四人,复旦大学附中及光华大学者各三人,清心女中一人,允中女中二人,圣玛利亚一人,均系著名中学。该校投考者,已全数录取。该校定于八月二十二日招考,二十四日开学。

*资料来源:《位育小学近讯》,《大公报》(上海)1936年7月23日,第15版。

位育小学建筑校舍

本市位育小学,由穆藕初君等创办,杨卫玉君主持,成立以来,行将五年,声誉极佳,现由穆君会同校董诸君,筹垫巨款,在拉都路西爱咸斯路建筑校舍,此校舍占地五亩以上,教室礼堂阴雨操场膳堂宿舍均全,系采取最新式之图样,由中华职业学校建筑科设计,慎记营造厂承包,共需六万金以上,为本市私立小学未有之盛举,定本月十五日开工云。

*资料来源:《新闻报》1937年5月15日,第16版。
注:《申报》1937年5月18日,第13版,记载内容相同。

位育中学招生

本校系六年一贯制中学,依照新课程标准施行,兹定于二月一日招考一二三年级插班生,自一月二十七日起至一月三十日止报名。
    校址:上海襄阳路三八八弄(位育小学于二月一日招一年级至五年级插班生)。

*资料来源:《申报》1947年1月28日,第8版。

位育中小学校募款建筑校舍

本市位育中小学,办理有年,小学部校舍原系自建,占地五亩许,中学部亦在沪南梅龙镇东,购买及捐得校地五十余亩,即拟建筑新校舍,全部工程预计五十亿,分五年完成,第一期募集建筑金十万万元,已奉市教育局指令,准向各界募集。现由校董会主持进行,分请学生家长,及各界领袖为赞助校董,建设委员及经募人,预计于七月前完成,俾能早日动工。

*资料来源:《位育中小学校募款建筑校舍》,《时事新报晚刊》1947年4月30日,第4版。

体育简讯(位育中学)

本市襄阳南路私立位育中学,平时素以四育并重著称。自该校体育教师王蕙馨到任后,对于推进学生体育活动,不遗余力。

*资料来源:《申报》1947年6月2日,第5版。

位育完成立案

[本报讯]本市位育中小学上月已奉教育部核准备案。该校立案手续,至此全部完成。

*资料来源:《位育完成立案》,《新闻报》1949年1月18日,第10版。

(当代)《人民日报》《光明日报》《文汇报》《解放日报》等关于上海市位育中学(上海市第五十一中学)的报道选摘

说明 当代报刊中有关于上海市位育中学(曾改名上海市第五十一中学)的记载,涉及的内容也非常丰富。此就《人民日报》《光明日报》《文汇报》《解放日报》等相关报道进行摘选,以发表时间为顺序。摘选时原则上不做任何改动,仅对部分标题、标点稍作调整。

《人民日报》的相关报道

全国先进单位和先进单位代表,代表总数六千零六十六人,其中:先进单位代表三千零九十二人,先进工作者二千七百一十四人,特邀代表二百六十人

【上海市】
　　复旦大学数学系　谷超豪……
　　第五十一中学　李楚材……

*资料来源:《人民日报》1960年6月13日,第9版。

应日本各界朋友邀请前往进行友好访问,中日友好协会访日代表团离京赴日(节选)
——代表团成员中有上海市五十一中学教师、围棋运动员陈祖德

团长:廖承志,副团长:楚图南、李素文、马纯古、赵正洪、张香山、周丽琴、于会泳、孙平化、李先念、邓小平、郭沫若、傅作义、吴德、韩念龙等前往机场欢送。代表团由各界人士组成。团员是:人大常委会委员、数学家华罗庚,政协全国委员会常务委员董其武、荣毅仁、王芸生,人大代表、作家谢冰心……上海市五十一中学教师、围棋运动员陈祖德,北京积水潭医院内科副主任陈木森,工会工作者韩西雅,青年工作者朱良……

*资料来源:《人民日报》1973年4月16日,第1版。

注：原标题为《应日本各界朋友邀请前往进行友好访问，中日友好协会访日代表团离京赴日》。

全国电动车辆模型通讯赛揭晓，上海五十一中学卢勇取得初中组第一名

本报讯 全国中小学生电动车辆模型通讯赛揭晓，1月18日在上海举行授奖仪式。

这次电动车辆模型通讯赛，是8月由《小学科技》《少年探索者》《中学生》《中学科技》《我们爱科学》《科学爱好者》六家青少年科普期刊联合发起的。到12月底止，全国除西藏、台湾省外，有28个省、市、自治区的百万名中小学生参加了这项竞赛。

1月17日，全国各地54名获奖的学生，在他们的科技辅导老师带领下，云集上海，在光明中学进行复赛。高中组获得前三名的是：江苏省常州市一中李冽，上海平凉二中袁强，北京西城区少年宫李冬山。初中组前三名是：上海五十一中学卢勇，常州市一中唐平，广东台山白水中学谭仲伟和四川重庆市203中学钟庆并列第三。小学组前三名是：重庆市冶金一小张苏越，重庆市树人小学吴雪晖，上海市欧阳路少年宫赵阳。为表彰有关学校和科技辅导老师在培养科技人才方面做出的成绩，对获奖学生所在的学校和他们的老师，授以荣誉奖杯和奖品。

*资料来源：《人民日报》1982年2月23日，第3版。

注：原标题为《全国电动车辆模型通讯赛揭晓》。

《人民日报》公布中国民主促进会第七届中央委员会名单

李楚材当选为中国民主促进会第七届中央委员。

*资料来源：《人民日报》1983年11月23日，第4版。

上海任命八位中学名誉校长，第五十一中学李楚材校长名列其中

【本报讯】据解放日报报道：10月15日下午，上海市人民政府在上海展览馆宴会厅举行上海市中学名誉校长任命仪式，任命叶克平、左淑东、段力佩、赵宪初、薛正、赵传家、李楚材、姜拱绅八位同志为中学名誉校长。市长汪道涵说，这八位中学名誉校长的任命，为我们树立了楷模，也促进了我们的精神文明建设。我们表彰这八位老校长，要全社会都来尊重教师，提高教师的地位，启发后来者，推动整个教育工作的发展和繁荣。汪市长说，对知识分子待遇要逐步提高，市政府和有关部门决定给中小学教职员工建造六十五万平方米的住宅，今后还将逐步增加。

*资料来源：《人民日报》1984年10月19日，第1版。

注：原标题为《上海任命八位中学名誉校长》。

特级教师赵宪初祖孙三代有九个"园丁"，终身育才人人敬 红烛火种代代传（节选）

七十八岁的上海市南洋模范中学名誉校长、特级教师赵宪初祖孙三代，有九个"园丁"：他和三个女儿、一个儿子、两个儿媳和两个孙子。

赵宪初1928年从上海交通大学毕业到南洋中学任数学教师，已在这个学校度过了五十七个年头。

半个多世纪来，赵宪初教过的学生数以万计。据统计，仅在美国当专家、教授、工程师的有一百二十多人。一次，中国科学院学部委员、赵宪初的学生有柯麻、唐孝威、庄逢甘三人，特意合影寄给赵宪初，并写信说："我们所取得的一切成就，是与老师的辛勤劳动分不开的，荣誉首先应该属于老师！"

赵宪初的三儿子赵家镐，1961年从上海师范大学毕业后，在上海五十一中学任数学教师。由于教学成绩卓著，他赢得了师生们的尊敬和爱戴。近两年，他三次被评为上海教育战线先进工作者和上海市劳动模范。今年1月，他担任了五十一中学校长。有人说："教师似蜡烛，照亮别人，毁掉自己。"赵家镐回答说："用自己的光和热点燃学生智慧的火花，我乐此不疲！"

*资料来源：《人民日报》1985年9月9日，第3版。

李岚清在上海考察工作时强调，深化科教体制改革，大力发展高新技术，其间考察位育中学（节选）

新华社上海9月25日电（记者陈毛弟）中共中央政治局常委、国务院副总理李岚清近日在上海考察工作时指出，要进一步加深对实施科教兴国战略的紧迫性和重要性的认识，进一步深化科技、教育体制改革，集中力量在基础研究的优势领域取得突破，大力发展高新技术并加速转化为生产力，促进我国经济的持续发展和社会全面进步。

9月22日至25日，李岚清副总理在中共中央政治局委员、上海市委书记黄菊和市长徐匡迪等陪同下，先后考察了上海交大慧谷信息产业公司、复旦大学网络公司、上海理工大学、上海音乐学院、中国科学院国家基因研究中心和上海血液学研究所等大学和研究单位，实地考察教育部、中科院与上海市科技教育合作的成果，并对深化科教体制改革等问题发表了意见。

李岚清在上海期间，还兴致勃勃地前往上海11所面向21世纪的寄宿制高中之一的位育中学，看宿舍，进食堂，与师生们亲切交谈。他还就素质教育问题与上海部分中学教师代表座谈。他说，素质教育事关中国的未来。全国各地包括上海在内的实践证明，素质教育使孩子们更聪明、更活跃，有利于孩子的全面健康成长。现在不能满足于一般的经验交流，要从法规上确立素质教育的地位，确保素质教育得到实施。他强调，要使学生在德育、智育、体育和美育方面都能得到发展。他说，在重视德、智、体教育的同时，也要重视美育教育。美育不仅能陶冶人的情操，还能开发人的智力和培养创新能力。

*资料来源：《人民日报》1998年9月26日，第1版。

注：原标题为《李岚清在上海考察工作时强调，深化科教体制改革，大力发展高新技术》。

第三届中国青少年科技创新奖颁发，王兆国陈至立为获奖学生颁奖，上海市位育中学姜喻千等获奖（节选）

本报北京8月21日讯　第三届中国青少年科技创新奖颁奖大会21日在京举行。中共中央政治局委员王兆国、国务委员陈至立会见全体获奖学生并为获奖学生颁奖。颁奖会上，王兆国为首期中国青少年科技创新夏令营授旗，陈至立为首届"未来杯"全国中学生创意设计竞赛奖杯模型揭幕。

邓小平同志生前一直十分关心青少年的健康成长，注重青少年创新精神和创新能力的培养。2004年邓小平同志诞辰100周年之际，邓小平同志亲属遵照他的遗愿，将他生前的全部稿费捐献出来，由团中央、全国青联、全国学联、全国少工委共同设立了中国青少年科技创新奖励基金，专门用于鼓励青少年的科技创新。基金设中国青少年科技创新奖，主要奖励在校大、中、小学学生。

北京理工大学牛传欣、上海市位育中学姜喻千、新疆维吾尔自治区哈密市第一中学小学部玛依拉·阿不都热依木等100名同学获得第三届中国青少年科技创新奖。这些获奖学生在德、智、体、美等方面全面发展，尤其是在科技创新领域崭露头角，成绩斐然。他们是全国广大青少年投身科技创新的优秀代表，集中体现了当代青少年崇尚科学、锐意创新、勇于攀登、敢于创造的良好精神风貌。……中国青少年科技创新奖励基金管理委员会、监督委员会、评审委员会部分委员和首都高校学生代表共400余人参加了颁奖大会。

*资料来源：《人民日报》2006年8月22日，第2版。

注：原标题为《第三届中国青少年科技创新奖颁发》。

《光明日报》报道选摘

生产劳动课列为正式课程
——上海市第五十一中学高中二年级乙班学生依靠集体研究，创制了一台可以五用的"群力"木工机（节选）

上海近40万学生思想面貌起深刻变化　许多家长反映："学校把孩子教好了。"

【新华社上海15日电】上海市普通中学的勤工俭学活动，开学以来有了新发展：学生们由广泛地参加社会公益性劳动，到进一步有计划地进行生产劳动。其中有些学校已开始实行半工半读或半耕半读。使每一个普通中学学生在毕业时，不但具有基础文化知识，而且具有一定的生产劳动技能。改变了过去普通中学教育脱离实际脱离生产，培养出来的学生只想升学、不愿劳动，也不会劳动的旧传统，这是中等教育事业的一个大革命。

上海现有230所普通中学，近四十万学生。现在，所有学校都把生产劳动课作为正式课程列入教学计划，并且根据学生不同的年龄、体力和文化基础，参加生产劳动的内容和方法，也是多种多样的。据不完全统计，各校已自办各种小型工厂、农场近三百个,并同三千多个工厂、农业社和手工业社挂了钩。有些学校已搬到工厂、人民公社实行半工半读或半耕半读。经过一个时期劳动以后,有些高中学生和初中三年级学生已经达到三级技术工人的水平。……生产劳动首先使这些青少年学生的思想面貌起了深刻的变化,热爱劳动的思想和劳动习惯开始建立。

教育结合生产劳动,不仅使中学生学到许多生产实践知识,原有的书本知识也得到了巩固和提高……中学生们参加生产劳动以后,打破了各种迷信,也大胆地进行了各种科学研究和生产上的技术革新。全市中学生在勤工俭学活动中,提出价值较大的创造革新有二二八项。……第五十一中学高中二年级乙班学生依靠集体研究,创制了一台可以五用的"群力"木工机,提高生产效率二十倍。……

勤工俭学带来的一连串的好处,对社会风气也发生了良好的影响,原来一些担心勤工俭学会"影响教学质量""影响孩子身体健康"的教师和家长,在事实面前已逐步认识到党的教育与生产劳动相结合方针的正确性,许多家长反映:"学校把孩子教好了。"

* 资料来源:《光明日报》1958年10月16日,第2版。
注:原标题为《生产劳动课列为正式课程》。

让他们更早地学会征服自然的本领
——记上海市第五十一中学大搞科学技术活动

上海市第五十一中学全校师生在学校党支部领导下,坚决响应中共上海市委提出的开展青少年科学技术活动的号召,一学期来,全校师生制作了天文望远镜、惠斯登电桥、无线电遥控制巡洋舰模型、航空模型、威尔逊云雾室等一千一百多件,其中较为尖端的有十五件成品,还协助工厂搞出技术革新项目二百五十项,绘制了革新图纸四百四十件,写出了大批专题研究文章。

事情并不是一帆风顺的。开始的时候,有一些教师对青少年大搞科学技术活动采取观望、怀疑的态度。当学校要求教师指导学生搞科学技术活动时,有的教师就说:"现在学生重视科学技术,不重视正课了。"教师中有的主张限制时间,有的主张限制项目,有的虽然主张搞,但是方向不明确,不知怎么办好。个别教师甚至说:"物理课本里只讲无线电原理,没有讲五灯机,我指导不了!"问题的实质除了是由于教师对大搞科学技术活动的政治意义认识不足以外,更主要的是反映了一些教师存在着轻视实践的资产阶级教育思想。

针对上述情况,学校一面进一步加强科学技术的组织领导,妥善安排时间;一面在全校教师中组织辩论。通过争辩,对教师中只讲书本、不管实践的旧传统进行了有力的冲击,使大家进一步明确了组织青少年参加多种多样的科学技术活动,是贯彻党的教育方针的一个组成部分。教师的思想问题初步获得解决以后,就以高中三年级为基础,举办了一个全校性的展览会。会上展出了科学技术成品八十八件,专题研究文章一百二十八篇,技术革新实物和图纸三十多件。事实教育了广大师生,全校便迅速掀起了大搞科学技术活动的群众性运动。

上海市第五十一中学开展青少年科学技术活动的第一个特点,就是紧密结合生产劳动。如高中三年级学生何宗川在仪器厂劳动时,他担任使用电桥来测量电阻的工作,当他明确了电桥对工业建设有重要的作用时便想:"人家能创造高压电桥,我为什么不能做一个普通电桥呢"?于是他找来了线路图,向老师傅讨了几个电阻、一根铜丝,就动手做起来。在党的教育和启发下,他弄懂了复杂的线路,运用学过的电阻定律,制成了电桥。他并没有因此满足,他还要攀得更高。为了弄懂电桥的构成原理和计算方法,他又钻研了大学物理课本中基尔霍夫定律和高等代数中叠加方程等概念,最后写出了惠斯登电桥和基尔霍夫定律的研究论文,还写了另外两篇有关的专题研究文章,制作了一架电动势测定装置。事实证明,学生大搞科学技术活动是一个理论与实际反复结合、越钻越深、越攀越高的过程。正如何宗川所说的:"搞科学技术活动,使我们在实践中获得丰富的知识,这不仅打破了我们以前理论脱离实际的旧框框,而且进一步推动我们向科学堡垒进军。"

环绕各科课堂教学,进行各种科学技术专题研究活动,是五十一中学开展科学技术活动的第二个特点。他们采取的方式方法是多种多样的。有的是教师根据教学要求提出专题研究题目,有的是学生根据自己的兴趣和特长来确定。现在学生已经写了很多专题研究的文章,仅高中五个班就写了三百五十四篇,如数学方面的"函数图象解不等式",物理方面的"稳恒电流",等等。通过这些活动,学生学过的知识系统化了,钻研得更深了。高中三年级学生朱钟益通过"工业制硫酸"的专题研究,差不多把三年来学习过的有关酸的性质和制法都弄清楚了。他本来的学习成绩不大好,现在主要学科都达到了五分。

这个学校开展科学技术活动的第三个特点,就是和工厂技术革新运动紧密结合起来。高中一年级学生在工厂劳动时,看到老师傅在磨刻度的刀,技术要求严格,劳动十分劳累,他们运用学过的科学知识,试验成功新办法,减轻了体力劳动,稳定了产品质量,提高了工效。老工人兴奋地说:"革命会革到磨刀石上来,我做梦也没有想到。"

"大搞科学技术活动，能不能提高学习质量？"这个问题在这所学校里已经没有人怀疑了。这个学校初中三年级二十五位学生组成的科学技术突击队，通过搞电动机、三灯收音机、矿石机等活动，物理测验平均达到九十五分，最差的也获得了八十八分，而在他们没有搞科学技术活动的时候，有十四人的成绩仅达及格水平。初中学生董华初过去不爱上动物课，自从参加解剖小组以后，经过制作青蛙骨骼透明标本，已经引起了他学习动物课的兴趣，学习成绩从二分跃进到五分。许多学生在大搞科学技术活动中，树立了对祖国社会主义建设事业的责任感，学习的劲头更大了，精神面貌大大改观。

目前，五十一中学的科学技术活动正在蓬勃地向前发展着。师生们决心不断革命，更上一层楼。他们满怀信心地说：

一个浪头冲上天，

天上还有天外天；

全校同学乘火箭，

发奋图强冲破天！

*资料来源：《让他们更早地学会征服自然的本领——记上海市第五十一中学大搞科学技术活动》，《光明日报》1960年8月24日，第2版。

"神仙会"推动我们前进，上海五十一中学校长李楚材等与会

（上海第九女中校长王佩贞、上海五十一中学校长李楚材、上海第三女中副校长薛正、上海市西中学校长赵传家、上海培明女中校长孙鸣岐、上海南洋模范中学副校长赵宪初）

我们旧知识分子在旧社会里总有几个知心朋友，托以心腹。但是，在旧社会里，知心话只能在一、二知己面前谈。所谓"酒逢知己千杯少，话不投机半句多"，正是旧时代知识分子心情的写照。时代变了，我们的习惯却还一时变不过来。特别是心里有话，既不敢对党员谈，也不愿意对群众谈，因为，怕暴露缺点，怕受批评，怕群众看不起，怕丢面子。这是我们六个人的通病。

然而心里有话，如鲠在喉，不能不一吐为快，"神仙会"，就提供了谈心里话的条件。

神仙会这个方式很好，有助于消除顾虑，敞开思想。但是，也并不是任何人走进神仙会就会变成神仙的，知识分子的改造的确是曲折的反复的。我们六个人对神仙会有这样几点体会：

一、神仙会并不是凭空掉下来的，要有基础。什么基础呢？就是自我改造的迫切要求。没有这个心愿，就不可能摆出问题，当然更谈不到分析问题和解决问题。我们曾经想过：神仙会既然这样好，为什么不早开呢？但我们回想一下1957年，就明白了。那时候的情况又怎么样呢？许多知识分子还谈不上什么自我改造的迫切要求，特别是有些人更是忘其所以，对"右派"言论共鸣。那样的气候，那样的条件，能用神仙会的方式吗？不可能的。我们每个人只要冷静地回想一下，从反右整风前后到今天这个过程中我们的变化，就会在实践中对神仙会有进一步的体会，也才能通过神仙会逐步解决自己的问题。此时，此地，此人，水到方能渠成，瓜熟方能蒂落。

二、我们六个人在去年夏天都参加了民进中央举行的神仙会（民进五届二中全会），其中一部分同志在更早一些时候参加了上海市政协举行的知识分子神仙会。在这两次神仙会上，大谈国内外形势，受到一次深刻的形势教育，使得我们能站得高一点，看得远一点。采取神仙会的方式来进行形势教育的确收效很大。我们六个人由于共同性很多，思想上的问题也大致相同，因此，在参加过大神仙会之后，采取小神仙会的方式，集中议论几个最主要的问题，像我们这次，集中议论和党的关系问题，自己如何进一步发挥作用问题，就可以比较深入地分析和讨论，更具体地解决一些思想上的实际问题。

三、这次小神仙会，使我们心情上有一个新的变化，就是，过去暴露了问题，暴露了自己的缺点，总感到灰溜溜，这次不同了，暴露了问题，不但不灰溜溜，而且心情舒畅。为什么呢？原因之一，是彼此推心置腹，而且确实诚恳地相互帮助。这次我们六个人开始谈的时候，主题集中，不易回避，然而顾虑还是有，怕谈和党的关系问题，特别是怕牵涉到职权问题，因为"有职无权"是当年"右派"论点之一，因此，大家都躲躲闪闪，不肯正面接触问题的实质。这时候，是走了一点弯路。后来，提出一个问题来讨论，我们想不想入党？一下子就谈开了，几位同志坦白地暴露了思想：党的纪律太严，入了党，要求高，受不了；党员工作更忙，更累，更辛苦，还要掌握方针政策，责任大，风险大，我们还是在大树底下乘凉，比较舒服；还有的同志更直率地说：我们做做民主人士不是也很好吗，何必一定要入党？我们就抓住这个题目深入讨论下去，大家边谈边敞，彼此启发，有的同志把十年来深藏在心里的问题也讲出来了，然后再分析这些看法的思想实质，为什么我们没有雄心壮志？为什么我们不能以无产阶级的标准来要求自己？这也就关联到我们在学校里，在社会主义教育事业中为什么是以客卿自居，没有主人

翁态度。我们体会只要真正敞开思想，摆问题，讲心里话，平心静气地分析，讲道理，才会感到有帮助，因为明白了自己的主要问题所在，就开辟了解决问题的途径。

四、神仙会不是清谈，而是自我教育的一种形式，因此，神仙会最重要的一环是落实，要开花结果。我们六个人这次的神仙会，在会议过程中就抓紧了这一点，边谈、边议、边落实。神仙会还在举行，由于我们的心情起了变化，看法也起了变化，回到学校里，看问题和以前不同了，我们眼里所看到的人和事好像也就不同了。总的说，我们六个人在神仙会过程中，显著的收获是，进一步靠拢党，在工作上主动积极起来了。大家都回到学校里找党支部书记，找党员校长，促膝谈心。

有一位同志在神仙会过程中，针对自己的问题，订了三点规划，立即执行：第一，是经常和党支部书记谈自己思想上、工作上、生活上的问题；第二，是主动积极地关心学校工作；第三，是主动团结中老年教师，和他们一起谈心，帮助解决一些思想上、生活上、工作上的问题。这位同志年纪已经六十多岁，学校党支部书记是他的学生，他过去几年来，和党支部是客客气气，不即不离。现在，完全改变了，心里有什么话都对党支部书记谈，工作也主动积极，对学校工作，也提出自己的意见。

五、我们从这一时期的实践中，更进一步体会了党的团结教育改造知识分子政策的伟大和正确。知识分子改造的最根本问题，就是坚决接受党的领导。从小神仙会的过程中，我们也充分体会这个道理。

我们的伟大领袖毛主席在北京接见六个党派中央全会的代表，那一天，我们从中南海回到民族饭店，有的同志载歌载舞，我们的心情确实非常激动，晚上久久不能入睡。回上海以后，在我们开小神仙会中间，中共上海市委统战部对我们十分亲切关怀，遇到思想难关，影响前进的时候，党及时给我们指引方向，督促鼓励，无微不至。民进上海市委会也十分关怀我们，为我们进行了具体的组织工作，领导同志亲自参加我们的小神仙会，帮助我们分析提高。

神仙会，是自我教育自我改造的一种好方法，我们只是开始当"神仙"，存在的问题还不少。特别是旧的思想意识旧的作风在我们身上还根深蒂固，需要长期的努力，才能实现我们世界观的彻底改造。当我们遇到思想矛盾、反复徘徊的时候，我们一定记住党对我们的期望和教导，积极服务，努力改造，不断前进再前进！

*资料来源：《"神仙会"推动我们前进》，《光明日报》1961年3月15日，第2版。

注：原标题为《"神仙会"推动我们前进》。

中学里建起"生命科学实验室"

全国第一个由中学与正规科研院所合作建立的实验室——"上海位育中学·中国科学院上海植物生理研究所生命科学实验室"日前挂牌。一批对生物学有浓厚兴趣的师生在科学家的指导下开始在该实验室进行植物克隆技术与微生物学的研究。这是童永琪老师在为学生们做植物外植体消毒示范。

（附图片，此略）

*资料来源：《光明日报》2000年3月17日，第A1版。

党教我以祖国利益为己任（节选）

陈佳洱，1934年出生于上海，中国科学院院士，中共第十五届中央候补委员。曾任北京大学校长，现任国家自然科学基金委员会主任、中国物理学会理事长、亚太物理学联合会主席。1954年毕业于吉林大学。长期致力于加速器的研究与教学工作。早期从事等时性回旋加速器中央区研究，在离子束输运和衰减机制及确认隙共振上做出贡献。主持研制成功我国静电加速器中能量最高的4.5兆伏静电加速器，主持建成我国第一台14C超灵敏质谱计。在束流物理上提出和证实束流群聚的二维理论，研制国际先进水平群聚装置。主持建立我国第一台超射频加速器和重离子射频四极场（RFQ）强流加速器以及相关的实验基地。

抗战胜利后，父亲把我送进了上海位育中学就读。这是一所有名的学校，使我有机会获得良好的中等教育。尽管如此，那时，我的梦想仍是想成为一名作家。但在学校的一次校庆科技展览上，当我看到高年级的同学用自制的无线电发射机把校庆消息广播出去后，觉得这实在太神妙了，于是立志要从事科学事业。

（附图片，此略）

*资料来源：《光明日报》2001年6月14日，第A1版。

陈佳洱：家庭、学校教育所给予我的（节选）

陈佳洱：1934年生于上海，中科院院士，我国低能加速器物理与技术方面的学科带头人。曾任北京大学校长，现任国家自然科学基金委员会主任等。

曾就读上海培德小学、上海位育中学、吉林大学物理系，60年代初在英国牛津大学进修，80年代初曾在美国劳伦斯伯实验室等做访问科学家。

记者：您的父亲是老一辈著名儿童文学作家陈伯吹，父亲对你成长过程的影响大吗？

陈佳洱：挺大的。我父亲陈伯吹12岁丧父，家境很苦，很早就担起祖母和一家人的生活重担。他从事教育和写作一方面是因为有乐趣，一方面也是生活所迫。父亲其实很爱科学，如果不是生活原因，也会走科学道路。他写过不少科普作品。我是独生子，小时父母对我的教育真是用心良苦。父亲常把他收藏的《儿童世界》等画报和儿童图书给我看，给我讲科学故事和科学童话，告诉我科学对人类社会的进步来说是非常崇高的事业。记得6岁时一个阴雨的傍晚，我被窗外的电闪雷鸣吓得大哭，因为听隔壁老奶奶讲，天上打雷是雷公发火，要劈不孝的人。父亲把我搂在怀里，告诉我雷是阴电和阳电相遇时放电的结果，并用两手相击演示，这激起了我的好奇心。父亲索性找来玻璃板，用书架在桌面上，又让母亲剪了一个小纸人，放在玻璃下面，用擦眼镜的绸布包在一个积木块上，快速在玻璃板上滑动，玻璃板下的小纸人竟上下舞动起来，我看呆了，不禁拍手叫好。那晚爸爸又乘兴给我讲了许多关于电的常识。

父亲的有心在我幼小的心灵里种下了爱科学的种子。上小学时，他曾带我去电影院看《发明大王爱迪生》，我读寄宿制的中学时，有一天他得知电影院放映《居里夫人》，马上放下手头的工作，到学校接我去看，我和父亲都没有想到，从此居里夫人对我一生的志趣、信念产生了巨大的影响。

我的母亲吴鸿志是师范学校的钢琴教师，伴随我长大的还有母亲的歌声和琴声。

记者：这样好的家庭教育环境除了给你知识的启蒙，恐怕也影响到性格的形成。你给人的感觉特别温和宽厚，这对于科学研究所需要的合作精神很重要。

陈佳洱：有关系吧。父母给了我和睦、民主的家庭气氛，他们博爱的心胸对我也有一种潜移默化的作用。我的叔父也是由父亲供养上学，陈佐洱、陈佐煌是我叔父的两个儿子。陈佐煌当年一个人到北京考音乐学院，也得到了父亲的鼓励，我和父亲一起送他去参加考试。

科技创新有了目标，最重要的就是协作。我已不在北大工作，但我们那个科研集体没有散，就是因为大家都舍不得"你中有我，我中有你"的那么好的一个协作集体，正是由于大家取长补短，共同跃进，才创造出具有世界水准的成果。把追逐个人名利放在第一位的人，无论多有才华也没有用。

记者：学校教育对你真正走上科学道路又是什么样的影响呢？

陈佳洱：应该是决定性的影响。印象深的是我就读的上海位育中学，当时的校长是陶行知先生的学生，学校秉承了许多陶行知的教育思想，每年都举行科技节，展示学生的各种发明创造。比我高一班的同学用自制无线电发射台播音，我在家里也能收到，真是佩服。我和我的同学后来发起创办了叫《创造》的刊物，发表自己的作品，翻译《大众科学》等外文刊物上的文章，自己印发。当时中学生自己办刊物的并不少见，但办科学类是独此一家。为此还有记者来采访我们，我写的文章《我们是怎样出版创造的》，还配发编者按，登载在当时的《大公报》上。

（附图片，此略）

*资料来源：《光明日报》2002年1月8日，第A2版。

科学影响时代（位育中学校友陈佳洱）（节选）

科学技术，特别是基础科学的发展，其首要动力来自于科技人员对探索和揭示未知规律的热情，对于认识客观真理的坚持和追求，更来自对民族和国家科技进步的使命感和责任感。只有有了正确的动力，才能着眼长远利益，瞄准科学技术相关领域中的重大问题，克服各种困难，通过艰苦卓绝的不懈奋斗，做出重大的成就来，才能一圆"中国梦"！

不同时代不同"中国梦"

说起"中国梦"这个话题,在不同的年纪,我的"中国梦"也不同。

我是上海人,3岁那年(1937年),"八一三事变"爆发,上海沦陷了。在童年时代,我目睹了日本侵略者的种种罪行。他们不把中国人当人看,叫我们"支那猪",对老百姓非打即骂;不准学校正常教学,强迫学生们学习日文。那时,我的"中国梦"就是驱除外侮、把日寇赶出中国!

我父亲(编者注:陈伯吹,中国著名的儿童文学作家、翻译家、出版家、教育家,被誉为"东方的安徒生")和小叔父一直在从事抗日救亡运动,写了不少揭露日寇侵略罪行的文章。我听外婆讲,那时我母亲因病住院,日本宪兵要抓他们,就押着外婆去医院先抓我母亲。那时母亲住在二楼病房,外婆走到一楼就故意大喊"不要推我"给母亲报信。我母亲听到喊声,从二楼病房的窗户跳下去,导致大口吐血,日本宪兵只得先把她羁押在医院。一位护士(地下党员)轻声问她:"日本人为什么要抓你?"她在纸条上写了三个字:"爱国罪。"于是,医院中爱国的医生和护士联合起来保护我的母亲。他们就说我母亲得了严重的肺结核。每次日本宪兵要提审我母亲,他们便往痰盂中倒一点红药水,说我母亲又吐血了。肺结核在当时是无药可治的烈性传染病,日本人怕感染,我母亲才得以保全。人们都知道一旦被押进日本宪兵队,就是有去无回。我还隐约记得有次半夜醒来,看到外婆在灯下含着泪为我母亲缝制寿衣。

青年时代,我对科学产生了强烈的兴趣,那时我的中国梦就是科技强国。我们中学校长李楚材先生(编者注:上海市名校位育中学创办人、著名教育家、社会活动家)很重视数理教学,我的班主任是清华大学毕业的高材生,其他任课老师大都是复旦等大学的兼职教师。那时,我和几个同学成立了"创造社",自己动手做无线电收音机、扩音器等。记得中学毕业那一年,学校里做广播体操的扩音器就是我们"创造社"自制的。……

(陈佳洱,中国科学院院士、发展中国家科学院院士、核物理学家。1934年10月1日生,上海人。曾任北京大学校长,国家自然科学基金委员会主任,中国物理学会理事长,国际纯粹与应用物理联合会(IUPAP)副主席,亚太物理学会联合会理事长。他长期致力于粒子加速器的研究与教学,是低能加速器物理与技术方面的学科带头人。)

*资料来源:《光明日报》2013年10月15日,第13版。

祈通中西 励志感人
——我读《田长霖新传》

案头的这部《田长霖新传》(湖北教育出版社2015年6月版),是裴高才著述的华裔科学家与教育家田长霖曲折多致一生的传记文学作品。我和长霖兄是在上海位育中学的同班同学,且前后邻座;我长他一岁,他个子比我略高。

位育中学那时为五年制完全中学,也是上海的一所历史名校。"位育"一词取自《中庸》的"致中和,天地位焉,万物育焉"。创校校长李楚材先生将其表述为"生长、创造"。我们是1945年秋一起进入"位育"的,在那里共度了四年美好时光。四年间,长霖兄给我的印象是,天资聪颖,且勤奋好学,尤以数学成绩最好,代数和几何考试总是全班第一名,谁也考不过他。他生性活泼好动,性格开朗,喜欢打篮球、爱踢小皮球,也比较"调皮捣蛋"。在班上,我坐在他的前面,他有时从后面用铅笔捅我,和我戏耍。他的这些性格和优点,一直保持到后来。在随后的五十余年中,除了有一段时间中断外,我们时常往来。

我们的父辈都是教师出身,注重对子女的言传身教。在父辈的启迪下,我们两位"位育"同学一步一步地走上了科学的道路。长霖兄留美在普林斯顿大学获得博士学位后,成为引领热物理领域发展的著名科学家。我留学英国后,成为加速器研究专家。而且我们同为科学院院士,同在20世纪90年代出任中美两所名校的大学校长:他为美国一流研究大学——柏克莱加州大学首位华人与亚裔校长,我为北京大学校长。

柏克莱加大和北大建立校际交流关系已有三十多年,两校之间非常友好。长霖兄1990年至1997年担任柏克莱加大校长期间,我刚好在做北大副校长、校长。我们见面的机会和次数也就更多了。两校之间合作和交流的渠道更宽了,领域更广了。作为老同学和老朋友,我感到长霖兄的柏克莱之路,是一条令人惊叹的成功之路。

"为华人立表,为文坛开新"是传记作家裴高才一直的追求。通览全书,《田长霖新传》运用真实而精彩的故事,生动再现了长霖兄光辉灿烂的一生。读后让人们明白:长霖兄的传奇经历,是中国人向西方学习的成功范例。柏克莱加州大学是世界知名的一流大学,精英云集。田长霖以一个中国移民的身份,成为这所著名大学的首任亚裔校长,成为第一位担任美国最优秀大学校长的华人,使亚洲人为之骄傲,更令中国人为之自豪。他取得了常人不可企及的斐然成就,固然有他聪颖天资的作用,但更重要的是靠他在逆境中，以坚强的意志付出的艰辛努力。他努力地适应所在的社会环境和异乡文化，以付出数倍于常人的艰辛努力地学习。他的努力，使他成为美国社会中具有卓越能力、优秀品德和持久毅力的一员。

同时，我们从《田长霖新传》的字里行间也不难看出：长霖兄的传奇之路，是东方文化和西方文化相融相合的典范。他学习和工作的勤勉和毅力，待人的谦逊、真诚与平和，处事的宽容与大度，都来源于自幼所受到的东方文化熏陶。他常说的"真诚待人，勤奋做事"，正是他身上的这种深厚的中国文化底蕴的体现。这对于他的成功同样具有重要作用。

一个多世纪以来，一代又一代中国人漂洋过海，到陌生的国度去求生存、求知识、求发展。长霖兄的传奇之路，为所有后来者提供了一个成功范例。他的实践和经验，对于青少年，尤其是出国留学人员来说，有着重要的借鉴作用。在纪念田长霖八十华诞之际，我们可通过《田长霖新传》追寻他的足迹，回忆他的奋斗故事与治校传奇，这是一件非常有意义的事情。我也借此机会，寄托对窗友的深切怀念！

（作者陈佳洱为中科院院士、北京大学原校长）

（附图片，此略）

*资料来源：《光明日报》2015年8月10日，第13版。

来自《文汇报》的记载

位育中学

位育中学同学为欢度青年自己的节日和青年团成立周年纪念，下午将召开纪念大会，除讲演、文娱活动外，各级将分别出版迎接红五月的墙报。

*资料来源：《文汇报》1950年5月4日，第3版。

（位育中学）互助互济、克服困难

【本报讯】位育中学本学期未缴清学杂费的同学尚有八十五人，欠费四七七二·五二个折实单位，欠费同学对这件事以前都抱着不理睬的态度，使校方感觉很困难。学生会为此特发表告同学书，号召欠费同学迅速缴清应缴学杂费，坚决反对不理睬、不在乎的态度，说明维持学校和帮助学校克服困难是开展新民主主义学习的重要礼节，我们要把第三届各界人民代表会议及二届学代大会的决议和精神贯彻到行动中去，在自力更生，互助互济的原则下克服欠费困难。团支部号召欠费团员要带头缴清，其他团员应对欠费同学进行说服教育，争取他们早日完成缴费工作。校方也表示个别同学如有实际困难，可与减免费审核委员会商量解决。学生会与团支部将联合组织访问小组，进行访问欠费同学家庭，了解情况，以便在全校同学大力协助下，克服欠费困难。（周修庆）

*资料来源：《文汇报》1950年5月19日，第3版。

位育中学纪念建校

【本报讯】位育中学昨天举行建校七周年纪念大会，有中学的海军舞、小学的歌舞剧《打到台湾去》和足尖舞等。中华职业学校并向该校献旗致贺，上面写着"愿咱们共同努力迎接中华人民共和国文化建设高潮"。下午举行排球赛，迎战清心中学，并邀中国傀儡剧团来校演出木偶戏《万里长城》《兄妹垦荒》《猴子戏》。（周修庆）

*资料来源：《文汇报》1950年6月13日，第3版。

位育总结形势学习，同学们把本学期多下来的学费移作清寒同学学费，为下学期克服困难创造了有利条件

【本报讯】位育中学政治教员、学生会主席和团支部书记十八日参加了本市中等学校学期总结动员大会，回校后便发动同

学进行学期总结工作，首先由政治教员在十九日的周会上传达报告总结的意义和目的，号召同学准备迎接这学期的形势学习总结。当天下午各级级长、学生会执委和团小组长联名开了一次动员大会，通过干部大会来做广泛而深入的思想动员，并反复地进行了讨论。

二十四日上午全校同学举行了一次集会，会上由政治教员朱家泽先生做了专题讲演，介绍毛主席六月六日在中共中央七届三中全会的政治报告"为争取国家财政经济状况的基本好转而斗争"和政务院陈云副总理在人民政协全国委员第二次会议上的报告"关于经济形势、调整工商业和调整税收诸问题"二大文件的主要内容，指定这二文件为同学在进行形势学习总结中的学习资料，学生会和团支部联合出版的黑板报上同日也介绍了学习的参考资料。

昨天虽然是星期日，但全体同学仍照常来校进行小组讨论和小组长汇报工作，今日则放假一天，给大家回去做好形势学习总结报告。通过这次总结，预定要求达到：（一）解决同学思想上存在的主要问题，（二）坚定克服困难的信心，为下学期困难问题奠定解决的基础：本学期开学之前，由师生组成的学杂费商谈会在讨论收费标准的时候，根据上学期同学人数，预计本学期有同学四九〇人，在三面兼顾，量入为出的原则下，订出了经费收支概算表，定出学杂费数目，本学期开学后，因为有的学校停办，转来的同学很多，同学人数超出预计三十三人，有五二三人，因此收入队欠费的二〇六七个单位外，学校收入方面还多出三千个单位，应该怎样来处理这笔多下来的学费呢？起初有的同学的反映是平均退回，但也有同学反对这个意见，他们说："我们要照顾到下学期的困难，把多下来的移作下学期学费收入。"

学生会经过调查研究，掌握了同学全面的思想情况后，发出号召，要求把这笔款子移作下学期清寒同学学费之用，首先，即将毕业的五甲同学起来响应，他们说："虽然我们就要毕业了，但为着同学和学校的长久利益打算，为下学期克服困难创造有利条件，我们绝对同意学生会的正确意见。"四乙同学继起响应学生会的号召，这件具体的事实教育了其他各班级的同学，都纷纷响应，通过这件事，说明了位育中学同学在互助互济的原则下，为下学期的克服困难创造了有利条件。（位育中学通讯员 周修庆）

*资料来源：《文汇报》1950年6月26日，第2版。

位育中学同学全体参加冬季体育锻炼

位育中学的体育活动已普遍展开。上月十五日举行的第一届全校体育大会，除大会操全体参加外，个人项目的人数也达到了百分之七十八，以班级为单位的集体立定跳远，每班同学百分之百的参加了竞赛。

进行了一个多月，于前天结束的全校篮球竞赛，在六百多同学中，参加的共有五十五队，平均每班有四个球队。其中男同学有四十二队，人数计三百四十四人，占全校男同学总数百分之七十四；女同学十队，计八十人，占全校女同学总数百分之五十。教工也有一队参加。合计参加人数占全校的百分之七十弱。通过这次联赛，培养了二十个男女同学在联赛中担任裁判工作，并发挥了许多积极分子在球场服务。在全部竞赛中，都树立了良好的作风。

有了普及的基础，所以对于推行冬季体育锻炼标准，起了很大的作用，同学们都兴奋地百分之百地报名参加了。现在正进行组织工作，大家有信心搞好冬季锻炼。

*资料来源：《文汇报》1952年1月9日，第4版。

改进学校领导工作
（位育中学校长　李楚材）

我满怀兴奋地迎接一九五四年的到来。作为学校行政领导的我，一定和全校师生在一起，努力将学校工作向前推进一步。

首先我们要抓紧教学领导，有步骤地改进课堂教学，保证教学质量；同时，认真地学习苏联先进教育理论和经验，并吸收各地学校的先进经验，以期逐步提高。

其次，要有计划地培养学生自觉纪律，建立良好的学习秩序，保证教学工作的顺利进行。

同时要在可能范围及教育行政当局的指导下，扩展班级，以适应国家的需要。

在工作方法上，必须按照要求，订出计划，使一切工作依照计划进行，逐渐做到计划化。

我虽然做了十多年学校行政领导工作，但由于政治水平、思想水平限制，没有多大成就。今后，在"总路线总任务"的灯塔照耀之下，站在自己的岗位上，要尽所有的力量，贡献于壮丽的社会主义建设事业。

*资料来源：《文汇报》1954年1月1日，第9版。

位育中学教师举行座谈会，批判实用主义教育思想

本市位育中学教师在本月二日下午举行批判实用主义教育思想第一次座谈会。在这次全市中、初等教育界学习社会主义教育思想、批判资产阶级唯心主义教育思想运动中，这也是首次出现的由学校单独举行的座谈会。继此之后，市一女中、市东中学、光明中学等十多个学校都将陆续单独或联合举行座谈会。

位育中学座谈会讨论的题目是：实用主义者所谓教育为全社会服务为什么是反动的？出席的同志发言都很踊跃。他们一致指出：实用主义者所谓民主社会是美国式的资本主义社会，在这样的社会里，存在着资产阶级和无产阶级两个对抗的阶级，他们的利益是根本不可能调和的。而资产阶级由于占有生产资料，掌握了政权，同时也就控制了教育权，因此，在这样的社会里，教育只能为统治阶级服务，而不可能为全社会服务。大家进一步揭露了实用主义者所以倡言教育为全社会服务，其政治阴谋在于模糊教育的阶级性，麻痹广大劳动人民的革命意志，引导大家走上改良主义的道路，从而达到他的取消革命、巩固其阶级统治的反动目的。并为美帝国主义对外实行文化侵略，实现其丑恶的"世界主义"开辟道路。

陈冰清、朱家泽等同志指出：实用主义这种教育为全社会服务的反动教育思想对旧中国教育界有特别坏的影响。它引导广大师生脱离政治，远离革命，位育中学就是一个明显的例子。中华人民共和国成立前当学生运动轰轰烈烈展开的时候，位育师生照旧关门上课，不闻不问，这样的表现曾经得到当时伪教育局的称赞；这就说明：这完全是有利于反动派，而不利于革命的。陈冰清感触很深地说：如果当时全中国的学生都像位育学生这样，那对反动派的统治就非常有利。李引弟进一步指出：中华人民共和国成立前本校培养的学生绝大部分是资产阶级子弟，从他们一般都只重视功课，政治认识极端模糊的情况看来，也完全证明了当时本校教育是完全在替资产阶级的利益服务，而并不是超阶级超政治的。

最后，大家谈道：这种超阶级、超政治的思想残余影响到今天仍没有完全肃清。如对于政治学习的不够重视，教学中的单纯传授知识，理论与实践脱节等都是脱离政治的表现。大家认为教师必须树立全面发展教育思想，才能保证完成为祖国培养社会主义新人的任务。

这次座谈会举行以前，教师们一般对中心小组布置的讨论要求都有领会，普遍钻研文件做了充分准备，并写了发言提纲。在讨论过程中，又比较充分地发挥了自由思想，展开了论争；当话题有时岔开到一些枝节问题上或这次不准备解决的问题上时，又都注意了及时把它撇开，保证了整个会议能够围绕中心有领导有计划地进行，这些都是这次会议开得比较成功的原因。

会后教师反映：这样有准备地举行座谈会，使大家对问题能够获得比较系统、全面的认识，对每个人都是有帮助的，也提高了大家对理论学习的兴趣，赞成今后能再举行这样的会议。

*资料来源：《文汇报》1955年6月4日，第3版。

开出更鲜艳的花朵
（上海市第五十一中学校长　李楚材）

学习苏联教育经验，首先使我们明了了教育目的。苏维埃学校教育的基本目的——培养全面发展的人，培养共产主义社会的积极建设者，对我国制定学校教育目的有着指导意义。毛主席针对我国的实际情况，特别是学校的现状，提出"我们的教育方针，应该使受教育者在德育、智育、体育几方面都得到发展，成为有社会主义觉悟的有文化的劳动者"。这个既切合实际又十分明确的教育方针鼓舞着全国教育工作者努力前进。

学习苏联教育经验，使我们不仅重视校内教育，也重视校外教育的设施；不仅校长、教师重视对年轻一代进行教育，共产主义青年团的工作也密切配合，起着良好的教育作用。——党和政府除添办许多学校，大力提高教育质量外，和苏联同样的创办了少年宫、少年之家、少年自然科技站、儿童图书馆、儿童公园等，以助学校扩大教育效果；实施二部制的学校，还组织校外小组进行各项活动，这也是苏联教育经验的运用。至于共产主义青年团对年轻一代的政治思想教育工作，则发挥了更大的力量。许多青少年在学校的教育和团、队的帮助下加速成长，也是学习苏联的收获。

学习苏联教育经验后，又使教师在教学和教育中明确应该起主导作用，对工作更负责，教育效果更显著。党和政府一方面提高和培养师资，一方面严格要求教师要在教学和教育工作中，起主导作用，八年来教师们对学生爱护备至，在教学和教育工

作中引导学生积极的自觉的活动,并根据学生不同情况给予个别指导,因之,教育质量逐年提高。这也是学习苏联的好处。

今后,我们要更有计划有步骤地向苏联学习,吸取苏联教育的精华,使我国教育事业开出更鲜艳的花,结出更丰硕的果。

*资料来源:《文汇报》1957年11月6日,第6版。

加强政治思想教育的初步规划
(上海市第五十一中学)

在反浪费、反保守运动的高潮里,从教师们所写的大字报中间,反映了这几年来学生的政治思想面貌虽有很大的进步,但也还存在不少问题。有的政治思想模糊,对坚定地走社会主义道路缺乏明确的认识,单纯学习知识、脱离政治的倾向严重;有的不明确学习目的,存在"唯有读书高"的思想,轻视劳动、轻视劳动人民,缺乏劳动习惯与热爱工农的感情;有的生活上不艰苦,不俭约,虚浮奢华,骄气严重;有的自由散漫,自私自利,缺乏集体观念;还有少数学生有道德败坏的行为,如偷窃、舞弊、欺骗,沾染流氓阿飞的思想影响。

这些情况的存在,正说明了我们的工作还做得很不够,必须大大的改进。经过教师们的反复讨论,我们订了个加强社会主义思想教育,特别是劳动教育的规划。要求:

1. 本学期在师生中进行中学教育方针的大辩论,搞深搞透,使方针成为教师教育工作的指导思想,使方针成为同学培养自己的目标。

2. 要求全体教师充分认识学校是政治思想教育的阵地,明确一切工作必须从政治影响出发,必须考虑教育效果。要求教师认识学生不但是教育对象,而且是办好学校的积极力量,必须充分发挥学生群众的积极性。

3. 在思想工作中,必须贯彻"灭资兴无"、理论联系实际的方针,采取边鸣放、边争辩、边讲解、边劳动的办法,针对错误思想组织批判,使同学端正立场,提高觉悟。

4. 要求教师建立全面负责的观点,人人动手,发挥集体的智慧与力量,从各个方面加强政治思想教育。

我们准备采取的具体措施是:

(1) 加强对政治教育辅导组的领导,组织政治课的集体备课与互相听课,提高讲课质量。

(2) 辅导同学进行教育方针、时事政策与其他重大问题的大辩论。注意搜集同学的思想情况,用阶级观点进行分析、研究,针对情况进行教育。

(3) 加强形势教育,使同学进一步明确社会主义前途,鼓舞学习情绪。每月举行一次形势报告,培养同学经常读报的习惯。定期举行时事测验,提高测验的质量。

(4) 贯彻勤工俭学,并组织同学参加建校公益劳动,加强同学体力劳动的锻炼,争取每年劳动总时数达到40—50天,其中除寒暑假下乡义务劳动外,每周劳动半天。

(5) 发动同学参加社会工作及公益劳动,并加强辅导。

(6) 加强对同学进行纪律教育,严格执行学校各项制度。

(7) 学期开始,就订出具体计划,加强对毕业班进行教育,要求1958年毕业生中有90%能接受祖国分配,积极参加劳动,特别是农业劳动。

(8) 各班针对同学中存在的一些不良倾向进行教育、批判。要在本学期内坚决消灭作弊与偷窃现象,肃清流氓行为与其思想影响。并树立集体舆论,使同学敢于和不良倾向做斗争。

(9) 在学生中组织社会主义竞赛,组织评比(比思想觉悟、比学习质量、比勤劳朴素、比尊师守纪、比团结友爱、比健康卫生、比社会工作),及时进行表扬与批评。

(10) 加强对工农子弟的教育培养,为同学树立榜样。

(11) 各班除配备班主任以外,还将全体任课教师分配到各班。组织教师具体辅导勤工俭学,并注意形成教师集体,人人一致,严格要求学生。

(12) 加强团队与学生会工作,要求团队、学生会订出规划,配合进行思想教育工作。

(13) 加强学校与家庭间的联系,动员家长力量支持勤工俭学运动,并要求家长辅导校外小组活动。

*资料来源:《文汇报》1958年3月12日,第3版。

科技活动结合教学与劳动，五十一中学以教学为中心深入持久开展科技活动，学生既学会了一定的生产技术又扩大加深了知识领域

【本报讯】上海五十一中学在大搞科技活动中，以教学为中心，坚持把科技活动与教学、生产劳动结合起来，改变了教学面貌，理论联系实际的学风日浓。

近四个多月来，该校学生在科技活动和教学、劳动的结合中，制作了天文望远镜、惠司登电桥、无线电遥控舰模、航模等科技项目1105件；协助工厂搞出了技术革新250件，其中包括尖端高级产品。还绘制了技术革新图纸440件。在教师的指导下，学生又结合书本知识与生产劳动，写出了大批科技专题研究文章。由于理论密切联系实际，在最近的考试中，许多班级的成绩有了提高。

开始时，有些教师担心科技活动会影响教学工作；有的虽然主张大搞，但是方向不明确，不知怎么办好。针对这样的情况，学校党支部一面加强科技活动的组织领导，妥善安排时间，一面组织全校教师讨论。使教师们明确：组织青少年参加多种多样的科学技术活动，是贯彻党的教育方针的一个组成部分，是为了全面提高学校教育质量。同时强调指出，全日制学校以教学为主，因此科技活动要密切围绕教学进行，以教学为中心，实行教学、劳动、科技三结合；这也是培养全面发展的新人的一条正确途径。党支部又认真研究总结了高三年级的经验，举行了全校学习、劳动、科技三结合的展览会，广泛深入发动群众，把科技活动向三结合的方向引导。

方向明确以后，在开展科技活动的过程中，教师们就结合教学、劳动，引导学生根据书本上的科学原理去思考、应用和创造，使他们既学会了一定的生产技术，又扩大和加深了知识领域。例如，高三（3）班学生何宗川在仪器厂劳动时，运用所学的电阻定律，制成了惠司登电桥。为了弄懂电桥的构成原理和计算方法，又在教师的帮助下，钻研了大学物理课本中的基尔霍夫定律、高等代数中叠加方程等概念，写出了惠司登电桥和基尔霍夫定律一篇专题研究。这样，把书本知识运用于实践，又在实践中获得了更多的科学技术知识。

教师们还组织学生围绕各科课堂教学，进行科技专题研究。这种专题研究的方式方法多种多样。有的为了帮助学生掌握某一方面的现代科学技术知识，或加强课本上的某一个重要的概念，由教师提出专题研究项目，拟定提纲，然后学生集体讨论，写成文章，再由教师审阅，提出意见。有的是学生根据自己的兴趣和特长，或针对自己学习中的薄弱环节，确定专题研究，在课外独立钻研，以巩固、加深书本知识，做到举一反三，灵活应用，并用自己的语言系统地表达所掌握的科学知识。教师还对有些同学进行重点帮助，更好地培养他们独立工作的能力。现在，学生已写出了很多科技专题研究的文章，仅五个高中班级就写了354篇。高三（1）学生朱钟益研究了"硫酸"的性能、制法，又与工业制盐酸、制硝酸做了对比，写了一篇"工业制硫酸"的研究文章，差不多把三年来所学的有关酸的性质和制法的新旧知识都整理清楚了。在研究的过程中，他又掌握了系统整理、分析比较、综合归纳等学习方法，提高了学习质量，本来他的学习成绩仅达及格水平，现在各科学习成绩都是五分。高三年级的学生在物理课读到"电子微波学"时，为了更好掌握电子微波这一现代科学知识，在教师的帮助下，找了有关参考书，集体研究讨论，分章分节集中整理，写成了"电子微波学研究"。

该校又使学生的科技活动和工厂的技术革新紧密结合，在组织学生下厂以前，教师事先参观了工厂的工艺过程，了解了技术革新的情况；使学生认识参加技术革命的政治意义，把科技活动和祖国的社会主义建设更紧密联系起来，从而鼓舞学生积极投入技术革命的洪流。高三（4）的学生结合科技活动，为工厂制作了产品自动检验器。高一学生和工人一起，运用化学上电解的原理，制造了电解磨刀，减轻了体力劳动，工效有了提高。

由于科技活动密切结合教学、劳动，使学生学得的知识通过实践和运用，成为活的知识，培养了独立钻研、理论联系实际的新学风，改变了死记硬背，生吞活剥，"上课记笔记、下课背笔记、考试默笔记、考后全忘记"的书呆子式的学习旧传统。

*资料来源：《文汇报》1960年7月4日，第2版。

五十一中学重视调查研究，总结经验，领导工作更加切合实际，教师积极性和师资水平更加提高

【本报讯】上海市第五十一中学党支部重视通过调查研究、总结经验来探索教育工作的规律，提高了教师的工作自觉性，也丰富了领导智慧，使领导工作更切合实际情况，不断提高质量。

1959年暑期，中共徐汇区委发动全区中小学教师，通过总结工作，创造、交流和积累经验，探索提高教育质量的规律，五十一中学党支部受到启发，就把调查研究和总结、交流经验成为领导的基本工作方法之一。他们把这种方法称为"让事实说话"。三学期来，这个学校每学期都要开几次教育、教学工作的展览会或经验交流会，三分之一的教师在全校性的活动上介绍过自己的经验，并先后编印了三辑经验汇集。教师们逐渐乐于通过这种群众自我教育的方式学习新的东西，他们说：回顾和总结工作的过程正是提高自己的过程。别人的切身体会，给自己很深的印象，这些经验往往是书本上所学不到的。经过对去年教学改革后所发生的情况，进行调查研究并总结几项经验后，许多教师又说：没有总结以前，好像自己没有做过什么，总结以后，心中有了底，以后怎么做就踏实了。

五十一中学在总结经验时，注意抓先进思想来解决教师们需要解决的问题。去年上半年，学生大搞科技活动，在有些教师中有思想障碍，同时也存在些实际困难，经过支部调查研究，发现主要是不明确培养学生解决实际问题能力的重要意义，不明确指导开展科技活动的方向，对学生的能力和积极性估计不足。学校党支部就针对这些情况，先要求高三师生在科技项目、专题研究等方面做出成绩，举行现场会议，一面展览实物，一面介绍典型经验，发扬先进，解除怀疑，推动科技活动向教学、劳动、科技三结合的方向发展，使全校师生都投入科技的群众活动，制作了天文望远镜、万用电桥、无线电遥控舰模等科技作品，并提供和协助工厂搞技术革新，发扬了理论联系实际的新学风。在总结和交流教育、教学工作经验时，该校十分注意分析具体经验的精神实质，分析运用具体经验的目的和条件，特别是和共产主义劳动态度的有机联系，重视了发掘先进的教育思想。三学期来，他们根据教师中实际存在的思想问题，有意识地交流了"既管教，又管导，对学生全面负责""从学生实际出发，不从教师主观愿望出发""理论联系实际，不是单纯传授理论知识"等经验。由于重视总结先进思想，因此这些经验促进了教师思想的提高。有些教师原来以为自己没有系统学过资产阶级的教育学，不会有什么资产阶级教育思想，听了别人的经验介绍，自己也去追究工作中的问题，才发觉确实是自己的指导思想有问题。有的教师过去不重视别人的经验，以为经验的概括，不过是教育学上的几条原则，在听了别人分析教学实践如何受思想的指导后，就感到启发很大。由于抓住了思想，有些经验才能在不同学科中推广、提高。物理组的"看同学做习题，了解同学的思想方法"、外语组的"根据学科特点进行学习目的性教育，把思想工作做到每个同学身上"等经验，都先后在别的教研组里开花结果。

由于五十一中学总结、交流经验是从实际出发的，因此成了提高师资水平的重要途径。随着教育事业的不断发展，每学年都有许多新教师调到学校里来，他们多数没有受过专业训练，没有教学经验，但在党的教育下，坚持虚心向老教师学习。他们听老教师的课，学习怎样安排和分析教材，学习怎样运用教法……在认真领会精神后又在实践中运用补充，在工作过程中有了心得，自觉地进行总结。逐步能胜任所任学科，有的已成为教研组的骨干了。这学期该校增加了十四个青年教师，党支部除了鼓励他们一定要认真向老教师学习以外，也注意发掘他们中间的先进苗头；抓住了"青年教师要和学生打成一片，关心学生，研究学生的情况"的经验，来扭转部分教师中只钻业务，片面认为"只有业务搞好，才能树立威信"的思想，发扬了"青年人要事事争取主动，在工作实践中学习"的思想，克服原谅自己不熟悉情况、工作被动等待的倾向。事后青年教师的干劲就更足了，在1960年除夕晚会上，五个担任高三课程的青年教师就表示要以战斗的姿态搞好教育、教学工作，力争达到第一流水平，绝不辜负党的信任和培养。

五十一中学的党支部和行政经常鼓励教师继续通过业务实践来充实和发展已有的经验，并不断总结提高。三学期来，该校英语教师朱耀坤曾多次总结和介绍了她的教学经验，领导发现她除了努力贯彻课程革新精神外，总是从调查研究学生实际来改进教学，便帮助她总结对"从学生实际出发"这一原则的体会，经过分析研究，发现她对"从学生实际出发"这一原则的认识有个发展过程，开始是只从学生的知识水平出发，强调照顾学生的原有基础，对教材教法作适当的处理。后来，她发现更重要的是要从学生的思想实际出发，要深入到学生中去，调查研究学生的思想实际，以后再有的放矢地进行学习目的性的教育，端正学生的学习态度，提高学习质量。这学期，她更进一步认识到从学生实际出发还要了解影响学生学习的多种因素，要充分估计学生的潜力与积极性，因此，要普遍研究学生的资料，要调查了解学生的家庭情况，并经常吸收学生对各种教学方法的反映，采纳学生的合理建议。正因为她的认识有发展，因之做法也就有发展，这使她体会到边总结、边实践的过程正是逐步提高的过程。其他如语文教研组对精讲多练的体会，数学教研组对开展课外小组活动的认识，也都是随着实践而逐步丰富的，有些教师在总结以后说："我现在做得还不够，先写这些，过些时候再发还给我们补充。"

教师总结的经验也丰富了领导的智慧，使领导工作更能符合实际情况，提高领导水平。教师总结出来的经验，有些写进了学校工作规划，有些成为说明某些原则的素材，有些成为学校工作的制度（如新生入学指导，试卷分析）。该校党支部和行政努力使行之有效的先进经验逐步为一般教师所掌握。同时，他们也体会到群众的智慧是无穷的，要领导群众前进，领导干部首先就要眼睛向下，做群众的学生，学习群众的经验。在本学期行将结束的时候，这个学校的党支部和行政已在考虑如何在经常总结和交流经验的基础上进行期终总结。他们打算和年级组、教研组一起调查研究，确定一些重点题目，然后组织教师以分析质量、漫谈体会等形式提供资料，领导动手，进行总结提高。

*资料来源：《文汇报》1961年1月30日，第1版。

衡量中学生外语水平的我见
（上海市五十一中学　朱启新）

外语是一门工具学科。中学开设外语课的目的，主要是使学生打好听、说、读、写的坚实基础，具备一定的口语和书面语的理解和表达能力，以便毕业后从事工作或升入高等学校时进一步掌握外语。衡量中学生的外语水平应该看他们实际运用外语的能力。目前新的外语教学大纲尚未正式颁布，对中学外语教学应该达到的具体要求尚待根据实际需要与可能来拟订。这里不想谈具体的要求，仅就怎样衡量中学生外语水平这个问题，谈谈自己的一些看法。

前些年，外语教学似乎有偏重语言理论知识，忽视实际运用外语能力的倾向。例如，我们在考查学生语音方面的知识或语法上的知识时，有些学生可以把某个音素的发音部位回答得头头是道，可是单词还是念不准。在英语语调方面也可以讲得出一般疑问句用升调，陈述句用降调，可是念起句子来依然不像英语。也有很多学生语法规则记得牢，就是讲或写的时候要违反规则。有时似乎并未违反语法规则，可是外语就没有这种讲法。因此，单纯从语言理论知识来衡量，不一定能反映出学生外语的质量。以后，又提出不能只注重语言理论，而更要注重语言实践，这当然是正确的。但在教学中一度有不敢讲语法，单纯强调熟读课文，平时课内外练习也是以熟悉课文为主的现象，这就造成学生的死记硬背，不求甚解。有些学生了解整个句子的意义，可是句中单词的意义却记不清楚。有一次考查学生"limbs"（四肢）的意义，不少学生说成"痛"，原因是学生仿佛记得课文中有"My limbs ached."（我四肢酸痛）这句句子，可是究竟哪一个词解释"痛"，哪一个词解释"四肢"就记不清了。有些学生在刚学完一课以后参加测验，在答复根据课文而出的测验题目时，能考上五分，可是如果拣一些常用的单词要他们造很简单的句子，却错误百出。例如，有的学生可以用英语把"我们的教育方针必须使受教育者在德育、智育、体育几方面都得到发展，成为有社会主义觉悟的有文化的劳动者。"译得一字不差，可是却不会把较简单的"党要我们成为有社会主义觉悟的有文化的劳动者。"正确地译成英文。有的学生读了两年多英文，连"because""apring"这样常见的词的意义也搞不清，但英语的成绩是五分。有的学生读了三年俄语，不会回答"Kak vasha familiya?"（你姓什么？），而俄语成绩却是五分。原因何在？原来平时考查和期终考查，考题几乎全部是根据课文的，期终考试时也是指定几课进行复习，既不考前一学期学过的东西，更不考一年级学过的功课。因此，单纯考查课文的内容不能反映学生外语的真正质量。

学生外语水平应该反映在运用外语的能力上。语音、语法、词汇方面的知识和课文仅仅是培养学生语言能力的手段，本身不是教学的最后目的。一个翻译家不一定能背出许多语法规则；一个能用英语听和说的人不一定能讲出各个音素的发音部位。难道可以认为他们的英语水平不如一个能背出几条语法规则和记住发音部位，而听、说、翻译能力大大不如他们的中学生吗？一个英语水平很高的人，即使本族语是英语的人，假如他没有念过"The Story of Ting Yu-chun"（丁佑君的故事）这课书，也没有看过或听过这个故事，就无从回答根据课文提出的问题"When did Ting Yu-chun join the revolution?"（丁佑君什么时候参加革命的？），难道就能说他的英语不好吗？

学生运用外语的能力表现在听、说、读、写四个方面。那么四个方面的能力允不允许有参差呢？前几年强调中学外语教学以阅读为主，对听、说、写（特别是听和说）就不够重视。又认为既然要培养阅读能力，就应该着重句子分析。据说目前有些同志仍认为句子分析对培养阅读能力有决定性的意义，在学习课文时，要求学生把每句句子的各种成分都能分析。有些学生已经懂得课文意义，就是对若干句子中的某些成分，例如定语或状语，宾语补足语或状语无法判断，就被认为未达到要求。事实上，有些句子的成分在语法学家中间也有各种不同的见解，很难贸然下结论。结果，学生把很多精力花在分析句子成分上，钻了不少牛角尖，未免本末倒置。分析句子成分，目的是为了更好地理解课文，只有对某一句子理解不够透彻时，分析一下句子成分或许有所帮助。因此，分析句子成分应掌握一定的分寸，不能过分强调。后来，对阅读为主的提法认为不妥当，提出听、说、读、写不可偏废。但这并不等于说学生的听、说、读、写四个能力要"等量齐观"。要求凡是看得懂狄更斯文章的人，都能写出和狄更斯一样质量的文章，显然是不切实际的。中学外语教学既然是打基础，就应该对听、说、读、写四方面都有一定的要求。譬如说，在毕业时要求具备能利用词典和其他工具书阅读浅近的文章，有简单的会话能力和能写一些简短的日记、书信之类的能力。

学生的听、说、读、写能力是逐步培养起来的。过去有些学生认为外语只要突击一下，开一二次夜车就可以应付考试。等到突击一下不能奏效时就干脆放弃。为什么认为突击一下能"解决问题"呢？有些学生说，期终考试前，教师事先指定本学期考几课书，试题是六十个单词、四个问题、四句翻译。这样，只要在考试前几天突击背一背单词，六十个单词中只要写对五十个就有五十分；问题和翻译各弄对一句就有十分，合起来就是六十分。可是考过以后，大部分忘了，这当然不能反映真正掌握的外语质量。如果考的范围是累积起来的语言材料，不是指定的几课书，突击就解决不了问题。一些常用单词和基础语法、基本句型范围内的知识必须逐年累积和转化为能力。同时，这种能力还必须经得起随时考查。假如一个念过三年英语的学生最低限度要掌握800—900个常用单词的话，那是指任何时候不加准备也能运用，才算是他真正掌握的词汇量。这说明抓基础知识和基本训练是极重要的，同时也是艰巨的。必须在日常教学中有意识地安排好基本训练的项目，明确每一年级或每一个阶段需要掌握的基础知识和技能，随时检查巩固，才能真正提高学生的外语质量。

*资料来源:《文汇报》1962年4月14日，第2版。

五十一中学举办毛泽东思想学习班扫除思想障碍，巩固了以教学班为基础的革命大联合

【本报讯】上海市第五十一中学革命委员会以"斗私，批修"为纲，举办毛泽东思想学习班，认真学习毛主席的最新指示，从思想上巩固革命的大联合，巩固以教学班为基础的革命大联合，推动了学校无产阶级"文化大革命"进一步开展。

毛主席关于要斗私，批修的伟大号召提出后，五十一中学革命委员会闻风而动，坚决贯彻执行。十月初就举办了毛泽东思想学习班，参加学习的成员有学校革委会、红代会、革教会的委员和各班级红卫兵小队的负责人。学习班组织学习"老三篇"和毛主席的最新指示，狠斗"私"字。学员通过学习，提高了"斗私，批修"的自觉性，自己亮思想，自己揭疙瘩，敢于刺刀见红，开展认真的自我批评。他们大胆地暴露思想，摆出了大联合以后暴露出来的小资产阶级派性的种种表现。例如：争名次、争席位；组织上联合了，但是貌合神离，搞活动还是各顾各的；只看别人的缺点，不愿意作自我批评等等，并且进行了批判，通过亮思想，开展谈心活动，学习毛主席的最新指示，他们感到只有组织上的联合，没有从思想上巩固大联合，这种大联合是不能持久的。因此在实现组织上的大联合后，必须毫不松懈自己的斗志，继续破私立公，克服小资产阶级的派性，才能不断巩固和发展大联合。

这个学习班还采取会内和会外相结合的方法，推动各班级巩固大联合。很多班级红卫兵组织的负责人，一面参加学校学习班，一面回班级组织学习班，随时把学习班里斗私批修的精神带回班级。中四（四）班本来已经实现了大联合，但是两派之间经常为人选问题发生争吵。这次，两派负责人参加了学习班，消除了思想疙瘩，他们回到班上也组织了学习班，学习毛主席最新指示，各自作自我批评，使同学之间也消除了隔阂，团结起来一起搞大批判了。

学习班还采取了三结合的形式，红卫兵小将、教师、干部、留校的解放军同志一起参加，大家互相交心，一起亮思想，共同学习，解决当前斗争中的问题。这样，相互了解了，干群关系、师生关系和军民关系也更加密切了。

*资料来源:《文汇报》1967年10月19日，第3版。

热心科技的"校外辅导员"

最近，上海市第五十一中学的校园里，传出了一个振奋人心的喜讯：热心于无线电科技活动的师生们，试制成功了一套一百五十兆赫调频式四路二十八通道的无线电遥控设备。这项科研成果的技术标准，达到了先进水平，填补了我国民用电子工业上的一项空白。他们喜悦地操纵着遥控设备，从心底里感激关心青少年科技活动的"校外辅导员"袁永明师傅。

袁师傅是上海开关厂自动化设计组的设计员，过去曾担任过上海航空模型队的教练，在"四人帮"的干扰破坏下，航模队被解散了。但是，袁师傅并没有被"四人帮"的淫威所压服，他利用厂休日和其他业余时间，走访学校和区少年宫，向青少年传授无线电遥控技术，把自己在党和人民培养下学到的专业知识，为青少年努力掌握科技知识服务。

五十一中学党支部为了培养学生从小爱科学，长大攀高峰，校办工厂里搞起了无线电科技活动项目。由于无线电遥控技术是尖端科技项目，师生们在学习时遇到了许多困难。袁师傅知道后，就自告奋勇地担任了这个项目的"校外辅导员"。他们缺乏这方面的基础知识，袁师傅热情地办讲座；不会设计线路图，袁师傅耐心地和他们一起制定设计方案；不会掌握调试技术，袁师傅手把手地教。在试验四路二十八通道遥控设备时，袁师傅整整三个月的例假日都没有休息，和师生们共同奋战。有时遇到很棘手的困难，他就一边鼓励大家发扬攻关精神，一边仔细分析原因，反复试验，一直搞到很晚，才骑上自行车回家去。师

生们很过意不去,常常劝他早点回家休息。可是,袁师傅却总是回答说:"没关系,这是我应该做的。"

在袁永明同志的热情帮助下,同学们不仅学到了很多科学知识,也学到了袁师傅刻苦钻研技术,对工作一丝不苟的革命精神,使他们提高了学好文化科学知识的自觉性。四年级学生小吴,学习成绩一直很好,听到了一些赞扬后,她认为自己学得差不多了,参加科技活动后,在袁师傅勤奋好学的精神影响下,认识到自己不是"差不多",而是"差得多"。从此,她不断克服自满情绪,更严格要求自己了。

学生们的进步,使袁永明同志更加感到在青少年中普及科技工作的重要。当有人问他,你为什么这样积极辅导青少年学科技时,他说:"现在的青少年是实现祖国'四个现代化'的人材,培养他们走又红又专的道路,是我们义不容辞的责任呀!"打倒了"四人帮",袁永明同志辅导青少年努力学习科技知识的劲头更足了。最近,他利用援外回国后的一段休整时间,为出版部门编写了一部二十余万字的遥控技术书,为辅导青少年开展科技活动,提供了新的学习材料。(本报记者)

*资料来源:《文汇报》1977年11月30日,第2版。

市五十一中学学生满怀壮志提出响亮口号:八十年代成材,大展四化宏图

本报讯 记者王宝娣报道:我们的青少年应该有什么样的精神风貌,是对祖国四化建设无所作为,还是振奋精神,做好准备,努力促进四化的早日实现?上海市五十一中学的学生做出了响亮的回答:八十年代成材,为四化从我做起,从现在做起,从点滴小事做起。

这个口号现在已经开始成为学生们的自觉行动。他们纷纷从自己的实际出发,按照德、智、体全面发展的要求,订出了为四化立志成材的规划。整个学校热气腾腾,学生精神面貌起了显著的变化。开学以来,各班光荣册上已记载了好人好事一千二百多件。同学间相互帮助,蔚然成风。有的班级的团员还和同学结了帮学对子,向德、智、体全面发展的目标携手共进。

上学期末,报上开展"怎样帮助她解除苦闷?"的讨论后,这个学校的学生反响热烈,议论很多。有的与"苦闷"作者观点共鸣,有的反对,有的认为作者想得太多。为了把同学们引向正确的方向,高一语文教师结合作文练习,让同学们给"苦闷"作者写信。这引起了同学们的极大兴趣,大多数同学都用自己所见所闻的事实努力去帮助作者解除苦闷。有的同学写道:"在我们社会里,不可否认,还存在落后的东西,当我们看到这些就光唉声叹气吗?不,我们要努力奋斗,去改变那些落后的方面。"有的同学说:"我们不能对着失去的昨天叹息、犹豫、彷徨,又虚度了黄金般的今天。我们要从现在起,努力学习,掌握建设祖国的本领,把自己培养成对四化有用的人材。"

这件事给了学校党支部重要的启示,于是一个"为四化立志成材"的活动在学校里开展起来了。高一(1)班王丽同学是个天文爱好者,今年春节期间曾随市少年天文爱好者协会组织的观测队赴云南观测日全食。她说,立志成材,首先要有雄心壮志。我要立志做一个居里夫人式的女科学工作者,献身于祖国的天文事业。她把远大的革命理想和目前的学习紧密地结合起来,平时严格要求自己,刻苦学习,发觉自己对数学的基本概念掌握得并不牢固,基础运算也欠熟练,就反复复习,直到熟练地掌握为止。高一(2)班学生汪文钺立志长大当科学家,他已经自学完了高中数学的全部内容,正在钻研高等数学。学习中碰到许多困难,但他不气馁,总是用祖国需要我们快快成长来激励自己,决心不畏艰难地向科学高峰攀登。

初中同学年龄小,教师们则从具体问题入手,引导他们立志成材。初一(4)班一些同学在考试中作弊,教师就引导他们讨论:"立志成材,是成蠢材,还是成为对祖国有用的人材?"小同学纷纷说:"要做对祖国有用的人材。""怎样才能成为对祖国四化有用的人材呢?"小同学抢着回答:"要有过硬的本领。"通过生动活泼的讨论,同学们对学习的目的性有了正确的认识,他们说:"作弊虽然可以欺骗老师,欺骗家长,但害了自己,虚假的知识是不能建设四化的。"学生郭迅以前学习上怕艰苦,一遇到难题,就要爸爸告诉他答案。现在他克服了这个坏习惯。最近,他在做一道比较复杂的应用题时,脑子里又闪起了"问问爸爸"的念头,但是一想到自己要立志成材,就不问了,经过自己钻研,解出了难题。

过去,一提"成材""人材"这些字眼,差生就会泄气。教师便引导他们讨论:怎样理解成材,我们能不能成材?经过学习和讨论,基础班和补课班的同学也树立了信心。他们说:四化建设需要各级各类的人材,只要我们不自暴自弃,从我做起,从现在做起,从点点滴滴的小事做起,就能成为对四化有用的人材。补课班一位同学过去一学期旷课一百余节也无所谓,最近有了紧迫感,觉得再不能像过去那样糊里糊涂地虚度光阴了。一天人家给他一张电影票,他心里很想看,但是一想到自己要成为对人民有用的人材,就毅然将电影票退掉了。还有一些学习比较差的同学,都表示要迎头赶上去。他们说,正因为我们失去了昨天,今天就显得更重要、更可贵了。

【编后】

"八十年代成材，为四化从我做起，从现在做起，从点滴小事做起"，五十一中学学生的这个口号提得好！它反映了我们这一代青少年应有的精神风貌。

实现四化，需要我们长时期的艰苦奋斗。八十年代，是祖国建设关键的十年，也是目前正在中学读书的青少年健康成长的关键的十年。时不我待。一切有志的青少年，都应当抓紧时机，发奋学习，刻苦锻炼，力争掌握更多的本领，以便在若干年后，能够肩负起建设祖国的重任。

八十年代立志成材，就是要树立雄心壮志，要有革命理想；从我做起，从现在做起，从点滴小事做起，就是要有脚踏实地的实干精神。如果我们青少年学生都能这样去做，十年、二十年后，我们的国家就能涌现更多的优秀人材，我们的四化事业就将更加兴旺发达。

*资料来源：《文汇报》1980年5月3日，第1版。

我热爱教师工作

（上海市五十一中学　赵家镐）

党和人民授予我"优秀人民教师"的光荣称号，我感到十分不安，也感到非常振奋。我又一次深深感受到：做一个人民教师是无尚光荣的。

我出生在一个教师的家庭。父亲在教师岗位上已经工作了整整五十年。在党的培养下，我们一家又有五个人先后大学毕业后当了人民教师。这些年来，我们看着学生们一批批展翅高飞，更懂得了教师工作的深远意义，越来越热爱教育事业。

学生们身上蕴藏着极大的革命热情，我们教师就是要用自己的心血去点燃他们智慧的火花。我是教数学的，不能只满足于学生的数学成绩好，更重要的是帮助学生做一个对祖国有用的人。我想，每个教师所教的学科可以各不相同，但关心学生的全面发展、健康成长应该是全体教师的共同任务。由于历史和社会的一些原因，当前青少年中还存在着不少思想问题和认识问题。我感到自己有责任去帮助他们。因此，虽然近年来由于教研工作的需要，我不再担任班主任工作，但还是坚持做好学生的思想工作，关心他们的全面发展。

我在工作中首先注重"身教"的作用。上课时，用严谨、认真的教风教育学生勤奋学习；下课后，和同学们在一起，开展活动，参加劳动，用平易、朴实的态度感染学生，使学生从教师的一言一行中明白怎样做是对的，怎样做是不对的。我感到思想工作一定要做在点子上，要针对学生的思想实际，力戒盲目空洞的说教。去年，我班有一个团干部，高考成绩不错，发榜后被录取在师院数学系，她很不高兴。我了解到她主要是觉得自己不善于讲话，不适宜做教师；也受当时社会舆论的一些影响，不想做教师。我就找她谈心，用我自己成长的过程和我一家六人乐于做教师的情况来启发她认识教师工作的意义，并鼓励她说：你学习勤奋、作风踏实正是做好教师工作的有利条件；当个人志愿和国家需要发生矛盾时，作为一个青年首先应该想到国家的利益，服从组织的分配。我说：你总希望有一个好的老师做你们的班主任，教你们的课，但自己却又不愿意做老师，这不是很矛盾吗？她听了不好意思地笑了。不久，她愉快地去师院学习了。现在她已深深地爱上了教师这个职业，表示要刻苦学习，毕业后做个好教师。看着学生们健康地成长，我想，只要我们有心树人，坚持不懈地关心他们的全面发展，那么我们的青年一代一定是大有希望的。我愿意永远做一个平凡的中学教师，把自己的毕生精力献给教育事业。

*资料来源：《文汇报》1981年9月2日，第2版。

市五十一中的教工"五讲四美"公约

上海市五十一中学在开学初召开的教工代表大会上，通过了一份教职员工"五讲四美"公约。现摘要发表如下：

1.坚持四项基本原则，热爱党、热爱社会主义祖国，忠诚党的教育事业。

2.严格要求自己，重在身教，要求学生做到的，自己首先要做到。

3.待人诚恳，尊重他人，教职工之间、干群之间，互相关心，互相尊重，互相谅解。彼此有意见应及时谈心，通过正常途径解决。要分清是非，形成正确的舆论。不讲不利于团结的话，不做不利于团结的事。有关教育、教学问题上的探讨，不同见解的争论，是正常的，不应当影响同志之间的团结。

4. 衣着整洁，仪表端庄，举止有礼。
5. 谈吐文雅，语言要规范化。上课、开会、广播发言要讲普通话。
6. 维护环境整洁，做到办公室内无纸屑、烟蒂、痰迹，开大会不抽烟，课本作业、报刊及其他用品要安放整齐。
7. 要管教管导，人人关心学生的思想、学习和身体健康。要像关怀爱护自己子女一样关怀爱护学生。坚持说服教育，防止简单粗暴，禁止对学生进行体罚或变相体罚。对学生教育要动之以情，晓之以理，导之以行，持之以恒。
8. 积极、主动、严谨、踏实地完成本职工作，反对拖拉、松垮和马虎等不良作风。
9. 遵守法纪，遵守学校的各项规章制度，讲究社会公德。
10. 勤俭办校，发扬新风。提倡婚事新办，退休俭办，简化一切礼仪。

*资料来源：《文汇报》1982年3月4日，第4版。

光荣应当归于全校师生
（李楚材）

我于一九四三年创办位育中学（现五十一中学），担任校长二十一年，尽我绵力，做了些应该做的工作。名誉校长是一种光荣称号。这种光荣应该归之于历年在校任教的教师，归之于历届在校学习的学生，由于他们的勤奋教学，为社会主义建设尽力，使学校的声誉日隆。

我从一九二八年开始参加工作，就把教育作为终身事业，虽无多大成就，但专业思想直到现在还很牢固。今后，当尽我余年，继续关心普通教育的发展。

*资料来源：《文汇报》1984年10月16日，第2版。

位育中学复名

【本报讯】经上海市人民政府批准，五十一中学已恢复位育中学校名。昨天举行了恢复校名仪式。

该校是由黄炎培等当时上海教育界、实业界著名爱国人士组成校董会，以李楚材为校长，于1943年创办的。

该校一贯重视校风建设，办学严谨，拥有一支素质较高的师资队伍，40多年来为国家培养了大批优秀建设人才。不少校友现在美国、日本、西欧等国学习和讲学。

*资料来源：《文汇报》1987年2月25日，第4版。

上海市位育中学（五十一中学）成立校友会

昨天上午，上海市位育中学（五十一中学）校友会正式成立。

*资料来源：《文汇报》1987年3月25日，第4版。
注：此标题为编者所加。

著名教育家李楚材执教60年

昨天，执教60年的著名教育家李楚材，在位育中学校内接受民进上海市委、市教育局以及他的学生们的祝贺。

李楚材今年83岁，现任上海市政协常委、民进市委名誉副主委、市教育学会副会长、位育中学名誉校长。他几十年倡导的"勤奋学习、踏实工作"的位育校风，已成为广大师生们的座右铭。

这是李楚材与他的几代学生在一起。

*资料来源：《文汇报》1988年1月17日，第2版。
注：此标题为编者所加。

徐汇区利用对外交往，激发民族自信心。位育中学的对外交流取得成效

上海是一个开放型的国际都市，随着对外开放的不断扩大，教育的对外交往也日益频繁，上海中学、上师大附中、市二中学、南模中学、位育中学和世界外国语学校等中小学每年都有不少外事接待或出访任务。根据这一情况，区教育局要求全区中小学在对外交往过程中，利用中外比较的便利，对学生进行爱国主义教育，要求处处表现出中国人的国格和人格，反映出强烈的民族自信心和自尊心。

于是，位育中学在全校师生中开展了以骨气、志气、锐气、正气为内容的中华民族气节教育，收到了良好的教育效果。位育中学与德国汉堡州一所中学结为友好学校，每年互派学生代表团访问三周，同时该校还与澳大利亚昆士兰州一所中学有友好的联系。九二年汉堡中学代表团于三月、九月来了两批三十二位师生，十二月昆士兰州来了二十一位师生，他们来沪均住在位育中学内。为了让学生在复杂的对外交往环境中磨砺骨气，学校采取了开放的态度，宁愿多开支外事经费，尽可能多地让同学们参与外事活动。他们除了组织外国的师生深入班级广泛接触中国学生外，还组织我们的学生轮流陪同外宾参观博物馆、中医学院、音乐学院、玉雕厂、地毯厂、南浦大桥等，并一起开展各类文体活动，进行中西文化教育比较的研讨，同学们在接触中，自豪地向外宾展示中华民族优秀文化和四化建设的成就。该校每年还派学生赴德国访问，学生们以他们流利的英语、扎实的文化基础、较为丰富的知识以及多方面的文娱才能和良好的气质风度，获得了国外师生的好评。德国友好学校的校长说："为能与这样一所高质量的学校结为友好学校而感到自豪。"

通过直接的国际交往活动，使同学们了解别人，认识自己，破除迷信，更加自信。他们颇有体会地说：在同外国同龄人的接触过程中，看到外国中学生懂礼貌、讲卫生等优点，也看到自己的外语水平、数理化程度、知识基础、文娱才能等方面并不比他们差，许多方面还胜过他们。在整个外事活动中，学生们表现出民族自豪感和多方面的才能，多次受到驻外机构与外事机构的称赞。在对外交往中，同学们更深切地体会到祖国的强盛对每个中国人意味着什么，从而进一步树立了为建设强大祖国而勤奋学习的决心和信心。

*资料来源：《文汇报》1994年5月16日，第7版。
注：原标题为《徐汇区：利用对外交往，激发民族自信心》。

位育中学青少年天文台落成

本报讯（通讯员蓝云）本市市区内规模最大的天文台——位育中学青少年天文台，昨天正式落成并举行了开台仪式。

*资料来源：《文汇报》1996年5月19日，第2版。

位育中学天文台

位育中学内最近耸立起一座技术先进的天文台，为推动中学天文选修课程教学提供了新设备。天文台共分四部分：天文科技演讲厅；天文圆顶观测室；室外天文观测平台；天文资料工作室。图为该校学生通过口径为400mm的反射望远镜观测天象。

（附图：该校学生通过口径为400mm的反射望远镜观测天象。此略）

*资料来源：《文汇报》1996年5月20日，第7版。
注：此标题为编者所加。

位育中学成立海鸥摄影学校

本报讯　国内首家以中国名牌命名的学校——海鸥摄影学校日前在徐汇区位育中学诞生。上海海鸥照相机有限公司向该校授旗，并赠送一批海鸥变焦镜头、海鸥摄影包及摄影服装等。该校将在初、高中开设摄影课，发展学校特色教育。

*资料来源：《文汇报》1996年10月4日，第7版。

摄下生活中的美景

星期六下午,熙熙攘攘的南京路步行街上正在举行上海轻工业局名优产品展示活动。忽然,热闹的人群中走来一队中学生,他们身穿一式的摄影服装,肩挎相机,个个精神抖擞,一面写着"海鸥摄影学校"的蔚蓝色的旗帜在队伍前列迎风招展……这是本市徐汇区位育中学海鸥摄影学校的小学员们正利用双休日,到南京路上摄影采风。他们在人头济济的商店里、川流不息的人群中,寻找、捕捉日常生活中美好的瞬间……

海鸥摄影学校的前身是学校摄影小组,这是位育中学坚持10年的课外教学的传统特色项目。摄影小组学生的作品曾多次在本市和全国性摄影比赛中获奖。不久前,学校为发展特色教育,在海鸥照相机有限公司的支持下,创办了海鸥摄影学校。在老师的指导下,学员们的摄影技术不断提高。在校运会的场地上、在"红岩魂"展览馆内、在花市一条街上、在秋游旅途中到处都有学员们忙碌的身影,他们把校园内外丰富多采的生活片断定格成值得回味的画幅。日前,学员的作品《祖国辉煌》《红岩魂》等又在首届海鸥摄影赛中荣获一、二等奖。校内喜爱摄影的学生越来越多,学员已从30名增加到60名。

近年来,位育中学已经将摄影教学向校内辐射,除了课外活动小组外,该校还在初二、高三两个年级普及摄影知识,每周一节摄影课已经列入课表内。

在由化学实验室改装而成的专用摄影教室里,一排排桌子排列整齐,桌上摆着统一的存放显影、定影药水的瓶罐;窗上都挂着遮光的窗帘,必要时教室即可变成一间很大的暗室;橱柜里摆着几十架相机,可以两人合用一台学习操作。教室的一角放着一台单缸洗衣机,那是摄影教师特地从家里搬来,为学生调制冲印照片的药水的。为了提高学生的兴趣,上课时,老师把摄影理论知识压缩成最基本的框架,让学生初步涉猎,然后用大量时间让学生实践操作,在操作过程中学生遇到问题时,再结合物理、化学知识做进一步的讲解,这种讲课方式深受学生欢迎。他们说,在紧张的语、数、英等课学习之余,能有一堂兴趣盎然的摄影课调节情绪,真是太好了!通过学习,他们了解了照相机的基本原理,会使用相机,会拍照片,暗房操作也达到一定的水平,尤其是审美情趣和欣赏水平有了很大的提高。今年,高二年级去苏州秋游,学生们拍回许多相当不错的摄影作品,参加摄影学校举办的"姑苏秋韵"诗文摄影比赛。

目前,摄影教学已成为位育中学的教育特色之一。摄影学校的负责人徐植老师很有信心地说,我们不仅要在校内提高摄影教学的质量,还要利用学校现有的资源,为社会做些贡献。以后有条件的话,我们还准备在寒暑假期间,为外校学生举办摄影讲座,让更多的学生掌握科技信息方面的知识,拓宽其知识面及提高动手能力。

* 资料来源:《文汇报》1996年11月18日,第9版。

位育中学成立董事会

【本报讯】(记者苏军 通讯员董沙英)具有半个多世纪办学历程的沪上名校——位育中学,昨天成立了由沪上一批高校校长和企业界知名人士参与的学校董事会,利用董事的社会影响,增强学校办学活力。上海市政协副主席、市委统战部长王生洪等出席了位育中学董事会成立大会。

昨天在易地再建的位育中学新址举行的校董事会成立会上,徐汇区委书记钱景林代表区委、区政府宣布位育中学董事会成员名单。上海交通大学、同济大学、上海医科大学、华东理工大学、上海师范大学和上海音乐学院等6所高校的校长以及建设银行上海分行行长等一批企业界人士为校董事。经董事推选,王生洪任名誉董事长,徐汇区人大常委会主任黄承海和徐汇区副区长顾奎华分别为董事长和副董事长,徐汇区教育局局长李骏修为秘书长。

位育寄宿制高中于去年4月动工兴建,目前新校舍的面目已日益清晰,预计今年6月一期工程可竣工,交付使用,今秋招收新生。

* 资料来源:《文汇报》1998年5月13日,第6版。

"位育"校舍初露新貌

被列为市重点工程的寄宿制高级中学——位育中学的建设工程,在市委、市府领导的关心、指导下,经过一年多的施工建设,日前已初露英姿勃勃的新面貌。该校坐落在徐浦大桥一侧的华泾新居住小区,占地180亩,校园绿化面积达12000多平方米,占总面积的60%,两幢教学楼可容纳36个班级,学生宿舍楼可容纳1500人住宿。设有实验楼、体育馆、室内游泳池和影剧场等一流的设施。目前建筑群内装饰已完成90%以上。该校今秋招收新生入学。

*资料来源：《文汇报》1998年7月12日，第1版。

（位育中学）新校舍落成典礼昨举行，龚学平等出席

【本报讯】（记者苏军　通讯员董沙英）徐汇区易地新建的位育中学一期工程全部完成，成为本市提出计划建设10余所现代化寄宿制高级中学方案以来，最早竣工的一所寄宿制高中。昨天，位育中学在新址举行落成典礼。国家主席江泽民于今年6月为位育中学题写了校名。教育部长陈至立作了"把位育中学办成一流学校"的题词。

市委副书记龚学平、市人大常委会副主任沙麟、副市长周慕尧、市政协副主席王生洪等出席落成典礼。周慕尧代表市委和市政府，对位育中学新校的落成表示热烈祝贺。经过一年多的施工建设，昨天落成的位育中学展现了英姿勃勃的新面貌。该校坐落在徐浦大桥一侧的华泾新居住小区，占地180亩，现在竣工的一期工程占地135亩。绿化占地面积占总面积的60%。校内信息网直接连通国际互联网。今年9月，该校正式开学，今年新招收的学生和在原位育中学旧址就读的高中2个年级学生，将全部迁入新校学习。

*资料来源：《文汇报》1998年7月21日，第1版。

（位育中学）用新的思路管理学校

虽说寄宿制中学在上海并不是新鲜事，但对于现代化高标准的重点中学来说，易地新建以后，如何适应"封闭的形式，开放的办学"的新局面，继续保持一流的教学质量，无疑是一个新的课题，因此，校方每一个新的举措，校园内每一个新的变化，自然就成为众多家长议论的新话题。

倡导"自治自理"

都说现在的中学生生活自理能力差、家务劳动能力差，因此位育中学早在开学前的军训中，就把"抓内务、抓纪律"作为军训主题，促使学生尽快适应封闭式的学习生活。

经过军训，全校一千一百多名学生已经能适应新的节奏。紧接着，在开学以后，学校成立了班级、年级、校级三级学生管理委员会，以"学生自治自理"为原则，进一步倡导学生进行自我管理。

学生管理委员会每天的日常工作是检查宿舍卫生情况，包括盥洗室、卫生间等处的每一个细节。校方领导认为，优化宿舍生活环境，是创造和谐、俭朴、进取的集体生活环境的主要环节，所谓爱校，也就是从这些细节做起的。这使人想起了曾经在大学校园内广为流行的一句话："一屋不扫，何以扫天下。"

创设"四大环境"

位育中学的校方领导还认为，在寄宿制中学里，创设良好的学校环境对于全面提高学生素质是至关重要的。而良好的学校环境则包括政治环境、生活环境、活动环境和读书环境。

从宏观上说，学校整体的教育环境，就是读书环境，但为了帮助学生养成在寄宿制条件下不依赖家长监督的读书求知习惯，就应当在常规的教学之外创设特别的读书环境。这一环境的理想境界是：形成读书求知的浓郁气氛；在合适的课外阅读安排和指导；有良好的图书馆管理系统和朗读环境；有爱科学、爱科学的氛围及相关活动。

为此，位育中学正在加紧四个大型阅览室的内部建设。遗憾的是，目前图书馆的藏书只有一万册。学样希望在社会积压方的支持下，使图书馆的藏书达到十万册，以满足一千多名学生的读书欲望。

完善校园网络

充分利用现代化设施带来的优越条件，将是高标准图书系统、电脑系统、实验系统、天文设施、文体设施、艺术设施以及其他教育设施，将组成教育教学的开放系统，长时间有序地向学生开放。

值得一提的是，位育中学已经将电脑网络化列入了学校的议事日程。学校专设了信息技术处，以确保校园网络的敞通。学生们人手一卡，吃饭拉卡，览阅室读书也拉卡。一旦校园网络进一步完善，网上读书将成为新的校园风景线。而教师们也将在网络上了解国际国内的最新教育信息。

探索社会化管理

寄宿制中学不是社会的"孤岛","封闭的形式,开放的办学"更不是一句空话。近几年来,随着社会各界对教育的重视,学校也已经把触角伸向了社会的方方面面。高标准的寄宿制中学要承担起示范性作用,除了在硬件设施领先一步外,更应当探索出行之有效的社会化管理模式。

因此,开学伊始,位育中学就已着手成立校董事会:吸纳著名的大学教授、社会名流和企业家介入学校的管理工作;使其成为办学的智囊团。此外,学校还将逐步健全社区委员会和家长委员会,以及顾问委员会和教学评价指导小组等,以社会为依托,不断开拓教育资源,推动学校建设。这种社会化的管理模式是否可行,将引起各界人士更为广泛的关注。

* 资料来源:《文汇报》1998年9月5日,第5版。

位育中学师生为李楚材铜像揭幕

本报讯 日前,位育中学师生和历届校友欢聚一堂,共庆建校五十五周年并隆重举行已故名誉校长李楚材先生铜像揭幕仪式。半个多世纪以来,该校培育了数以万计的学生。今年,位育中学高中部南迁华泾地区,成为上海新建的现代化寄宿制高级中学。全校师生决心抓住机遇,艰苦奋斗,充分运用现代化设施和学生寄读的有利条件,在实施素质教育的轨道上,探索前进。(石宝珍)

* 资料来源:《文汇报》1998年11月17日,第6版。

苏步青数学教育奖在沪颁发,本市位育中学赵家镐榜上有名

本报讯(记者苏军) 第4届"苏步青数学教育奖"颁奖大会暨经验交流会,昨天在复旦大学举行。在全国27个参评省市推荐的49名候选人中,有8人荣获一等奖,上海市位育中学校长、数学特级教师赵家镐榜上有名。本届评奖范围推向全国,获奖人数为历届之最。上海市政协副主席、复旦大学校长王生洪,市政协副主席刘恒椽等出席,苏步青教授写来了贺信。

苏步青数学教育奖是经海内外著名数学家倡议,由复旦大学、上海市教委和上海市中小幼教师奖励基金会联合发起设立的国内第一个奖励中学数学教育工作者的奖项,旨在弘扬苏步青几十年如一日重视、支持基础数学教育的精神,鼓励在数学教育岗位上有突出贡献的教育工作者,促进基础教育事业和基础数学教育的发展,为科技腾飞和国家振兴培养更多的人才。在昨天的颁奖大会上,温州大学、温州市教育产业集团和浙江教科文发展有限公司向苏步青数学教育奖捐赠100万元,香港科技大学项武义教授和夫人谢婉贞博士也捐赠了3万美元。

* 资料来源:《文汇报》1999年10月25日,第5版。

《解放日报》近年来报道选摘

强强联手!位育中学携中科院开启科创"芯"路

"创新是引领发展的第一动力,是建设现代化经济体系的战略支撑。"党的十九大提出明确要求,加快建设创新型国家。科技创新人才的培养刻不容缓,芯片人才的培育更是迫在眉睫。

(2020年)12月4日,位育中学和中科院上海微系统所与信息技术研究所、藤荟教科,共同启动了位育中学芯片教育项目。以期通过将芯苗的栽培与高中生的职业规划相结合,能够"弯道超车",为国家和社会培养更多的创新型人才,此举在上海尚属首创。

一次中心组成员的参观学习,让位育中学校长王亦群萌生了在学校开展芯片科创教育的想法。"从来只知道芯片,也知道制作芯片的原料是硅,但是在上海中科院微系统与信息技术研究所芯片创新实验基地,我们第一次亲眼见识并亲手触摸了神秘的芯片制作原料硅锭,第一次知道在这个芯片的大家族里有ai芯、激光芯、超导芯、存储芯、生物芯、传感芯、硅光芯、物联芯等各种芯片。"至今,这次参观学习让王亦群记忆犹新。有了这个想法,王亦群与专家们一起对位育中学是否具备建设芯片实验室和开发芯片创新课程进行了可行性与价值链分析。双方一致认为,位育中学在该项目建设上可谓占尽了"天时地利人

和"。尤其是近一年来，徐汇区围绕打造上海建设国家人工智能高地新地标和核心区目标，抓住并放大2018世界人工智能大会溢出效应，在人工智能领域的知晓度和影响力持续提升。

位育中学地处ai人工智能产业高地和机场联络线重要站点华泾区域，离位育不到两公里的地区将建造北洋人工智能小镇，此处将成为未来徐汇区高端科技创新的源头供给。依托全球高校集成电路的学术联盟，加强产学研的深度合作，位育中学抢占芯片科创教育发展和青少年人才培养的"制高点"，可谓顺势而为，因势而新。由此，位育中学成为上海首家实施芯片教育体系的中学，与中科院强强联手共同培育国家未来科技的顶梁柱。

启动仪式上，上海中科院微系统与信息技术研究所的研究员接过聘书，他们将与位育中学挑选出的优秀学科带头教师一起共同组建全国第一支中学芯片教育导师团队。

未来的三年，位育中学将联手中国科学院上海微系统与信息技术研究所、上海交通大学等国内最早从事集成电路、生物芯片、硅光芯片和具备芯片全产业链布局的藤荟教科等研究机构为学校打造一整套芯片教育的实施方案，包括芯片实验室建设、完善配套软硬件设施设备、完成芯片教育的课程课件设置及相关项目孵化和培育的实施。并且顺应国家战略性科创方向的转变，在科普性教育的基础上，发展"更具体，更明确，更基础"的相关技术人才教育和培养，结合高考"综合评价体系"的改革新要求，从芯片理论基础、芯片材料认知、芯片设计、芯片制备、芯片封装、芯片测试、芯片创新应用等层面培养理化生综合发展能力的中学生，为学生今后升入高等院校做更专业具体的研究性学习打好扎实理论基础，养成科学世界观，也希望"芯动位育"项目能够为学生打造一片属于他们的芯片科创天地，实现科技强国的"中国芯"梦想。（记者：姚丽敏）

*资料来源：《强强联手！位育中学携中科院开启科创"芯"路》，《上观新闻》（《解放日报》出品）2020年12月5日。

10年专项化体育课程改革，上海高中让学生拥有"一技之长"（节选）（位育中学作为试点学校）

（龚洁芸撰写）先跑圈，再热身，等到可以进行自己喜欢的体育项目，时间已经过去大半了——体育课的传统"套路"，让很多学生对体育课失去了兴趣。而如今，学生依据兴趣自主选项；打破年级自然班，组建专项班；实行25人左右的小班化教学，对不同专项基础的学生实行分层教学；实施每周4课时专项化体育教学课，三年共400课时的方案；实行包含专项技能、知识、体能、专项经历等内容的综合评定。

2012年，上海市在当时的17个区县各选择1所高中开展了以学生兴趣和技能水平为依据，打破传统年级、班级概念的分层次专项化体育教学改革试点工作，以高中专项化体育课程改革为突破口，率先启动学校体育课程改革工作。着眼于破解长期以来存在的"学生喜欢体育，不喜欢体育课"的难题，树立学校体育的育人理念，改革授课内容和方式，满足学生全面而有个性的成长需求；依据青少年生长发育规律和体育教育教学规律，开展以"小学体育兴趣化、初中体育多样化、高中体育专项化、大学体育个性化"为特点的体育课程改革，构建小学、初中、高中和大学各学段相互衔接、逐级提升的学校体育体系。

试点学校，各有高招

每节课都有比赛，调动学生的积极性，同时通过赛事来检验教学的效果，这是位育中学的尝试。据了解，学校在赛事安排中以个人挑战内容和团队比赛相结合，让更多的学生都可以有上场比赛的机会。

怎样让学生们更加喜爱专项课？位育中学的特色是"比赛教学融合"。据了解，学校在专项化体育课程中都会安排赛事活动，赛事安排中有个人挑战内容和团队比赛相结合，通过赛事来检验教学的效果。此外，学校"三大球"联赛贯穿全学年，比赛从每年的十月份开始一直持续到第二年的六月份结束，做到班班有队伍、天天有比赛。此外，中场休息有班级女生罚球比赛，男生还有上篮比赛，争取让每一个学生都有上场比赛的机会。

为了让操场成为德育的沃土，位育中学还利用丰富的体育资源开展了多种多样的比赛活动，耐力达人赛、健身达人赛、乒乓球精英赛、羽毛球精英赛等，各具特色的赛事遍布于整个校园之中，树立锻炼的榜样，弘扬体育特色的风采。

*资料来源：《10年专项化体育课程改革，上海高中让学生拥有"一技之长"》（位育中学作为试点学校），《解放日报》2021年2月2日，第3版。

附录六
部分校友简介

说明 位育中学自创建以来，为国家、为社会培养了大批人才。他们的足迹遍布海内外，活跃于各个领域、各个行业，在中国社会经济、科学技术、文化教育、文学艺术等领域取得令人瞩目的成就，以国家富强为己任，诚愿尽酬；于民族振兴之基图，砥柱中流。值得书写的位育校友人物众多。由于篇幅所限，这里仅介绍部分校友，主要是中国科学院院士、中国工程院院士等。更多的校友事迹在学校校史博物馆展示。此做几点说明：（1）位育中学院士名录，包括中国科学院院士、中国工程院院士以及外籍院士，共10位；（2）此名录根据相关院士在位育中学的毕业届别排序；（3）此名录与初稿，由上海市位育中学校长办公室、校友会提供，课题组根据中国科学院学部网站（http://casad.cas.cn/ysxx2017/ysmdyjj/qtysmd_124280/）、中国工程院网站（http://www.cae.cn/cae/html/main/col48/column_48_1.html）提供的院士名单以及其他资料进行核实、补充。

陈佳洱（1950届）

核物理学家。1934年10月出生于上海。1950年位育中学毕业。1954年毕业于吉林大学物理系。1955年调入中国第一个培养原子能科技人才基地——北京大学物理研究室，从事核科学教学与研究。1963—1965年应英国皇家学会的安排赴英国牛津大学和卢瑟福高能研究所等处访问，从事串级静电加速器和等时性回旋加速器的研究工作。在十分艰难的条件下，完成4.5兆伏静电加速器的设计、建造和2.6兆伏串列静电加速器的改建工程，为填补国内单色中子能区空白和拓展重离子束核分析技术做出贡献；建成了静电加速器中心区物理和束流脉总目化研究上取得了一系列创造性的成果，大幅度提高束流输运和利用效率；在加速器发展的前沿，他建议并主持新型重离子RFQ加速结构和超导加速腔的实验研究，取得了具有国际先进水平的成果，为中国新一代加速器的发展做出贡献。他长期致力于粒子加速器的研究与教学，是低能加速器物理与技术方面的学科带头人。1993年当选为中国科学院院士。2001年当选为第三世界科学院院士。2002年被选为中共十六大代表。2003年当选为第十届全国政协委员。1998年当选为纽约科学院院士。历任北京大学校长、国家自然科学基金委员会主任、北京市科协主席、中国科学院数学部主任、中国物理学会理事长、国际纯粹与应用科学物理联合会（IUPAP）副主席、亚太物理学会联合会理事长等职。

田长霖（1950届）

工程热物理学家，美籍华裔。1935年出生于湖北省武汉市，原籍湖北省黄陂县。1948年考入位育中学。后随父去台湾，1955年毕业于台湾大学。1957年获美国路易斯维尔大学（University of Louisville）工程硕士学位。1959年获美国普林斯顿大学（Princeton University）机械工程博士学位。1968年起历任美国伯克利加州大学机械系教授、副校长、执行副校长、校长（1990—1997年），全校讲座教授和NEC杰出工程教授，美国国家工程院院士（1976年）、美国艺术和科学院院士（1991年）、第三世界科学院院士（1994年）、台北"中研院"院士（1988年），1994年被选为中国科学院外籍院士。曾任国际传热界最高荣誉AICheE-ASME MAX JAKOB纪念奖（1981年）、美国国家科学院金质奖（1991年）等。田长霖教授是国际传热学家的权威学者，长期以来在热辐射、热传导、低温技术、热管理论、两相流及反应堆传热、多孔介质热交换、太阳能利用、航天热控制区、光电器传热及微传热等领域进行了大量研究，并取得了许多创新的成就。不仅在工程热物理基础理论方面做出了卓越的贡献，而且在解决重大工程复杂的技术问题时，也表现出高超的才能。2002年10月病逝。

钱绍钧（1950届）

实验原子核物理学家，主要从事核物理和核技术应用研究。1934年10月出生于浙江省平湖市。1950年位育中学毕业。1956年毕业于北京大学，任中国人民解放军总装备部科技委常任委员、研究员。1966年起，从事核试验的放射化学诊断技术工作。先后主持完成了核爆炸中放射性核素的分凝规律、核材料燃耗测定等课题的研究以及多项测试技术的改进、核数据的编评等工作，拓宽了试验放射化学诊断领域，提高了测试精度。组织领导了多项地下核试验工程技术的攻关，取得了突破，为建立适合中国试验场地质条件的地下核试验工程技术体系做出了成绩。曾获国家科技进步特等奖、二等奖，国家发明二等奖各一项。1988年授予少将军衔。1995年当选为中国工程院院士。

李三立（1951届）

计算机专家。1935年出生于上海。1951年位育中学毕业。1955年毕业于清华大学无线电系。1960年获苏联科学院计算技术研究所博士。清华大学教授，兼任上海大学计算机学院院长。曾任国家攀登计划项目首席科学家、国务院学位委员会计算机学科评审组召集人、中国计算机学会常务理事、"中国计算机百科全书"副总编辑、IEEE中国分部主席（1995—1996）、欧洲EURONICRO学会执行理事。1956年起，从事计算机研究，曾负责研制过我国电子管、晶体管、集成电器和VLSI四代计算机，其中的724机是20世纪70年代中国各大学中用于国家尖端科技的规模最大的计算机；用于加工重要部件的光栅数控计算机102机，使精密加工效率提高几十倍，有很高的社会经济效益，使中国在该领域进入当时国际先进行列。20世纪80年代以来，作为中国计算机体系结构先进技术学术带头人，在微机体系结构、局部网络、RISC和指令级并行处理领域做出重要贡献。他负责研制的超级计算机中，有两台进入世界超级计算机500强排名榜——"深超—21C"（2003，第146位）和"自强3000"（2004，第126位）。曾发表过著译作12本，论文100多篇。1995年当选为中国工程院院士。2022年4月病逝。

李伯虎（1955届）

系统仿真与制造业信息化专家。1938年11月出生于上海。1955年位育中学毕业。1961年毕业于清华大学。1980—1982年为美国密西根大学访问学者。历任北京航空航天大学自动化学院院长、北京计算机应用和仿真技术研究所所长、国家863计划CIMS主题专家组组长。长期从事复杂系统建模仿真与制造云化数智化研究等研究工作。参与主持国内首台航天用大型模拟机及首台大型混合模拟机寻优机研制；主持国内首套大型仿真语言研制和国内第一个大型多平台分布仿真系统和仿真风格等研究。2001年当选为中国工程院院士。

陈念念（1958届）

核材料与核燃料专家。1941年出生于上海，原籍浙江省吴兴县。1958年位育中学毕业，1964年毕业于清华大学工程物理系本科。曾任中核集团公司核工业理化工程研究院研究员、中国核学会理事。后为中国核工业集团公司科技委副主任，核工业理化工程研究院科技委主任，中国核学会常务理事、研究员。大学毕业后一直从事核燃料循环专用设备的研制和相关工艺的研究。20世纪80年代初，主持设计建成可模拟有关核工厂专用设备全面参数的实验装置，为国家节约了大量核心元件的鉴定费用。20世纪80—90年代，参加和主持了多次先进相关工艺的研究。20世纪90年代至21世纪初，主持研制成功我国第一代有自主知识产权的先进专用设备。曾先后获得国家科技进步二等奖3项（其中相关工艺研究2项，先进专用设备研制1项）和国防科学技术（或部级科技进步）一等奖3项。曾主编《国外先进专用设备和相关工艺技术的发展》（内部书刊）。2005年当选为中国工程院院士。2021年12月病逝。

戎嘉余（1958届）

地层古生物学家。1941年12月生于上海，原籍浙江省鄞县（今宁波市鄞州区）。1958年位育中学毕业。1962年毕业于北京地质学院普查系。1966年中国科学院南京地质古生物研究所研究生毕业，现任该所研究员。长期从事早、中古生代腕足动物系统分类和群落生态和生物地理及相关地层学研究，多次做全球腕足类动物地理学的总结。阐述晚奥陶世赫南特期腕足动物群落分布及环境，识别受温度控制的三大生物地理域；研究晚志留世动物群，划分出中—澳动物地理区。参与负责国际"无脊椎古生物学论丛"中腕足动物卷3个目的编著，提示扭月贝族和早期石燕的腕骨构造宏观演化规律。主要根据腕足类生物地层学，修正中国某些奥陶、志留纪地层对比问题，为确立与全球对比、区测填图和古地理研究提供依据。还提出华南志留纪海平面的升降规律。1997年当选为中国科学院院士。

朱邦芬（1965届）

凝聚态物理学家。1948年1月出生于上海，原籍江苏省宜兴市。1965年位育中学毕业。1970年毕业于清华大学工程物理系。1981年获清华大学固体物理硕士学位。为清华大学教授，物理系主任。曾任美国UIUC等多所大学的客座教授，清华大学高等研究中心教授。主要研究方向是受限小量子系统物理和半导体超快光学过程理论。与黄昆先生提出的半导体超晶格光学声子模型被国际上称作"黄朱模型"，在多本国外专著及研究生教材中详细介绍，带动了该领域的发展；关于半导体量子阱中激子旋量态理论和半导体超晶格拉曼散射的微观理论，在国际上有较大影响。2003年当选为中国科学院院士。

赵国屏（1967届）

分子微生物学家。1948年8月出生于上海，主要从事微生物代谢调控以及酶的结构功能关系与反应机理研究。1967年位育中学毕业。1982年毕业于复旦大学生物系微生物学专业。1990年获美国普渡大学生物化学博士学位。1992年完成博士后研究工作回国。1996年任中国科学院植物生理研究所副所长、研究员。1997年任中国科学院上海生物工程研究中心主任，1999年7月调任中国科学院上海生命科学研究院副院长。现任国家人类基因组南方研究中心执行主任、生物芯片上海国家工程研究中心主任，兼任中国微生物学会和生物工程学会理事、上海微生物学会副理事长。2008年批准成立的中科院合成生物学重点实验室，任实验室主任。2005年当选为中国科学院院士。

张伟平（1982届）

数学家。1964年3月出生于上海。1982年位育中学毕业。1985年毕业于复旦大学。1988年于中国科学院数学研究所获硕士学位。1993年于法国巴黎南大学获博士学位，任南开大学陈省身数学研究所副秘书长、教授、博士生导师。主要从事整体微分几何中的Atiyah-Singer指标理论与示性类的研究，取得了一系列国际领先的研究成果，主要有：与Bismut合作的关于解析挠摔和拓扑挠摔之间关系的系列研究，成为后来这一研究方向的一篇经典文献和进一步研究的出发点；与田有亮合作关于辛几何中著名的Guillemin-Sternberg几何量子化猜测的系列研究，有关论文发表在国际一流的数学刊物Inventiones mathematicae上；独立提出关于Kervaire半示性数的一个一般意义下的计数公式；与戴先哲合作将Atiyah-Patodi-Singer的著名的谱流概念推广到算子簇情形，引进了"高维谱流"的概念，并研究了高维谱流对带边流形的算子簇指标理论的应用。他的研究工作得到国内外数学界的充分肯定和高度评价，先后荣获2000年第三世界数学奖、教育部2000年度科技进步一等奖、2001年教育部长江学者成就奖（一等奖），2001年被授予中国十大杰出青年称号。2003年当选为第三世界科学院院士。2007年当选为中国科学院院士。

附录七

图片目录索引

第一章

3　图1-1　《位育中学招生简章》(1945年6月)

4　图1-2　《本校简史》(选自上海市私立位育中小学编:《位育校刊》第1期,1948年刊印)

5　图1-3　《上海位育小学校招生》(选自《申报》1932年8月1日,第5版)

6　图1-4　《位育小学》(选自《民报》1932年8月26日,第6版)

6　图1-5　《"位育"?》(选自《华年》1932年第1卷第2期)

6　图1-6　《位育校刊》(创刊号),上海市私立位育小学创办,1936年1月刊印

7　图1-7　《位育校刊》第1期,1948年刊印

7　图1-8　《上海市私立位育小学校创办缘起》(选自《位育校刊》[创刊号],1936年1月刊印)

7　图1-9　《位育校刊》第6辑,封面

7　图1-10　《位育校刊》第6辑,目录

8　图1-11　邹嘉骅:《我们的位育》(选自《位育校刊》第4辑)

9　图1-12　位育小学位置图(选自《上海市行号路图录》[下]),福利营业股份有限公司1949年版,第73图)

10　图1-13　拉都路(今襄阳南路)388弄位育中学的教室

11　图1-14　《位育中学简史》(选自《位育中学第一届毕业纪念刊》,1948年刊印)

12　图1-15　位育中学董事长黄延芳

12　图1-16　位育中学部分董事(黄任之、江问渔、徐济华、杨志雄、杨卫玉、刘鸿生等)

13　图1-17　位育礼堂(藕初堂)(选自《位育中学第一届毕业纪念刊》,1948年刊印)

13　图1-18　纪念穆藕初先生(选自《位育校刊》第1期)

13　图1-19　黄延芳,参见《上海重要人名录》(简称《上海人名录》),上海龙文书店1941年版

13　图1-20　黄延芳:《为学四要》,(选自《位育校刊》第2期)

14　图1-21　校董黄炎培赠言(选自《位育中学第一届毕业纪念刊》,1948年刊印)

14　图1-22　黄炎培,中华职业教育社首任办事部主任

15　图1-23　中华职业教育社办事部各主任(杨卫玉、姚惠泉、江问渔等)

16　图1-24　校董杨卫玉题字(选自《位育校刊》第3期,位育中学创建5周年纪念题词)

16　图1-25　《位育中小学校歌》(选自《位育中学第一届毕业纪念刊》,1948年刊印)

16　图1-26　校董江恒源(问渔)题字(选自《位育中学第一届毕业纪念刊》,1948年刊印)

16　图1-27　校董事长黄延芳题字(选自《位育校刊》第3期,位育中学创建5周年纪念题词)

16　图1-28　校董刘鸿生题字(选自《位育校刊》第3期,位育中学创建5周年纪念题词)

16　图1-29　校董潘序伦题字(选自《位育校刊》第3期,位育中学创建5周年纪念题词)

17　图1-30　校董杨志雄题字(选自《位育校刊》第3期,位育中学创建5周年纪念题词)

18　图1-31　李楚材自述:《我的简历》(节选)

19　图1-32　李楚材,参见《上海重要人名录》(简称《上海人名录》),上海龙文书店1941年版

19　图1-33　位育中学校长李楚材

20	图1-34	上海市私立位育小学奖状，校长李楚材签名（1945年）
20	图1-35	上海市私立位育中学章
21	图1-36	1943年度位育中学教职员名录
21	图1-37	位育中学部分教师（选自《位育中学第一届毕业纪念刊》，1948年刊印）
24	图1-38	位育中学部分教师（选自《位育中学第一届毕业纪念刊》，1948年刊印）
24	图1-39	鲍文希作品
25	图1-40	江希和（英文教师）
25	图1-41	陈秉枢同学（选自《位育中学第一届毕业纪念刊》，1948年刊印）
26	图1-42	陈佳洱（1950届）学籍卡
27	图1-43	姚惠泉:《位育在苦难中生长》（选自《位育校刊》第5期）
28	图1-44	李楚材:《私立学校问题》，鲍文希:《时代产儿的位育中学》（选自《位育校刊》第5期）
29	图1-45	教育部核准位育中学备案，《位育校刊》第5期《校闻》
30	图1-46	位育中学教务主任兼英文教师陆福遐（选自《位育中学第一届毕业纪念刊》，1948年刊印）
30	图1-47	陆福遐:《中学部教务工作纲要》（选自《位育校刊》第2期）
31	图1-48	位育中学1947年授予品学兼优旗
31	图1-49	《位育中学五年实验报告》（选自《位育校刊》第3期）
35	图1-50	位育中学学生相关统计（选自《位育校刊》第6期）
35	图1-51	位育中学历届毕业生人数统计表（1947—1953年）（选自《位育中学发展情况统计表》[1947—1954年]，上海市档案馆藏）
36	图1-52	《上海市私立位育中小学行政组织暂行条例》（选自《位育校刊》第8期）
36	图1-53	拟建新校园图纸（选自《位育中学第一届毕业纪念刊》，1948年刊印）
37	图1-54	办公室、图书馆（选自《位育中学第一届毕业纪念刊》，1948年刊印）
37	图1-55	宿舍（选自《位育中学第一届毕业纪念刊》，1948年刊印）
39	图1-56	《位育校刊》第9期（1950年1月刊印）
40	图1-57	陆景一:《科学教育的展望》（选自《位育校刊》第7期）
41	图1-58	上海市私立位育中学三线簿
42	图1-59	位育中学一乙班合影（摄于1947年初夏，姚琏校友提供）
42	图1-60	位育中学一乙下学期（摄于1947年，姚琏校友提供）
43	图1-61	位育师生合影留念（摄于1943年）
44	图1-62	位育中学第一届五年制毕业生与教工合影（摄于1948年）
46	图1-63	李楚材:《以工作来迎接解放——为位育中学立校六周年纪念作》（选自《位育校刊》第7期）

第二章

55	图2-1	上海市私立位育中学毕业证明书（1953年7月）
56	图2-2	上海市私立位育中学毕业证书（1954年7月）
57	图2-3	20世纪50年代的位育校门（选自《位育中学六年一贯制第一届毕业纪念刊》，1951年刊印）
58	图2-4	《上海市教育局关于位育中学情况》（档案摘选，1949年11月）
60	图2-5	1950年度上下半年位育中学教职员名录
60	图2-6	位育教职员会编:《"新民主主义论"研究纲要》（选自《位育校刊》第7期）
61	图2-7	陆福遐、郁定一、朱家泽、王希明老师（选自《位育中学六年一贯制第一届毕业纪念刊》，1951年刊印）
62	图2-8	位育中学第四届五年制实验班毕业留影（摄于1951年7月）
62	图2-9	位育中学六年一贯制第一届毕业同学留影（摄于1951年7月）
63	图2-10	位育中学五年一贯制第五届、六年一贯制第二届毕业同学合影（摄于1952年7月）
64	图2-11	1951年"六年一贯制"首届毕业生感恩母校全体教职员工，题赠"敬爱的保姆"
64	图2-12	李楚材:《为建设新中国而努力》（1951年）
65	图2-13	《位育总结形势学习》（选自《文汇报》1950年6月26日，第2版）
66	图2-14	1950年五四青年节时学生集体表演话剧《瞎老妈》

页码	编号	说明
66	图2-15	1951年位育中学六年一贯制首届毕业生（部分，肖像与介绍）
66	图2-16	位育推行互助互济工作（选自《文汇报》1950年8月9日，第3版）
69	图2-17	位育中学参加军事干部学校同学留念（摄于1951年1月4日）
69	图2-18	1951年获批参加军事干校的5名同学
70	图2-19	参干学生张楚龄的位育毕业证明书（1951年）
70	图2-20	1951年中国少年儿童队位育小学队部敬献位育中学参加军事干部学校的锦旗
70	图2-21	1951年参加新上海市政建设工作的3位同学
71	图2-22	襄阳南路校舍的中楼、北楼（1951年）
71	图2-23	位育中学教职员名单（1953年10月）
72	图2-24	1954年位育中学复兴中路校园地形图
72	图2-25	1954年位育中学复兴中路1261号教室楼建造档案（摘选）
73	图2-26	位育中学高中部第七届毕业生摄影（摄于1954年7月）
74	图2-27	《黄炎培日记》中对位育中学改制为市立第五十一中学的记载
75	图2-28	上海市人民委员会任命、陈毅市长签发的李楚材为上海市第五十一中学校长的任命状（1956年9月）
76	图2-29	《位育中学教师举行座谈会》（选自《文汇报》1955年6月4日，第3版）
76	图2-30	吴祁仁:《全面发展的标准不容曲解》（选自《文汇报》1955年1月4日，第6版）
77	图2-31	上海市第五十一中学毕业证书，校长李楚材、副校长胡慰英签名（1957年）
77	图2-32	李楚材:《开出更鲜艳的花朵》（选自《文汇报》1957年11月6日，第6版）
78	图2-33	《上海第五十一中学重视新生入学指导工作》（选自《文汇报》1959年8月13日，第2版）
79	图2-34	上海市教育局对私立位育中学五年制实验班程度等同于普通高中毕业的认可（1953年7月28日）
81	图2-35	《上海市第五十一中学1961—1966年试验班每周教学时数表》（选自档案《关于拟订我校五年制试验班级教学计划的请示报告》，1963年5月22日）
81	图2-36	上海市第五十一中学教师名单（1963年10月）
82	图2-37	朱启新（上海第五十一中学）:《衡量中学生外语水平的我见》（选自《文汇报》1962年4月14日，第2版）
84	图2-38	《上海市1960年文教方面先进单位登记表》（档案摘选，1960年5月）
85	图2-39	上海市第五十一中学及代表李楚材校长出席全国文教群英大会的表彰册（选自《人民日报》1960年6月13日）
87	图2-40	余小柏、陆景一、陈冰清、江希和老师
88	图2-41	1950年位育学生"姑苏之游"
89	图2-42	陈佳洱与他的同学（选自位育中学学籍档案）
89	图2-43	位育中学学生参加生物、化学实验课（1951年）
90	图2-44	《位育中学同学全体参加冬季体育锻炼》（选自《文汇报》1952年1月9日，第4版）
90	图2-45	参加体育活动，练好身体（1951年）
91	图2-46	学校举行男子排球赛（1965年）
93	图2-47	上海市第五十一中学数学竞赛优胜者合影（摄于1956年）

第三章

页码	编号	说明
103	图3-1	上海市第五十一中学1961—62学年度高三（1）班全体同学留影
104	图3-2	英语教师陆福遐:《升学就业都要服从祖国的需要》(1951年)
104	图3-3	《位育欢送北上毕业同学》（选自《文汇报》1950年8月21日，第3版）
105	图3-4	《位育中学一九五〇年下学期工作总结》（1951年8月）提到校内开展"镇压反革命运动"
106	图3-5	上海市第五十一中学（1956—1957学年度）学生手册
106	图3-6	上海市第五十一中学（1959—1960学年度）学生手册
107	图3-7	1960年高中毕业生合影，墙上贴着"师生齐鸣共放，学好教育方针"的标语
107	图3-8	李楚材:《改进学校领导工作》（选自《文汇报》1954年1月1日，第9版）
107	图3-9	李楚材校长的上海市工会联合会会员证（1957年）
109	图3-10	《上海市第五十一中学加强政治思想教育的初步规划》，（选自《文汇报》1958年3月12日，第3版）
109	图3-11	《五十一中学以教学为中心深入持久开展科

110	图3-12	技活动》（选自《文汇报》1960年7月4日，第2版）《上海市1960年文教方面先进单位登记表》关于五十一中学先进事迹介绍（1960年5月）
111	图3-13	《徐汇区青少年配合技术革命开展科技活动》提到上海市第五十一中学（选自《文汇报》1960年4月26日，第2版）
111	图3-14	上海市第五十一中学高中毕业生赴新疆学习留影（1961年9月）
112	图3-15	《关于拟订我校五年制试验班级教学计划的请示报告》（档案摘选，1963年5月22日）
113	图3-16	上海市第五十一中学学生学籍表摘选（1961届1班）
113	图3-17	上海市第五十一中学（1961—1962学年度）学生手册
113	图3-18	《五十一中学重视调查研究，总结经验》（选自《文汇报》1961年1月30日，第1版）
113	图3-19	学生在教室上课听讲（1960—1970年间）
114	图3-20	《上海市第五十一中学1962—1967试验班每周教学时数表》（选自档案《关于拟订我校五年制试验班级教学计划的请示报告》，1963年5月22日）
116	图3-21	第五十一中学学生成绩报告单（1958—1959学年度），注重品德与劳动情况
116	图3-22	1958年上海市第五十一中学劳动卡
118	图3-23	学生下乡学农场景（20世纪六七十年代）
118	图3-24	1965年12月份五十一中学教工学生搭伙粮油饭费分户账（附搭伙登记表）
120	图3-25	教工交粮油膳费汇计表（1966年2月）
121	图3-26	上海市第五十一中学1967届学生学籍表（摘选）
121	图3-27	上海市第五十一中学1972届学生情况登记表（摘选）
122	图3-28	参军学生与欢送同学合影（摄于1968年3月）
122	图3-29	1975年上学期各科成绩评定表
123	图3-30	五十一中女生骑自行车走出校门（摄于20世纪六七十年代）
123	图3-31	上海市第五十一中学最佳广播操运动员合影留念（摄于20世纪六七十年代）
124	图3-32	学生在图书馆看书，在粉碎"四人帮"后
124	图3-33	《热心科技的"校外辅导员"》报道第五十一中学师生试制成功一套无线电遥控设备（选自《文汇报》1977年11月30日，第2版）
124	图3-34	上海市第五十一中学师生合影

第四章

131	图4-1	学校1989年前的南楼（三层）
132	图4-2	五十一中学学籍卡选摘
133	图4-3	举行1979届高中毕业典礼
135	图4-4	学校20年教龄部分老教师合影留念（约摄于1980年）
135	图4-5	《特级教师赵宪初祖孙三代有九个"园丁"》（选自《人民日报》1985年9月9日，第3版）
136	图4-6	赵家镐：《我热爱教师工作》（选自《文汇报》1981年9月2日，第2版）
139	图4-7	《市五十一中学学生满怀壮志提出响亮口号》（选自《文汇报》1980年5月3日，第1版）
139	图4-8	《市五十一中的教工"五讲四美"公约》（选自《文汇报》1982年3月4日，第4版）
140	图4-9	上海市第五十一中学校工会被评为"全国五讲四美为人师表先进集体"（摄于1982年，黄承海提供）
141	图4-10	李楚材老校长题写的八字校训
142	图4-11	上海市第五十一中学党支部合影，二排右五为张啟昆，右四为陈炜（摄于1982年，黄承海提供）
143	图4-12	上海市第五十一中学部分师生合影（约摄于20世纪80年代）
144	图4-13	五十一中学工会委员会被评为1981年先进工会集体
145	图4-14	上海市第五十一中学卫生室获评上海市先进体育、卫生集体，选自《文汇报》1982年1月16日，第4版
145	图4-15	上海市第五十一中学校门（约摄于1983年）
146	图4-16	上海市第五十一中学1981届理（3）班合影留念（摄于1981年，黄承海提供）
146	图4-17	20世纪80年代初上海市第五十一中学学籍卡摘选
146	图4-18	上海市第五十一中学学籍卡摘选（顾青，1983届5班），该生后考入北京大学
148	图4-19	上海市人民政府任命书，任命李楚材为上海市第五十一中学名誉校长（汪道涵市长签发，1984年10月）

149	图4-20	上海市中学名誉校长任命仪式，6位上海市名誉校长，左一为李楚材（1984年10月15日）
149	图4-21	上海市人民政府任命李楚材校长为五十一中学名誉校长，校园内的场景（摄于1984年10月）
150	图4-22	"欢迎李校长"（摄于1984年）
150	图4-23	李楚材与教职员工的合影（摄于20世纪80年代）
151	图4-24	李楚材名誉校长办公室
151	图4-25	李楚材（名誉校长）、朱家泽（副校长）合影（摄于1986年秋，黄承海提供）
151	图4-26	学校举行恢复位育中学校名仪式（1987年）
151	图4-27	学校恢复位育中学校名（1987年）
152	图4-28	《位育中学复名》（选自《文汇报》1987年2月25日，第4版）
153	图4-29	位育中学校友会编：《上海市位育中学（原五十一中学）校友通讯录》（1988年3月刊印，黄承海提供）
153	图4-30	位育中学工作证0001号（李楚材）
153	图4-31	举办李楚材先生"从教六十周年大会"
154	图4-32	位育中学举行校庆45周年纪念活动（摄于1988年）
155	图4-33	时任全国政协副主席、民进中央副主席、佛教协会会长赵朴初为位育中学45周年校庆题词（1987年11月）
156	图4-34	位育中学校园
157	图4-35	学校举行学科竞赛给奖大会（约摄于20世纪80年代）
157	图4-36	《全国电动车辆模型通讯赛揭晓》（选自《人民日报》1982年2月23日，第3版）

第五章

163	图5-1	位育中学校门（摄于20世纪90年代）
165	图5-2	上海市位育中学教师合影（数学组，摄于1993年）
166	图5-3	上海市位育中学教师合影（英语组，摄于1993年）
166	图5-4	上海市位育中学教师合影（语文组，摄于1993年）
167	图5-5	上海市位育中学教职员工合影（行政，摄于1993年）
167	图5-6	上海市位育中学教职员工合影（教导处，摄于1993年）
169	图5-7	赵家镐校长赴京出席九届全国人民代表大会第五次会议，代表出席证（2002年）
169	图5-8	位育中学老教师参加活动（摄于1995年11月）
169	图5-9	《改革的前奏》提到位育中学的外语教学（选自《文汇报》1990年11月16日，第3版）
173	图5-10	位育中学20世纪八九十年代学籍卡摘选（1993届1班）
174	图5-11	学校举行第三届华山奖学金授奖大会
175	图5-12	位育中学天文台牌匾
175	图5-13	位育中学天文台
175	图5-14	摆满打字机的教室（摄于1993年）
176	图5-15	位育中学获奖运动队合影留念（摄于1995—1996年间）
176	图5-16	位育中学学子在体育场（摄于1995—1996年间）
176	图5-17	位育学子参加运动会的场景（摄于1995—1996年间）
177	图5-18	位育中学学生参加运动会（摄于1996年10月28日）
177	图5-19	位育中学复兴中路校园建筑（摄于1993年）
178	图5-20	位育中学校园（摄于1993年）
179	图5-21	校园一瞥（摄于20世纪90年代）
180	图5-22	学校举办"忆我革命史，扬我革命威"讲故事演讲比赛（摄于1992年）
180	图5-23	学校举办"中国传统美德与青少年讲故事比赛"（摄于1994年）
180	图5-24	学校庆祝香港回归大型活动（摄于1997年）
182	图5-25	校刊《钟声》（1995—2012年一览）
183	图5-26	德国中学代表团来访（摄于1990—1991年间）
186	图5-27	徐汇区教育局向徐汇区政府提交的《关于建造"华泾地区位育寄宿制高级中学"的请示》（1996年12月17日）
186	图5-28	徐汇区教育局《关于新建"位育寄宿制高级中学"的项目建议书》（1996年12月17日）
187	图5-29	《关于徐汇区位育寄宿制高级中学项目建议书的批复》，上海市计划委员会文件，沪计社（1997）04号（1997年1月10日）
187	图5-30	徐汇区四套班子（成员）赴位育中学参加现场办公会议记录（档案摘选，1998年9月28日）
188	图5-31	上海市领导出席位育中学新校园开工典礼

（摄于1997年4月8日）

188　图5-32　《徐汇区人民政府办公室关于加快位育寄宿制高级中学建设的通知》（摘选，1997年）

189　图5-33　1996年李楚材在听取位育中学新建校舍设计汇报

189　图5-34　赵家镐校长在建设上海一流现代化寄宿制高级中学规划评审会上的汇报发言（摘选）

191　图5-35　位育中学董事会名单（上海市徐汇区档案馆藏）

191　图5-36　江泽民同志为位育中学题写校名（1998年）

191　图5-37　举行位育中学新校园落成典礼（摄于1998年7月20日）

192　图5-38　关于改名位育路的通知（1998年7月）

193　图5-39　位育中学新校园建设规划图纸

193　图5-40　上海市位育中学校园模型（1998年）

194　图5-41　《位育中学（1943—1998）》（简介小册子，1998年刊印）

194　图5-42　上海市位育中学简介（包括校舍示意图等，1998年9月）

第六章

201　图6-1　上海市实验性示范性高中（2005年）

202　图6-2　位育中学荣誉墙（摄于2023年4月10日）

203　图6-3　上海市位育中学全体教职工合影（摄于1999年4月）

204　图6-4　赵家镐校长与校领导合影（上海市位育中学校长办公室提供）

204　图6-5　上海市位育中学校园（摄于2018年10月10日，上海市位育中学校长办公室提供）

204　图6-6　新校区红楼落成（摄于2011年，上海市位育中学校长办公室提供）

204　图6-7　上海市位育中学校园航拍图（摄于2023年4月10日）

205　图6-8　上海市位育中学总平面图（2022年）

205　图6-9　食堂学生用餐场景（摄于2023年5月15日）

205　图6-10　化学实验室（摄于2023年5月15日）

206　图6-11　科创实验室（摄于2023年5月15日）

206　图6-12　学校信息组合影（摄于2018年10月19日，位育中学校长办公室提供）

207　图6-13　《创造教育现代化的辉煌明天——位育中学专题报道之八》（档案摘选，1998年）

207　图6-14　位育中学讨论学校申报示范性实验性学校规划预审会议（档案摘选，1999年）

207　图6-15　《上海市示范性普通高中办学标准》（1999年）

208　图6-16　位育中学创建市实验性示范性高中规划（1999—2002年）及附件（档案摘选，1999年9月）

209　图6-17　位育中学创建市实验性示范性高中规划（1999—2002年）附件（档案摘选，1999年9月）

210　图6-18　中共上海市位育中学委员会成立大会（摄于2001年11月14日，宋燕臣提供）

210　图6-19　位育中学举行2000学年开学典礼

210　图6-20　2006年位育中学实验性示范性高中年检报告会

211　图6-21　上海市首批28所实验性示范性高中，位育高级中学名列其中（选自《文汇报》2005年2月26日）

212　图6-22　赵家镐校长在位育中学董事会1999年年会上的发言（摘选）

213　图6-23　赵家镐：《实验班的缘起》（选自《且试天下：2007届实验班毕业纪念册》，2007年刊印）

213　图6-24　赵家镐老师在上课（上海市位育中学校长办公室提供）

214　图6-25　赵家镐担任学校名誉校长（2004年）

214　图6-26　任博生校长进教室听课评课（上海市位育中学校长办公室提供）

214　图6-27　刘晓舟校长（上海市位育中学校长办公室提供）

215　图6-28　《潮汐之间：位育中学学生优秀作文集锦》，任博生主编，上海三联书店2005年版

215　图6-29　《在自主发展中生长创造——位育中学研究型课程成果集》，刘晓舟主编，"位育中学双自主发展教育文丛"，文汇出版社2020年版

216　图6-30　位育中学被授予上海市教委教育科研基地，科技教育研究所实验基地学校（2008年12月）

216　图6-31　位育中学承担课题"创建自主发展教育的校园文化环境研究"，获得国家教师科研基金"十一五"规划重点课题科研单位称号

217　图6-32　学校成为创造教育实验基地

217　图6-33　《上海市教育委员会关于位育中学新疆高中班推迟举办的通知》（2011年6月）

218　图6-34　上海市位育中学迎接新疆班同学（2012年8月）

附录七　图片目录索引

218	图6-35	位育中学举行2013学年新疆部第一学期开学典礼
219	图6-36	位育中学新疆部欢迎徐汇区领导来校视察
219	图6-37	位育中学新疆部同学参加校园艺术节
219	图6-38	位育中学国际部（摄于2007年11月21日，朱万宝老师提供）
220	图6-39	位育中学国际部2007年学期全体师生合影留念（摄于2007年11月）
220	图6-40	位育中学国际部举行开学典礼（2013年9月）
220	图6-41	位育中学获得国际文凭组织授权学校
223	图6-42	上海市位育中学成为STEM+研究项目合作学校
223	图6-43	位育中学师生代表团赴德国访问，参观汉堡市政厅（摄于2017年9月14日，上海市位育中学校长办公室提供）
223	图6-44	香港东华三院吕润财纪念中学、东华三院伍若瑜夫人纪念中学访问位育中学（摄于2023年6月25日，上海市位育中学校长办公室提供）
224	图6-45	王亦群校长（上海市位育中学校长办公室提供）
225	图6-46	在物理实验室（摄于2023年5月15日）
225	图6-47	化学课上课场景（摄于2023年5月15日）
227	图6-48	位育中学国家课程校本化实施框架图
228	图6-49	位育中学"234"校本特色课程体系图
229	图6-50	位育"4+N"课程实施图谱
230	图6-51	位育中学芯片教育学习体验中心
231	图6-52	位育中学芯片实验室管理制度
233	图6-53	伍琳老师：物理应用在芯片技术课堂
233	图6-54	测试脑神经活动pk比赛芯片应用
235	图6-55	位育中学特级教师介绍（档案摘选，1998年）
235	图6-56	2001年举行赵家镐校长从教40周年纪念活动
236	图6-57-1	特级教师、特级校长赵家镐（数学）
236	图6-57-4	特级教师金荣熙（数学）
236	图6-57-5	特级教师潘益善（物理）
236	图6-57-6	特级教师经正阳（政治）
236	图6-57-10	特级教师费仲芳（英语）
236	图6-57-11	特级教师、正高级教师姜雅风（生物）
236	图6-57-12	特级教师刘学堂（物理）
237	图6-57-2	特级校长任博生（政治）
237	图6-57-3	特级校长刘晓舟（政治）
237	图6-57-7	特级教师庄小凤（生物）
237	图6-57-8	特级教师马云辉（语文）
237	图6-57-9	正高级教师郝景鹏（语文）
237	图6-57-13	正高级教师舒翔（体育）在上课
237	图6-57-14	正高级教师左双奇（数学）
238	图6-58	潘益善老师1998年荣获中华全国总工会授予的"五一劳动奖章"
238	图6-59	教育部授予位育中学"现代教育技术实验学校"
238	图6-60	2020年上海位育中学成为清华大学生源中学
238	图6-61	位育中学成为复旦大学优质生源中学
238	图6-62	位育中学荣获上海市五一劳动奖状（2018年）
242	图6-63	博育楼，前为球场（摄于2023年4月10日）
242	图6-64	荟育楼（摄于2023年4月10日）
243	图6-65-1	理育楼（摄于2023年4月10日）
243	图6-65-2	理育楼中庭（摄于2023年5月15日）
244	图6-66	黍育楼（摄于2023年4月10日）
244	图6-67	和育楼（摄于2023年5月15日）
244	图6-68	勤育楼（摄于2022年3月15日，上海市位育中学校长办公室提供）
244	图6-69	理育楼前的位育雕塑（摄于2023年4月10日）
245	图6-70	位育中学Logo
245	图6-71	艺体楼（摄于2023年4月10日）
245	图6-72	位育校园（大操场、艺体楼、宿舍，摄于2023年4月10日）
246	图6-73	位育中学校标
246	图6-74	位育中学藏书章
247	图6-75	2000—2011年位育中学定向越野队获得比赛成绩（全国、上海市级奖）一览表
248	图6-76	位育中学天文台
249	图6-77	位育中学荣获上海市中学生数学知识应用竞赛团体第一名（2021年11月）
249	图6-78	位育中学被授予上海市科技教育特色学校
250	图6-79	位育中学电视台（摄于2023年4月10日）
250	图6-80	学生发展指导中心（摄于2023年4月10日）
252	图6-81	辩论社（摄于2023年6月30日）
252	图6-82	生命科学社（摄于2023年6月30日）
252	图6-83	流行之声社（摄于2023年6月30日）

253	图6-84	冰壶社（摄于2023年6月30日）
253	图6-85	丝念爱心社（摄于2023年6月30日）
254	图6-86	上海市位育中学2000届高中毕业生与教师合影留念（摄于2000年6月）
254	图6-87	上海市位育中学全体教职工合影（摄于2001年5月）
插页	图6-88	上海市位育中学2023届毕业生集体合影（摄于2023年4月23日）
255	图6-89	上海市位育中学建校80周年全体教工合影（摄于2023年8月31日）

第七章

261	图7-1	位育初级中学校园（红楼，摄于2023年4月13日）
262	图7-2	龙世明校长（上海市位育初级中学提供）
264	图7-3	位育初级中学、位育中学等关于"课改实验班"办学方案讨论（档案摘选，1999年12月）
265	图7-4	吕东校长在75周年校庆上与校友交谈（上海市位育初级中学提供）
266	图7-5	焦爽校长（左中）参加在位育初级中学红楼会议室举行的位育80周年校庆工作筹备会议（之一）（摄于2023年4月13日）
266	图7-6	位育初级中学校园（摄于2023年4月13日）
267	图7-7	位育初级中学排球课教学场景，由体育教研组组长倪庆锋老师指导（摄于2023年6月27日）
268	图7-8	位育初级中学生物实验室（摄于2023年6月20日）
268	图7-9	位育初级中学生物实验准备室（摄于2023年6月20日）
271	图7-10	陈群书记带领师生代表参加在斯洛伐克举行的世界中学生定向越野锦标赛（2006年）
271	图7-11	英国芬汉姆帕克二校师生代表团来校交流访问（2018年10月）
271	图7-12	"中英数学教师交流项目"英方教育代表团来校进行教学交流（2018年12月）
272	图7-13	位育初级中学合唱队教学场景，由艺术总指导左丹聆老师指导（摄于2023年6月27日）
272	图7-14	位育初级中学实验课教学场景，由化学教学骨干陈佳妮老师指导（摄于2023年6月27日）
274	图7-15	"生长创造"课程体系
275	图7-16	位育初级中学课程体系图
280	图7-17	位育初级中学语文骨干教师沈磊教学场景（摄于2023年6月27日）
280	图7-18	位育初级中学语文骨干教师王洁颖教学场景（摄于2023年6月27日）
280	图7-19	位育初级中学数学骨干教师张晓艳教学场景（摄于2023年6月27日）
280	图7-20	位育初级中学数学骨干教师瞿军教学场景（摄于2023年6月27日）
282	图7-21	上海市位育初级中学荣获教育部、中央军委政治工作部颁发的"全国国防教育示范学校"
282	图7-22	上海市位育初级中学获得"上海市中小学行为规范示范校"称号
283	图7-23	上海市位育初级中学荣获"上海市五四红旗团支部标兵"称号（2018年4月）
283	图7-24	上海市位育初级中学成为上海市体育传统项目学校（2003年1月）
284	图7-25	位育中学复兴中路校园照片
284	图7-26	位育中学教室（选自《位育中学第一届毕业纪念刊》，1948年刊印）
284	图7-27	位育中学办公室、图书馆（选自《位育中学第一届毕业纪念刊》，1948年刊印）
285	图7-28	位育中学复兴中路校园总地盘图、地形图（1952年）
285	图7-29	位育中学复兴中路校园地形图（1954年）
285	图7-30	位育中学复兴中路1261号教室楼建造档案（摘选，1954年）
286	图7-31	位育中学20世纪六七十年代校园一景
286	图7-32	位育中学20世纪六七十年代校园一景
288	图7-33	上海市第五十一中学复兴中路校园总平面图（1980年）
288	图7-34	位育中学综合教学楼东立面图（1991年）
288	图7-35	位育中学综合教学楼总平面图（1991年）
289	图7-36	位育初级中学化学实验室（摄于2023年6月20日）
289	图7-37	位育初级中学物理实验室（摄于2023年6月20日）
289	图7-38	光的三原色演示器（位育初级中学）
289	图7-39	内燃机模型（位育初级中学）
289	图7-40	上海市位育初级中学平面示意图

289	图7-41	上海市位育初级中学校园（摄于2023年4月13日）
290	图7-42	上海市位育初级中学校园（摄于2023年4月20日）
291	图7-43	位育初级中学校徽
291	图7-44	位育初级中学校刊《钟声》
293	图7-45	位育初级中学桥牌队获得的荣誉
294	图7-46	位育初级中学杜氏夏威夷吉他教育基地（摄于2023年4月13日）
295	图7-47	位育初级中学戏剧社演出场景
295	图7-48	位育初级中学鸿蒙天文社活动场景
296	图7-49	位育初级中学排球队获得的荣誉
297	图7-50	上海市位育初级中学荣获第七届上海青少年STEMx实践展示交流活动优秀组织奖
298	图7-51	上海市位育初级中学全体教职员工合影（摄于2023年6月）
插页	图7-52	上海市位育初级中学2023届全体毕业生合影（摄于2023年6月）

第八章

303	图8-1	《位育情怀：上海市第五十一中学65届初中毕业50周年纪念册》（2015年刊印）
304	图8-2	1950届位育校友陈佳洱在讲述早年就读的经历（摄于2023年6月13日）
305	图8-3	《位育中学第一届毕业纪念刊》（1948年刊印）
305	图8-4	《位育中学第一届毕业纪念刊》（图照摘选，1948年刊印）
306	图8-5	李楚材校长为《位育中学第二届五年制毕业纪念刊》作序
306	图8-6	林明邦：《发刊词》（选自《位育中学第三届毕业纪念刊》，1950年刊印）
306	图8-7	《位育中学六年一贯制第一届毕业纪念刊》（1951年刊印）
307	图8-8	《位育中学六年一贯制第一届毕业纪念刊》（编后记、广告页，1951年刊印）
309	图8-9	《位育中学第一届毕业纪念刊》（同学互评摘选，1948年刊印）
309	图8-10	《岁月如歌：上海市位育中学（原上海市五十一中学）64届三（8）班毕业50周年纪念册》（2014年刊印）
310	图8-11	"师恩长润"，位育1952届乙班毕业50周年纪念
310	图8-12	《位育中学（曾名上海市第五十一中学）66届中三毕业40周年纪念》（2009年刊印）
311	图8-13	位育中学（曾名上海市第五十一中学）67届高中毕业40周年纪念（1967—2007）（摄于2007年，黄承海提供）
312	图8-14	田长霖校友学籍卡
313	图8-15	田长霖校友回母校（上海市位育中学校长办公室提供）
313	图8-16	校庆50周年田长霖校友贺词（原件，1993年）
313	图8-17-1	位育校友寄赠贺卡，钱绍钧院士致陈佳洱院士（2011年新春）
313	图8-17-2	位育校友寄赠贺卡，钱绍钧院士致陈佳洱院士（2011年新春）
313	图8-18	赵国屏校友写给黄承海老师的信（1969年7月）
313	图8-19	赵国屏寄给黄黄承海老师的信与照片（1993年12月）
315	图8-20	《上海市位育中学（原五十一中学）校友会简讯》（油印件，20世纪80年代）
316	图8-21	位育中学（五十一中学）校友卡摘选
316	图8-22	《位育中学（五十一中学）校友会成立纪念刊》（1986年11月刊印）
317	图8-23-1	位育中学校友会编：《上海市位育中学（原五十一中学）校友通讯录》（1988年3月刊印）
317	图8-23-2	位育中学校友会编：《上海市位育中学（原五十一中学）校友通讯录》（节选，1988年3月刊印）
317	图8-23-3	《位育中学（五十一中学）校友通讯录》说明（1988年3月刊印）
318	图8-24	位育中学校友会北美分会会员通讯一览（节选）
318	图8-25	《记北加州位育中学校友的首次聚会》（选自《钟声》第5期，上海位育中学旅美校友会，1999年1月）
319	图8-26	上海位育中学旅美校友会加州聚会（选自《钟声》第5期，上海位育中学旅美校友会，1999年1月）
319	图8-27	上海位育中学旅美校友会合影（前排左起：金承熹、杨宝琳、田长霖夫人、田长霖、陈文丽

	等（选自《钟声》第5期，上海位育中学旅美校友会，1999年1月）	331	图8-50	位育中学举行建校7周年纪念大会（选自《文汇报》1950年6月13日，第3版）
320	图8-28 《上海市位育中学北京校友通讯录》（节选，1992年5月）	331	图8-51	学校举行20周年校庆纪念合影留念（摄于1963年）
320	图8-29 上海市位育中学北京校友会班级活动合影留念（1990年5月6日摄于北京大学校园，位育中学校友会提供）	332	图8-52	《校庆四十周年签名簿》（1983年）
		332	图8-53-1	《校庆四十周年签名簿》（教师部分）
		332	图8-53-2	《校庆四十周年签名簿》（学生部分）
321	图8-30 《位育中学校友会香港分会会员通讯录》封面（1994年编印）	333	图8-54	何东昌题词祝贺位育中学45周年校庆（1988年）
321	图8-31 《位育中学校友会香港分会会员通讯录》（节选，1994年编印）	333	图8-55	位育中学校庆45周年纪念合影（摄于1988年11月）
321	图8-32 位育中学香港校友会成立（摄于1994年）	334	图8-56	庆祝上海市位育中学建校50周年（摄于1993年）
321	图8-33 位育中学各地校友会照片一览（上海市位育中学校长办公室提供）	334	图8-57	位育50周年校庆设立募捐处（摄于1993年）
322	图8-34 刊印的校庆纪念册、纪念刊一览（部分）	334	图8-58	位育中学举行建校50周年庆祝大会（摄于1993年）
322	图8-35 《上海市位育中学六十周年校庆纪念册》（2003年刊印）	335	图8-59	学校55周年校庆，刊印《位育风采》第1辑（1998年）
323	图8-36 上海市位育初级中学编：《位育：上海市位育初级中学（1943—2018）》	335	图8-60	位育中学建校55周年庆（摄于1998年）
323	图8-37 《位育中学校史简编》封面	336	图8-61	位育中学首任校长、名誉校长李楚材先生塑像
324	图8-38 《位育校友》	337	图8-62	《位育风采》第2辑（校庆60周年纪念，2003年）
325	图8-39 钟声文学社	337	图8-63	《钟声》第6期（60周年校庆纪念特刊）
325	图8-40 钟声文学社校刊《钟声》	338	图8-64	位育中学庆祝建校65周年（摄于2008年11月23日，位育初级中学提供）
326	图8-41 《钟声》第5期，上海位育中学旅美校友会（1999年1月）	339	图8-65	热烈庆祝位育建校70周年（摄于2013年11月16日，位育初级中学提供）
328	图8-42 《位育中学第四届五年制班（1946—1951）纪念册》（2003年刊印）	339	图8-66	热烈庆祝位育建校70周年，校友合影（摄于2013年11月16日，位育初级中学提供）
328	图8-43 《上海第五十一中学七十华诞暨八六届毕业生2013全球百人汇纪念相册》（2013年刊印）	340	图8-67	学校举办建校75周年返校纪念活动（摄于2018年11月17日）
328	图8-44 《且试天下：上海市位育中学二〇〇七届实验班毕业纪念册》（2007年刊印）	340	图8-68	位育建校75周年返校纪念活动合影（摄于2018年11月17日）
328	图8-45 《7×40：2008届实验班毕业纪念册》（2008年刊印）	342	图8-69	上海市位育中学校园航拍图（摄于2023年4月10日）
329	图8-46 位育北美校友会纽约聚会（摄于2019年）	343	图8-70	上海市位育初级中学校园航拍图（摄于2023年4月20日）
329	图8-47 位育北美校友会多伦多聚会（摄于2019年）	343	图8-71	上海市位育初级中学校园（摄于2023年4月20日）
330	图8-48 学校举行华山奖学金大会授奖大会（位育中学校友会提供）	344	图8-72	上海市位育中学校园（摄于2018年10月10日，上海市位育中学校长办公室提供）
330	图8-49 校友、中国棋王陈祖德回母校（位育中学校友会提供）			

附录八
主要参考文献

一、档案，学校各个时期编印、出版的文本（包括校庆纪念刊）

《位育中学发展情况统计表》（1947—1954年），上海市档案馆藏，档案号：B105-5-1236。

《位育中学历年班级数、学生数统计表》，《位育中学发展情况统计表》（1947—1954年），上海市档案馆藏，档案号：B105-5-1236。

《位育中学图书馆图书情况》，《位育中学发展情况统计表》（1947—1954年），上海市档案馆藏，档案号：B105-5-1236。

《位育中学情况综合》，1949年11月，《上海市教育局关于位育、沪新、励志中学情况》，上海市档案馆藏，档案号：B105-5-64。

《位育中学1950年度下半学期工作总结》，1951年8月，《上海市教育局关于位育、沪新、励志中学情况》，上海市档案馆藏，档案号：B105-5-64。

上海市私立位育中学校长李楚材致上海市人民政府教育局《为下学期我校改制问题请示》，1952年6月，上海市档案馆藏，档案号：B105-5-652。

《派胡蔚英为上海市私立位育中学代理副校长》，上海市人民政府教育局任命，1954年6月，上海市档案馆藏，档案号：B105-1-915。

上海市私立位育中学致上海市人民政府教育局《报我校基建小组名单》《1954年基建年度计划》等，1953、1954年，上海市档案馆藏，档案号：B105-5-1150。

《上海市1960年文教方面先进单位登记表》，1960年5月，上海市档案馆藏，档案号：A31-2-111-105。

《关于拟订我校五年制试验班级教学计划的请示报告》，1963年5月22日，上海市档案馆藏，档案号：B105-8-140。

《1978年重点中学设备修缮费安排情况》，上海市档案馆藏，档案号：B105-9-486-101。

《上海市三好先进集体登记表（第五十一中学天文小组）》，1980年，上海市档案馆藏，档案号：C21-5-147-42。

《关于申报第一批办好的重点中学的请示报告》，1982年，上海市档案馆藏，档案号：B105-6-151-68。

《上海市徐汇区人民政府填报1981年度上海市劳动模范登记表（赵家镐）》，上海市档案馆藏，档案号：B1-8-230-222。

《上海市徐汇区人民政府填报1983年度上海市劳动模范登记表（赵家镐）》，上海市档案馆藏，档案号：C1-3-678-55。

《上海市三八红旗手登记表（顾秋惠）》，1985年，上海市档案馆藏，档案号：C31-5-193-101。

《关于位育中学申请列为外事接待单位的请示》，1991年10月，上海市档案馆藏，档案号：B105-11-547-1。

《关于同意位育中学列为外事参观单位的批复》，1991年11月7日，上海市人民政府外事办公室文件，沪府外办综（91）1107号文，上海市档案馆藏，档案号：B105-11-547-1。

《徐汇报》（上海市位育中学专刊）1998年5月18日，徐汇区档案馆藏，档案：0211-1-7-001。

《位育中学董事会名单》，1998年，徐汇区档案馆藏，档案号：0211-1-3-001。

《位育中学（新校区）竣工典礼邀请领导名单》，1998年，徐汇区档案馆藏，档案号：0211-1-3-009。

《赵家镐校长在位育寄宿制高中董事会成立会上的发言》，1998年5月12日，徐汇区档案馆藏，档案号：0211-1-3-003-6。

《关于改名位育路的通知》，1998年7月，徐汇区档案馆藏，档案号：0211-1-11-001。

《位育中学1998学年度工作计划》，1998年8月，徐汇区档案馆藏，档案号：0211-1-6-004。

《徐汇区四套班子（成员）赴位育中学参加现场办公会议记录》，1998年9月28日，徐汇区档案馆藏，档案号：0211-1-5-001-1。

《上海市位育中学简介》（包括校舍示意图等），1998年9月，徐汇区档案馆藏，档案号：0211-1-7-003。

《实施寄宿制高中聘请学生校长助理的意见》，1998年10月，徐汇区档案馆藏，档案号：0211-2-23-001。

《位育中学专题报道》（一组），1998年，徐汇区档案馆藏，档案号：0211-1-7-006。

《赵家镐校长在建设上海一流现代化寄宿制高级中学规划评审会议上的汇报发言》，具体时间不详，徐汇区档案馆藏，档案号：0211-2-32-009。

《赵家镐校长在位育中学董事会1999年年会上的发言》，1999年5月，徐汇区档案馆藏，档案号：0211-1-19-001。

《位育中学创建市实验性示范性高中规划（1999—2002年）》，徐汇区档案馆藏，档案号：0211-2-32-036。

《位育中学讨论学校申报示范性实验性学校规划预审会议》，1999年，徐汇区档案馆藏，档案号：0211-2-32-001。

《位育初级中学、位育中学等关于"课改实验班"办学方案讨论》，1999年12月，徐汇区档案馆藏，档案号：0211-2-32-019。

上海市教育委员会《关于位育中学新疆高中班推迟举办的通知》，2011年6月，徐汇区档案馆藏，档案号：0211-2-585-001。

上海市位育中学档案室所藏档案（征引目录略）

上海市位育初级中学档案室所藏档案（征引目录略）

《位育校刊》，上海市私立位育小学编辑，1936年1月第1辑出版，第1辑不编号，此后编号，计8辑。

《位育校刊》（共9期），上海市私立位育中小学编辑，1948年3月—1950年1月出版。

《十五年之位育小学》，民国三十六年（1947）刊印。

《位育中学第一届毕业纪念刊》，1948年刊印。

《位育中学第二届毕业纪念刊》，1949年刊印。

《位育中学六年一贯制第一届毕业纪念刊》，毕业刊编辑委员会编，1951年刊印。

《位育中学第三届毕业纪念刊》（1950届），1950年刊印。

《上海市第五十一中学校史》，上海市第五十一中学撰，1984年10月，上海市位育初级中学档案室藏。

《位育中学五十年纪念（1943—1993）》，1993年刊印。

《上海市位育中学六十周年校庆纪念册》，2003年刊印。

《位育风采》第2辑（校庆60周年纪念），2003年刊印。

《位育65周年校庆（1943—2008）》，2008年刊印。

《位育70周年校庆（1943—2013）》，2013年刊印。

《位育中学校史简编》，位育中学校友会编写，上海市作家协会·华语文学网，2017年刊印。

《位育：上海市位育初级中学65周年》，2008年刊印。

《位育中学（曾名上海市第五十一中学）66届中三毕业40周年纪念》，2009年刊印。

《上海第五十一中学七十周年华诞暨八六届毕业生2013全球百人汇纪念册》，2013年刊印。

《岁月如歌：上海市位育中学（原上海市五十一中学）64届三（8）班毕业纪念册》，2014年刊印。

《位育情怀：上海市第五十一中学65届初中毕业50周年纪念册》，2015年刊印。

《位育师生名录·上海市位育中学（1943—1998）、上海市位育初级中学（1998—2018）》，上海市位育初级中学编，2018年刊印。

《位育：上海市位育初级中学（1943—2018）》，上海市位育初级中学编，2018年刊印。

《潮汐之间：位育中学学生优秀作文集锦》，任博生主编，上海三联书店2005年版。

《在自主发展天地里——位育中学学生课题项目论文集》，任博生主编，上海三联书店2007年版。

《位育中学学生优秀作品集》（青春之痕、行思无际等），学林出版社2009年版。

《探索与创新：位育中学教改成果集》（全三册），学林出版社2009年版。

《在自主发展中生长创造——位育中学研究型课程成果集》，刘晓舟主编，"位育中学双自主发展教育文丛"，文汇出版社2020年版。

二、地方志书、图录等

《徐汇区志》，《徐汇区志》编纂委员会编，上海社会科学院出版社1997年版。

《徐汇区志（1991—2005）》，徐汇区地方志编纂委员会编，上海辞书出版社2011年版。

《上海普通教育志》，《上海普通教育志》编纂委员会编，上海社会科学院出版社2015年版。

《袖珍上海里弄分区精图》，葛石卿等编纂绘制，国光舆地社1946年版，作者书社发行。

《上海市行号路图录》，鲍士英测绘、顾怀冰等编辑，上海福利营业股份公司编印，1949年版。

三、报纸杂志

《申报》	《学生日报》
《民报》	《上海教联特刊》
《立报》	《人民日报》
《新闻报》	《光明日报》
《神州日报》	《解放日报》
《时事新报》（上海）	《文汇报》
《大公报》（上海）	《徐汇报》

四、文集笔记、年谱、传记、回忆录、口述、资料汇编等

《洪波曲》，郭沫若著，人民文学出版社1979年版。

《穆藕初文集》，穆藕初著，赵靖主编，北京大学出版社1995年版。

《黄炎培日记》第9卷、第10卷、第13卷，黄炎培著，中国社会科学院近代史研究所整理，华文出版社2008、2012年出版。

《穆藕初年谱长编》，穆家修、柳和城、穆伟杰编，上海交通大学出版社2015年版。

《教育家李楚材文集》，马学强等编选，商务印书馆即将出版。

《中华职业教育社廿周年纪念特刊》，1937年刊印。

《上海重要人名录》（简称《上海人名录》），许晚成编，上海龙文书店1941年版。

《上海百业人才小史》，许晚成编，1945年出版。

《教育文献法令汇编1949—1952》，中华人民共和国教育部办公厅编，内部资料1958年版。

《中华人民共和国教育大事记（1949—1982）》，中央教育科学研究所编，教育科学出版社1984年版。

《中国教育年鉴（1949—1981）》，中国大百科全书出版社1984年版。

《中学历史教学法概论》，上海师范大学历史系历史教学法教研室编，上海社会科学院出版社1986年版。

《中国近代学制史料》（第三辑上册），朱有瓛主编，华东师范大学出版社1990年版。

《近代中国妇女史中文资料目录》，王树槐等主编，"中央研究院"近代史研究所，1995年刊印。

《中国近代教育史资料汇编·普通教育》，李桂林、戚名绣、钱曼倩编，上海教育出版社1995年版。

《中国近代教育史教学参考资料》，陈学恂主编，人民教育出版社1998年版。

《中国近代中小学教科书总目》，王有朋主编，上海辞书出版社2010年版。

《建国以来重要文献选编（第3册）》，中共中央文献研究室编，中央文献出版社2011年版。

《近代中国教育史料》，舒新城编，中国人民大学出版社2012年版。

《文史资料选辑》第六辑，中国人民政治协商会议上海市委员会文史资料工作委员会编，1979年刊印。

《上海地方史资料》（四），上海市文史馆编，上海社会科学院出版社1982年版。

《解放前上海的学校》（《上海文史资料选辑》第59辑），中国人民政治协商会议上海市委员会文史资料研究委员会编，上海人民出版社1988年版。

《徐汇文史资料选辑（第3辑）普通教育专辑》（收录李楚材：《位育中学的创建与发展》等），中国人民政治协商会议上海市徐汇区委员会文史资料工作委员会编，1989年刊印。

《接管上海亲历记》，上海市政协文史资料委员会编，1997年印行。

《上海文史资料存稿汇编》（第9册），上海市政协文史资料委员会编，上海古籍出版社2001年版。

《逝去的岁月》，赵家镐著，2016年内部刊印。

《我与位育中学》，任博生口述，2023年6月1日，上海市位育中学校长办公室提供。

《位育，永驻心田》，宋燕臣口述，2023年6月5日，上海市位育中学校长办公室提供。

《刘晓舟口述》，刘晓舟口述，2023年6月2日，上海市位育中学校长办公室提供。

《我在位育中学这三年》，王亦群口述，2023年7月3日，上海市位育中学校长办公室提供。

《我和位育》，龙世明口述，2023年6月，上海市位育初级中学校长办公室提供。

《在位育初中壹年》，王志方口述，2023年6月，上海市位育初级中学校长办公室提供。

《"双线"并进，位而育焉》，吕东口述，2023年6月，上海市位育初级中学校长办公室提供。

《我和位育初级中学》，焦爽口述，2023年6月，上海市位育初级中学校长办公室提供。

陈佳洱口述，马学强采访整理，2023年6月13日。

校友回忆、口述，收录于位育中学校友会编写的《位育中学校史简编》，上海市作家协会·华语文学网，2017年刊印。

五、研究著述

《帝国主义侵华教育史资料——教会教育》，李楚材编著，教育科学出版社1987年版。

《中华民国教育史》，熊明安著，重庆出版社1990年版。

《近代上海城市研究》，张仲礼主编，上海人民出版社1990年版。

《中国名校》（中学卷），魏一樵主编，辽宁大学出版社1992年版。

《上海市中小学特色教育（中学部分）》，徐仲安主编，上海人民出版社1993年版。

《上海普通教育史（1949—1989）》，吕型伟主编，上海教育出版社1994年版。

《动荡转型中的民国教育》，申晓云著，河南人民出版社1994年版。

《警备大上海》，中国人民解放军上海警备区政治部、中共上海市委党史研究室编著，远东出版社1994年版。

《成功校长的实践与研究》，吴秀娟等编，辽宁人民出版社1998年版。

《被"革命"的教育："文化大革命"中的"教育革命"》，郑谦著，中国青年出版社1999年版。

《上海通史》，熊月之主编，上海人民出版社1999年版。

《中国教育史》，孙培青著，华东师范大学出版社2000年版。

《中国私学·私立学校·民办教育研究》，王炳照主编，山东教育出版社2002年版。

《上海近代教育史》，陈科美著，上海教育出版社2003年版。

《异质文化交织下的上海都市生活》，熊月之著，上海辞书出版社2008年版。

《中国中学教育史》，谢长法主编，山西教育出版社2009年版。

《青春飞扬：近代上海学生生活》，施扣柱著，上海辞书出版社2009年版。

《西学东渐第一校——从徐汇公学到徐汇中学（1850—2010）》，庄小凤、马学强主编，上海辞书出版社2010年版。

《沪上名校——百年大同研究（1912—2012）》，盛雅萍、马学强主编，上海辞书出版社2012年版。

《中国教育制度沿革史》，郭秉文著，商务印书馆2014年版。

《为国桢干：上海南洋中学120年（1896—2016）》，马学强、于东航主编，商务印书馆2016年版。

《上海教育史（第三卷）》（1949—1976），蒋纯焦主编，上海教育出版社2016年版。

《生成与失范：民国时期中学教师管理制度研究（1912—1949）》，陈光春著，华中科技大学出版社2016年版。

《至慧至雅：从圣玛利亚女校、中西女中到上海市第三女子中学》，潘敬芳、马学强主编，马学强等著，商务印书馆2022年版。

《务实本正：从务本女塾到上海市第二中学（1902—2022）》，陆军、马学强主编，马学强等著，商务印书馆2022年版。

后　记

　　近年来，我们校史研究团队与商务印书馆合作，陆续撰写出版"百年名校·江南文脉"系列丛书。上海市位育中学是我们一直关注的学校。与我们过往研究的学校相比，位育中学办学有其独特性。原为上海市私立位育小学，创办于1932年7月。正值一·二八战后，校董穆藕初、黄炎培（任之）、杨卫玉、江问渔（恒源）、姚惠泉诸先生在考察上海附近灾区以后，这些"为国家奔走"的实业界、教育界人士痛心于国是，将"消极的救济"和"积极的复兴"同时并重，想先从教育的振兴入手，于是有了位育小学的创办。位育中学则是在位育小学基础上扩建的，1943年夏"时在上海在敌伪钳制下，文化教育事业，备受压迫，优良中等学校，劫后不免因陋就简，素质低落"。同时，校董会也应家长要求，便利毕业生继续升学，决定设立位育中学（亦称上海市私立位育中小学）。位育创设之初，即因课程切实，设备完全，成绩之佳，为社会所赞许，声名远播。1948年位育中学五年制实验班首届毕业生"全部考入公私立著名大学，是项试验，成绩尚称圆满"。此后数届毕业生也大多考入各大名校。尤其是第三届（即1950届），一个班后来竟然出了3位两院院士，分别为钱绍钧、陈佳洱、田长霖，堪称传奇。陈佳洱校友曾写道："（钱）绍钧成为实验原子核物理学家，投身国防事业，20世纪80年代担任过国家核试验基地的司令员，1995年当选为中国工程院院士。（田）长霖在普林斯顿大学获得博士学位后，成为享誉世界引领热物理领域发展的著名科学家，20世纪末先后当选为中科院和中国工程院的外籍院士。我留学英国后，成为粒子加速器物理学家。后来我和长霖在20世纪90年代分别出任一东一西中美两所名校的大学校长：他成为美国一流研究大学——加州大学伯克利分校首位华人校长，我成为北京大学的校长。"陈佳洱于1993年当选为中国科学院院士。据统计，有10位两院院士曾在位育中学就读。

　　位育中学，诞生于特殊的时代，因图强而生；在中华人民共和国成立后的一二十年以及改革开放的新时期，都有辉煌的办学历史，因变革而兴。1956年，学校由私立改为公办，更名为"上海市第五十一中学"。1987年，学校恢复原校名"位育中学"。2005年，位育中学成为首批"上海市实验性示范性高中"。如今，这所历史名校正在向现代化一流学校转型。位育中学自1943年创立，迄今整整80年。作为一所享誉海内外的学校，位育中学办学历程连续，文脉赓续不断。80年来，学校秉持"团结、严谨、求实、进取""八字"校风（校训），不断提升办学水平，从"生长创造"到"自主发展"，位正育卓。80年来，学校为国家、为社会培养了大批人才，足迹遍布海内外。位育学子活跃于各个领域，在中国的社会经济、科学技术、文化教育、文学艺术等方面取得令人瞩目的成就。80年来，学校积淀了丰富厚实的人文内涵，其办学理念独特，办学特色鲜明，办学成就卓著，在上海城市史、教育史上具有一定的地位，颇具研究价值。

为了迎接上海这所名校建校80周年，上海社会科学院校史研究团队与上海市位育中学、位育初级中学合作成立校史研究课题组。位育中学自创建以来，一直注重自己的校史研究，早年曾刊印《位育校刊》（1948年3月—1950年1月出版，共9期），保存了初创时期的一些资料，弥足珍贵。近年来，校友会又编写《位育中学校史简编》，简述了学校历史，汇编了部分校史资料。但从一部完整的校史研究专著来审视，还有大量工作要做。位育办学的历史积淀深厚，要研究这样一所名校，需要我们广泛收集、整理各种原始史料。这是一项艰辛的工作，学校各个时期的档案文献分散于各地各处，种类亦多，收集这些资料本身需要花费大量的工夫，同时也须具备一定的专业能力。为了系统梳理位育80年的办学历程，课题组成员分工合作，陆续在海内外寻访到大量史料，主要包括：一、穆藕初、蒉延芳、黄炎培、江问渔、杨卫玉、刘鸿生、潘序伦、李楚材等一批名人与学校相关的独特而珍贵的文献资料。二、学校各个时期的档案文献，如学校刊物、会议记录、章程条例、学制课程、讲义教材等，这些资料存放于国家图书馆、上海图书馆、上海市档案馆、上海市徐汇区档案馆、上海市位育中学档案室、上海市位育初级中学档案室等处。三、相关的笔记、文集等，记录学校的各个方面。四、来自一些报刊的记载，如近代的《申报》、《民报》、《立报》、《新闻报》、《时事新报》（上海）、《大公报》（上海）、《学生日报》等，以及当代的《人民日报》《光明日报》《解放日报》《文汇报》等重要报刊的报道。五、口述资料、校友回忆。此次我们系统整理了位育各个时期教师、校友的回忆文章、口述采访，作为征引史料。六、图照，广泛收集历史图片，在筹建校史博物馆中还征集到一些历史影像。七、办学的相关物件（实物），包括学籍卡、毕业证书、校徽、纪念章、信函等。这些史料在时段与内容上具有多样性、连续性、完整性的特点。经过一段时间的努力，课题组完成《位育校史研究资料汇编》，100多万字，1000余幅图。如此，位育校史研究有了坚实的基础。

书稿由文字、图片两部分组成，撰写中采取以图带文，以文释图的形式，图文并茂。配图起到了丰富、补充正文内容的作用。通过对一些具有代表性图片的解读，反映80年来这所江南名校的演变过程。书中图片主要来源：一、历史图片，选自各种文献档案；二、学校档案室、校友提供的老照片；三、根据书稿的需要拍摄的现场照片，有的为航拍图；四、部分为课题组收集的物件图照。书稿中大部分插图，除特别注明外，均由鲍世望先生拍摄，或由学校提供。

书稿于2023年7月底完成，撰稿人的具体分工如下：

第一章，马学强

第二、三章，胡端

后　记

第四、五章，叶舟

第六章，马学强、王亦群、王海生等

第七章，周维文、焦爽等

第八章，马学强、周维文

附录部分，马学强、叶舟、胡端、龚浩、周维文、陈思月、王海生等。上海市位育中学校长办公室、档案室，上海市位育初级中学校长办公室、档案室提供了大量资料。书稿完成后，由马学强、叶舟等统稿，并进行配图。

本书由王亦群、马学强、焦爽任主编，叶舟、王海生、范其一任副主编，同时邀请赵家镐、黄承海、李骏修、龙世明、任博生、刘晓舟、吕东等学校老领导担任编委会成员。位育中学1950届校友、中国科学院院士、北京大学老校长陈佳洱教授，位育中学1955届校友、中国工程院院士、北京航空航天大学自动化科学与电气工程学院名誉院长李伯虎教授分别为本书作序。由"人民教育家"于漪老师题写书名。在书稿的撰写中，得到了相关单位及有关人士的大力支持与帮助。上海市位育中学、位育初级中学的历任领导、校友会始终关心80周年校史书籍的编写与出版。校友们广泛参与，或提供信息，或联络校友，或接受采访，或捐赠物件，广大校友对母校的热爱与关心，让我们深切体会到校歌中所传唱"爱我校，爱我先生，爱我同窗"的蕴意，以及位育人所具有的特殊情怀。这里，需要特别提到的是，在我们参与校史书稿撰写与位育校史博物馆筹建过程中，得到位育中学首任校长李楚材先生家属的鼎力相助，李校长子女不仅为我们提供了一些重要线索，而且慷慨捐赠了不少珍贵物品。在书稿撰写中，我们得到了国家图书馆、中国第二历史档案馆、上海图书馆、上海市档案馆、上海社会科学院图书馆、上海市徐汇区档案馆、上海市位育中学档案室、上海市位育初级中学档案室、上海市位育中学（五十一中学）校友会等的大力协助。商务印书馆鲍静静、陈雯、吴萌等老师为本书出版付出辛勤劳动。在此一并表示最诚挚的谢意。

马学强

2023年11月8日于上海社会科学院

特别鸣谢

　　时历八秩，生长创造，薪火相传。位育中学在80年的办学历史中，有许多珍贵的史料值得被保存，有很多感人的故事值得被传颂，更有一以贯之的办学理念接续传承。基于此，《位正育卓：位育中学校史研究》一书应运而生。本书的编撰和出版得到了广大位育人的支持，其中赵家镐、黄承海、李骏修、龙世明、任博生、宋燕臣、刘晓舟、钱涛等校领导提供了珍贵的历史资料和照片，校友会潘益善老师在资料搜集和整理上做了许多工作，李楚材先生的子女和朱万宝老师也就此项工作提供了大力支持。尤其值得一提的是，人民教育家于漪先生专门为此书题写了"位正育卓"的书名，弥足珍贵。此外，还有众多教工和校友提供了大量的实物或图片信息，篇幅所限不一一列举。在此对所有为本书编撰和出版辛勤付出的人员表达诚挚谢意！

"百年名校"系列丛书已出版书目

总策划：马学强　鲍静静

为国桢干：上海南洋中学120年（1896—2016）

存古开新：从绍郡中西学堂到绍兴市第一中学（1897—2017）

诚朴是尚：从澄衷蒙学堂到上海市澄衷高级中学（1900—2020）

王培孙文集

绍兴一中·养新书藏文献丛刊（全五卷）

明理躬行：从金华中学堂到浙江金华第一中学（1902—2022）

卧薪尝胆：从私立绍兴中学到稽山中学（1932—2022）

务实本正：从务本女塾到上海市第二中学（1902—2022）

至慧至雅：从圣玛利亚女校、中西女中到上海市第三女子中学

培根固本：广东南海石门中学研究（1932—2022）

位正育卓：位育中学校史研究